de Gruyter Lehrbuch

Christian Grethlein

Religionspädagogik

Walter de Gruyter · Berlin · New York
1998

♾ Gedruckt auf säurefreiem Papier,
das die US-ANSI-Norm über Haltbarkeit erfüllt.

Die Deutsche Bibliothek — CIP-Einheitsaufnahme

Grethlein, Christian:
Religionspädagogik / Christian Grethlein. – Berlin ; New York :
de Gruyter, 1998
   (De Gruyter Lehrbuch)
   ISBN 3-11-014549-9 brosch.
   ISBN 3-11-016089-7 Gb.

Printed in Germany
Datenkonvertierung: Ready Made, Berlin
Druck: Werner Hildebrand, Berlin
Buchbinderische Verarbeitung: Lüderitz & Bauer-GmbH, Berlin
Einbandgestaltung: Hansbernd Lindemann, Berlin

Vorwort

Helmuth Kittel, der vor fast dreißig Jahren in dieser Reihe eine „Evangelische Religionspädagogik" veröffentlichte, umschrieb im Vorwort sein Werk als „eine Initiation in eine werdende Disziplin". Heute ist „Religionspädagogik" an Theologischen Fakultäten und Erziehungswissenschaftlichen Fachbereichen vielfach vertreten. Die Menge der hierzu publizierten Literatur ist für einen einzelnen kaum mehr überschaubar. So ist es eine wichtige Aufgabe eines Lehrbuchs „Religionspädagogik", für Studierende auf Lehr- und Pfarramt sowie in diesen Berufen bereits Tätige die entsprechenden Diskussionen und Erkenntnisse knapp zusammenzufassen und ihre Bedeutung für eine theoriegeleitete Praxis zu zeigen. Dazu ist es unerläßlich, sich für bestimmte leitende Fragestellungen und Darstellungsprinzipien zu entscheiden. Sie implizieren bei einem neuen Buch, das nicht nur bereits Geäußertes reproduzieren will, zugleich kritische Anfragen an bestimmte Forschungstraditionen. In vorliegendem Fall gilt dies in dreifacher Hinsicht, was sich zugleich im Aufbau des Buchs in drei Kapiteln niederschlägt:

Schon Kittel monierte den „Aktualismus" der Religionspädagogik. Zwar erschienen in den letzten Jahren beachtenswerte Bücher und Aufsätze zur Geschichte der Disziplin. Insgesamt sind aber die aktuellen Diskussionen, etwa die Debatte um LER, nach wie vor wenig von geschichtlichen Kenntnissen geprägt. Demgegenüber will ich – gleichsam zum 100. Geburtstag von „Religionspädagogik" – deren Verflochtenheit mit den tiefgreifenden politischen, gesellschaftlichen, kulturellen und religiös-kirchlichen Veränderungen der letzten hundert Jahre, vor allem auch des letzten Jahrhundertwechsels herausarbeiten. Dadurch sollen gegenwärtige Probleme mehr Tiefenschärfe (und die Debatten hoffentlich mehr Tiefgang) erhalten und zugleich Freiräume für heute erforderliche Lösungen geschaffen werden. Materialiter am wichtigsten ist dabei vielleicht, daß ein solcher Blick in die Geschichte die bis heute das Fach beherrschende Konzentration auf den schulischen Religionsunterricht verständlich und zugleich auf deren zunehmende Problematik aufmerksam macht.

Sodann scheinen mir viele religionspädagogische Arbeiten zu wenig die erfahrungswissenschaftlich erforschten Grundbedingungen religiöser, christlicher und kirchlicher Bildung, Erziehung und Sozialisation zu berücksichtigen. In psychologischer Hinsicht sind religionspädagogische Aussagen nicht nur nach dem Alter und – hier liegt noch ein Forschungsdesiderat – dem

Geschlecht, sondern auch hinsichtlich unterschiedlicher entwicklungspsychologischer Ansätze zu differenzieren. Die grundlegenden Einsichten
hierzu will das Lehrbuch bereitstellen. Dazu erfordert der schnelle gesellschaftliche Wandel eine soziologische Analyse. Hier soll der Begriff der
„Moderne" auf den Zusammenhang von einzelnen Phänomenen hinweisen.
Materialiter erscheinen mir – sich seit Jahrhunderten anbahnende – Veränderungen im Zeitverständnis grundlegend. Sie verweisen zugleich auf traditionell in der Theologie bearbeitete Fragestellungen.

Schließlich möchte ich – in der Nachfolge von in letzter Zeit erschienenen Werken – die Dominanz des schulischen Religionsunterrichts für die
religionspädagogische Theoriebildung zurücknehmen, ohne die nach wie
vor bestehende Bedeutung des Lernorts Schule zu vernachlässigen. Deshalb
stelle ich die Lernorte „Familie", „(Elektronische) Medien", „Schule" und
„Gemeinde" formal gleichberechtigt dar. Ein Lehrbuch kann aber nicht die
bisherige einseitige Forschungspraxis aufheben, sondern nur dringend zu
bearbeitende Defizite markieren. Vor allem der Lernort „Medien", aber
auch die „Familie" bedürfen eingehenderen religionspädagogischen Interesses, nicht zuletzt auch für eine angemessene Gestaltung schulischen Unterrichts.

Ein solcher Durchgang durch die „Religionspädagogik", der die Disziplingeschichte problembezogen auswertet, durch Rückgriff auf erfahrungswissenschaftliche Erkenntnisse Grundbedingungen des Lernens darstellt und
die vier wichtigsten Lernorte unter religionspädagogischer Perspektive rekonstruiert, kann heute m.E. nicht mehr exklusiv konfessionell orientiert
sein, und zwar aus zwei Gründen. Zum einen nimmt die Bedeutung konfessioneller Herkunft für die Einstellungen und Daseins- und Wertorientierung sowie Alltagspraxis von Menschen in Deutschland ab. Auch das
sprichwörtlich „katholische Milieu" ist vielerorts in Auflösung begriffen.
Zum anderen verdanke ich viele Erkenntnisse und Einsichten katholischen
Kollegen, die vor derselben religionspädagogischen Aufgabe, nämlich der
Förderung religiöser, christlicher und kirchlicher Sozialisation, Erziehung
und Bildung in der heutigen modernen Gesellschaft, stehen. Dabei soll und
kann die evangelisch-lutherische Herkunft des Verfassers nicht verleugnet
werden.

Zugleich ist eine (christlich) theologische Akzentuierung in der vorliegenden „Religionspädagogik" unübersehbar. Dies ist zum einen unauf-
gebbaren Erkenntnissen geschuldet, die sich in Deutschland aus Konflikten
mit totalitären Staatsführungen um die Inhalte religionspädagogischer Bemühungen ergaben. Zum anderen erscheint angesichts des zunehmenden
Pluralismus auch auf religiösem Gebiet eine sachlich klare, und das heißt
auch für Reflexion offene Orientierung unerläßlich. Ferner erfordert die sich

ausbreitende Instrumentalisierung religiöser Symbole durch kommerzielle Interessen entschiedenen Widerstand. Dazu steht zu erwarten, daß zukünftig die Begegnungen zwischen Menschen mit unterschiedlichem religiösen und kulturellen Hintergrund zunehmen werden. Dialogfähigkeit – als humane Alternative zu stumpfer Ablehnung des Fremden – erfordert klare Vorstellungen und Begriffe, mithin theologisch verantwortete Bildung und Erziehung.

Eine weitere anstehende Erweiterung von „Religionspädagogik" kann ich erst an wenigen Stellen exemplarisch markieren: die Internationalisierung der Diskussion. Während die meisten bisherigen religionspädagogischen Arbeiten sich wegen der Konzentration auf den schulischen Religionsunterricht und der deutschen Besonderheiten dieses Fachs auf Erkenntnisse aus diesem Sprachkreis beschränkten, führen neuere Fragestellungen und Veränderungen darüber hinaus. Ich versuche dem an einigen Stellen durch Einbeziehung von Literatur aus dem englischsprachigen Raum wenigstens ansatzweise Rechnung zu tragen. Vor allem im Bereich der entwicklungspsychologischen Forschung und der Frage nach der grundlegenden Konstitution schulischen Religionsunterrichts ist die Kenntnis wichtiger Beiträge aus den USA und England mittlerweile unerläßlich. Allerdings fehlen nach wie vor grundlegende Studien zur komparativen Religionspädagogik.

Abgesehen von den eben angedeuteten fachlichen Diskussionen ist jede wissenschaftliche Arbeit auch Ausdruck persönlicher Erfahrungen. Deshalb bemühe ich mich darum, weniger allgemeine Theorien zu referieren als vielmehr konkrete Autoren zur Sprache zu bringen, unterstützt durch kurze biographische Hinweise. Vielleicht regt dieses Vorgehen, das der Einsicht in die politische, gesellschaftliche, kulturelle und religiös-kirchliche Eingebundenheit der Religionspädagogik entspricht, manche Leserin/manchen Leser zur eigenständigen Urteilsbildung an.

Auch hinter dem vorliegenden Buch stehen persönliche Erfahrungen. Meine letzten Dienststellen, Erlangen, Berlin und Halle/S., stehen zugleich für völlig unterschiedliche religionspädagogische Landschaften und Problemlagen. Einiges von der hier erlebten Vielfalt fand in das Buch Eingang. Dazu gab mir das – mit vielfältigen Freuden und Sorgen verbundene – Heranwachsen meiner inzwischen erwachsenen Kinder immer wieder Anlaß, religionspädagogische Fragen neu zu bedenken, diesseits und jenseits der Fachdiskussionen. Weitere Impulse gaben mir die Tätigkeit meiner Frau als Integrationslehrerin und ihre Ausbildung zur Montessori-Lehrerin während der Abfassung des Buchs.

Trotz all dieser Unterschiede zu dem vorhergehenden Werk Kittels fühle ich mich an einer Stelle mit ihm verbunden. Auch ich will mit diesem Buch „ein möglichst selbständiges Studium, das auf eine produktive Mitarbeit in der wissenschaftlichen Religionspädagogik angelegt ist", fördern. Dazu sollen die zahlreichen Literaturhinweise dienen, die der Vertiefung, aber auch der Erarbeitung von anderen Positionen dienen sollen. Jeder Literaturtitel wird bei der ersten Nennung in einem Kapitel vollständig genannt, im weiteren unter Hinweis auf diese Anmerkung mit a.a.O. (Anm. ...) zitiert. Die Abkürzungen sind der TRE entnommen. Entsprechend der Abfassungszeit konnten 1997 erschienene Titel nur noch vereinzelt berücksichtigt werden.

Ich habe vielen Menschen für ihre Mithilfe zu danken:

Vorab Ute Kinder, meiner Hallenser Sekretärin, die mit gleichbleibender Freundlichkeit die Arbeiten am PC besorgte und sich über das übliche Maß hinaus für die Fertigstellung des Manuskripts engagierte.

Dann meinen jüngeren Kollegen Dr. Birgit Marchlowitz, die mir das Medienthema unwiderstehlich nahebrachte, Dr. Bernd Schröder, der das ganze Manuskript durchsah und mich freundlich, aber nachdrücklich auf Schwachstellen hinwies, und Dr. Jan Hermelink, der mit mir Religious Education in Birmingham entdeckte.

Dazu Prof. Dr. Michael Meyer-Blanck für Kollegialität und Freundschaft in vielfacher Hinsicht, Prof. Dr. Jörg Ohlemacher und der von ihm geleiteten Arbeitsgemeinschaft für die Geschichte der Religionspädagogik, vor der ich einzelne Passagen vortragen konnte, Prof. Dr. Helmut Hanisch für manches nachbarschaftliche Gespräch und Prof. Dr. Eberhard Winkler, der mich in Halle angesichts vielfältiger Widrigkeiten immer vorbehaltlos unterstützte und mir wiederholt Mut zusprach.

Auch meinen Hilfsassistenten in Halle, besonders Agnes Straßberger und Jochen Kinder, die mir bei der Literaturbeschaffung und bei der Überprüfung des Manuskripts halfen.

Schließlich Herrn Dr. Hasko v. Bassi vom Verlag Walter de Gruyter, der mir die Aufgabe übertrug, dieses Lehrbuch zu verfassen, und mich in sehr gewinnender Art bisweilen an die damit übernommene Verpflichtung erinnerte.

Ich widme das Buch dem von Thomas Quecke geleiteten Kollegium des Hallenser Elisabeth-Gymnasiums. Mit ihm gibt das Magdeburger römisch-katholische Bistum ein leuchtendes Beispiel für christliche Bildungsmitverantwortung in einem durch jahrzehntelangen Staatsatheismus verwüsteten Schul- und Gemeinwesen. Meine Kinder hatten das Glück, diese „gute Schule" besuchen zu dürfen.

Halle/Münster im September 1997   Christian Grethlein

Inhalt

1. Kapitel: Religionspädagogik – eine „moderne" deutsche Wissenschaft zwischen Theologie und Pädagogik

1. Hintergründe – Entwicklungen im 19. Jahrhundert

Der Begriff „*Religionspädagogik*" taucht nicht von ungefähr an der Wende vom 19. zum 20. Jahrhundert erstmals auf. Er ist sowohl in seiner begrifflichen Bildung als auch in seinen inhaltlichen Implikationen, die diesen Wissenschaftszweig bis heute bestimmen, *ein Resultat verschiedener politisch-gesellschaftlicher, kulturell-religiöser und pädagogischer bzw. erziehungspraktischer Veränderungen*, die sich meist bereits am Ende des 18. Jahrhunderts abzeichnen bzw. verstärken und das 19. Jahrhundert prägen. Dementsprechend ist „Religionspädagogik" ein eigentümlich deutscher Begriff, insofern sich die genannten Veränderungen in Deutschland zwar nicht isoliert von anderen Ländern, aber doch auf recht spezifische Weise vollzogen. Vor allem die beiden für die Begriffsbildung entscheidenden Faktoren, die kirchliche bzw. religiöse und die erziehungspraktische, vor allem schulische Situation, unterscheiden sich in Deutschland deutlich von der anderer Länder wie z.B. England, Frankreich oder den USA.[1] Wegen der jeweiligen Komplexität der Ursachen, Hintergründe und Entwicklungen in den einzelnen Ländern kann ich in diesem speziell der Entstehung und Etablierung von „Religionspädagogik" als wissenschaftlicher Disziplin gewidmeten Kapitel auf außerdeutsche Entwicklungen nur am Rande hinweisen, um die Besonderheit der deutschen Entwicklung zu illustrieren, aber auch um für die Zukunft mögliche, bereits erprobte Optionen in den Blick zu bekommen.

Erst ab den 80er Jahren des 20. Jahrhunderts, verstärkt durch die mit der politischen Vereinigung zusammenhängenden Entwicklungen, scheint sich der deutsche Sonderweg auf dem Gebiet der Bildung abzuschwächen, der sich traditionell in Phänomenen wie weitgehend staatliche Trägerschaft der Schule, Dreigliedrigkeit des Schulsystems (mit Abitur als zentralem Berechtigungszertifikat) und Beamtenstatus der Lehrerinnen und Lehrer ausdrückt. Die Zunahme von Schulen in privater Trägerschaft, die Organisation des Schulwesens in den neuen Bundesländern, die z.T. Haupt- und Realschule enger miteinander verbindet, und die Diskussion um

---

[1] S. B. Zymek, Der Stellenwert des deutschen Einigungsprozesses in der Bildungsgeschichte des 20. Jahrhunderts, in: W. Helsper, H.-H. Krüger, H. Wenzel, Hg., Schule und Gesellschaft im Umbruch Bd. 1, Weinheim 1996, vor allem 31-34.

die Verbeamtung der Lehrer und Lehrerinnen (nicht nur) in den neuen Bundesländern signalisieren, daß die Selbstverständlichkeit der besonderen Schulsituation in
Deutschland nicht mehr unhinterfragt besteht.

Ähnlich zögernd, aber durchaus etwa gleichzeitig wahrnehmbar sind
Veränderungen in den großen religiösen Institutionen, den beiden großen
deutschen Kirchen, die bisher im Vergleich zu Kirchen anderer Länder
durch ihr besonderes Verhältnis zum Staat, die Zweikonfessionalität und die
gute finanzielle Ausstattung auffielen.[2] So lassen neben anderem die Auseinandersetzung um die Streichung des Buß- und Bettags im Rahmen der
Finanzierung der Pflegeversicherung, der mittlerweile gegenüber den beiden
großen Kirchen fast ebenso große Anteil der Andersgläubigen und Konfessionslosen in Deutschland sowie die zunehmenden finanziellen Engpässe,
vor allem in den Kirchen der neuen Bundesländer, bevorstehende Umbrüche in der Organisation von Kirche ahnen.

1.1. Politisch-gesellschaftliche Veränderungen

1.1.1. Politische Umbrüche

Die Veränderungen auf der politischen Landkarte zwischen dem 18. und 19.
Jahrhundert spiegeln tiefe politische Umbrüche in Deutschland wider. Das
Reich, in dem die Deutschen lebten, war noch im 18. Jahrhundert politisch
äußerst zersplittert. Es umfaßte 157 weltliche und 80 geistliche Territorien,
51 Reichsstädte und fast 1500 Mitglieder der Reichsritterschaft, die auf eine
gewisse Unabhängigkeit pochten. Die nach der napoleonischen Expansions-
politik und den daraus resultierenden revolutionären Jahren geschlossene
Deutsche Bundesakte von 1815 konstituierte dagegen einen Bund von 39
(dann 41) Staaten und Städten.

Die damit gegebene konfessionelle Mischung der Territorien stellte grundsätzlich
für Schule z.B. die Frage, ob diese weiterhin konfessionell geschlossen organisiert
werden könne.

Mit den in Napoleons Eroberungspolitik begründeten[3] Umbrüchen
unmittelbar verbunden sind zahlreiche Reformen bzw. Reformbestrebungen, die letztlich zu einer Auflösung des traditionellen Ständestaates führten:

---

[2] In der wissenschaftlichen Religionspädagogik findet dieser Prozeß in der neuen
Forschungsrichtung Gemeindepädagogik seine Reflexionsgestalt (s. K. Foitzik,
Gemeindepädagogik. Problemgeschichte eines umstrittenen Begriffs, Gütersloh
1992).

[3] Th. Nipperdey, Deutsche Geschichte 1800-1866. Bürgerwelt und starker Staat,
München ⁵1991, 11: „Gewiß, die Grundprinzipien der modernen Welt sind mit
der Französischen Revolution ins Leben (und ins Bewußtsein der Zeitgenossen)

– die sog. „Bauernbefreiung", „die große und fundamentale Reform der Gesellschaft überhaupt, die das bürgerliche Zeitalter eröffnet"[4]. Die Bauern werden dadurch persönlich frei, können z.b. heiraten, umziehen und frei wirtschaften;

– die „Freiheit des Güterverkehrs": „Jeder – Adliger, Bürgerlicher, Bauer – konnte Boden kaufen und verkaufen, frei den Boden teilen oder sich verschulden"[5];

– die Berufs- und Gewerbefreiheit. Sie machte die bis dahin bestehenden Zünfte zu Privatvereinen.

Im Bildungsbereich veranlaßte die politische Entmachtung von Staaten – wie sich am Beispiel Preußen gut zeigen läßt – besondere Anstrengungen,[6] die schließlich zu einer allgemeinen, für jeden (und jede) zugänglichen Schule führten.

Für das kirchliche Leben resultierte aus der staatlichen Neuordnung, daß die traditionell konfessionelle Geschlossenheit vieler Staaten einem stärkeren Neben- und Miteinander von konfessionell unterschiedlich gebundenen Menschen wich.

Solche und andere, in den verschiedenen deutschen Staaten in unterschiedlicher Form und Geschwindigkeit beobachtbaren Entwicklungen führten zu einer tiefgreifenden *Enttraditionalisierung* der Lebensweise und ermöglichten den *Wandel der bisherigen Standesgesellschaft in eine „Leistungs- und Berufsgesellschaft"*[7].

1.1.2. Bevölkerungswachstum

Tiefgreifend waren auch die demographischen Veränderungen in Deutschland während des 19. Jahrhunderts. Das alte Reich umfaßte Ende des 18. Jahrhunderts etwa 30 Millionen Menschen.[8] Nach den napoleonischen

---

getreten ... Aber für die Deutschen ist der Umsturz der alten Ordnung reale Erfahrung erst unter Napoleon und in der Form des Militär-Imperiums geworden". Vgl. zur Bedeutung des durch Französische Revolution und napoleonische Herrschaft initiierten und ausgedrückten Umbruchs für die Struktur von Erziehung Chr. Kahrs, Evangelische Erziehung in der Moderne. Eine historische Untersuchung ihrer erziehungstheoretischen Systematik, Weinheim 1995, 13-28.

[4] Nipperdey, a.a.O. 41.

[5] Ebd. 43.

[6] S. ebd. 56-65; vgl. H.-U. Wehler, Deutsche Gesellschaftsgeschichte Bd. 1, München ³1996, 472-485.

[7] Nipperdey, a.a.O. (Anm. 3) 44.

[8] S. I. Hardach-Pinke, G. Hardach, Hg., Deutsche Kindheiten 1700-1900, Frankfurt ³1992, 23.

Kriegen (1816) zählte man etwa 32,7 Millionen Deutsche, 1865 bereits 52 Millionen.[9] Solch starkes Bevölkerungswachstum, das sich in ähnlichem Umfang – etwa ein Prozent Zuwachs pro Jahr – bis 1914 fortsetzte,[10] brachte erhebliche Veränderungen für viele Menschen mit sich. *Armut bis hin zur Hungersnot* griff um sich, traditionelle Lebensformen zerbrachen, vor allem auch in Verbindung mit der zunehmenden Verstädterung und Industrialisierung. Für die Mehrheit der Bevölkerung in der ersten Hälfte des 19. Jahrhunderts muß deshalb gelten – und dies ist wichtig, um die Bedeutung der später dargestellten pädagogischen und katechetischen Erneuerungsprogramme für die Menschen richtig einzuschätzen: „Mühe und Not (waren) die entscheidenden Determinanten der Sozialisation, weitgehend unabhängig davon, was Gesellschaft und Staat, Kirchen und pädagogische Schriftsteller, Gutsherrschaft und Eltern im einzelnen über die Sozialisation dachten."[11]

1.1.3. Industrialisierung

In der Propyläen-Weltgeschichte wird lapidar festgestellt: „Das 19. Jahrhundert war in Europa weitgehend von Wissenschaft, insbesondere dem Aufstieg der naturwissenschaftlichen Disziplinen, bestimmt."[12] Die Einführung klaren methodischen Vorgehens führte ebenso wie spontanes Begreifen zu Entdeckungen und Erfindungen, die die *Entwicklung der Naturwissenschaften* wesentlich voranbrachten. Für das Leben der Menschen waren dabei die technischen Konsequenzen prägend.

Es begann „die Neugestaltung des sozialen Wesens ... in Europa und bald in der ganzen Welt durch die Ausbreitung der Dampfmaschine, deren über hundertjährige Entwicklung James Watt 1786 zur ‚Fabrikationsreife' gebracht hatte. Die seit undenklichen Zeiten unveränderte Reisegeschwindigkeit zu Land und Wasser wird mit der Dampfmaschine sprunghaft vergrößert; gleichzeitig vergrößert sich die Menge der zusammen beförderbaren Menschen. Es folgen die Versuche mit den ersten elektrischen Telegraphen zur Beschleunigung der Nachrichtenübermittlung. Und

---

[9] S. Nipperdey, a.a.O. (Anm. 3) 102.

[10] S. Th. Nipperdey, Deutsche Geschichte 1866-1918, Bd. 1. Arbeitswelt und Bürgergeist, München ²1991, 10; s. ausführlicher H.-U. Wehler, Deutsche Gesellschaftsgeschichte Bd. 2, München ³1996, 7-24.

[11] Hardach-Pinke, Hardach, a.a.O. (Anm. 8) 29; s. zum Problem des Pauperismus, Wehler, a.a.O. (Anm. 10) 281-296.

[12] W. Gerlach, Fortschritte der Naturwissenschaft im 19. Jahrhundert, in: Propyläen Weltgeschichte Bd. 8.1. Das neunzehnte Jahrhundert, Frankfurt 1976 (1960), 237; vgl. zur ökonomischen Entwicklung im einzelnen H.-U. Wehler, Deutsche Gesellschaftsgeschichte Bd. 3, München 1995, 547-610.

schließlich bringt diese Steigerung der Arbeitsleistung durch die Maschinen die Industrialisierung".[13]

Diese sog. erste industrielle Revolution führte auch in Deutschland trotz des im Vergleich mit England langsameren Verlaufs zu zahlreichen tiefgreifenden Veränderungen. Vielleicht am wichtigsten war in religiöser und pädagogischer Hinsicht der mit der Industrialisierung verbundene Verlust des unmittelbaren Kontakts mit der Natur. Vom Menschen geschaffene Ordnungen ersetzten zunehmend die bisher vornehmlich mit der landwirtschaftlichen Tätigkeit gegebenen Rhythmen des Tages- und Jahresablaufs. Das zeigte sich besonders in der Dominanz des industriellen Zeittakts, der auch das übrige Leben immer mehr bestimmte.[14]

„Zeit wird entnaturalisiert und sie wird homogen; selbst die Grenze von Tag und Nacht wird, vor allem seit der Einführung des elektrischen Lichtes, für die tägliche Lebenspraxis relativ einheitlich, aber künstlich festgelegt."[15]

Es muß wohl nicht besonders betont werden, daß der Siegeszug der Uhrzeit eine wichtige Voraussetzung für die Einführung und Organisation von Schule war.

Auch räumlich veränderte sich das Leben für viele Menschen. Die Produktion löste sich vom Ort des häuslichen Lebens. Das bisher weithin übliche Wohnen im eigenen Haus wurde – nicht zuletzt auf Grund der Notwendigkeit, in die Nähe des Arbeitsplatzes zu ziehen, bzw. bei begüterten Familien umgekehrt wegen des Wunsches, von der Produktionsstätte wegzuziehen – zu einem Wohnen zur Miete. Die damit gegebenen Umzüge führten zu einer allgemeinen *Mobilisierung der Gesellschaft* und verstärkten

---

[13] Gerlach, a.a.O. 244f.

[14] S. E.P. Thompson, Time, Work-Discipline and Industrial Capitalism, in: Past and Present 38 (1967) 56-97; vgl. ausführlich zum langfristigen, mit der Veränderung des Zeitverständnisses sich vollziehenden pädagogischen Prozeß N. Neumann, Lerngeschichte der Uhrenzeit. Pädagogische Interpretationen zu Quellen von 1500 bis 1930, Weinheim 1993.

[15] Nipperdey, a.a.O. (Anm. 10) 166; vgl. hierzu die kritischen pädagogischen Anmerkungen des – wie in 2.2.2. gezeigt – für die Entstehung von „Religionspädagogik" sehr wichtigen T. Ziller, Vorlesungen über allgemeine Pädagogik, Leipzig 1876, 64: „In der Großstadt z.B. kann sich schon die Zeitvorstellung bei den Kindern viel schwerer ausbilden als auf einem einfachen Bauerndorf, weil sie von gleichförmig ablaufenden Reihen des Geschehens aus sich entwickeln muß und es dort so gleichmäßige und stark hervortretende Reihen des Geschehens, die für die ganze Bevölkerung maßgebend wären, gar nicht gibt ... Hier wird selbst Auf- und Untergang der Sonne viel zu wenig allgemein beobachtet ..."

damit die Enttraditionalisierung.[16] Auch bildeten sich jetzt in kurzer Zeit große neue Ansiedlungen, für die z.B. die traditionelle kirchliche Parochialgliederung nicht zureichte. So verloren in den neuen Großstädten viele Menschen schon aus organisatorischen Gründen den sozialen Kontakt zu „ihrem" Pfarrer.

Speziell für Kinder bedeutete die Industrialisierung ebenfalls einen bedeutenden Einschnitt. War bisher ihre Mitarbeit im Haus selbstverständlich und ein wichtiger Teil ihres Lernens, so kam es jetzt zur Kinderarbeit in der Industrie, die die kindliche Entwicklung erheblich schädigte. Die Mißbräuche waren so groß, daß sich der Staat – nicht zuletzt an der Gesundheit seiner künftigen Soldaten interessiert – mit Gesetzen einschaltete. 1839 erließ Preußen als erster deutscher Staat ein Gesetz zur Beschränkung der Kinderarbeit, das 1852 dann weiter verschärft wurde. Damit wurde z.B. das früheste Eintrittsalter in eine Fabrik von neun auf zwölf Jahre angehoben.[17]

Erst 1891 verbot Preußen die Beschäftigung schulpflichtiger Kinder in Fabriken.[18]

Schließlich veränderte der Prozeß der Industrialisierung auch anderweitig soziale Formen. Die bis dahin – recht und schlecht – in das „Haus" integrierten behinderten und kranken Menschen wurden zunehmend ausgegrenzt. Es entstanden eigene Anstalten und besondere Berufe zu ihrer Betreuung und Pflege.[19]

1.1.4. Materielle Lebensbedingungen

Bis in die Mitte des 19. Jahrhunderts kennzeichnete große Armut die Lebensbedingungen vieler Menschen. Dann kam es jedoch zu einer *allmählichen Verbesserung der materiellen Lebensbedingungen.* 1846/47 herrschte in Deutschland die letzte große Hungersnot „alten Typs".[20] „Nach 1870 ist sie (sc. die Ernährung, C.G.), prinzipiell wenigstens, für alle gesichert, es gibt – jedenfalls normalerweise – keinen ausgeprägten Hunger mehr und keine massenhafte, dauernde, strukturelle Unterernährung ..."[21]

---

[16] Dieses Phänomen beschäftigte z.B. G. v. Zezschwitz in hohem Maß (s. zu dessen Katechetik 2.1.2.).

[17] S. Hardach-Pinke, Hardach, a.a.O. (Anm. 8) 45.

[18] Ebd.

[19] S. grundsätzlich zu diesem Zusammenhang K. Dörner, Wir verstehen die Geschichte der Moderne nur mit den Behinderten vollständig, in: Leviathan. Zeitschrift für Sozialwissenschaften 1994, 367-390.

[20] Hardach-Pinke, Hardach, a.a.O. (Anm. 8) 25.

[21] Nipperdey, a.a.O. (Anm. 10) 125.

Auch medizinisch gab es im 19. Jahrhundert deutliche Fortschritte. Die Entdeckungen auf dem Gebiet der Serologie und Bakteriologie führten zu einem Rückgang der großen Seuchen in Deutschland. 1892 grassierte die letzte große Cholera-Epidemie in Hamburg.[22] Auch die allgemeine Säuglingssterblichkeit ging am Ende des 19. Jahrhunderts spürbar zurück.[23] Insgesamt kam es zu einer erheblichen Verlängerung der Lebenserwartung. Während sie z.b. zwischen 1816 und 1860 in Ost- und Westpreußen bei 24,7 Jahren lag, stieg sie für das Gebiet des gesamten deutschen Reiches 1871/80 auf 35,6 Jahre (Männer) bzw. 38,5 Jahre (Frauen). Solche Zahlen verbergen tiefgreifende, das Zusammenleben in den Familien und auch die Bildungsinstitutionen wie die Schule prägende Entwicklungen. Je größer die Wahrscheinlichkeit ist, daß ein Kind das fünfte oder sechste Lebensjahrzehnt erreicht, desto wichtiger wird z.b. eine gute Ausbildung. Andererseits tritt die Dringlichkeit mancher religiöser Fragen dadurch zurück, wenn der Tod zunehmend mit höherem Alter verbunden wird.

Zur Verbesserung der allgemeinen Lebensbedingungen gehören auch die Fortschritte im Versicherungswesen: 1883 begann die Krankenversicherung, 1884 die Unfallversicherung, 1889 die Alters- und Invalidenversicherung.[24] Dadurch wurde das Leben in materieller Hinsicht erheblich besser abgesichert als bisher.

Schließlich ermöglichte der technische und industrielle Fortschritt etliche Erleichterungen im Alltag. Weil sie für uns heute weithin selbstverständlich sind, seien einige exemplarisch genannt:[25]

– die Einführung des Briketts erleichterte das Heizen;
– die Einführung des Kochherdes (ohne offenes Feuer) machte das Kochen einfacher;
– die Rüböl- und Petroleumlampen und das Gaslicht ersetzten die Kerzen und erweiterten so die Möglichkeiten der Lebensgestaltung auch am Abend und in der Nacht;
– die Installation von Wasserleitungen sowie die Kanalisation im Laufe des 19. Jahrhunderts brachten große Fortschritte für Hygiene und Haushaltsführung usw. in den Städten.

---

[22] Ebd. 160.
[23] Hardach-Pinke, Hardach, a.a.O. (Anm. 8) 41.
[24] Ebd. 25.
[25] S. Nipperdey, a.a.O. (Anm. 3) 131-136.

1.1.5. Zusammenfassung

Zusammenfassend ist festzustellen, daß – trotz der Ambivalenz der Industrialisierung, die ich kurz am Beispiel der Kinderarbeit andeutete, die aber durch Begriffe wie Proletarisierung und Naturzerstörung ergänzt werden müßte – am Ende des 19. Jahrhunderts viele Menschen erheblich unbeschwerter hinsichtlich ihrer materiellen Lebensbedingungen waren als zu Beginn des Jahrhunderts. Der Sieg über (drohenden) Hunger und viele Seuchen und nicht zuletzt die zunehmend bessere soziale Absicherung in Deutschland dürfen in ihrer Bedeutung für die Großzahl der Menschen nicht unterschätzt werden. Erst sie ermöglichten vielen einen Zugang zu öffentlichen Bildungsstätten und eröffneten *Freiräume zu eigenständigem Nachdenken, auch über religiöse Fragen und kirchliche Lehren.*

Es traten – durch tiefgreifende, das ganze Jahrhundert durchziehende naturwissenschaftliche, technische und ökonomische Veränderungen (mit)-bedingt – immer mehr Menschen aus den traditionellen Lebensformen heraus. Bildung und Erziehung erhielten in dieser Situation neue Bedeutung, und zwar sowohl aus ökonomisch-industriellen Notwendigkeiten als auch aus allgemeinen Gründen der durch zunehmende Wahlmöglichkeiten erforderten Daseins- und Wertorientierung. Organisationen, die stark traditionsverhaftet waren, wie beispielsweise die Kirche, mußten sich diesen Wandlungen stellen.

1.2. Kulturell-religiöse Veränderungen

Die Analyse von Autobiographien des frühen 19. Jahrhunderts zeigt, daß sich die Menschen dieser Zeit in deutlicher Distanz zum 18. Jahrhundert wußten. „Hinter den Äußerlichkeiten, daß etwa Perücke und Zopf verschwanden, Umgangsformen, Recht und Sitte sich änderten, wurde ein tiefgreifender Wandel der Gesellschaft erkannt. Die Menschen begannen, sich aus alten Abhängigkeiten zu lösen; das kulturelle Gefälle von der Stadt zum Land verringerte sich; die Privilegien des Geburtsadels wurden langsam ... zurückgedrängt."[26]

Nicht zuletzt neue Kommunikationsformen, wie die zahlreichen Lesegesellschaften, sind Ausdruck einer sich verbreiternden Partizipation an der kulturellen Entwicklung.

„Die Gründung zahlreicher neuer Zeitschriften sowie die schnelle quantitative Zunahme des Lesepublikums wie die Zahl der Autoren ermöglicht einen qualitativ neuen Diskurs".[27]

---

[26] Hardach-Pinke, Hardach, a.a.O. (Anm. 8) 22.

[27] F.W. Graf, Protestantische Theologie und die Formierung der bürgerlichen

Damit verbunden ist der *Prozeß der Individualisierung,* der ausgehend von der oberen Mittelschicht im 19. Jahrhundert auf Adel und kleineres Bürgertum ausstrahlte.[28] Dies alles wirkte sich selbstverständlich auch auf die kirchliche bzw. religiöse Situation und die Erziehungspraxis aus.

1.2.1. Auseinandertreten von Kirchlichkeit und Frömmigkeit

Insgesamt wird man mit Thomas Nipperdey konstatieren können: „Das deutsche 19. Jahrhundert ist noch immer ein christlich, ein kirchlich geprägtes Zeitalter."[29] Doch sind bei den Gebildeten geistige Auseinandersetzungen zu beobachten, die Schwierigkeiten bei der Vermittlung zwischen traditionellen Glaubensinhalten und neuen Entwicklungen zutage treten lassen.

Theologisch waren zu Beginn des 19. Jahrhunderts in Orthodoxie, Aufklärung und Pietismus die großen, auch frömmigkeitsgeschichtlich wirksamen Traditionen formiert, die bis heute – zumindest hintergründig – die Auseinandersetzung in der Kirche bestimmen. Friedrich Wilhelm Graf interpretiert modernitätstheoretisch den hier ausgetragenen „Streit um das Verhältnis von konfessionellem Kirchenglauben und allgemeiner, humanitär vernünftiger Religion" als „Spannung zwischen traditionellen Institutionen und neuen bürgerlichen Autonomieansprüchen".[30]

Während sich institutionell erst langsam die Möglichkeit des Kirchenaustritts durchsetzte – Preußen erließ z.b. 1873 ein Gesetz „betr. den Austritt aus der Kirche"[31] –, gab es doch wichtige Stimmen, die sich zumindest an der Grenze des Christentums zu religiösen Fragen äußerten. Johann Wolfgang v. Goethe (1749-1832) war wohl der „erste dezidierte Nicht-Christ in Deutschland, der auch dadurch ganz außerordentlich auf die deutsche Bildungsgeschichte gewirkt hat".[32] Er verstand den Menschen aus

---

Gesellschaft, in: ders., Hg., Profile des neuzeitlichen Protestantismus Bd. 1, Gütersloh 1990, 15; vgl. aber E. Bahr, Aufklärung, in: ders., Hg., Geschichte der deutschen Literatur Bd. 2, Tübingen 1988, 13f., der auf die Probleme des literarischen Marktes in dieser Zeit hinweist.

[28] S. Nipperdey, a.a.O. (Anm. 3) 265; vgl. aus soziologischer Sicht ausführlicher hierzu im 2. Kap. 2.1.

[29] Ebd. 403.

[30] Graf, a.a.O. (Anm. 27) 16; vgl. zum einzelnen das Kapitel „Frömmigkeitswelten in Biedermeier und Vormärz" in: K. Nowak, Geschichte des Christentums in Deutschland. Religion, Politik und Gesellschaft vom Ende der Aufklärung bis zur Mitte des 20. Jahrhunderts, München 1995, 94-111.

[31] S. genauer den Exkurs „Zur Geschichte des Kirchenaustritts in Deutschland seit 100 Jahren" in: A. Feige, Kirchenmitgliedschaft in der Bundesrepublik Deutschland, Gütersloh 1990, 126-136.

[32] Nipperdey, a.a.O. (Anm. 3) 441.

sich heraus und hing einem Pantheismus an, wie er z.B. im Glaubensbekenntnis des Faust dichterischen Ausdruck fand:

> Faust antwortet auf Gretchens besorgte Frage: „Glaubst du an Gott" u.a.:
> „Wer darf ihn nennen
> Und wer bekennen!
> Ich glaub Ihn!
> Wer empfinden
> Und sich unterwinden
> Zu sagen: ich glaub Ihn nicht!
> Der Allumfasser,
> Der Allerhalter,
> Faßt und erhält er nicht
> Dich, mich, sich selbst?
> Wölbt sich der Himmel nicht daroben?
> Liegt die Erde nicht hierunten fest?
> Und steigen freundlich blickend
> Einige Sterne nicht herauf? ...
> Neues Glück! Herz! Liebe! Gott!
> Ich habe keinen Namen
> Dafür! Gefühl ist alles;
> Name ist Schall und Rauch,
> Umnebelnd Himmelsglut."

Daß diese Glaubensauffassung in der damaligen Zeit für junge Gebildete attraktiv war, zeigt der Ausspruch Bismarcks, „daß er 1832, wie jeder Zögling des preußischen Gymnasiums, die Schule als Pantheist ... verlassen" habe.[33]

Nicht zuletzt Theologen vollzogen den Übergang von dem traditionellen, durch die Kirche überlieferten Glauben zu einer inhaltlich nicht mehr gefüllten allgemeinen Frömmigkeit. So veröffentlichte David Friedrich Strauß 1872 sein vielbeachtetes – innerhalb von neun Jahren zwölfmal aufgelegtes – Buch „Der alte und der neue Glaube. Ein Bekenntnis" und führte darin weitverbreitete Überzeugungen aus. Strauß weist die Rede von Erbsünde, Rechtfertigung oder Erlösung, Teufel und persönlichem Gott zurück, bekennt sich aber ausdrücklich zur „Religion", zu einem – mit den Erkenntnissen der damaligen modernen Naturwissenschaft vermittelten – Gefühl der Abhängigkeit vom Universum.[34]

Auch in der breiten Bevölkerung lockert sich ab der zweiten Hälfte des 19. Jahrhunderts die Kirchenbindung, ohne daß dazu die anfangs zahlenmäßig noch sehr kleine Gruppe von Sozialisten viel beigetragen hätte.

---

[33] Ebd. 457.
[34] S. Nipperdey, a.a.O. (Anm. 10) 508.

1869 trat die Sozialdemokratische Partei in ihrem Eisenacher Programm für eine strikte Trennung von Kirche und Staat ein und dabei auch für eine von der Kirche unabhängige Schule ohne Religionsunterricht. Diese Position wurde in Gotha (1871) und Erfurt (1891) bestätigt.[35]

So nahm die Zahl der sog. Mischehen langsam, aber stetig zu. Waren 1871/72 erst 6,9% der in Preußen geschlossenen Ehen solche Verbindungen, betrug ihre Zahl im Reich 1901 bereits 8,8%, 1913 10,4%. Nipperdey interpretiert wohl zutreffend: „Das ist nicht nur ein Symptom für die Lockerung von Kirchenbindungen, sondern für die größere Individualisierung der Lebensführung".[36] Da die Kirchen solche Entwicklungen durch striktes konfessionalistisches Abgrenzen nicht innovativ aufnehmen konnten, vollzogen sich im Laufe des 19. Jahrhunderts zwei entscheidende Veränderungen in der Einstellung der meisten Deutschen zur Kirche, die die Situation kirchlicher und christlicher Erziehung und Bildung grundlegend veränderten und – in allerdings sehr unterschiedlicher Weise – zur Entstehung der Krisenwissenschaft Religionspädagogik beitrugen: *Zum einen wird die Kirche zunehmend zu einem Sonderbereich im bürgerlichen Leben*[37], *zum anderen lösen sich Frömmigkeit und Ethos von der kirchlich vermittelten Lehre ab.*

Dies zeigt sich z.b. auch in dem traditionell der Kirche vorbehaltenen Bereich der Caritas. Langsam wurde die Krankenpflege zu einem weltlichen Beruf. Die Gründung des Roten Kreuzes 1870/71 war hier von großer Bedeutung.[38]

1.2.2. „Religion" als Antwort

Ein Antwortversuch auf die sich etwa seit 1770 abzeichnende Distanzierung gebildeter Kreise von der Kirche und ihren Lehren ist der Rückgriff von *Friedrich Schleiermacher* (1768-1834) auf den Begriff „Religion".

Dieser Begriff hat eine vielschichtige Bedeutungsgeschichte,[39] die auch wesentliche Chancen und Probleme seiner Verwendung im bildungstheoretischen Zusammenhang erkennen läßt. Als wohl erster gebrauchte ihn Cicero in geprägter Weise, „um eine subjektive Verhaltensweise zu bezeichnen": „Religion ist diejenige Tugend, die einer gewissen höheren, nämlich göttlich genannten Natur heilige Sorgfalt und

---

[35] Zur Wirkung dieser Position in der Weimarer Republik s. 3. Kap. 3.2.5.

[36] Nipperdey, a.a.O. (Anm. 10) 47.

[37] S. ebd 507.

[38] S. ebd. 157f.

[39] S. grundlegend den umfangreichen Artikel „Religion" in: Historisches Wörterbuch der Philosophie Bd. 8, Basel 1992, 632-713.

feierlichen Dienst entgegenbringt".[40] Dieses sittliche Verständnis von Religion wirkte sich dann in der Scholastik, z.B. bei Thomas von Aquin, aus.[41]

In der Alten Kirche diente „Religion" dazu, das Verhältnis des Christentums zum Heidentum zu bestimmen. So nennt Laktanz (gest. nach 317) das Christentum im Gegensatz zur „religio falsa" der Heiden „religio vera".[42] Dieses Modell gradueller Abstufungen innerhalb von Religion, das erlaubte, den Primat des Christentums gegenüber anderen Glaubensformen auszusagen, findet sich anthropologisch gewendet in der Renaissancephilosophie. Für Marsilio Ficino gehört – nach seinem Werk „De Christiana Religione" (1474) – Religion zur allgemeinen Grundausstattung des Menschen, „die in ihrem ursprünglichen und natürlichen Charakter angeboren ist".[43] Die Christen realisieren nach ihm in ihrer an Christus orientierten Gottesverehrung diese menschliche Anlage in besonders angemessener Art. „Die christliche Religion stellt somit nicht eine von der Allgemeinheit der Religion unterscheidbare partikulare Religionsart dar, vielmehr wird durch sie die in der menschlichen Natur angelegte Allgemeinheit der Religion auf denkbar vollkommene Weise verwirklicht."[44]

Martin Luther übernahm dann zwar den Topos der „religio vera", aber er füllte ihn von seiner christologisch bestimmten Theologie her neu. Das Christentum ist für ihn durch das – theologisch verstandene – Evangelium bestimmt, die anderen Religionen stehen dagegen unter dem Gesetz, weil in ihnen das Gottesverständnis der menschlichen Selbstbehauptung untergeordnet wird.[45]

Eine grundlegend neue Etappe bei der Verwendung des Religionsbegriffs markierte die Aufklärung: „Religion wird als natürliche Religion der theologischen Rahmenbedingungen entkleidet und zum Gegenstand von Kritik- und Begründungsvorgängen, die auf dem Boden der um ihre Selbständigkeit wissenden Vernunft vollzogen werden."[46] Religion wurde so – in unterschiedlichen Spielarten – ihrer Selbständigkeit beraubt. Sie diente zunehmend – und dies ist eine die Religionspädagogik von Anfang an prägende Akzentuierung – der Unterstützung sittlicher Lebensführung und wurde letztlich auf Moral reduziert.

Schleiermacher nimmt in seinen Reden „Über die Religion"[47] Einsichten von Johann S. Semler und Johann G. Herder auf, führt sie aber charakte-

[40] F. Wagner, Was ist Religion? Studien zu ihrem Begriff und Thema in Geschichte und Gegenwart, Gütersloh ²1991, 21.
[41] S. ebd. 25.
[42] S. ebd. 23.
[43] Ebd. 27.
[44] Ebd.
[45] S. ebd. 30f.
[46] Ebd. 35.
[47] Die Reden erschienen in vier Auflagen, von denen die ersten drei jeweils stark überarbeitet waren (1799; 1806; 1821; 1831). Zu den Differenzen zwischen den Auflagen und ihrer möglichen Bedeutung für das Verständnis der Schleiermacherschen Theologie s. F.W. Graf, Ursprüngliches Gefühl unmittelbarer

ristisch weiter.[48] Mit beiden teilt er die Unterscheidung zwischen Theologie und Religion. Doch hebt er sich dadurch von ihnen und anderen Aufklärern ab, daß er der „Religion" in deutlicher Absetzung von Moral und Metaphysik „eine eigne Provinz im Gemüthe" zuweist.[49] Das begründet er in doppelter Weise. Zwar beziehen sich Metaphysik, Moral und Religion auf denselben Gegenstand, nämlich das Universum und das Verhältnis der Menschen zu ihm. Doch während dies in der Metaphysik begrifflich und in der Moral handelnd geschieht, lebt die Religion „in der unendlichen Natur des Ganzen, des Einen und Allen".[50] Das Anschauen des Universums findet dadurch, daß es den anschauenden Menschen verändert, seinen Niederschlag im „Gefühl".

Mit dieser Religionskonzeption, in der Religion durch die Unmittelbarkeit ihrer Anschauung zugleich Denken und Handeln als vermittelte Zugangsweisen zum Universum grundlegt, gelingt es Schleiermacher, der seit Ende des 18. Jahrhunderts laut werdenden Kritik an den unbelegbaren metaphysischen Vorgaben des Christentums und seinen moralischen Vorstellungen zu begegnen. Religion in Schleiermachers Verständnis ist davon nicht betroffen, weil sie sich auf einen anderen Bereich als Moral und Metaphysik bezieht. Zugleich gelingt durch den betonten Hinweis auf die Bedeutung der gegenseitigen Mitteilung der individuellen Anschauungen und Gefühle, die in der „wahren Kirche", dem „Chor von Freunden" stattfindet[51], der Anschluß an die traditionelle Lehre von der Kirche. Bildungstheoretisch wird damit einer individualistischen Engführung gewehrt.

Koinzidenz des Differenten. Zur Modifikation des Religionsbegriffs in den verschiedenen Auflagen von Schleiermachers „Reden über die Religion", in: ZThK 75 (1978), 147-186; vgl. auch die Einleitung zu: F.D. Schleiermacher, Über die Religion (2.-)4. Auflage, Monologen (2.-)4. Auflage, in: KGA 12, Berlin u.a. 1995, X-XXVI durch G. Meckenstock.

[48] S. Wagner, a.a.O. (Anm. 40) 55-59; zur Spinoza-Rezeption Schleiermachers s. kurz U. Frost, Einigung des geistigen Lebens. Zur Theorie religiöser und allgemeiner Bildung bei Friedrich Schleiermacher, Paderborn u.a. 1991, 95.

[49] F.D.E. Schleiermacher, Über die Religion. Reden an die Gebildeten unter ihren Verächtern (1799), in: KGA I/2, Berlin u.a. 1984, 204; vgl. zum Begriff des Gemüts bei Schleiermacher, M. Schreiner, Gemütsbildung und Religiosität, Göttingen 1992, 35-39.

[50] Schleiermacher, a.a.O. 212.

[51] Ebd. 291; s. ausführlicher, auch mit Bezug auf Schleiermachers Biographie, die Einleitung in K.E. Nipkow, F. Schweitzer, Hg., Religionspädagogik Bd. 1, München 1991, 39-44.

Dieses Konzept hat erhebliche Bedeutung für die Bildungskonzeption[52] und damit für die Grundlegung der Religionspädagogik.[53] Denn wenn Religion einen eigenen wichtigen Bereich menschlicher Wirklichkeitswahrnehmung bezeichnet, muß dieser im Bildungsgeschehen berücksichtigt werden. Da Religion darüber hinaus erst sinnvollen Umgang mit Wissen und Handeln ermöglicht[54], ist religiöse Bildung nicht nur ein Teil der allgemeinen, der älteren Generation gegenüber der jüngeren aufgegebenen Bildungsbemühungen, sondern auf Grund der Universalität ihres Gegenstandes zugleich „deren umfassendste Begründung".[55]

Allerdings beinhaltet dieser Versuch, am Beginn des 19. Jahrhunderts christliche Religion in ihrer Bedeutung zu erweisen, in bildungstheoretischer Hinsicht ein erhebliches Problem. Es stellt sich die Frage, ob nicht nur eine kleine Zahl von Menschen die Fähigkeit zu solcher individuellen Anschauung und Mitteilung besitzt (bzw. erwerben kann). Diese Schwierigkeit war Schleiermacher bewußt und hier setzt die Aufgabe von religiöser Erziehung und Bildung in seiner Religionstheorie an. Der vorzügliche Ort dazu ist für ihn die Familie und deren Sozialisation; denn geplante Erziehung, wie sie etwa den Unterricht (zur Zeit Schleiermachers) prägt, widerspricht der Ungezwungenheit der religiösen Anschauung und des religiösen Gefühls. Weil aber offensichtlich die Lebensumstände in vielen Familien solch eine religiöse Einwirkung verhindern, fordert Schleiermacher „die zumindest partielle Aufhebung entfremdeter Arbeit, die ... (er) als Folge von Arbeitsteilung und merkantilistisch-frühkapitalistischer Produktionsweisen sichtbar macht."[56] Die nachfolgende Entwicklung zeigt dann, daß sich die Hoffnung Schleiermachers auf den technischen Fortschritt als Lösung dieses Problems nicht dahingehend erfüllte, daß die Familie ihrer Aufgabe der religiösen Erziehung umfassender nachgekommen wäre. Die durch technische Erleichterungen frei werdende Zeit wird meist anderweitig verwendet.

Doch grundsätzlich hat Schleiermacher in seiner Forderung, das Besondere der Religion und dabei ihre allgemeine Bedeutung für das Denken und Handeln zu erheben, genau die bis heute bestehende wissenschaftstheoretische Aufgabe der Religionspädagogik angesichts eines zunehmend weniger kirchlich geprägten Klimas benannt. *Die Gefahr des Verschwimmens bzw.*

---

[52] S. ausführlich hierzu Frost, a.a.O. (Anm. 48) 224-251.

[53] S. H. Schröer, Friedrich Daniel Ernst Schleiermacher (1768-1834), in: ders., D. Zilleßen, Hg., Klassiker der Religionspädagogik, Frankfurt 1989, vor allem 126-132.

[54] S. Graf, a.a.O. (Anm. 47) 173 (bezugnehmend auf Schleiermacher).

[55] Frost, a.a.O. (Anm. 48) 278.

[56] Wagner, a.a.O. (Anm. 40) 68.

Aufgehens von Religion in allgemeine Moral oder Sittlichkeit auf der einen Seite bzw. des Versinkens von Religion in die Bedeutungslosigkeit einer mit dem Alltag unverbundenen Sonderwelt sind seit der Aufklärung Skylla und Charybdis religiöser Erziehung. Zugleich versucht Schleiermacher durch Rekurs auf die „Anschauung" und/bzw. das „Gefühl", einen allgemein nachvollziehbaren Ansatzpunkt für die religiöse Rede aufzuweisen, ohne sich idealistisch reduktiv auf das Selbstbewußtsein des Subjekts zu beschränken. Seine begrifflichen Unschärfen bei der Verwendung von „Anschauung" sowie das spätere Zurücktreten dieser Kategorie zugunsten des abstrakteren „Gefühls" machen letztlich auf die Grundspannung der Religionspädagogik als moderner Wissenschaft aufmerksam, die sowohl die modernen Menschen mit ihrem Verlangen nach Erfahrung als auch das Verborgensein Gottes in seiner Offenbarung ernstnehmen will.

1.2.3. Konfessionelle Differenzen

Der eben skizzierte Versuch, der zunehmenden Kritik am Christentum durch eine Religionskonzeption zu begegnen, die zugleich religiöse Erziehung und Bildung begründen kann, ist im 19. Jahrhundert ein typisch protestantisches Unternehmen, das in Schleiermachers Werk einen frühzeitigen Höhepunkt fand. Hinter dieser Einschätzung steht die Einsicht in die das 19. Jahrhundert in Deutschland prägende konfessionelle Differenz.[57] Evangelische und katholische Kirchen setzten sich in unterschiedlicher Weise mit den angedeuteten Modernisierungsprozessen auseinander. Die konfessionelle Verschiedenheit in der Bewertung der gesellschaftlich-politischen und kulturellen Veränderungen im Deutschland des 19. Jahrhunderts ist religionspädagogisch u.a. deshalb von Bedeutung, weil sie mit ein Grund für die Unterschiede und Phasenverschiebungen in der religionspädagogischen Theoriebildung der beiden großen Konfessionen und (wohl auch) deren Praxis im 20. Jahrhundert ist.

Bis zur Mitte des 19. Jahrhunderts gab es im *Katholizismus* drei Richtungen, die Ausgangspunkt für eine Pluralisierung der katholischen Kirche hätten sein können:[58]

– Dem Zeitgeist gegenüber am aufgeschlossensten waren Gebildete, vor allem Priester, die noch durch die Aufklärung geprägt waren. Sie bemühten sich um „die Auflockerung des dogmatischen, juristischen und kultischen Charakters der Kirche, die Abkehr von alten barocken Frömmigkeitsformen wie den Wallfahrten" und traten für „die Predigt einer vernünftigen christ-

---

[57] S. grundlegend Nowak, a.a.O. (Anm. 30) 64–80.
[58] S. Nipperdey, a.a.O. (Anm. 3) 407–410.

lichen Humanität und Ethik, die Reform des Gottesdienstes (bis zur deutschen Messe)" ein.[59]

– Daneben stand eine Gruppe von Theologen, wie etwa Georg Hermes in Bonn oder Anton Günther in Wien, die den katholischen Glauben mit neuen Denkrichtungen, etwa der Philosophie, versöhnen wollten. In ähnliche Richtung gingen Versuche, für die vor allem der Landshuter Professor und spätere Regensburger Bischof Johann Michael Sailer steht, die Entfernung zwischen deutscher Kultur und Katholizismus vor allem durch Rückgriff auf die Romantik und ihre Empfindsamkeit zu überwinden. Sailer versuchte, „den Geist Pestalozzis, die Bildung Goethes in den Katholizismus einzubringen, den Glauben zu verinnerlichen, die Kirche zu ‚edler Einfalt' zu führen – für fromme Humanität und Innerlichkeit und deren Selbstentfaltung, gegen die Überstrapazierung von Dogma, Institution, Autorität".[60]

– Diese „zeitoffene und reformorientierte Ausrichtung"[61] verfolgte auch die Tübinger Schule (mit der „Theologischen Quartalschrift" als publizistischem Organ), bei der vor allem Johann Baptist Hirscher mit seinen reformkatechetischen Ansätzen eine mögliche Basis für eine katholische Religionspädagogik schuf.[62]

Doch diese Strömungen konnten – trotz ihres großen Einflusses in den Universitäten und damit auf die Priesterausbildung – die schroffe *„ultramontane" Kehrtwendung in der katholischen Kirche um 1850* nicht verhindern.

Ursprünglich bezeichnet Ultramontanismus im Mittelalter, „geographisch verstanden, Menschen und Kräfte von ‚Jenseits der Berge' ..., z.B. während des Investiturstreits die deutschen Parteigänger röm. Interessen".[63]

Der im 19. Jahrhundert wirksame Ultramontanismus hatte sich zuerst in Frankreich gebildet, um dort Versuchen Napoleons zu wehren, die katholische Kirche und das Papsttum zu einer Staatseinrichtung zu machen. Zu dieser kritischen Haltung gegenüber dem Staat, der ja z.B. in Preußen eindeutig protestantisch bestimmt war, und der damit verbundenen Anlehnung an das römische Papstamt trat im weiteren die Gegnerschaft zum modernen Geistesleben. Der Sieg der Ultramontanen über die anderen Strömungen im Katholizismus führte zu einem die Moderne ablehnenden, theologischen Uniformisierungsprozeß.

---

[59] Ebd. 407.

[60] Ebd. 408; s. ausführlicher U.J. Meier, Christoph von Schmid: Katechese zwischen Aufklärung und Biedermeier, St. Ottilien 1991, 101-123.

[61] N. Mette, Religionspädagogik, Düsseldorf 1994, 74.

[62] S. Nipperdey, a.a.O. (Anm. 3) 409; s. näher 2.1.2.

[63] H. Hohlwein, Art. Ultramontanismus, in: RGG³ Bd. 6 (1962) 1113.

Alfred Läpple stellt dessen wichtigste Etappen anhand päpstlicher Verlautbarungen kurz zusammen:

„1864 (8. Dez.) Veröffentlichung des Syllabus durch Papst Pius IX., in dem die hauptsächlichsten Irrtümer des 19. Jahrhunderts ... zusammengestellt und verworfen wurden.

1870 (18. Juli) Verkündigung des Dogmas vom Primat und von der Unfehlbarkeit des Papstes.

1879 (4. Aug.) Enzyklika Aeterni Patris des Papstes Leo XIII., die entscheidende Impulse für die Neuscholastik und den Neuthomismus gab.

1907 (8. Sept.) Enzyklika Pascendi Dominici Gregis des Papstes Pius X. und Vorschrift des Antimodernisteneides."[64]

Vor allem die Frontstellungen des achtzig Irrtümer ablehnenden Syllabus errorum von 1864 veranschaulichen die Umfassenheit und Wucht der Konfrontation des Papstes und damit der römisch-katholischen Kirche mit der modernen Entwicklung. Der Papst wendet sich hier weltanschaulich gegen „Pantheismus, Naturalismus, Rationalismus, Indifferentismus, Liberalismus, Kommunismus"[65]; politisch gegen „Religions-, Meinungs-, Wissenschaftsfreiheit; Zivilehe, Staatskirchentum, Staatsschule; Liberalisierung und Freimaurertum, Volkssouveränität und Demokratie, allgemeines Stimmrecht und Souveränität der Nation".[66]

Sozial schlug sich diese theologische Konfrontation, die letztlich die „Gegnerschaft gegen die Moderne ... zum Kriterium der Rechtgläubigkeit"[67] machte, in der *Bildung eines „katholischen Milieus"* einer katholischen Subkultur nieder.[68] Organisatorisch führte das zu einem „Vereins- und Verbandskatholizismus".[69] Nur so war die Intensität und Dichte des sozialen Zusammenhangs zu gewährleisten, um der modernen Außenwelt zu widerstehen. Damit verbunden war die Wiederbelebung traditioneller Frömmigkeits-

---

[64] A. Läpple, Kleine Geschichte der Katechese, München 1981, 173f; allerdings ist darauf hinzuweisen, daß dem Agieren des Papstes durchaus auch eine „Romwende von unten" entsprach (s. Nowak, a.a.O. (Anm. 30) 131).

[65] Läpple, a.a.O. 173.

[66] Nipperdey, a.a.O. (Anm. 3) 413.

[67] Ebd.

[68] Die Prägekraft dieser Milieubildung reicht bis in die heutige Zeit, wie z.B. eine Analyse der Wahlergebnisse in der Bundesrepublik ergibt, nach der das Wahlverhalten der Katholiken sich deutlich von dem anderer Gruppen unterscheidet (s. S. Faust, Konfession und Wahlverhalten. Ein Literaturbericht zu verschiedenen Studien über konfessionsbedingtes Wahlverhalten, in: MD 46 (1995) H. 2, 28-31).

[69] Nipperdey, a.a.O. (Anm. 10) 439.

formen wie prunkvoller Prozessionen und Wallfahrten zu Reliquien – 1844 besuchten z.B. in knapp zwei Monaten über eine Million Menschen die Ausstellung des legendären Heiligen Rockes in Trier.[70] Die dadurch vergrößerte Distanz zur modernen, der Aufklärung verpflichteten[71] Bildung führte neben anderen Faktoren (wie z.B. der stärkeren Verankerung des Katholizismus im ländlichen Bereich) dazu, daß die Katholiken sozialkulturell deutlich hinter den Protestanten zurückstanden. Sie waren „weniger modern, weniger etabliert, weniger aufgestiegen als die Protestanten, weniger professionell und individualisiert, weniger auf Aufstieg und Erfolg aus, aber auch besser in die Kommunität integriert, traditionaler und insoweit lebenssicherer."[72]

Die geringere Bildungspartizipation von Katholiken ist ein guter Beleg hierfür: „1875/76 waren in Preußen von den höheren Schülern 71,6% evangelisch, 19,2% katholisch (bei 33,7% Bevölkerungsanteil der Katholiken), 9,2% jüdisch (1,3%)".[73]

Wie diese Differenz in der konfessionellen Polemik – aus heutiger Sicht in sehr problematischer Weise – ausgeschlachtet werden konnte, zeigt die Behauptung von C.A.G. von Zezschwitz (gest. 1886), daß die Katholiken – im Gegensatz zu den Protestanten – deshalb einen lebenslangen Katechumenat anstrebten, um so letztlich die Mündigkeit ihrer Gemeindeglieder zu verhindern.[74]

Politisch stabilisierte in Deutschland der Bismarcksche Kulturkampf (1871-1887) letztendlich diese Form des kulturell isolierten Katholizismus. Denn er drängte die Katholiken enger zusammen und endete „mit einem glatten Mißerfolg für den Staat wie für die Liberalen. Das Zentrum hatte sich behauptet und war stärker geworden, und die Kirche war nicht zu unterwerfen".[75]

---

[70] Nipperdey, a.a.O. (Anm. 3) 412.

[71] S. zur Aufklärungsferne des Katholizismus H. Rab, „Katholische Wissenschaft" – Ein Postulat und seine Variationen in der Wissenschafts- und Bildungspolitik deutscher Katholiken während des 19. Jahrhunderts, in: A. Rauscher, Hg., Katholizismus, Bildung und Wissenschaft im 19. und 20. Jahrhundert, Paderborn u.a. 1987, 62f.

[72] Nipperdey, a.a.O. (Anm. 10) 451. Nowak, a.a.O. (Anm. 30) 134, macht allerdings zu Recht darauf aufmerksam, daß der Katholizismus in seiner Ausbildung von Vereinen, in seiner Präsenz in der Publizistik und seinem Einfluß in den Parlamenten instrumentell moderner als der Protestantismus war.

[73] Nipperdey, a.a.O. 556.

[74] S. A. Exeler, Wesen und Aufgaben der Katechese, Freiburg u.a. 1966, 56.

[75] T. Nipperdey, Deutsche Geschichte 1866-1918, Bd. 2. Machtstaat vor der Demokratie, München 1992, 381.

Die große Bedeutung der Bildungsfrage für die Auseinandersetzung der Katholiken mit der Moderne zeigt sich z.b. daran, daß in Deutschland die Frage der katholischen Schule das erste Kampfthema bildete.[76]

Allerdings schwächte sich auch bei den Katholiken ab Mitte des 19. Jahrhunderts die kirchliche Prägekraft allmählich ab. Konnte die Abspaltung der Altkatholiken als Protest gegen das auf dem I. Vatikanischen Konzil verkündete Infallibilitätsdogma von 1870 noch als die Aktion einer kleinen Zahl vornehmlich Hochgebildeter abgetan werden,[77] so ist langfristig bedeutungsvoller, daß die – im katholischen Bewußtsein sehr wichtige – liturgische Partizipation mancher Kirchenmitglieder immer weiter von der kirchlichen Norm abwich.

Z.B. lag in München 1887/88 die Teilnahme der Katholiken an der Osterkommunion bei 40%, es gab also „nicht geringe Gruppen von Nicht-Kommunikanten", die sich damit de facto außerhalb der römisch-katholischen Kirche bewegten.[78]

Insgesamt aber führte diese langsame Schwächung der katholischen Kirche – wie noch gezeigt wird – nur zu einem entschiedeneren Rückgriff auf die traditionelle kirchliche Lehre. Die für Religionspädagogik so signifikante Vermittlungsaufgabe zwischen Moderne und Christentum trat erst ab den zwanziger Jahren des 20. Jahrhunderts in das Blickfeld katholischer Theologen.

Während also die zweite Hälfte des 19. Jahrhunderts in der römisch-katholischen Kirche durch schroffe Abgrenzung vom Zeitgeist bestimmt war, vollzog sich in der evangelischen Theologie, aber auch in den evangelischen Kirchen eine zunehmende Öffnung. Auf Grund der größeren Pluralität im *Protestantismus* können hier nur einige wenige wirkungsgeschichtlich besonders wichtige Ansätze genannt werden. Die Arbeit „positiver", also den Offenbarungsanspruch des Wortes Gottes verteidigender Theologen bildet dabei einen Grundton, der nicht eigens genannt wird.[79]

Nipperdey weist zu Recht darauf hin, daß sich auch die konservativen evangelischen Theologen in den Bahnen des 19. Jahrhunderts bewegten: „wie Schleiermacher fangen sie an mit der Analyse des Selbstverständnisses, freilich nun des frommen erweckten Gläubigen".[80]

---

[76] S. ebd. 367.

[77] S. W. Küppers, Art. Altkatholizismus, in: TRE 2 (1978) 337f.

[78] Nipperdey, a.a.O. (Anm. 10) 438.

[79] Besondere Bedeutung erlangte für diese Richtung die sog. Erlanger Schule und hier wiederum J.Chr. von Hofmann (gest. 1877) (s. hierzu z.B. F.W. Kantzenbach, Programme der Theologie, München 1978, 90-103).

[80] Nipperdey, a.a.O. (Anm. 10) 474.

Vor allem Albrecht Ritschl (1822-1889) bestimmte mit seinem *Verständnis des Christentums als einer praktischen, also wesentlich ethischen Religion* die Diskussion in der liberalen Theologie ab 1870.[81] „Reich Gottes" als Zentralbegriff seiner Theologie verstand er als „die Verwirklichung eines sittlich-religiös gereiften, von Frieden und Liebe gestalteten Gemeinschaftslebens auf dieser Erde".[82] Das religiöse Handeln zielt hier auf Pflichterfüllung, Treue zum Beruf. Dadurch war eine direkte Verbindung zwischen Theologie und der zunehmend stärker von Arbeit geprägten modernen Gesellschaft ermöglicht.

Das Anliegen der kulturellen Vermittlung von Christentum und Moderne nahm dann der teilweise durch Ritschl geprägte Adolf v. Harnack (1851-1930) auf. Er bemühte sich, „die Einheit von Evangelium und Bildung (zu) erhalten bzw. ... sie wieder herzustellen".[83] In weit beachteten Werken, wie z.B. seinen gedruckten Vorlesungen von 1899/1900 über „Das Wesen des Christentums" – bis 1903 bereits in 60.000 Exemplaren verbreitet und in 14 Sprachen übersetzt[84] – versuchte er, das Evangelium für die Suchenden und Zweifler seiner Zeit darzustellen. Mit historischer Forschung wollte v. Harnack das Dogma reinigen und zum Wesen des Christentums durchdringen.

> Didaktisch sehr geschickt faßt er die Botschaft Jesu in drei Kreisen zusammen:
> „Erstlich, das Reich Gottes und sein Kommen,
> Zweitens, Gott der Vater und der unendliche Wert der Menschenseele,
> Drittens, die bessere Gerechtigkeit und das Gebot der Liebe"[85].

Die enge Liaison protestantischer Theologie mit der damaligen kulturellen und politischen Spitze tritt in der Person dieses großen Kirchen- und Dogmengeschichtlers anschaulich hervor. Unter anderem war er – neben seinem Ordinariat – (seit 1905 bzw. 1906) Generaldirektor der Berliner

---

[81]   In religionspädagogischem Zusammenhang verdient besonders A. Ritschls Schrift „Unterricht in der christlichen Religion" (1875; Neuauflage: G. Ruhbach, Hg., Texte zur Kirchen- und Theologiegeschichte H. 3, Gütersloh 1966) Interesse, weil er hier für die gymnasiale Oberstufe „die vollständige Gesamtanschauung von Christentum" bieten will.

[82]   W. Joest, Dogmatik Bd. 2, Göttingen 1986, 623.

[83]   W. Schneemelcher, Art. Harnack, Adolf, in: RGG³ Bd. 3 (1959) 79. Daß dies mit erheblichen Konflikten verbunden war, zeigen z.B. die Vorgänge um Harnacks Berufung nach Berlin oder die Angriffe, die im Zuge des sog. Apostolikumsstreits auf ihn gerichtet wurden (s. hierzu A. v. Zahn-Harnack, Adolf von Harnack, Berlin ²1951, 115-127 bzw. 144-160).

[84]   Nipperdey, a.a.O. (Anm. 10) 471.

[85]   A. von Harnack, Das Wesen des Christentums, Gütersloh 1977 (1900) 40.

Königlichen Bibliothek, (seit ihrer Gründung 1911) Präsident der Kaiser-Wilhelm-Gesellschaft zur Förderung der Wissenschaften und somit „bedeutendster Repräsentant der deutschen Wissenschaft"[86]; zugleich war er seit 1901 mit dem Kaiser näher bekannt und dann befreundet und entwarf für diesen 1914 den Aufruf an das deutsche Volk zum Beginn des Ersten Weltkrieges.

Inwieweit die mit den Namen Ritschl und v. Harnack verbundene, theologisch zunehmend dominierende Liberalisierung und Ethisierung des Glaubens auch in den Gemeinden Fuß faßte, ist schwer zu sagen und dürfte regional sehr unterschiedlich gewesen sein. Traditionelle Fragen, wie der Konfessionsstand – in Deutschland nicht nur lutherisch oder reformiert, sondern auch uniert – spielten eine nicht unbeträchtliche Rolle. Sie standen auch – zumindest bis zum Beginn des 20. Jahrhunderts – einer zu starken Nationalisierung des Protestantismus entgegen.[87] Das offene geistige Klima führte dazu, daß neue, z.T. außerkirchliche religiöse Strömungen im 19. Jahrhundert wesentlich von (ehemaligen) Protestanten getragen wurden und auch neue Vorschläge zur Gestaltung religiöser Erziehung und Bildung aufkamen.[88]

1.2.4. Neue Religionsformen

Nipperdey konstatiert für die zweite Hälfte des 19. Jahrhunderts – entsprechende Phänomene stellte ich vor –: „Ein großer Vorgang in der Geschichte der Deutschen, nach rückwärts wie vorwärts übers Kaiserreich hinausreichend, ist das, was wir einerseits die Entkirchlichung und andererseits die Entchristianisierung nennen. Die Deutschen hören auf, in ihrer Mehrheit Christen zu sein, oder wenigstens: sich als Christen zu verstehen."[89] Parallel dazu entwickelten sich Orientierungssysteme, die im Sinne einer Letztbegründung und Sinngebung menschlichen Lebens als religiös bezeichnet werden können. Sie haben für religiöse Erziehung und Bildung insofern Bedeutung, als jetzt die christliche Religion der nachwachsenden Generation nicht mehr konkurrenzlos entgegentritt. Dementsprechend geht es in der

---

[86] Nipperdey, a.a.O. (Anm. 10) 473.

[87] Zum Verhältnis der evangelischen Kirchen zum deutschen Nationalismus s. ebd. 486-491.

[88] Bedeutung bis heute – zumindest in Mittel- und Ostdeutschland – hat die Institution der Jugendweihe, die in der Freireligiösen Bewegung um die Mitte des 19. Jahrhunderts entstand (s. B. Hallberg, Die Jugendweihe, Göttingen 1978, 67-78; s. auch 3. Kap. 4.2.4.).

[89] Nipperdey, a.a.O. (Anm. 10) 507f.

Religionspädagogik von Anfang an um die Frage nach der Bedeutung des Christlichen für religiöse Erziehung und Bildung – eine Frage, die noch im 18. Jahrhundert nicht verstanden worden wäre.

Zu Beginn des 19. Jahrhunderts begegnet „die *deutsche Bildungsreligion*, die Religion der Klassik, jenseits der Kirchen, am Rande des Christentums, gewiß ein Phänomen der oberen Bildungsschicht ..., aber doch für 125 Jahre prägend für eine Linie der Auseinandersetzung von Christentum und Modernität".[90] Hier steht der Mensch mit seinen Möglichkeiten im Mittelpunkt. Besonders anschaulich kommt dies im Genie-Kult der damaligen Zeit zum Ausdruck. Bildungsmäßig von Bedeutung ist dabei, daß jetzt die Entfaltung der individuellen Persönlichkeit als vordringliche Aufgabe gilt. Goethe ist der wichtigste Repräsentant dieser sich selbst als unchristlich verstehenden, nur am Menschen interessierten Daseins- und Wertorientierung.

„Das Christentum wird relativiert: es ist groß, gewiß, aber es hört auf, Schlüssel des Lebens zu sein; es soll seine fatale Aufdringlichkeit und Ausschließlichkeit, seinen Anspruch, das Leben beherrschen zu müssen, aufgeben ... Es gibt mehr als die eine ‚Offenbarung' der Bibel."[91]

Hier knüpfte dann später der radikalste Kritiker des Christentums im 19. Jahrhundert, Friedrich Nietzsche (1844-1900), mit Nachdruck an. Er berief sich wiederholt auf Goethe. Vor allem in seiner Zurückweisung der „Nazarener" und des Christus weiß er sich mit Goethe einig. Der Dichterfürst wird für ihn geradezu „das Modell des Heidentums, das er dem Christentum entgegenstellte".[92]

W. Kaufmann vermutet sogar: „Man kann Nietzsches Zurückweisung der christlichen Moral und seine Kritik an der Romantik nur verstehen, wenn man sich deutlich macht, daß er seine eigene positive Vorstellung des Dionysischen von dem klassischen Ideal Goethes ... abgeleitet hat."[93]

Nicht von ungefähr wählte Nietzsche als zentrale Figur mit autobiographischen Zügen, die seine Weltsicht vorträgt, eine Person aus der Religionsgeschichte, Zarathustra. Er selbst fühlte sich als „Herold" einer kommenden Zeit und wirkte so vielgestaltig in der deutschen Geistesgeschichte weiter.[94]

---

[90] Nipperdey, a.a.O. (Anm. 3) 440 (Kursivdruck durch C.G.).

[91] Ebd. 441.

[92] W. Kaufmann, Nietzsche. Philosophie – Psychologie – Antichrist, Darmstadt ²1988, 441.

[93] Ebd. 443.

[94] Vor allem Schriftsteller und Dichter wie G. Benn, H. Hesse, Th. Mann, R.M. Rilke empfingen wichtige Anregungen durch Nietzsche.

Zwar blieb Nietzsche mit seinem radikalen Nihilismus und seiner Forderung der Umwertung aller Werte ein Außenseiter. Doch erkannte er scharfsichtig die Brüchigkeit der damaligen Kultur und bereitete die Bahn für ein Lebensgefühl jenseits des Christentums und der alten Moral.

Unter nicht wenigen Gebildeten machte sich am Ende des 19. Jahrhunderts eine leicht pessimistische Grundstimmung breit, die zu der in den christlichen Symbolen liegenden, transzendenten Hoffnung keinen Zugang mehr fand. Trost suchten die hiervon Affizierten vor allem in der – nicht mehr der kirchlichen Verkündigung verpflichteten – Musik. In ihrer romantischen Prägung verkörperte diese geradezu eine Gegenwelt zu Industrie, Technik und neuer Wissenschaft.[95]

„Das ‚Deutsche Requiem' von Brahms ist klassisch für diese nachkirchliche Bürgerlichkeit, es redet – mit den biblischen Texten – nicht mehr vom Gericht und vom Tod des Sünders, nicht mehr von ‚meinem Tod', sondern allgemein von der Vergänglichkeit; es zielt auf den Trost der Hinterbliebenen im Sinne des ewig Menschlichen. Kurz, es ist ein – leiser – Pessimismus ohne Transzendenz."[96]

Betrafen die bisher genannten Strömungen und Anschauungen vornehmlich die bildungsmäßige Oberschicht, so breiteten sich im Laufe des 19. Jahrhunderts auch in weniger gebildeten Schichten neue Sinnstiftungen jenseits der traditionellen kirchlichen Lehre aus. *Für die Bürger traten vor allem Familie und Arbeit in eine neue Rolle als Sinnstifter.*

Die zunehmende Bedeutung von Familie für die Daseins- und Wertorientierung – Nipperdey spricht sogar von „Familienreligion"[97] – hat einen deutlichen sozialen Wandel als Hintergrund, der sich in sprachgeschichtlichen Veränderungen an der Wende vom 18. zum 19. Jahrhundert anschaulich festmachen läßt. Zwar bürgerte sich der Begriff „Familie" schon ab etwa 1700 in Deutschland ein; doch seine spezifische, bis heute umgangssprachlich übliche Verwendung (im engeren Sinn) für die Gemeinschaft von Eltern und unselbständigen Kindern (im weiteren Sinn die Verwandtschaft einschließend) gewann er ab etwa 1800. Vorher bezeichnete er ebenfalls – hier spiegelt sich ein tiefgreifender sozialer, religionspädagogisch relevanter Wandel – das „Haus",[98] eine auch das Gesinde einschließende, gesellschaftlich anders als die Familie des 19. Jahrhunderts verankerte Sozialform.

---

[95] S. Nipperdey, a.a.O. (Anm. 10) 746.

[96] Ebd. 520.

[97] Ebd. 43f.

[98] S. D. Schwab, Art. Familie, in: O. Brunner, W. Conze, R. Kosellek, Hg., Geschichtliche Grundbegriffe. Historisches Lexikon zur politisch-sozialen Sprache in Deutschland Bd. 2, Stuttgart 1975, 266-271.

„Das Haus bildet einen sozialen Körper der Schöpfungsordnung, in dem der einzelne je nach seiner familiären Rolle als Hausvater, -mutter, Kind, Knecht oder Magd den Platz seines alltäglichen Lebens, den Raum für seine persönliche Entfaltung und für seine Pflichten, die Befriedigung seiner Bedürfnisse findet. Der soziale Status des Menschen ist vom Haus bestimmt, nur die Rolle des Hausvaters weist über das Haus selbst hinaus, indem er die Familie im ‚Außen' vertritt. Das Haus enthält potentiell alle Lebensbereiche, so etwa Arbeit und Konsum (‚Nahrung'), Erziehung, Gottesdienst. Die Person ist in das Haus hineinintegriert. Das Haus ... ist aber rechtlich hineingebunden in die Zwecke des politischen Gemeinwesens, seine soziale Funktion wird von der Obrigkeit kontrolliert und korrigiert, seine Gestalt ist schon vom institutionellen Ansatz her eine wesentlich rechtliche. Generell fehlt dem geschilderten Hausbegriff das Element des Abweisenden gegenüber der politischen Obrigkeit".[99]

Die moderne Familie zeichnet sich gegenüber dem „Haus" durch eine deutliche – in der Trennung von privater und öffentlicher Sphäre ausdrückliche – Seperation von der Gesellschaft, dem Staat und seinen Institutionen aus.[100] Für religiöse Erziehung und Bildung ist dieser Wandel vom Haus zur Familie am Beginn des 19. Jahrhunderts deshalb von so großer Bedeutung, da hierdurch nicht nur die bis dahin selbstverständliche Eingliederung der den Alltag bestimmenden engsten Beziehungen (nämlich im Haus) in den Staat, sondern auch in die Kirche aufgelöst wurde. So verschwand z.B. der Adressat von Luthers Kleinem Katechismus, der Hausvater. Der Familienvater konnte ihn nicht ersetzen, weil er den meisten Teil seiner Zeit außerhalb der Wohnung verbrachte. Das bis heute virulente und sich durch weitere Veränderungen der Familienkonstitution noch verschärfende Problem des Verhältnisses von familiärer Sozialisation und kirchlich-religiöser Erziehung hat spätestens hier seinen Ursprung.

Angesichts der mit der Ausgliederung der Produktion aus dem Haus entstehenden Schwierigkeiten, die besonders kraß in der entfremdeten industriellen Tätigkeit erlebt wurden, ist – zumindest als Ziel – der Rückzug auf die „heile" (möglichst) bürgerliche Familie, d.h. ihre quasi religiöse Stilisierung, gut verständlich.[101]

Daneben gewann im 19. Jahrhundert die Arbeit vor allem für Männer sinnstiftendes Gewicht. In enger Verbindung mit der protestantischen Berufsethik, wie sie z.B. Albrecht Ritschl entfaltete, konnte sich dieser Bereich bei

---

[99] Ebd. 264.

[100] S. näher im 3. Kap. 1.2.3. und 1.2.4.

[101] Vgl. aber auch die These von B. und P.L. Berger, In Verteidigung der bürgerlichen Familie, Frankfurt 1984 (am. 1983) 107-131, die bürgerliche Familie habe erst die industrielle Modernisierung ermöglicht.

Verblassen der auf Transzendenz hinweisenden christlichen Symbole als sinnstiftend verselbständigen.

Eine weitere Möglichkeit, das durch das Zurücktreten der Kirche als sinnstiftende Kraft eröffnete religiöse Vakuum zu füllen, waren die *wissenschaftliche Forschung* und das hiermit verbundene Vertrauen in ihre immense Leistungskraft. So meinte der berühmte Arzt Rudolf Virchow (1821-1902) 1860, „die Wissenschaften träten ‚in die Stellung der Kirche' und ihrer ‚transzendenten Strebungen' ein, und 1865: ‚es ist die Wissenschaft für uns Religion geworden'".[102] Die Naturwissenschaften mit ihrem in den neuen technischen Errungenschaften für jeden sichtbaren Erfolg bekamen für manche religiöse Züge.

Zwar „hat es in den 50er, 60er Jahren Naturwissenschaftler gegeben, die die Annahmen der christlichen Tradition – die Existenz Gottes und der Seele, Schöpfung und Unsterblichkeit – zu verteidigen suchten. Das war der Streit zwischen Materialisten und Idealisten. Was aber im allgemeinen bei Naturwissenschaftlern vorherrschte, ja sich durchbildete, war ein skeptischer, der Grenzen der Wissenschaft sehr bewußter Agnostizismus, der auf der Erfahrung beharrte und letzte Fragen als wissenschaftlich nicht entscheidbar deklarierte ..."[103].

Besonders kraß wurde der Gegensatz zu Kirche und christlicher Religion in der von Ernst Haeckel (1834-1919) populär verbreiteten, kämpferisch antichristlichen, monistischen Bewegung, die weite Kreise der naturwissenschaftlich Gebildeten ergriff.[104] Seine Darstellung der Lehren Charles Darwins problematisierte die biblische Schöpfungsgeschichte und riß für viele Menschen eine Kluft zwischen Religion und Wissenschaft auf.

Schließlich ist noch auf die religiösen Züge der *sozialistischen Bewegung* hinzuweisen. Zwar galt hier Religion als Privatsache und wurde inhaltlich als Relikt vergangener Zeiten abgetan.[105] Doch nahm der Kampf für eine gerechtere Gesellschaft schnell religiöse Züge an. Die im Begriff des „Genossen" gut faßbare Verbundenheit der Sozialisten untereinander hatte ekklesiale Züge – bis hin zu den Spaltungen der Bewegung, die als in religiösen Gemeinschaften offensichtlich unvermeidliche konfessionelle Auseinandersetzungen gedeutet werden können.

---

[102] Nipperdey, a.a.O. (Anm. 3) 496.
[103] Ebd. 497.
[104] S. z.B. E. Haeckel, Der Monismus als Band zwischen Religion und Wissenschaft, Bonn 1905.
[105] S. Nipperdey, a.a.O. (Anm. 10) 515.

1.2.5. Zusammenfassung

So ist in der Zeit, unmittelbar bevor der Begriff Religionspädagogik konzeptionell und programmatisch entstand, eine neue gesellschaftliche Situation zu beobachten, die sich nicht zuletzt durch *religiöse Pluralisierung* in bisher ungeahntem Maß auszeichnet. Die Differenziertheit der hier exemplarisch genannten neuen Daseins- und Wertorientierungen und anderer noch schwerer faßbarer geistiger Strömungen am Ende des 19. und zu Beginn des 20. Jahrhunderts, die Nipperdey zusammenfassend als „vagierende" Religiosität bezeichnet[106], stellte religiöse Erziehung und Bildung, die sich bis dahin in Deutschland traditionell im Verbund von Staat, Kirche und Haus vollzogen hatte, vor völlig neue Anforderungen, die bis heute aktuell sind und in der „Religionspädagogik" ein Forum zur wissenschaftlichen Bearbeitung finden.

1.3. Veränderungen in Erziehung und Pädagogik

Der Beginn der skizzierten politisch-gesellschaftlichen und kulturell-religiösen Veränderungen im 19. Jahrhundert hängt eng mit neuen Perspektiven in der Erziehung der Kinder und Jugendlichen und dem Aufkommen der Pädagogik als eigenständiger Wissenschaft zusammen. Bei den folgenden Hinweisen hierauf ist ein stärkerer Rückbezug auf das 18. Jahrhundert und hier speziell auf Jean Jacques Rousseau (1712-1778) unerläßlich. Denn er ebnete durch seine neue Sichtweise, die sich schnell ausbreitete, die Bahn für eine am Kind orientierte Erziehung.

Wie auch im vorhergehenden konstruiere ich hier keine historischen Entwicklungsphasen – etwa im Sinne einer Aufeinanderfolge von pädagogischen Ideen und nachfolgenden gesellschaftlichen Veränderungen bzw. umgekehrt. Dazu sind die Prozesse in Politik, Kultur, Religion und Erziehung zu eng miteinander verwoben und regional zu unterschiedlich; zudem ist unser Wissen über den Alltag aus Quellengründen – meist schrieben nur Mitglieder der gebildeten höheren Schichten – zu schmal, um genau Abhängigkeiten festzustellen. Vielmehr rekonstruiere ich genetisch Einsichten und Probleme, um die gegenwärtige religionspädagogische Situation besser zu verstehen.

1.3.1. Das Kind als Subjekt

Allgemein gilt als entscheidendes Datum für die Entwicklung der modernen Pädagogik 1762, das Jahr des Erscheinens von *Rousseaus Erziehungsroman „Emile ou de l'éducation"*. Gerade für Deutschland ist die Wirkung dieses Buches „kaum zu überschätzen".[107] Hermann Nohl z.B. nannte es die

---

[106] Ebd. 521.

[107] U. Herrmann, Aufklärung und Erziehung. Studien zur Funktion der Erziehung im Konstitutionsprozeß der bürgerlichen Gesellschaft im 18. und frühen 19. Jahrhundert in Deutschland, Weinheim 1993, 100.

„kopernikanische Wende" zu einer „Pädagogik vom Kinde aus".[108] War bis dahin „Erziehung wesentlich ‚Kinderzucht': die Anführung zu einem durch Gehorsam und Fleiß gottwohlgefälligen Lebenswandel",[109] so rückt Rousseau das Kind (und den Jugendlichen) mit seinen besonderen Fähigkeiten und Begabungen in den Mittelpunkt. Entscheidend für die Erziehung sind – nach diesem Paradigmenwechsel – die subjektiven Voraussetzungen des Kindes, nicht vorgegebene Stoffe. Grundlegend ist dabei der kulturkritische Ansatz Rousseaus, der im ersten Satz des „Emile" zum Ausdruck kommt: „Tout est bien, sortant de mains de l'auteur des choses: tout dégénère entre les mains de l'homme" („Alles ist gut, wie es aus den Händen des Schöpfers kommt; alles entartet unter den Händen des Menschen").[110] Dementsprechend stellt „Emile" einen „modellhaften Lebenslauf" dar, „an dem ablesbar ist, wie der Mensch, der nun einmal nicht als ‚homme naturel' lebt, als ‚homme social' leben kann, ohne völliger Entfremdung und Künstlichkeit anheimzufallen".[111] So gilt Rousseau zu Recht als Begründer einer pädagogischen Perspektive, die „vom Kinde aus" ansetzt.[112]

Helmut Peukert macht darauf aufmerksam, daß damit zugleich „Rousseau als erster die Grundprobleme der neuzeitlichen Pädagogik in ihrer ganzen Widersprüchlichkeit auf selbst aporetische Weise dargestellt hat":[113]

– Es begegnet bei ihm eine „bildungstheoretische Antinomie", denn: „Ziel der Erziehung ist zum einen ‚der Mensch', der die Anlagen seiner Natur voll entfaltet und frei sich selbst bestimmt, ohne sich die Vorstellungen der bestehenden Gesellschaft von ‚Wahrheit' und ‚Tugend' aufzwingen zu lassen. Zum anderen ist das Ziel der Erziehung der ‚Bürger', der durch den Erwerb von bestimmten Fähigkeiten und Haltungen sich als nützlich für die bestehende Gesellschaft erweist".[114]

– Peukert macht weiter auf die „erziehungstheoretische" Antinomie aufmerksam, die sich daraus ergibt, „daß sich die ‚Natur' des heranwachsenden Kindes vollständig nach ihrer eigenen Gesetzlichkeit ungehindert entfalten können muß, daß aber gerade diese natürliche Entfaltung nur gesichert werden kann, wenn die gesamte Umgebung des Kindes in allen Einzelheiten von den Erziehenden gestaltet wird".[115]

– Schließlich ist eine „institutionstheoretische Antinomie" zu verzeichnen: „Das Mißtrauen gegen alle Einrichtungen der bestehenden Gesellschaft führt ... dazu, daß

---

[108] Zitiert ebd.

[109] Ebd. 196.

[110] Zitiert ebd. 41.

[111] Ebd. 41.

[112] Ebd. 40.

[113] H. Peukert, Tradition und Transformation. Zu einer pädagogischen Theorie der Überlieferung, in: Religionspädagogische Beiträge 19 (1987) 17.

[114] Ebd. 18.

[115] Ebd.

die Erziehung des einzelnen Kindes einem einzelnen unverheirateten Erzieher anvertraut wird, der nur für dieses eine Kind zuständig ist und dessen Umwelt total bestimmt. Die alle institutionellen und gesellschaftlichen Bezüge ausschließende persönliche Beziehung nimmt selbst den Charakter einer ‚totalen Institution' an."[116]

Die *Orientierung am Kind in der Erziehung* impliziert politisches Umdenken: es werden nicht mehr primär die Kinder bzw. Jugendlichen an eine bestehende Gesellschaft angepaßt, vielmehr gilt es, den Kindern angemessenen Lebensraum zum Aufwachsen zu verschaffen und entsprechend die Gesellschaft zu gestalten. So wird in der Nachfolge Rousseaus die Erziehungsfrage zunehmend eine Angelegenheit der öffentlichen Diskussion.[117]

Die für die weitere Entwicklung der modernen Pädagogik wichtige Verknüpfung mit der Entwicklungspsychologie bei Rousseau hatte für das Gebiet der religiösen Erziehung problematische Konsequenzen. Erst im vierten Buch von „Emile", also bei der Schilderung der Jugend (ab 15 Jahren), begegnet Religion. Denn Rousseau sieht bei Kindern in der Regel auf Grund ihres Verhaftetseins im Sinnlichen noch keine Voraussetzung für Religion. Eine verfrühte Begegnung mit Religion in der Kindheit führt – nach ihm – notwendig zu einem „Götzendienst", einer Art animistischen Denkens.

Im Hintergrund steht theologisch die Ablehnung des bisher die Erziehungsauffassung bestimmenden Dogmas der Erbsünde[118], das zu einem Mißtrauen gegenüber der verderbten Natur der Kinder führte und entsprechende Erziehungsmaßnahmen nach sich zog.

Der positive Impetus dieser gleichsam negativen religiösen Erziehung der Kinder kommt in der Antwort von Julie in Rousseaus „Julie oder Die neue Héloise" auf die Frage: „Und warum lernen Ihre Kinder ihren Katechismus nicht?" gut zum Ausdruck: „‚Damit sie einst daran glauben', sagte sie; ‚ich will sie zu Christen erziehen'".[119]

Allerdings fordert Rousseau diese Zurückhaltung in der religiösen Erziehung nur für Knaben. Mädchen sollen dagegen von Kindheit an religiös unterwiesen werden,

---

[116] Ebd. 19.

[117] S. H. Scheuerl, Geschichte der Erziehung, Stuttgart u.a. 1985, 95.

[118] S. G. Snyders, Die große Wende der Pädagogik. Die Entdeckung des Kindes und die Revolution der Erziehung im 17. und 18. Jahrhundert, Paderborn 1971, 214; vgl. die einfühlsame Rekonstruktion der religiösen Anschauungen Rousseaus bei G.R. Schmidt, Rousseaus Religion im geistigen Kräftefeld seiner Zeit, in: O. Hansmann, Hg., Seminar: Der pädagogische Rousseau Bd. 2, Weinheim 1996, 195-223.

[119] Zitiert und interpretiert bei F. Schweitzer, Die Religion des Kindes. Zur Problemgeschichte einer religionspädagogischen Grundfrage, Gütersloh 1992, 131.

da es bei ihnen – nach Rousseau – nicht zur Ausbildung von Vernunft und Glauben in Mündigkeit wie bei Männern kommt. Interessant ist aber, daß Rousseau auch für die religiöse Erziehung der Mädchen ein Eingehen auf deren Fragen vorsieht, kein Auswendiglernen von Vorgegebenem.[120]

Deshalb muß also die verbreitete Charakterisierung Rousseaus als desjenigen, der Erziehung in der Perspektive des Kindes wahrnimmt, religionspädagogisch modifiziert werden. Denn es gelang ihm gerade nicht, zur Religion des Kindes vorzudringen; vielmehr ging er von der erwachsenen (liberalen) Religion als Norm aus, die kindliches religiöses Begreifen abqualifiziert. Erst für das Jugendalter entdeckte Rousseau die Bedeutung von Religion.[121]

Dennoch bleibt die Konzentration auf das Kind und seine Fähigkeiten eine wesentliche Erkenntnis moderner Pädagogik, mit der sich – wie in 2.1.2. gezeigt wird – nicht zuletzt die Katechetik über hundert Jahre hinweg kritisch auseinandersetzte. Hier knüpfen dann jene Bemühungen an, die Pädagogik als Wissenschaft zu etablieren suchen.

1.3.2. Pädagogik als Wissenschaft

In Deutschland nahmen die sog. Philanthropen[122] die neuen Perspektiven Rousseaus für Erziehung begeistert auf.

Einen kleinen Eindruck der hochgespannten Erwartungen an eine solche neue, an der Natur des Menschen orientierte Erziehung gibt die 1803 formulierte Hoffnung Immanuel Kants (1724-1804): „Es ist entzückend, sich vorzustellen, daß die menschliche Natur immer besser durch die Erziehung werde entwickelt werden, und

---

[120] S. ebd. 125 (vgl. zu Rousseaus pädagogischem Konzept für Mädchen P. Schmidt, Weib oder Mensch, Wesen oder Wissen? Bürgerliche Theorien zur weiblichen Bildung um 1800, in: E. Kleinau, C. Opitz, Hg., Geschichte der Mädchen- und Frauenbildung Bd. 1, Frankfurt u.a. 1996, 327-331).

[121] S. Schweitzer, a.a.O. (Anm. 119) 133.

[122] „Zur Erziehergruppe der ‚Philanthropen‘ gehörten als führende Köpfe Johann Bernhard Basedow (1724-1790), der Gründer des ‚Philanthropinum‘ (sc. der ersten philanthropischen Reformschule, C.G.) in Dessau; Johann Heinrich Campe (1746-1818), Jugendschriftsteller, Herausgeber des deutschen ‚Robinson‘ und des ‚Revisionswerkes‘, eines ersten pädagogischen Handbuchs in 16 Bänden, in dem der Rousseausche ‚Emile‘ in den Bänden 12-15 erstmals auf Deutsch erschien; Ernst Christian Trapp (1745-1818), der ‚Theoretiker‘ philanthropischer Pädagogik und erste (vorübergehende) Inhaber eines Universitätslehrstuhls für Pädagogik in Halle (1779-1783); Christian Gotthilf Salzmann (1744-1810), phantasiereicher und humorvoller Autor populärer Erziehungsbüchlein und Gründer der Erziehungsanstalt Schnepfenthal in Thüringen" (Scheuerl, a.a.O. (Anm. 117) 84).

daß man diese in eine Form bringen kann, die der Menschheit angemessen ist. Dies eröffnet uns den Prospekt zu einem künftigen glücklichern Menschengeschlechte."[123]

Rousseaus Devise für die Erziehung – „Das Leben zu lehren" – leitete die philanthropische Arbeit. So stellte sich Johann Bernhard Basedow (1724-1790) ausdrücklich in die Tradition Rousseaus.

„Gegenüber der kritisierten Lern- und Paukschule betonte Basedow das spielerische Element im Elementarunterricht, das Lernen durch Anschauung und Selbsttätigkeit (Naturerleben, handwerkliche und Gartenarbeit), die Betonung der lebenden Fremdsprachen, Pflege der muttersprachlichen Lektüre; das enge Zusammenleben der Lehrer (und ihrer Familien) mit den Schülern sollte vor allem deren Charakter formen; der Unterricht sollte aufs unmittelbar Nützliche abzielen." [124]

Speziell für Deutschland war wichtig, daß Basedow sein Philanthropinum nicht der kirchlichen Schulaufsicht unterstellte. Vielmehr wurde hier „philanthropisch-christliche" Sittenlehre erteilt und gemeinsame „Gottesverehrung" in einem überkonfessionellen Sinn gefeiert.[125]

Einer von Basedows Mitarbeiter, der sich allerdings wegen Streitigkeiten aus seinem Erziehungswerk zurückgezogen hatte, Ernst Christian Trapp, wurde 1779 in Halle erster Inhaber eines Lehrstuhls für Pädagogik. Zwar lehrte er nur vier Jahre an der Universität, doch sind sowohl sein persönlicher Werdegang als auch seine Lehre typisch für die weitere Entwicklung. Trapp war ein „professioneller" Lehrer und Erzieher; d.h. er hatte nicht die bis dahin übliche Laufbahn eines Theologen, die über das Theologiestudium und eine Hauslehrerzeit zum Versehen einer Pfarre führte, hinter sich, sondern war direkt nach dem Studium der Theologie und Philologie Lehrer geworden.[126]

Wissenschaftlich gesehen verfaßte er als erster mit seinem „Versuch einer Pädagogik" (1780) eine systematische Pädagogik.[127] Dabei setzte er – weg-

---

[123] Zitiert und interpretiert bei Herrmann, a.a.O. (Anm. 107) 210; s. ausführlicher zu Kants „Plädoyer für einen ethischen Religionsglauben in der Perspektive einer gesellschaftlichen Höherentwicklung" R. Bolle, Religionspädagogik und Ethik in Preußen. Eine problemgeschichtliche Analyse der Religionspädagogik in Volksschule und Lehrerausbildung in Preußen von der Preußischen Reform bis zu den Stiehlschen Regulativen, Münster u.a. 1988, 5-48.

[124] U. Herrmann, Die Pädagogik der Philanthropen, in: H. Scheuerl, Hg., Klassiker der Pädagogik Bd. 1, München ²1991, 144.

[125] S. hierzu den anschaulichen Bericht über Salzmanns pastorale Tätigkeit in Dessau von R. Lachmann, Christian Gotthilf Salzmann als „Liturg" in Dessau, in: Pädagogische Rundschau 48 (1994) 327-342.

[126] S. Herrmann, a.a.O. (Anm. 124) 152.

[127] S. Herrmann, a.a.O. (Anm. 107) 131.

weisend für künftige Pädagogik – in doppelter Weise an: psychologisch bzw. anthropologisch und zugleich auf die gesellschaftlichen Bedingungen der Erziehung bezogen.[128] Er verwirft die bis dahin übliche Deduktion erzieherischer Grundsätze aus der kirchlichen Lehre oder anderen theologischen Sätzen. Vielmehr wendet er sich ausdrücklich gegen das Staatskirchentum und plädiert für eine nur der Vernunft verpflichtete Erziehung und Schule. Damit markiert er einen wesentlichen wissenschaftsorganisatorischen Punkt für die Entstehung der modernen Pädagogik, der zugleich die für Religionspädagogik konstitutive Spannung von Theologie und Pädagogik grundlegt: die eigenständige Begründung der Pädagogik gegenüber und abgesehen von der Theologie. Allerdings drang Trapp in Halle hiermit nicht durch. Nach nur kurzer Wirksamkeit verließ er wegen verschiedener Querelen die Universität und widmete sich anderen Tätigkeiten, ohne wieder an die pädagogische Öffentlichkeit zu treten.

Einen weiteren, wirkungsgeschichtlich – auch für die Religionspädagogik – ungleich bedeutungsvolleren Versuch der Begründung von Pädagogik unternahm *Johann Friedrich Herbart* (1776-1841). In seinen beiden pädagogischen Hauptschriften: „Allgemeine Pädagogik aus dem Zweck der Erziehung abgeleitet" (1806) und „Umriß pädagogischer Vorlesungen" (1834) entwickelt er ein umfassendes System der Pädagogik, das durch seine gediegene philosophische Fundierung und formal-methodische Ausarbeitung allgemein überzeugte.[129] Wesentlich leitete ihn die Idee des „erziehenden Unterrichts".[130] Entgegen dem bis dahin üblichen Auswendiglernen, das darauf hoffte, daß über Begriffe Einsichten bei den Kindern entstünden, wollte Herbart Gedankenkreise bilden, die Gesinnung und Charakter fördern. Dazu spannte er – entsprechend seiner philosophischen Ausbildung und seinem unmittelbar in der Nachfolge Kants stehenden philosophischen Lehrstuhl – die Pädagogik zwischen Philosophie und Psychologie.

In § 2 seines Spätwerks „Umriß pädagogischer Vorlesungen" (1834; 2., stark überarbeitete Auflage 1841) schreibt er: „Pädagogik als Wissenschaft hängt ab von der praktischen Philosophie und Psychologie. Jene zeigt das Ziel, diese den Weg und die Gefahren".[131]

---

[128] S. Herrmann, a.a.O. (Anm. 124) 152.

[129] S. Scheuerl, a.a.O. (Anm. 117) 101.

[130] S. ebd. 99-101.

[131] Zitiert in: H. Joppien, Art. Herbart, Johann Friedrich, in: TRE 15 (1986) 60; vgl. zur aus ihrer philosophischen Bestimmtheit resultierenden Eigentümlichkeit deutscher Pädagogik etwa gegenüber den französischen „sciences de l'éducation" J. Schriewer, Pädagogik – ein deutsches Syndrom? Universitäre Erziehungswissenschaft im deutsch-französichen Vergleich, in: Zeitschrift für Pädagogik 29 (1983) 359-389.

Während Herbart selbst sich in religiösen Fragen zurückhaltend äußerte[132] und alles Gewicht auf die sittliche Gesinnung legte, führten seine Schüler[133] den pädagogischen Ansatz des erziehenden Unterrichts – in Ausblendung der bei Herbart unübersehbaren Distanz zum staatlichen Schulwesen[134] – weiter zur *Forderung einer christlichen Erziehungsschule*. Vor allem der pietistisch und durch die Luther-Renaissance in Deutschland geprägte Tuiskon Ziller (1817-1882) entwickelte Herbarts Lehre zu einer liberaltheologisch ausgerichteten Pädagogik.

„Der Lernende soll also durch den erziehenden Unterricht zur Sittlichkeit oder zum Glauben als der religiösen Form der Sittlichkeit erhoben werden, und hiermit das erwerben, was dem menschlichen Dasein und Wirken erst seine Würde verleiht und was ihn rechtfertigt vor Gott. Er soll mit einem Worte ein frommer und tugendhafter Mensch werden, und da Frömmigkeit und Tugend bei den Menschen immer charaktermäßig auszubilden ist, wie die Lehre von der Zucht nachzuweisen hat, so muß alles Wissen und Können, das der erziehende Unterricht giebt, zugleich der sittlich religiösen Charakterbildung des Zöglings dienen".[135]

Dabei gerät das Wissen um das Besondere von Religion und damit ihr letztes Entzogensein gegenüber Unterricht – wie es bei Herbart (und vor allem Schleiermacher) zu finden ist – in Vergessenheit. „Religiöse Erziehung ist kein Sonderfall (sc. mehr, C.G.), sondern wird zur Regel insofern, als religiös und sittlich Synonyma sind."[136] Der Inhalt der religiösen Erziehung

---

[132] S. K. Helmer, Säkulare Religion und sakrale Ästhetik. Zur Bedeutung der Religion in Herbarts Denkgefüge, in: M. Heitger, A. Wenger, Hg., Kanzel und Katheder. Zum Verhältnis von Religion und Pädagogik seit der Aufklärung, Paderborn u.a. 1994, 283-294.

[133] Auf das schwer zu bestimmende Verhältnis Herbarts zu den sog. Herbartianern weist B. Schwenk, Das Herbartverständnis der Herbartianer, Weinheim 1963, hin.

[134] S. D. Benner, Die Pädagogik Herbarts. Eine problemgeschichtliche Einführung in die Systematik neuzeitlicher Pädagogik, Weinheim u.a. 1986, 200-226.

[135] T. Ziller, Grundlegung zur Lehre vom erziehenden Unterricht, hg. v. T. Vogt, Leipzig ²1884, 18, zitiert bei H. Schilling, Grundlagen der Religionspädagogik. Zum Verhältnis von Theologie und Erziehungswissenschaft, Düsseldorf 1969/70, 32; vgl. F. Jacobs, Die religionspädagogische Wende im Herbartianismus, Heidelberg 1969; Kahrs, a.a.O. (Anm. 3) 82-100. Zum Zusammenhang dieses pädagogischen Ansatzes mit der pietistischen Anthropologie und Erlösungslehre s. F. Osterwalder, Die Geburt der deutschsprachigen Pädagogik aus dem Geist des evangelischen Dogmas, in: Vierteljahresschrift für Wissenschaftliche Pädagogik 68 (1992) 433f.

[136] G. Bockwoldt, Religionspädagogik. Eine Problemgeschichte, Stuttgart u.a. 1977, 22.

stammt dementsprechend im Herbartianismus nicht aus Katechismus oder Bibel, sondern aus praktisch-philosophischen Einsichten bzw. einer „psychologisch definierte(n) Kulturstufentheorie".[137]

Bezeichnend für den Abstand zu einem biblisch und kirchlich geprägten Christentum ist z.B. das folgende Erziehungsziel Zillers: „Die Erziehung will den Zögling zu einem wahrhaft guten, für alles Löbliche und Wertvolle empfänglichen und geschickten, zu einem gewissenhaften und aus voller Überzeugung religiösen Menschen bilden".[138]

Während also bis zum Beginn des 19. Jahrhunderts weithin die Theologie als normative Wissenschaft die Erziehung dominierte, wurde jetzt bei den Herbartianern Religion vornehmlich als Sittlichkeit verstanden und zu einem in den Kontext anderer Erziehungsbemühungen eingeordneten Bereich schulischen Lernens. Der (evangelische) Pädagoge Ziller fand in den Kreisen der liberalen evangelischen Theologen zahlreiche Anhänger für sein Programm des christlichen Erziehungsunterrichts. Etwas zurückhaltender waren dagegen die meisten katholischen Theologen.

Deren engere Bindung an die kirchliche Lehre verhinderte einen zu schnellen Anschluß an ein primär praktisch-philosophisches bzw. psychologisch begründetes Religionsverständnis.

Im Hintergrund dieser allgemeinen Entwicklung in der Pädagogik steht eine tiefgreifende Veränderung in der Erziehungswirklichkeit, der im folgenden nachgegangen werden muß: die Verlagerung der Erziehung von der Familie in die Schule. Während noch Herbart erhebliche Bedenken gegen die Staatsschule hegte und – nicht zuletzt auf Grund seiner Begegnung mit Pestalozzi – die große Bedeutung der Familie für Erziehung unterstrich, stand bei den Herbartianern die Schule mit ihrem Unterricht selbstverständlich im Mittelpunkt der pädagogischen Reflexion.

1.3.3. Erziehung zwischen Familie und Schule

Wie in 1.2.4. bereits angedeutet, veränderte sich im 19. Jahrhundert die Konstitution von Familie, nicht zuletzt in ihrer erzieherischen Funktion. Voraussetzung dafür waren miteinander verwobene ökonomische, politische und sozialpsychologische Prozesse: die allmähliche Trennung von Wohnung und Produktionsstätte, die – z.B. im Preußischen Allgemeinen Landrecht

---

[137] K. Wegenast, Geschichte der Religionspädagogik – Wozu eigentlich?, in: EvErz 31 (1979) 37.

[138] T. Ziller, Vorlesungen über Allgemeine Pädagogik, Leipzig ²1884, 24; s. ausführlicher R. Schelander, Religionstheorie und Reformbewegung. Eine Untersuchung zur liberalen Religionspädagogik, Würzburg 1993, 121-126.

(1794) – deutliche Unterscheidung zwischen Haus und Familie (im Sinne von Ehe und Elternschaft),[139] die zunehmende Emotionalisierung der Bindung zwischen den Ehegatten und ihren Kindern. Allerdings umfaßten diese Entwicklungen jeweils längere Zeiträume und vollzogen sich in den unterschiedlichen Schichten verschieden schnell und ausgeprägt.

So stehen – ökonomisch gesehen – Ende des 19. Jahrhunderts z.B. noch 43% der Erwerbstätigen bei ihrer Tätigkeit in direktem Bezug zu ihrem Familienverband.[140] Die grundsätzliche Voraussetzung für eine moderne, weitgehend durch die emotionale Zuneigung der (Ehe-)Gatten geprägte Familie, die Gleichberechtigung von Mann und Frau, läßt in Deutschland noch weit bis ins 20. Jahrhundert auf sich warten.[141] In den Städten schritt die Emotionalisierung der Familie schneller voran als auf dem Land. Um 1800 wandelte sich im Bürgertum die Anrede der Ehepartner zum Du, ohne allerdings durchwegs zum Gebrauch des Vornamens überzugehen. Die Kinder der kleinen Bürger und Bauern redeten ihren Vater zu dieser Zeit mit „Er", 1850 oft noch mit „Ihr" und „Sie" an.[142] Dazu kommt, was vor allem Arbeiter und Arbeiterinnen betraf, daß bis ins 20. Jahrhundert hinein um eine sog. Eheerlaubnis nachgesucht werden mußte, die bei Armut oder Vorstrafen nur schwer zu erlangen war. Das neue bürgerliche Eheideal brach hier mit alten ständischen Vorbehalten.[143]

Die stärkere Bedeutung der Familie auch gegenüber der Kirchengemeinde wird an dem Wandel der Feste deutlich. Traditionell kirchliche Feste wie Taufe, Trauung und Leichenbegängnis wurden immer mehr in die Familie verlagert.

Besonders klar tritt diese Veränderung im Weihnachtsfest hervor, das Anfang des 19. Jahrhunderts in Deutschland zu dem klassischen deutschen Familienfest wird.[144] Die Biedermeierkultur und ihre Hochschätzung der

---

[139] S. F.X. Kaufmann, Zukunft der Familie. Stabilität, Stabilitätsrisiken und Wandel der familialen Lebensformen sowie ihre gesellschaftlichen und politischen Bedingungen, München 1990, 15.

[140] Hardach-Pinke, Hardach, a.a.O. (Anm. 8) 23.

[141] S. die übersichtliche Zusammenstellung der das Verhältnis der Ehepartner betreffenden Bestimmungen des Preußischen Allgemeinen Landrechts (1794) und des Bürgerlichen Gesetzbuchs (1900 und 1980) in: W. Hubbard, Familiengeschichte. Materialien zur deutschen Familie seit dem Ende des 18. Jahrhunderts, München 1983, 50-54.

[142] S. Nipperdey, a.a.O. (Anm. 3) 117.

[143] S. sehr anschaulich zu Gründen der Eheversagung H. Ruppert, Hg., Lebensgeschichten. Zur deutschen Sozialgeschichte 1850-1950, Nürnberg 1980, 31 (33-35 entsprechende Dokumente).

[144] Nipperdey, a.a.O. (Anm. 3) 118.

Familie feiern sich hier – gleichsam im Medium der biblischen „Familie" – selbst.[145]

Wenn man zur Kenntnis nimmt, daß diese Betonung der Familie im christlichen Kulturbereich keineswegs selbstverständlich ist – die Taufe als Grundsakrament des christlichen Glaubens enthält erheblich familienkritische Züge[146] –, erstaunt der für die Erziehung so wichtige Funktionswandel der Familie im 18./19. Jahrhundert nicht. Erst die Reformation hatte – vor allem durch die Destruktion der klerikalen, zölibatären (und antifamilialen) Hierarchien und damit der religiösen Vermittlungsinstanzen – die Familie bzw. besser: das Haus in seiner religiösen, kirchlichen und erzieherischen Bedeutung erkannt,[147] „sie gleichsam pädagogisiert".[148] Dem Hausvater kam – wie schon die erwähnte Adresse des Kleinen Katechismus Luthers zeigt – wesentlich die Funktion des christlichen Erziehers zu, die Gemeinde mit ihrem öffentlichen Gottesdienst sekundierte lediglich.

Im puritanischen England war die Bedeutung der Familie gegenüber der Kirchengemeinde noch stärker ausgeprägt, wie folgende Ermahnung E. Calamy's 1641 an die Hausväter zeigt: „First reform your own families and then you will be fitter to reform the family of God. Let the master reform his servant, the father his child, the husband his wife".[149]

Die Bedeutung der Erbsündenlehre im Pietismus schärfte die Erziehungsverantwortung des Hausvaters noch weiter.

Wie erwähnt breitete sich im Gefolge Rousseaus eine allgemeine Diskussion um die Erziehung aus. Auch dabei wurde die große Verantwortung der Familie betont – z.B. von Pestalozzi, Schleiermacher und Herbart –, vor allen Dingen in sittlicher Hinsicht. Die von den Reformatoren eingebrachte religiöse Bestimmung des Erziehungsauftrages des Hauses verblaßte demgegenüber langsam. Die Erziehung zur Sittlichkeit bedurfte immer weniger einer religiösen Begründung.

Besonders die Moralischen Wochenschriften, wie sie im 18./19. Jahrhundert zirkulierten, popularisierten durch ihre – keineswegs antireligiöse – vornehmlich sittliche Ausrichtung das bürgerliche Familienbild: „Die in den Moralischen Wochen-

---

[145] S. H. Tyrell, Familie und Religion im Prozeß der gesellschaftlichen Differenzierung, in: V. Eid, L. Vaskovics, Hg., Wandel der Familie – Zukunft der Familie, Mainz 1982, 62.

[146] S. hierzu ebd. 24-26.

[147] S. ebd. 34-46.

[148] Ebd. 35.

[149] Zitiert bei C. Hill, Society and Puritanism in Pre-Revolutionary England, London ²1967, 444f.

schriften betriebene Auflösung des ‚positiv Religiösen‘ in schiere Moral hat die Dramatik dieses offenkundigen Säkularisierungsschubs teils verdeckt, teils ‚moralisch gedeckt‘ und damit der kirchlichen Anstoßnahme entzogen."[150]

Die Ausbreitung des bürgerlichen Familienmodells machte die religiöse und kirchliche Deutung der Familie und damit letztlich auch ihre religiöse Aufgabe bei der Erziehung zunehmend überflüssig. Die – neue – Verknüpfung von Liebe, Sexualität und Ehe in einem exklusiven Verweisungszusammenhang führte schließlich zu einem auch gegenüber der Religion abgeschlossenen Intimraum.[151]

Auf diesem Hintergrund ist es verständlich, daß im 19. Jahrhundert bei den ökonomischen, aber auch gesellschaftlichen und kulturellen Veränderungen die Familie ihre erzieherische Funktion zumindest teilweise delegierte. Für die religiöse Erziehung galt dies – entsprechend dem bereits in 1.2.1. skizzierten Entkirchlichungsprozeß – besonders in protestantischen Kreisen. Eine in der allgemeinen Ausbreitung neue Institution, die Schule, trat hier zunehmend das Erbe der Familie an. Sie wurde für die nächsten hundert Jahre die wesentliche Institution religiöser Erziehung. Soziologisch kann dies – in der Nachfolge Max Webers – als ein Teil des *allgemeinen gesellschaftlichen Differenzierungsprozesses* gedeutet werden,[152] der die Gesellschaft zunehmend in voneinander unabhängige Bereiche gliedert. *Während im Zuge der Reformation zuerst das Haus die Aufgabe religiöser und kirchlicher Erziehung von der Gemeinde übernahm, gab die Familie diese im 19. Jahrhundert an die Schule weiter.* Erst durch diese und andere Funktionsverlagerungen konnte sie ihre moderne, durch die strikte Trennung vom öffentlichen Leben charakterisierte Form gewinnen.

1.3.4. Schule als staatliche Erziehungsanstalt

Nipperdey faßt die hier zu besprechende Gesamtentwicklung zutreffend zusammen: „*Im 19. Jahrhundert ist Deutschland zu einem Land der Schulen geworden.* Die allgemeine Schulpflicht wird – neben der Wehrpflicht und der Steuerpflicht – zu einer der Grundpflichten des modernen Bürgers."[153] Wie erfolgreich der Siegeszug der Schule im 19. Jahrhundert zumindest zahlenmäßig war, geht aus einem Vergleich des Schulbesuchs hervor: „Während zum Ende des 18. Jahrhunderts von allen Heranwachsenden kaum

---

[150] Tyrell, a.a.O. (Anm. 145) 51f.
[151] S. ebd. 55.
[152] Diesem Ansatz folgt theoretisch reflektiert Tyrell, a.a.O. (Anm. 145).
[153] Nipperdey, a.a.O. (Anm. 3) 451 (Kursivdruck durch C.G.).

mehr als 20% Schulen (aller Art) besuchten, sind das zu Beginn des 20. Jahrhunderts in Preußen/Deutschland nahezu 100%."[154]

Dieser Entwicklung gingen bis zum Ende des 16. Jahrhunderts zurückreichende, staatliche Versuche voraus, die allgemeine Schulpflicht einzuführen, ohne daß es zu durchgreifenden Erfolgen gekommen wäre.[155] Auch das General-Landschulreglement Friedrichs d. Großen, nach dem siebenjährigen Krieg 1763 erlassen, brachte erst langsam die Entwicklung in Preußen, dem „Modelland der Bildungsreform"[156], in Gang.[157] Aufschlußreich ist dabei ein Brief des Königs an seinen Minister Zedlitz, in dem er die religiöse Erziehung in der Schule klar dem staatlichen Interesse an funktionierenden Untertanen unterordnet:

„Daß die Schulmeister auf dem Lande die Religion und die Moral den jungen Leuten lehren, ist recht gut, und müssen sie davon nicht abgehen, damit die Leute bei ihrer Religion hübsch bleiben und nicht zur katholischen übergehen; denn die evangelische ist die beste und weit besser, wie die katholische. Darum müssen die Schulmeister sich Mühe geben, daß die Leute Attachement zur Religion behalten, und sie so weit bringen, daß sie nicht stehlen und nicht morden ... sonsten ist es auf dem platten Lande genug, wenn sie ein bisgen Lesen und Schreiben lernen; wissen sie aber zuviel, so laufen sie in die Städte und wollen Sekretärs und so was werden; deshalb muß man auf'n platten Lande den Unterricht der Leute so einrichten, daß sie das Notwendige, was zu ihrem Wissen nötig ist, lernen, aber auch in der Art, daß die Leute nicht aus den Dörfern weglaufen, sondern hübsch da bleiben."[158]

Tatsächlich war noch zu Beginn des 19. Jahrhunderts – und mancherorts bis zum Ersten Weltkrieg – der Unterricht in den Volksschulen weithin durch Religion bestimmt. Die Kinder lernten Lesen und Schreiben an Texten aus dem Katechismus, sie mußten sie memorieren und sangen Choräle; andere Unterrichtsgegenstände, wie z.B. das Rechnen, konnten sich erst langsam durchsetzen.

---

[154] H.-E. Tenorth, „Alle Alles zu lehren". Möglichkeiten und Perspektiven allgemeiner Bildung, Darmstadt 1994, 33; vgl. für Preußen Nipperdey, a.a.O. (Anm. 3) 463, der auch darauf hinweist, daß Deutschland mit dieser Entwicklung deutlich vor Frankreich und England lag (s. zu den Verhältnissen in England die kurze Zusammenfassung der wichtigsten Ergebnisse der „Newcastle Commission" von 1861 bei J.J. und A.J. Bagley, The State and Education in England and Wales 1833-1968, London u.a. 1969, 17-20).

[155] S. zu den einzelnen gesetzlichen Bestimmungen in den verschiedenen Ländern W. Bartholomäus, Einführung in die Religionspädagogik, Darmstadt 1983, 24.

[156] Nipperdey, a.a.O. (Anm. 3) 452.

[157] 1816 besuchten dort bereits etwa 60% der Schulpflichtigen regelmäßig die Schule (ebd. 463).

[158] Zitiert nach Herrmann, a.a.O. (Anm. 107) 196f.; vgl. im 3. Kap. 3.2.4.

Das Preußische General-Landschulreglement führte das Rechnen bereits als eigenes Fach auf, aber es wurde erst ab etwa 1820 allgemein unterrichtet.[159]

Dieser religiösen Ausrichtung entsprach die Tatsache, daß bis zum Kulturkampf die Geistlichen selbstverständlich die Schulaufsicht über die Lehrer (und später auch die Lehrerinnen) ausübten. Zwar bestimmte das Preussische Allgemeine Landrecht (1794) die Schule eindeutig als Angelegenheit des Staates, doch setzte es zugleich die Geistlichen als Schulinspektoren ein, die auch die Lehrer zu unterrichten hatten.[160] Dabei muß grundsätzlich daran erinnert werden, daß die meisten dieser Volksschulen einklassig waren.[161] Es erfolgte also nicht der heutige übliche Klassenunterricht, in dem sich Schüler und Schülerinnen einer Jahrgangsstufe in der Regel mit einem gemeinsamen Stoff beschäftigen. Vielmehr bekamen die Schüler und Schülerinnen ihr Pensum vom Lehrer zugeteilt, das sie in Stillarbeit bearbeiten mußten (meist war es Stoff zum Memorieren) und das dann der Lehrer abprüfte. Angesichts der Größe der Klassen – in Preußen kam z.B. 1864 durchschnittlich ein Lehrer auf 73 Kinder[162] – war ein anderer Unterricht kaum möglich. Lediglich zum Katechismusunterricht, meist also zum Abfragen von Katechismusversen und -stücken, kam der Pfarrer in die Schule, wobei der Lehrer dabeibleiben mußte, um die Disziplin in der Klasse zu halten.

Im Laufe des 19. Jahrhunderts änderte sich dieser Zustand der Volksschule in doppelter Hinsicht:[163]

– Der Staat trat zunehmend in organisatorischer und inhaltlicher Hinsicht als Veranstalter der Schule auf und löste dabei die Kirche ab; aus der traditionellen „Kirchenschule" wurde die „Staatsschule".

– Die Lehrer der Volksschulen professionalisierten sich und entwickelten sich von Gehilfen der Geistlichen zu einem eigenen, zunehmend angeseheneren und dann auch finanziell besser dotierten Stand. Besondere Bedeutung kam in diesem Zusammenhang der im ausgehenden 18. Jahrhundert einsetzenden Gründung von Seminaren zur Lehrerausbildung zu.

Diese Entwicklung verlief aber – neben erheblichen regionalen Unterschieden – nicht gleichmäßig. Die auf die Revolution von 1848 folgende

---

[159] S. R. Vandré, Schule, Lehrer und Unterricht im 19. Jahrhundert, Göttingen 1973, 204f.

[160] S. D. Stoodt, Arbeitsbuch zur Geschichte des evangelischen Religionsunterrichts in Deutschland, Münster 1985, 60, 62.

[161] 1871 waren in Preußen 74,7% der Schulen einklassig, 1911 noch 52,2% (s. Nipperdey, a.a.O. (Anm. 10) 538).

[162] S. Nipperdey, a.a.O. (Anm. 3) 465.

[163] S. Schelander, a.a.O. (Anm. 138) 167f.

Reaktion machte auch auf diesem Gebiet Reformen wieder rückgängig. Besonders ausgeprägt – und vielfach beschrieben – geschah dies in Preußen durch die sog. Stiehlschen Regulative von 1854.[164] Hier wurde versucht, die Volksschullehrer durch die Reduktion der Seminarausbildung auf die Stoffe, die tatsächlich im Elementarunterricht vermittelt wurden, zu disziplinieren.

So heißt es im ersten Regulativ zur Pädagogik: „Was die Erziehung im Allgemeinen betrifft, so wird für den künftigen Elementarlehrer eine Zusammenstellung und Erläuterung der in der heiligen Schrift enthaltenen, hierhergehörigen Sätze ausreichen. Die Lehre von der Sünde, menschlichen Hilfsbedürftigkeit, von dem Gesetz, der göttlichen Erlösung und Heiligung ist eine Pädagogik, welche zu ihrer Anwendung für den Elementarlehrer nur einiger Hilfssätze aus der Anthropologie und Psychologie bedarf."[165]

Während das Gymnasium durch die Anbindung an die Fachwissenschaften und die Entstehung des Studienrat-Standes, der seinen jeweiligen Fächern, nicht aber der Kirche verpflichtet war, schon frühzeitig Eigenständigkeit erreicht hatte – die allgemeine Einführung des Abiturs 1834 ist ein Meilenstein in dieser Entwicklung[166] –, brachte für die Volksschule erst der Kulturkampf den Durchbruch.[167] Diese Auseinandersetzung zwischen dem durch Bismarck repräsentierten liberalen preußischen Staat und dem Katholizismus endete zwar schließlich 1879 mit einem Sieg der Kirche. Doch wurde viel bis dahin Selbstverständliches in Frage gestellt, so daß in weiteren Jahren die Entkirchlichung der Schule voranschritt. Der zentrale und erste Streitpunkt des Kulturkampfes betraf die Aufsicht und inhaltliche Prägung der Volksschulen. Hier kam es zu einer langfristig das Verhältnis zwischen Pädagogik und Kirche bzw. Theologie – wohl ähnlich wie die Stiehlschen Regulative – belastenden Auseinandersetzung. Auf der einen Seite beharrte vor allem die katholische Kirche auf konfessionellen Schulen; auf der ande-

[164] S. Auszüge hieraus bei Stoodt, a.a.O. (Anm. 160) 85-89; vgl. zur Interpretation die – gegenüber geläufigen einseitigen Urteilen – sehr abgewogene Einschätzung bei P.C. Bloth, Religion in den Schulen Preußens. Der Gegenstand des evangelischen Religionsunterrichts von der Reaktionszeit bis zum Nationalsozialismus, Heidelberg 1968, 34-77.

[165] Zitiert nach Stoodt, a.a.O. 86.

[166] S. Tenorth, a.a.O. (Anm. 154) 40.

[167] Unterschwellig, aber sehr wirkungsvoll waren die der offiziellen politischen Entwicklung gegenläufigen Veränderungen in der Lehrerschaft: „Es kam darauf an, wer unterrichtete und wie. Kein Seminar, keine Aufsicht, keine Pläne konnten verhindern, daß der Strom der Entkirchlichung oder doch die Abschwächung religiöser Bindungen über die Mauern der Schule hinweg ging, die Lehrer ergriff" (Nipperdey, a.a.O. (Anm. 10) 541).

ren Seite sahen die „Allgemeinen Bestimmungen" von 1872 die mehrklassige Volksschule als Regel vor. Der pädagogische Fortschritt, der zur Forderung der Mehrklassigkeit führte und als schulorganisatorische Konsequenz im ländlichen Bereich die Einrichtung von sog. Simultanschulen mit sich brachte, also Schulen, die von Angehörigen unterschiedlicher Konfessionen zugleich besucht wurden, stand dem kirchlichen Machtanspruch auf das Schulwesen entgegen.

So reklamierte die Denkschrift der Erzbischöfe und Bischöfe Deutschlands 1848 für die (katholische) Kirche ein „göttliches Recht zur Erziehung des Menschengeschlechts".[168]

Zwar gab es in Preußen 1879 nur 517 Simultanschulen – weniger als 2% aller Schulen –, doch machte sich die konfessionelle Polemik an ihnen fest – bis Bismarck schließlich 1879 an diesem Punkt nachgab und (mit Ausnahme von Nassau und Westpreußen) diese Schulen wieder schließen ließ.[169] Der Hauptgegenstand des Kulturkampfes war die Frage der Schulaufsicht. Die bereits in 1.2.3. skizzierte Herausbildung und Fixierung des katholischen Milieus durch ultramontane Kräfte bewog Bismarck zum Versuch, eine Einwirkung der katholischen Kirche auf die Schule möglichst zu verhindern. Dazu erließ er 1872 ein Gesetz, das „das uneingeschränkte Recht des Staates (sc. beinhaltete, C.G.), das beamtete wie ehrenamtliche Schulaufsichtspersonal zu ernennen und – darauf kam es an –, diese Ernennung auch zu widerrufen; die faktische, quasiautomatische Bindung an ein geistliches Amt sollte abgeschafft werden."[170]

Für die religiöse Erziehung hat die skizzierte Entwicklung zur Verschulung mehrere wichtige Konsequenzen, die grundlegend auch für die anfängliche Akzentuierung von Religionspädagogik wurden:

– *Religiöse Erziehung wanderte langsam aus den Familien aus und wurde zunehmend zu einer Angelegenheit der Schule. Damit prägten auch Mißstände in den damaligen Schulen – wie vor allem das ausgeprägte Memorieren vorgegebener Stoffe – die religiöse Erziehung.*

– Zugleich beginnt sich religiöse Erziehung immer mehr auf die Kinder zu beschränken.[171] Die Erwachsenen kommen nur noch im Zusammenhang der – allerdings immer lehrhafter werdenden[172] – Predigt in den Blick.

---

[168] Zitiert nach B. Weber, Aspekte zu einer Sozialgeschichte des (evangelischen und katholischen) Religionsunterrichts, in: A. Mannzmann, Hg., Geschichte der Unterrichtsfächer Bd. 2, München 1983, 137; vgl. auch die Enzyklika „Quanta cura" von Pius IX.

[169] S. Nipperdey, a.a.O. (Anm. 10) 534f.

[170] Ebd. 533.

[171] S. A. Exeler, a.a.O. (Anm. 74) 65.

– Entsprechend der Integration religiöser Erziehung in die Schule, die
zugleich stärker staatlich geprägt wird, ändert sich auch das Erziehungsziel:
„Als Ziel ... gilt nicht mehr der gläubige Christ. Nein: Angestrebt wird der
edle Mensch und tüchtige Staatsbürger."[173]

1.3.5. Zusammenfassung

Mehrere, miteinander verbundene und sich gegenseitig fördernde Entwicklungen führten im Laufe des 19. Jahrhunderts zu einer Differenzierung und
auch zu einem Abbau der bis dahin selbstverständlichen religiös-kirchlichen
Sozialisation in Haus und Familie:
– Das Ernstnehmen des Subjektseins von Kindern stand in Widerspruch
zu deren bloßer Anpassung an überkommene Verhaltensweisen und Einstellungen, nicht zuletzt im religiösen Bereich.
– Dementsprechend wurden die Fragen der Erziehung und Bildung als
eigenständige Problemfelder wahrgenommen; es bildete sich hierfür eine
eigene Wissenschaft heraus, die Pädagogik.
– Institutionell führte die Ausbreitung der Schule als allgemein für alle
Kinder (wenn auch in unterschiedlicher Länge und Intensität) verbindliche
Erziehungsanstalt zur Minderung des familiären (und kirchlichen) Einflus-
ses vor allem im kognitiven Bereich.
– Zugleich zog die Aufteilung des Unterrichts in einzelne Fächer eine
Separierung der Religion von anderen Wissensgebieten nach sich.
– Religion wurde in der Schule funktionalisiert und anderen Bildungs-
zielen untergeordnet.
– *Die Dominanz des schulischen Religionsunterrichts in der religions-
pädagogischen Theoriebildung, die z.T. bis heute besteht, kann als ein – aller-
dings sehr problematischer – Reflex auf diese Veränderungen verstanden werden.*

2. Entstehung von Religionspädagogik

Der zeitliche Beginn von „Religionspädagogik" ist nicht unumstritten. Bisweilen wird sie als didaktische Reaktion auf die sog. Evangelische Unterweisung verstanden, die wiederum – historisch nicht unproblematisch – als

---

[172] Vgl. zu den damit verbundenen weitreichenden liturgischen Konsequenzen P.
Cornehl, Gottesdienst VIII, in: TRE 14 (1985) 63.

[173] Bartholomäus, a.a.O. (Anm. 155) 25.

[174] F. Schweitzer, Religionspädagogik als Projekt von Theologie nach der Aufklärung – Eine Skizze, in: PthI 12 (1992) 214-218.

Konzept rein kirchlich-theologisch begründeter Unterrichtslehre gilt. Schon begriffsgeschichtlich ist ein solcher Ansatz nicht haltbar. Demgegenüber plädiert Friedrich Schweitzer für das 18. Jahrhundert als Ursprungszeit der Religionspädagogik.[174] Er begründet dies damit, daß die wesentlichen Kennzeichen, die religionspädagogische Autoren zu Beginn des 20. Jahrhunderts als Ausdruck der gegenüber der (alten) Katechetik „neuen" Religionspädagogik anführen, Erkenntnisse und Ansätze aufnehmen, die im 18. Jahrhundert formuliert wurden.

Schweitzer nennt hier – unter Bezug auf F. Niebergall[175] – „die Unterscheidung zwischen einer allgemeinen religiösen Erziehung, die allein von der – sich nicht mehr kirchlich verstehenden – Pädagogik verantwortet und in der Schule betrieben wird, und der sich an diese erst später anschließenden Einführung in die … kirchlichen Lehren"[176]; dazu die Hinwendung zu „Erfahrungen" und die „Orientierung an der kindlichen Entwicklung"[177].

Tatsächlich nimmt – ideengeschichtlich gesehen – „Religionspädagogik", wie sie sich an der Wende vom 19. zum 20. Jahrhundert begrifflich formuliert, wesentliche Anliegen früherer Zeit auf.

Darauf weist auch die Tatsache hin, daß mit Aufkommen des Begriffs am Beginn des 20. Jahrhunderts frühere Denker selbstverständlich als „Religionspädagogen" reklamiert werden. So nennt R. Kabisch z.B. 1904 Basedow, Salzmann, Herder und Pestalozzi die „wichtigsten und eigenartigsten Vertreter einer Religionspädagogik".[178]

Doch kann so nicht erklärt werden, warum der programmatische Begriff „Religionspädagogik" erst zu Beginn des 20. Jahrhunderts in Gebrauch kommt. Die in 1. kurz skizzierten Entwicklungen im 19. Jahrhundert weisen auf tiefgreifende Veränderungen hin, die auch die (religiöse) Erziehung und Bildung betreffen. Der technische Fortschritt, das Allgemeinwerden des Schulbesuchs (verbunden mit zurückgehender Bedeutung der Familie für Erziehung und Bildung), die Befreiung vieler Menschen von Sorgen der unmittelbaren materiellen Existenzsicherung, aber auch die breitere Bevölkerungsschichten erreichende Enttraditionalisierung und Pluralisierung der religiösen Einstellungen führten insgesamt zu einer neuen politischen, gesellschaftlichen und kulturell-religiösen Situation, auf die hin verschiedene

---

[175] Schweitzer bezieht sich auf den programmatischen Aufsatz von F. Niebergall, Die Entwicklung der Katechetik zur Religionspädagogik, in: MERU 4 (1911) 1-10, 33-43, 69-75.

[176] Schweitzer, a.a.O. (Anm. 174) 215.

[177] Ebd. 215f.

[178] S. den entsprechenden Hinweis bei G. Bockwoldt, Richard Kabisch. Religionspädagogik zwischen Revolution und Restauration, Aachen 1982, 16.

bis dahin mehr oder weniger ausgearbeitete Reformvorschläge unter „Religionspädagogik" zusammengefaßt und zu einer eigenen Wissenschaft entwickelt wurden. Entgegen der rein ideengeschichtlichen Konstruktion des Beginns von „Religionspädagogik" knüpft dieser auch die Veränderung der konkreten Lebensumstände berücksichtigende Einsatz an die Selbsteinschätzung der ersten Gelehrten an, die sich als „Religionspädagogen" und damit – bei aller Konstruktion von legitimierenden Ahnenreihen – als Vertreter von etwas Neuem verstanden.

Das relative Recht der früheren Datierung des Beginns von Religionspädagogik im 18. Jahrhundert läßt sich dadurch aufnehmen, daß man die – verbreitete – Entgegensetzung von Katechetik und Religionspädagogik aufgibt bzw. auf methodische Fragen (eben das mechanische Aufeinanderfolgen von Frage und Antwort) und einzelne Autoren beschränkt. Vielmehr waren die katechetischen Ansätze des 19. Jahrhunderts die notwendige Voraussetzung für die „Religionspädagogik" des 20. Jahrhunderts.

2.1. Katechetik als theologische Vorläuferin

2.1.1. Entstehung der Katechetik als wissenschaftliche Disziplin

Ende des 18. Jahrhunderts kristallisierte sich „Katechetik" als wissenschaftliche Disziplin in der Theologie heraus. Gewiß sprach man schon früher von Katechese.

Der Begriff „Katechese"[179] leitet sich her vom griechischen Verb katechein. Es findet sich erst spät in der Profangräzität und heißt ursprünglich „von oben herab antönen". Von daher gewinnt es die Bedeutung „jemanden unterrichten, unterweisen, belehren". Paulus verwendet das Verb als erster exklusiv „in der Bedeutung Unterricht über den Glaubensinhalt geben". „Gl 6,6 stellt den katechon, der den Unterricht in der christlichen Lehre erteilt, dem katechumenos, der solchen Unterricht empfängt, gegenüber und begründet zugleich den Anspruch des Lehrers auf Lebensunterhalt, begründet mithin Recht und Notwendigkeit eines berufsmäßigen Lehrerstandes in der Gemeinde". Der Apostel greift wohl deshalb das sonst seltene Wort auf, „um die Besonderheit des Lehrens auf Grund des Evangeliums herauszuheben".

In der Alten Kirche bezeichnet katechein dann vor allem den Unterricht vor der Taufe (II Clem 17,1), die Taufbewerber heißen Katechumenen (so bei Tertullian).

„Im Mittelalter, als der altchristliche Katechumenat verschwand, blieb lange Zeit hindurch der Ausdruck ‚catechizare' an die Vorstellung vom Katechumenat gebunden. Catechizare wurde gleichbedeutend mit catechumenus fieri. Alles, was früher

---

[179] S. zum folgenden H.W. Beyer, Art. katecheo, in: ThWNT 3 (1938) 638-640; hieraus stammen auch die folgenden Zitate (hier wie in den folgenden Zitaten werden die griechischen Worte in Umschrift wiedergegeben).

mit den Erwachsenen vor der Taufe geschehen war, wurde nun auf die Kinder übertragen. Bevor die Säuglinge zur Taufe gebracht werden, werden sie ‚katechisiert‘: damit sind insbesondere die Befragung des Täuflings bzw. des Paten und dessen Antworten gemeint. Auf diese Weise erhält nach und nach der Ausdruck catechizare die Bedeutung: Anfangsunterricht geben in Fragen und Antworten."[180]

In der Reformationszeit ändert sich der Sprachgebrauch dahingehend, daß der Unterricht von Getauften Katechese heißt. Jetzt gewinnt auch der „Katechismus", nicht nur – wie bisher – als Unterricht, sondern auch als Buch, zunehmend Gewicht. Das Frage-Antwort-Schema ist dabei – wie z.B. in Luthers Kleinem Katechismus deutlich sichtbar[181] – weiter leitend.

In der Orthodoxie wurde der Katechismus – auch in seiner Gesprächsform – zunehmend zum Gegenstand des Memorierens, mit der letztlichen Gleichsetzung von Katechismus und Abfragen von Memoriertem.[182]

Vor allem gegen das Auswendiglernen von nicht Verstandenem protestierten von der Aufklärung geprägte Theologen.[183] Methodisch entdeckten sie (wieder) die Bedeutung des Verstehens von Gelerntem und die Möglichkeiten des Gesprächs für Lernprozesse. Seinen terminologischen Ausdruck fanden diese Bemühungen in der sog. Sokratik, einer dem maieutischen Verfahren des Sokrates nachempfundenen Gesprächsmethodik, die wohl als erster J.L. von Mosheim (1694-1753) ausarbeitete.[184] Während v. Mosheim noch an dem Verstehen von memorierten Stoffen orientiert war und hier die Bedeutung des Gesprächs sah, kritisierten vor allem die Philanthropen die Reihenfolge von Auswendiglernen und nachfolgendem Verstehen. Dadurch rückten auch die Verstehensmöglichkeiten der Kinder ins Blickfeld, ein Gesichtspunkt, der – zumindest in den katechetischen Werken – in Verbindung mit dem aufklärerischen Rekurs auf die sog. natürliche Religion zu erheblichen Veränderungen im Stoff der Katechese führte.

Doch bekam die Katechetik erst später einen eigenen wissenschaftlichen Rang. Hier ist – mit Adolf Exeler[185] – auf katholischer Seite 1774 als wesentliches Datum zu nennen. In diesem Jahr verfaßte Franz Stephan Rautenstrauch (1734-1785) für Maria Theresia einen Studienplan, der „Pastoraltheologie" als eigenes Fach mit dem Bestandteil „Katechetik" vorsah.[186]

---

[180] A. Exeler, a.a.O. (Anm. 74) 224.

[181] S. H.-J. Fraas, Katechismustradition. Luthers kleiner Katechismus in Kirche und Schule, Göttingen 1971, 22f.

[182] S. ebd. 97-100.

[183] S. ebd. 145, 147f.

[184] S. M. Schian, Die Sokratik im Zeitalter der Aufklärung. Ein Beitrag zur Geschichte des Religionsunterrichts, Breslau 1900, 5-22.

[185] S. Exeler, a.a.O. (Anm. 74) 4f.

[186] S. ausführlich zur Vorgeschichte ab dem Tridentinischen Konzil und dem Studienplan selbst W. Croce, Die Katechetik zwischen dem Tridentinum und der Studienreform im Jahre 1774, in: F. Klostermann, J. Müller, Hg., Pastoraltheologie – Ein entscheidender Teil der Josephinischen Studienreform, Wien u.a. 1979, 43-130.

1777 wurde ein entsprechender Lehrstuhl eingerichtet. Etwas später propagierte dann der evangelische Theologe Johann Friedrich Christoph Graeffe (1754-1816) „Katechetik":

„Zwischen 1792 und 1803 trägt er seine ‚Katechetik' auf vier verschiedenen Ebenen vor: 1792 als populärwissenschaftliche Abhandlung (für Studenten), 1795-1799 als dreibändiges Lehrbuch, 1796 als Grundriß ‚zum Gebrauche akademischer Vorlesungen' und 1803 schließlich zwischen ‚Homiletik' und ‚Volkspädagogik' als Kapitel einer Pastoraltheologie."[187]

Wie es um diese Zeit auch auf evangelischer Seite zu einer allmählichen Herausbildung von „Katechetik" als pastoraltheologischer Disziplin kam, ist gut an A.-H. Niemeyers (1754-1828) „Handbuch für christliche Religionslehrer" zu studieren. Während der zweite Teilband dieses Werkes in den ersten Auflagen „Homiletik, Pastoralwissenschaft (bzw. Pastoralanweisung) und Liturgik" hieß (1790), findet sich in der sechsten Auflage (1827) als neuer Titel: „Homiletik, Katechetik, Pastoralwissenschaft und Liturgik". Davor zählte Niemeyer das, was jetzt „Katechetik" heißt, zur „Homiletik", insofern sich der Religionsunterricht wesentlich durch die Predigt vollzog.[188]

Den geistes- und sozialgeschichtlichen Hintergrund dafür, daß jetzt die Frage der religiösen Erziehung zur Neukonstituierung einer theologischen Disziplin führte, bilden vor allem drei Faktoren:

– Grundsätzlich ist die Frage der religiösen Erziehung seit der Reformation von neuer Virulenz. Denn seitdem ist die Selbstverständlichkeit der einen christlich-kirchlichen Tradition und damit Erziehung, von der lediglich die deutlich abgegrenzte Gruppe der Juden ausgenommen war, zerbrochen. Im Zuge der Reformation wächst die Katechismusliteratur an; das Interesse der jeweiligen Religionsparteien an eigener auch kognitiver Erziehung nimmt spürbar zu.

Wirkungsgeschichtlich bedeutend war über die dadurch ausgelöste katechetische Entwicklung hinaus vor allem die Betonung der Subjektivität, klassisch etwa in der Protestation von Speyer (1529) formuliert: „Ein jeder muß für sich selbst vor Gott stehen und Rechenschaft geben".[189]

– Als zweiter Faktor tritt im 18. Jahrhundert die Aufklärung mit ihrem traditions- und z.T. religionskritischen Impetus dazu. Die Menschen müssen jetzt zunehmend befähigt werden, ihren Glauben nicht nur gegen abweichende christliche Akzentuierungen, sondern gegen grundsätzlich die Wahrheit des Christentums bestreitende Anfragen zu verteidigen. Bildungstheoretisch kommt hinzu, daß – etwa gegenüber dem vierten Buch von Rousseaus „Emile" mit seiner Ablehnung der religiösen Erziehung in der

---

[187] Chr. Bizer, Art. Katechetik, in: TRE 17 (1988) 691.
[188] S. ebd. 693.
[189] Zitiert bei Weber, a.a.O. (Anm. 168) 116.

Kindheit – Notwendigkeit und Wert kindlicher religiöser Erziehung aufgewiesen werden müssen.

– Schließlich führt die aufklärerische Einsicht in die Bedeutung von Erziehung und zugleich die Besonderheit von Kindern in der kirchlichen Erziehungsarbeit dazu, daß ab Ende des 18. Jahrhunderts die Erwachsenen als Adressaten katechetischer Bemühungen zurücktreten, sich die Katechese also immer ausschließlicher auf die nachwachsende Generation konzentriert.

Dies hängt wohl auch damit zusammen, daß die Predigt im Gottesdienst lehrhafter wurde und deshalb kein Bedarf für eine eigene pädagogische Unterweisung der Erwachsenen bestand.

Der erste auf evangelischer Seite, der – nach den Bemühungen der Philanthropen, einen aufklärerischen Religionsunterricht zu gestalten[190] – *versuchte, „das Bewußtsein von den qualitativen Unterschieden zwischen der Religion des Kindes und der des Erwachsenen, die Anerkennung eines Eigenrechts von Kindheit und die christlich-religiöse Erziehung" theoretisch zusammenzudenken, war Friedrich Schleiermacher (1768-1834).*[191] Zwar ist es schwer, ihn als Katechetiker einzuordnen. Dazu sind seine wissenschaftlichen Aktivitäten zu umfassend und sein spezifisches Interesse an der Katechetik zu gering.

Auch seine Bezeichnung als Religionspädagoge[192] ist – nicht nur aus den vorher genannten Problemen einer Frühdatierung des Beginns dieser Wissenschaft – schwierig. Denn sein Hauptinteresse war theologisch die Darstellung von Religion als eines eigenständigen Bereichs menschlichen Lebens und pädagogisch der Erweis der Selbständigkeit von Pädagogik. Gewiß fließen im Begriff der Bildung theologische und pädagogische Gesichtspunkte zusammen,[193] insofern die religiöse Anlage des Menschen der Bildung bedarf, nicht zuletzt, weil sie – bei aller Eigenständigkeit – grundlegend für Moral und Metaphysik ist; aber es kommt bei Schleiermacher nicht zu einer Ausarbeitung von Religionspädagogik.

Äußerlich weist darauf schon der – für einen Theologen – erstaunlich geringe Umfang hin, den Religion in seiner Pädagogik-Vorlesung spielt. Sie begegnet – neben der Ablehnung von schulischem Religionsunterricht – am Ende der Behandlung der Familienerziehung. Dabei ist das Besondere an der familiären Erziehung, daß hier das Kind ohne pädagogische Verzweckung in das religiöse Leben, vorzüglich

---

[190] S. hierzu als gute Beispiele Chr. G. Salzmann, Religionsbücher, hg. v. R. Lachmann, Köln u.a. 1994.

[191] Nipkow, Schweitzer, a.a.O. (Anm. 51) 37 (Kursivdruck im Zitat durch C.G.); vgl. näher zum religionstheoretischen Ansatz Schleiermachers 1.2.2.

[192] So z.B. von H. Schröer, der Schleiermacher in dem von ihm und D. Zilleßen herausgegebenen Band „Klassiker der Religionspädagogik" (Frankfurt 1989) vorstellt, ohne allerdings zu bedenken, ob Schleiermacher überhaupt als Religionspädagoge gelten kann.

[193] S. Frost, a.a.O. (Anm. 48) 252-278.

der Familie mit hineingenommen wird.[194] So entgeht Schleiermacher einer „Pädagogisierung der Religion".[195]

Inhaltlich trennt ihn von dem späteren „religionspädagogischen" Aufbruch seine Skepsis gegenüber der Bedeutung von Schule für religiöse Erziehung, die umgekehrt der Hochschätzung von Familie entspricht. Von seinem Religionsverständnis her kann er in der dritten „Rede" schreiben: „Aus dem Innersten seiner Organisation aber muß alles hervorgehen, was zum wahren Leben des Menschen gehören und ein immer reger und wirksamer Trieb in ihm sein soll. Und von dieser Art ist die Religion; in dem Gemüt, welches sie bewohnt, ist sie ununterbrochen wirksam und lebendig, macht Alles zu einem Gegenstande für sich und jedes Denken und Handeln zu einem Thema ihrer himmlischen Phantasie. Alles, was, wie sie, ein Kontinuum sein soll im menschlichen Gemüt, liegt weit außer dem Gebiet des Lehrens und Ausbildens. Darum ist jedem, der die Religion so ansieht, Unterricht in ihr ein abgeschmacktes und sinnleeres Wort."[196] Auch in späteren Äußerungen bleibt diese Skepsis gegenüber schulischem Religionsunterricht.[197]

Doch bestimmt Schleiermacher – und deshalb ist er hier zu nennen – enzyklopädisch den Ort von Katechetik in der Theologie. Er plaziert sie in der Praktischen Theologie und dort wiederum nach den Ausführungen zum Kultus.[198] Grund hierfür ist die Auffassung, daß „der einzelne soll fähig gemacht werden, an dem Cultus Antheil zu nehmen".[199] Dazu kommt noch das Ziel der religiösen Selbständigkeit.[200] Dieser Ort der Katechetik in der Theologie ist nur ansatzweise mit der Pädagogik vermittelt:

„Wie die Katechetik überhaupt auf die Pädagogik als Kunstlehre zurückgeht: so ist auch dieses eine allgemein pädagogische Aufgabe, die sich aber doch in Bezug auf das religiöse Gebiet auch besonders bestimmt."[201] Eine klarere Bestimmung fehlt.

---

[194] S. R. Fischer, Religionspädagogik unter den Bedingungen der Aufklärung. Studien zum Verhältnisproblem von Theologie und Pädagogik bei Schleiermacher, Palmer und Diesterweg, Heidelberg 1973, 49; s. zur Bedeutung der Familie in der religiösen Erziehung bei Schleiermacher auch den entsprechenden Abschnitt in: Die praktische Theologie nach den Grundsätzen der evangelischen Kirche im Zusammenhange dargestellt, hg. v. J. Frerichs, Berlin 1850, 347-417, besonders z.B. 348f., 352.

[195] Fischer, a.a.O. 72.

[196] Schleiermacher, a.a.O. (Anm. 49) 250.

[197] S. zu Schleiermachers 1810 abgegebener Stellungnahme zur Frage: „Soll auf den gelehrten Schulen ein besonderer Religionsunterricht erteilt werden?" Fischer, a.a.O. (Anm. 194) 53-55.

[198] S. F. Schleiermacher, Kurze Darstellung des theologischen Studiums zum Behuf einleitender Vorlesungen, hg. v. H. Scholz, Darmstadt 1973, 112 (§ 291).

[199] Schleiermacher, a.a.O. (Anm. 194) 350.

[200] Ebd. 387.

[201] Schleiermacher, a.a.O. (Anm. 198) 113 (§ 294); s. Bizer, a.a.O. (Anm. 187) 694.

Der Durchbruch zu einer begrifflichen Neubestimmung, also zur „Religionspädagogik", steht noch aus. Schleiermacher hat vor allem dadurch Bedeutung für die Entwicklung der Katechetik (und dann indirekt der Religionspädagogik), daß er Grundbedingungen für eine Theorie religiöser Erziehung und Bildung benannte. Er fiel dabei nicht hinter die Aufklärung zurück, ordnete die Religion aber auch nicht der Vernunft unter. So ist die Pädagogik gegenüber der Theologie selbständig; zugleich behält die Religion ihre Eigenständigkeit gegenüber der Erziehung.

2.1.2. Kirchliche Katechetik[202] im 19. Jahrhundert

Die wissenschaftlich-katechetischen Bemühungen des 19. Jahrhunderts standen einer schwierigen Vermittlungsaufgabe gegenüber: zum einen waren Anfragen und Erkenntnisse der Aufklärung zu bearbeiten, zum anderen galt es, den Inhalt einer kirchlich verantworteten Erziehung vor rationalistischer Engführung zu bewahren. Den kirchlichen Gesamthorizont trübte dabei die Atmosphäre einer zunehmend kirchenfeindlichen Stimmung. Vor diesem Hintergrund kam es in der ersten Hälfte des 19. Jahrhunderts in beiden großen Konfessionen zu wissenschaftlichen Ausarbeitungen von Katechetik, die die Folgezeit – mehr oder weniger umfassend – bestimmten. Besondere Beachtung verdienen hierbei – auch unter wirkungsgeschichtlicher Sicht – die *Werke von Johann Baptist von Hirscher (1788-1865) und Christian Palmer (1811-1875)*. Beide setzten in ihren Vermittlungsversuchen betont kirchenbezogen an, ohne aber den traditionellen Katechismusunterricht unreflektiert weiterzuführen.

Die allgemeine Restauration um die Jahrhundertmitte beendete aber auch auf dem Gebiet der religiösen Erziehung die moderaten Reformansätze. Denn die staatliche Rückwendung, wie sie am deutlichsten in den preußischen Stiehlschen Regulativen zum Ausdruck kommt, vertiefte letztlich – entgegen ihrer Intention – die Gräben zwischen Schule und Kirche und rief scharfe Kritik an der kirchlichen Prägung von Schule hervor.

Konsequent versuchte der preußische Ministerialbeamte Ferdinand Stiehl (1812-1878) 1853/54, die zunehmend pädagogisch ausgerichtete Lehrerausbildung zu korrigieren und auf eine christliche Grundausbildung hin zu beschränken. So bestimmt das erste Regulativ für den Seminarunterricht, also die Ausbildung der Elementarschullehrer: „Zunächst ist ... als die erste und unter allen Umständen zu lösende Aufgabe des Seminarunterrichtes die anzusehen, daß durch denselben und durch Benutzung der mit den Seminarien verbundenen Uebungsschule die angehenden Lehrer zum einfachen und fruchtbringenden Unterricht in der Religion, im Lesen

---

[202] S. zur Kategorie „Kirchliche Katechetik" Bizer, a.a.O. (Anm. 187) 694.

2. Entstehung von Religionspädagogik

und in der Muttersprache, im Schreiben, Rechnen, Singen, in der Vaterlands- und der Naturkunde – sämmtliche Gegenstände in ihrer Beschränkung auf die Grenzen der Elementarschule – theoretisch und praktisch befähigt werden."[203] Und weiter heißt es in Abgrenzung zur bisherigen Ausbildung: „Was bisher an einzelnen Seminaren noch unter den Rubriken Pädagogik, Methodik, Didaktik, Katechetik, Anthropologie und Psychologie u.s.w. etwa gelehrt sein sollte, ist von dem Lectionsplan zu entfernen und ist statt dessen für jeden Kursus in wöchentlich zwei Stunden ‚Schulkunde' anzusetzen ... In dem Seminar ist kein System der Pädagogik zu lehren, auch nicht in populärer Form".[204]

Hirscher, „der bedeutendste Katechetiker"[205] der ersten Jahrhunderthälfte, bezeichnete wohl als erster katholischer Theologe *„religiöse Mündigkeit" als Ziel der Katechese.*[206] Diese deutliche Bezugnahme auf aufklärerisches Gedankengut drückte sich bei ihm organisatorisch in der Forderung einer Ausdehnung der Katechese bis zur ‚erlangten christlichen Volljährigkeit', also etwa bis zum 18. bzw. 20. Lebensjahr, aus.[207] Inhaltlich stellte Hirscher – in deutlichem Gegenüber zur traditionell scholastischen Orientierung des katholischen Religionsunterrichtes – den biblischen Begriff des „Reich Gottes" in den Mittelpunkt seiner Überlegungen.

So schrieb er in seiner „Katechetik" 1831: Es sind „zwei Hauptgegenstände, welche den Inhalt aller katechetischen Vorträge ausmachen: die Lehre vom Reiche Gottes, das da entsündigend, heiligend und beseeligend zu uns kommen will und soll; dann die Lehre von diesem Kommen selbst: wie der Mensch dessen teilhaftig werde und lebe".[208]

Zwar war dadurch die Katechetik eindeutig theologisch begründet und verortet. Hirscher verlor aber nicht die Adressaten aus dem Blick. Die psychologischen Gegebenheiten, „die ewigen Bedürfnisse der Seele",[209] fanden ebenfalls Berücksichtigung. Dem versuchte er durch die kerygmatische

---

[203] Zitat nach Stoodt, a.a.O. (Anm. 160) 85.

[204] Zitat nach ebd. 86. Nicht berücksichtigt wird oft, daß die Reduktion des Lehrstoffs in den Lehrerseminaren durch Stiehl durchaus auch didaktische Gründe hatte, die auf Mißstände im bisherigen Ausbildungsbetrieb bezogen waren (s. hierzu Bloth, a.a.O. (Anm. 164) 36-59).

[205] H. Schilling, a.a.O. (Anm. 135) 26; s. auch A. Läpple, a.a.O. (Anm. 64) 168; Mette, a.a.O. (Anm. 61) 79.

[206] Exeler, a.a.O. (Anm. 74) 108.

[207] Ebd.

[208] J.B. von Hirscher, Katechetik. Oder: Der Beruf des Seelsorgers, die ihm anvertraute Jugend im Christenthum zu unterrichten und zu erreichen, Tübingen 1831, 18; s. Bartholomäus, a.a.O. (Anm. 155) 50.

[209] Hirscher, a.a.O. 31.

(nichtdogmatische) Ausrichtung der Katechese zu entsprechen. Schon 1823 veröffentlichte er diesen Ansatz in deutlicher Profilierung und Kritik gegenüber der an der Scholastik orientierten katechetischen Praxis in einer Schrift mit dem programmatischen Titel: „Über das Verhältnis des Evangeliums zur theologischen Scholastik der neuesten Zeit im katholischen Deutschland. Zugleich als Beitrag zur Katechetik".[210]

Pädagogisch betonte er die Stärkung des erzieherischen Moments gegenüber dem unterrichtlichen.[211] Konkret ging es ihm um die Einführung der Kinder in die Kirche, vor allem durch die Teilnahme am Kult.

> „Religiöser Unterricht ist wenig, wenn er nicht fort und fort auf Herz und Willen bezogen wird. Religionsunterricht ist wenig, wenn die durch ihn erweckten Überzeugungen und Empfindungen nicht fort und fort im Gebet und heiligen Gesang sich aussprechen, und sich aussprechend erhöhen und befestigen. Religionsunterricht ist wenig, wenn ihm nicht ein angemessener Cultus zur Seite geht und überhaupt die gleichzeitige Einführung in das kirchliche Leben fehlt."[212]

Dadurch löste Hirscher wissenschaftstheoretisch die Katechetik aus der exklusiven Zuordnung zur kirchlichen Lehre; Katechetik hat es für ihn mit allen drei kirchlichen Ämtern zu tun, „mit Lehr-, Priester- und Hirtenamt bzw. mit Wort, Kult und Disziplin".[213] Zugleich wehrte er – im nachhinein gesehen sehr hellsichtig – konzeptionell eine Isolierung der Katechetik von sonstigen pastoralen und ekklesialen Vollzügen ab.

Insgesamt konnte sich Hirscher mit diesem Konzept einer biblisch orientierten Lehre von katholisch-kirchlicher Erziehung nicht durchsetzen. Die in 1.2.3. genannte scholastische Engführung innerhalb der damaligen katholischen Kirche rückte vielmehr den Katechismusunterricht, jetzt in der Version von Josef Deharbe in den Mittelpunkt. Erst in der Mitte des 20. Jahrhunderts griff man im Zuge der theologischen und katechetischen Neubesinnung wieder auf Hirscher positiv zurück.[214]

Fast gleichzeitig mit Hirscher veröffentlichte der evangelische Theologe Christian Palmer 1844 eine „Evangelische Katechetik". In ihr versteht er Katechetik als eine theologisch-kirchliche Disziplin.

> „Die Katechese ist diejenige Thätigkeit der Kirche, durch welche sie die in ihr geborene und getaufte Jugend mittelst gemeinsamer Unterweisung in der kirchlichen

---

[210] Tübingen 1823.

[211] S. Schilling, a.a.O. (Anm. 135) 26.

[212] J.B. von Hirscher, Die christliche Moral als Lehre von der Verwirklichung des göttlichen Reiches in der Menschheit Bd. 2, Tübingen ⁴1845, 48.

[213] Exeler, a.a.O. (Anm. 74) 129.

[214] S. Mette, a.a.O. (Anm. 61) 80.

Lehre und gemeinsamer Erziehung für's kirchliche Leben zur Gemeinde heranbildet."[215]

Katechetik dient dadurch dem Nachwuchs der Kirche und der Fortdauer ihres Gottesdienstes.[216] Zugleich unterstützt sie die Entwicklung des einzelnen Individuums. Und hier kommt es zum Überschritt von der „Evangelischen Katechetik" zur „Evangelischen Pädagogik", die Palmer 1853 in zwei Bänden vorlegte. Denn insofern „Glauben und Leben untrennbar miteinander verbunden sind, muß die Kirche als Kollektiv-Person über den engeren religiösen Bereich hinaus das ganze Leben des individuellen Subjekts gestalten".[217]

Palmer schrieb gegen Ende der Prolegomena seiner „Evangelischen Pädagogik": „Alle Erziehung besteht darin, daß der christliche Geist in seiner das Fleisch bewältigenden, den Menschen aus der Sinnlichkeit und Bestialität heraushebenden, ihn durchaus und wahrhaft frei machenden Kraft, in seiner das gesamte Leben nach allen Verzweigungen veredelnden Wirkung von einem Geschlecht auf das andere fortgepflanzt wird. Diese Forterbung kann nicht der Natur überlassen werden, wie die Fortpflanzung des natürlichen Lebens; denn unter allem Wechsel der Zeiten erscheint in jeder Geburt eines Individuums die Natur wieder als die alte; es ist immer wieder der Wille, der in seiner Naturgestalt nimmermehr zu jener Vollendung, zu jener Freiheit und Gottähnlichkeit gelangt. Er muß deßhalb erzogen, d.h. zunächst von außen durch eine überwiegende geistige Macht, einen vollkommenen Willen bestimmt werden. Als solche Macht kommt das Christenthum an ihn."[218]

Auf den ersten Blick erscheint dieser Übergang von der Katechetik zu einer (evangelischen!) Pädagogik als Ausweitung des Gegenstandsbereiches. Zugleich implizierte er aber eine – wie die Wirkungsgeschichte zeigt – problematische Reduktion. *Die Katechetik wurde auf das unmittelbare Handeln der Kirche, vor allem dann des geistlichen Amtes, beschränkt.* So wanderte jetzt die allgemein psychologische Grundlegung der Katechetik in die Pädagogik aus; zugleich rückte der Konfirmandenunterricht – neben der Hinführung zum gottesdienstlichen Leben – ins Zentrum der Katechetik.

Diese Veränderung ist deutlich ablesbar an dem geänderten Aufbau der „Evangelischen Katechetik" der ersten und zweiten Auflage im Vergleich zur dritten, die

---

[215] Chr. Palmer, Evangelische Katechetik, Stuttgart ²1845 (1844) 49f.

[216] S. Exeler, a.a.O. (Anm. 74) 157.

[217] H. Anselm, Religionspädagogik im System Spekulativer Theologie. Untersuchungen zum Werk Christian Palmers als Beitrag zur religionspädagogischen Theoriebildung der Gegenwart, München 1982, 43; vgl. zum folgenden ausführlicher Kahrs, a.a.O. (Anm. 3) 39-53.

[218] Chr. Palmer, Evangelische Pädagogik Bd. 1, Stuttgart 1853, 72.

1856 – also drei Jahre nach der „Evangelischen Pädagogik" – erschien:[219] Nach den Prolegomena folgte in den beiden ersten Auflagen ein mit „Kind und Religion" überschriebenes Kapitel, das „1. Die religiösen Anlagen", „2. Die objektive Religion", „3. Vermittlung" behandelte. Dieses entfiel in der dritten Auflage vollständig. Demgegenüber findet sich hier ein eigenes Kapitel „Einsegnung", das „Zubereitung zur Konfirmation und Kommunion" sowie „Katechese mit Konfirmierten" behandelt, Themen, die vorher neben anderen in zwei verschiedenen Abschnitten, nämlich „Unterweisung in der kirchlichen Lehre" und „Erziehung zum kirchlichen Leben", abgehandelt wurden.

Der Überschritt von der Katechetik zur „Evangelischen Pädagogik" erweiterte also – wirkungsgeschichtlich gesehen – nicht den Horizont kirchlicher bzw. christlich-religiöser Bildungs- und Erziehungstheorie. Denn die „Pädagogik" wurde – in teilweise schroff formuliertem Gegensatz zu den damals vorliegenden pädagogischen Entwürfen von Rousseau, den Philanthropen und Diesterweg[220] – der „praktischen Theologie" subsumiert.[221] Dies erschien Palmer vor allem deshalb unabdingbar, weil das inhaltliche Ziel der Erziehung nur theologisch deduziert, nicht aber pädagogisch hergeleitet werden könne.

So war für ihn „eine Erziehung ohne Religion ... ein Unding, weil eine solche gerade das Höchste und Tiefste im Menschen außer Acht ließe".[222]

Die Pädagogik verliert damit die Selbständigkeit von der Theologie und Kirche, die sich aus Schleiermachers Zuordnung der Pädagogik zur philosophischen Ethik ergab.[223] Nur indirekt ging Palmer auf das dahinterliegende

---

[219] S. Anselm, a.a.O. (Anm. 217) 23 Anm. 10; vgl. Bizer, a.a.O. (Anm. 187) 697.

[220] Zeitgeschichtlich wichtig ist hier, daß Palmer wiederholt auf die negativen Folgen der „Revolution" verweist, die für ihn ein wesentliches Argument gegen die genannten Pädagogen sind (s. z.B. Palmer, a.a.O. (Anm. 218) 88f.).

[221] S. Palmer, a.a.O. (Anm. 218) 67; s. ausführlicher hierzu Fischer, a.a.O. (Anm. 194) 107-113.

[222] Palmer, a.a.O. (Anm. 218) 66. Allerdings ist zu beachten, daß Palmer durch die Differenzierung zwischen „specifisch-kirchlich" und „christlich-religiös" Katechumenat und Religionsunterricht unterscheiden konnte (s. H. Kremers, Christian Palmer, in: H. Schröer, D. Zilleßen, Hg., Klassiker der Religionspädagogik, Frankfurt 1989, 152).

[223] Vgl. Anselm, a.a.O. (Anm. 217) 47-63, der auf die Schwierigkeit des für die Schleiermachersche Wissenschaftstheorie grundlegenden Begriffs „Universum" hinweist, ohne aber Palmers eng theologisch begründetes Wissenschaftsverständnis als weiterführend zu erweisen; zu Palmers Versuch, die Eigenständigkeit der Pädagogik als Wissenschaft zu diskutieren, s. die Zusammenstellung entsprechender Zitate bei Bockwoldt, a.a.O. (Anm. 136) 33f.

Problem ein, daß durch die Einordnung der „Pädagogik" (nicht nur der Katechetik!) in die Praktische Theologie die Spannung zwischen Theologie und Pädagogik ausgeblendet wurde. Er widersprach der Behauptung „unserer Radikalen", daß „die Zwecke des Staats und der Familie denen der Kirche widerstrebten; … allein die evangelische Kirche setzt sich den allgemein humanen Zwecken so wenig feindselig entgegen, daß sie vielmehr in letzter Linie diese Zwecke mit den ihrigen identisch weiß, und das, was einen Menschen hindert, ein wahrhaft evangelischer Christ zu seyn, auch nicht als wahrhaft human anerkennt, umgekehrt aber in allem wahrhaft Humanen (Wissenschaft, Kunst, Bildung, bürgerliche Freiheit u.s.w.) auch etwas dem Evangelium conformes zu ehren und zu fördern weiß."[224] Vor allem die Vermittlung zwischen den Erziehungsmächten Staat und Kirche zog auf seiten vieler Lehrer und Pädagogen zunehmend Protest auf sich, nicht zuletzt deshalb, weil die hier zugrunde liegende Form „Evangelischer Pädagogik" zugleich die Unterordnung der Lehrer unter die Pfarrer begründen half und damit das zunehmend als mißlich empfundene System der geistlichen Schulaufsicht stabilisierte.

Daß dieser Vorwurf nicht unbegründet war, lag auch an dem lutherisch geprägten Religionsverständnis Palmers: „Religion aber existirt nie und nirgends als leeres Abstraktum, sondern als Kirche …; die Kirche aber übt ihre Thätigkeit organisch geordnet durch das geistliche Amt aus".[225]

Die Konzentration der Katechetik auf das engere kirchliche Leben, die sich bei Palmer anbahnte, führte Gerhard v. Zezschwitz (1825-1886) in noch ausgeprägterer Weise fort. Zwar wies er die Ausgliederung der religiösen Erziehung im Haus aus der Katechetik bei Palmer zurück. Doch integrierte er in seinem dreibändigen „System der Katechetik" (1863-1869) zugleich Schule und Haus in das Konzept des kirchlichen Katechumenats. Dabei wurde ihm die aufgeklärte Forderung nach „Mündigkeit" zur Aufgabe der „kirchlichen Mündigkeit".

„Einmal hat die Katechetik im weitern Sinn die Theorie der gesammten Behandlung und Bereitung der Katechumenen für die Erlangung voller Kirchengliedschaft zu ihrem Gegenstand – das andre Mal bezeichnet sie im engren Sinn: die Kunstform speciell unterrichtlicher Bereitung in pädagogisch grundlegender und entwickelnder Methode für das Ziel kirchlicher Mündigkeit."[226] Katechumenat heißt bei ihm

---

[224] Palmer, a.a.O. (Anm. 218) 68f.

[225] Palmer, a.a.O. 66.

[226] C.A.G. v. Zezschwitz, System der christlich-kirchlichen Katechetik Bd. 1. Der Katechumenat und die kirchliche Erziehung nach Theorie und Geschichte, Leipzig 1863, 10; zum hinter diesem Katechetikverständnis stehenden heilsanstaltlichen Kirchenbegriff s. Kahrs, a.a.O. (Anm. 3) 54-65.

„diejenige Veranstaltung der Kirche, durch welche solche, die nach der Aufnahme in ihre volle gliedliche Gemeinschaft begehren, auf dem Wege eines lehr- und erziehungsmäßigen Bereitens in ein directes Verhältniß zu den der Kirche anvertrauten Heilsmitteln gesetzt werden, zu dem Zwecke, daß die Aufnahme zur vollen gliedlichen Gemeinschaft der Kirche zugleich Einpflanzung in den vollen Heilsstand eines Christen sei."[227]

Durch das sakramental geprägte Kirchenverständnis v. Zezschwitzs rückten die Taufe „als substantielle Basis des Katechumenats"[228] und das Abendmahl „als Normalziel"[229] in den Mittelpunkt der katechetischen Überlegungen, allerdings nur in einem kirchlich „objektiven", nicht etwa in einem – auch möglichen – allgemein rituellen, anthropologischen Sinn.

Die Verkirchlichung der Katechetik bzw. der Pädagogik – bei Hirscher mit deutlich kritischer Spitze gegen die Dominanz der Scholastik und rationalistische Engführungen, bei Palmer mit Kritik der modernen Pädagogik, bei v. Zezschwitz mit ausführlichem Rekurs auf die Geschichte verbunden – kann vor dem Hintergrund der gesellschaftlichen Differenzierungsprozesse im 19. Jahrhundert als Versuch verstanden werden, einen einheitlichen Bezugspunkt für Erziehung zu gewinnen.[230] Der Preis hierfür war die zunehmende Isolierung der Katechetik von der Pädagogik bzw. des Religionsunterrichts von den anderen Schulfächern. Die Formulierung einer eigenen „Evangelischen Pädagogik" förderte diese ungünstige Entwicklung noch.

Solche Bemühungen beeinflußten nur indirekt die Veränderung der Katechetik auf Religionspädagogik hin, indem sie nämlich Widerspruch hervorriefen, der dann selbst – unter Wahrung der Selbständigkeit von Pädagogik und Schule – vor der Aufgabe religiöser Erziehung und Bildung stand. Friedrich Adolf Wilhelm Diesterweg als schärfstem und wirkungsvollstem Vertreter dieser Richtung muß deshalb gleich die Aufmerksamkeit gelten.

Weitreichender als die hier angedeuteten wissenschaftstheoretischen Probleme, die letztlich eine unangemessene Ausdehnung der Theologie implizierten, war aber die Tatsache, daß die Lehrer als die, die im 19. Jahrhundert bei zunehmender Verschulung an Gewicht für Erziehung gewannen, das Konzept der kirchlichen Katechetik mehrheitlich ablehnten. Denn für sie war es zugleich ein Legitimationsmodell ihrer Unterordnung unter die Pfarrer bzw. eine Stabilisierung der sog. geistlichen Schulaufsicht.

---

[227] Zezschwitz, a.a.O. 79; s. ausführlicher zur v. Zezschwitzschen Lehre vom Katechumenat Kahrs, a.a.O. 65-82.

[228] Zezschwitz, a.a.O. 255.

[229] Ebd. 614.

[230] S. K.E. Nipkow, F. Schweitzer, Religionspädagogik Bd. 2/1, Gütersloh 1994, 29.

Über all dieser Kritik darf aber nicht übersehen werden, daß die Vertreter
der kirchlichen Katechetik inhaltlich auf den *Gottesdienst als wesentlichen
Vollzug kirchlich-religiösen Lebens* hinwiesen und so – zumindest prinzipiell – den Unterricht mit einem Lebensvollzug verknüpfen wollten. Allerdings blieb der Gottesdienst in einer Sphäre des theologisch Objektiven,
ohne pädagogisch reflektierte Vermittlung mit den jeweiligen Beteiligten.

2.1.3. F. A. W. Diesterwegs Widerspruch

Die unterschiedlichen Interpretationen von Diesterwegs Werk[231] weisen
deutlich darauf hin, daß dieser für die Herausbildung des deutschen Lehrerstandes so wichtige Pädagoge unterschiedliche Traditionen aufnahm[232] und
im Laufe seines Lebens unterschiedlich bearbeitete. Für die Entwicklung der
kirchlichen Katechetik gibt Friedrich Adolf Wilhelm Diesterweg (1790-
1866) gleichsam die dunkle Folie ab. Vor allem Palmer ließ sich durch seine
pädagogisch geprägten Ausführungen zur religiösen Erziehung zu teilweise
heftigen Attacken provozieren.

Eine entscheidende Differenz benannte Palmer in den Prolegomena seiner „Evangelischen Pädagogik": „Eine ... Classe bilden diejenigen, welche die Pädagogik keiner
andern Wissenschaft unterordnen oder anhängen lassen, sondern sie als etwas Selbst-
ständiges und Unabhängiges angesehen wissen wollen ... Ein ... Theil dagegen – mit
Diesterweg an der Spitze – huldigt einem maßlosen Radikalismus. Es ist das Lied von
der Emancipation, ... an die man ... glaubt als ein neues Evangelium."[233] Noch
deutlicher wies er Diesterwegs Kritik am lutherischen Katechismus zurück: „Die
tobsüchtige Polemik, die selbst Luthers Namen nicht verschont, weil der Mann nicht
in purer Negation sich auflöst, vielmehr all' sein Regieren aus einem sehr positiven,
substantiellen Grund entsprang – diese Verleugnung aller Pietät ist wahrlich das
sicherste Kennzeichen, an dem sich die Inhumanität der vom Christenthum feindselig sich abkehrenden Pädagogik verräth."[234]

Die Vehemenz dieser Angriffe markiert einen tiefgreifenden sachlichen
Gegensatz. Diesterweg bestritt beide zentrale Anliegen von Palmer (und von
v. Zezschwitz):

---

[231] S. z.B. Fischer, a.a.O. (Anm. 194) 151-171, der sich besonders mit der DDR-
spezifischen, marxistischen Interpretation Diesterwegs auseinandersetzt; H.F.
Rupp, Religion und ihre Didaktik bei F.A.W. Diesterweg. Ein Kapitel einer
Geschichte der Religionsdidaktik im 19. Jahrhundert, Weinheim u.a. 1987, 23-
78.
[232] S. Rupp, a.a.O. 138-145, 188.
[233] Palmer, a.a.O. (Anm. 218) 61f.
[234] Ebd. 89.

Zum einen wies er die Möglichkeit einer Vermittlung von Theologie und Pädagogik zurück: „Kirchenlehre oder Pädagogik"[235] hieß für ihn – nach dem Titel eines 1852 publizierten Aufsatzes – die unüberbrückbare Alternative.

Sachlich distanzierte er sich dabei – wie vor ihm schon Rousseau und die Philanthropen – vor allem von der Erbsündenlehre.

Der Zusammenhang dieser pädagogisch begründeten Kritik an dem Dogma mit der moralischen Ausrichtung von Erziehung bei Diesterweg wird aus folgenden Tagebucheintragungen deutlich: „Der Fundamentalsatz biblischer Theologie: ‚Daß der Mensch von Natur nichts nütze und zu allem Bösen geneigt sei' – darf in der Erziehung nicht berücksichtigt werden." Und: „Die Haupttendenz des Christentums finde ich in der Erstrebung der höchsten Sittlichkeit, des moralischen Ideals".[236]

Zum anderen verwarf Diesterweg die Einordnung des Religionsunterrichts als Gegenstand in die Praktische Theologie und damit seine konfessionelle Prägung. Vielmehr – und hier bestand Diesterweg auf klarer Trennung zwischen Staat und Kirche – sollte die religiöse Erziehung in der Schule für alle Kinder gleichermaßen offen sein. Konfessionelle Differenzen förderten dagegen nur Streit und seien von der Schule fernzuhalten.[237]

Das Ineinander von grundsätzlich didaktischen und ins einzelne gehenden methodischen Gesichtspunkten bei dieser Kritik geht z.B. aus folgendem vernichtenden Urteil Diesterwegs hervor: „Der konfessionell-dogmatische Unterricht ... ist der Alp, der auf den Schulen lastet ... Vergebens sucht man in ihm die Anwendung richtiger Grundsätze: unmittelbare, dem Schüler anschaulich erkennbare Wahrheit, Entwicklung aus dem Innern heraus, Anschließung an den Standpunkt des Schülers, methodischen Fortschritt vom Leichtern zum Schwereren, Anregung der Selbsttätigkeit; dagegen aber diese Kennzeichen eines schlechten Unterrichts: Dogmatismus nach Form und Inhalt, Unanschaulichkeit und Unverständlichkeit des Inhaltes, Belastung des Wortgedächtnisses, widerwärtige Form in vorgesprochenen Fragen und Antworten, Hinzerrung auf unnatürliche Standpunkte, die dem Kinde ganz fremd sind, und dergleichen mehr."[238]

Unterrichtsorganisatorisch zog Diesterweg im Laufe seines Lebens unterschiedliche Konsequenzen aus seiner einer allgemeinen Naturreligion[239]

---

[235] In: F.A.W. Diesterweg, Sämtliche Werke, hg. v. H. Deiters u.a. Bd. 9, Berlin 1967, 375; s. hierzu Bockwoldt, a.a.O. (Anm. 136) 35f.

[236] Zitiert nach Bloth, a.a.O. (Anm. 164) 18.

[237] S. Herrmann, a.a.O. (Anm. 107) 249.

[238] Aus F.A.W. Diesterweg, Konfessioneller Religionsunterricht in den Schulen oder nicht? (1848) zitiert nach: Nipkow, Schweitzer, a.a.O. (Anm. 230) 88.

[239] S. differenziert die einzelnen, zwischen Vernunft, Natur und Heiliger Schrift oszillierenden Facetten des Diesterwegschen Religionsbegriffs rekonstruierend Rupp, a.a.O. (Anm. 231) 159-174.

nahestehenden Position. Zuerst – anschaulich in der pädagogischen Skizze „August und Wilhelm" formuliert – verschwand Religion als Gegenstand eines eigenen Unterrichtsfachs: „religiöse Erziehung sublimiert in Erziehung allgemein, Religion, dogmatisch entkleidete, reduzierte Religion wird zum Unterrichtsprinzip, das kein eigenes Fach mehr zugeordnet hat, sondern das in jedem Fach – ob jeweils ausgesprochen oder nicht – präsent ist."[240] Wohl nicht zuletzt aus praktischen Gründen empfahl Diesterweg später einen eigenen *„allgemeinen" Religionsunterricht*, mit stark sittlich-moralischer Ausrichtung.

„So wie aller anderer Unterricht herausragenden Wert auf die Erziehung der Schüler, die Disziplin, die Moral legt, so hat auch bzw. richtiger: ganz besonders der Religionsunterrrricht diesen Zielen zu dienen, da die Religion in ihrem Kern mit Moral identisch ist."[241]

Für die Herausbildung der späteren Religionspädagogik prägend sind folgende Erkenntnisse bzw. Forderungen Diesterwegs:
– die *Konzentration der religiösen Erziehung auf den schulischen Religionsunterricht;*
– das *Bestehen auf einer primär pädagogischen Verantwortung religiöser Erziehung in der Schule,* bei gleichzeitiger Unabhängigkeit dieser staatlichen Institution und der Lehrer von der Kirche.[242]

2.1.4. Zusammenfassung

Die seit Ende des 18. Jahrhunderts als praktisch-theologische bzw. pastoraltheologische Disziplin sich herausbildende Katechetik versuchte, sich den durch die Aufklärung aufgebrochenen Fragen und Problemen zu stellen und zugleich der Aufgabe kirchlich verantworteter Erziehung gerecht zu werden. Dabei geriet sie – auch unter dem Namen „Evangelische Pädagogik" – zunehmend in problematische Distanz und Gegnerschaft zur allgemeinen Pädagogik. Vor allem im Bereich der Schule erwies sich eine exklusive Orientierung an Konfessionskirchen problematisch, denn sie trennt die Kinder. Hier begegnet der Grundkonflikt auch heutigen Religionsunterrichtes, der sich einerseits als schulisches Unterrichtsfach allgemein verständlich ausweisen muß, aber andererseits durch seinen Bezug auf gelebte Religion konfessionsspezifische Ausprägung hat. Die einseitige Auflösung dieser Spannung auf

---

[240] Rupp, a.a.O. 150 (zur Datierung und Einordnung von „August und Wilhelm" s. ebd. 99 Anm. 5).
[241] Ebd. 187.
[242] S. Herrmann, a.a.O. (Anm. 107) 240.

Kirche hin bleibt als Katechetik eine die Religionspädagogik begleitende Bemühung.

2.2. Herbartianisches Konzept der Erziehungsschule als pädagogische Vorbereitung

Die eben in wesentlichen Vertretern skizzierte Katechetik als pastoraltheologische Disziplin stellte sich zwar grundsätzlich der Aufgabe religiöser Erziehung in den verschiedenen Bezügen (Familie, Schule, Gemeinde). Doch die (am stärksten bei v. Zezschwitz ausgeprägte) Verkirchlichung und die grundsätzliche Priorität theologisch-kirchlicher Normen entfernte die Katechetik (und die mit ihr verbundene kirchliche Pädagogik) von der zunehmend sich als selbständige Wissenschaft begreifenden Pädagogik. Deshalb beeinflußte die Katechetik das Entstehen von „Religionspädagogik" als eigener wissenschaftlicher Disziplin um die Jahrhundertwende vornehmlich indirekt, nämlich durch deren Abgrenzung von der kirchlichen Katechetik. Umgekehrt vollzog sich der Prozeß in der Pädagogik. Hier hatte Herbart mit seinem Konzept des erziehenden Unterrichts die spezifischen Belange religiöser Erziehung nur am Rande im Blick; ein Großteil seiner Schüler und Nachfolger rückten dagegen die Aufgabe religiöser Erziehung – aus pädagogischen Gründen – so in den Mittelpunkt, daß die wichtigste Wurzel für die moderne „Religionspädagogik" im Herbartianismus zu suchen ist.

2.2.1. Herbarts Erziehungskonzept

Johann Friedrich Herbart (1776-1841) war Nachfolger Kants auf dem philosophischen Lehrstuhl in Königsberg (und später Professor für Philosophie in Göttingen). Seine besondere Leistung war, daß er aus einer philosophischen Grundlegung der Pädagogik, die deren Eigenständigkeit erwies,[243] allgemein einleuchtende didaktische Grundprinzipien folgerte, die die Unterrichtspraxis vor allem der Volksschulen jahrzehntelang prägten. Einerseits ging Herbart von einem klaren Zweck der Erziehung aus, der „Moralität".[244] Sie wird als „Naturbegebenheit" angesehen, die durch Erziehung ausgebildet werden kann und muß.

„Dem Erzieher ist die Sittlichkeit ein Ereignis, eine Naturbegebenheit, die in der Seele seines Zöglings sich zwar ... schon in einzelnen Augenblicken einem kleinen Teil nach zufällig hat blicken lassen, die sich aber in ihrem ganzen Umfange zutragen

---

[243] Dies ist bereits das Programm von Herbarts „Erste(r) Vorlesung über Pädagogik" (1802).

[244] S. hierzu Benner, a.a.O. (Anm. 134) 59-63.

und dauern und alle die übrigen Ereignisse, Gedanken, Phantasien, Neigungen, Begierden in sich nehmen, in Teile von sich selber umwandeln soll".[245]

Andererseits sah Herbart, die gesellschaftlichen Veränderungen durch die Verbürgerlichung aufnehmend, den Menschen vor die Wahl gestellt. Um sich hier angemessen zu verhalten, genügt nicht mehr die frühere ständische Erziehung, sondern die Wahrnehmungsfähigkeit (Ästhetik) muß geschult werden und damit das Urteilsvermögen.

„Transzendentale Freiheit darf und kann auch durchaus nicht im Bewußtsein, gleich einer inneren Erscheinung, sich betreffen lassen. Hingegen diejenige Freiheit der Wahl, die wir alle in uns finden, welche wir als die schönste Erscheinung unserer selbst ehren und welche wir unter den anderen Erscheinungen unserer selbst hervorheben möchten, – diese ist es gerade, welche der Erzieher zu bewirken und festzuhalten trachtet. Machen, daß der Zögling sich selbst finde, als wählend das Gute, als verwerfend das Böse: dies oder nichts ist Charakterbildung!"[246]

Zwar beurteilte Herbart das Leistungsvermögen der Schule für diese sittliche Erziehung skeptisch. Er sprach dem Staat die Potenz hierzu ab, „weil die Bildung der Einzelnen nicht staatlich angeordnet werden kann, sondern einer nicht-teleologischen Institutionalisierung der pädagogischen Praxis bedarf".

„Der These, im absolutistischen Staat diene die Schule als Institution der Reproduktion von gesellschaftlich bedingter Ungleichheit, im demokratischen Staat diene sie dagegen der Bildung jedes Einzelnen zu der ihm größtmöglichen Vielseitigkeit, stellt Herbart die Gegenthese gegenüber, jedwede staatliche Schule sei, ganz unabhängig von der Staatsform, ein Instrument zur ‚voreiligen Bezeichnung von Gegensätzen unter Menschen'. Schulisch organisiertes Lernen führe immer zu einer ‚verfrühten Trennung der Kinderwelt durch die Trennungen im Staate' und könne die Einzelnen gar nicht auf eine selbständige Teilhabe und Mitwirkung am Zusammenleben in einer den Ideen der inneren Freiheit und der beseelten Gesellschaft verpflichteten Form gemeinsamer Praxis vorbereiten."[247]

Positiver schätzte er die Familie ein.[248]

Doch prägte er vor allem die Volksschule dadurch, daß er beim Verfolgen seines Zieles der sittlichen Erziehung auf Grund einer Analyse des Denkens Formalstufen des Unterrichts herausarbeitete, die sich gut in den schulischen Unterricht umsetzen ließen:

---

[245] Aus Herbart, Über die ästhetische Darstellung der Welt als das Hauptgeschäft der Erziehung (1804), zitiert in: Benner, a.a.O. 71.

[246] Zitiert in: ebd. 72.

[247] Ebd. 207.

[248] Benner arbeitet ebd. 210f. heraus, daß Herbart auf Grund der Probleme des Hauslehrerstandes eine Institutionalisierung pädagogischer Praxis vergleichsweise mit freien Berufen (z.B. Ärzten) vorschwebte.

Herbart kam zu vier Stufen des Unterrichts:
– „Klarheit" (des einzelnen Neuen)
– „Assoziation" (mit bereits Bekanntem)
– „System" (Einordnung in einen allgemeinen Zusammenhang)
– „Methodik" (praktische Anwendung des Gelernten).[249]

Für die Entwicklung auf die Religionspädagogik hin war von besonderer
Bedeutung, daß Herbart – im Gegensatz zu Schleiermacher, der durch die
strikte Trennung von Moral, Metaphysik und Religion den „Verächtern der
Religion" begegnen wollte – Sittlichkeit und Religion eng miteinander verband. Zwar äußerte er sich in seinem wissenschaftlichen Werk nur sehr
zurückhaltend zu metaphysischen und religiösen Fragen. Doch subsumierte
er „Sittlichkeit" und „Religion" unter „Gesinnungen"[250] und sah den Wert
der Religion in der Stärkung der angestrebten Sittlichkeit. Etwas einseitig,
weil durchaus bei Herbart auffindbare theologische Überlegungen zum
Gottesbegriff ausblendend, faßt Bockwoldt zusammen: „Gott wird ... zum
Garanten der sittlichen Weltordnung".[251] Die dabei gegebene *Einordnung
der Religion in die Sittlichkeit* stellt dann bei der beginnenden „Religionspädagogik" ein nicht unproblematisches Erbe dar, vor allem auch deshalb,
weil die Diskretion bei der Behandlung von Religion im Unterricht, die
Herbart empfahl, vergessen wurde.

2.2.2. *Pädagogik mit religiösem Ziel im Herbartianismus*

Tuiskon Ziller (1817-1882), der, obgleich er den Meister nie gehört hatte,[252]
wohl wirkungsvollste Schüler Herbarts, nahm eine für die Entstehung der
Religionspädagogik bedeutsame Neuorientierung der Herbartschen Pädagogik vor. Er kritisierte, daß Herbart „in seiner Theorie ... die religiöse Sache
nicht genug hervorgehoben"[253] habe. Demgegenüber wollte Ziller, an das

---

[249] S. ausführlicher E.E. Geißler, Johann Friedrich Herbart (1776-1841), in: H.
Scheuerl, Hg., Klassiker der Pädagogik Bd. 1, München [2]1991, 243f; zur religionsdidaktischen Wirkung s. R. Lachmann, Wege der Unterrichtsvorbereitung, in: G.
Adam, R. Lachmann, Hg., Religionspädagogisches Kompendium, Göttingen
[3]1990, 144-147.

[250] S. Bockwoldt, a.a.O. (Anm. 136) 19.

[251] Ebd.; vgl. auch zum folgenden Jacobs, a.a.O. (Anm. 135) 11-30.

[252] Vor allem Moritz Wilhelm Drobisch (1802-1896) führte Ziller an Herbarts
Pädagogik (und Philosophie) heran (s. genauer Jacobs, a.a.O. 31f.). Drobisch
hatte Herbart gegen den Vorwurf des Atheismus verteidigt und in der dazu
erschienenen Schrift „Grundlehren der Religionsphilosophie" die Ansätze zu
einer religiösen Ausrichtung der Pädagogik bei Herbart ausgearbeitet und verstärkt.

[253] T. Ziller, Vorlesungen über Allgemeine Pädagogik, Leipzig 1876, 26.

Konzept des erziehenden Unterrichts anknüpfend, die „religiöse Seite der Erziehung im allgemeinen und ihr Verhältnis zur ethischen"[254] entfalten.

Diese starke Akzentuierung des Religiösen im (allgemeinen) Erziehungskonzept nahm durchaus Anliegen zeitgenössischer Katechetik und „Evangelischer Pädagogik", vor allem der Palmers auf.[255]

Entscheidenden Ausdruck fand diese neue Orientierung in der Zielbestimmung von Erziehung. Während Herbart hier noch „Sittlichkeit" nannte, forderte Ziller – für den gesamten erziehenden Unterricht in der Schule – die Herausbildung der „sittlich-religiösen Persönlichkeit".[256]

„Der Lernende soll also durch den erziehenden Unterricht zur Sittlichkeit oder zum Glauben als der religiösen Form der Sittlichkeit erhoben werden, und hiermit das erwerben, was dem menschlichen Dasein und Wirken erst seine Würde verleiht und was ihn rechtfertigt vor Gott. Er soll mit einem Worte ein frommer und tugendhafter Mensch werden, und da Frömmigkeit und Tugend bei den Menschen immer charaktermäßig auszubilden ist, ... so muß alles Wissen und Können, das der erziehende Unterricht giebt, zugleich der sittlich-religiösen Charakterbildung des Zöglings dienen".[257]

Enzyklopädisch drückt sich dies darin aus, daß Ziller neben Ethik und Psychologie noch die – allerdings vorwiegend ethisch verstandene – „Religionslehre" als dritte „Hilfswissenschaft" in die Pädagogik einbezieht.[258] So kann Ziller – wohl von der Arbeit evangelischer Theologen wie A. Ritschl beeinflußt[259] – Erziehung als „Reich-Gottes-Arbeit" bezeichnen.[260] Theologisch steht dahinter ein stark ethisch geprägtes Gottesverständnis.

„Die Tugend ist ... von göttlicher, übermenschlicher Art. Gott ist die Liebe. Er ist wahrhaft gut. Bei ihm ist überdieß das Ideal der Persönlichkeit zur Heiligkeit gesteigert, so daß sein Wollen nicht bloß der Gesammtheit der Ideen, welche den Inhalt der vorbildenden Einsicht ausmachen, durchaus angemessen, sondern durch dieselben hervorgerufen ist."[261] Auch Christus versteht Ziller primär als sittliches Vorbild.

---

[254] Ebd.

[255] S. T. Ziller, Einleitung in die allgemeine Pädagogik, Leipzig 1856, VI; s. dagegen zur scharfen Kritik an v. Zezschwitz Jacobs, a.a.O. (Anm. 135) 120-123.

[256] S. Jacobs, a.a.O. 84; s. hierzu genauer Kahrs, a.a.O. (Anm. 3) 93-100.

[257] T. Ziller, Grundlegung zur Lehre vom erziehenden Unterricht, hg. v. T. Vogt, Leipzig ²1884, 18.

[258] S. Ziller, a.a.O. (Anm. 255) 14.

[259] S. Jacobs, a.a.O. (Anm. 135) 109.

[260] S. ebd. 109-112.

[261] Ziller, a.a.O. (Anm. 255) 95.

Angesichts des pietistischen Hintergrundes Zillers und der Tatsache, daß die meisten Vertreter des Herbartianismus[262] evangelisch waren, verwundert es nicht, daß sich viele evangelische Erzieher der Herbartschen Pädagogik in Zillerscher Prägung anschlossen. Dazu kam noch, daß Ziller die Formalstufen Herbarts aufnahm und modifizierend weiterführte.

Ziller ging bei seinem Phasenplan für den Unterricht, den er erstmals 1874 im „Vademecum für die Praktikanten des Pädagogischen Seminars zu Leipzig" veröffentlichte, davon aus, daß die Charakterbildung sich wesentlich durch Begriffsbildung vollzieht, die die – in Entsprechung zu den Kulturstufen gedachte – jeweilige psychologische Entwicklungsstufe der Kinder zu berücksichtigen hat.[263]

Dieses Formalstufen-System war im Unterricht gut praktizierbar. Wilhelm Rein (1847-1929) modifizierte es noch und sorgte damit für weitere Verbreitung, dann aber schon unter der Fahne der „Religionspädagogik". Die Formalstufen wurden auch in der katholischen Katechetik aufgenommen, die ansonsten gegenüber dieser doch kirchlich distanzierten Form des Religionsunterrichts zurückhaltend war, und z.T. bis heute wirksam in der sog. Münchener Methode ausgearbeitet.

Wenn man den Lehrplanaufbau bei Ziller für Religion analysiert, wird schnell deutlich, daß sein *Programm der religiös-sittlichen Erziehung* nicht mit einer an biblischen Inhalten orientierten christlichen Erziehung verwechselt werden darf. Vielmehr sind für Zillers Erziehungsziel ethische und psychologische Einsichten konstitutiv, denen dann christliche und biblische Inhalte zugeordnet werden.

So empfahl er z.B. im Religionsunterricht des ersten Schuljahrs die Behandlung von Grimms Märchen, im zweiten Defoes Robinson Crusoe. Erst im dritten Schuljahr sollte die Beschäftigung mit biblischen Geschichten beginnen.[264]

Deshalb wirft z.B. K. Wegenast aus theologischer Sicht ein: „Der Herbartianismus Zillers hatte in den Schulen zu einer Systematik des Religionsunterrichts geführt, die die spannungsreiche Wechselbeziehung von Vernunft und Offenbarung, Religion und Sittlichkeit, Theologie und

---

[262] Als Vertreter des Herbartianismus werden die Mitglieder des 1868 von Ziller gegründeten Vereins für wissenschaftliche Pädagogik bezeichnet (zu den Statuten und der Entwicklung des Vereins s. H. Meier, Die Geschichte des Vereins für wissenschaftliche Pädagogik, Leipzig 1940; vgl. zu den zeitbedingten Grenzen Meiers, die durch dessen Bezugsrahmen „einer neuen, völkisch gebundenen Erziehungswissenschaft" gegeben waren, G. Pfister, Vergessene Väter der modernen Religionspädagogik, Göttingen 1989, 13).

[263] S. Jacobs, a.a.O. (Anm. 135), der die Stufen der „Analyse", der „Synthese", der „Association", des „Systems" und der „Methode" am Beispiel eines Unterrichts über Davids Königswahl veranschaulicht.

[264] S. ebd. 113f.

Pädagogik auflöste und Bibel und Christentum im Grunde zu einer bloßen Illustration für bereits bekannte sittliche Grundsätze degenerieren ließ – und das unter der Fahne der Religion."[265] Diese *inhaltliche Ungeklärtheit des Religionsunterrichtes im Herbartianismus* bedeutete im Entstehungsprozeß der Religionspädagogik eine schwere Hypothek.

Umgekehrt darf nicht übersehen werden, daß Ziller und seine Mitstreiter das religiöse Thema in einer Zeit, in der sich das Schulwesen als staatliches konsolidierte, aus dem bisherigen, exklusiv kirchlichen Bezug lösten[266] und ihm so langfristig einen – pädagogisch begründeten – Platz in der öffentlichen Schule sichern halfen.

Schließlich ist für die weitere Entwicklung bedeutsam, daß das Konzept des erziehenden Unterrichts zu einer Konzentration der Pädagogik auf den Schulunterricht führte, die gerade Herbart mit seiner Distanz zur Staatsschule fremd war, die aber in der Religionspädagogik der Anfangszeit zu einer Überbetonung des Religionsunterrichtes führte.

2.2.3. Münchener Methode

Wie bereits erwähnt führte die ultramontane Politik der römisch-katholischen Kirche in der zweiten Hälfte des 19. Jahrhunderts zu einer Abkoppelung von katechetischen Reformbestrebungen in der evangelischen Theologie und Kirche, aus denen sich das Programm „Religionspädagogik" entwickelte. Dies gilt für die inhaltliche Ausprägung der katholischen Katechetik, die bis weit ins 20. Jahrhundert hinein – nicht zuletzt durch den römischen Antimodernismus verstärkt – neuscholastisch war. Methodisch breitete sich aber in der zweiten Hälfte des 19. Jahrhunderts auch unter katholischen Katechetikern und Pädagogen eine Aufbruchstimmung aus, die in praktischen Problemen der Katechese begründet war und deshalb Theoretiker und Praktiker gleichermaßen umfaßte.

Handgreiflich ist diese Bewegung in der Entstehung von Zeitschriften und Vereinen am Ende des 19. Jahrhunderts. 1875 wurden z.B. in München die – heute noch erscheinenden – „Katechetischen Blätter" gegründet, die zum Sprachrohr der Münchener Methode wurden, 1878 im zweiten katechetischen Zentrum, in Wien, die „Christlich-pädagogischen Blätter". 1887 bildete sich der Münchener, später – und bis heute – Deutsche Katechetenverein. Dazu kamen um die Jahrhundertwende zahlreiche große Kongresse und Versammlungen katholischer Katechetiker und Katecheten.[267]

[265] Wegenast, a.a.O. (Anm. 137) 38.
[266] S. Bockwoldt, a.a.O. (Anm. 136) 22.
[267] S. Bartholomäus, a.a.O. (Anm. 155) 44; s. auch U. Hemel, Religionspädagogisch-katechetische Entwicklungen 1875 bis 1900, in: KatBl 112 (1987), 424-429.

Besondere Verbreitung fand die sog. Münchener Methode.[268] Deren Katechetiker, Anton Weber[269] sowie (die sich bereits als Religionspädagogen bezeichnenden) Heinrich Stieglitz und Joseph Göttler, erstellten durch Rückgriff auf die Lernpsychologie ein Stundenschema, das den bis dahin üblichen öden Katechismusunterricht ablöste.

Diesen bisherigen Unterricht charakterisiert E. Paul: „kaum mehr als Vermittlung ‚historisch-geographischer Fakten' bzw. von Geschichten mit moralischer Nutzanwendung oder beides zugleich und eine Beispielsammlung zur Begründung und Veranschaulichung der Katechismussätze."[270]

Unter deutlichem, wenn auch teilweise bestrittenem – Herbarts Pädagogik galt in katholischen Kreisen als „unchristlich" – Rückgriff auf die Herbartschule kam es zu fünf Formalstufen, die sich in drei Haupt- und zwei Nebenstufen gliederten:

„1. Vorbereitung (Einstimmung, die das Interesse der Schüler wecken soll);
(I.)
2. Darbietung (Erzählung, Bild usw.);
(II.)
3. Erklärung (Heraushebung des Wesentlichen, der Begriffe, der Regel, des Gesetzes);
4. Zusammenfassung;
(III.)
5. Anwendung (religiöses Leben, Hinweise auf Liturgie und Kirchenjahr, Aufgabenstellung)."[271]

Der Erfolg dieser Methode war nicht zuletzt darin begründet, daß ihre Vertreter einerseits das Gefühl haben konnten, Erkenntnisse der neueren Pädagogik[272] zu übernehmen, zugleich aber den traditionellen Inhalten des katholischen Katechismus treu zu bleiben.

E. Paul veranschaulicht das damit gegebene Vorgehen an einem Beispiel zur Katechese des 7. Gebots aus Webers Schrift „Die Münchener katechetische Methode": Wie auch sonst beginnt der Unterricht mit einer Erzählung, die als „Anschauung" gilt, „die alle Elemente der Katechismusfragen enthalten muß ... Diese werden dann in der ‚Erklärung' nacheinander erhoben ...: Raub und Diebstahl, Mithilfe dazu, Hehlerei, Betrug, Wucher, Gefundenes nicht zurückgeben, Schulden nicht

---

[268] S. hierzu umfassend H.-W. Offele, Geschichte und Grundanliegen der sogenannten Münchener Katechetischen Methode, München 1961.

[269] S. A. Weber, Die Münchener Katechetische Methode, Kempten u.a. 1905.

[270] E. Paul, Die Münchener Methode: Intention-Realisierung-Grenzen, in: KatBl 113 (1988) 186.

[271] Läpple, a.a.O. (Anm. 64) 182.

[272] Vor allem der Pädagoge O. Willmann trug auf vielen Tagungen das Konzept vor.

zurückzahlen und ungerechte Schädigung. Dann kann als Zusammenfassung der Katechismustext stehen: ‚Das siebente Gebot verbietet, dem Nächsten an seinem Eigentum zu schaden durch Raub oder Diebstahl, durch Betrug, Wucher oder auf andere ungerechte Weise.‘ Und: ‚Durch Raub oder Diebstahl sündigen nicht nur die eigentlichen Räuber oder Diebe, sondern alle, die ihnen raten oder beistehen, die gestohlenes Gut kaufen, gefundenes nicht zurückgeben, die ihre Schulden nicht bezahlen.‘ In der ‚Anwendung‘ schließlich wird erneut ein Beispiel eines ‚Verstoßes gegen das 7. Gebot‘ erzählt (Jos 7: Achans Diebstahl) und dann der Blick auf mögliche kindliche Verfehlungen gelenkt: ‚Habt ihr genascht?‘, ‚etwas gestohlen?‘ usw."[273]

In dem diese Methodik tragenden Prinzip der „Einheit der Anschauung" steckte aber – wie die Kritiker der Münchener Methode schnell bemerkten – durchaus Sprengkraft gegenüber dem traditionellen Katechismusstoff. Die – wie sie anfangs auch genannt wurde – „psychologische Methode"[274] sei autoritäts- und offenbarungsfeindlich, wurde moniert, da sie sich an den Adressaten, nicht aber an der Offenbarung orientiere. Und in der Tat gab es durchaus Probleme, alle Katechismusstoffe mit dieser Methode zu behandeln. Im Gegensatz zu Entwicklungen in der evangelischen Katechetik und dann Religionspädagogik blieb im katholischen Bereich aber, auch als Göttler um 1920 programmatisch „Religionspädagogik" propagierte, der Bezug zur kirchlichen Lehre konstitutiv.

Läpple weist darauf hin, daß die Münchener Methode „auch das innere Gerüst (bildete) für den ‚Katholischen Katechismus der Bistümer Deutschlands‘, der 1955 herausgegeben wurde und in revidierter Fassung unter dem Titel ‚glauben – leben – handeln‘ als Arbeitsbuch 1969 erschienen ist, ebenso für die österreichischen ‚Lehrstückkatechismen‘ aus den Jahren 1958 bzw. 1959."[275]

2.2.4. Zusammenfassung

In Nachfolge von Herbart wurde – unter spezifischer Modifizierung seines Ansatzes – das Programm der Erziehungsschule erarbeitet, die als Ziel die „sittlich-religiöse Persönlichkeit" hatte. Religion wurde hier ein wichtiger Gegenstand des schulischen Unterrichts, aber zugleich einseitig ethisch akzentuiert. Diese *pädagogisch begründete, ethische Grundausrichtung* traf sich mit dem Christentumsverständnis der liberalen Theologie und bereitete eine entsprechende Prägung der Religionspädagogik vor, die teilweise bis heute zu beobachten ist und in der Konzeption des problemorientierten Religionsunterrichts ihren deutlichsten Ausdruck fand.

---

[273] Paul, a.a.O. (Anm. 270) 187.
[274] S. ebd.
[275] Läpple, a.a.O. (Anm. 64) 182.

2.3. Religionspädagogik als Programm liberaler Theologie

2.3.1. M. Reischles Begriffsbildung

Im Anschluß an Gerd Bockwoldt[276] wird in der Literatur allgemein angenommen, daß sich der Begriff „Religionspädagogik" erstmals 1889 bei dem
Systematischen Theologen Max Reischle findet. Zwar hatte diese erste (noch
unsichere) Begriffsverwendung keine erkennbare Wirkung – wohl nicht
zuletzt wegen der Sprödigkeit des Textes[277] –, trotzdem ist eine etwas nähere
Beschäftigung hiermit interessant. Denn zum einen tritt die theologische
Tradition deutlich hervor, innerhalb deren sich Religionspädagogik als Programm und dann wissenschaftliche Disziplin entwickelte, zum anderen
begegnet ein wesentliches Problem zukünftiger religionspädagogischer
Theoriebildung.

Reischle, der aus der Ritschl-Schule stammte, legte 1889 die kleine
Abhandlung „Die Frage nach dem Wesen der Religion. Grundlegung zu
einer Methodologie der Religionsphilosophie" vor. In dieser recht abstrakten
Arbeit thematisiert er das – bis heute religionspädagogisch virulente – Problem des Religionsbegriffs. Er weist zuerst überzeugend die Unmöglichkeit
nach, phänomenologisch aus verschiedenen Religionen einen allgemeinen
Religionsbegriff herzuleiten; vielmehr plädiert er dafür – unter wiederhol-
tem Hinweis auf die ähnliche Lage in der Ethik –, das eigene religiöse
Erleben als normbildend für den Religionsbegriff heranzuziehen, eben die
christliche Religion. Nach solchen allgemeinen Überlegungen will Reischle
„die verschiedenen Disziplinen, welche sich mit Religion beschäftigen, zu
einander in's Verhältnis ... setzen".[278] Neben Religionsgeschichte, -psycho-
logie, -kritik und systematischer Religionslehre kommt er schließlich auf
„Religionspädagogik oder Religionstechnik" zu sprechen. Dabei betont er
deren Bezug auf eine konkrete Religion:

> „Hierbei ist nun aber zu beachten: die beiden zuletzt genannten Disziplinen, die
> Darstellung des Systems religiöser Vorstellungen und die Religionspädagogik sind
> immer nur an eine einzelne bestimmte Religionsform geknüpft; genauer an diejenige,
> von deren Wahrheit der Darsteller überzeugt ist."[279]

---

[276] S. Bockwoldt, a.a.O. (Anm. 178) 15f.

[277] M. Reischle, Die Frage nach dem Wesen der Religion. Grundlegung zu einer
Methodologie der Religionsphilosophie, Freiburg 1889, räumt im Vorwort selbst
eine „gewisse Eintönigkeit des Ausdrucks" ein.

[278] Ebd. 88.

[279] Ebd. 91.

Interessanterweise gibt Reischle für diese Verbindung von Religionspädagogik mit einer konkreten Religion eine pädagogische Begründung.

„Nur durch jene Ueberzeugung und den Zweck, die für wahr gehaltene Religion auch als solche zur Geltung zu bringen, wird die systematische Religionslehre und Religionspädagogik darüber erhoben, rein geschichtlich das Thatsächliche zu erforschen und dem Verständnis nahe zu bringen."[280]

Dementsprechend ordnete Reischle die Religionspädagogik der „christlichen praktischen Theologie" zu.[281] Klar wies er eine möglichst neutrale Religionskunde zurück.

Bei aller Zeitverhaftung und Vorläufigkeit der in einem enzyklopädisch-theologischen Zusammenhang angestellten Überlegungen von Reischle, die sich bereits in der zwischen „Religions-Methodik" und „Religionspädagogik" schwankenden Terminologie zeigen, werden zwei wichtige Themen der künftigen religionspädagogischen Diskussion vorweggenommen:
- der *Zusammenhang der Religionspädagogik mit der Wahrheitsfrage*,
- die *Bedeutung der eigenen Überzeugung der Lehrkraft*.

2.3.2. Programmatische Äußerungen

Wie im vorhergehenden bereits angedeutet, boten vor allem die Überlegungen im Herbartianismus die Grundlage für die programmatische Entwicklung von Religionspädagogik. Seit Beginn des neuen Jahrhunderts begegnen bei Autoren dieser pädagogischen Tradition immer häufiger die Begriffe „Religionspädagogik" bzw. „religionspädagogisch".[282] Programmatisch stehen sie gegen die alte Katechetik mit ihrer einseitigen Bindung an Kirche[283] (und positive Theologie) sowie – unterrichtspraktisch – gegen die einseitige Stoffbezogenheit, die vor allem in Form des Katechismusunterrichtes als Hauptgrund für das schlechte Ansehen des Religionsunterrichtes[284] bei vie-

---

[280] Ebd.

[281] Ebd.

[282] S. die Angaben bei Bockwoldt, a.a.O. (Anm. 136) 138 Anm. 5; vgl. im einzelnen zu Versuchen, die herbartianisch-zillersche Pädagogik für die religiöse Erziehung fruchtbar zu machen, Pfister, a.a.O. (Anm. 262).

[283] Hier ist zu beachten, daß die Frage des Zusammenhangs von Kirche und Religionsunterricht damals durch das Problem der geistlichen Schulaufsicht überlagert wurde, also der Tatsache, daß in der Regel – pädagogisch nicht ausgebildete – Pfarrer als Dienstvorgesetzte der Volksschullehrer (und -lehrerinnen) agierten.

[284] S. z.B. M. Lobsien, Über die Beliebtheit des Religionsunterrichts in der Schule, in: MERU 1 (1908) 80-85, der auf Grund von interessanten Schülerbefragungen, die geschlechtsdifferenziert erhoben wurden, konstatieren muß: „Der Religions-

len Schülerinnen und Schülern galt. Diese offensichtliche Erfolgslosigkeit des Religionsunterrichtes bildete den Hintergrund für die im folgenden vorgestellten Reformversuche.

Schelander faßt die hier vollzogene Wende in folgenden Gegensatzpaaren zusammen:

„– Weg von der Kirche hin zur Schule;
– weg von der Theologie hin zur Pädagogik und Psychologie;
– weg von der Katechetik hin zur Religionspädagogik;
– weg von der Dogmatik hin zum Begriff und Phänomen der Religion;
– weg von der alleinigen Orientierung an den religiösen Gegenständen des Religionsunterrichts (Bekenntnis, Katechismus etc.) hin zum Schüler und seinem religiösen Erleben;
– weg von einer ‚dogmatischen Methode' hin zu einer ‚induktiven Methode', die religiöses Leben erzeugen könne;
– weg von einer reinen Wissensvermittlung mit einer Überfülle von Stoffen, dem sogenannten ‚Memoriermaterialismus', hin zu einer Vermittlung von subjektiver Religion, sodaß nicht nur der Kopf, sondern auch das Herz der Schüler angesprochen werde."[285]

Bevor die hiermit verbundenen Argumentationen näher betrachtet werden, ist aber auf eine zweite Front aufmerksam zu machen, die sich für die neue Religionspädagogik zu Beginn des 20. Jahrhunderts eröffnete und die im ausgehenden 20. Jahrhundert neue Schärfe gewinnt: die *grundsätzliche Infragestellung schulischen Religionsunterrichts*. Systematisch machte sich dies in der fundamentalen pädagogischen Frage nach der Lehrbarkeit von Religion fest,[286] die ein wichtiges Thema der religionspädagogischen Diskussion wurde und in 2.3.3. inhaltlich behandelt wird. Politisch wurde sie im sog. Bremer Schulstreit von 1905 virulent.[287] Hier forderte die Bremer Lehrer-

---

unterricht gehört zu den Unterrichtsfächern, die von den Schülern und Schülerinnen der Volks- und Mittelschulen am geringsten bewertet werden" (84). Vgl. hierzu auch W. Stern, Über Beliebtheit und Unbeliebtheit der Schulfächer, in: Zeitschrift für Pädagogische Psychologie, Pathologie und Hygiene 7 (1905) 267-296, der zu ähnlichen Ergebnissen kommt; allerdings stößt er auf zwei Klassen, in der der Religionsunterricht – wohl wegen der besonderen Persönlichkeit des Religionslehrers – sehr beliebt ist (282).

[285] Schelander, a.a.O. (Anm. 138) 41f.

[286] Wohl als erster stellte A. Bonus in dem viel beachteten Aufsatz: Zu den „Bildungsproblemen", in: ChW 14 (1900) 755-759, diese Frage für die Schule, verneinte sie und plädierte für die Abschaffung des Religionsunterrichts, weil dieser nur Überdruß fördere.

[287] S. hierzu ausführlich P.C. Bloth, Der Bremer Schulstreit als Frage an die Theologie. Eine Studie zur Problematik des Religionsunterrichts in der Volksschule des frühen 20. Jahrhunderts, Diss. theol. Münster 1959; einen kurzen instruktiven Überblick gibt Schelander, a.a.O. (Anm. 138) 156-162.

schaft von der dortigen Bürgerschaft die Abschaffung des schulischen Religionsunterrichts.

Die dabei verwendeten Argumente und Angriffe tauchen z.T. 85 Jahre später in der Diskussion um die Einführung des Religionsunterrichts in den neuen Bundesländern wieder auf.

Ein Hauptargument hieß: „Die Schule ist eine Veranstaltung des Staates; Religion aber ist Privatsache."[288] Wichtig war dabei, daß der von Ziller und dem Herbartianismus bekannte Begriff der „sittlich-religiösen" Persönlichkeit abgelehnt und eine schroffe Trennung von Sittlichem und Religiösem gefordert wurde. Dazu beriefen sich die Lehrer auf „weite Kreise der Bevölkerung"[289], die mit der traditionellen Religion nichts mehr anfangen könnten. Es findet sich auch eine Polemik gegen das Alte Testament, bei dem Passagen als unsittlich erscheinen.[290]

Interessant ist der historische Hintergrund der bremischen Auseinandersetzung. In der Stadt herrschte nämlich damals – für das übrige Deutschland ungewöhnlich – sog. „objektiver Religionsunterricht"; d.h. der Katechismusunterricht war abgeschafft, der Religionsunterricht bestand vor allem aus Bibelkunde mit entsprechenden historischen Erklärungen. Hatte man so bereits eine Form des Religionsunterrichtes erreicht, die viele andere erst anstrebten, so führte wohl ein konkreter Konflikt um die Schulaufsicht – der Fall Köppe[291] – zu der allgemeinen Empörung, die eine Gruppe monistisch gesinnter radikaler Lehrer nutzte, um die übrige Lehrerschaft gegen den Religionsunterricht zu mobilisieren.[292]

Einen neuen, wenn auch nur verhalten anklingenden Ton in der Diskussion bildeten Hinweise auf religiöse Erziehung im Ausland. Das Beispiel Frankreich, an dessen staatlichen Schulen seit dem letzten Drittel des 19. Jahrhunderts ein obligatorischer Moralunterricht den Religionsunterricht ersetzt, unterstützte hier die Forderung nach vollständiger Abschaffung des Religionsunterrichtes, das Beispiel England das Plädoyer für einen „objektiven" Religionsunterricht.[293]

---

[288] Denkschrift der bremischen Lehrerschaft, jetzt abgedruckt in: R. Koerrenz, N. Collmar, Hg., Die Religion der Reformpädagogen, Weinheim 1994, 25.

[289] Ebd. 26.

[290] Ebd. 29f: „Opferdienst, Satzungswesen, Akte der Rohheit, Grausamkeit und Zügellosigkeit treten uns vielfach (sc. im Alten Testament, C.G.) entgegen."

[291] S. hierzu H. Spanuth, Tatsächliches zu der Bremer Bewegung gegen Religionsunterricht, in: KatZs 9 (1906) 34f.; vgl. Bloth, a.a.O. (Anm. 287) 47-50.

[292] S. Bloth, a.a.O. 50-55.

[293] S. z.B. H.H. Ewers' Gutachten zur von Gansberg (s. Anm. 295) veröffentlichen Umfrage (abgedruckt in: Koerrenz, Collmar, a.a.O. (Anm. 288) 37), oder F. Gansberg, Objektiver Religionsunterricht (1909), abgedruckt ebd. 65; vgl. auch E. Troeltsch, Die Trennung von Staat und Kirche, der staatliche Religionsunterricht und die theologischen Fakultäten, Tübingen 1907, der den spezifisch

Da der Bremer Schulstreit auch von Lehrern anderer Orte, vor allem in Hamburg und Sachsen,[294] aufgegriffen und in der Öffentlichkeit diskutiert wurde, bildet die hier vorgetragene grundsätzliche Infragestellung des schulischen Religionsunterrichts[295] einen nicht zu unterschätzenden Hintergrund für die weitere religionspädagogische Diskussion.

Er wurde noch dadurch verstärkt, daß – auch hier in großer Aktualität – auf der anderen Seite positiv-theologisch orientierte Eltern den ihrer Meinung nach zu liberalen Religionsunterricht in Frage stellten und eine rein kirchliche Unterweisung forderten.[296]

Einen guten Überblick über die programmatische Profilierung von Religionspädagogik geben die ersten Hefte der vom früheren Eisenacher Seminardirektor und späteren Jenenser Pädagogik-Professor Wilhelm Rein[297] ab 1904 herausgegebenen „Stimmen zur Reform des Religions-Unterrichts",[298] die innerhalb der Reihe „Pädagogisches Magazin. Abhandlungen vom Gebiete der Pädagogik und ihrer Hilfswissenschaften" erschienen. Deutlich tritt hier zum einen die *Konzentration auf den schulischen Religionsunterricht* hervor. Ein Großteil der Beiträge stammt aus der Lehrerschaft, so daß die Frage der Schulaufsicht eine erhebliche Rolle spielt.

Doch finden sich auch nachdenkliche, in der folgenden Diskussion leider zu wenig berücksichtigte Stimmen, die auf die dringend notwendige Abstimmung zwischen den einzelnen Orten religiösen Lernens hinweisen. So schreibt z.B. der Rein-Schüler und damalige Leiter der Coburger städtischen Schulen (ab 1913 mit dem

---

deutschen Weg des Verhältnisses von Staat und Kirche und die daraus folgenden Konsequenzen für die Institutionalisierung religiöser Bildung gegenüber den andersartigen Verhältnissen in England, Frankreich und USA begründet.

[294] S. Schelander, a.a.O. (Anm. 138) 160-167.

[295] So antworteten auf eine von F. Gansberg durchgeführte internationale Befragung (s. ders., Religionsunterricht? Achtzig Gutachten. Ergebnis einer von der Vereinigung für Schulreformen in Bremen veranstalteten allgemeinen deutschen Umfrage, Leipzig 1906) Prominente wie E. Key, E. Haeckel, E.v. Hartmann, H. Lietz, H. Scharrelmann, R.M. Rilke meist zustimmend, also den schulischen Religionsunterricht ablehnend (s. Bockwoldt, a.a.O. (Anm. 136) 61).

[296] S. Schelander, a.a.O. (Anm. 138) 161.

[297] Zu W. Reins (1847-1929) Person s. knapp, aber instruktiv Jacobs a.a.O. (Anm. 135) 87; seine religionsdidaktische Position sowohl in kritischer Abgrenzung als auch positiven Vorschlägen zur Lehrplangestaltung ist z.B. in seinem Artikel „Vom Religions-Unterricht", in: Pädagogische Warte 10 (1903/04) 669-677 nachzulesen.

[298] S. Schilling, a.a.O. (Anm. 135) 50f. Anm. 132 (zu weiterer Literatur s. ebd.).

Titel „Schulrat") A. Reukauf: „Um den Erfolg des Religionsunterrichts der Schule zu sichern, ist es ... nötig, daß Schule und Haus Hand in Hand arbeiten".[299]

Zum zweiten ist deutlich die Kritik am bestehenden Religionsunterricht die gemeinsame Basis.[300] Daraus werden aber unterschiedliche Konsequenzen gezogen, und zwar in durchaus wichtigen Fragen. Als Ziel des Religionsunterrichtes kann z.b. gelten „die Frömmigkeit zu fördern"[301] oder „Begeisterung für die christliche Religion"[302]; andere fordern, die „sittliche Unterweisung" als Basis des Religionsunterrichtes zu verankern[303] oder „diejenige Kenntnis und dasjenige Verständnis von Religion (sc. zu vermitteln, C. G.) ..., welches zur Kenntnis und zum Verständnis der ... zu überliefernden menschheitlichen und nationalen Kultur erforderlich ist".[304] Hier begegnet also schon die bis heute aktuelle Forderung nach Religionskunde.

Der Pfarrer E. Strauß forderte 1910 ein solches – aber konfessionell geprägtes – Fach „Religionskunde", „weil der Unterricht nicht Religion erzeugen, sondern die Kunde vermitteln soll von dem Aufbau, den Einrichtungen, dem Geiste und der Geschichte derjenigen Religionsgemeinschaft, in die der Schüler hineingeboren ist und der er später voraussichtlich auch als Erwachsener angehören wird".[305]

Schließlich finden sich Hinweise darauf, daß die Probleme der religiösen Erziehung die methodische Dimension bei weitem übersteigen. So wird

---

[299] A. Reukauf, Über Reform des Religionsunterrichts an der evangelischen Volksschule, in: W. Rein, Hg., Stimmen zur Reform des Religions-Unterrichtes H. 1, Langensalza 1904, 14. Schon ein Jahr vorher hatte der Professor für Praktische Theologie O. Baumgarten, Neue Bahnen. Der Unterricht in der christlichen Religion im Geist der modernen Theologie, Tübingen u.a. 1903, das Ungenügen des schulischen Religionsunterrichts und des Konfirmandenunterrichts festgestellt und auf die Bedeutung des Mutterunterrichts (50-59) (ja sogar der vorgeburtlichen Zeit) und des „Unterrichts der Erwachsenen" hingewiesen (50-52).

[300] So schreibt H. Bassermann auf der 1. Seite des 1. Heftes der „Stimmen" (Rein, a.a.O.): „Sein (sc. des Religionsunterrichts, C.G.) allgemeiner Mißerfolg erweist seine allgemeine Reformbedürftigkeit".

[301] Ebd. 1.

[302] H. Stephan, Leitsätze für eine wirksamere Gestaltung des Religionsunterrichts an höheren Schulen, in: W. Rein, Hg., Stimmen zur Reform des Religions-Unterrichtes H. 2, Langensalza 1906, 26.

[303] M. Hennig, Bemerkungen zur Religionspädagogik auf höheren Schulen, in: Rein, a.a.O. (Anm. 302) 32; in diesem Beitrag werden „Religionsunterricht" und „Religionspädagogik" permiscue verwendet.

[304] P. Natorp, Leitsätze zum Religions-Unterricht, in: Rein, a.a.O. (Anm. 302) 6.

[305] E. Strauß, Religion oder Religionskunde, in: W. Rein, Hg., Stimmen zur Reform des Religions-Unterrichtes H. 6 (1910) 16.

festgestellt, „daß das ganze Verhältnis der Religion zu den übrigen Grund-
bestandteilen der ... nationalen und menschlichen Kultur unsicher geworden (ist); daß die Tatsache eines tiefgehenden Konflikts zwischen der
überkommenen Jenseitsreligion und der humanen Wissenschaft, Sittlichkeit
und Kunst vorliegt und sich nicht länger verbergen läßt".[306] Hier bahnt sich
eine Entwicklung an, die schließlich in den problemorientierten Religionsunterricht mündet.

M.-L. Kling-de Lazzer weist in diesem Zusammenhang auf den „Entwurf eines
Lehrplans für den Religionsunterricht" (Hamburg 1909) hin, in dem neben den
Lebensbildern religiöser Persönlichkeiten auch Stoffe aus Dicht- und Bildkunst sowie
Musik begegnen. Bei ethischen Themen fehlen genauere inhaltliche Angaben völlig,
vielmehr wird auf Profanliteratur und Tageszeitungen verwiesen.[307] Diese an sich zu
begrüßende Öffnung des Religionsunterrichts erwies sich in der Folge als ein Einfalls-
tor für christlich-biblisch gesehen problematische Inhalte etwa völkischer Provenienz.

Handelte es sich bei den von Rein gesammelten „Stimmen" um meist
nur wenige Seiten umfassende, thesenartige Beiträge, so finden sich in den
seit 1908 erscheinenden *„Monatsblättern für den evangelischen Religionsunter-*
richt" (MERU), als „Neue Folge" der „Katechetischen Zeitschrift" vom
Oberlehrer und späteren Rektor Heinrich Spanuth herausgegeben, umfang-
reichere Artikel, in denen „religionspädagogisch" und „Religionspädagogik"
immer geläufigere Verwendung finden.[308] Auch hier tritt die *primär pädago-*
gische Basis deutlich hervor, nicht zuletzt gegenüber den eben genannten
grundsätzlichen Anfragen im Umkreis des bremischen Schulstreites. So
schreibt Spanuth in dem Einleitungsartikel des ersten Heftes: „Die Theologie hat allzu lange Auswahl und Behandlung des Stoffes, ja alles im Unterricht bestimmt. Wir gestehen ihr dieses Recht der Führung nicht zu."[309]
„Denn der Religionsunterricht, als Unterricht und Glied der gesamten

---

[306]   Natorp, a.a.O. (Anm. 304) 3f.; immer wieder finden sich Hinweise auf den
verderblichen Einfluß der Sozialdemokraten (s. z.B. Baumgarten, a.a.O. (Anm.
299) 52f.).

[307]   S. M.-L. Kling-de Lazzer, Thematisch-problemorientierer Religionsunterricht.
Eine historisch-systematische Untersuchung zur Religionsdidaktik, Gütersloh
1982, 62-65.

[308]   S. Schilling, a.a.O. (Anm. 135) 64, für den MERU „als der eigentliche literarische
Ursprung einer Katechetik ... (gilt), die sich ausdrücklich als ‚Religionspädagogik'
zu verstehen begann".

[309]   H. Spanuth, Was wir wollen, in: MERU 1 (1908) 4 (vgl. auch vier Jahre später
den vom „Bund für Reform des Religionsunterrichts" herausgegebenen Aufruf,
den u.a. Baumgarten, Niebergall, Rein, Reukauf, Spanuth, Thrändorf und Weinel
unterzeichneten, abgedruckt in: MERU 4 (1911) 202f.).

Bildungsarbeit, muß sich seine höchsten Gesetze von der Pädagogik geben lassen. Er hat sich mit seinem ganzen Betrieb dem von der pädagogischen Wissenschaft zu bestimmenden Ziel der Erziehung und des Gesamtunterrichts einzufügen. Er hat die Gesetze des Seelenlebens zu berücksichtigen, muß also psychologisch begründet und gestaltet sein."[310]

In Ergänzung des Programmaufsatzes teilt Spanuth im zweiten Heft mit: „Die ‚Monatsblätter' wollen eine pädagogische, nicht eine theologische Fachzeitschrift sein". Aber auch: „In der Verbindung des Pädagogischen und Theologischen liegt das Wesentliche unserer ‚Mtsbl.' gegenüber anderen periodischen Schriften".[311]

Zugleich grenzt sich Spanuth gegen einen „rein weltlichen Moralunterricht"[312] ab. Vielmehr gilt es, den „Geist des Christentums ... mit den großen Gedanken des klassischen deutschen Idealismus" zu verbinden.[313] Als Ziel leitet Spanuth und seine Mitstreiter, „fromm und modern zu sein"[314] und dies der Jugend zu ermöglichen. Dem entspricht, daß die MERU zumindest grundsätzlich über den schulischen Religionsunterricht hinaus auch andere Lernorte im Blick haben.

So tragen die Monatsblätter den Untertitel „Zeitschrift für Ausbau und Vertiefung des Religionsunterrichts und der religiösen Erziehung in Schule, Kirche und Haus".[315] Auch anderweitig wird immer wieder an die Bedeutung vor allem des Elternhauses, aber auch der Gemeinde für das Gelingen des schulischen Religionsunterrichtes erinnert.[316]

2.3.3. „Wie lehren wir Religion?"

Während politisch die Bestimmung des Verhältnisses von Staat und Kirche im Vordergrund stand,[317] prägte inhaltlich die Frage nach der Lehrbarkeit der Religion die Konstitution von Religionspädagogik.[318] Sie markiert den

---

[310] Spanuth, a.a.O. S. 5.

[311] Unter „Mitteilungen" im H. 2 von MERU 1 (1908) 39.

[312] H. 1, 2.

[313] Ebd.

[314] Ebd. 4.

[315] Die dahinterstehenden Spannungen werden schon an der Tatsache deutlich, daß in der Ausgabe von 1910 im Untertitel „Kirche" fehlt.

[316] S. z.B. auf katholischer Seite Exeler, a.a.O. (Anm. 74) 178.

[317] S. 3. Kap. 3.2.4. und 3.2.5.

[318] Interessant ist, daß etwa zur gleichen Zeit diese Frage auch in den USA bedacht wurde. So hielt George A. Coe seine Antrittsvorlesung 1909 am New Yorker Union Theological Seminary zum Thema „Can Religion Be Taught?" (vgl. B. A. Tippen, A Historical Look at the Succession of Major Professors of Religious Education at Union Theological Seminary, in: RelEd 88 (1993) 505). Auch Coe

Übergang zwischen der vorausgehenden (wissenschaftlichen) Katechetik und der neuen Religionspädagogik. Ging es früher um die konzeptionelle Bestimmung von Erziehung in der Gesamtheit kirchlichen Handelns als eines allgemein bedeutungsvollen, begegnet jetzt eine neue Grundsätzlichkeit und Radikalität in der Problemstellung bei zugleich reduziertem Gegenstandsbereich. Die die Diskussion bis zum Ersten Weltkrieg bestimmende Frage „Wie lehren wir Religion?" enthält in mehrfacher Hinsicht Typisches für das neu entstehende Fach:

– Die Frage nach der Lehrbarkeit (von Religion) ist eine pädagogische Frage. Sie impliziert also die pädagogische Prägung der Religionspädagogik, wie sie z.B. im Programm von MERU deutlich hervortritt.

– Zugleich verweist die Frage auf die psychologische Dimension. Die Religionspädagogik ist grundsätzlich an psychologischem Wissen interessiert.

– Insgesamt ist die Frage eminent praktisch. Sie führt direkt zur methodischen Arbeit und hat damit, bei all ihrer Grundsätzlichkeit, für die Unterrichtspraxis unmittelbare Bedeutung.

– Schließlich steht der Religionsbegriff im Mittelpunkt der Fragestellung. Wie bereits gezeigt, hatte Schleiermacher diesen Begriff als theologisch fundamental eingeführt, um die Besonderheit des theologischen Gegenstandes gegenüber Metaphysik und Moral herauszustellen und so u.a. religionskritischen Nachfragen zu begegnen.

Gerade der letzte Punkt weist auf ein Kardinalproblem der Frage nach der Lehrbarkeit von Religion hin. Schleiermacher, der die Religion als Fundament der Theologie erwiesen hatte, hatte zugleich auf Grund seines Religionsverständnisses einen eigenen schulischen Religionsunterricht entschieden abgelehnt.[319] Jetzt stellte sich den mit dem Religionsunterricht Befaßten die Frage nach der Lehrbarkeit von Religion und sie verneinten sie – unter Bezug auf Schleiermacher – klar.

---

akzentuiert diese Frage primär psychologisch: „The approach as a whole must be psychological." (Union Theological Seminary, Can Religion Be Taught? The Inauguration of George Coe, Ph.D., LL.D., as Skinner and McAlpin Professor of Practical Theology, New York 16. November 1909, 23). Doch weist er dann auf die Bedeutung der Kirche hin: „The problem of teaching religion is therefore a part of the general social problem, and the pre-eminent teaching power of the Christian religion rests back at last upon its pre-eminence of a social gospel ... If the corporate life of the church should once measure up to the social standard of the gospel of Jesus, the teaching of the Christian religion would become easy." (ebd. 27).

[319] S. 1.2.2.

Die Vorgeschichte hierfür stellte die Eisenacher Kirchenkonferenz (1900) dar, in der die evangelischen Kirchen sich mit der Frage nach der Reform des Religionsunterrichtes beschäftigten. In einer Entschließung forderten sie u.a. Aufsicht über den Religionsunterricht, Mitsprache bei der Einführung von Lehrmitteln und – was besondere Proteste hervorrief – die Anhörung der Kirchenbehörden bei der Anstellung von Fachlehrern.[320]

In demselben Jahr äußerten sich mehrere am Religionsunterricht Interessierte kritisch zu den kirchlichen Vorstellungen, wobei auffällt, daß wiederholt das grundsätzliche Problem der Lehrbarkeit von Religion thematisiert wurde.[321] Am grundsätzlichsten und meisten beachtet setzte sich A. Bonus[322] damit auseinander und kam zum Schluß der Nicht-Lehrbarkeit von Religion: „Der direkte Schulunterricht in der Religion ist gefährlich, weil er keinen andern Erfolg hat und haben kann, als die wirklichen Voraussetzungen zu wirklicher Religion zu untergraben, indem er die Religion unfehlbar in die Beleuchtung rückt, sie sei eine Lehre wie andere Lehren, Lehrstoff für Verstand und Gedächtnis."[323] Radikal und konsequent forderte Bonus deshalb die Einstellung von Religionsunterricht an der Schule.

Eine andere Konsequenz schlug in demselben Jahr auf dem Hintergrund ähnlicher Analyse der Neutestamentler H. v. Soden vor. Er ging davon aus: „Religion wird ausschließlich vermittelt da, wo der innerste Kern einer von ihr erfüllten Persönlichkeit den innersten Kern der andern Persönlichkeit trifft. Und zwar geschieht dieses am sichersten da, wo es unbeabsichtigt erfolgt, ja unbewußt."[324] Doch will v. Soden den Religionsunterricht nicht abschaffen. Schon die große Bedeutung von Religion in Geschichte und Gegenwart steht dem seiner Meinung nach entgegen. Vielmehr empfiehlt er „Unterricht in objektiver Religion", also einen stark geschichtlich geprägten Religionsunterricht.[325]

Entschieden trat solchen Bestreitungen der Lehrbarkeit von Religion der frühere Seminarlehrer und -direktor und ab 1910 königlich-preußische Regierungs- und Schulrat *Richard Kabisch*[326] (1868-1914) entgegen. Seine

---

[320] S. Schelander, a.a.O. (Anm. 138) 101.

[321] S. ebd. 101-105.

[322] Bonus, a.a.O. (Anm. 286) 755-759; Bonus äußerte sich später noch schulkritischer (Vom Kulturwert der deutschen Schule, Jena u.a. 1904).

[323] A. Bonus, Wider die Verschulung der christlichen Religion, in: F.M. Schiele, Schule und Religion, Tübingen 1906, 61 (dieser Vortrag wurde bereits 1900 gehalten).

[324] H. von Soden, Läßt sich Religion lehren?, in: KatZs 4 (1901) 134.

[325] Zu den Einschränkungen dieser These, die v. Soden selbst einräumte, s. ebd. 108f.

[326] Biographisch wichtig ist, daß Kabisch zum einen theologisch der religionsgeschichtlichen Arbeit verpflichtet war – seine Dissertation behandelte das IV. Esrabuch –, zum anderen pädagogisch durch seinen schnellen Wechsel vom Kirchen- in den Staatsdienst und die dort folgende Karriere sehr genau mit Schulwirklichkeit, sowohl aus lehrender als auch schulaufsichtlicher Perspektive,

1910 erstmals veröffentlichte, auf längeren Vorstudien basierende, programmatische Schrift „Wie lehren wir Religion?" erlebte bis 1931 sieben Auflagen und avancierte – auch in ihrer Umstrittenheit – „zum Standardwerk der neuen Religionspädagogik".[327] Nicht zuletzt der Protest gegen Kabisch – am schärfsten dann von Theologen vorgetragen, die sich der Dialektischen Theologie verpflichtet wußten – führte zu einer deutlichen Profilierung von Religionspädagogik. Er richtete sich teilweise grundsätzlich gegen die pädagogische Ausrichtung der Religionspädagogik, die im Kontext der aufkommenden Bewegung der Reformpädagogik vor allem das Kind in den Mittelpunkt stellte und den sog. Bildungsmächten, darunter auch der Kirche, kritisch gegenüberstand.[328]

Grundlegend bezog sich Kabisch auf das Religionsverständnis Schleiermachers, das er aber so modifizierte, daß es nicht – wie bei Schleiermacher – zu einer Ablehnung des schulischen Religionsunterrichtes kam. Bockwoldt arbeitet den entscheidenden Punkt gut heraus: „Hatte Schleiermacher in der dritten Rede davon gesprochen, daß man zwar ‚Vorstellungen' dem andern mitteilen könne, auch wenn diese nur ‚Schatten' der Gefühle seien, so ist dies gerade der Punkt, an dem Kabischs Interpretation einsetzt. Wenn man wie Schleiermacher vom Gefühl der Abhängigkeit ausgeht, dann setzt man damit unmittelbar etwas außer sich ‚Existierendes', durch das man eingeschränkt wird. Das aber ist bereits Vorstellung."[329] Diese Schleiermacher-Korrektur, die die kategoriale Besonderheit von „schlechthinniger Abhän-

---

vertraut war und auch für andere Schulfächer, vor allem Geschichte, wichtige Publikationen vorlegte (s. genauer zur Biographie Bockwoldt, a.a.O. (Anm.178) 10-12).

[327] W. Ritter, Richard Kabisch, in: H. Schröer, D. Zilleßen, Hg., Klassiker der Religionspädagogik, Frankfurt 1989, 185; die letzte von Kabisch selbst verantwortete Auflage ist die dritte; ab der vierten Auflage wurde dies Buch – nach dem Tod Kabischs – von H. Tögel überarbeitet, ohne daß seine Korrekturen und Erweiterungen des kabischschen Textes erkennbar sind; erst die siebte Auflage von 1931 geht wieder – abgesehen von einigen Kürzungen zeitbezogener Stellen – auf die dritte Auflage zurück. Die herausragende Bedeutung des Buchs nahmen bereits die Zeitgenossen wahr (s. z.B. F. Niebergall a.a.O. (Anm. 175) 38-41); zur äußerst problematischen, da z.T. rassistisches Gedankengut eintragenden Erweiterung von Kabischs Werk durch Tögel s. Bloth, a.a.O. (Anm. 164) 177 Anm. 52.

[328] Vgl. G. Lämmermann, Religionspädagogik im 20. Jahrhundert, Gütersloh 1994, 40f. (vgl. aber Koerrenz, Collmar, a.a.O. (Anm. 288) 7). Zum äußerst positiven Staatsverständnis Kabischs als Hintergrund für seine kirchenkritische Haltung s. Kahrs, a.a.O. (Anm. 3) 183-186.

[329] Bockwoldt, a.a.O. (Anm.178) 85.

gigkeit" übersah und diesen Begriff mit erlebbarer Abhängigkeit in eins setzte,[330] ermöglichte Kabisch, die Lehrbarkeit von Religion zu behaupten. Dabei verstand er unter „Lehren": „einen anderen durch planmäßige Einwirkung in den Stand setzen, eine geistige oder körperliche Tätigkeit, die er bis dahin nicht oder nur unvollkommen beherrschte, ganz oder in vollkommenerem Grade auszuüben bzw. einen geistigen Zustand, der ihm sonst ganz oder teilweise fremd war, zu erleben oder zu steigern."[331] Dazu kam, daß Kabisch im Laufe der Zeit verstärkt Anregungen aus dem Herbartianismus und dessen Konzeption der Erziehungsschule übernahm. Vor allem hob er aus pädagogischen Gründen die starke Betonung der Dimension des Handelns hervor.

So schrieb er z.B.: „Ich kann nicht mehr mit Schleiermacher das Abhängigkeitsgefühl allein als ausreichend für die Beschreibung des religiösen Vorganges ansehen ... Zum religiösen Erlebnis gehört beides, das Niederknien und Wiederaufstehen. Alle Gefühle, in denen Spannung liegt, münden in Willen und Tat."[332]

Im Religionsunterricht geht es ihm darum, Vorstellungen, die zu Gefühlen führen, zu übertragen und damit die religiöse Anlage des Menschen, von der Kabisch – wie Schleiermacher – ausgeht, zu entwickeln. Dazu ist „Phantasie"[333] notwendig, weil sie die Brücke zwischen den an das Kind herangetragenen Vorstellungen und dessen eigenem Gefühl bildet. Es stellt sich die wichtige religionspädagogische Aufgabe, die „Erfahrungs-" und „Phantasiereligion" nicht auseinanderfallen zu lassen,[334] also die Erfahrungen des

---

[330] S. die kritischen Anfragen bei R. Preul, Richard Kabisch. Die These von der Lehrbarkeit der christlichen Religion, in: E. Herms, J. Ringleben, Hg., Vergessene Theologen des 19. und frühen 20. Jahrhunderts, Göttingen 1984, 168; psychologisch knüpfte Kabisch an W. Wundt, Grundzüge der physiologischen Psychologie, Leipzig ⁵1902 (1873/74) an (s. genauer zur ambivalenten Haltung Kabischs zu Wundts späten Schriften Kahrs, a.a.O. (Anm. 3) 195f. Anm. 125).

[331] R. Kabisch, Wie lehren wir Religion? Versuch einer Methodik des evangelischen Religionsunterrichts für alle Schulen auf psychologischer Grundlage, Göttingen ³1913, 19, 56.

[332] Ebd. 87; vgl. Pfister, a.a.O. (Anm. 262) 29, der auf den umgekehrten Weg des Oberlehrers Ernst Thrändorf hinweist, der aus der herbart-zillerschen Schule stammend zunehmend Schleiermacher entdeckte, ohne allerdings zu einer klaren Zuordnung der beiden verschiedenen Ansätze zu kommen.

[333] Kabisch, a.a.O. 328: „Es ist die Kraft, unräumliche Vorstellungen zu der Frische sinnlicher Wahrnehmungen zu erheben und demgemäß auch mit dem Gefühlsgehalt sinnlicher Wahrnehmungen auszustatten: die Phantasie". „Phantasie" ist ein Schlüsselbegriff der damals in Deutschland einflußreichen Psychologie Wilhelm Wundts (s. Bockwoldt, a.a.O. (Anm. 276) 46).

[334] S. Bockwoldt, a.a.O. (Anm. 178) 46.

Kindes, die es im Umgang mit der Natur, aber auch mit seinem Gewissen macht,[335] mit den religiösen Symbolen der Tradition ohne Bruch zu vermitteln. Große Bedeutung kommt in diesem Prozeß der *Lehrerpersönlichkeit* zu. Sie muß den Schüler so beeindrucken, daß es zu einer Übernahme der Vorstellungen und damit zu religiösem Gefühl kommt. Bildungstheoretisch vertritt Kabisch eine formale Bildungsauffassung;[336] nicht die Inhalte, sondern die Vorstellungen und Gefühle der Kinder sind das Entscheidende.

Deshalb nennt er sein Werk im Untertitel auch eine „Methodik", denn diese dominiert bei ihm die didaktische Frage nach den Inhalten.

Konkret empfahl Kabisch vor allem das Erzählen von Geschichten, das durch die Begegnung mit geschichtlichen Personen und Ereignissen ein phantasiemäßiges Erleben im Unterricht beflügelt.[337]

Insgesamt liegt also – entsprechend der allgemeinen Tendenz zu Pluralisierung und Differenzierung von Lebensstilen – das Hauptinteresse auf der subjektiven Religion; die „objektive", die kirchlich überlieferte Religion mit ihren Inhalten hat nur noch anregende Funktion.[338]

Wohl zu Recht wurde und wird Kabisch theologisch ein Übermaß an Psychologisierung und damit verbunden das zu starke Zurücktreten konkreter Inhalte in der Religionspädagogik vorgeworfen.[339] Dies ist der Preis für sein Bemühen, den Mißständen des traditionellen, das Interesse der Kinder und Jugendlichen verfehlenden Religionsunterrichts zu entgehen und einen zeitgemäßen Unterricht zu entwickeln. Doch darf nicht übersehen werden, daß er wichtige Voraussetzungen einer wissenschaftlichen Religionspädagogik erarbeitete, die sich nicht mehr als bloße Anwendungslehre von theologischen Glaubenssätzen versteht:

– die *Aufnahme psychologischer*[340] *Erkenntnisse zur Religion des Kindes*[341];

---

[335] S. das 8. Kapitel in Kabischs Werk, a.a.O. 65-102, das die „Religion des Kindes" behandelt; s. die Zusammenfassung der wichtigsten Gedanken bei Schelander, a.a.O. (Anm. 138) 151f.

[336] S. G. Lämmermann, a.a.O. (Anm. 328) 41.

[337] S. Bockwoldt, a.a.O. (Anm. 178) 128f.

[338] S. Lämmermann, a.a.O. (Anm. 328) 47f.

[339] S. z.B. Schelander, a.a.O. (Anm. 138) 150-154.

[340] So schreibt z.B. Niebergall, a.a.O. (Anm. 175) 41: „Auffallend ist der schnelle Sieg der Psychologie. Das wird einmal unser Beitrag zu der Religionspädagogik sein: wir haben uns von der allgemeinen Pädagogik sagen lassen, daß man die Seele kennen muß, ehe man über ihre Beeinflussung erfolgreich nachdenken kann. Dieser Erfolg unserer Arbeit wird so leicht nicht mehr verschwinden".

[341] Vgl. hierzu Baumgarten, a.a.O. (Anm. 299) 11: „Es fehlt so oft die Stufen-

– der *Hinweis auf den Zusammenhang von Religion und Lernen*, oder systematisch allgemeiner formuliert: die Einsicht, „daß Gestaltwerdung des Glaubens bzw. der Religion sich immer in empirisch aufweisbaren Zusammenhängen ereignet";[342]

– die Herausstellung der *Bedeutung des Erlebnisses für religiöse Lernprozesse*.[343]

Diese Einsichten sind – entsprechend dem Tätigkeitsfeld Kabischs – wichtige Impulse für die Didaktik des schulischen Religionsunterrichtes. Leider wurden sie – wie noch zu zeigen ist – lange Zeit vergessen.

Problematisch für die Profilierung der Religionspädagogik war dagegen die durch Kabischs exklusiven Bezug auf Schule gegebene Verkürzung ihres Gegenstandes. Das bis in die Gegenwart reichende Ineinssetzen von Religionsdidaktik und -pädagogik erhielt durch Kabisch eine erhebliche Kräftigung.

Hier liegt auch ein Gegensatz zwischen den beiden sonst sich weithin verbunden fühlenden Kabisch und Niebergall. Während Niebergall streng zwischen kirchlichem und schulischem Religionsunterricht unterschied und die Verhältnisbestimmung zwischen beiden als vordringliche Aufgabe der religionspädagogischen Theoriebildung betrachtete,[344] sah Kabisch hier keinen solchen Unterschied.[345]

Allerdings hatte Niebergall hinzugefügt: „Dabei (sc. bei der Unterscheidung Religionspädagogik – Katechetik, C. G.) würde aber vorauszusetzen sein, daß gerade die kirchliche Arbeit ganz und gar von jenen religionspädagogischen Gedanken durchdrungen ist ..., also von der Hochschätzung der unwägbaren persönlichen Stücke und von der Berücksichtigung der kindlichen Seele und ihrer Erfahrungsreligion."[346]

Eine gewisse Tragik ist darin zu sehen, daß zur Zeit Kabischs die damals Aufsehen erregende allgemeinpädagogische Reformbewegung das Thema der Religion zunehmend ohne Bezug bzw. in deutlicher Abgrenzung zur

---

gemäßheit und die Sicherheit im Fortschritt des Unterrichts ... Man hat vielerseits nahezu einen Aberglauben an die rein objektive Mitteilung".

[342] Ritter, a.a.O. (Anm. 327) 191.

[343] Niebergall, a.a.O. (Anm. 175) 41f.: „Es ist erkannt worden, wie viel größer die Macht der unwägbaren Dinge aus der Gefühlswelt ist als die der reinen Verstandesarbeit."

[344] S. ebd. 9.

[345] S. Kabischs Rezension von Niebergalls Habilitationsschrift: Die paulinische Erlösungslehre im Konfirmandenunterricht, in: ChW 19 (1905) 271; vgl. hierzu Kahrs, a.a.O. (Anm. 3) 183-189.

[346] Niebergall, a.a.O. (Anm. 175) 70.

Kirche wahrnahm. Hier begann sich eine fatale Entwicklung anzubahnen: „Wo weite Kreise in der reformpädagogischen Bewegung von der Idee erfaßt waren, sogar ‚Abschied vom Christentum' zu nehmen, blieb der Religionspädagogik nach dem Ersten Weltkrieg nur der schmale Weg in die Kirchlichkeit."[347]

Eine besondere Rolle bei der Rezeption reformpädagogischer Einsichten für die Gestaltung des Religionsunterrichts spielte *Otto Eberhard* (1875-1966). Er versuchte – bis 1961 literarisch tätig – durchaus wirkungsvoll, die *„Arbeitsschule"* religionsdidaktisch fruchtbar zu machen und leistete damit einen wichtigen didaktischen Beitrag zur „Lehrbarkeit" von Religion.

G. Kerschensteiner (1854-1932) hatte – in Aufnahme unterschiedlicher Traditionen,[348] nicht zuletzt der Pädagogik von J. Dewey[349] und in Kritik an der einseitigen Ausrichtung von Schule auf kognitive Begabung und Förderung – die Bedeutung des praktischen Tuns und Erfolgs für die Schülerinnen und Schüler erkannt und schulorganisatorisch als Stadtschulrat von München umgesetzt. Dabei spielte der Religionsunterricht zwar keine hervorgehobene Rolle, doch konnte Kerschensteiner einen an der „Religion der Tat" orientierten Religionsunterricht durchaus als Bestandteil seiner primär auf die Herausbildung guter Staatsbürger gerichteten Arbeitsschule akzeptieren,[350] wobei er sich an Sprangers Konzept der „Lebensformen" anschloß.[351]

Der neben Kerschensteiner wichtigste Vertreter der „Arbeitsschule", H. Gaudig (1860-1923), betonte sogar nachdrücklich die pädagogische Bedeutung von Religion und war so ein „Hauptgewährsmann" Eberhards.[352]

Dagegen fand Eberhard bei der sozialistischen Variante der Arbeitsschule, wie sie etwa H. Schulz vertrat, keinen Anknüpfungspunkt.

Schnell dehnte Eberhard den ursprünglich vornehmlich auf handwerkliche Produktion bezogenen Arbeitsbegriff auf geistige Tätigkeiten aus.

---

[347] Bockwoldt, a.a.O. (Anm. 178) 14.

[348] S. Th. Wilhelm, Georg Kerschensteiner (1854-1932), in: H. Scheuerl, Hg., Klassiker der Pädagogik Bd. 2, München [2]1991, 105-113; zum pädagogisch besonders wichtigen Verhältnis Kerschensteiners zu Eduard Spranger s. R. Preul, Theologische Bildungskritik, in: ders., Religion – Bildung – Sozialisation. Studien zur Grundlegung einer religionspädagogischen Bildungstheorie, Gütersloh 1980, 19-23.

[349] S. Wilhelm, a.a.O. 104ff.; vgl. 2.3.5.

[350] S. z.B. G. Kerschensteiner, Schulaufsicht, Lehrerbildung und Staatsgesinnung, in: Pädagogische Blätter 40 (1911) 134.

[351] S. Preul, a.a.O. (Anm. 348) 20f.

[352] S. K.E. Nipkow, Otto Eberhard (1875-1966), in: H. Schröer, D. Zilleßen, Hg., Klassiker der Religionspädagogik, Frankfurt 1989, 210f.; zur Auseinandersetzung zwischen Kerschensteiner und Gaudig s. A. Reble, Hg., Die Arbeitsschule. Texte zur Arbeitsschulbewegung, Bad Heilbrunn [4]1979, 108-121.

„Arbeit ist ... zu definieren als jedwede Tätigkeit produktiver oder reproduktiver Art zur Erzeugung oder Wiedererzeugung objektiver Werte, die zugleich einem subjektiven Wertzusammenhang angehören."[353]

Auf Grund der – damals durchaus geläufigen – Interpretation des Christentums und des Wirkens Jesu als „Taterziehung, durch die er (sc. Jesus, C.G.) Religion und Sittlichkeit, Handeln und Gesinnung, Individuum und Gemeinschaft, Seele und Reich Gottes innigst miteinander verknüpft"[354], gerieten für Eberhard Arbeitsschule und Religionsunterricht zur „Synthese".[355] Dabei nahm er auch unterrichtskritische Impulse der Reformpädagogik auf und betonte die Bedeutung des Schullebens. Hier tritt der Gemeinschaftsbegriff immer deutlicher hervor und macht die Schule zu einem Ort gemeinschaftlichen Erlebens.

So konnte Eberhard schreiben: „Die Schulklasse ist, recht verstanden, eine unendlich reiche Gemeinschaft, sie ist Arbeits-, Lebens- und Gesinnungsgemeinschaft, feiernde und Verkehrsgemeinschaft, Spiel- und Schicksalsgemeinschaft."[356]

Dies führte u.a. zu einer gegenüber den sonstigen Vertretern des Konzepts „Religionspädagogik" erstaunlichen Hochschätzung von Kirche als Bezugspunkt des Religionsunterrichts und einem *Plädoyer für die Praxis christlicher Frömmigkeitsformen wie Andacht und Gebet im Unterricht*;[357] letztlich gründen diese religiösen Tätigkeiten in „Stillesein" und „Empfangen".[358] Dahinter steht eine deutlich von den anderen Religionspädagogen

---

[353] O. Eberhard, Hg., Arbeitsschulmäßiger Religionsunterricht. Gesammelte Stundenbilder aus pädagogischer Werkstatt, Stuttgart [4]1925 (1924) 2.

[354] Ebd. 8; vgl. H. Schmidt, Leitfaden Religionspädagogik, Stuttgart u.a. 1991, 96f., der auf die Vorwegnahme wichtiger inhaltlicher und methodischer Einsichten Eberhards gegenüber dem späteren thematisch-problemorientierten Religionsunterricht hinweist.

[355] Eberhard, a.a.O. 10.

[356] Ebd. 32.

[357] S. z.B. ebd. 20-24 die Ausführungen Eberhards über den Wert der Andacht für den Religionsunterricht. Nicht zuletzt dieser Raum für liturgische Einübung eröffnete dem Arbeitsschulkonzept den Zugang in die katholische Katechetik bzw. Religionspädagogik (s. z.B. F.-X. Eggersdorfer, Die „Pädagogik der Tat" und der katholische Religionsunterricht. Gedanken über die Stellung der Katechese in der modernen „Arbeitsschule", in: KatBl 11 (1910) 147; vgl. aber auch im folgenden Anm. 378).

[358] S. Nipkow, a.a.O. (Anm. 352) 219, der hervorhebt: „Zum Schönsten, was Eberhard geschrieben hat, gehören seine Ausführungen über die ‚Kultur des Redens' und die ‚Kultur des Schweigens'; letztere gründet im ‚Stillesein' und ‚Empfangen'". Vgl. auch das Insistieren von Baumgarten, a.a.O. (Anm. 299) 65 darauf, im schulischen Religionsunterricht „mit gedämpftem Ton, mystisch über diese Dinge sprechen zu können, im Stil des Geheimnisses."

getrennte theologische und pädagogische Grundeinstellung, die eine Distanz von „Religionspädagogik" nach sich zog. Eberhard kritisierte – als konservativer Lutheraner – theologisch den Ausgangspunkt der modernen Religionspädagogik bei der liberalen Theologie.[359] Pädagogisch schlug sich dies in der Kritik an dem einseitigen Ansatz der Religionspädagogik beim Kind nieder. Dagegen betonte Eberhard das didaktische Gewicht der im Unterricht zu vermittelnden Sache:

> „Aber wir stellen daneben (sc. neben ,die Pädagogik vom Kinde aus', C.G.) ,die Pädagogik vom Stoffe aus' oder von den ,Kulturgütern' aus".[360] Denn: „die Dinge, an denen es heute einer molluskenhaften Pädagogik vielfach gebricht: Zielsicherheit, Klarheit, Grundsatzfestigkeit, Entwicklungstreue, Übersicht und Einsicht (werden) viel weniger durch die Psychologie vermittelt, als durch Sicherung und Ausbau jenes Teils der Erziehungswissenschaften, der von den zu erstrebenden Gütern und Werten handelt und gemäß der Eigengesetzlichkeit seines Stoffes mit dem Rechte auf Selbstentfaltung auftritt."[361]

Damit wies Eberhard auf die dann ab den zwanziger Jahren zunehmend die evangelische Theologie bestimmende Strömung der Dialektischen Theologie hin, ohne allerdings deren einseitige Fixierung auf das Wort zu übernehmen.

Es war Eberhard klar, „daß Gott auf dem von ihm gelegten Weg der Geschichte und der Seele, nicht durch ein magisch-mystisches ,Besprechen', in dem Menschen Glauben schafft".[362]

Didaktisch nahm Eberhard dadurch Erkenntnisse der kategorialen Bildungstheorie Wolfgang Klafkis vorweg, der mit dem Hinweis auf die Gleichwertigkeit von Kind- und Sachgemäßheit etwa vierzig Jahre später wichtige Anstöße auch für die Religionsdidaktik gab.

Die weitere Entwicklung von Eberhard enthüllte jedoch die Problematik der theologisch zu wenig profilierten Grundbegriffe von Gemeinschaft und Leben in seiner Konzeption. Sie wurden nämlich zunehmend mit einer Wertschätzung des Deutschen und Nationalen gefüllt, die schließlich nationalsozialistisch verkam. Verstärkend wirkte dabei Eberhards konservativ lutherisches Erbe mit der Annahme feststehender Schöpfungs- und Erhaltungsordnungen.[363] Allerdings darf darüber nicht das grundsätzliche

---

[359] S. Bockwoldt, a.a.O. (Anm. 178) 15.
[360] Eberhard, a.a.O. (Anm. 353) 6.
[361] Ebd. 6f.
[362] Zitiert nach K.E. Nipkow, F. Schweitzer, Hg., Religionspädagogik Bd. 2/2, Gütersloh 1994, 25.
[363] S. Nipkow, a.a.O. (Anm. 352) 215f.

Gewicht des Eberhardschen Verweises auf den Gegenstand des Religionsunterrichtes für die weitere religionspädagogische Theoriebildung zurücktreten, der eine grundsätzliche Anfrage an die moderne Religionspädagogik
blieb.

2.3.4. „Religionspädagogik" im katholischen Raum

Aus der Arbeit im Rahmen der „Münchener Methode" entstand die Verwendung von Begriff und Konzept „Religionspädagogik" im katholischen
Raum. Pädagogisch grundlegend waren dabei Überlegungen von *Friedrich
Wilhelm Foerster* (1869-1966), einem in mehrfacher Weise schillernden
Pädagogen mit damals erheblicher Ausstrahlungskraft – seine Bücher erreichten mehr als eine halbe Million Auflage.[364]

Foerster war in einer freidenkerischen Familie aufgewachsen und bis 1903 Generalsekretär der entsprechend ausgerichteten Deutschen Gesellschaft für Ethische
Kultur. Er wandte sich dann auf Grund persönlicher Erlebnisse dem Katholizismus
zu, ohne allerdings jemals formell Kirchenmitglied zu werden.[365]

Schon Zeitgenossen beobachteten bei ihm eine interessante Verbindung
zwischen dem Ansatz Pestalozzis und Herbarts.[366] Dabei fallen Moral- und
Religionspädagogik weitgehend ineinander.[367] Foerster vertrat die „moralpädagogische Unersetzlichkeit der Religion"[368] und gründete die Sittlichkeit
im religiösen Erleben. Methodisch forderte er ein induktives Vorgehen der
Religions- und Moralpädagogik.

„Die wahre religionspädagogische Methode muß ... heute eine induktiv-realistische, vom Zustande des lebendigen Menschen ausgehende sein. Die sicherste Einführung in das Wesen des Christentums ist darum eine Einführung in die Tatsachen der
menschlichen Natur."[369] Und: „Der Religionsunterricht könnte in unserer Zeit der

---

[364] S. M. Langer, Religion und Christentum in den Schriften Friedrich Wilhelm
Foersters (1869-1966), in: M. Heitger, A. Wenger, Hg., Kanzel und Katheder.
Zum Verhältnis von Religion und Pädagogik seit der Aufklärung, Paderborn u.a.
1994, 380.

[365] S. ebd. 381-383.

[366] S. M. Hennig, Über Dr. Fr.W. Foersters Moralpädagogik, in: MERU 1 (1908)
247-258.

[367] Schilling, a.a.O. (Anm. 135) 61f., vermutet sogar, daß der Begriff „Religionspädagogik" eine Wurzel darin habe, daß er parallel zu „Moralpädagogik" gebildet
worden sei.

[368] F.W. Foerster, Schule und Charakter. Beiträge zur Pädagogik des Gehorsams und
zur Reform der Schuldisziplin, Zürich 1907, 202; vgl. ausführlicher Schilling,
a.a.O. 66-69.

[369] F.W. Foerster, Die Persönlichkeit Christi und die moderne Jugend. Religionspädagogische Überlegungen, in: MERU 1 (1908) 41.

abstrakten Jugendverbildung die allersegensreichste Mission haben, wenn er ... die Jugend anleitete, mehr von der konkreten Selbsterkenntnis und Lebensbeobachtung auszugehen und darauf ihre Lebensanschauung aufzubauen."[370]

Über diesen psychologischen Grundansatz kam es teilweise zu heftigen Auseinandersetzungen mit katholischen Klerikern.[371] Doch nahmen die Reformkatechetiker der Münchener Methode Foersters Arbeiten gerne auf.

H. Schilling konstatiert zu Recht: „Ein exponierter Universitätslehrer, der in jenen Jahren, da der ethisch-pädagogische Säkularismus den pädagogisierenden Katechetikern nicht wenig zu schaffen machte, eine so offenkundige ... Wendung zum Religiösen hin vollzog, mußte den bedrängten Verteidigern des Religionsunterrichts als gewichtiger Bundesgenosse in der Tat hochwillkommen sein."[372] So referierte Foerster z.B. 1911 auf dem Münchener Pädagogischen Kurs des Vereins für christliche Erziehungswissenschaft über „Psychologische und moralpädagogische Gesichtspunkte für die Religionspädagogik mit besonderer Berücksichtigung des geistigen Zustandes der modernen Jugend".[373]

Joseph Göttler[374] nahm 1913 als erster explizit den Begriff „Religionspädagogik" im katholischen katechetischen Raum[375] auf. Seit 1917 kennzeichnet das Stichwort programmatisch die ursprünglich reformkatechetischen „Katechetischen Blätter".[376] Entsprechend den etwas früheren Äußerungen im evangelischen Raum diente der Begriff dem Ziel, die Pädagogik und Psychologie stärker als bisher für die religiöse Erziehungsaufgabe fruchtbar zu machen. Doch – und dies ist ein wichtiger Unterschied zu der der liberalen Theologie verpflichteten evangelischen Religionspädagogik – blieben diese Bemühungen im Rahmen der römisch-katholischen Kirchenlehre. Pädagogik implizierte für Göttler und seine Freunde immer zugleich eine weltanschauliche Ausrichtung an der Lehre der katholischen Kirche, war also katholische bzw. christliche Pädagogik.[377] Die thomistische An-

---

[370] Ebd. 49.

[371] S. hierzu Langer, a.a.O. (Anm. 364) 384-387.

[372] Schilling, a.a.O. (Anm. 135) 66.

[373] Ebd. 69.

[374] S. W. Simon, Joseph Göttler (1874-1935), in: KatBl 112 (1987) 341-344.

[375] S. Schilling, a.a.O. (Anm. 135) 69f.; s. ebd. 59-73 die Zusammenstellung wichtiger früher Verwendungen von „Religionspädagogik" und „religionspädagogisch", die allerdings vor allem durch die erwähnten Fundstellen bei Bockwoldt (s. 2.3.1.) zu ergänzen ist.

[376] S. Schilling, a.a.O. (Anm. 135) 70.

[377] S. z.B. J. Göttler, Katechetik, theologische Pädagogik oder Religions- und Moralpädagogik, in: KatBl 54 (1928) 75-80; vgl. zur diesbezüglichen Auseinandersetzung mit katholischen Autoren, die eine „theologische Pädagogik" forderten, Schilling, a.a.O. 101-112.

thropologie mit ihrer Zuordnung von Natur und Gnade gab den Rahmen
für die Integration von pädagogischen Erkenntnissen ab, ohne den katho-
lisch-christlichen Zusammenhang aufgeben zu müssen. Allerdings sonderte
sich solche katholische bzw. christliche Pädagogik von der allgemeinpädagogischen Entwicklung ab, da die allgemeine Pädagogik wesentlich von
der Eigenständigkeit ihres Denkens gegenüber der Theologie ausging.

Deshalb übten im „Unterschied zur protestantischen Theologie ... die katholische
Kirche und Theologie auf die neuzeitliche Entwicklung der Pädagogik keinen nennenswerten Einfluß" aus.[378]

Noch zwei weitere Unterschiede zur evangelischen Entwicklung sind zu
nennen:

Zum einen ist eine Akzentverlagerung dahingehend unübersehbar, daß
es auch und gerade unter dem Begriff „Religionspädagogik" im katholischen
Raum nicht zu einer so starken Konzentration auf den schulischen Religi-
onsunterricht kam. Vielleicht wirkten sich hier Erfahrungen aus dem
Bismarckschen Kulturkampf aus, die zur stärkeren Berücksichtigung anderer
Lernorte wie Familie und Gemeinde führten.[379]

Zum anderen ist darauf hinzuweisen, daß sich in der Zeit vor dem Ersten
Weltkrieg *pädagogische Konzepte* herausbildeten, *deren Initiatoren durch den
katholischen Glauben bestimmt waren.* Hier ist vor allem *Maria Montessori*[380]
(1870-1952) zu nennen, deren Pädagogik sich heute (wieder) – mittlerweile
auch im sonderpädagogischen Bereich[381] – großer Beliebtheit erfreut und

---

[378] Mette, a.a.O. (Anm. 61) 86. Dies kann exemplarisch an der sehr viel stärker am
Methodischen orientierten Rezeption des Arbeitsschulkonzepts bei katholischen
Religionspädagogen studiert werden (s. G. Hilger, Lebendiges Lernen im Religionsunterricht. Zur religionspädagogischen Rezeption des Arbeitsschulprinzips in
den ersten Jahrzehnten des 20. Jahrhunderts, in: KatBl 111 (1986) 32-36; vgl. G.
Götzel, Arbeitsschule und kath. Religionspädagogik. Geschichtlicher Rückblick
und grundsätzliche Erwägungen, in: KatBl NF 29 (1928), 145-150, 205-211).

[379] Diese Tradition hält sich z.B. in den Katechetischen Blättern bis heute.

[380] Zu Leben und Werk s. die tabellarische, knapp informierende Übersicht bei Chr.
Reents, Maria Montessori (1870-1952), in: H. Schröer, D. Zilleßen, Hg., Klassiker der Religionspädagogik, Frankfurt 1989, 198-205, H. Heiland, Maria
Montessori, Reinbek ³1993, H. Holtstiege, Modell Montessori. Grundsätze und
aktuelle Geltung der Montessori-Pädagogik, Freiburg ⁹1995 (1977); zur religions-
pädagogischen Bedeutung s. einführend A. Kabus, Maria Montessori: Ein Leben
für das Kind, in: KatBl 120 (1995) 531f.; s. auch zur Einführung H. Helming,
Hg., Kinder, die in der Kirche leben. Die religionspädagogischen Schriften von
Maria Montessori, Freiburg u.a. 1964, mit den wichtigsten diesbezüglichen
Publikationen Montessoris (z.T. aber nur in Auszügen).

[381] S. G. Biewer, Montessori-Pädagogik mit geistig behinderten Schülern, Bad
Heilbrunn 1992.

von ihrer eigenen Glaubenshaltung katholisch geprägt ist. Sie gehört neben John Henry Newman[382] und Romano Guardini in die Reihe der pädagogischen Anreger aus der katholischen Kirche, bei denen Norbert Mette zu Recht fragt, „ob nicht die wesentlichen Impulse für eine tragfähige Fundierung auch religiöser Erziehung und Bildung von Theoretikern und Praktikern ausgegangen sind, die gar nicht so unmittelbar im ‚religionspädagogischen Geschäft' standen, die aber ein zeitgemäßes Christsein zu leben und zu denken sich bemüht haben".[383]

Allerdings ist gerade im deutschsprachigen Raum die religiöse Basis von Montessoris Denken nicht zuletzt auf Grund der einseitigen Auswahl ihrer ins Deutsche übersetzten Bücher stark hinter methodisch-didaktischen Gesichtspunkten zurückgetreten[384] und wird erst langsam wiederentdeckt.

Bemerkenswert, weil zum einen der fach-religionspädagogischen Theoriebildung fremd, zum anderen aber einen unmittelbaren Kontakt zwischen allgemeinpädagogischen Zielen und kirchlich-religiösen Vollzügen herstellend ist die (auch bei Newman und Guardini festzustellende) *meditative, ja sogar liturgische Elemente umfassende Grundstimmung der Montessori-Pädagogik*.[385]

Diesen Ausgangspunkt gewann Montessori, die mit einem naturwissenschaftlichen Studium begonnen hatte und dann Ärztin wurde, bei der sorgfältigen Beobachtung von Kindern. Grundlegend und berühmt ist ihr Erlebnis in der Anfangsphase des Kinderhauses mit einem etwa dreijährigen Mädchen, „das in eine Übung mit hölzernen Zylindern, die in die entsprechenden Bohrungen eines Holzblocks eingesetzt werden mußten, so tief versunken war, daß weder die Tatsache, daß man es zusammen mit seinem Stuhl und dem Block auf eine Tischplatte hob, noch der Gesang der herumstehenden anderen Kinder es in seiner Arbeit zu stören vermochte; es wiederholte seine Übung 44mal, bevor es unabhängig von den Ablenkungen der Umgebung damit aufhörte. Die hier beobachtete Konzentrationsfähigkeit und die Stetigkeit der Aufmerksamkeit auf einen wirklich interessierenden Gegenstand, die im Kontrast stand zu der sonst häufig behaupteten und beobachteten Zappeligkeit und Unstetigkeit im Verhalten kleiner Kinder, erschien Montessori wie eine Offen-

---

[382] S. L. Kuld, Lerntheorie des Glaubens. Religiöses Lehren und Lernen nach J.H. Newmans Phänomenologie des Glaubensakts, Sigmaringendorf 1989.

[383] Mette, a.a.O. (Anm. 61) 87.

[384] S. K. Erlinghagen, Maria Montessori (1870-1952), in: H. Scheuerl, Hg., Klassiker der Pädagogik Bd. 2, München ²1991, 145.

[385] S. z.B. M. Montessori, Kinder, die in der Kirche leben (1922), in: Helming, a.a.O. (Anm. 380) 15-43, wo Montessori sich vor allem auf Papst Pius X. Initiative zur frühen Erstkommunion bezieht, oder den Vortrag M. Montessoris „Über religiöse Erziehung" (1937) abgedruckt in: dies., Die Macht der Schwachen, hg. v. P. Oswald, G. Schulz-Benesch, Freiburg ²1992, 132-134.

barung, ,wie ein Kristallisationspunkt in einem Chaos', und erinnerte sie an ,höchste Seelenphänomene', wie man sie bei Bekehrungen oder Entdeckungen erlebt. Dieser Vorgang der ,Polarisation', der sich von innen her ordnenden Seele, konnte dann experimentell ganz allgemein hervorgerufen werden ,als eine dauernde Reaktion auf gewisse äußere Bedingungen, die bestimmt werden können'."[386]

Solche Beobachtungen ermöglichte – neben dem naturwissenschaftlich-medizinisch geschulten Blick – die religiös geprägte Hochschätzung des einzelnen Menschen bei Montessori, eben auch des einzelnen Kindes. Ihre ersten Erkenntnisse über individuelle Förderung durch Bereitstellung entsprechender Materialien und anregender Umgebung sammelte Montessori bei behinderten Kindern, Menschen, die erst in letzter Zeit in den Blickpunkt religionspädagogischer Diskussion rücken, und zwar vor allem bei einem sich bewußt in der Tradition von Montessori ansiedelnden katholischen Religionspädagogen, Hubertus Halbfas.[387] Montessori gab den Kindern im Vertrauen auf deren Gottesebenbildlichkeit – sie konnte von den „zarten Offenbarungen des Kindes" sprechen[388] – Freiraum zu lernen, was dann schulpädagogisch zur sog. Freiarbeit führte, die erst heute religionsdidaktisch entdeckt wird.[389]

2.3.5. Entwicklungen in Großbritannien und USA

Im folgenden sollen einige Hinweise zur anderen Lage religiöser, christlicher und kirchlicher Bildung, Erziehung und Sozialisation in Großbritannien und den USA gegeben werden, um die Besonderheiten der deutschen Entwicklungen deutlicher hervortreten zu lassen und zugleich auf mögliche andere Wege der Organisation entsprechender Lernprozesse hinzuweisen. Deshalb liegt hier im Unterschied zur problemorientierten Darstellung der deutschen Entwicklung der Schwerpunkt auf der Darstellung der Institutionen und ihrer Veränderungen.

[386] Erlinghagen, a.a.O. (Anm. 384) 143; s. zu den Hintergründen genauer H.K. Berg, Montessori für Religionspädagogen. Glauben erfahren mit Hand, Kopf und Herz, Stuttgart 1994, 11-23.
[387] S. z.B. H. Halbfas, Die Allgemeingültigkeit der Sonderpädagogik, in: G. Adam, A. Pithan, Hg., Wege religiöser Kommunikation. Kreative Ansätze der Arbeit mit behinderten Menschen, Münster 1990, 194f., 206f; s. näher 4.2.3.
[388] Zitat bei Reents, a.a.O. (Anm. 380) 207; vgl. aber die kritischen Hinweise zur problematischen Verwendung biblischer Texte durch Montessori bei J. Oelkers, Reformpädagogik. Eine kritische Dogmengeschichte, Weinheim u.a. ³1996, 98-102.
[389] S. Berg, a.a.O. (Anm. 386) 142-162; vgl. D. Fischer, Freiarbeit im Religionsunterricht, in: F. Schweitzer, G. Faust-Siehl, Hg., Religion in der Grundschule, Frankfurt 1994, 292-299.

Großbritannien und die USA wurden aus pragmatischen Gründen ausgewählt, da hier die entsprechenden Dokumente sprachlich leicht zugänglich sind und gegenwärtig Impulse vornehmlich aus diesen Ländern die deutsche Religionspädagogik beschäftigen.

Die religionspädagogisch relevante Situation in *Großbritannien* unterschied sich im 19. Jahrhundert in mehrfacher Hinsicht von der deutschen:
– Es herrschte kein (quasi) Zwei-Kirchen-System; vielmehr dominierte die anglikanische Kirche. Aber neben ihr gab es sehr viele – seit 1689 geduldete, aber erst seit 1868 vom Zwang der Steuerleistung an die anglikanische Kirche befreite – Denominationen wie Presbyterianer, Kongregationalisten, Baptisten, Quäker, Methodisten und römische Katholiken.
– Die frühere und radikalere Industrialisierung führte zu einer größeren Verelendung gerade auch junger Menschen (Kinderarbeit!).
– Theologisch war wichtig, daß die Deutschland so prägende nachkantianische Philosophie wie auch nihilistische Gedanken sich hier nicht so verbreiteten und umgekehrt auch der Schleiermachersche Ansatz wenig Beachtung fand.[390]
– Pädagogisch war von Bedeutung, daß die staatliche Verantwortung für die Schulen und damit die allgemeine Schulpflicht sich erst sehr viel später als in Deutschland durchsetzten.[391]
Schon die ersten Bemühungen um ein auch für ärmere Kinder offenes allgemeines Schulwesen sind eng mit Fragen der Gestaltung religiöser Erziehung verbunden. 1808 wurde die „British and Foreign School Society" gegründet, die sich um die Einrichtung von Schulen für „the Labouring and Manufacturing Classes of Society of every Religious Persuasion" kümmerte,[392] für die bisher lediglich von verschiedenen Denominationen getragene „Sunday Schools" bestanden.[393] Auf Grund der nicht denominational ge-

---

[390] S. A.-K. Finke, Karl Barth in Großbritannien, Neukirchen-Vluyn 1995, 18; vgl. zur theologischen Situation im Großbritannien des 19. Jahrhunderts ebd. 27-41; von der deutschen Theologie wirkte vor allem Albrecht Ritschl auf die britische Theologie ein.

[391] Nach Bagley, Bagley, a.a.O. (Anm. 154) 28, kann in Großbritannien etwa ab 1880 von einer weithin realisierten allgemeinen Schulpflicht gesprochen werden; vgl. ebd. 21 zur Rolle, die Hinweise auf das militärisch so erfolgreiche Preußen mit seinem ausgebauten staatlichen Schulwesen dabei spielten.

[392] S. J. Murphy, Church, State and Schools in Britain 1800-1970, London 1971, 4.

[393] S. C. Berg, Gottesdienst mit Kindern. Von der Sonntagsschule zum Kindergottesdienst, Gütersloh 1987, 22-28, wobei die anglikanische Kirche erst 1843 eigene „Sunday Schools" gründete.

bundenen Ausrichtung der Schulen, aber der Selbstverständlichkeit religiöser Erziehung kam es zu einer auf das allgemein Christliche konzentrierten Form des Unterrichts.

„It was one of the Society's original rules that ‚the lessons for reading shall consist of extracts from the Holy Scriptures; no catechism of peculiar religious tenets shall be taught in the schools, but every child shall be enjoined to attend regularly the place of worship to which its parents belong'.“[394]

Im Gegensatz dazu etablierte 1811 die anglikanische Kirche „The National Society of Promoting the Education of the Poor in the Principles of Church of England“, um ihren traditionellen Anspruch[395] auf das Schulwesen zu unterstreichen.

Die Grundlage der hier zusammengeschlossenen Schulen war: „the teachers must be Anglicans, though children of all sects were admitted; all pupils must not only read the Authorized Version of the Bible but be taught the church liturgy and catechism; and all must attend an Anglican church on Sundays.“[396]

Jedoch schlossen sich auch manche anglikanischen Schulen dieser Vereinigung nicht an. Dazu hielt der Ausbau der Elementarschulen in anglikanischer Trägerschaft mit dem Wachstum vieler Städte nicht mit, so daß die nonkonformistisch geprägten Elementarschulen zunahmen, mit der eben genannten Form einer allgemeinen christlichen Erziehung.

Daneben gab es – 1836 gegründet – eine säkularistische Vereinigung, „Central Society of Education“. Deren Ziel war die Auslagerung der religiösen Erziehung aus den Schulen.[397]

Eine besonders weitgehende Lösung erdachte man 1831 in Irland. Es wurde ein „Board of Commissioners of National Education“ gegründet, zu dem der protestantische und römisch-katholische Erzbischof von Dublin, ein Mitglied der presbyterianischen Synode von Ulster, ein hoher Staatsbeamter und drei andere Männer gehörten, von denen einer Unitarier war. In den vom Board geleiteten Schulen wurde zwischen „secular education“ und

---

[394] Murphy, a.a.O. (Anm. 392) 4.

[395] 1807 hatte in einer Parlamentsdebatte über die Erhebung von Steuern für die Einrichtung von Elementarschulen für arme Kinder der Erzbischof von Canterbury dieses Ansinnen schroff zurückgewiesen, da er „the first principles of education in this country“ gefährdet sah, nämlich die Tatsache der Erziehung „under the control and auspices“ der Kirche von England (ebd.).

[396] Ebd. 5.

[397] S. Bagley, Bagley, a.a.O. (Anm. 154) 10; vor allem das „Birmingham School Board“ machte sich in der Folgezeit für eine Stundentafel ohne Religion stark (s. ebd. 40).

„separate denominational instruction" getrennt, wobei allerdings – nach späterer Veränderung – im ganzen Schulunterricht auch in der Bibel, nämlich in einer eigens hierfür erstellten Auswahl und nichtdenominational gebundenen Übersetzung, gelesen wurde („Irish Scripture Lessons").[398] So rangen also bereits in der ersten Hälfte des 19. Jahrhunderts Organisationen um die religiöse Erziehung in der Schule und vertraten *Positionen von der konfessionellen Schule über Schulen mit allgemein christlichem Religionsunterricht bis zur Abschaffung des Religionsunterrichts in der Schule.*

1870 stärkte dann der von William E. Forster eingebrachte „Elementary Education Act" die staatliche Einflußnahme auf das bisher weithin kirchlich bestimmte Schulwesen.

J.J. Bagley/A.J. Bagley weisen auf drei Ereignisse hin, die für viele die Notwendigkeit der staatlichen Organisation von Schule unterstrichen:
– Der militärische Erfolg der Preußen gegenüber Österreich und der Nordstaaten im amerikanischen Bürgerkrieg wurde dadurch erklärt, daß Preußen und die Nordstaaten über ein staatliches Schulwesen verfügten.
– Das große Bevölkerungswachstum, besonders in den Städten, überstieg bei weitem die Kapazitäten der kirchlichen Schulen.
– Man fürchtete bei zu großer Unbildung der Bevölkerung um die Demokratie.[399]

In der Folge stieg der Neubau von staatlichen Schulen sprunghaft an, und es kam zu einer weitgehend befolgten allgemeinen (etwa vier bis fünf Jahre dauernden) Schulpflicht. Für die staatlichen Schulen galt, daß der Unterricht überkonfessionell sein mußte; es gab aber die Möglichkeit einer Befreiung vom Religionsunterricht aus Gewissensgründen.[400] Vor allem aber wurde – 35 Jahre vor dem Bremer Schulstreit – die kirchliche Aufsicht über die Lehrer zurückgedrängt. Zwar war weithin ein Großteil der Lehrerausbildung konfessionell geprägt; aber jetzt durfte die Konfessionszugehörigkeit kein Grund mehr für die Aufnahme oder Ablehnung von Kandidaten sein.[401]

„The consultations over the 1870 Bill gave many teachers greater awareness of their powers and common purposes, and encouraged them to set up the National Union of Elementary Teachers, able to speak with greater authority than the denominational unions hither to existing."[402]

---

[398]   Murphy, a.a.O. (Anm. 392) 5.
[399]   Bagley, Bagley, a.a.O. (Anm. 154) 21.
[400]   S. G. Urban, Religiöse Unterweisung in englischen Schulen und Sonntagsschulen, Heidelberg 1966, 7.
[401]   S. Murphy, a.a.O. (Anm. 392) 62f.
[402]   Ebd. 63.

Ein weiterer gewichtiger Schritt auf dem Weg zur Stärkung staatlicher Verantwortung für die Schulen[403] war der 1902 erlassene „Education Act", den Robert Morant erarbeitete.[404] Besonders einschneidend war schulorganisatorisch, daß die „school boards" durch „councils of the counties and county boroughs" abgelöst wurden. Diese bekamen jetzt auch die Aufsicht über die „secular education" in den kirchlichen Schulen.[405] Speziell für den Religionsunterricht bestimmte das Gesetz, daß sogar in kirchlichen Schulen, die durch den Staat finanziell unterstützt wurden, niemand zur Teilnahme an „Religious Instruction" gezwungen werden durfte. In staatlichen Schule wurde „no catechism or formulary distinctive of any particular religious denomination" gelehrt; positiv konnte jedoch auf Wunsch der Eltern „any religious instruction" erteilt werden, bei der aber „no unfair preference" zu einem Bekenntnis herrschen durfte.[406]

Doch blieb vor allem der anglikanischen Kirche noch erheblicher Einfluß auf das britische Schulwesen, da sie viele Schulen unterhielt und entsprechend das Schulleben prägte.[407] Hierdurch und durch die lokale Organisation der Schulen kam es zu einer Vielfalt bzw. Unübersichtlichkeit im britischen Schulwesen, die sich nicht zuletzt im Bereich von „Religious Education" dahingehend auswirkte, daß sehr unterschiedliche Modelle nebeneinander praktiziert wurden (und werden).

Insgesamt fällt – im Vergleich mit Deutschland – der starke Einfluß der Politik und damit der politischen Parteien auf die Entwicklung religiöser Erziehung in der Schule auf. Das Zwei-Kirchen-System in Deutschland erlaubte eine Organisation von Schule und Religionsunterricht, die sich weitgehend am Bekenntnis der Schüler und Schülerinnen und Lehrer und Lehrerinnen orientierte. Die Zweigliederung ermöglichte auch eine gute Organisation von Konfessionsschulen oder zumindest konfessionell getrenntem Religionsunterricht. Solcher Religionsunterricht war zugleich eine deutliche Herausforderung für Theologie und religiös engagierte Pädagogen und

---

[403] Zu den einzelnen Gesetzesbestimmungen zwischen 1870 und 1910 s. die übersichtliche Graphik bei Bagley, Bagley, a.a.O. (Anm. 154) 22.

[404] Im allgemeinen Sprachgebrauch wird das Gesetz „Balfour's Act" (nach dem damaligen „Leader" des „House of Commons") genannt.

[405] Murphy, a.a.O. (Anm. 392) 92.

[406] Ebd. 94

[407] S. ebd. 73. Noch 1944 besuchten 33% der englischen Schulkinder eine Schule der Church of England (nach Urban, a.a.O. (Anm. 400) 7). Bis zum heutigen Tag sind die jeden Schultag eröffnenden „assemblies" (bzw. „collective worships") eine deutliche Erinnerung an den kirchlichen Ursprung des englischen Schulwesens.

deren Theoriebildung. Demgegenüber zwangen die Auseinandersetzungen zwischen den vielfältigen Denominationen in Großbritannien den Staat, stärker ordnend einzugreifen. Dadurch entstand eine überkonfessionelle christliche Form des Religionsunterrichts, wie sie – abgesehen von Bremen – in Deutschland erst etliche Jahrzehnte später in die allgemeine Diskussion kam.[408] Allerdings flankierte in Großbritannien ein verbreitetes Angebot kirchlicher Schulen diese spezielle Form des Religionsunterrichtes an staatlichen Schulen. Die theoretische Diskussion, die in Deutschland um die Jahrhundertwende zur „Religionspädagogik" führte, war dagegen in Großbritannien erheblich schwächer ausgeprägt, vielleicht auch wegen des sprichwörtlich größeren Pragmatismus auf der Insel.

Noch erheblich anders als in Großbritannien, aber auch in Deutschland, gestalteten sich die Überlegungen, Modelle und Versuche zur religiösen, christlichen und kirchlichen Bildung, Erziehung und Sozialisation in den *USA*. Zwar brachten die Einwanderer aus ihren Heimatländern die jeweiligen Institutionen und Ideale mit, so daß es zunächst zu sehr unterschiedlichen Entwicklungen in den verschiedenen Teilen Nordamerikas kam.[409] Doch herrschten insgesamt besondere Rahmenbedingungen, die von denen der beiden anderen Länder erheblich abwichen. Das *Problem der religiösen Vielfalt* stellte sich spätestens seit dem Revolutionskrieg (1775-1782) erheblich schärfer als in Großbritannien. Die Trennung von den großen Kirchen ihrer europäischen Heimatländer und die Hinwendung zu verschiedenen neuen christlichen Denominationen war für viele Menschen ein wichtiger Grund, um nach Amerika auszuwandern. Dementsprechend fand hier im Gegensatz zu den vornehmlich im parlamentarischen Raum ausgetragenen Auseinandersetzungen in Großbritannien und der weithin durch theologische und pädagogische Theorien bestimmten Diskussion in Deutschland die Entwicklung von Modellen religiöser Erziehung vornehmlich auf der Ebene einzelner Gemeinden statt und war recht pragmatisch.[410] Hier führten meist Laien, keine Theologen oder Pädagogen, das Wort.[411]

---

[408] Zu den Vorläufern dieser Diskussion im 19. Jahrhundert s. G. Otto, „Religion" contra „Ethik", Neukirchen-Vluyn 1986, 79f.

[409] M. Kwiran, Religionsunterricht in USA – ein Vergleich. Edukative und methodische Perspektiven amerikanischer Religionspädagogik – ein pragmatischer Ansatz, Frankfurt u.a. 1987, 92-99, unterscheidet zwischen Neu-England, den Mittel- und Südstaaten.

[410] Ebd. 5.

[411] Ebd. 7.

2. Entstehung von Religionspädagogik 93

Inhaltlich waren die ersten Schulgründungen in der Neuen Welt religiös begründet „and schools were generally under religious auspices".[412]

Als ab dem fünften Jahrzehnt des 19. Jahrhunderts vermehrt öffentliche Schulen aufkamen, sollten von vornherein Religionsstreitigkeiten vermieden werden. Deshalb kam es zur strengen Trennung zwischen der religiösen Erziehung in Kirche und Staat. Doch wurde der schulische Unterricht keineswegs völlig religionslos gestaltet. Vielmehr galt hier eine *„common religion"*.

„The common religion was to be taught during the week in the common schools, while the Sunday school was charged with conveying denominational particularity."[413] Schon Thomas Jefferson (1743-1826) verbot deshalb im „Bill for Establishing Elementary Schools" religiösen Unterricht oder Lesungen in der Schule, die den Grundsätze einer anderen religiösen Gruppe widersprachen. Die Grundlagen der „common religion", die in der Schule zu lehren sei, waren für ihn: „Sei aufrichtig und gut – Fürchte Gott, und liebe deinen Nächsten".[414]

Um die Jahrhundertwende erhielten dann die Pädagogik und auch die Theorie religiöser Erziehung starke Impulse durch *John Dewey* (1859-1952).[415] In seinem Werk drückt sich exemplarisch das Selbstbewußtsein der Neuen Welt aus.

Winfried Böhm nennt drei für die nordamerikanische Kultur prägende Elemente, die Dewey aufnahm und auf denen er aufbaute: „einen machtvollen pragmatischen Optimismus, eine spezifische Auffassung der politischen Ideale von Freiheit und Demokratie und schließlich ein geradezu überwältigendes Vertrauen in die empirischen Wissenschaften und in die Technologie".[416] Selbst einem pantheistischen Glauben verhaftet[417] hielt Dewey wenig von der Erziehung der „Sunday Schools" und bemühte sich – in der US-amerikanischen Tradition stehend – um eine einheitliche Erziehung im sittlichen und religiösen Bereich.

---

[412] G. Moran, Religious Education as a Second Language, Birmingham/Al. 1989, 32.

[413] Ebd.

[414] Zitiert und übersetzt bei Kwiran, a.a.O. (Anm. 409) 116.

[415] Zur Person und zum pädagogischen Werk Dewey's s. kurz F. Bohnsack, John Dewey (1859-1952), in: H. Scheuerl, Hg., Klassiker der Pädagogik Bd. 2, München ²1991, 93-99.

[416] W. Böhm, John Dewey – oder die Vergottung von Wissenschaft und Technologie, in: M. Heitger, A. Wenger, Hg., Kanzel und Katheder. Zum Verhältnis von Religion und Pädagogik seit der Aufklärung, Paderborn u.a. 1994, 353.

[417] S. Böhm ebd. 364.

„Für die Pädagogen sollte die Schule die Aufgabe haben, die verschiedenen Nationalitäten, Traditionen und Bekenntnisse der Einwanderer zu assimilieren, ohne daß ... Religionsgemeinschaften dem im Wege stehen dürften."[418]

Inhaltlich wandelte sich Dewey's Position im Laufe der Zeit; setzte er anfangs vor allem auf die Demokratie, worunter er eher eine Lebens- als eine Staatsform verstand, und sah in ihr die potentielle Verwirklichung des Reich Gottes, so trat für ihn später an deren Stelle die Hoffnung auf die „scientific community".[419] Die auch heute noch in den USA anzutreffende, quasi religiöse Verehrung von Demokratie und Fortschritt ist pädagogisch wesentlich durch Dewey geprägt und gestärkt worden.

Methodisch empfahl er das Verfahren von „trial and error". Dies entspricht auch dem schülerorientierten Ansatz Dewey's, den er in seiner Chicagoer Modellschule mit Erfolg erprobte, und der z.B. in der Beschäftigung mit Problemen oder Projekten im Unterricht seinen Ausdruck fand.[420]

Obwohl sich Dewey meist nur implizit Fragen der religiösen Erziehung zuwandte, wurden sein Ansatz und Konzept auch hier bestimmend. Sie fanden in mehrfacher Hinsicht Aufnahme bei Theoretikern der „religious education". Besonders wichtig ist die Dewey-Rezeption durch *George A. Coe* (1862-1951), der die theoretische Entwicklung von „religious education" (in den USA) in der ersten Hälfte des 20. Jahrhunderts wesentlich bestimmte.[421]

Ähnlich wie Dewey war Coe durch die Spannung zwischen Realität und den hoffnungsvollen Idealen der amerikanischen Demokratie geprägt, vor allem forderte ihn die Diskrepanz auf sozialem Gebiet heraus. Neben anderem – wie der Bedeutung von Wissenschaft und Demokratie für religiöse Erziehung[422] – nahm Coe das Prinzip von „trial and error" auf.

---

[418] Kwiran, a.a.O. (Anm. 409) 38.

[419] S. Böhm, a.a.O. (Anm. 416) 369.

[420] S. Bohnsack, a.a.O. (Anm. 415) 93-99; in Deutschland nahm z.B. G. Kerschensteiner, der Vater der „Arbeitsschule", diese Gedanken auf (s. Wilhelm, a.a.O. (Anm. 348) 111f., 121), von dem sie über O. Eberhard in den Bereich des Religionsunterrichts ausstrahlten.

[421] S. Moran, a.a.O. (Anm. 412) 143. Im Vorwort seines Buchs „A Social Theory of Religious Education", New York 1927 (1917), bezieht sich Coe direkt auf Dewey's Buch „Democracy and Education": „I am indebted most of all to John Dewey, who is foremost among those who have put education and industrial democracy into a single perspective." (X)

[422] So schreibt G.A. Coe, What is Christian Education?, New York u.a. 1929, 178: „Two maxims (sc. of Creative Christian education, C.G.) will sum up the matter: Approach all persons in the spirit of respect or ethical love; approach all facts in the spirit of science."

„The art in Christian education must consist in inducing pupils to make experiments that, being real at the stage of the learner's experience, will show where the truth lies".[423]

Dabei trat bei ihm – z.T. ähnlich wie bei Kabisch – die inhaltliche Prägung religiöser Erziehung hinter die Pflege von persönlichen Beziehungen zurück.

So konnte Coe auf die Frage „What ... is Christian Education?" antworten: „It is the systematic, critical examination and reconstruction of relations between persons, guided by Jesus' assumption that persons are of infinite worth, and by the hypothesis of the existence of God, the Great Valuer of Persons."[424]

Auch organisatorisch bildete der Beginn des 20. Jahrhunderts einen gewissen Einschnitt in die Theoriebildung von „religious education" in den USA. 1903 wurde die „Religious Education Association" (R.E.A.) gegründet. Sie verstand sich – hier in deutlicher Parallele zur „Religionspädagogik" in Deutschland – primär pädagogisch und stellte das Kind bzw. den Jugendlichen in psychologischer Perspektive in den Mittelpunkt.[425] Entsprechend den besonderen Verfassungsbestimmungen[426] war dabei der schulische Unterricht – im Gegensatz zur deutschen oder englischen Diskussion – nicht primär im Blick. Vielmehr lag ein Schwerpunkt auf der Frage nach dem Zusammenhang der verschiedenen Orte religiösen Lernens.[427] Die R.E.A. nahm dann auch nichtchristliche Mitglieder auf und wurde so zu einer berufsübergreifenden, interdisziplinären und interreligiösen Organisation.

Ihr Sprachrohr ist bis heute die Zeitschrift „Religious Education".

Auffällig ist bei näherer Analyse des mit der Gründung von R.E.A. verbundenen Aufbruchs, daß Schleiermacher hier keine Rezeption fand.

Kwiran vermutet, „daß ein Mangel an anwendbaren Methoden, ja seine Verweigerung, diese von der Sache her geben zu wollen, ihn für die amerikanische Education und Religious Education ... als uninteressant erscheinen ließ."[428]

---

[423] Ebd. 289.
[424] Ebd. 296.
[425] S. Kwiran, a.a.O. (Anm. 409) 369; s. ebd. 146f.
[426] Der 1. Zusatz zur Verfassung, 1789 zugefügt, lautet: „Congress shall make no law respecting an etablishment of religion, or prohibiting the free exercise thereof" (dokumentiert ebd. 531).
[427] S. ebd. 146f.
[428] Ebd. 321.

2.3.6. Zusammenfassung

„Religionspädagogik" ist ein am Beginn des 20. Jahrhunderts vor allem bei Lehrern aus der herbart-zillerschen Schule und liberalen protestantischen Theologen aufkommender Programmbegriff für eine Krisenwissenschaft. Angesichts der offensichtlichen Defizite und Erfolglosigkeit einer primär an theologisch vorgegebenen Stoffen orientierten Katechetik wollte man unter Rückgriff auf die Psychologie auch die religiöse Erziehung und Bildung pädagogisch reflektiert gestalten. Im protestantischen Bereich dominierte dabei inhaltlich das Bestreben, die subjektive Religion des einzelnen durch entsprechendes Erleben zu fördern; demgegenüber traten dogmatische Inhalte des christlichen Glaubens zurück. Überhaupt ist – durchaus in der Tendenz der Moderne liegend – der Zug der Religionspädagogik zur Ethik unübersehbar. Auf der katholischen Seite ging man hier nicht so weit, sondern versuchte über die Erarbeitung einer katholischen bzw. christlichen Pädagogik den Zusammenhang mit der Kirchenlehre zu wahren.

Nicht nur die Lehrer, die sich dem neuen Programm der Religionspädagogik verpflichtet wußten und damit zugleich auf Unabhängigkeit von der Kirche drängten, sondern auch die grundsätzliche Bestreitung des Religionsunterrichtes an Schulen führten dazu, daß der schulische Religionsunterricht von Anfang an in den Mittelpunkt des religionspädagogischen Reflektierens trat. Bei manchen Autoren bezeichnete „Religionspädagogik" sogar nur die Didaktik des schulischen Religionsunterrichtes.

Die theoretischen Hintergründe der „Religionspädagogik", die letztlich in der Spannung zwischen dem Ansatz Schleiermachers und dem Herbarts und seiner Schüler liegen, treten noch stärker hervor, wenn man nach Großbritannien oder in die USA blickt. Auch hier kennzeichnet das beginnende 20. Jahrhundert eine Wende in der religiösen, christlichen und kirchlichen Erziehung und Bildung. In Großbritannien wird – nach langen, vornehmlich im Parlament ausgetragenen Kämpfen – der staatliche Zugriff auf das ursprünglich rein kirchlich bestimmte Schulwesen stärker, wobei die allgemein christliche „Religious Instruction" sich deutlich vom am Zweikirchen-System orientierten konfessionell bestimmten Religionsunterricht in Deutschland unterscheidet. In den USA begann sich – letztlich noch weitergehend – eine von der Pragmatik und dem Optimismus der Neuen Welt geprägte Entwicklung von „religious education" anzubahnen, die nicht nur die christlichen Denominationen, sondern auch andere Religionen umfaßt. Inhaltlich war sie stark ethisch ausgerichtet.

3. Kritische Einwände

Bis zum Ersten Weltkrieg hatte sich (auf evangelischer Seite) „Religionspädagogik" als wissenschaftliche Bemühung, mit psychologischer Hilfe die Entwicklung der Kinder und Jugendlichen auch in religiöser Hinsicht zu fördern, allgemein verbreitet. Dabei stand der schulische Religionsunterricht im Vordergrund. Dieses Konzept einer zumindest im evangelischen Raum primär pädagogisch argumentierenden Religionspädagogik reichte noch – in mancherlei Verbindung mit reformpädagogischen Bemühungen – bis weit in die Weimarer Republik und sogar in das Dritte Reich hinein.

Die reformpädagogische Arbeit ging ebenfalls – trotz Behinderungen – im Dritten Reich weiter; so veröffentlichte und verwirklichte z.B. P. Petersen erst Mitte der dreißiger Jahre wichtige Partien seines „Jena-Plans".[429]

Für das Verständnis der dann im Zuge der Dialektischen Theologie folgenden kritischen Einwände gegen „Religionspädagogik" ist es wichtig zu wissen, daß die Lehrerschaft, sofern überhaupt an religiösen Fragen interessiert, weitgehend durch den religionspädagogischen Aufbruch bestimmt und so methodisch sehr gut ausgebildet war. Nur von daher lassen sich methodenkritische Äußerungen angemessen verstehen, wie der berühmte Satz von Theodor Heckel: „Die Bitte um den heiligen Geist, der durch das Wort zum Glauben ruft, ist schlechthin wichtiger als alle Methodik."[430] Bei einer psychologisch und pädagogisch gut ausgebildeten Lehrerschaft konnte dies ein wichtiges Korrektiv sein; allgemein genommen vernachlässigt allerdings ein solcher Satz die konkreten pädagogischen Anforderungen schulischen Unterrichts bedenklich.

Insgesamt ist die Zeit zwischen etwa 1930 und 1960 eine für die Entwicklung von Religionspädagogik nur indirekt fruchtbare und wichtige Zeit. Viele im Bereich der religiösen Erziehung Tätige bzw. deren Ausbilder lehnten sogar explizit „Religionspädagogik" als theologisch defizitär ab. Jedoch wurde in dieser Epoche der – wie gezeigt – jedenfalls teilweise vernachlässigte, theologischer Reflexion unterworfene Inhalt religiöser Erziehung (und Bil-

---

[429] Scheuerl, a.a.O. (Anm. 117) 133.

[430] Th. Heckel, Zur Methodik des evangelischen Religionsunterrichtes, München 1928, 29; vgl. auch auf katholischer Seite J. Gmünder, Gedanken und Vorschläge zum Zwecke einer fruchtreicheren Erteilung des katholischen Religionsunterrichts (speziell des Katechismusunterrichts), in: KatBl 48 (1922), 246: „Die Sprache des glaubensüberzeugten und gotterfüllten Herzens ergreift auch bei mangelhafter methodischer Fertigkeit die Seelen sicherer und mächtiger als eine nach allen Regeln der Methodik ausgearbeitete und gehaltene Katechese eines glaubensarmen und gottfremden Herzens".

dung) schärfer beleuchtet und dadurch ein wichtiges Korrektiv für eine Religionspädagogik gewonnen, die nicht einseitig pädagogisch begründet ist.

Diese Strömung verlief parallel zu einer ebenfalls die „Sache" in den Mittelpunkt stellenden Entwicklung in der Pädagogik. Um die Mitte der zwanziger Jahre mehrten sich die kritischen Stimmen gegenüber einem „pädagogischen Reformoptimismus". Sogar E. Spranger, übrigens der Doktorvater G. Bohnes, „hatte in einem Aufsatz über ‚Das deutsche Bildungsideal in geschichtsphilosophischer Beleuchtung' (1927) vor einem Ausufern der ‚Erlebnispädagogik' auf Kosten sachbezogener geistiger Arbeit gewarnt."[431]

In gewisser Weise wurde so der Grund für eine in der Spannung zwischen Theologie und Pädagogik gleichermaßen verankerte Religionspädagogik gelegt, wie sie seit den siebziger Jahren die Diskussion in Deutschland bestimmt.

Ein Vergleich mit der Entwicklung in Großbritannien zeigt die Konsequenz dieses theologisch begründeten Einspruchs gegen eine vornehmlich pädagogisch begründete Religionspädagogik. Dort wird „Religious Education" weithin an den „Schools of Education" der Universitäten gelehrt und hat „Religious Studies", nicht (konfessionelle) Theologie als Bezugswissenschaft.

Zudem wies das letztlich unübersehbare Scheitern des Einspruchs gegen Religionspädagogik, das am gravierendsten in der Spannung zwischen der weiterhin verfolgten Konzentration auf den schulischen Unterricht und dem gleichzeitigen Fehlen pädagogischer Überlegungen zu diesem Lernort zutage trat, indirekt auf die Bedeutung dieser umstrittenen Disziplin hin.

Da in der Religionspädagogik erst die biographischen Wurzeln und Bezüge konzeptionelle Vorschläge verstehen lassen, werde ich – nach einer knappen Einführung in die allgemeine Krisenstimmung der damaligen Zeit – wichtige Anregungen zu „Religionspädagogik" kurz durch Hinweise auf einzelne Autoren vorstellen. Dabei leitet mich das systematische Interesse an wichtigen Fragestellungen und Einsichten, kein historisches Bemühen um genaue Rekonstruktion von Entwicklungslinien. Deshalb beschränke ich mich bei den behandelten Autoren meist auf deren frühe Werke, in denen sie z.T. einseitig neue Überlegungen in die Diskussion brachten bzw. diese durch Pointierungen prägten. Spätere Publikationen, in denen sich manche wieder der „Religionspädagogik" näherten, bleiben unberücksichtigt (können aber anhand der angegebenen Literatur unschwer gefunden werden).

---

[431] Scheuerl, a.a.O. (Anm. 117) 130; allerdings begann umgekehrt in dieser Zeit die verstärkte Hinwendung von pädagogischen Hochschullehrern zur Reformpädagogik.

3.1. Hintergründe – allgemeine Krise im Umfeld der großen Kriege

Die Zeit ab dem Ende des 19. Jahrhunderts bis zur Katastrophe des 2. Weltkriegs ist – wie am Beginn des Kapitels kurz skizziert – in Deutschland durch vielfältige tiefgreifende Krisen auf den unterschiedlichsten Gebieten gekennzeichnet. Sie bilden den Hintergrund für die theologische Kritik an der Religionspädagogik bzw. die Krise dieses Fachs kann zugleich als eine Ausdrucksform der allgemeinen Krise zwischen den Weltkriegen im Bereich der (vor allem evangelischen) Theologie gedeutet werden.

3.1.1. Kulturkritik vor dem Ersten Weltkrieg

Im Vergleich mit dem benachbarten Ausland fällt in Deutschland die besondere Schärfe und Nachdrücklichkeit der „moderne(n) Kritik der Moderne"[432], wie sie z.B. in hervorragender Weise Friedrich Nietzsche vortrug, auf:

„Die in und mit der Kultur lebenden Bürger verlieren ihr älteres, in sich ruhendes, sozusagen selbstverständliches Bewußtsein vom Bestand und Wert der Kultur und ihrer eigenen Rolle darin, sie werden – verunsichert. Daß in diese Verunsicherung die Auswirkungen der sozialökonomischen Veränderungen, Statusverschiebungen und Statusbedrohungen eingehen, liegt auf der Hand. In dieser Lage werden spezifisch deutsche Versionen von Kulturkritik wirksam, die nun charakteristische metapolitische und politische Wirkungen gehabt haben; vor allem die Wendung gegen die technisch-industrielle Welt, gegen die egalitären und internationalistischen Tendenzen, gegen Masse und Verflachung."[433]

Die Verzweiflung über die das Bisherige umstoßende Moderne, „den Moralverzehr durch Erfolg, den Kältetod durch funktionierende Organisation, die Selbstzerstörungspotentiale der Kultur"[434], verband sich in Deutschland mit einer Ideologie des Deutsch- bzw. Germanentums. Etwa bei Paul de Lagarde (1827-1891), einem glühenden Verfechter einer deutschen Kirche, tritt bereits die dunkle Seite dieses Deutschtums, die letztlich in die Katastrophe führte, hervor: die Abneigung gegen „die Juden". Die *Verbindung von kulturkritischem und völkischem Nationalismus* führte zu einem seltsamen Ineinander von konservativen und progressiven Gedanken bei ein und demselben Autor, das Thomas Nipperdey „die eigentümliche Links-Rechts-Mischung der deutschen Reformbewegungen" nennt.[435] Deutlich

---

[432] Nipperdey, a.a.O. (Anm. 10) 825.
[433] Ebd.
[434] Ebd. 826.
[435] Ebd. 829.

prägte sie viele Reformpädagogen wie z.B. den promovierten Theologen Hermann Lietz (1868-1919), der seine deutschen Land-Erziehungsheime 1903 nur noch in Ausnahmen für Juden öffnete.[436] Sie reichte weiter bis in die anfängliche Diskussion um und in der Religionspädagogik. Arthur Bonus etwa, der – wie erwähnt[437] – wohl als erster der Frage nach der Lehrbarkeit der Religion nachging und im Rahmen einer allgemeinen radikalen Schul- und Kulturkritik das Recht von Religionsunterricht grundsätzlich bestritt, forderte auch einen „Deutschen Glauben" und die „Germanisierung des Christentums".[438]

Interessant und ein Licht auf die verwirrenden Zusammenhänge zwischen Reformbewegungen und politischem Nationalismus werfend ist z.B., daß Bonus genauso wie der jüngere F. Gogarten zu dem Kreis um den Verleger Eugen Diederichs (1867-1930) gehörte.[439]

Die völkische Richtung der Religionspädagogik bildete eine lange übersehene, wirkungsgeschichtlich aber wichtige Linie der Religionspädagogik, die sich z.T. mit deren liberaler Grundströmung vermischte und die nationalsozialistischen Übergriffe gedanklich vorbereitete.

R. Lachmann weist anhand einer religionspädagogischen Examensarbeit des Jahres 1925 („Was kann heute geschehen, um den Religionsunterricht möglichst wirksam zu gestalten?") exemplarisch nach, wie die theologisch liberale Konzeption des politisch national-konservativen F. Niebergall mit der deutschkirchlichen Position des Studienrats K. Niedlich verbunden werden konnte.[440] Eine umfassendere Darstellung der „deutschen" Religionspädagogik ist noch ein dringendes Forschungsdesiderat.

3.1.2. Katastrophe des Ersten Weltkriegs

Der Erste Weltkrieg bedeutete in vielerlei Hinsicht eine tiefe Zäsur in der Geschichte und Kultur Deutschlands. Die durch ihn ausgelöste (bzw. verstärk-

---

[436] S. genauer zum „Judenkrach in Haubinda" behutsam abwägend R. Koerrenz, Hermann Lietz. Grenzgänger zwischen Theologie und Pädagogik, Frankfurt u.a. 1989, 66-70.

[437] S. 2.3.3.

[438] Nipperdey, a.a.O. (Anm. 10) 524.

[439] S. ebd. 522; vgl. auch den Hinweis von Bloth, a.a.O. (Anm. 164) 159 Anm. 18, darauf, daß angesichts der Äußerungen von Bonus „die Kulturkritik der ‚dialektischen Theologie' in den zwanziger Jahren trotz ihres, gerade die ehemals kritische Instanz ‚Persönlichkeit' nun kritisch mitumgreifenden Ansatzes als ein zweiter Akt oder gar als Nachklang" erscheinen könnte.

[440] S. R. Lachmann, Religionsunterricht in der Weimarer Republik. Zwischen liberaler und deutscher Religionspädagogik, Würzburg 1996.

te) ökonomische, politische, kulturelle und kirchlich-religiöse Krise in Deutschland hat in anderen Ländern, etwa Großbritannien oder den USA, keine Parallele.

„Obwohl es (sc. in Großbritannien, C.G.) auf verschiedenen Ebenen durchaus Reaktionen auf die Kriegserfahrungen gab, fand eine tiefergehende Auseinandersetzung mit dem Ereignis des Weltkrieges, eine umfassende Infragestellung der wissenschaftlichen, kulturellen und religiösen Errungenschaften, wie sie in Deutschland unter dem Einfluß des Krieges einsetzte, nicht statt. Die Gründe dafür sind nicht nur darin zu suchen, daß Großbritannien nicht wie Deutschland mit einer Kriegsniederlage konfrontiert war. Mindestens ebensosehr ist die verschiedene soziologische und geistesgeschichtliche Situation des Landes zu dieser Zeit zu beachten. Die politische, geistige und kulturelle Entwicklung Großbritanniens stand am Anfang des 20. Jahrhunderts auf einer Stufe, die für ein Gefühl von Krise nicht empfänglich war; dazu kam die britische Mentalität, die den Vorstellungen von Krise, Umbruch und radikalem Neuanfang ohnehin nicht geneigt ist.“[441] Umgekehrt gilt aber auch: „Das fast unbegrenzte Zutrauen in die eigenen Kräfte hatte es um die Jahrhundertwende in Großbritannien nicht gegeben.“[442]

Für die USA wirkte der weit entfernt vom eigenen Land geführte Krieg, in den man erst spät, im April 1917, eingetreten war, noch weniger einschneidend. Sie konnten ihr Hauptziel, „to make the world safe for democracy“[443], durchsetzen und erfuhren keinen Bruch.

In Deutschland fiel die Kritik an der liberal-theologisch geprägten Religionspädagogik besonders schroff aus, führte zu einer in anderen Ländern so nicht feststellbaren Radikalität der Infragestellung von Religionspädagogik bzw. besser: der bisherigen Theorie religiöser Erziehung und Bildung, und damit zu einer weiteren Verstärkung der besonderen deutschen Prägung dieser Disziplin.

Zuerst herrschte in Deutschland noch die Interpretation des Krieges als einer reinigenden Kraft, die die sittlichen Kräfte der Menschen herausfordert und stählt, vor.[444]

So empfand z.B. A. v. Harnack: „An Stelle des eigenen Lebens, das nicht mehr der Güter höchstes ist, tritt etwas Ideales, sei es das Leben des Vaterlandes, sei es ein Gut, das für die ganze Menschheit zu erringen ist ... Diese hochgemute und zu Leben und zu Sterben gleich bereite Stimmung ist aber der Religion aufs nächste verwandt ... Und gerade solche (Menschen), die bisher nichts mit der Religion gemein zu haben glaubten, weil sie sie nur als offizielle kannten, und ihr eigenes Innenleben vernach-

[441] Finke, a.a.O. (Anm. 390) 87.
[442] Ebd. 87f. Anm. 2.
[443] Nipperdey, a.a.O. (Anm. 75) 818.
[444] S. ebd. 779.

lässigten, fühlen sich nun plötzlich von ihrem Fittich emporgetragen, sehen sich wie durch einen Zauber von den Schwergewichten an ihren Füßen befreit und gewinnen ein neues Verhältnis zu den Brüdern und das Bewußtsein einer überzeitlichen Bestimmung."[445]

Doch die furchtbaren Materialschlachten wie die von Verdun, in denen Hunderttausende von Soldaten auf engstem Raum verbluteten, entlarvten solche Gedanken als verlogen und waren ein tiefer Schock für eine ganze Generation.

„In der Materialschlacht ist der ‚Patriotismus' von 1914 zergangen. Was Armeen jetzt zusammenhielt, war eigentlich nur noch die Disziplin und dann der neuentstehende Frontgeist."[446]

Auch den für die theologische Kritik an Religionspädagogik so wichtigen Gerhard Bohne prägte sein Leben lang die Teilnahme an Verdun. „Noch 1966 beschreibt er ... die Erkenntnis aus dem Inferno des Grabenkrieges: ‚Das höchste Erzeugnis des Geistes und der Kultur: eine Maschinerie der Vernichtung. An dieser Erkenntnis zerbrach der Glaube, daß die Kultur wirklich die tragende Grundlage des Lebens sei'".[447]

Dazu wuchs die materielle Not in der Bevölkerung; bereits im Winter 1914 kam es zu Versorgungsengpässen und ab 1916 hungerten viele Deutsche.

Nipperdey stellt fest: „Dies hat wie nichts sonst die Menschen in Deutschland und ihre Kriegsbereitschaft zermürbt."[448]

Die große Zahl der eingezogenen Männer – „Bis Ende 1914 war allein ein Drittel der gesamten Industriearbeiterschaft eingezogen, die Heeresstärke stieg im Verlauf des Krieges von 5 auf 10,9 Millionen und damit von 7,5% auf 16,4% der Gesamtbevölkerung."[449] –, und die zur Inflation führende Kriegsproduktion waren wichtige Faktoren für den Niedergang.

---

[445] Zitiert nach v. Zahn-Harnack, a.a.O. (Anm. 83) 350.
[446] Nipperdey, a.a.O. (Anm. 75) 777.
[447] B. Vrijdaghs, Gerhard Bohne (1895-1977), in: H. Schröer, D. Zilleßen, Hg., Klassiker der Religionspädagogik, Frankfurt 1989, 226, unter Bezug auf G. Bohne, Verdun, in: Die Spur 6 (1966) 121-124; s. auch die ausführliche Dokumentation der diesbezüglichen Aufzeichnungen Bohnes in: H.B. Kaufmann, Hg., Gerhard Bohne – Erziehung ohne Gott?, Neukirchen-Vluyn 1995, 12-19; vgl. auch R. Heidemann, Religionspädagogik, Pädagogik und Entscheidung. Eine historisch-systematische Untersuchung zur Kategorie „Entscheidung" im Werk G. Bohnes, Aachen 1988, 57-60.
[448] Nipperdey, a.a.O. (Anm. 75) 793.
[449] Ebd. 794.

Umgekehrt bedrohten Demobilisierung und Eingliederung der – allerdings um fast zwei Millionen Gefallene[450] verminderten – Soldaten in die Gesellschaft am Kriegsende die weitere Entwicklung. Unmittelbar präsent blieb der Schrecken des Krieges auch über 1918 hinaus in Gestalt der vielen Kriegsversehrten, die – wie Bilder von Max Beckmann, Otto Dix und George Grosz zeigen – zu Symbolen für die Katastrophe wurden.[451]

3.1.3. Veränderungen in der evangelischen Theologie

Die schwere Erschütterung, die der Erste Weltkrieg im Bereich der evangelischen[452] Theologie auslöste, ist nicht allein dadurch zu erklären, daß die Niederlage und das Ende des Kaiserreiches zugleich die traditionelle Verbindung von Thron und Altar beendeten. Theologiegeschichtlich wichtiger ist wohl, daß viele jüngere Theologen mit Entsetzen wahrnahmen, daß ihre liberal-theologischen Lehrer die Barbarei des Krieges nicht zu verhindern versucht hatten.

K. Barth schrieb 1957 rückblickend auf 1914: „Mir persönlich hat sich ein Tag am Anfang des Augusts jenes Jahres als der dies ater eingeprägt, an welchem 93 deutsche Intellektuelle mit einem Bekenntnis zur Kriegspolitik Kaiser Wilhelms II. und seiner Ratgeber an die Öffentlichkeit traten, unter denen ich zu meinem Entsetzen auch die Namen so ziemlich aller meiner bis dahin gläubig verehrten theologischen Lehrer wahrnehmen mußte. Irre geworden an ihrem Ethos, bemerkte ich, daß ich auch ihrer Ethik und Dogmatik, ihrer Bibelauslegung und Geschichtsdarstellung nicht mehr werde folgen können, daß die Theologie des 19. Jahrhunderts jedenfalls für mich keine Zukunft mehr hatte."[453]

Geradezu klassisch für diesen Konflikt ist der Briefwechsel zwischen dem Wortführer der jungen Theologengeneration, dem Schweizer Karl Barth, und dem großen Vertreter des Liberalismus Adolf v. Harnack von 1923.[454]

---

[450] Ebd. 850.

[451] S. ebd. 851.

[452] Die katholische Theologie war durch die internationale Verfassung ihrer Kirche sehr viel weniger umfassend in das Geschehen involviert als die sich wesentlich als deutsch verstehenden evangelischen Landeskirchen. Allerdings hatte es auch in der katholischen Katechetik bedenkliche Verherrlichungen des Kriegs gegeben (s. zu solcher Literatur U. Hemel, Religionspädagogik im Kontext von Theologie und Kirche, Düsseldorf 1986, 16 Anm. 3).

[453] K. Barth, Evangelische Theologie im 19. Jahrhundert (1957), in: ders., Die protestantische Theologie im 19. Jahrhundert Bd. 2, Hamburg 1975 (³1960), 574f.

[454] Wieder abgedruckt in: J. Moltmann, Hg., Anfänge der dialektischen Theologie Bd. 1, München 1974, 323-347.

Dazu muß angemerkt werden, daß v. Harnack eng mit dem Kaiser verbunden war und sogar den berühmten Kriegsaufruf an das deutsche Volk vom August 1914 verfaßt hatte.[455]

v. Harnack hatte in der Christlichen Welt „Fünfzehn Fragen an die Verächter der wissenschaftlichen Theologie unter den Theologen" gerichtet. Auf diese antwortete Barth. Der Hauptstreitpunkt zwischen beiden bestand in der Frage nach dem *Zusammenhang von Evangelium und Kultur.* v. Harnack fragte: „Wenn Gott alles das schlechthin nicht ist, was aus der Entwicklung der Kultur und ihrer Erkenntnis und Moral von ihm ausgesagt wird, wie kann man diese Kultur und wie kann man auf die Dauer sich selbst vor dem Atheismus schützen?"[456] Dagegen setzte Barth, mit deutlicher Anspielung auf die Katastrophe des Ersten Weltkriegs: „Die ‚aus der Entwicklung der Kultur und ihrer Erkenntnis und Moral' stammenden Aussagen über Gott mögen als Ausdruck besonderer ‚Gotteserlebnisse' (z.B. des Kriegserlebnisses) neben denen primitiver Völker, die solch hohe Güter noch nicht kennen, ihre Bedeutung und ihren Wert haben (z.B. die Aussagen der Kriegstheologen aller Länder). Als ‚Predigt des Evangeliums' ... kommen diese Aussagen jedenfalls nicht in Betracht, und ob sie die Kultur und den Einzelnen ‚vor dem Atheismus schützen' und nicht vielmehr, aus dem Polytheismus stammend, Atheismus pflanzen, das dürfte in jedem einzelnen Fall eine offene Frage sein."[457]

Nicht von ungefähr spielte bei dieser Auseinandersetzung die pädagogische Aufgabe eine besondere Rolle. v. Harnack fragte: „Sind Gott und Welt (Leben in Gott und weltliches Leben) schlechthin Gegensätze, wie ist eine Erziehung zu Gott hin, d. h. zum Guten, möglich? Wie aber ist Erziehung möglich ohne geschichtliches Wissen und Höchstschätzung der Moral?"[458] Barth antwortete darauf lediglich mit dem Zitat von Joh 6,44: „Niemand kann zu mir kommen, es ziehe ihn denn der Vater, der mich gesandt hat, und ich werde ihn auferwecken am jüngsten Tage."[459] Daraufhin konterte wiederum v. Harnack: „wenn das alles ist, was Sie hier zu sagen haben, so verurteilen Sie alle christliche Pädagogik und zerschneiden, wie Marcion,

---

[455] Zur Stimmung, aus der heraus v. Harnack, als erster Präsident der Kaiser-Wilhelm-Gesellschaft wohl der führende Wissenschaftler in Deutschland, dies schrieb, s. v. Zahn-Harnack, a.a.O. (Anm. 83) 345f.
[456] Moltmann, a.a.O. (Anm. 454) 324.
[457] Ebd. 327.
[458] Ebd. 324.
[459] Ebd. 327.

jedes Band zwischen dem Glauben und dem Menschlichen. Nach meinem Verständnis haben Sie hier das Vorbild Jesu gegen sich."[460]

Daß hier der entscheidende Punkt der Auseinandersetzung getroffen ist, zeigt ein Blick in die Lehrpläne für den evangelischen Religionsunterricht in der Weimarer Republik. Denn sie gehen – durch den religionspädagogischen Aufbruch geprägt – ausdrücklich von einer kulturellen Synthese aus.

So schrieb H. Richert (1869-1940), als Ministerialrat für die preußischen Lehrpläne verantwortlich, 1925: „Getreu den Überlieferungen des deutschen Protestantismus muß der Religionsunterricht in gleichem Maße von religiösem wie von wissenschaftlichem Ernste getragen sein … Mehr als bei anderen Unterrichtsfächern ist beim Religionsunterricht das Ziel auf den verschiedenen Altersstufen verschieden, weil diese selbst dem Religionsunterricht gegenüber eine ganz verschiedene Stellung einnehmen."[461] Und: „So wird der Religionsunterricht dem Schüler ein Verständnis dafür eröffnen, daß diese innere Durchdringung von Religion und Kultur dem Protestantismus eine Weltbedeutung gibt, die weit über die Wirkung seiner organisierten Kirchen in das allgemeine Geistesleben hinübergreift."[462]

Allerdings fungierte jetzt – im Gegensatz zu früheren, am Religionsverständnis F. Schleiermachers[463] und der Hermeneutik W. Diltheys[464] orientierten bildungstheoretischen Überlegungen – das didaktische Prinzip der „vertieften Deutschheit" als einheitsstiftendes Konzept zwischen Kultur und Bildung auch in religiöser Hinsicht.[465]

Der im folgenden die protestantische Theologie bis in die sechziger Jahre und in der DDR noch länger prägende Ansatz Barths ist ein besonders

---

[460] Ebd. 331. Vgl. auch einige Jahre später H. Schlemmer, Die Bedeutung der jüngsten theologischen Entwicklung für die Religionspädagogik, in: MERU 22 (1929) 56, der klar die Alternative formulierte: „Entweder Barth oder Religionspädagogik". Von heute aus gesehen sehr weitsichtig beurteilte Schlemmer (ebd. 54f. bzw. 58f.) den theologischen Ansatz Tillichs sowie die Berneuchener Arbeit mit Symbolen u.ä. als interessanter für Religionspädagogik.

[461] Zitiert nach Nipkow, Schweitzer, a.a.O. (Anm. 362) 61.

[462] Ebd. 64; vgl. zur – sehr problematischen – weiteren Entwicklung der Richertschen Lehrplanarbeit am Beginn des 3. Reichs F. Kraft, Religionsdidaktik zwischen Kreuz und Hakenkreuz. Versuche zur Bestimmung von Aufgaben, Zielen und Inhalten des evangelischen Religionsunterrichts, dargestellt an den Richtlinienentwürfen zwischen 1933 und 1939, Berlin u.a. 1996, 25-39.

[463] S. Bloth, a.a.O. (Anm. 164) 156.

[464] S. ebd. 164.

[465] S. ebd. 179; zur Entwicklung Richerts s. ebd. 152-179; zur problematischen Wirkung des didaktischen Konzepts „Deutschheit" s. P.C. Bloth, Religionsdidaktische Grundströmungen und ihre schulpolitische Auswirkung in der Weimarer Republik, in: R. Dithmar, Hg., Schule und Unterricht in der Endphase der Weimarer Republik, Darmstadt u.a. 1993, 182f.

radikaler theologischer Ausdruck des allgemeinen Krisenbewußtseins, das die ganze Weimarer Republik bestimmte.[466] Wirtschaftlich zeigte die 1923 in einer jährlichen Inflationsrate von 231.869.999.900 % gipfelnde Geldentwertung die Fragilität modernen Lebens überdeutlich.[467] Und auch kulturpolitisch ist die Rede von den „goldenen Zwanzigern" eher euphemistisch. Speziell für den Religionsunterricht war bedeutungsvoll, daß der Streit der Parteien die Verabschiedung des geplanten – und in der Weimarer Reichsverfassung in Art. 146,2 angekündigten – Schulgesetzes verhinderte. So blieb es bei der Kompromißformel der Weimarer Verfassung, die in Art. 149 den Religionsunterricht als „ordentliches Lehrfach" (der Schulen, mit Ausnahme der bekenntnisfreien (weltlichen) Schulen) und inhaltlich als „in Übereinstimmung mit den Grundsätzen der betreffenden Religionsgesellschaft" (unbeschadet des Aufsichtsrechtes des Staates) zu erteilen bestimmte.[468]

Das pädagogische Problem der Einheitsstiftung für Schule, das der Wegfall des Christentums in dieser Funktion aufwarf, blieb letztlich unbearbeitet.

Auf kirchlicher Seite nahm es – der spätere Berliner Bischof – Otto Dibelius (1880-1967), seit 1921 als nebenamtlicher Oberkonsistorialrat in Preußen mit der Verwaltung des Schul- und Sozialwesens betraut, auf und forderte – von Eltern unterstützt – die öffentliche Bekenntnisschule, die neben die katholischen und, wenn unvermeidlich, sozialdemokratischen Schulen treten solle. Diese Lösung führte zwar zu einer bedenklichen „weltanschaulichen und pädagogischen ‚Versäulung' der Gesellschaft".[469] Dem Zentralisierungsdruck des totalitären Hitler-Regime gegenüber bot sie aber ein nicht zu unterschätzendes Widerstandspotential.

Pädagogisch begründete Dibelius diese Position dadurch, daß Erziehung nur auf der „Grundlage einer bestimmten, geschlossenen Lebensgesinnung" möglich sei.[470]

---

[466] S. Bloth, a.a.O. (Anm. 164) 167.

[467] S. F.-W. Henning, Das industrialisierte Deutschland 1914 bis 1972, Paderborn 1974, 66.

[468] S. z.B. Stoodt, a.a.O. (Anm. 160) 103-105, der die Artikel 142-150 dokumentiert. Vgl. zum einzelnen 3. Kap. 3.2.5. und K. Nowak, Evangelische Kirche und Weimarer Republik. Zum politischen Weg des deutschen Protestantismus zwischen 1918 und 1932, Göttingen 1981, 81-84.

[469] S. Nipkow, Schweitzer, a.a.O. (Anm. 362) 21; vgl. auch zur ähnlichen Position M. v. Tilings L.-L. Herkenrath, Politik, Theologie und Erziehung. Untersuchungen zu Magdalene von Tilings Pädagogik, Heidelberg 1972, 166-171.

[470] Zitiert bei Nipkow, Schweitzer, a.a.O. 59.

Dieser Ausgangspunkt machte aber eine Kooperation mit der sich autonom verstehenden Pädagogik unmöglich und stellte so langfristig eine schwere Hypothek für kirchliche Schulpolitik dar.

Erst im Dritten Reich wurde – in weitgehender Entsprechung zur allgemeinen Kirchenpolitik[471] – stückweise der Religionsunterricht aus der Schule vertrieben bzw. zu einem ideologisch gleichgeschalteten Unterricht umfunktioniert. Viele verschiedene Maßnahmen, wie die Nichtweiterentwicklung der Lehrpläne, der Aufruf des Nationalsozialistischen Lehrerbunds, nicht mehr Religion zu unterrichten, die Nichtbesetzung von religionspädagogischen Dozenturen, Schikanen im Unterrichtsalltag wie Verlagerung des Religionsunterrichtes auf Eckstunden oder den Nachmittag, Reduzierung der Wochenstundenzahl, Wegfall der Religionsnote im Zeugnis, Ausschaltung von Geistlichen als Religionslehrern usw., schwächten den Religionsunterricht z.T. erheblich.[472]

Die zweite große politische Katastrophe für Deutschland im 20. Jahrhundert, die Nazi-Herrschaft und der Zweite Weltkrieg, führte wieder zu einem Zusammenbruch in politischer, ökonomischer und kultureller Hinsicht. Die Kirchen und die Theologie, obwohl auch diesmal z.T. eng mit dem System liiert bzw. auf Selbsterhaltung bedacht, wurden – zumindest auf dem Gebiet der späteren Bundesrepublik – jedoch nicht in gleicher Weise durch die Niederlage betroffen wie 1918. Zum einen kam es nicht zu einer grundlegenden Veränderung des rechtlichen Verhältnisses von Staat und Kirche wie am Ende des Kaiserreiches, und zum anderen waren wichtige Teile der evangelischen und katholischen Kirche in deutliche Distanz zum Nazi-Regime getreten. Theologen der Bekennenden Kirche hatten sich sogar während des Krieges auf das Ende des Dritten Reiches vorbereitet und ins einzelne gehende Überlegungen zur Neugestaltung und Organisation religiöser Erziehung angestellt.

Das – in seinem genauen historischen Wert und seiner Genese noch nicht ganz erhellte – Dokument „Kirche und Schule" aus dem Jahr 1943 enthält Überlegungen zur Schulorganisation (Unterscheidung: „Allgemeine Christliche Staatsschule" und „Schule mit der Bibel"), zum Religionsunterricht („besser: Christenlehre") und zur Ausbildung der „Kirchenlehrer".[473]

Auch die Bevölkerung schien sich erneut der Kirche zuzuwenden, wie volle Gottesdienste u.ä. zeigten. Dabei kam es zwar in der Kirche zum

---

[471] S. 3. Kap. 3.2.5.
[472] S. zum politischen Hintergrund Kraft a.a.O. (Anm. 462) 5-24.
[473] S. Kirchenamt der Evangelischen Kirche in Deutschland, Hg., Die Denkschriften der Evangelischen Kirche in Deutschland Bd. 4,1, Gütersloh 1987, 19-25.

Schuldbekenntnis, jedoch zu keinem mit dem Ende des Kaiserreiches vergleichbaren Neuanfang. Entsprechend blieben die theologischen Einwände gegen die Religionspädagogik, wie sie seit der Mitte der zwanziger Jahre unter dem Einfluß der Theologie Karl Barths und seiner Freunde erhoben wurden – und wie sie sich bereits in der grundlegenden Bildungskritik etwa eines Arthur Bonus angekündigt hatten[474]-, bestehen.

3.1.4. Zusammenfassung

Der Zusammenbruch des deutschen Kaiserreichs nach der Niederlage des Ersten Weltkriegs erschütterte – besonders in der jüngeren Theologengeneration – die traditionelle Synthese von allgemeiner Kultur und christlicher Religion (besonders protestantischer Prägung) nachhaltig. Es kam zu einem radikalen Einspruch gegen die „Religionspädagogik" mit ihrem starken Bezug auf Psychologie (und Pädagogik).

3.2. Gegenentwürfe zu „Religionspädagogik"

Es ist in der Forschung umstritten, welche Bedeutung die Theologie Karl Barths für die „religionspädagogische Neubesinnung"[475] spielte. Während Jürgen Fangmeier in seiner materialreichen Dissertation[476] die Abhängigkeit vieler evangelischer Pädagogen von Barth zu zeigen versuchte, bestritt Fritz Krotz in seiner Habilitationsschrift solche Zusammenhänge vehement.[477] Wenn man jedoch – wie im vorhergehenden Abschnitt versucht – die Theologie des frühen Barth als Ausdruck eines theologischen Bewältigungsversuchs der durchaus allgemein empfundenen und diskutierten Krise versteht, verliert diese wesentlich durch Rekurs auf verschiedene Zitate und werkimmanente Interpretationen begründete Auseinandersetzung an Bedeutung. Gewiß war die Stimme Barths für die damals mit Fragen des Unterrichts und der Pädagogik aus evangelischer Perspektive Beschäftigten unüberhörbar, doch mischte sie sich mit anderen Einflüssen, z.T. theologisch mit dem von Karl Holl anhand des Studiums früher Schriften Luthers initiierten

---

[474] S. 3.1.1.

[475] Diesen Begriff entfaltet monographisch F. Krotz, Die religionspädagogische Neubesinnung. Zur Rezeption der Theologie K. Barths in den Jahren 1924-1933, Göttingen 1982.

[476] J. Fangmeier, Erziehung in Zeugenschaft – Karl Barth und die Pädagogik, Zürich 1964.

[477] Krotz, a.a.O. (Anm. 475).

Aufbruch.[478] Hermann Faber stellte in seiner großen Sammelrezension religionspädagogischer Literatur 1934 folgenden Konsens der verschiedenen Ansätze fest: „Die Wandlungen der grundsätzlichen Einstellung, die auch auf dem Gebiet der Pädagogik und Theologie seit dem Kriege immer umfassender hervortreten, haben es mit sich gebracht, daß man die Illusion einer weltanschaulichen Voraussetzungslosigkeit der allgemeinen Pädagogik erkannte und daß die evangelischen Kreise sich auf die Bedeutung des Evangeliums und der reformatorischen Verkündigung für die Erziehung und das Erziehungsdenken wieder besannen und die Frage nach Sinn und Möglichkeit einer evangelischen Pädagogik erhoben."[479] *„Religionspädagogik" wich zunehmend „Evangelischer Pädagogik"*[480] *oder „Pädagogik aus Glauben"*[481], ohne daß dies zu einer Kooperation mit der damals vorherrschenden Fachpädagogik, der Reform- und Wertepädagogik, führte; im Gegenteil erschien diese als Relikt der zu überwindenden Synthese von Kultur und Pädagogik.[482]

Im vorliegenden, an systematischen Fragestellungen interessierten Zusammenhang ist es angezeigt, die wichtigsten vorgebrachten Gesichtspunkte zu rekonstruieren und auf – in heutiger Sicht – Interessantes aufmerksam zu machen, was z.T. damals in seiner Brisanz noch nicht erkannt wurde. Dabei ist ein gemeinsamer Grundzug der hier behandelten Autorin und Autoren, daß die bis zum Ersten Weltkrieg die Entwicklung bestimmende Dominanz der Psychologie (und Pädagogik) zurücktrat und jedenfalls teilweise die Konzentration auf den schulischen Religionsunterricht einer allgemeineren Frage nach Evangelischer Pädagogik wich bzw. der kirchliche Unterricht stärker ins Blickfeld trat. Theologisch wandte man sich von der Annahme ab, der Mensch trüge eine religiöse Anlage in sich, die (nur) zu entwickeln sei; dagegen stand die Erfahrung Gottes als eines Fremden, Anderen, der sich gerade nicht in die allgemeine Kultur und Erziehungsarbeit einpassen läßt.[483]

---

[478] S. J. Wallmann, Karl Holl und seine Schule, in: ZThK.B 4 (1978) 1-33; z.B. gehörte H. Kittel zum Kreis der Holl-Schüler; er promovierte mit einer kirchengeschichtlichen Dissertation bei Holl.

[479] H. Faber, Religionspädagogische Probleme, in: ThR 6 (1934) 40.

[480] So L. Cordier, Evangelische Pädagogik Bd. 1. Christliche Erziehungsgedanken und Christliche Erzieher, Schwerin 1932.

[481] So H. Schreiner, Pädagogik aus Glauben, Schwerin 1930.

[482] S. K. Wegenast, Geschichte der Religionspädagogik – Wozu eigentlich?, in: EvErz 31 (1979) 44.

[483] S. Bockwoldt, a.a.O. (Anm. 136) 67.

3.2.1. E. Thurneysens homiletisches Konzept

Für Theologen im Gefolge von Barth war „Religionspädagogik" in doppelter Hinsicht abzulehnen.[484] Zum einen galt Religion als „Bereich der Versuche des Menschen, sich vor einem eigensinnig und eigenmächtig entworfenen Bilde Gottes selber zu rechtfertigen und zu heiligen"[485], zum anderen stand die Pädagogik – wie aus dem Briefwechsel mit v. Harnack deutlich hervorgeht – unter dem „Gericht" von Joh 6,44.[486]

Der nicht nur sachlich, sondern auch persönlich – zunächst durch die benachbarten Pfarreien im Schweizer Aargau – auf engste mit Barth verbundene Eduard Thurneysen (1888-1974) stellte in einem im Mai 1925 gehaltenen Vortrag zum „Konfirmandenunterricht" die Konsequenzen der Dialektik des (frühen) Barth für den kirchlichen Unterricht vor.

Es hing mit dem Adressatenkreis (Bernischer Pfarrerverein) zusammen, daß sich Thurneysen auf den Konfirmandenunterricht bezog; er markierte nirgends, daß für seine Überlegungen die Gemeinde als Lernort von besonderer, gegenüber der Schule abzugrenzender Bedeutung wäre. Der Duktus seiner Ausführungen läßt vermuten, daß es Thurneysen um eine grundsätzliche Verhältnisbestimmung von Theologie und Pädagogik/Psychologie ging und so auch der schulische Religionsunterricht in die Überlegungen eingeschlossen werden kann.

---

[484] S. Schilling, a.a.O. (Anm. 135) 118; vgl. auch die Diskussion zwischen F.W. Foerster, Meine Stellung zu Karl Barth, in: Neuwerk 5 (1923/24) 152-159, und K. Barth, Gegenrede zu dem Aufsatz von Friedrich Wilhelm Foerster, in: Neuwerk 5 (1923/24) 242-248. Auch der Versuch Fangmeiers, a.a.O. (Anm. 476) 495-510, ein positives Verhältnis Barths zur Pädagogik zu konstruieren, zeigt letztlich die Abgeschlossenheit dieser Theologie gegenüber der wissenschaftlichen Pädagogik und Religionspädagogik, insofern nur die recht allgemein gehaltene Auslegung des (nach reformierter Zählung) 5. Gebots in KD 3/4, § 54,2 als konstruktiver Beitrag zu Erziehungsfragen angeführt werden kann. Die negative Attitüde gegenüber der „Pädagogik" durchzieht die ganze Barth-Schule, wie z.B. die Warnung E. Jüngels, Anfechtung und Gewißheit des Glaubens oder wie die Kirche wieder zu ihrer Sache kommt, München 1976, 33, vor „der Diktatur der Pädagogik" in der Kirche zeigt.

[485] K. Barth, KD 1/2, 304. In diesem Zusammenhang muß darauf hingewiesen werden, daß bis zum Aufbruch der Dialektischen Theologie der Religionsbegriff kein Gegenstand der theologischen bzw. (religions-)pädagogischen Auseinandersetzung war, obgleich er im Einzelfall sehr unterschiedlich – mehr psychologisch bzw. mehr kirchlich-lehrhaft – verstanden werden konnte. Die Problematisierung von „Religion" im § 6 der Schleiermacherschen Glaubenslehre (KGA 7/1, Berlin u.a. 1980 (1821/22) 20) bezieht sich nur auf ein mögliches Mißverständnis des Religionsbegriffs.

[486] S. in Moltmann, a.a.O. (Anm. 454) 327, 343.

Ausgangspunkt war für Thurneysen ein praktisches Problem, die Not vieler Pfarrer im Unterricht. Allerdings erschien ihm diese sich häufig in Disziplinschwierigkeiten äußernde Not nur als äußerlicher Ausdruck der tiefer liegenden, im „Objekt" des Unterrichts selbst gegebenen „Unterrichtsnot": „Von Gott kann kein noch so nebensätzliches Sätzlein geredet werden, ohne daß zuerst und zuletzt berücksichtigt wäre, daß der, von dem wir reden, wenn wir wirklich von ihm reden, der gegenwärtige lebendige Gott ist, daß also unser Reden von ihm nur ein Hinweisen, ein Hindeuten sein kann auf das, was er, eben weil er der lebendig Gegenwärtige ist, nur selber sagen kann und will und wird in seinem eigenen Wort."[487] Grundlegend entspräche dem Reden Gottes das Hören des Menschen, oder besser: „Gehorchen möchte ich nun viel eher sagen, das ist es, was uns Menschen den Dekreten, den uns von Gott entgegenkommenden Majestätsakten gegenüber einzig ansteht."[488] Die Besonderheit des Gegenstandes des Konfirmandenunterrichts, nämlich Gott, übersteige bei weitem die Möglichkeiten von Pädagogik und Psychologie.

„Pädagogik und Psychologie in Ehren – aber denken wir doch an den Gegenstand, um den es sich hier handelt!"[489]

In dieser Situation erinnert Thurneysen an das Getauftsein der Kinder und ihre Gliedschaft in der christlichen Gemeinde. Hier begegnete Gott bereits den Kindern, und deshalb muß der Konfirmandenunterricht – was unmöglich wäre – keine solche Begegnung initiieren, vielmehr hat er darauf zu verweisen, was „in Wirklichkeit schon geschehen ist".[490] Für die Rolle des Lehrers bedeutet dies: „wir werden unsern Mund auftun im Unterricht ... als ... Diener der Kirche."[491]

So kommt Thurneysen resümierend zu folgender Gegenüberstellung: „Sieht man die Frage des Konfirmandenunterrichtes wesentlich in den durch Psychologie und Pädagogik bezeichneten menschlichen Bereichen, so endigt man notwendig bei dem Ruf nach dem Seelenführer, der religiösen Persönlichkeit, denkt man aber wirklich den Gedanken des christlichen Unterrichtes, d.h. denkt man primär an den unerhörten Inhalt, um den es hier geht, so endigt man bei der ‚Kirche'."[492] Daraus zieht der Schweizer Pfarrer

---

[487] E. Thurneysen, Konfirmandenunterricht, in: ders., Das Wort Gottes und die Kirche, hg. v. E. Wolf, München 1971, 120.
[488] Ebd. 122.
[489] Ebd. 124f.
[490] Ebd. 126.
[491] Ebd..
[492] Ebd. 127.

methodische Konsequenzen. Unter dem Zitat von Äußerungen eines „nicht ganz unbekannten ... Pfarrers", nämlich Barths, bekennt er: „Ich betrachte den Konfirmandenunterricht als einen *Spezialfall der Predigtaufgabe* ... Das Ziel, das ich mir dabei stelle, besteht darin, den Kindern eine Anschauung vom *Inhalt der biblischen Botschaft* in ihrem vollen Eigensinn zu geben, so gut ich selbst ihn zu verstehen meine. Der Gesichtspunkt der Erziehung hat dabei jedenfalls zurückzutreten hinter dem der Belehrung ... Ich fürchte darum das die Hauptsache wenigstens nicht verunmöglichende Dogmatisieren der alten Schule weniger als das gottvergessene Psychologisieren der neuen."[493] Noch deutlicher wird der Zusammenhang zwischen dem dialektisch-theologischen Gottesverständnis und der daraus folgenden, die Person der Schülerinnen und Schüler außer acht lassenden Methodik in folgendem Diktum: „Gott kann man nicht vermitteln, also bleibt nur eines: Mitteilung des verbum alienum von ihm als eines verbum alienum. Das heißt: Gott ist dann ,vermittelt', wenn er als der ganz und gar Wunderbare, königlich Freie, als der nie und auf keinem Wege zu vermittelnde Herr, der er ist, vor die Kinder hingestellt wird. Das wird immer wieder dazu führen, daß gerade die letzten, die entscheidenden Mitteilungen im Unterricht nicht anders geschehen können als in der Form nicht weiter begründbarer, sondern sich exklusiv selber begründender autoritärer Lehraussagen: so und so ist es!"[494] *Psychologie und Pädagogik haben* dabei *nur instrumentelle Funktion*, diese feststehende Botschaft in das Leben des Kindes „hineinzuarbeiten".[495] Inhaltlich steht in solchem Unterricht „die Bibel als Offenbarungsurkunde"[496] im Zentrum.

Krotz weist über fünfzig Jahre später auf das religionsdidaktisch Besondere dieses Entwurfs hin, der die „Lehre" in das Zentrum des Unterrichts rückt und so der theologisch behaupteten Unmittelbarkeit des Gegenstandes Rechnung zu tragen sucht. Allerdings tritt in seinen – nach umfangreichen historischen Rekonstruktionen – recht knappen systematischen Überlegungen eine deutliche Tendenz zur kognitiven Engführung hervor, wenn dieser theologische Ansatz pädagogisch aufgenommen werden soll. Der letzte Satz seines Buches lautet bezeichnenderweise: „Daß es Gottes Gnade gibt, dürfte den Religionsunterricht pädagogisch nicht ausweisen; daß sie in Lernprozessen denkbar wird, dürfte ihn mit Pädagogik ins Gespräch bringen."[497]

Deutlich treten bei diesem Ansatz die methodischen und didaktischen Fragen zugunsten eines einseitig theologisch begründeten Plädoyers für die

---

493 Ebd. 130 (Kursivstellung im Text).
494 Ebd. 136.
495 S. ebd. 137.
496 Ebd. 134.
497 Krotz, a.a.O. (Anm. 475) 187.

Sache zurück. Dabei ist bemerkenswert, daß – trotz Hinweis auf das Getauft-sein der Kinder und die Bedeutung der Kirche – die konkreten Empfehlungen für den Konfirmandenunterricht gerade nicht den Lernort Gemeinde mit seinen besonderen Möglichkeiten aufnehmen, sondern lediglich abstrakt auf „Lehre" und „Bibel" hinweisen. Eine historisch-phänomenologische Reflexion des Ortes von „Lehre" und „Bibel" hätte den Gottesdienst als für Gemeinde besonderen Raum auch in seiner pädagogischen Relevanz in den Blick rücken können.

Daß es hier Klärungsbedarf bei Barth selbst gibt, zeigen dessen unsichere Ausführungen zum Jugendunterricht: „Gewiß, kirchlicher Jugendunterricht wird an bestimmter, äußerlich kaum abzugrenzender Stelle in Jugendgottesdienst übergehen müssen. Das darf aber unter keinen Umständen zum Nachteil dessen ausschlagen, was er gerade im Unterschied zu jenem zu leisten hat. Jugendunterricht als solcher hat zu belehren, nicht zu bekehren, nicht ‚in die Entscheidung zu stellen' und insofern nicht zu verkündigen."[498]

3.2.2. G. Bohnes Hinweis auf „Spannungen"

Wohl am differenziertesten, weil nicht einseitig – wie z.B. Thurneysen – die Spannung zwischen Theologie und Pädagogik auflösend, und zugleich die Diskussion prägend und letztlich das Konzept der Evangelischen Unterweisung begründend formulierte Gerhard Bohne (1895-1977) theologisch begründete Einwände gegen die liberal-theologisch geprägte Religionspädagogik. Ausgangspunkt war dabei für ihn – wie erwähnt[499] – das *Erlebnis des Ersten Weltkrieges* und des damit verbundenen Kulturabbruchs.

Entgegen der bald weitverbreiteten Meinung, Bohne sei wesentlich durch die Theologie Barths geprägt worden,[500] ist die Beziehung Bohnes zu Barth und umgekehrt durchaus spannungsvoll. Im Vorwort zur ersten Auflage seines 1929 erschienenen, Epoche machenden Werkes „Das Wort Gottes und der Unterricht" konstatiert Bohne: „Die dialektische Theologie konnte dem RU ... nicht viel helfen. Sie deckte nur die Not auf und formulierte, was wir auf Grund des Kriegserlebnisses und der neuen Gotteserfahrung selbst mit mehr oder weniger Klarheit erkannt hatten, aber einen Weg zeigte sie nicht; denn sie verstand nicht, daß der RU seinem ganzen Wesen

---

[498] KD 1/1, 51; vgl. in diesem Zusammenhang die kritische Auseinandersetzung von R. Preul, Theologische Bildungskritik. Eine problemgeschichtliche Untersuchung, in: ders., Religion – Bildung – Sozialisation, Gütersloh 1980, 72-78, mit Barths 1938 gehaltenem Vortrag „Evangelium und Bildung", in der Preul neben begrifflichen Schwächen Barths (Äquivokationen) auf dessen Unfähigkeit hinweist, das Besondere von Bildung gegenüber anderen Phänomenen zu erfassen.

[499] S. Anm. 447.

[500] So schon die Rezension von „Das Wort Gottes und der Unterricht" in ThLZ 57 (1932), 476, durch K. Kesseler.

nach notwendig in die Kultur hinein verflochten ist ... Sie forderte eine Herauslösung des RUs aus der Kultur, statt ihn nur in die bewußte Spannung zu stellen."[501] Umgekehrt vermißte Barth an Bohnes Buch „eine gewisse nötige Nüchternheit".[502]

Das Kriegserlebnis ließ den seit 1920 als Studienrat für Deutsch und Religion tätigen, 1930 als Dozent für Religion an die neugegründete Pädagogische Akademie Frankfurt/O. berufenen Bohne unmittelbar die „Spannung zwischen Religion und Kultur"[503] spüren und führte bei ihm auf Grund der Verflochtenheit des Religionsunterrichtes mit der Kultur zu einer Krise dieses Unterrichts.

Der Religionsunterricht ist nach Bohne „der wesentlichste Exponent des Glaubens an eine Harmonie von Christentum und Kultur".[504] Und: „Infolge dieser Kulturverflechtung des RU ging man notwendig in den Spuren einer psychologistisch-kulturell eingestellten Gesamtpädagogik, griff dienstfertig ihre Theorien und Schlagworte auf und suchte ihre Arbeitsweise auf den RU zu übertragen. Religionspädagogik, ein homogener Teil der Gesamtpädagogik! Das war selbstverständlich und ist doch nur dann selbstverständlich, wenn Religion nur (!) ein Teil der Kultur, eine Tatsache der menschlichen Seele ist!"[505]

Besonders bedeutungsvoll für die Erziehung insgesamt ist der Religionsunterricht zum einen deshalb, weil es „in Deutschland kein christliches Elternhaus in nennenswertem Umfange mehr (gibt), ... auf dem der RU aufbauen könnte!"[506] Zum anderen versagen auch die Gemeinden: „Ich frage ernsthaft: Worauf sollen wir unsere Schüler hinweisen, wenn sie uns nach dem ‚Leben' der Gemeinde fragen?"[507] Bohne spitzt die Frage noch zu, indem er feststellt, daß die meisten Gottesdienste „nicht mit Unrecht" die

---

[501]   G. Bohne, Das Wort Gottes und der Unterricht, Berlin [2]1932, 10. Im folgenden stütze ich mich auf die 2. Auflage dieses Werkes, da sie, soweit ich sehen kann, am wirkmächtigsten wurde und an einzelnen Stellen, wie z.B. der Entfaltung des Entscheidungsbegriffs, systematisch klarer ist (s. zu Veränderungen von der 1. zur 2. Auflage das Vorwort Bohnes zur 2. Auflage; vgl. auch Krotz, a.a.O. (Anm. 474) 148f.); zum Weiterstudium s. die Bibliographie Bohnes in: R. Bohnsack, H. Gerdes, H. Heeger, Hg., Gottes Wort in der Evangelischen Unterweisung, Berlin 1965, 322-329.

[502]   KD 1/1, 51.

[503]   Bohne, a.a.O. (Anm. 501) 7.

[504]   Ebd. 8; vgl. H. Schmidt, Leitfaden Religionspädagogik, Stuttgart u.a. 1991, 99-101.

[505]   Bohne, a.a.O. 54f.

[506]   Ebd. 218; vgl. in diesem Zusammenhang den – ebenfalls sehr aktuell klingenden – Hinweis auf die „Kirchenaustrittsbewegung" (8).

[507]   Ebd. 219; s. auch 220.

jungen Menschen abstoßen.[508] Er sieht sehr klar die *Bedeutung dieses Ausfalls von Elternhaus und Gemeinde für die religiöse Erziehung*, ohne sich aber von seiner Konzentration auf den schulischen Religionsunterricht, vor allem für ältere Schülerinnen und Schüler, abbringen zu lassen.

„Elternhaus und Gemeinde verfügen im Grunde über viel bedeutendere Möglichkeiten, den jungen Menschen in die Entscheidung vor Gott zu stellen, als sie der RU hat. Das Elternhaus hat als wesentliches Mittel dazu den Gesamtgeist des Hauses."[509] „Das Leben der Gemeinde aber hat als wesentlichstes Mittel, um dem Kinde Gottes Reden vernehmlich zu machen, den Gottesdienst und die christliche Sitte. Wenn der Gottesdienst wirklich Gottesdienst ist und die Sitte wirklich lebendig, dann redet die Wirklichkeit Gottes sehr vernehmlich aus ihnen."[510]

Der schulische Religionsunterricht steht nach Bohne – und dies ist eine Einsicht, die bis heute zur religionspädagogischen Bearbeitung auffordert – in doppelter Spannung: zum einen steht er „in einer gewaltigen grundsätzlichen und völlig unlösbaren Spannung zum gesamten Bildungsvorgang",[511] denn als Träger des Evangeliums läßt sich der Religionsunterricht nicht harmonisch in die Einheit der Bildung integrieren. Zum anderen „ist es dem Evangelium gegenüber seine Not, daß er doch ein Glied innerhalb des Bildungsprozesses ist".[512] Dadurch wird der Religionsunterricht für Bohne zum „Kampffeld ... zwischen Mensch und Gott". „Keins seiner Probleme ist theoretisch und logisch lösbar und doch muß durch die praktische Arbeit eine wirkliche Lösung erstrebt werden."[513]

Wie sehr Bohne von dieser Spannung bestimmt ist, zeigen seine Angriffe gegen Kabischs Überlegungen zur Lehrbarkeit der Religion, die von einer kulturellen Integration der Religion und damit des Religionsunterrichtes in die allgemeine Schule ausgingen: „Wer wüßte nicht, wie verheerend jene Auffassung der Religion im RU gewirkt hat. Wie viele tausend Schüler haben, angeregt – sagen wir ruhig: belogen – durch den RU, die Gründe der Religion in sich selbst gesucht, gewartet auf jenes Gefühlserlebnis, jene Lebenssteigerung, wie Kabisch sie beschreibt, und haben sie nicht erlebt und sich darum enttäuscht abgewandt und aufgehört, Gott zu suchen. Und wie viele Tausend meinten, wiederum belogen durch den RU, Gott zu suchen und suchten doch nur ihr Gefühlserlebnis, ihren Frieden, ihre Freude, ihre Lebenssteigerung. Wieviel Prozent der Kinder und jungen Menschen verstehen deshalb unter Gotteserlebnis eine Vision oder ein unvorstellbar starkes Gefühlserlebnis und stehen seiner Möglichkeit mit allergrößter Skepsis gegenüber."[514]

---

[508] Ebd. 219.
[509] Ebd. 216.
[510] Ebd. 216f.
[511] Ebd. 68.
[512] Ebd. 68f.
[513] Ebd. 101.
[514] Ebd. 87.

Im zentralen siebten Kapitel von „Das Wort Gottes und der Unterricht"
wendet sich Bohne dieser praktischen Aufgabe unter der Überschrift „Die
Entscheidung" zu: „Wenn der RU auf Offenbarung ruht und völlig mit Gott
und mit dem Menschen Ernst macht, so kann seine Aufgabe nur darin
bestehen, daß er durch den Hinweis auf die Offenbarung und die Verkündigung des Wortes Gottes den Menschen in die Entscheidung stellt vor
Gott."[515] Bei der Ausarbeitung dieses Programms geht Bohne, der bei Eduard Spranger mit einer jugendpsychologischen Arbeit promoviert hatte,[516]
von der Spannung zwischen Entwicklung und Entscheidung aus. Dabei darf
der Religionsunterricht die Entwicklung des jungen Menschen nicht vernei-
nen oder bekämpfen, aber er muß ihn „in die Krisis stellen, die eine ewige
Krisis ist, dadurch, daß er den jungen Menschen in die Entscheidung vor
Gott ruft."[517] Von zentraler Bedeutung für das Praktischwerden der Überlegungen Bohnes ist der Übergang von „In-der-Entscheidung-Stehen" zu
„In-die-Entscheidung-Stellen".[518] Dabei kann Bohne jugendpsychologische
Erkenntnisse aufnehmen, indem er eine besondere Nähe der älteren Schüler
(und wohl auch Schülerinnen) zu dieser – nicht pädagogisch faßbaren –
Entscheidung feststellt,[519] ohne allerdings kurzschlüssig die entwicklungspsychologischen Prozesse theologisch zu deuten. Wie auch in der Kindheit
hat der Religionsunterricht Jugendlichen „zu verkündigen", allerdings fällt
jetzt die Vorläufigkeit des In-die-Entscheidung-gestellt-Werdens zugunsten
eines größeren Ernstes weg. Als Ziel solchen Unterrichts gilt, „daß er das
ihm aufgetragene Wort Gottes dem jungen, werdenden Menschen in
menschlicher Lebendigkeit und steter psychologischer Anknüpfung an seine
Entwicklung sagt und ihn dadurch in die Entscheidung vor Gott stellt oder
doch ruft."[520]
Inhaltlich stehen zwei Stoffgebiete im Zentrum eines solchen auf Verkündigung beruhenden und auf Entscheidung hin angelegten Unterrichtes:
„Die biblischen Quellen und die Tatsachen und Fragen der Gegenwart".[521]

---

[515] Ebd. 147; s. grundsätzlich zur Kategorie der „Entscheidung" bei Bohne Heidemann, a.a.O. (Anm. 447), der zu Recht auf ihre systematische Bedeutung als
zugleich theologisch und pädagogisch qualifiziert hinweist.

[516] G. Bohne, Die religiöse Entwicklung der Jugend in der Reifezeit. Auf Grund
autobiographischer Zeugnisse, Leipzig 1922.

[517] Bohne, a.a.O. (Anm. 501) 200.

[518] S. Krotz, a.a.O. (Anm. 475) 145.

[519] S. z.B. Bohne, a.a.O. (Anm. 501) 250-258.

[520] Ebd. 117.

[521] Ebd. 278.

Demgegenüber tritt die Beschäftigung mit der Kirchengeschichte als weniger wichtig zurück.[522]

Es ist zweifellos Bohnes großes Verdienst, auf die durch das Evangelium als wesentlichem Unterrichtsinhalt begründete Spannung zwischen Religionsunterricht und der sonstigen Schule aufmerksam gemacht zu haben, ohne die allgemeinpädagogischen Ziele und psychologischen Bedingungen von Schülerinnen und Schülern auszublenden.[523] Vor allem Bohnes *Kritik an einer Funktionalisierung von Religion in der Schule* ist ein bleibendes Erbe einer auch theologisch verantworteten Religionspädagogik. Allerdings überlastete er – trotz des kurz genannten Wissens um die große Bedeutung von Elternhaus und Gemeinde – den Religionsunterricht. Krotz spricht mit einigem Recht von einer „Hypostasierung des Religionsunterrichts".[524] Hier trat Bohne gleichsam das Erbe der liberalen Religionspädagogik dadurch an, daß er sich in seinen Überlegungen auf den schulischen Religionsunterricht konzentriert.

3.2.3. M. Rangs „Kirche in der Schule"

Der 1933 von den Nazis suspendierte Professor für „Evangelische Religionswissenschaft und Religionspädagogik" an der Pädagogischen Akademie in Halle Martin Rang (geb. 1900) knüpfte unmittelbar an Bohnes Konzeption an:

So beginnt die Grundlegung seines zweibändigen, viel benutzten „Handbuchs für den biblischen Unterricht": „Es darf insbesondere seit Bohnes bahnbrechendem Buche ‚Das Wort Gottes und der Unterricht' als gemeinsame Überzeugung der neueren Religionspädagogik gelten, daß der christliche Religionsunterricht seinen Auftrag und seinen Inhalt nicht von Größen menschlicher Kultur und Bildung, sondern von Gottes Offenbarung und Gottes Befehl herleitet."[525]

Im Mittelpunkt von Rangs Überlegungen steht das „Wort Gottes" als Inhalt des als „Verkündigung" verstandenen Religionsunterrichts,[526] aber nicht in biblizistischer Verkürzung. Vielmehr gilt: „Durch das Bibelwort soll

---

[522] S. ebd. 279-281.

[523] Auch in seinem Selbstverständnis wollte Bohne zuerst Pädagoge sein (s. G. Bohne, Sachanspruch und pädagogischer Bezug, in: ZEvRU 41 (1930) 364f.).

[524] Krotz, a.a.O. (Anm. 475) 145.

[525] M. Rang, Handbuch für den biblischen Unterricht. Theoretische Grundlegung und praktische Handreichung für die christliche Unterweisung der evangelischen Jugend Bd. 1, Tübingen ²1947 (1939) 17.

[526] Ebd. 17f.

Gott selbst zu mir sprechen. Damit das geschehe, muß dieses Bibelwort ‚transparent' werden, zum Mittler werden."[527]

Über Bohne hinaus führte Rang konzeptionell durch die strikt kirchliche Begründung des Religionsunterrichts.[528]

> „Bohne übersah, daß der Schüler normalerweise getauft ist, daß es sich bei diesem ‚Entscheid' also nicht um die Absage an eine gegenchristliche Lebenswelt, sondern in der Tat um eine ‚Entwicklung' handelt, allerdings nicht um die der religiösen Anlagen ..., sondern um die Entwicklung des Kindes und Jugendlichen als Glied der Kirche".[529]

Theologisch ist der Religionsunterricht exklusiv in der Taufe begründet. Dementsprechend muß und kann er allein von der Kirche inhaltlich verantwortet werden. Didaktisch äußert sich dies in der Forderung eines zum Gemeindeglied erziehenden Unterrichts, der wesentlich auch „liturgisch" zu gestalten ist. Interessanterweise weist Rang in diesem Zusammenhang aber zuerst auf „die Mutter, die ihrem Kinde die biblischen Geschichten erzählt",[530] also den Lernort Familie, und erst dann auf das Kirchenjahr u.ä.[531] hin. Systematisch hebt Christoph Bizer das damit gegebene Ineinander von Religion und Unterricht hervor: „Gelebte Religion als Bewegung, in der sie sich aufschließt; und Unterricht, der selber Bewegung gelebten Lebens ist."[532]

Wilhelm Sturm urteilt zu Recht, daß Rang mit seinen Überlegungen eine „geschlossene Konzeption" gelang.[533] Allerdings war ihr großer Vorzug, den Religionsunterricht durch seine kirchliche Begründung an Lebensvollzüge, etwa in der Liturgie, anzuschließen, zugleich ihr Problem. Die Besonderheit des Lernorts Schule wurde übersprungen.

Rang formulierte explizit: „Unsere Auffassung von Religionsunterricht muß sich mehr und mehr nach einem wirklich freiwillig übernommenen Konfirmandenunterricht oder einer ‚Christenlehre' richten, wie sie als Rest heute noch in vielen Gemeinden besteht."[534]

---

[527] Ebd. 19.

[528] S. W. Sturm, Religionsunterricht – gestern – heute – morgen. Der Erziehungsauftrag der Kirche und der Religionsunterricht an öffentlichen Schulen, Stuttgart 1971, 79.

[529] Rang, a.a.O. (Anm. 525) 24.

[530] S. ebd. 117.

[531] Ebd. 120.

[532] Chr. Bizer, Präludium: Zum Spiel religionspädagogischer Theorie, in: JRP 12 (1995), 1996, 14.

[533] Sturm, a.a.O. (Anm. 528) 78.

[534] Rang, a.a.O. (Anm. 525) 38.

Längerfristig verlor die exklusive Begründung des Religionsunterrichts als nachgeholtem Taufunterricht an Überzeugungskraft – und zwar durch Veränderungen in der Taufpraxis und den Zuzug von Kindern und Jugendlichen mit nichtchristlicher Religionszugehörigkeit.

3.2.4. M. von Tilings „Pädagogik"

Umfassender als Bohne, der sich in seinen frühen Überlegungen weithin auf den Religionsunterricht beschränkte, versuchte Magdalene von Tiling (1877-1965) die „Pädagogik" insgesamt aus ihrer Krise herauszuführen,[535] und zwar durch Rückgriff auf die reformatorische Theologie.

In Anlehnung an Friedrich Gogartens systematischen Entwurf mit seiner Betonung des Eigenrechts der „Wirklichkeit"[536] versuchte sie die Eigenständigkeit der Pädagogik mit der Einsicht in die „richtige Ordnung", die sich ihr schöpfungstheologisch erschloß, zu verbinden. Zwar wirkte v. Tiling in ihrer Zeit, nicht zuletzt mit der ab 1928 erscheinenden Zeitschrift „Schule und Evangelium", die zur „Plattform ihrer neuen ‚Pädagogik auf reformatorischer Grundlage'" wurde.[537] Doch zeigten sich politisch – eine Perspektive, die ihrem Wirken auch als Politikerin durchaus entspricht[538] – nicht zuletzt im Dritten Reich Schwächen ihres Entwurfs, als die autoritäre Grundstimmung ihrer Pädagogik es gestattete, „den Religionsunterricht in den Dienst des totalitären Staats zu stellen".[539] Pädagogisch war die Orientierung an „Urordnungen" problematisch, insofern sie nicht zuließ, die Schule als Institution in ihrem Eigengewicht zu reflektieren. Vielmehr versuchte v. Tiling das Handeln in der Schule, vor allem das Verhältnis der Lehrer zu Schülerinnen und Schülern, von der Beziehung Eltern-Kinder her zu begreifen.[540] So kann Herkenrath konstatieren, daß „M. v. Tiling die Schule immer fremd geblieben" ist,[541] obwohl sie ja als Lehrerin und Schulleiterin jahrelange Erfahrung mit Schule sammelte.

---

[535] S. Herkenrath, a.a.O. (Anm. 469) 280; s. zum Weiterstudieren ebd. 281-293 die Gesamtbibliographie (einschließlich unveröffentlichter Arbeiten).

[536] Zur Gogarten-Rezeption v. Tilings s. ausführlich – auch Differenzen markierend – ebd. 70-109.

[537] Ebd. 33.

[538] v. Tiling war von 1921-1930 für die Deutschnationale Volkspartei Abgeordnete des preußischen Landtags, von 1930-1933 Reichstagsabgeordnete.

[539] Herkenrath, a.a.O. (Anm. 469) 275; vgl. ausführlicher hierzu ebd. 173-181; vgl. M. v. Tiling, Der Staat und die christliche Erziehung, in: Schule und Evangelium, 7 (1932/33), 235ff.

[540] S. M. v. Tiling, Grundlagen pädagogischen Denkens, Stuttgart 1932, zitiert in: Nipkow, Schweitzer, a.a.O. (Anm. 362) 95f.

[541] Herkenrath, a.a.O. (Anm. 469) 166f.

Anzumerken ist noch, daß die autoritäre, theologisch begründete Unterordnung der Schüler und Schülerinnen unter die Lehrer problematische Züge annahm. So finden sich bei v. Tiling Ausführungen wie: „Nur da, wo der Erzieher im Glauben das Opfer der natürlichen Liebe gegen das eigene Kind bringt, gibt er wirklich sich hin an das Kind, gibt er sich selbst auf in der Hingabe ... Aus diesem Glauben erwächst ihm aber auch Wille und Recht zum vollen Ernst der Strafe. Sie wissen, daß Erziehen, wie Luther sagt, heißt: ‚aus dem Bösen herausziehen'."[542] Und: „Erziehung ist alles, was innerhalb der existentiellen Seinsgebundenheit von Eltern und Kindern, von Erzieher und Zögling dazu dient, vom Erwachsenen her auf die Person des Kindes, seine Gesamtentwicklung und Entfaltung bestimmend einzuwirken mit dem Zweck, das Kind in der Richtung des Erwachsenwerdens zu fördern. Das Ziel der Erziehung ist der erwachsene Mensch."[543]

Theologisch bedenklich erscheint, daß v. Tiling die reformatorische Unterscheidung von Gesetz und Evangelium mit einer – biographisch aus ihrer baltischen Herkunft erklärbaren[544] – unreflektierten Ordnungs- und Ständelehre verband.

Diese Schwächen zeigen deutlich die *Problematik eines Versuchs, Pädagogik als eigenständig auf dem Grund einer vorwiegend schöpfungstheologisch verstandenen Theologie zu konstruieren.* Zu viele Stellen sind hier für Eintragungen des jeweils aktuell Scheinenden offen.

Bleibende Bedeutung für die religionspädagogische Theoriebildung erhält die Arbeit von v. Tilings dadurch, daß sie sehr deutlich die *Aufgabe der Mädchenerziehung* thematisierte.[545] Zwar sind auch diese Überlegungen weithin überschattet von den genannten Problemen, gerade in ihren Überlegungen zur Mädchenerziehung ist das nationalsozialistische Vokabular am deutlichsten.

Wenn v. Tiling bereits 1917 als Ziel der Frauenerziehung angab, daß nach dem Krieg, „die Frau der gebildeten Stände wieder Trägerin und Hüterin von Zucht und Ehre, von Familien- und Volkssitte, von Glauben und Frömmigkeit wird",[546] so war eine Weiterführung in nationalsozialistischem Geist ohne Schwierigkeiten möglich.[547]

---

[542] Zitiert bei Nipkow, Schweitzer, a.a.O. (Anm. 362) 98.

[543] M. v. Tiling, Bildungs- und Erziehungsziele unserer Schulen, in: Schule und Evangelium 6 (1931/32) 73.

[544] S. Herkenrath, a.a.O. (Anm. 469) 5-41.

[545] Zwar gab es schon früher Überlegungen zur Gestaltung der Mädchenerziehung, doch legte v. Tiling, soweit ich sehen kann, als erste Katechetikerin ihren Arbeitsschwerpunkt hierauf. Vgl. jetzt auch G. Schneider-Ludorff in A. Pithan, Hg., Religionspädagoginnen des 20. Jahrhunderts, Göttingen 1997, 22-32

[546] Zitiert bei Herkenrath, a.a.O. (Anm. 469) 184.

[547] S. ebd. 189-191.

Doch machte ihre auch den größten Teil ihrer Publikationen[548] bestimmende Hinwendung zur Mädchenerziehung darauf aufmerksam, daß die traditionelle Redeweise von den Kindern bzw. Jugendlichen unscharf ist. Zur bei Bohne und auch v. Tiling begegnenden Berücksichtigung der Altersstufen, die breiter von den frühen Religionspädagogen bearbeitet wurden, tritt jetzt eine weitere *Differenzierung*, nämlich *nach dem Geschlecht*. Erst in den letzten Jahren beginnt man in der Religionspädagogik – angestoßen durch die allgemeine Frauenforschung – auf die Probleme aufmerksam zu werden, die durch an dieser Stelle undifferenzierte Begrifflichkeit entstehen. v. Tilings Ablehnung der Koedukation wird man – nach entsprechender Diskussion in den naturwissenschaftlichen Didaktiken – heute nicht mehr ohne weiteres als unmodern abtun können.

3.2.5. O. Hammelsbecks Hinwendung zur „Gemeinde"

Vielleicht war Oskar Hammelsbeck (1899-1975) der Autor im Umfeld der Evangelischen Unterweisung, der am schärfsten gegen „Religionsunterricht" protestierte.[549]

R.P. Crimmann faßt schon für das 1939 erschienene Buch „Der kirchliche Unterricht" zutreffend zusammen: „Entgegen den spätliberalen Versuchen, Religionsgeschichte und Christentum als Einheit zu sehen und die Erlebnishaftigkeit der Kinder zu fördern, und entgegen der völkischen, deutsch-christlichen Religionspädagogik, die im nationalen Gedanken und Germanentum ihre Veranschaulichungen fand, sucht Hammelsbeck dem Religionsunterricht damit eine streng theologische Ausrichtung zu geben. Gottes Wort allein, ohne Blick auf die umliegenden Religionen oder auf die Erlebnishaftigkeit des Kindes, soll im Unterricht vernommen werden."[550]
Folgende „Errungenschaften" und damit zentrale Einsichten der „Religionspädagogik" hält Hammelsbeck für Ursachen der „Zerstörung des Religionsunterrichts"[551]:
– „die Errungenschaft Methodik"
– „die Errungenschaft Psychologie"

[548] S. die Liste der Einzelveröffentlichungen ebd. 281-293.
[549] S. die Ausführungen zum „Religionsunterricht" in O. Hammelsbeck, Der kirchliche Unterricht. Aufgabe – Umfang – Einheit, München 1939, 56-73; zum Weiterstudium s. die Gesamtbibliographien der Werke Hammelsbecks bei B. Albers, Lehrerbild und Lehrerbildung, Aachen 1988, 108-122, und R.P. Crimmann, Erich Weniger und Oskar Hammelsbeck. Eine Untersuchung ihrer pädagogischen und theologischen Anschauungen unter besonderer Berücksichtigung des Normenproblems, Weinheim u.a. 1986, 527-536.
[550] Crimmann, a.a.O. 298.
[551] S. Hammelsbeck, a.a.O. (Anm. 549) 62.

– „die Errungenschaft Historie"
– „die Errungenschaft Arbeitsschulprinzip".[552]

Entschlossen knüpfte Hammelsbeck wieder an die Katechetik an.[553] Zentral war für ihn der Gemeindebezug jeder Evangelischen Unterweisung.

Die Gemeinde ist „Träger des kirchlichen Unterrichts ... in allen ihren Gliedern".[554]

Er wollte Martin Rangs Programm, „der Religionsunterricht ist Kirche in der Schule", dadurch vertiefen,[555] daß er Kirche deutlich als „Gemeinde" profilierte.

Wichtig war Hammelsbeck hierbei, daß dieses Kirchesein „Kirche zwischen Himmelfahrt und dem kommenden Tag des Herrn"[556] ist. Denn dadurch gewann er die Möglichkeit, trotz des Anspruchs Kirchlicher Unterweisung die Weltlichkeit der Erziehung aufrechtzuerhalten.

Theologisch steht die Theologische Erklärung der Bekenntnissynode von Barmen (1934) im Hintergrund, von deren zweitem, christozentrischem Artikel Hammelsbeck auch seine Pädagogik bestimmt sah.[557] Zeitgeschichtlich ist an die vielfältigen, genannten Versuche der nationalsozialistischen Herrscher zu erinnern, das Profil des schulischen Religionsunterrichtes zu verändern, vor allem ihn zu „germanisieren" und damit zu entkirchlichen. Die feste Anbindung der Evangelischen Unterweisung an die Gemeinde schien in dieser Situation der einzige Garant für Sachgemäßheit.

---

[552] S. ebd. 63f.

[553] S. die Begründung seines Unterrichtsverständnisses als „Richten unter" durch Hinweis auf den griechischen Wortsinn von „katechein" ebd. 20. Typisch ist hierfür z.B., daß Hammelsbeck – in expliziter Abgrenzung zu Rousseau – seinen Ausgang bei der Erbsünde des Menschen nimmt (s. z.B. O. Hammelsbeck, Evangelische Lehre von der Erziehung, München 1950, 137f.).

[554] Hammelsbeck, a.a.O. (Anm. 549) 12. Vgl. D. Reiher, Hg., Kirchlicher Unterricht in der DDR 1949-1990, Göttingen 1992, 12: „Die volkskirchliche Auffassung einer Kirchenerneuerung durch Erziehung, wie sie im 19. Jahrhundert vor allem Gerhard von Zezschwitz vertreten hat, wurde insbesondere durch O. Hammelsbeck unter veränderter Situation weitergeführt zu der Konzeption eines Gemeindeaufbaus durch kirchlichen Unterricht".

[555] An verschiedenen Stellen bezeichnet sich Hammelsbeck selbst als drittes Glied in der von Bohne ausgehenden über Rang zu ihm reichenden Gegenbewegung zur liberalen „Religionspädagogik" (s. z.B. O. Hammelsbeck, a.a.O. (Anm. 549) 59f.).

[556] Ebd. 66.

[557] S. ebd 197.

Entsprechend dem christologisch begründeten Gemeindebezug jeden kirchlichen Unterrichts standen biblische und kirchengeschichtliche Stoffe im Zentrum des Unterrichts.[558] Dabei befand sich Hammelsbeck in deutlicher Parallele zur fachdidaktischen Diskussion anderer Fächer.

„Wie Weniger die historischen Stoffe des Geschichtsunterrichts nicht einfach als Traditionsgut vermittelt wissen möchte, sondern als in der Begegnung existentiell zu vergegenwärtigende und politisch relevante Aussagen erachtet, so betrachtet Hammelsbeck die biblische Tradition als gegenwärtiges aktuelles Wort, das in der Begegnung zur Entscheidung führt".[559]

Interessant für die heutige Diskussion ist dabei zweierlei:

Zum ersten war Hammelsbeck klar, daß die traditionellen pädagogischen Angebote kirchlichen Unterrichts, die für die meisten Menschen mit der Konfirmation abgeschlossen sind, nicht ausreichen.

„Wir müssen also von vornherein mit der Fehlmeinung brechen, die heute in unserer Kirche verbreitet ist, die Konfirmation sei der Abschluß des kirchlichen Unterrichts und kirchlicher Unterricht sei bloß die lehrmäßige Vorbereitung auf die Konfirmation".[560] „Kirchlicher Unterricht ist eine Daseinsform des christlichen Lebens, ohne sein Beständigbleiben ist niemand Christ."[561] Vielleicht ermöglichte ihm die Tatsache, daß er selbst nie Theologie studiert und von der Pädagogik her Zugang zur Gemeinde gefunden hatte, diesen ungewöhnlich weiten, nicht auf die übliche Pfarrerperspektive beschränkten Ansatz.

Hammelsbeck sprach sogar von der „Unaufhörlichkeit des kirchlichen Unterrichts"[562], weitete den Blick also auf den Bereich der Erwachsenenbildung aus.[563]

Zum zweiten legte Hammelsbeck bereits 1939 ein *Gesamtkonzept* vor, das das gesamte katechetische Handeln in Gemeinde, Familie, Gottesdienst, Seelsorge (bzw. Diakonie) usw. umfaßte. Er erkannte also schon sehr früh das bis heute in der Praxis ungelöste Problem des Nebeneinanders unterschiedlicher kirchlicher und religiöser Bildungsangebote.

---

[558] Geradezu überschwenglich bezog sich Hammelsbeck, ebd. 13, auf M. Albertz, B.H. Forck, Evangelische Christenlehre. Ein Altersstufen-Lehrplan, Wuppertal o.J. (1938): „Es ist nicht zuviel gesagt, dieses Arbeitsmittel als ein kirchliches Werk zu bezeichnen, wie es seit Jahrhunderten nicht mehr in solcher weitgespannten Einheit vorgelegen hat."

[559] Crimmann, a.a.O. (Anm. 549) 306.

[560] Hammelsbeck, a.a.O. (Anm. 549) 21.

[561] Ebd. 22.

[562] Ebd. 21.

[563] Hier kam Hammelsbeck seine z.T. vor seiner Hinwendung zum christlichen Glauben (1930) liegende Tätigkeit als Volkshochschuldozent und -leiter zugute (s. Crimmann, a.a.O. (Anm. 549) 240-250).

Allerdings ist seine – in der Interpretation von Mt 28,18-20 begründete – Differenzierung des kirchlichen Unterrichts in missionierenden und gemeindlichen Unterricht[564] problematisch. Das Kriterium für diese Unterscheidung war nämlich die Konfirmation: „Alles, was vorher seinen Ort hat (Religionsunterricht, Kindergottesdienst, Konfirmandenunterricht), gehört zum missionierenden Unterricht. Alles, was danach folgt (Gemeindejugendarbeit, nachbarschaftlicher Bibelkreis, Erwachsenenarbeit) gehört zum gemeindlichen Unterricht."[565]

Wirkungsgeschichtlich war Hammelsbeck für die Entwicklung des Religionsunterrichtes in doppelter Hinsicht nach dem Zweiten Weltkrieg wichtig:

Zum einen betonte er – wie schon Rang – als Ausdruck der kirchlichen Verbundenheit des Religionsunterrichtes die Bedeutung der *Vokation*, also der kirchlichen Beauftragung der Religionslehrer und -lehrerinnen.[566] Hierin folgten ihm nach dem Zweiten Weltkrieg die meisten Bundesländer.

Zum anderen war ihm – auf Grund seiner Herkunft von der geisteswissenschaftlichen Pädagogik, theologisch auf Grund seiner lutherischen Prägung – die Betonung der Weltlichkeit von Erziehung und damit der (allerdings relativen) Autonomie der Pädagogik ein großes Anliegen. Der 1958 auf der EKD-Synode in Berlin-Weißensee verabschiedete Satz: *„Die Kirche ist zu einem freien Dienst an einer freien Schule bereit."* geht wesentlich auf ihn als damaligen Vorsitzenden der Kammer für Erziehung und Unterweisung beim Rat der EKD zurück.[567]

Insgesamt muß man feststellen, daß Hammelsbeck – und dies meldeten bereits frühzeitig Kritiker an[568] – keine pädagogisch befriedigende Synthese zwischen Theologie und Pädagogik gelang. Dies tritt z.B. bei der Sonderstellung zutage, die er dem schulischen Religionsunterricht von Anfang an zuwies. Sie spiegelt sich in dem hohen Anspruch wider, den Hammelsbeck

---

[564] S. Hammelsbeck, a.a.O. (Anm. 549) 33.

[565] So zusammenfassend G. Adam, Oskar Hammelsbeck (1899-1975), in: H. Schröer, D. Zilleßen, Hg., Klassiker der Religionspädagogik, Frankfurt 1989, 242.

[566] S. Hammelsbeck, a.a.O. (Anm. 549) 69: „Der katholische Begriff der missio canonica für den Lehrer, den die Kirche mit einem Auftrag versieht, in der Welt von der Religion zu lehren, trifft die echte Gegebenheit. Der evangelische Lehrer, der selbst unter dem Wort und als lebendiges Glied in der Gemeinde sein Amt versieht, ist rar geworden." Vgl. Rang, a.a.O. (Anm. 525) 105-107.

[567] S. Crimmann, a.a. O. (Anm. 549) 325-327 zur Diskussion hierüber.

[568] Besonders gravierend, und wohl auch zutreffend, ist der Vorwurf, den Schülerinnen und Schülern nicht hinreichend Aufmerksamkeit zugewendet zu haben (s. im einzelnen die Anfragen zusammenstellend ebd. 350 Anm. 287). Dazu führte Hammelsbeck die Frontstellung gegen „ein in der Kindesgemäßheit ertränktes Evangelium" (a.a.O. (Anm. 549) 63).

auf den Religionslehrer als „priesterlichen Dienst" richtet[569] – ein Grund für frühe Kritik wegen der Überforderung der Lehrer.

So begegnet auch bei Hammelsbeck – wie bei Bohne, Rang und v. Tiling – ein zwar zeitgeschichtlich verständlicher, aber nach dem Zweiten Weltkrieg sehr hinderlicher Mangel an realistischer Einsicht in Schule und deren Aufgaben und Möglichkeiten.

3.2.6. H. Kittels „Evangelische Unterweisung"

Nach dem Zusammenbruch des Dritten Reichs formulierte Helmuth Kittel (1902-1984), damals frisch berufen an der Pädagogischen Hochschule in Celle tätig, mit seiner kleinen Schrift „Vom Religionsunterricht zur Evangelischen Unterweisung" ein Programm für den schulischen Religionsunterricht, oder besser: die Evangelische Unterweisung,[570] das bis in die sechziger Jahre hinein schulische Praxis bestimmte und in der DDR noch länger wirkte. Gegenüber den differenzierteren Arbeiten von Bohne und Hammelsbeck war die knappe Schrift holzschnittartig und gröber, dadurch vielleicht aber wirkungsvoller.[571]

---

[569] S. Hammelsbeck, a.a.O. (Anm. 549) 310.

[570] Ursprünglich verwendete Kittel den Begriff „Christenlehre". „Evangelische Unterweisung" übernahm er wohl von W. Koepp, Die Erziehung unter dem Evangelium, Tübingen 1932, der (z.B. 240) „Christentumsunterweisung" an die Stelle des „Religionsunterrichts" setzte und wesentliche Argumentationsfiguren Kittels vorwegnahm (s. hierzu die kritische Anmerkung von M. Stallmann, Die biblische Geschichte im Unterricht, Göttingen 1963, 252f., Anm. 80, gegenüber dem Versuch Kittels, Evangelische Unterweisung als eine Konsequenz aus einer „Evangelischen Schulpolitik" nach 1945 darzustellen). Wie später noch zu zeigen ist, behielt man im Osten Deutschlands u.a. wohl unter dem Eindruck des Altersstufen-Lehrplans „Evangelische Christenlehre", erarbeitet von Martin Albertz und Bernhard Forck, den Ausdruck „Christenlehre" auch nach dem 2. Weltkrieg bei.

[571] Angesichts mancher pauschaler Aussagen, z.B. der eigenen Verortung (1947!) gleichermaßen bei K. Barth und F. Gogarten (s. H. Kittel, Vom Religionsunterricht zur Evangelischen Unterweisung, Wolfenbüttel 1947, 6), ist das Votum Vrijdaghs, a.a.O. (Anm. 447) 234f. zu verstehen: „Die Auseinandersetzung mit dem Konzept der Evangelischen Unterweisung sollte ... nicht mehr mit H. Kittels epigonalem Zweitaufguß von 1947 geführt werden – dessen historisches Verdienst in der Nachkriegszeit unbestritten bleibt –, sondern mit den für die Entwicklung dieses Konzepts grundlegenden Veröffentlichungen der zwanziger und frühen dreißiger Jahre". Bizer, a.a.O. (Anm. 533) 10, macht auf die interessante Tatsache aufmerksam, daß sich Martin Stallmann primär nicht mit Kittel, sondern mit Rang auseinandersetzte. Vgl. zur problematischen Luther-Rezeption Kittels Chr. Windhorst, Beobachtungen zur Lutherrezeption Helmuth Kittels von 1930-1947, in: J. Ohlemacher, Hg., Religionspädagogik im Kontext Kirchlicher Zeitgeschichte, Göttingen 1993, 18-32.

Für die Entwicklung von „Religionspädagogik" trägt der Kittelsche Vorstoß insofern Wichtiges bei, als seine radikale Einseitigkeit mehrere Probleme impliziert, die er nicht zu lösen vermochte, denen sich aber die Anfang der sechziger Jahre wiedererwachende Religionspädagogik stellen mußte. Zudem ist „Vom Religionsunterricht zur Evangelischen Unterweisung" als Reaktion auf die mißbräuchliche Integration des Religionsunterrichts in die nationalsozialistische Schule zu verstehen, eine Entwicklung, an der Kittel nicht schuldlos war.[572]

Die bis 1957 in drei Auflagen erschienene Schrift beginnt mit dem Ausruf „Nie wieder Religionsunterricht!"[573]

Zur Begründung dient die analytische Beobachtung: „Der ev. RU ist seit langer Zeit besonders unfruchtbar. Dem Sachverständigen kam deshalb seine Katastrophe in den letzten Jahren nicht überraschend. Fragt man nach den Gründen, so ist es nicht töricht, zu sagen: das ganze Elend wurzelt im Namen ‚Religionsunterricht'."[574]

Dem setzte Kittel – unter Bezug u.a. auf die „Evangelische Christenlehre" von Albertz/Forck und Hammelsbecks „Der kirchliche Unterricht" – die „Evangelische Unterweisung" entgegen. Diesen neuen Unterricht stellte er unter den Stichworten „Bibel", „Gesangbuch", „Katechismus", „Kirchengeschichte", „Gottesdienst in der Schule" und „Heiligung" vor. Ein Resultat dieser einseitig theologischen Herleitung war die *Sonderstellung der Evangelischen Unterweisung in der Schule*. Sie durfte nicht mit den anderen Fächern verbunden werden, sondern wies diesen ihren Platz in der Schule zu.

„Das Nebeneinander (sc. von Evangelischer Unterweisung und den anderen Volksschulfächern, C.G.) kann in der Tat nicht aufgehoben werden. Jedes Ineinanderspielen, gleich ob man von der einen oder anderen Seite ausgeht, scheitert am Evangelium. Aber beziehungslos braucht dieses Nebeneinander keineswegs zu sein. Eine echte EU (sc. Evangelische Unterweisung, C.G.) leistet den anderen Volksschulfächern den Dienst einer ständigen Reinigung ihrer Gehalte von allen Religionsierungen."[575]

---

[572] Vgl. z.B. die in Nipkow, Schweitzer, a.a.O. (Anm. 362) 105-114, dokumentierten, von Kittel erstellten Richtlinien für den Religionsunterricht (1935); grundsätzlich s. zu den politischen Verstrickungen Kittels sehr kritisch F. Rickers, „Zwischen den Stühlen". Helmuth Kittels Beziehungen zum Nationalsozialismus, in: K. Ebert, Hg., Alltagswelt und Ethik. Beiträge zu einem sozial-ethischen Problemfeld. FS A. Weyer, Wuppertal 1988, 197-241.

[573] Kittel, a.a.O. (Anm. 571) 5.

[574] Ebd.

[575] Ebd. 23; ebd. 25 schreibt Kittel: „Die von der Sache her notwendige Lösung der EU aus jedem ‚allgemein-gültigen' Bildungssystem der Volksschulfächer macht sie einsam in der Schule."

Demgegenüber war die Beziehung der Evangelischen Unterweisung zur Kirche fundamental: „Im Gleichnis gesprochen: so wie ein Kind aus den natürlich-seelisch-geistigen Kräften der Familie für die Familie lebt, so wird der junge Christ in der EU (sc. Evangelische Unterweisung, C.G.) aus den geistlichen Kräften der Kirche für die Kirche genährt."[576] Dabei trat der Gottesdienst ins Blickfeld des Unterrichts, allerdings nur in verengter, letztlich der Auslegung der Bibel dienender Weise.

Andere Gesichtspunkte, den Gottesdienst für Schule zu begreifen, wie über den Begriff der „Feier", wies Kittel ausdrücklich und scharf zurück. Der „wahre Sinn der Andacht im Schulleben" ist „einfach der Vollzug dieses Betens um den heiligen Geist, der die heilige Schrift aufschließt."[577]

Bezeichnend für dieses Konzept ist, daß erst im elften Abschnitt – hinter den vorher genannten Stichworten – das „Kind" zum Thema wurde, und dann nur in theologischer Qualifikation als „das getaufte Kind".[578] Genauso erschien der Lehrer exklusiv in theologischer Qualifikation als „Amts"-träger. Nur mühsam konnte hier Kittel seine eigenen Überlegungen formulieren:

„Im Amte dieser Unterweisung stehen, heißt in der Gemeinde stehen. Und zwar nicht im Sinne einer moralischen Verpflichtung gegenüber der Amtsübernahme, sondern im Sinne innerer Identität von Amtsführung und Leben in der Gemeinde. Der Christus, der uns in unser Amt ruft, entläßt uns mit ihm nicht aus seiner Nähe, sondern bindet uns mit diesem Amt an sich; das heißt, er bindet uns mit seinem Lehrauftrag in seine Gemeinde hinein."[579]

Der insgesamt autoritäre Tenor des Kittelschen Programms konnte nicht verhindern, daß sich in der Praxis schnell die Unmöglichkeit eines solchen Konzepts erwies, das zwar für den Unterricht in der Schule entworfen war, aber gerade diesen Ort nur als nebensächlich bzw. sogar gefährlich abquali-

---

[576] Ebd. 27.

[577] Ebd. 17.

[578] Ebd. 28-31.

[579] Ebd. 34. Vgl. hierzu den sehr aufschlußreichen Briefwechsel zwischen dem Pädagogen Rudolf Lennert und Kittel, abgedruckt in: Die Sammlung 3 (1948), 695-704, in dem Lennert darauf hinweist, daß die meisten Religionslehrer den Ansprüchen Kittels nicht genügen. Demgegenüber empfiehlt Lennert – im Grunde das Konzept des sog. Hermeneutischen Religionsunterrichts vorwegnehmend – einen auf die Auslegung der Bibel zentrierten Unterricht. Auch die Entgegnung Kittels, ein solcher Unterricht gehöre in den Deutschunterricht und erfordere kein eigenes Fach, nimmt spätere Argumentationen – nicht zuletzt im Zusammenhang der Einführung des Religionsunterrichts in den neuen Bundesländern – vorweg.

fizierte. Damit stellte Kittel indirekt die Religionspädagogik vor die *Aufgabe, das Verhältnis des Religionsunterrichtes zur Schule so zu bestimmen, daß dieser spezifische Lernort ernst genommen, aber zugleich auch dem besonderen Inhalt des Religionsunterrichtes Rechnung getragen wird.*[580]

Weiter nötigte er die künftige Religionspädagogik, die *Frage des Zusammenhangs von Religionsunterricht und Kirche* näher zu bedenken. Sein mit der Gesellschaft unverbundener Kirchenbegriff verhinderte bei ihm solche Überlegungen. Konkret wurde dieses Problem bei der Bestimmung der Lehrerrolle.

Schließlich war die Qualifizierung des Kindes als „getauft" zu wenig für das Konzept eines schulischen Unterrichtsfachs. Aber daß eine theologische Sicht des Kindes mit den religionspädagogisch unabdingbaren Einsichten zur allgemeinen psychologischen Entwicklung u.ä. vermittelt werden muß, ist spätestens seit Kittel eine unabweisbare Anforderung an religionspädagogische Theoriebildung.

3.2.7. Römisch-katholische Einwendungen

Auch in der römisch-katholischen Theologie kam es zu kritischen Anfragen bzw. Bestreitungen des Konzepts „Religionspädagogik", das aber – wie gezeigt[581] – hier nie so einseitig pädagogisch begründet und ausgeführt worden war, wie im protestantischen Bereich. Um die andere Akzentuierung und z.T. auch Ausrichtung der Überlegungen in dieser Konfession angemessen zu verstehen, ist zudem an die stärkere Bindung der Katholiken an das rituelle Leben ihrer Kirche zu erinnern. Noch in den zwanziger Jahren wies der deutsche Katholizismus „eine subkulturelle Geschlossenheit"[582] auf, die uns so heute fremd ist.

So galten z.B. nach der Osterkommunionsstatistik von 1932/33 noch gut 60 % der Katholiken im Deutschen Reich als „praktizierend" und „voll bekenntnistreu".[583]

Dem entspricht, daß 1931/32 von insgesamt 2,7 Millionen katholischen Kindern 2,3 Millionen eine katholische Bekenntnisschule besuchten.[584] Der

---

[580] Vgl. zu grundsätzlichen Fragen auch J. Lähnemann, Helmuth Kittel (1902-1984), in: H. Schröer, D. Zilleßen, Hg., Klassiker der Religionspädagogik, Frankfurt 1989, 261 f.

[581] S. 2.3.4.

[582] S. Weber, a.a.O. (Anm. 168) 152.

[583] S. ebd.

[584] S. J. Maier, Katholische Kirche, Schule und Religionsunterricht im Dritten Reich, in: J. Ohlemacher, Hg., Religionspädagogik im Kontext kirchlicher Zeitgeschichte, Göttingen 1993, 108.

schulische Religionsunterricht war also für die meisten katholischen Kinder in die sonstige Erziehung in Schule, Familie und Gemeinde eingebunden.[585] Grundlegend und lange Zeit bestimmend für die Bildungs- und Erziehungsbemühungen in der römisch-katholischen Kirche war die *Enzyklika Divini Illius Magistri* von 1929, die Gerd Bockwoldt mit gewissem Recht „Magna Charta katholischer Bildungspolitik"[586] nannte. In diesem Dokument des Papstes Pius XI. tritt der integrative Grundcharakter katholischen Erziehungsverständnisses zutage. „Natur und Gnade, Erziehung und Erlösung bezeichnen kein disjunktives Verhältnis, sondern bedingen sich gegenseitig, sind korrelativ."[587] Entgegen der schroffen Trennung zwischen Verkündigung und Erziehung betonte der Papst das *Ineinander von Erziehung und Verkündigung*. Dementsprechend war es eine der wichtigsten Forderungen der Enzyklika, daß katholische Kinder nur katholische Schulen besuchen dürfen.

„Denn die bloße Tatsache, daß an einer Schule ... Religionsunterricht erteilt wird, bringt sie noch nicht in Übereinstimmung mit den Rechten der Kirche und der christlichen Familie und gibt ihr noch nicht die nötige Eignung für den Besuch der katholischen Kinder. Dafür ist notwendig, daß der ganze Unterricht und Aufbau der Schule: Lehrer, Schulordnung und Schulbücher, in allen Fächern unter Leitung und mütterlicher Aufsicht der Kirche von christlichem Geiste beherrscht sind, so daß die Religion in Wahrheit die Grundlage und Krönung des ganzen Erziehungswerkes in allen seinen Abstufungen darstellt, nicht bloß in den Elementar-, sondern auch in den Mittel- und Hochschulen. ‚Es ist nicht bloß notwendig‘, um ein Wort Leos XIII. zu gebrauchen, ‚daß der Jugend zu bestimmten Stunden Religionsunterricht erteilt,

---

[585] Vgl. zur historischen Genese dieses Phänomens 3. Kap. 3.2.2. die Hinweise zur gegenreformatorischen Initiative der Jesuiten. Allerdings wiesen immer wieder katholische Katechetiker auf die Gefahr einer Überbewertung der Schule für Erziehung im Vergleich zum Elternhaus hin. So klagte z.B. 1910 F.X. Thalhofer auf dem für die schulische Katechese bedeutsamen 4. Münchener Katechetischen Kurs: „und wir bekamen ein Volksschulwesen, das in großartiger Organisation sich immer mehr auf sich selber stellte und in den Glauben hineinlebte, daß der wesentliche Teil der Erziehung des deutschen Volkes in seiner Macht liege". Dagegen fordert er „eine nahe Beziehung zum Elternhaus" (zitiert nach Exeler, a.a.O. (Anm. 74) 178).

[586] Bockwoldt, a.a.O. (Anm. 136) 116. S. grundsätzlich K. Erlinghagen, Grundfragen katholischer Erziehung. Die prinzipiellen Erziehungslehren der Enzyklika Pius XI. „Divini Illius Magistri", Freiburg u.a. 1963. Zu den Auswirkungen auf den US-amerikanischen Katholizismus s. F.B. Veverka, Defining a Catholic Approach to Education in the United States, 1920-1950, in: RelEd 88 (1993), 523-542.

[587] Bockwoldt, a.a.O. 117.

sondern daß auch der ganze übrige Unterricht vom Wohlgeruch religiösen christlichen Sinnes durchflutet wird ...".[588]

Die z.B. bei Hammelsbeck oder Kittel dominante, mit der Zwei-Reiche-Lehre Luthers begründete Rede von der Weltlichkeit der Schule, die zu einer sehr problematischen Sonderstellung des Religionsunterrichtes an der Schule führte, ist hier fremd.

Wissenschaftstheoretisch bestimmte der Papst Pädagogik theologisch, und zwar mit folgender – ähnlich bei Kittel begegnenden – Grundlegung: Das Kind wird als wesentlich durch die Taufe bestimmt gesehen, an dem es also „nichts rein Natürliches mehr" gibt.[589] Deshalb – dies stellte vor allem Rudolf Peil deutlich heraus – ist der Ausgangspunkt der Religionspädagogik bzw. Katechetik von der Dogmatik, nicht von der Pädagogik oder Psychologie her zu nehmen.[590]

„Wir werden also unser Ziel, die wissenschaftlich einwandfreie Grundlegung einer wurzelhaft katholischen, d.h. das Übernatürliche zentral berücksichtigenden Religionspädagogik, nur erreichen ..., wenn wir vom Glaubensstandpunkt ausgehen und konsequent mit rein und echt theologischen Methoden vorgehen."[591]

In der deutschen katholischen Katechetik, aber auch darüber hinaus wurde ab der Mitte der dreißiger Jahre und verstärkt nach dem Zusammenbruch des Dritten Reichs die sog. „Kerygmatische Erneuerung" prägend, die sich – ähnlich wie Kittel – gegen den „Religionsunterricht" wendete. Die „Initialzündung" hierfür gab das von *Josef Andreas Jungmann* (1889-1975) verfaßte Buch „Die Frohbotschaft und unsere Glaubensverkündigung" (1936).[592] Seine zentrale Ausgangsfrage und die darin implizierte Kritik am Methodeninteresse seiner Vorgänger ist: „Was soll verkündigt werden?"[593] Seine Antwort: „Das Dogma sollen wir kennen, verkündigen wir das Kerygma".[594]

---

[588]   Die christliche Erziehung der Jugend. Enzyklika „Divini illius magistri" von Pius XI, eingeleitet und mit Anmerkungen versehen von R. Peil, Basel u.a. 1959, 75.

[589]   S. R. Peil, Die Notwendigkeit einer theologischen Begründung katholischer Religionspädagogik auf der Dogmatik von der Gotteskindschaft, in: Theologie und Glauben 31 (1939) 541.

[590]   S. ebd. 548.

[591]   Ebd. 549.

[592]   Läpple, a.a.O. (Anm. 64) 184. Zwar wurde das Buch bereits drei Wochen nach dem Erscheinen aus dem Buchhandel zurückgezogen, doch löste es eine lebhafte Diskussion im In- und Ausland aus (s. hierzu H. Pissarek-Hudelist, Die Bedeutung Josef Andreas Jungmanns als Katechetiker, in: ZKTh 111 (1989) 277-280).

[593]   S. Bartholomäus, a.a.O. (Anm. 155) 54.

[594]   J.A. Jungmann, Die Frohbotschaft und unsere Glaubensverkündigung, Regensburg 1936, 60.

W. Bartholomäus macht zu Recht darauf aufmerksam, daß dies zum einen ein Anknüpfen an Hirscher[595], zum anderen ein Resultat der Hinwendung der katholischen Jugend zu Bibel und Liturgik in den zwanziger und dreißiger Jahren war.[596]

Dabei verfolgte Jungmann – ähnlich wie die genannten Autoren auf evangelischer Seite – eine von den Adressaten absehende Konzentration auf die theologisch formulierte Sache, nämlich Jesus Christus. Weiterführend war bei ihm die von Beginn an angelegte *Verbindung zwischen Katechetik und Liturgik*. Während in den evangelischen Entwürfen Gottesdienst bzw. Andacht nur als konkreter Anwendungsfall der Konzentration auf das Wort Gottes auftauchte und so letztlich homiletisiert war, wußte Jungmann um die besondere, auch erzieherisch prägende Kraft der Liturgie,[597] und dabei besonders der Sakramente.

Doch auch bei ihm war letztlich die Abkoppelung der Katechetik von der allgemeinen Pädagogik und des Religionsunterrichtes von der sonstigen Schule der Preis für die sachliche Konzentration. Im Hintergrund dieses Konzeptes stand in den dreißiger Jahren eine Kirche, die sich in Konfrontation mit dem Staat befand,[598] und die sich in ihren religiösen Erziehungsbemühungen gerade vor staatlichem Einfluß schützen mußte. Allerdings war Jungmann die Zeitgebundenheit dieser Konzeption nicht bewußt; er behielt sie nach dem Zweiten Weltkrieg unter den veränderten Bedingungen einer sich entwickelnden pluralistischen Demokratie, die die Geschlossenheit des katholischen Milieus aufzulösen begann, bei.

W. Esser weist 1973 auf die Wirkungsgeschichte dieses Ansatzes hin: „Verkündigung und Glaubensunterweisung – diese beiden Begriffe charakterisieren zutreffend den RU der bis in die Gegenwart ausklingenden kerygmatischen Phase der letzten 40 Jahre katholischer Katechetik. Beide Begriffe zeigen sehr deutlich an, daß es um Vermittlung eines Vorgegebenen geht; Heilsbotschaft ist zu verkünden, im Glauben ist zu unterweisen. Botschaft und Glaube sind das Erste, der Adressat das Zweite."[599]

---

[595] S. 2.2.3.

[596] Bartholomäus, a.a.O. (Anm. 155) 55.

[597] Jungmann wurde 1936 von seinem Orden (SJ) aufgefordert, wegen der „Gefährlichkeit der Katechetik" sich der Liturgiewissenschaft zuzuwenden (s. Pissarek-Hudelist, a.a.O. (Anm. 592) 278), wo er dann weiterhin wirkte.

[598] S. Bartholomäus, a.a.O. (Anm. 155) 56; vgl. auch den wichtigen Hinweis von B. Grom, Botschaft oder Erfahrung? Tendenzen der französischsprachigen Religionspädagogik, Zürich u.a. 1969, 14 Anm. 8, daß die materialkerygmatische Ausrichtung der deutschen Katechetik diese isolierte und zu einer Neuorientierung im Ausland führte. Die religionspsychologisch und pädagogisch ansetzende französische Religionspädagogik erhielt verstärktes Gewicht in den USA, Holland und anderswo.

[599] W. Esser, Religionsunterricht, Düsseldorf 1973, 21. Vgl. zur Wirkung des

Zudem hatte auch Jungmann, selbst wenn er nur von Katechese sprach, in der Regel den schulischen Religionsunterricht im Blick.[600]

3.2.8. Entwicklungen in Großbritannien und USA

Der Triumph im Ersten Weltkrieg wurde vielerorts in *Großbritannien* als Resultat des neuen Elementarschulwesens gesehen. Die Disziplin und der Patriotismus, die hier vermittelt wurden, galten als wesentliche Fundamente des militärischen Erfolgs. Dementsprechend versuchte man das Schulwesen noch stärker auszubauen, allerdings aus Finanzknappheit ohne durchschlagenden Erfolg. Die religiöse Erziehung in der Schule war – wie bisher – wesentlich christlich;[601] ein Großteil der Schüler und Schülerinnen besuchte kirchliche, meist anglikanische Schulen und wurde dort von konfessionell gebundenen Lehrkräften unterrichtet.

Für England markierte der Zweite Weltkrieg in verschiedener Hinsicht, auch in der Bildungspolitik, einen tiefen Einschnitt. Durch die Evakuierung vieler Kinder aus Industriestädten in Landstädte wurden traditionell strikt eingehaltene gesellschaftliche Barrieren übersprungen; es kam zur unmittelbaren Begegnung bisher getrennter englischer Lebensformen. Viele Angehörige der Mittelschicht waren erstaunt und entsetzt über den geringen Bildungsgrad und die Verwahrlosung ihrer neuen Hausgenossen aus der Arbeiterschicht.[602] Der Ruf nach einer Verbesserung der Bildungsmöglichkeiten auch für diese Kinder wurde laut.

So schrieb z.B. eine Frau aus Derbyshire: „I had no conception such awful people existed, but we are to blame that we allow the government to have such housing conditions. These children should have a chance to be brought up to be decent citizens. Under present conditions they cannot."[603]

Jungmannschen kerygmatischen Konzept in den USA den Lebensbericht seines Schülers Johannes Hofinger „The Catechetical Sputnik", in: M. Mayr, Hg., Modern Masters of Religious Education, Birmingham/Al. 1983, 19-25.

[600] Zur außerschulischen Katechese s. Esser, a.a.O. 56-58, wo u.a. auf die Schwierigkeiten hingewiesen wird, die aus dem Dekret Pius X. „Quam singulari" (1910) mit der Forderung einer früheren Feier der Erstkommunion für den deutschen Katholizismus resultierten.

[601] Moran, a.a.O. (Anm. 412) 94: „Religious instruction proceeded with a content and method not drastically different from what many schools had been doing before 1944. A child should know the Bible and the main teachings of the (Anglican) church."

[602] S. Bagley, Bagley, a.a.O. (Anm. 154) 69f.

[603] Zitiert ebd. 70.

Die anglikanische Kirche unterstützte diese Bemühungen und wies gleichzeitig auf die Bedeutung religiöser Erziehung hin. Dazu forderte sie Unterstützung für den Unterhalt der kirchlichen Schulen. Deren Finanzierungslast wurde – und dies blieb ein konstanter Unterton der Verhandlungen über schulische Bildung und die religiöse Erziehung – für die Church of England zunehmend drückender.

Dazu unterstrich die politische Situation die Wichtigkeit religiöser Erziehung. Die heidnische Religion der deutschen Nationalsozialisten sowie der kommunistische Atheismus zeigten deutlich die Gefahr religiöser Intoleranz und Verwahrlosung.[604]

Nach verschiedenen Vorarbeiten und Diskussionen[605] stellte der „Butler Education Act" von 1944 einen für die weitere Entwicklung wichtigen Schritt dar, der zu einer noch engeren Verzahnung zwischen staatlichem und kirchlichem Handeln im Bereich des Schulwesens führte.

Dies steht im Gegensatz zu dem für Deutschland Berichteten und ist nur durch die unterschiedliche kultur- und allgemeinpolitische Situation zu erklären. Kulturpolitisch war die Stellung der anglikanischen Kirche als Staatskirche und unbestrittene Begründerin des englischen Schulwesens sehr viel stärker mit dem Staat verflochten als in Deutschland, wo das Zwei-Kirchen-System und die bundesstaatliche Struktur einer zu exklusiven Identifizierung von Staat und Kirche entgegenstanden. Zudem zerbrachen in Großbritannien nicht wie in Deutschland mit seinen katastrophalen militärischen und ideologischen Niederlagen die Versuche, staatliche und religiöse Erziehungsbemühungen konvergieren zu lassen. Vielmehr stärkte der Sieg Großbritanniens das englische Nationalbewußtsein auch in der anglikanischen Kirche und damit die Bereitschaft zur engeren Verbindung mit dem Staat.

Für die religiöse Erziehung in den Schulen bestimmte der Abschnitt 25 des „Butler Education Act" folgendes:
– Er legte fest, daß jeder Schultag in „primary und secondary schools" mit einem „act of collective worship"[606] zu beginnen habe.

Da dies weitgehend die Aufgabe des Schulleiters („head teacher") war, bedeutete das nach Murphy zugleich, daß dieser „committed Christian" sein mußte.[607]

– Dazu wurde – in Aufnahme der Bestimmungen von 1870 – „Religious

---

[604] S. Murphy, a.a.O. (Anm. 392) 110.

[605] S. Bagley, Bagley, a.a.O. (Anm. 154) 69-73; Murphy, a.a.O. 110-115.

[606] S. Murphy, a.a.O. 115; vgl. zur Interpretation dieses Begriffs, der sich sowohl vom bekenntnisgebundenen Gottesdienst absetzt als auch ein subjektives und objektives Verständnis von Religion voraussetzt, J. Hull, Collective Worship: The Search for Spirituality, in: The Templeton London Lectures at the RSA: Future Progress in Religious Education, London 1995, 27f.

[607] S. Murphy, a.a.O. 115.

Instruction" in den Schulen vorgesehen. Diese war je nach Schulart unterschiedlich zu gestalten.

– Und hier ist auf die dritte, vielleicht wichtigste Entscheidung hinzuweisen. Die bisherigen kirchlichen Schulen konnten zur finanziellen Entlastung in Schulen unterschiedlichen Status überführt werden, wobei der Grad der staatlichen finanziellen Beteiligung sich auf die Form der religiösen Erziehung auswirkte. Neben die staatlichen und die allein kirchlich getragenen Schulen traten jetzt Schulen mit „aided status" und „controlled status"[608]: In den „voluntary aided schools" erhielt der (kirchliche) Schulträger die Kosten für das Lehrpersonal, sowie 50% – ab 1959 gesteigert auf 75 bzw. ab 1966 auf 80%[609] – der Gebäude- und Renovierungskosten. Dafür durfte in diesen Schulen Religion konfessionell geprägt erteilt werden; Lehrerinnen und Lehrer ohne entsprechendes Bekenntnis mußten nicht eingestellt und beschäftigt werden. Bei den „controlled schools" übernahm dagegen der Staat alle Kosten. Religion durfte hier aber nicht konfessionell gebunden unterrichtet werden, außer Eltern forderten dies ausdrücklich; beim Lehrkörper durfte nur ein kleiner Teil, sog. „reserved teachers", eingestellt werden, die konfessionellen Religionsunterricht erteilen konnten. Die Differenz dieser „controlled schools" zu den staatlichen „council schools" war recht gering.

Während die anglikanische Kirche und die anderen Denominationen viele ihrer Schulen auf „controlled schools" umstellten, verweigerte die römisch-katholische Kirche diesen Schritt (fast vollständig). Im Gegenzug unternahm sie erheblichste Anstrengungen, um *eigene katholische Schulen* zu halten und zu gründen. Hier ist eine deutliche Parallelität zur Bildungspolitik der römisch-katholischen Kirche in Deutschland zu erkennen, die von der grundsätzlichen Forderung nach katholischen Bekenntnisschulen nie abrückte.

Interessant und nur auf dem anderen kulturgeschichtlichen und politischen Hintergrund zu verstehen ist, daß in England die Kirche zum einen in hohem Maße ihren Einfluß auf die gesamte Schulerziehung wahren konnte – also sich gerade nicht der „Weltlichkeit" der Erziehung und Schule verpflichtet wußte –, zum anderen aber in vielen Schulen ein nichtkonfessionell gebundener Religionsunterricht stattfand.

Inhaltlich gab es – abgesehen von der Frage der Konfessionalität – durchaus Berührungspunkte mit der Evangelischen Unterweisung in Deutschland: die Bibel stand auch bei „Religious Instruction" im Mittelpunkt. Stärker – und auch hier in sehr interessanter Modifikation – trat allerdings

---

[608] S. genauer ebd. 116f.; Bagley, Bagley, a.a.O. (Anm. 154) 74.
[609] S. Murphy, a.a.O. 119f.; Bagley, Bagley, a.a.O. 75.

neben dem Unterricht die liturgische Seite hervor. Täglich besuchten alle Schulangehörige – bei eher theoretischer Abmeldemöglichkeit[610] – den „*collective worship*", der aber wiederum in „controlled schools" und „council schools" in einer nichtkonfessionell geprägten, allgemein christlichen Weise gefeiert wurde.

In den *USA* verlief die Entwicklung ebenfalls völlig anders als in Deutschland, aber unterschied sich auch von der in Großbritannien. Die dem liberalen Paradigma verpflichtete R.E.A. versuchte immer wieder von neuem, unterschiedliche Ansätze zum Konzept religiöser Erziehung miteinander ins Gespräch zu bringen und so der allgemeinen Bildung zu dienen. Doch darf nicht übersehen werden, daß – nach Manfred Kwiran – eine fast unüberwindbare Kluft zwischen religionspädagogischer Theorie, etwa in den Ausbildungsstätten für „religious education" gelehrt, und der Praxis vieler Gemeinden besteht.[611] Weithin findet „religious education" in den USA auf *Gemeindeebene* statt. Im Gegensatz zu vielen eher fundamentalistisch orientierten Gemeinden war die theoretische Diskussion mehrheitlich liberal geprägt.

Ein gutes Beispiel dafür ist das 1929 erschienene Buch „What is Christian Education" von G. A. Coe. Pädagogisch bemüht er sich primär um Schülerorientierung („pupil-centred").[612] Inhaltlich weist Coe das Konzept der „transmissive education" von sich, in der es um Überlieferung von festen Wissensbeständen und Verhaltensregeln geht. Dagegen setzt er „creative education":[613] „Looked at from the standpoint of the learner's experience … means that learning to be a Christian should be, essentially and primarily, an experience of free creativity."[614]

Die pädagogischen Angebote der einzelnen Gemeinden waren unterschiedlich organisiert und entsprechend der jeweiligen Denomination geprägt. Vor allem die römisch-katholische Kirche bemühte sich um eigene Schulen. Auch die lutherischen Kirchen, besonders die Missouri-Synode, sahen es „als Pflicht einer jeden lokalen Gemeinde … (an), eine vollständige

---

[610] Nach mündlichen Auskünften meldeten in der Regel nur sehr wenige Eltern ihre Kinder von „Religious Instruction" und/oder „collective worship" ab; wenn, dann waren es meist jüdische Eltern oder Eltern, die Jehovas Zeugen zugehörten.

[611] S. Kwiran, a.a.O. (Anm. 409) 242. Um eine Verwechslung des englischen Schulfachs „Religious Education" mit den allgemeineren gemeindepädagogischen Bemühungen „religious education" zu vermeiden, unterscheide ich beide durch Groß- bzw. Kleinschreibung.

[612] Coe, a.a.O. (Anm. 422) 190.

[613] S. ebd. 46.

[614] Ebd. 33.

Schule"[615] zu haben. Dazu kam hier noch ein meist zweijähriger Konfirmandenunterricht. „Die nichtlutherischen protestantischen Kirchen haben meistens nur Sonntagsschulen und Bibelklassen."[616] Daneben räumten Schulen an Eckstunden sog. „released time" ein, in der die Schülerinnen und Schüler in ihre Gemeinden zum Religionsunterricht gehen konnten.[617] Damit wurde allerdings nur teilweise das Anliegen vieler Religionspädagogen aufgenommen, in den Schulen nicht den religiösen Bereich auszusparen.[618]

Schließlich ist auch der politische Hintergrund in diesem Jahrhundert völlig anders als in Deutschland. Zwar nahmen die USA an beiden großen Kriegen teil; doch lebte ihr Land in Frieden. Die verfassungsmäßige Ordnung blieb unangetastet. So ist für die deutsche religionspädagogische Diskussion aus den USA für die Zeit zwischen 1925 und 1960 vor allem zu lernen, welche *Bedeutung der Gemeinde, und auch der Familie, für religiöse Erziehung* zukommen kann.

3.2.9. Zusammenfassung

„Religionspädagogik", als vornehmlich psychologisch und pädagogisch bestimmte Krisenwissenschaft zur Förderung der religiösen Entwicklung junger Menschen um die Jahrhundertwende in Deutschland entstanden, wurde eine Generation später als theologisch unzureichend kritisiert und abgelehnt. *Die Wucht der Katastrophe des Ersten Weltkriegs und des damit gegebenen Zweifels an der bis dahin tragenden Kultursynthese führte* – in Verbindung mit dem Aufbruch junger Theologen – *zu immer stärker exklusiv theologisch und ekklesiologisch bestimmten Auffassungen von religiöser Erziehung bzw. besser: Evangelischer Unterweisung.*

Während z.B. G. Bohne noch sehr genau um die Bedeutung jugendpsychologischer Erkenntnisse wußte, vernachlässigten spätere Entwürfe wie z.B. Hammelsbecks „Kirchlicher Unterricht" oder Kittels „Vom Religionsunterricht zur Evangelischen Unterweisung" diese Seite und verloren so an Differenzierungskraft und Praktikabilität.

---

[615] B. v. Schenk, Die kirchliche Erziehung in USA, in: F. Heiler, Hg., Kirchliches Leben in USA, Sonderheft von Eine heilige Kirche 1957/58 H. 1, 64.

[616] Ebd. 65.

[617] Ebd.

[618] Schon die Gründung von R.E.A. zielte – der Begriff „education" deutet darauf hin – auf eine Mitverantwortung auch für die Schule; Coe, a.a.O. (Anm. 422) 10, schreibt: „Christian education and state education encounter each other definitely and inevitably at one point ..., in their respective assumptions concerning right and wrong in the basic relations of man to man."

Zwar spürten die neuen Religionspädagogen bzw. Katechetiker durchaus die Bedeutung familiärer und gemeindlicher Sozialisation, doch waren sie darin – unbewußt – Erben der von ihnen abgelehnten liberal-theologischen Religionspädagogik, daß sie sich in ihren Überlegungen vornehmlich auf den Unterricht, meist den schulischen Religionsunterricht konzentrierten. Die Anfeindungen im Dritten Reich erschwerten diesen Unterricht, ja machten ihn z.T. unmöglich; doch auch die Christenlehre in den Gemeinden blieb vom Stundenrhythmus, den Jahrgangsklassen und der Notengebung her ein typisch schulischer Religionsunterricht. Dieser war allerdings inhaltlich exklusiv an die Kirche bzw. Gemeinde gebunden und konnte – nach dem Zweiten Weltkrieg – nicht in die öffentliche Schule integriert werden. Dem entsprach die Isolierung der Katechetik von der allgemeinen Pädagogik.

Auch Konzepte einer „Pädagogik auf reformatorischer Grundlage", wie sie z.B. v. Tiling vortrug, halfen hier nicht weiter. Denn die Einsicht in die „Weltlichkeit" der Erziehung und der Schule wurde zugleich mit erheblichen theologischen Ansprüchen an den Religionsunterricht verbunden, ohne daß dieses Fach in seiner Bedeutung allgemeinpädagogisch ausgewiesen werden konnte. Schöpfungstheologische Begründungen erwiesen sich dabei als in hohem Maße gefährdet für ideologische Einflüsse (des Nationalsozialismus).

Die mangelnde Integrationsfähigkeit führte dann neben anderen Gründen Ende der fünfziger, Anfang der sechziger Jahre zu Kritik an der Evangelischen Unterweisung und (teilweiser) Rückkehr zum Programm der Religionspädagogik, wie sie sich z.B. in der unbefangenen Rede vom Religionsunterricht äußerte. Positives Erbe der Bestreitungen von Religionspädagogik blieb die nachdrückliche Mahnung, dem besonderen, theologisch zu bestimmenden Inhalt des Religionsunterrichtes gerecht zu werden, und der damit verbundenen Einsicht in die Spannung zwischen allgemein kulturellen und spezifisch christlichen Inhalten.

Als problematisch erwies sich die weitgehende Fixierung auf den Unterricht. *Es ist im nachhinein erstaunlich, daß die Religionspädagogen bzw. Katechetiker, die ihren Unterricht strikt von Gemeinde her und auf Gemeinde hin gestalten wollten, die besonderen Möglichkeiten des Lernorts Gemeinde nicht entdeckten. Vor allem die liturgische Dimension*, wie sie sich in den Programmen der katholischen Kerygmatiker, aber auch im „collective worship" der englischen Schule und teilweise der amerikanischen Sonntagsschule als pädagogisch fruchtbar erwies, *blieb in Deutschland homiletisch instrumentalisiert*. Dies war offensichtlich so selbstverständlich, daß die folgende religionspädagogische Gegenbewegung gegen die neue Katechetik der dreißiger bis fünfziger Jahre hier keinen Korrekturbedarf sah.

Ich vermute, daß die Ausblendung des Liturgischen aus den katechetischen Überlegungen eine Folge der jahrhundertelangen Vernachlässigung der Fragen äußerer Gestaltung des christlichen Glaubens in den deutschen protestantischen Kirchen ist. Zudem verhinderte ein Konzept des Kindergottesdienstes, das diesen weithin als Institution zur Anpassung von Kindern an den späteren Erwachsenengottesdienst verstand, ein Entdecken der besonderen Gaben von Kindern und Jugendlichen im liturgischen Leben.

4. Neue Ansätze

4.1. Hintergründe – Kontinuitäten und neue Herausforderungen

Der Einspruch gegen „Religionspädagogik" und „Religionsunterricht", wie er sich in der Rückkehr zu Begriffen wie „Katechetik" und „Evangelische Unterweisung" bzw. „Christenlehre" äußerte, war der konzeptionelle Versuch, auf dem Gebiet der Theorie evangelischer Erziehung die vielfältigen Krisen in den ersten Jahrzehnten des 20. Jahrhunderts, vor allem die Katastrophe des Ersten Weltkriegs, zu verarbeiten. Die antikirchliche Politik der Nazis erzwang – trotz Bemühungen mancher, sich nach der Machtergreifung mit den eigenen autoritären pädagogischen Vorstellungen an die neuen Herren anzuschließen – die enge Bindung der religiösen Erziehung, besser: Evangelischen Unterweisung an Gemeinde und Theologie. Aufs Ganze gesehen dauerte diese Orientierung, die der ursprünglichen Intention von Religionspädagogik mit ihrer Hinwendung zu den Kindern und Jugendlichen und damit der Rezeption psychologischer und pädagogischer Einsichten widersprach, konzeptionell bis zum Ende der fünfziger Jahre, in der Schulpraxis z.T. bedeutend länger. Die dritte Auflage von Helmuth Kittels „Vom Religionsunterricht zur Evangelischen Unterweisung" 1957 war ein letztes Dokument des vergehenden katechetischen Programms für schulischen Unterricht.

Es sei nur darauf hingewiesen, daß dieses Konzept in der DDR sehr viel länger wirkte, auf Grund der kirchenfeindlichen Politik der SED-Herrscher gut verständlich.[619]

Ähnlich wie – in 1. skizziert – die Entstehung von „Religionspädagogik" aufs engste mit politisch-gesellschaftlichen, kulturell-religiösen sowie erziehungspraktischen und pädagogischen Veränderungen verbunden war, gilt dies auch für den Neuansatz von Religionspädagogik am Ende der fünfziger

---

[619] Bockwoldt, a.a.O. (Anm. 136) 136, vermutet sogar: „... ja es scheint, als sei die Konzeption der Evangelischen Unterweisung erst in der DDR mit all ihren Konsequenzen verifiziert worden."

Jahre, der in mancherlei Wandlungen und Unterbrechungen bis zur Gegenwart reicht.[620]

Deshalb ist auch hier eine kurze Skizze des Hintergrundes für die „religionspädagogische Neubesinnung"[621] notwendig.

Allerdings erlaubt die große zeitliche Nähe – im Gegensatz zu den auf breiterer systematischer, historischer Forschung beruhenden Ausführungen zum 19. Jahrhundert – nur die Skizze einiger weniger ausgewählter Phänomene, die mir für das Verständnis der religionspädagogischen Entwicklung deshalb besonders wichtig erscheinen, weil sie die Bedingungen für religiöse und christliche Sozialisation und damit Bildung und Erziehung veränderten. Zugegebenermaßen ist die Auswahl subjektiv gefärbt, die sich anbahnenden Veränderungen in Politik und Gesellschaft sowie Kultur und Religion dürften aber unstrittig sein. Sie spiegeln sich in der zeitweilig merkwürdig hektischen religionspädagogischen Konzeptionsdebatte wider.

Dabei wird zum einen wieder die eigentümliche Entwicklung der deutschen Religionspädagogik deutlich; zum anderen aber *treten zunehmend international relevante Fragen in den Vordergrund, die das Interesse deutscher Religionspädagogen für ausländische Entwicklungen auf dem Gebiet der religiösen und kirchlichen Erziehung und Bildung wecken.*

4.1.1. Politisch-gesellschaftliche Veränderungen

Spätestens mit der unmittelbar auf die Währungsreform in den West-Sektoren folgenden Blockade Berlins (24.6.1948 bis 12.5.1949) durch die Sowjetunion war die *Spaltung Deutschlands* manifest. Die Verkündung des Grundgesetzes (23.5.1949), der die Konstituierung der DDR am 7.10.1949 folgte, schuf die Basis für die getrennte Entwicklung.

Im folgenden liegt das Hauptaugenmerk der Darstellung auf der Geschichte der Bundesrepublik. Dies liegt nicht nur am spätestens 1989 offenkundigen Scheitern der DDR, sondern auch an der hier zu verfolgenden spezifisch religionspädagogischen Fragestellung. Die religionsfeindliche Politik trieb nämlich in der DDR die Kirchen in die gesellschaftliche Isolation, z.B. durch Abschaffung des schulischen Religionsunterrichtes, aber auch durch die aggressiven Attacken gegen den Konfirmandenunterricht in Verbindung mit der Einführung der Jugendweihe. Innovative Ansätze, die auch nach der Öffnung der Mauer für Gesamtdeutschland Bedeutung haben, konnten so kaum entstehen.[622]

---

[620] Um einen besseren Vergleich mit dem in 1. Dargestellten zu ermöglichen, gliedere ich die folgenden Ausführungen (4.1.) parallel hierzu.

[621] So die Überschrift, unter der Bockwoldt, a.a.O. (Anm. 136) 86, die Entwicklung ab Mitte der sechziger Jahre behandelt.

[622] S. zur „Christenlehre" 3. Kap. 4.2.5. und zum Konzept des „Konfirmierenden Handelns" 3. Kap. 4.2.4.; vgl. zu den inneren politischen und gesellschaftlichen Spannungen der DDR, die schließlich zu ihrem Untergang führten, aus system-

Die fünfziger Jahre waren politisch in der Bundesrepublik durch zunehmende Stabilisierung gekennzeichnet. Der Wahlslogan der CDU für die – durch die Unionsparteien mit 50,2% gewonnene – Bundestagswahl 1957 „Keine Experimente"[623] ist deutlicher Ausdruck dieser Tendenz. In diese Zeit fallen der Eintritt der Bundesrepublik in die NATO (1955), die Integration des Saarlandes (1957) sowie der Freundschaftsvertrag mit Frankreich (1963). Die wirtschaftliche Attraktivität der Bundesrepublik führte bei gleichzeitigen politischen Repressionen und ökonomischen Fehlentwicklungen in der DDR zu millionenfachen Übersiedlungen von Ostdeutschen; der Bau der Berliner Mauer (13.8.1961) war der verzweifelte Versuch der SED-Herren, sich vor weiteren Bevölkerungsverlusten zu schützen.

Anfangs waren die sechziger Jahre wirtschaftlich durch Konsolidierung gekennzeichnet. Am 11.10.1963 trat dann Konrad Adenauer als Bundeskanzler zurück; es begannen sich neue parteipolitische Konstellationen anzubahnen, die Nachkriegszeit ging zu Ende.[624]

Ab 1963 engagierten sich die USA im Vietnamkrieg, was 1967 zur Stationierung von 400.000 GIs und einem Militärbudget von 25 Milliarden Dollar führte, ein militärisches Abenteuer, das schließlich erheblich zur Ablehnung der bestehenden Ordnung bei vielen Jugendlichen in der westlichen Hemisphäre beitrug.

Der Vietnamkrieg war zudem der erste Krieg, der auf Grund der Verbreitung des Fernsehens als Medienereignis jeden Abend den Bundesbürgern bei der Tagesschau begegnete und so eine merkwürdige Präsenz bekam.

Im Herbst 1966 wurden Rückschläge des bisherigen Wirtschaftsaufschwungs unübersehbar; die Zahl der Arbeitslosen stieg, die Inflationsrate nahm gleichzeitig zu. Politisch feierte die Nationaldemokratische Partei Deutschlands besorgniserregende Erfolge. Dieses und anderes führte zur Bildung einer Großen Koalition aus CDU/CSU und SPD (ab 1.12.1966). Das hatte aber zur Folge, daß der Eindruck eines allgemeinen „Establishments" entstand[625] – ein Problem, an dem sich nicht zuletzt die sog. Außer-

---

theoretischer Sicht D. Pollack, Das Ende einer Organisationsgesellschaft. Systemtheoretische Überlegungen zum gesellschaftlichen Umbruch in der DDR, in: Zeitschrift für Soziologie 19 (1990) 292-307.

[623] S. das Plakat zum Bundestagswahlkampf bei H. Glaser, Kleine Kulturgeschichte der Bundesrepublik Deutschland 1945-1989, Bonn ²1991, 149; vgl. ebd. 150.

[624] 1965 sprach Ludwig Erhard, der Nachfolger Adenauers als Bundeskanzler, in einer Wahlkampfrede vom Ende der Nachkriegszeit (s. Deutscher Bundestag, Hg., Fragen an die deutsche Geschichte. Ideen, Kräfte und Entscheidungen von 1800 bis zur Gegenwart, Bonn ¹⁴1988, 397).

[625] S. ebd. 402.

parlamentarische Opposition (kurz: APO) von Studenten entwickelte. Am 2.6.1967 wurde der Student Benno Ohnesorg bei einer Anti-Schah-Demonstration in West-Berlin erschossen. Die in Kalifornien/USA bereits verbreiteten, wesentlich vom Protest gegen den Vietnamkrieg geprägten Studentenunruhen schlugen jetzt auf die Bundesrepublik über. Politik und Gesellschaft wurden in ihrem bisherigen Selbstverständnis durch bewußte „Regelverletzungen" in Frage gestellt.[626]

Ein Ausdruck der allgemeinen atmosphärischen Veränderung in Deutschland war 1969 die Wahl Willy Brandts zum Bundeskanzler, eines Mannes, der als unehelich Geborener, während der nationalsozialistischen Herrschaft nach Norwegen emigrierter Sozialist nicht dem Ideal eines Politikers der Adenauer-Ära entsprach.[627] Politisch leitete er grundlegende Reformen ein, z.B. im Straf- und Sozialrecht, vor allem aber im Bildungswesen. Allerdings behinderten bald finanzielle Engpässe, begründet durch zunehmende wirtschaftliche Schwierigkeiten nicht zuletzt auf Grund der *Verknappung und Verteuerung von Energie* (Öl-Schock 1973), und die *zunehmende militärische Konfrontation von Ost und West* die innovativen Anstrengungen.

„An die Stelle des ‚Prinzips Hoffnung' war das ‚Prinzip Angst' getreten ... 1972 hatte die UdSSR 2500 strategische Sprengköpfe, 1982 besaß sie 8040. Atomare Zerstörungskraft: 7868 Megatonnen. Die USA hatten 1972 5700 strategische Sprengköpfe, 1982 besaßen sie 9480. Atomare Zerstörungskraft: 3505 Megatonnen."[628]

Dazu kam ab etwa 1974 das starke *Ansteigen der Arbeitslosenzahl*, ein Problem, das bis heute ungelöst ist und sich durch die politische Vereinigung noch verschärfte. Atmosphärisch trübte der aufkommende Terrorismus, der im Jahr 1977 durch eine Häufung brutaler Anschläge seinen Höhepunkt erreichte, die sich entwickelnde Liberalität der Republik.

In den achtziger Jahren kehrten wieder die Konservativen an die Regierung zurück – Helmut Kohl ist ab Oktober 1982 Bundeskanzler. Ihr Haupterfolg ist die vor allem durch Entwicklungen in der Sowjetunion, aber auch in der DDR selbst ermöglichte staatliche Vereinigung der beiden Teile Deutschlands. Doch bilden *zwei globale Probleme, die ökologische Krise und die Süd-Nord-Spannungen,* einen dunklen Hintergrund zur prosperierenden Bundesrepublik, die sich für die wirtschaftliche und politische Integration Europas einsetzt. Die zunehmende Globalisierung setzt religiöse Fragen, besonders nach dem Verhältnis von Christentum bzw. westlicher Technikentwicklung und Islam, auf die Tagesordnung.

---

[626] Vgl. zur APO Glaser, a.a.O. (Anm. 623) 309-317.

[627] S. ebd. 336.

[628] R. Köcher, Die Entwicklung von Religiosität und Kirchlichkeit seit dem Zweiten Weltkrieg bis heute, in: Diakonia 19 (1989) 35f.

Parteipolitisch konnte die sich seit 1977 landesweit agierende, 1980 erstmals im Bundestag vertretene Partei „Die Grünen" etablieren, indem sie wichtige Zukunftsthemen, wie die Friedens-, Umwelt- und z.T. Sozialfrage, besetzte. Nach der Vereinigung zog noch die PDS, die Nachfolgepartei der SED, in den Bundestag ein, Ausdruck für die ungelösten Fragen der politischen Vereinigung. So scheint ein seit den fünfziger Jahren selbstverständlicher, politische Stabilität garantierender Faktor in der Bundespolitik, das Drei-Parteien-System, zu seinem Ende gekommen zu sein.[629]

Bei der *Bevölkerungsentwicklung* gibt es Prozesse mit unmittelbar religionspädagogisch relevanten Konsequenzen. Nach Kriegsende siedelten etwa zehn Millionen Menschen aus dem Osten in die Bundesrepublik über. Dies hatte neben erheblichen sozialen Problemen, die im Lastenausgleichsgesetz geregelt wurden, auch Folgen für die religiös-kirchliche Struktur in Deutschland. Ehemals konfessionell homogene Gebiete wurden jetzt konfessionell gemischt, was letztlich zum Abbau der Konfessionsschulen und deren Umwandlung zu Gemeinschaftsschulen führte. Dazu kamen noch etwa vier Millionen Übersiedler aus der DDR, von denen manche aus religiösen Gründen ihr Land verließen.

Ab Mitte der fünfziger Jahre bahnte sich – zuerst in ihrer Brisanz noch kaum wahrgenommen, aber seit Mitte der sechziger Jahre sehr virulent – die planmäßige *Ansiedlung von Ausländern* an. 1955 wurden mit dem Abschluß eines deutsch-italienischen Abkommens die ersten sog. Gastarbeiter ins Land geholt.

„Ähnliche bilaterale Vereinbarungen folgten 1960 mit Spanien und Griechenland, 1961 mit der Türkei, 1963 mit Marokko, 1964 mit Portugal, 1965 mit Tunesien, 1968 mit Jugoslawien. 1955 betrug die Zahl der ausländischen Arbeitnehmer 79 697, das waren 0,4 % von der Gesamtzahl der beschäftigten Arbeitnehmer; 1960 waren es 329 356 (1,5 Prozent), 1970 1 948 951 (9 Prozent)."[630]

Religionspädagogisch bedeutungsvoll hieran ist, daß die insgesamt zahlenmäßig stärkste Ausländergruppe, die aus der Türkei stammt, mehrheitlich nichtchristlich, nämlich islamisch ist. Damit kommen deutsche Kinder und Jugendliche unmittelbar mit kulturell und religiös anders geprägten Altersgenossen zusammen.[631] So wurden der Umgang mit dem Fremden

---

[629] Bundestag, a.a.O. (Anm. 624) 442.

[630] Glaser, a.a.O. (Anm. 623) 180; zur Zahl und nationalen Verteilung der Ausländer Ende 1992 s. W. Weidenfeld, K.-R. Korte, Hg., Handbuch zur deutschen Einheit, Bonn ²1994, 743.

[631] Bis zum Holocaust besuchten noch jüdische Kinder und Jugendliche in größerer Zahl deutsche Schulen. Allerdings waren sie zugleich Deutsche und die Gestaltung ihrer Religion war durch die deutsche Kultur mehr oder weniger geprägt (s.

und zugleich die Anfragen an die eigene Christlichkeit unhintergehbare Anforderungen für religionspädagogische Praxis und Theorie.

Der in den politischen und wirtschaftlichen Wirren begründete Zustrom von Asylbewerbern und -bewerberinnen, die z.T. aus Afrika oder Asien stammen, nach Deutschland verstärken diese Herausforderung.

Vor allem manche Gebiete Englands sind noch erheblich mehr vor die Aufgabe der Integration von Menschen aus nichtchristlichen Kulturen gestellt. Ermöglicht durch den Commonwealth kam es hier seit dem Zweiten Weltkrieg – bis 1981 – zur Einwanderung von Menschen aus Indien und den Karibischen Inseln, die unterschiedlichen Religionen angehören und als britische Staatsbürger dauerhaft in England leben können. Die in Deutschland im wesentlichen nur auf den Islam bezogene Herausforderung ist hier viel stärker ausdifferenziert und erfordert eigenständige Konzepte religiöser Erziehung.[632]

Schließlich begann in den letzten Jahren eine dramatische Veränderung des Altersaufbaus der deutschen Bevölkerung, die u.a. mittel- und langfristig die bisherigen Sozialsicherungssysteme in Frage stellt. Sowohl die absolute Zahl als auch der Anteil von alten Menschen an der Gesamtbevölkerung steigen stetig an und werfen nicht nur soziale, sondern auch pädagogische Probleme auf.[633]

Ökonomisch gesehen gelang es der Bundesrepublik in den ersten zehn Jahren ihres Bestehens – nach anfänglichen Schwierigkeiten, die im Hungerwinter 1946/47 kulminierten –, einen allgemein als *„deutsches Wirtschaftswunder"* bewunderten Aufschwung zu nehmen, angestoßen und unterstützt durch das US-amerikanische Hilfsprogramm des Marshall-Plans.[634]

Das Sozialprodukt „stieg auf der Basis der jeweils gültigen Preise zwischen 1950 und 1960 um das Dreifache."[635] „Hatte das monatliche Durchschnittseinkommen

---

zum jüdischen Religionsunterricht E.Chr. Helmreich, Religionsunterricht in Deutschland. Von den Klosterschulen bis heute, Düsseldorf 1966 (am. 1959) 249-264).

[632] S. hierzu genauer 4.2.6.

[633] S. zum Altersaufbau der Bevölkerung in Deutschland (31.12.1994) Statistisches Bundesamt, Hg., Statistisches Jahrbuch 1996 für die Bundesrepublik Deutschland, Stuttgart 1996, 61.

[634] Dieser Wirtschaftsplan zum Wiederaufbau West- und Mitteleuropas wurde nach dem damaligen US-amerikanischen Außenminister George Marshall (1880-1959) benannt. „Eingeleitet und vorbereitet durch den Marshallplan, führte der Weg des wirtschaftlichen Aufstiegs der Bundesrepublik über den Beitritt zur ‚Organization of European Economic Cooperation' (OEEC), 1949, die die Aufgabe hatte, die Marshallplan-Gelder zu verteilen ..., zur ‚Europäischen Wirtschaftsgemeinschaft' (EWG), zu der sich im März 1957 die Montan-Staaten ... zusammenschlossen." (Glaser, a.a.O. (Anm. 623) 173).

[635] Ebd. 173.

der Arbeitnehmer 1950 noch 243 DM betragen, was etwa dem Realeinkommen der Vorkriegszeit entsprach, so belief es sich 1960 auf 512 DM; das war ein nominaler Anstieg um 111 Prozent bzw. ein realer Anstieg, nach Berücksichtigung der gestiegenen Lebenshaltungskosten, um 76 Prozent."[636]

Besonders auffällig und eine bisher ungeahnte Mobilität ermöglichend war die Steigerung der Autozulassungen in den fünfziger Jahren.

„Der Vorkriegsbestand von 802 129 Personenkraftwagen, berechnet für das Gebiet der Bundesrepublik ohne Berlin und Saarland, war 1946 auf 192 438 zurückgegangen. 1953 erreichte der Bestand an Personenkraftwagen wieder die Millionengrenze; er verfünffachte sich in den folgenden acht Jahren."[637]

Diese die weiteren Jahre fortdauernde Expansion veränderte durch die damit notwendigen Baumaßnahmen das Bild der Städte und der Landschaft sowie indirekt dadurch auch die Bedingungen für das Aufwachsen von Kindern und Jugendlichen grundlegend. Das Spielen bzw. der Aufenthalt auf Straßen und sonstigen öffentlichen Räumen wurde zunehmend gefährlicher; vor allem die Kinder verloren ihre bisherige Bewegungsfreiheit und mußten sich in ihnen eigens zugewiesene, oft aber erlebnisärmere Zonen wie Spielplätze u.ä. zurückziehen.

Begleitet wurde der wirtschaftliche Aufschwung durch einen tiefgreifenden Strukturwandel: „In Industrie und Handel wird der Klein- und Mittelbetrieb zunehmend durch den Großbetrieb bedrängt."[638] Dazu kommt, daß der Bereich der Landwirtschaft immer weniger Arbeitskräfte beschäftigt, Industrie und Dienstleistung dagegen anwachsen.

„Um 1950 arbeiteten in der Landwirtschaft 23,2; 1960 14,1; 1970 8,5 Prozent der Erwerbstätigen; in der Industrie 1950 42,3; 1960 47,8; 1970 48,8 Prozent; im Dienstleistungssektor und öffentlichen Dienst 1950 32,3; 1960 37,1; 1970 42,7 Prozent."[639]

Gegen Mitte der sechziger Jahre flachte der einzigartige Wirtschaftsaufschwung ab und es kam 1966 zu einem allgemeinen Konjunktureinbruch, der u.a. die Ablösung der konservativ-bürgerlichen Regierung mit sich brachte. Die Zahl der Arbeitslosen stieg an und erreichte im Februar 1967 mit 673.572 ihren – vorläufigen – Höhepunkt.[640]

---

[636] Ebd. 181.

[637] Ebd. 215; sozialpsychologisch deutet Glaser, ebd. 214: „Das Auto erwies sich als Vorbild einer Wohlstandsgesellschaft, die sich ständig auf der Suche nach Heimat befand."

[638] Bundestag, a.a.O. (Anm. 624) 384.

[639] Glaser, a.a.O. (Anm. 623) 175.

[640] S. Bundestag, a.a.O. (Anm. 624) 398.

Noch gravierender war auf die Dauer aber der wirtschaftliche Einbruch von 1973/74, den die Verknappung von Öl hervorrief. Seitdem steigen die Arbeitslosenzahlen unaufhaltsam an, ohne daß Abhilfe geschaffen werden könnte.[641] Durch internationale Entwicklungen gerät zunehmend die Wettbewerbsfähigkeit der deutschen Wirtschaft in Bedrängnis. Der rasche Anpassungsprozeß der Löhne in Ostdeutschland, verbunden mit der Umstellung der früheren DDR-Wirtschaft und der daraus resultierenden hohen Arbeitslosigkeit, verschärft seit Anfang der neunziger Jahre diese Problematik und führt zu gesamtdeutsch ca. 4,2 Millionen (registrierten) Arbeitslosen im Frühjahr 1997.[642]

Dies hat konkrete Auswirkungen auf die Lebenssituation vieler Menschen. Nach langen Jahren gemeinsamen wirtschaftlichen Wachstums steigt die Zahl von – wenn auch international gesehen auf hohem Standard – materiell Armen. Pädagogisch wichtig hieran ist der große Anteil von Kindern und Jugendlichen an Sozialhilfeempfängern.[643]

So können insgesamt *politisch-wirtschaftlich drei große Phasen der Nachkriegsgeschichte der Bundesrepublik* unterschieden werden: bis zum Beginn der sechziger Jahre ein großer Aufschwung mit Konsolidierung; dann nach einem gewissen Rückschlag eine Phase der Reformbestrebungen bis zur Resignation von Brandt (1974); in dieser Periode ging die Traditionsleitung zurück, vielmehr begegnete man dem Überkommenen außerordentlich kritisch; schließlich folgte eine Phase vielfältiger Irritationen und Umstellungen, die durch die politische Vereinigung 1989/90 eine weitere Zuspitzung erfuhren.

4.1.2. Kulturell-religiöse Veränderungen

Auf kulturell-religiösem Gebiet spiegeln sich die eben skizzierten Entwicklungen wider bzw. laufen z.T. kulturelle Diskurse den politisch-ökonomischen Prozessen voraus.

Kulturell machte sich die durch die dortigen Machthaber erzwungene Isolation in der DDR zunehmend bemerkbar und warf im Zuge der politischen Vereinigung

---

[641] S. ebd. 428.

[642] Zur sog. versteckten Arbeitslosigkeit s. die Graphik in Weidenfeld, Korte, a.a.O. (Anm. 630) 760.

[643] S. R. Daumüller, „Kinder sind uns lieb und teuer". Für einen gerechten Familienlastenausgleich, in: Diakonie H. 2, 1994, 105. S. (auch zu den methodischen Problemen der Erhebung) B. Nauck, W. Meyer, M. Joos, Sozialberichterstattung über Kinder in der Bundesrepublik Deutschland, in: Aus Politik und Zeitgeschichte. Beilage zur Wochenzeitung „Das Parlament" vom 8.3.1996, 11-20.

1989/90 erhebliche Probleme auf. Sehr scharf, aber bei Berücksichtigung der erheblichen Abwanderung gerade kulturell führender Kreise aus der DDR verständlich diagnostizierte Günter Gaus, daß in der DDR „Kleinbürgertum pur"[644] verblieben war. „Im Gegensatz zu den Intellektuellen der BRD, die in zunehmendem Maße der Oberflächenwelt des Wirtschaftswunders entgegentraten ..., wurde die verbleibende DDR-Intelligenz weitgehend gleichgeschaltet."[645]

Nach einer kurzen Phase gesteigerten kulturellen Interesses nach Kriegsende, das sich im religiösen Leben in vollen Gottesdiensten niederschlug, nahm schnell der wirtschaftliche Aufschwung viele Menschen in Anspruch.

H. Glaser vermutet: „Die Krise der Kultur, die mit der Währungsreform einsetzte, war tiefenpsychologisch von größter Bedeutung. Es zeigte sich, daß vieles von dem, was man in der Trümmerzeit als große geistige Wandlung und Besinnung, als moralischen Aufbau begriffen hatte, doch nur eine Kompensationserscheinung zum versagten Materialismus gewesen war."[646]

Schon Mitte der fünfziger Jahre war deutlich, daß die Rückführung des großen Teils der evangelischen Bevölkerung in eine an der traditionellen kirchlichen Lebensordnung orientierte Gemeinde illusorisch war. Reinhard Köster zeigte in seiner 1956 durchgeführten Befragung von „Kirchentreuen"[647]: „Die von seiten der Kirche im Raum der Ortskirchengemeinde angesonnenen Normen werden nur noch von einer kleinen Gruppe hinreichend erfüllt. Eine Forcierung der Normen führt nicht zu deren Erfüllung durch einen größeren Kreis, sondern zur vollkommeneren Erfüllung in einem sich verengenden Kreis von Kirchentreuen."[648] Fast gleichzeitig wies – der spätere Hamburger Bischof – Hans-Otto Wölber auf die sich herauskristallisierende „Religion ohne Entscheidung" hin: „Das religiöse Suchen mit der Sehnsucht nach erfüllten Überzeugungen ist sowohl im christlichen Sinne wie im Sinne einer Ersatzreligiosität verschwunden."[649]

Einen wesentlichen Grund für diese Entwicklung sah Wölber in einer Theologie, die die „Verbindung von Christentum und Kultur, Christentum und Politik, Chri-

---

[644] G. Gaus, Wo Deutschland liegt. Eine Ortsbestimmung, Hamburg 1983, 45, 89; vgl. auch Glaser a.a.O. (Anm. 623) 164-171, der den Kulturabbruch in der DDR an einigen Beispielen illustriert.

[645] Glaser, a.a.O. 170.

[646] Ebd. 143.

[647] S. zum Begriff R. Köster, Die Kirchentreuen. Erfahrungen und Ergebnisse einer soziologischen Untersuchung in einer großstädtischen evangelischen Kirchengemeinde, Stuttgart 1959, 12-15.

[648] Ebd. 107.

[649] H.-O. Wölber, Religion ohne Entscheidung. Volkskirche am Beispiel der jungen Generation, Göttingen 1959, 55.

stentum und Pädagogik" ablehnt. Dagegen setzte er: „Man wird die theologisch-wissenschaftliche Selbstrechtfertigung in der Verkündigung ... nur dann überwinden können, wenn die Theologie dem Zweifel wieder einen Platz anweist."[650]

Theologisch prägte das von Rudolf Bultmann vorgelegte Programm der „Entmythologisierung"[651] die fünfziger und beginnenden sechziger Jahre. Dabei rückte – wie auch in der zeitgenössischen Philosophie – die Existenz des einzelnen in den Mittelpunkt der Überlegungen.

Existentialphilosophie und -theologie stimmten darin überein, „daß erst die Existenz die eigentliche Essenz setze, die Existenz der Essenz vorausgehe; daß man in Tradition, Glaube, Sitte keine vorgegebenen, verläßlichen Strukturen besitze, in denen man sich geborgen fühlen könne."[652]

Bei Bultmann selbst implizierte dieser Ansatz das Bemühen, den technischen Fortschritt mit dem Glauben zu versöhnen.[653]

Währenddessen bahnte sich in der Physik eine von solchen theologischen Bemühungen unbeachtete kopernikanische Wende an. „Ehemals elementare Prämissen galten nicht mehr: Raum und Zeit, früher unverrückbares, objektives Anschauungsgerüst, wurden relativiert; Kausalität und strenge Gesetzlichkeit mußten einer weitgehenden nur noch statistisch erfaßbaren Wahrscheinlichkeit weichen."[654]

Bekamen diese Veränderungen im wissenschaftlichen Weltbild erst im Laufe der Zeit für das allgemeine Bewußtsein der Menschen Bedeutung, prägte das *Fernsehen* seit Anfang der sechziger Jahre zunehmend Lebensrhythmus, Kommunikationsformen und Wirklichkeitsverständnis der Menschen.

„1955 waren 100 000 Fernsehteilnehmer registriert, Oktober 1957 wurde die Ein-Millionengrenze, Ende 1958 die Zwei-Millionengrenze erreicht, Ende 1960 gab es vier Millionen Fernsehteilnehmer, Oktober 1963 acht Millionen."[655] H. Zeiher

---

[650] Ebd. 61.
[651] S. z.B. die in G. Bornkamm, R. Bultmann, F.K. Schumann, Die christliche Hoffnung und das Problem der Entmythologisierung, Stuttgart 1954, dokumentierten Rundfunkvorträge und die anschließende Diskussion.
[652] Glaser a.a.O. (Anm. 623) 76. Soziologisch versuchte H. Schelsky die so geprägte Jugend als „die skeptische Generation" zu beschreiben (s. ders., Die skeptische Generation. Eine Soziologie der deutschen Jugend, Düsseldorf u.a. 1958).
[653] S. R. Bultmann, Neues Testament und Mythologie, München 1985 (1941) 16: „Man kann nicht elektrisches Licht und Radioapparat benutzen, in Krankheitsfällen moderne medizinische und klinische Mittel in Anspruch nehmen und gleichzeitig an die Geister- und Wunderwelt des Neuen Testaments glauben."
[654] Glaser, a.a.O. (Anm. 623) 283.
[655] Ebd. 254.

macht auf die weitreichenden Folgen für den Familienalltag aufmerksam: „Stücke aus dem Programmschema sind zum wiederkehrenden Zeitraster im Tagesablauf vieler Familien geworden: tägliche Nachrichtensendungen, tägliche Gute-Nacht-Sendungen für Kinder, Kinderserien."[656]

Hier tritt – bei gleichzeitigem Niedergang der Kinos – ein *Rückzug ins Private* hervor, der ein Grundzug in der Bundesrepublik werden sollte.[657]

Eine Gegenbewegung gegen privatisierende Tendenzen war der Studentenprotest ab 1967 mit seinen vielfältigen kulturellen Folgen. Sprache verlieh diesem ungestümen Protest gegen Konsumorientierung und Establishment die bereits in den zwanziger Jahren entwickelte Kritische Theorie mit ihrer die Schriften des jungen Karl Marx aufnehmenden, grundsätzlich kritischen Haltung gegenüber dem Vorfindlichen.

So bestimmte Th.W. Adorno 1963 sein Philosophieverständnis folgendermaßen: „Philosophie, wie sie nach allem allein zu verantworten wäre, dürfte nicht länger des Absoluten sich mächtig dünken, ja müßte den Gedanken daran sich verbieten, um ihn nicht zu verraten, und doch vom emphatischen Begriff der Wahrheit nichts sich abmarkten lassen. Dieser Widerspruch ist ihr Element. Es bestimmt sie als negative. Kants berühmtes Diktum, der kritische Weg sei allein noch offen, gehört zu jenen Sätzen, in denen die Philosophie, aus der sie stammen, die Probe besteht, indem sie, als Bruchstücke, das System überdauern."[658] 1966 publizierte er sein grundlegendes Werk „Negative Dialektik", 1968 erschien Jürgen Habermas' „Erkenntnis und Interesse".

Auch in der römisch-katholischen Kirche bahnte sich Mitte der sechziger Jahre ein tiefgreifender Wandel an: das *II. Vatikanische Konzil* (1962-1965). Hier öffnete sich die katholische Kirche unter dem von Papst Johannes XXIII. ausgegebenen Motto des „aggiornamento",[659] der Öffnung zur Welt, gegenüber den geistigen Strömungen der Zeit und initiierte tiefgreifende Reformen, nicht zuletzt auf dem für ihr Selbstverständnis konstitutiven

---

[656] H. Zeiher, Verselbständigte Zeit – selbständigere Kinder?, in: Neue Sammlung 28 (1988) 78.

[657] Vgl. E. Piel, Die Flucht ins Private. Die einsame Masse und die neue Gemeinschaft der Emotionen, in: E. Noelle-Neumann, E. Piel, Allensbacher Jahrbuch der Demoskopie 1978-1983, München u.a. 1983, XIX-XXX.

[658] Th.W. Adorno, Wozu noch Philosophie?, in: ders., Eingriffe, Frankfurt 1963, 14; vgl. grundlegend aus soziologischer Sicht: H. Korte, Eine Gesellschaft im Aufbruch. Die Bundesrepublik Deutschland in den sechziger Jahren, Frankfurt 1987.

[659] S. die Pastoralkonstitution über die Kirche in der Welt von heute „Gaudium et spes" (in: K. Rahner, H. Vorgrimler, Hg., Kleines Konzilskompendium, Freiburg ²³1991, 449-552).

Gebiet der Liturgie. Rückblickend gesehen gelang es jedoch nicht, die in Deutschland um sich greifende Abwendung vor allem jüngerer Menschen, z.T. in der radikalen Form des Kirchenaustritts, z.T. in der milderen des seltenen Meßbesuchs, zu verhindern. Noch krasser vollzog sich diese Abkehr von der Kirche auf protestantischer Seite. In den siebziger Jahren verloren die evangelischen Kirchen etwa 1,5 Millionen Mitglieder durch Austritt, die katholischen Diözesen etwa 0,5 Millionen. Atmosphärisch führte dies – in Verbindung mit anderen Entwicklungen wie dem Zustrom nichtchristlicher Ausländer – zu einem Rückgang der Selbstverständlichkeit der Kirchenmitgliedschaft.

In der evangelischen Theologie stellte das Buch „Theologie der Hoffnung" von Jürgen Moltmann 1964 einen allgemein als neu und weiterführend empfundenen Ansatz dar, der im Gespräch mit dem marxistischen Philosophen Ernst Bloch die Zukünftigkeit Gottes zum Ausgangspunkt einer auf Befreiung gerichteten kritischen Theologie machte.[660]

Das Lebensgefühl der Jugend prägte die mit früheren Traditionen brechende neue populäre Musik der Beatles, Rolling Stones u.a. 1969 fand in den USA das bald legendäre Woodstock-Festival statt, das zum „Topos der Gegenkultur"[661] wurde. Es zelebrierte eine neue Jugendkultur, die sich in bewußtem Gegensatz zu der Kultur und den Lebensweisen der Älteren verstand. Die dadurch entstehende Kluft zwischen den Generationen, die in Deutschland im Vergleich zu anderen europäischen Ländern besonders kraß ausgeprägt war und ist, hatte auch erhebliche Konsequenzen für die religiöse Sozialisation. Denn: „Die Tradierung religiöser Inhalte ist besonders abhängig von einem Grundvertrauen zwischen den Generationen ..."[662]

Einen Nachgesang auf den nachdrücklichen Reformwillen und die vielfachen Bemühungen, die Verkrustungen der Adenauer-Ära zu sprengen, stellt das zweibändige, von Jürgen Habermas 1979 herausgegebene Werk „Stichworte zur ‚Geistigen Situation der Zeit'" dar. Er versuchte zu prüfen, „wie es denn mit der intellektuellen Linken, die bis in die siebziger Jahre hinein die Kultur in Deutschland, so sagt man, ‚gemacht' hat, heute steht".[663]

---

[660] Schon in der Einleitung stellt J. Moltmann, Theologie der Hoffnung, München ^{10}1977 (1964) 12, fest: „Der Gott, von dem hier geredet wird, ist kein innerweltlicher oder außerweltlicher Gott, sondern der ‚Gott der Hoffnung' (Röm. 15,13), ein Gott mit ‚Futurum als Seinsbeschaffenheit' (E. Bloch) ...".

[661] Glaser, a.a.O. (Anm. 623) 300.

[662] R. Köcher, Religiös in einer säkularisierten Welt, in: E. Noelle-Neumann, R. Köcher, Die verletzte Nation, Stuttgart 1987, 173.

[663] J. Habermas, Einleitung, in: ders., Hg., Stichworte zur ‚Geistigen Situation der Zeit' Bd. 1, Frankfurt 1979, 8.

Hierbei wird – nach einer kurzen Reformphase vor 1972 – eine neue „Restaurationsphase", die sog. „Tendenzwende" registriert.[664]

Das politische Engagement vieler junger Menschen wich ab der Mitte der siebziger Jahre einem Rückzug in private „Nischen"[665], in denen man sich selbst zu verwirklichen suchte. Unübersehbar kristallisierten sich jedoch die wesentlichen Problembereiche heraus, die – wie z.T. erst später deutlich wurde, anknüpfend an Emanzipationsbestrebungen des 19. Jahrhunderts – zukünftig neue Gruppen, nämlich Bürgerbewegungen und Initiativgruppen thematisierten: *die ökologische Frage, die Friedensproblematik und das Anliegen der Frauenemanzipation.*

Besonders die ökumenische Bewegung setzte sich kirchlicherseits intensiv mit diesen Themen auseinander. Die VI. Vollversammlung des Weltrates der Kirchen in Vancouver formulierte die bis heute wirksame Forderung: „Die Mitgliedskirchen in einen konziliaren Prozeß gegenseitiger Verpflichtung (Bund) für Gerechtigkeit, Frieden und Integrität der ganzen Schöpfung einzubinden, sollte einen Arbeitsschwerpunkt der ÖRK-Programme bilden."[666]

Das Lebensgefühl der Zeit unmittelbar vor der Vereinigung Deutschlands umschrieben zwei Begriffe, die umfangreichen soziologischen Studien entstammten: *„Risikogesellschaft"* und *„Erlebnisgesellschaft".*[667] Beide konstatierten einen „gesellschaftlichen Individualisierungsschub von bislang unerkannter Reichweite und Dynamik". „Auf dem Hintergrund eines vergleichsweise hohen materiellen Lebensstandards und weit vorangetriebenen sozialen Sicherheiten wurden die Menschen in einem historischen Kontinuitätsbruch aus traditionalen Klassenbedingungen und Versorgungsbezügen der Familie herausgelöst und verstärkt auf sich selbst und ihr individuelles Arbeitsmarktschicksal mit allen Risiken, Chancen und Widersprüchen verwiesen."[668] Ähnliches beobachtete Ulrich Beck für die Familie.

„Arbeitsmarkt, Bildung, Mobilität – alles jetzt doppelt und dreifach. Familie wird zu einem dauernden Jonglieren mit auseinanderstrebenden Mehrfachambitionen zwischen Berufserfordernissen, Bildungszwängen, Kinderverpflichtungen und dem hausarbeitlichen Einerlei."[669]

---

[664] S. ebd. 17.

[665] S. Glaser, a.a.O. (Anm. 623) 342.

[666] Programmrichtlinien der ÖRK-Vollversammlung, abgedruckt in: epd Dokumentation 40/1983, 7.

[667] S. genauer 2. Kap. 2.2.

[668] U. Beck, Risikogesellschaft. Auf dem Weg in eine andere Moderne, Frankfurt 1986, 116.

[669] Ebd. 118.

Gerhard Schulze entdeckte als „gemeinsame Basis"[670] der unterschiedlichen Lebensstile das „Projekt des schönen Lebens".[671]

Der Mensch „achtet darauf, wie er erlebt, und er versucht, die Umstände so zu arrangieren, daß er es schön findet."[672]

„‚Erlebe dein Leben' ist der kategorische Imperativ unserer Zeit!"[673] Die Konsequenz daraus ist: „Abstammung und verwandtschaftliche Beziehungen, Religion, ökonomische Situation, ständische, kulturelle und lokale Zugehörigkeit haben als Gesichtspunkt der Auswahl von Interaktionspartnern an Bedeutung verloren. Soziale Milieus bilden sich als Erlebnisgemeinschaften."[674] Dabei tritt die „Ästhetisierung des Alltagslebens"[675] in den Vordergrund, die in den verschiedenen Milieus die Grundlage für „neue Gemeinsamkeiten unter der Bedingung der Individualisierung"[676] bildet.

Psychoanalytisch diagnostiziert Thomas Ziehe den „Narziß" als neues Modell der jugendlichen Lebensführung.[677] Hervorstechendes Merkmal ist sein in der Ich-Schwäche begründeter Mangel psychostruktureller lebenslanger Konsistenz. Die äußert sich u.a. in „Bricolage"[678]-Religion, also einer aus unterschiedlichen, z.T. sich widersprechenden Einzelstücken bestehenden Daseins- und Wertorientierung, die miteinander verbunden und immer wieder ausgetauscht werden.

Zusammengefaßt lassen sich – ähnlich wie im politisch-ökonomischen Bereich – kulturell-religiös drei Phasen der bundesrepublikanischen Entwicklung unterscheiden: Die fünfziger und beginnenden sechziger Jahre wurden durch die verstärkten Konsummöglichkeiten bestimmt; demgegenüber hatte kulturelles und religiöses Leben eher ausgleichende und stabilisierende Funktion. Zwar waren schon seit Mitte der fünfziger Jahre kritische Stimmen gegen die allgemeine Konsumorientierung zu hören, aber erst Mitte bis Ende der sechziger Jahre rüttelten die studentischen Proteste und

---

[670] G. Schulze, Die Erlebnisgesellschaft. Kultursoziologie der Gegenwart, Frankfurt u.a., 1993, 36.

[671] Ebd. 40.

[672] Ebd.

[673] Ebd. 59.

[674] Ebd.

[675] Ebd. 71.

[676] Ebd. 75.

[677] T. Ziehe, Pubertät und Narzißmus. Sind Jugendliche entpolitisiert?, Frankfurt u.a. 1975; vgl. ders., Worum geht es in der Narzißmus-Diskussion, in: Neue Sammlung 21 (1981), vor allem 135-141.

[678] S. D. Baacke, Jugend und Jugendkulturen, Weinheim u.a. ²1993, 191f.

Regelverstöße die Republik auf. Reformbestrebungen und zunehmende Liberalisierung griffen um sich. Traditionelle Werte und Überzeugungen in Kultur und Religion verloren ihre Selbstverständlichkeit. Nicht zuletzt ökonomische Schwierigkeiten und damit verbundene finanzielle Engpässe der öffentlichen Hand begrenzten die Reformimpulse ab Mitte der siebziger Jahre. Viele Menschen zogen sich ins Private zurück, ohne daß insgesamt die Herausbildung eines einheitlichen Lebensstils zu beobachten wäre. Vielmehr bestimmen – vor dem Hintergrund des kategorischen Imperativs der Erlebnisgesellschaft – kulturelle Unübersichtlichkeit und „Bricolage"-Religion die Szene.

4.1.3. Veränderungen in Erziehung und Pädagogik

Auch bei der Pädagogik und Erziehung lassen sich ähnliche Phasen beobachten.[679] Unter dem Schock des Zusammenbruchs des Dritten Reichs und der Entlarvung der nationalsozialistischen Greueltaten versuchten Pädagogen an die Zeit vor 1933 anzuknüpfen, je nach politischem Hintergrund in unterschiedlicher Weise:

> „Sozialistische Kritik sah im sogenannten ‚National-Sozialismus' einen puren Etikettenschwindel, der sich zwar mit dem Namen ‚Arbeiterpartei' getarnt hatte, in Wahrheit aber einem Komplott von Militarismus, Großkapital und Junkertum dienen und eine ständestaatlich-konservative ‚faschistische' Herrschaft errichten wollte ... Demgegenüber sahen bildungsbürgerliche oder kirchlich orientierte Beurteiler der ersten Nachkriegsjahre, die ihre nationalen, liberalen und religiösen Traditionen durch das Dritte Reich pervertiert sahen, meist gerade in der Gleichmacherei der NS-Politik das Teuflische des Systems. Sie hielten die Überstrapazierungen des Gemeinschaftsbegriffs und die ständigen Solidaritätskampagnen für das eigentlich Schlimme am ‚Totalitarismus'. "[680]

In der *DDR* versuchte man sozialistische Positionen der zwanziger Jahre aufzunehmen und führte die sozialistische Einheitsschule ein (die sich allerdings im Laufe der Zeit wiederum erheblich ausdifferenzierte). Vielleicht noch weitgehender war die Entscheidung für *eine Kinder jeden Alters umfassende Staatspädagogik*,[681] die von der Krippe über Hort und Schule, Junge

---

[679] R. Winkel, Die zeitgenössische Pädagogik, in: ders., Hg., Pädagogische Epochen, Düsseldorf 1988, 229-260, unterscheidet vier Phasen. „1945-1955 (Restauration)", „1955-1964 (Konservation)", „1964-1973 (Progression)", „1973 bis heute (Stagflation)", wobei er interessanterweise im Untertitel seines Beitrages nur drei Phasen „Restauration, Reform, Resignation" nennt.

[680] Scheuerl, a.a.O. (Anm. 117) 133f.

[681] S. kritisch hierzu den zusammenfassenden Überblick bei G. Helwig, Jugend und Familie in der DDR. Leitbild und Alltag im Widerspruch, Köln 1984, 18-34.

Pioniere und Jugendweihe usw. weit den Raum der Schule überschritt und mit einer strikten Abgrenzung zur Kirche und völligen Ausgliederung religionsunterrichtlicher Elemente verbunden war.

Zwar gab es bereits in der DDR selbst deutliche empirische Hinweise darauf, daß die Unterbringung von Kindern in sog. Wochen-, aber auch in Tageskrippen zu erheblichen Entwicklungsverzögerungen führt,[682] doch wurden aus ideologischen Gründen solche Erkenntnisse als „spießbürgerlich" zurückgewiesen bzw. ignoriert.[683]

Die Politiker der *Bundesrepublik* dagegen knüpften zum einen an das gegliederte Schulsystem der Weimarer Republik an, an deren Spitze das – anfangs – nur für einen kleinen Teil der Heranwachsenden geöffnete Gymnasium (bzw. die Oberschule) stand.

1950 z.B. besuchten nur 5,3% eines Jahrgangs die gymnasiale Oberstufe; bis 1960 stieg dieser Anteil auf 8,5%.[684]

Zum anderen blieb deutlich eine kirchlich-religiöse Ausrichtung der öffentlichen Bildung bestehen.[685] Bei den Volksschulen gab es in manchen Ländern bis in die sechziger Jahre hinein Konfessionsschulen; in den weiterführenden Schulen war konfessionell erteilter Religionsunterricht selbstverständlich, dazu kamen Schulandachten, -gottesdienste u.ä.

Bei näherem Hinsehen bahnten sich aber bereits in den fünfziger Jahren wichtige pädagogische Veränderungen an. Der Besuch des *Kindergartens* nahm zu; damit trat bereits im Kleinkindalter eine öffentliche Institution neben die Familie. Dies hing z.T. mit zunehmender Erwerbstätigkeit von Müttern zusammen.[686] Z.T. setzte sich auch die Auffassung durch, daß das

---

[682] S. z.B. E. Schmidt-Kolmer, Der Einfluß der Lebensbedingungen auf die Entwicklung des Kindes im Vorschulalter, Berlin (Ost) 1963, 71-73; ebd. 204-218 wird minutiös der Rückstand von Krippenkindern hinsichtlich Größe und Gewicht hinter „Familienkindern" dokumentiert.

[683] S. Helwig, a.a.O. (Anm. 681) 19f.

[684] Nach Winkel, a.a.O. (Anm. 679) 242; vgl. 3. Kap. 3.3.1.

[685] H.B. Kaufmann, Die Christen und die Schule in staatlicher und in freier Trägerschaft, Neukirchen-Vluyn 1989, 54-56, zitiert die entsprechenden Passagen in den Verfassungen und Schulgesetzen der einzelnen Länder. Er faßt die Einzelanalysen zusammen (ebd. 53): „In fünf Bundesländern ist ‚Ehrfurcht vor Gott' als Bildungsziel in die Verfassung aufgenommen worden ... Darüberhinaus finden sich in den einschlägigen Regelungen aller Länder (außer Hamburg) Aussagen über die Bedeutung des Christentums für Unterricht und Erziehung in der Schule, z.T. eingeschränkt auf bestimmte Schulformen und Schulstufen."

[686] S. R. Briel, Gesellschaftliche und politische Bestimmungsprozesse im Elementarbereich, in: Enzyklopädie Erziehungswissenschaft Bd. 6, Stuttgart 1984/85, 115f.

Spielen mit Gleichaltrigen soziale Lernprozesse ermögliche, die wichtig für die Persönlichkeitsentwicklung seien.[687]

Ende der fünfziger Jahre begann dann die bis Ende der sechziger Jahre unüberhörbare Kritik an Schule durch Jugendliche, die sich eher für Rock'n Roll und Blue Jeans als für die wesentlich durch ihre geschichtliche Bedeutung legitimierten Lernstoffe interessierten.

In dieser Zeit bereitete sich auch in der universitären Pädagogik ein Umschwung vor. Nach dem Zweiten Weltkrieg besetzten mehrheitlich Vertreter der sog. geisteswissenschaftlichen Pädagogik die wichtigsten Pädagogik-Lehrstühle: Hermann Nohl und Erich Weniger in Göttingen, Eduard Spranger in Berlin (später Tübingen), Theodor Litt in Leipzig (dann Bonn), Wilhelm Flitner (in Hamburg).[688]

Diesen direkten und indirekten pädagogischen Dilthey-Schülern war „bei allen Unterschieden im einzelnen ein gemeinsamer Ausgang bei der ‚Erziehungswirklichkeit', bei einer vorgängigen Praxis, die vom Standort des jeweiligen pädagogischen Verantwortungsbereichs aus im Hinblick auf ihre pragmatischen Ziele hermeneutisch aufgeklärt werden müsse".[689]

Doch brachten zum einen die kurz genannten Konflikte mit Jugendlichen und zum anderen auch aus dem Ausland zurückgekehrte Pädagogen das empirische Defizit dieses Forschungsansatzes zum Bewußtsein. Die Göttinger Antrittsvorlesung von Heinrich Roth, „Die realistische Wende der Pädagogischen Forschung",[690] die den Anschluß der Pädagogik an die empirische Methodik von Soziologie und Psychologie forderte, gab die Richtung für die weitere Entwicklung vor. Die Pädagogik wandelte sich von einer philosophisch-hermeneutischen zu einer sozialwissenschaftlichen Disziplin.[691]

---

[687] S. ebd. 117f.

[688] S. Scheuerl, a.a.O. (Anm. 117) 142.

[689] Ebd. 129.

[690] Veröffentlicht in: Neue Sammlung 2 (1962) 481-490; auf philosphischer Seite stellte H.-G. Gadamers „Wahrheit und Methode. Grundzüge einer philosophischen Hermeneutik" (Tübingen 1960 u.ö.) den Abschluß einer hermeneutisch bestimmten Philosophie dar (s. zur religionspädagogischen Relevanz aus katholischer Sicht H.A. Zwergel, Hermeneutik und Ideologiekritik in der Religionspädagogik, in: H.-G. Ziebertz, W. Simon, Hg., Bilanz der Religionspädagogik, Düsseldorf 1995, 11-17).

[691] S. Scheuerl, a.a.O. (Anm. 117) 143. F. Schweitzer, Brauchen Kinder Religion?, in: Comenius-Institut Münster in Verbindung mit Evangelische Akademie Bad Boll, Pädagogisch-Theologisches Zentrum der Evangelischen Landeskirche in Württemberg, Hg., Aufwachsen in Pluralität. Herausforderungen für Kinder,

Das konnte durchaus mit einer stark gesellschaftskritischen Ausrichtung verbunden werden, wie der berühmte Vortrag Th.W. Adornos „Erziehung nach Auschwitz" (1966) zeigt, der u.a. gegen das „Erziehungsbild der Härte" und den „Typus des verdinglichten Bewußtseins", ein Produkt der modernen technischen Welt, protestierte.[692]

Die sechziger Jahre waren dann auch auf pädagogischem Gebiet durch Reformbewegungen in den verschiedensten Gebieten geprägt.

R. Winkel faßt stichwortartig die wichtigsten Tendenzen zusammen, die etwa die Zeit von 1965 bis 1975 bestimmten (und z.T. bis heute reichen): „Entkonfessionalisierung, Verwissenschaftlichung, Horizontalisierung, Egalisierung der Chancen, Akademisierung der Lehrerbildung sowie Mitbestimmung auf möglichst allen Ebenen in allen Institutionen."[693]

Die Warnung vor der „Bildungskatastrophe", 1964 von Georg Picht in einer Artikelserie von „Christ und Welt" publiziert, rüttelte die Politiker auf.[694] Eine – auch in anderem begründete – Folge davon waren die massive Förderung des Besuchs weiterführender Schulen, die Vermehrung der Lehrerstellen und der Ausbau der Pädagogik an den Hochschulen.

„1963 gab es ca. 215000 Lehrer, 1973 waren es bereits 446000; 1965 besuchten 7,3 Mio. Schüler, 1972 gar 9,5 Mio. eine allgemeinbildende Schule; und 1960 besetzten 33 Professoren pädagogische Lehrstühle an bundesdeutschen Universitäten, 1972 zählte das Statistische Bundesamt bereits 247."[695]

Schulorganisatorisch wurde mit der Eröffnung der ersten Gesamtschule 1968 in Berlin Neuland betreten, das zu zahlreichen erbitterten Kontroversen führte.

Didaktisch brach in der zweiten Hälfte der sechziger und Anfang der siebziger Jahre geradezu ein *Curriculum-Fieber* aus. Saul B. Robinsohn hatte die in den USA entwickelte und bereits jahrzehntelang praktizierte Curriculum-Theorie nach Deutschland gebracht.[696] Jetzt legitimierte nicht mehr die Tradition bzw. die geschichtliche Bedeutung eines Sachverhaltes, son-

---

Schule und Erziehung, 1994, 48, sieht in dieser Veränderung der Pädagogik einen wesentlichen Grund für deren – bei Roth allerdings noch nicht zu beobachtende – Ausblendung religiöser Fragen.

[692] Th.W. Adorno, Erziehung nach Auschwitz, abgedruckt z.B. in: Winkel, a.a.O. (Anm. 679) 327.

[693] Winkel, a.a.O. 245.

[694] Glaser, a.a.O. (Anm. 623) 292, weist darauf hin, daß sich verschiedene Landtage und zweimal der Bundestag intensiv mit den Thesen Pichts beschäftigten.

[695] Winkel, a.a.O. (Anm. 679) 244.

[696] S. grundlegend S.B. Robinsohn, Bildungsreform als Revision des Curriculums, Neuwied 1964.

dern vielmehr seine Schülerinnen und Schülern Gegenwart und Zukunft erschließende Kraft dessen Aufnahme in die Inhalte schulischen Lernens. Die Verwissenschaftlichung des Unterrichts war eine Folge dieses didaktischen Aufbruchs, der auch den Religionsunterricht erheblich prägte (und bis heute prägt).

Bildungspolitisch war 1970 der vom 1965 konstituierten Deutschen Bildungsrat vorgelegte „Strukturplan für das Bildungswesen" ein wichtiger Reformschritt, denn er beinhaltete erstmals ein vom Kindergarten bis zum Tertiärbereich reichendes Bildungskonzept. 1972 vereinbarte dann die Kultusministerkonferenz die „Neugestaltung der gymnasialen Oberstufe", die die Differenzierung in Grund- und Leistungskurse sowie ein neues Bewertungssystem vorsah.[697]

Wie auch im politisch-ökonomischen und kulturell-religiösen Bereich folgte auf die Reformbewegung eine „Stagflation".[698] Reformprogramme auf den verschiedensten Ebenen – vom Situationsansatz im Kindergarten über die integrierte Gesamtschule bis zu Hochschulreformen – wurden eingestellt bzw. kamen nur langsam voran, auch aus finanziellen Gründen. Auf dem Gebiet der Didaktik versuchte Wolfgang Klafki mit dem Begriff der „epochaltypischen Schlüsselprobleme" ein für die heutige Zeit angemessenes Bildungsverständnis zu erarbeiten, das die gegenwärtigen Problemlagen zum Thema macht. Kennzeichen dieser „Schlüsselprobleme" ist ihr „gesamtgesellschaftlicher, meistens sogar übernationaler bzw. weltumspannender"[699] Charakter.

Klafki nennt u.a. die Umweltproblematik und das dadurch geforderte neue Verhalten, die Wichtigkeit demokratischer Kontrolle, das Nord-Süd-Gefälle und die neuen Herausforderungen durch Steuerungs-, Informations- und Kommunikationsmedien.[700] Religiöse Fragen blieben unberücksichtigt.

Schulorganisatorisch gewannen und gewinnen sog. *Privatschulen*, vor allem die Waldorf- und Montessorischulen, aber auch christliche August-Hermann-Francke-Schulen zunehmend an Gewicht, sowohl hinsichtlich der Zahl der sie besuchenden Schülerinnen und Schüler als auch in ihrer

---

[697] Vgl. 3. Kap. 3.2.6.

[698] So Winkel, a.a.O. (Anm. 679) 245.

[699] W. Klafki, Grundzüge eines Allgemeinbildungskonzeptes. Im Zentrum: Epochaltypische Schlüsselprobleme, in: ders., Neue Studien zur Bildungstheorie und Didaktik. Zeitgemäße Allgemeinbildung und kritisch-konstruktive Didaktik, Weinheim u.a. ³1993, 60.

[700] S. ebd. 56-60; s. näher im 3. Kap. 3.3.3.

Bedeutung für die pädagogische Diskussion.[701] Zu diesen reformpädagogisch
begründeten Ansätzen gehört auch seit den achtziger Jahren das Bemühen
um die *Integration behinderter Kinder in Regelschulen*, das sich langsam aber
stetig – maßgeblich durch das Engagement von Eltern behinderter Kinder
gefördert – ausbreitet.[702]

Insgesamt ist aber das pädagogisch-erzieherische Gebiet seit den achtziger
Jahren eher durch das Verschwimmen von Konturen geprägt. Die verschiedenen Schularten werden immer durchlässiger gegeneinander, ohne daß
jedoch die grundsätzliche Gliederung wegfiele; die pädagogischen akademischen Schulen vernetzen sich miteinander. So beendete Hans Scheuerl seinen Grundriß „Geschichte der Erziehung" 1985 mit der Bemerkung: „Hier
stehen wir – kontrovers. Es ist alles noch offen."[703]

Ein wichtiger Ausdruck der – insgesamt gesehen – pädagogischen Unübersicht-
lichkeit ist auch die Veränderung der schultheoretischen Diskussion. Bezog sie sich
in den sechziger und beginnenden siebziger Jahren noch vor allem auf strukturelle
Fragen der gesamten Schulorganisation, so konzentrierte sie sich in den achtziger
Jahren zunehmend auf die Frage der „guten Schule", die die Einzelschule in den
Vordergrund rückt.

4.1.4. Zusammenfassung

Die Entwicklung der Bundesrepublik Deutschland ist politisch-gesellschaft-
lich, kulturell-religiös und pädagogisch durch mehrere tiefgreifende Veränderungen geprägt:

– Bis zum Beginn der sechziger Jahre herrschte eine primär auf wirtschaftlichen Aufbruch gerichtete Stimmung, der eine gesellschaftliche Stabilisierung auch auf dem Gebiet von Erziehung, Kultur und Kirche entsprach.

– Ab der Mitte der sechziger Jahre kam es – ausgelöst durch verschiede-
ne, z.T. außerdeutsche Phänomene – zu tiefgreifenden Verunsicherungen.
Bis dahin (wieder) selbstverständlich scheinende Traditionen wurden in
Frage gestellt, u.a. die Zugehörigkeit zu einer der beiden großen Kirchen. Im
Bildungsbereich wurden Reformen versucht.

---

[701] S. zum Anstieg der Zahl sog. freier christlicher Schulen Idea-Spektrum vom
27.5.1992, 6f.

[702] S. zum internationalen Hintergrund der deutschen integrationspädagogischen
Bemühungen J. Schöler, Gemeinsame Erziehung und gemeinsamer Unterricht in
anderen Ländern, in: P. Heyer, E. Korfmacher, W. Podlesch, U. Preuss-Lausitz,
L. Sebold, Hg., Zehn Jahre wohnortnahe Integration. Behinderte und nicht-
behinderte Kinder gemeinsam an ihrer Grundschule, Frankfurt 1993, 21-29; zur
Entwicklung der Integration in deutschen Schulen s. in demselben Buch U.
Preuss-Lausitz, Wohin geht die Integrationsentwicklung in Deutschland?, 30-37.

[703] Scheuerl, a.a.O. (Anm. 117) 144.

– In den achtziger Jahren beherrschen ökonomische Fragen zunehmend die Diskussion. Die hohe Arbeitslosigkeit schließt auch viele Kinder und Jugendliche vom allgemeinen Wohlstand aus. Individuelle Probleme treten in den Vordergrund, die Ungleichzeitigkeit zwischen einzelnen Lebenslagen wächst, das Bewußtsein für die Reduktion technischer Wirklichkeitswahrnehmung und -gestaltung nimmt zu.

4.2. Rückgewinnung von „Religionsunterricht"

Schon bald nach Ende des Zweiten Weltkriegs wurden erste pädagogische Stimmen laut, die das Verständnis schulischer Christenlehre bzw. Evangelischer Unterweisung[704] als Verkündigung kritisierten. Der Pädagoge Erich Weniger hatte bereits in einem 1948 gehaltenen Vortrag – seine eigene frühere Position korrigierend – u.a. vor der Überforderung der Lehrer durch den Verkündigungsauftrag gewarnt.[705] Er stellte dagegen die konkrete Situation als konstitutiv für das Konzept evangelischen Religionsunterrichtes heraus. Situationsanalytisch diagnostizierte er den „Unglauben" und die „Nachchristlichkeit der breiten Massen" als „Grundtatsache unserer Zeit"[706], zugleich jedoch „mitten in allem Unglauben ein eigentümliches Verständnis für die Wahrheit des Christentums und eine Bereitschaft zum Hören".[707]

„Pädagogisch aber ist diese Offenheit dem christlichen Glauben gegenüber, die doch den letzten Sprung nicht wagt, die eigentliche Situation des heutigen Menschen, von der aus es zu wirken gilt."[708]

Weniger empfahl in dieser Situation eine „hermeneutische, deiktische Form der christlichen Unterweisung".[709]

Dieser Unterricht verbleibe in der Regel im Vorfeld der Verkündigung, sei „Lehre, Zeugnis, Hinweis auf die Sache, nicht aber die Sache selbst".[710]

---

[704] Zum Begriff „Evangelische Unterweisung" s. Anm. 570.

[705] E. Weniger, Glaube, Unglaube und Erziehung (1949), in: ders., Die Eigenständigkeit der Erziehung in Theorie und Praxis, Weinheim 1957, 99-122; vgl. auch H. Marx, Über den Volksschullehrer als Religionslehrer, in: Sammlung 4 (1949) 181ff. Auf dem Gebiet der DDR erinnerte J. Kupfer, Los vom schulischen Denken!?, in: Die Christenlehre 6 (1953) 60-63, vehement an den konzeptionell zu berücksichtigenden Schulbezug auch der ostdeutschen Christenlehre.

[706] Weniger, a.a.O. 104, 108.

[707] Ebd. 115.

[708] Ebd. 110.

[709] Ebd. 116.

[710] Ebd. 118.

Endlich wurden wieder die konkret im Religionsunterricht Handelnden, die Lehrer und Lehrerinnen sowie Schülerinnen und Schüler, in den Blick und konzeptionell ernst genommen. Das Thema des „*Verstehens*" brach – nach vollständigem Rückzug auf den Begriff „Verkündigung"[711] – den „fruchtlos gewordenen Zirkel von Kirchlichkeit, Glauben und Verkündigung"[712] auf.

Allerdings konnten diese Anfragen nicht die vor allem durch Kittel bestimmte innerkatechetische Diskussion beeinflussen. Erst 1958 begann eine Beschäftigung mit der schulpädagogischen Aufgabe, die zu einer religionspädagogischen Neubesinnung führte und dabei sowohl den Begriff Religionspädagogik wieder aufnahm – allerdings meist in Verkürzung auf den schulischen Religionsunterricht – als auch sich den pädagogischen Problemen des Religionsunterrichtes stellte. Offensichtlich ließ erst die Konsolidierung der Bundesrepublik und des Schulwesens die Frage nach der Legitimation des Religionsunterrichtes dringlich werden, bei der das Ungenügen einer rein innertheologischen und katechetischen Argumentation bemerkt wurde.

Vermutlich machte das mit dem zunehmenden Wohlstand und der Fixierung auf Konsum weiter Bevölkerungskreise einhergehende Nachlassen des Interesses am kirchlichen Leben die Frage nach der Begründung der religiösen Erziehung unabweisbar.

Insgesamt bewegen sich die im folgenden exemplarisch skizzierten Konzepte zwischen stärker an den Inhalten bzw. den Schülerinnen und Schülern orientiertem Interesse und geraten dabei jeweils an die Grenzen schulischen Religionsunterrichts, ohne aber schon zu einer auch andere Lernorte umfassenden religionspädagogischen Gesamtkonzeption vorzustoßen. Weithin bleibt in dieser Zeit die deutsche Religionspädagogik auf Überlegungen zur Didaktik des Religionsunterrichts beschränkt.

4.2.1. M. Stallmanns „Hermeneutischer Religionsunterricht"

Angesichts der Spannungen und Veränderungen im Werk Martin Stallmanns (1903-1980)[713], der nach etlichen Jahren Pfarrdienst seit 1948 als Professor für Religionspädagogik an der Pädagogischen Hochschule Lüne-

---

[711] Zur religionspädagogischen Problematik dieses Begriffs s. R. Dross, Religionsunterricht und Verkündigung. Systematische Begründungen der katechetischen Praxis seit der Dialektischen Theologie, Hamburg 1964.

[712] Ebd. 117.

[713] Zum Weiterstudium s. die Bibliographie in: W. Janzen, Existentiale Theologie und Religionspädagogik. Das Beispiel Martin Stallmanns, Aachen 1990, 268-271 (ebd. 271f. auch Hinweise zu Rezensionen u.ä. über Stallmanns Publikationen).

burg und seit 1961 an der Pädagogischen Hochschule Göttingen lehrte, muß noch einmal kurz an das systematische Interesse meiner Darstellung erinnert werden.

Zu Recht stellt W. Janzen fest: „Der religionspädagogische Entwurf Stallmanns steht in der Spannung zwischen zwei Polen: Pädagogik/Schule – Theologie/Kirche. In ‚Christentum und Schule' wendet Stallmann sich zunächst dem ersten Pol zu: Hier steht die ‚Bestimmung' des Religionsunterrichts von der Schule her im Mittelpunkt des Interesses. In ‚Die biblische Geschichte im Unterricht' wird dem Religionsunterricht eine Grundlegung vom zweiten Pol, von Theologie und Kirche her, gegeben."[714]

Wirkungsgeschichtlich weiterführend und – durch den bewußten Rekurs auf „Religionsunterricht" – die Diskussion anregend[715] war die *geistesgeschichtliche und schulpädagogische Begründung des Religionsunterrichtes* in Stallmanns erstem wichtigen Werk „Christentum und Schule". Sie sei deshalb kurz in ihrer leitenden Argumentation skizziert:

Stallmann setzte kulturgeschichtlich – und sich somit deutlich von den Vertretern der Evangelischen Unterweisung unterscheidend – beim allgemeinen Traditionsverlust ein.

„Die Auseinandersetzung mit der überlieferten Gestaltung menschlichen Lebens hat immer das Verhältnis der Generationen zueinander bestimmt. Erziehung, Bildung und Unterricht haben Form und Inhalt immer von dem her empfangen, was für die ältere Generation verbindend und darum verbindlich geworden war. Wenn nun aber keine Überlieferung mehr entsteht, wenn die Älteren nichts mehr haben, was sie mit dem Anspruch auf selbstverständliche Gültigkeit an die Jüngeren weitergeben mögen, dann muß das unabsehbare Konsequenzen haben."[716]

---

[714] Janzen, a.a.O. 13. Von dieser Spannung her lassen sich die beiden unterschiedlichen Einordnungen Stallmanns in die religionspädagogische Konzeptionsgeschichte verstehen. K.E. Nipkow, Zur Begründung des schulischen Religionsunterrichts. Eine Auseinandersetzung mit den Konzeptionen von Gert Otto und Martin Stallmann, in: ders., Grundfragen des Religionsunterrichts in der Gegenwart, Heidelberg ²1969, 5-28, stützt sich vor allem auf Stallmanns „Die biblische Geschichte im Unterricht. Katechetische(!) Beiträge" (s. ebd. 22) und kommt zur These eines primär theologisch begründeten Verständnisses von Religionsunterricht bei Stallmann, das sich gut an die Bemühungen M. Rangs anschließt. Sturm, a.a.O. (Anm. 528), rekurriert dagegen primär auf Stallmanns „Christentum und Schule" (s. ebd. 95-100) und betont die schulpädagogische Begründung des Religionsunterrichs, die für ihn eine deutliche Zäsur zur vorhergehenden Katechetik bedeutet.

[715] S. M. Stallmann, Christentum und Schule, Stuttgart 1958, 191; vgl. die knappe Zusammenstellung von Kritiken hieran bei Janzen, a.a.O. 10f.

[716] Stallmann, a.a.O. 9f. Deutlich markiert er dabei die ästhetischen (ebd. 11) und psychologischen (ebd. 12) Konsequenzen aus der neu gewonnenen „Selbständigkeit" der Menschen.

Das Problem dieses Phänomens sah Stallmann – und hier folgte er Friedrich Gogarten[717] – in der Bedeutung von Überlieferung: „Es ist nicht der Sinn der Überlieferung, uns das, was wir nur mit dem Einsatz von uns selbst tun können, abzunehmen, sondern uns bei dem Gefragtsein und Antworten-müssen festzuhalten, das heißt, uns in die Verantwortung zu rufen."[718] Hier liegt auch die Aufgabe der dem Bildungsgedanken verpflichteten Schule.

„Mit der Überlieferung so umzugehen, daß sie den Menschen zu sich selbst bringt, das ist das eigentliche Anliegen der Bildung."[719]

Allerdings setzt die Schule, will sie „zu einer echten Begegnung mit der Überlieferung helfen",[720] die Erziehung in der Familie voraus. „Erst in der konkreten Verantwortung vor dem Wort des anderen erwacht die geschichtliche Bewegtheit, in die hinein Überlieferung vernommen werden kann."[721] Dieses Wort ist möglich, steht aber nicht zur Verfügung. Hier kommt die „Religion" als „die Frage nach dem Ursprung"[722] in den Blick.

„Auch für den modernen Menschen, der sich kosmologisch, anthropologisch und biologisch wohl unterrichtet fühlt, bleibt die Frage bestehen, wo das eigentliche Leben seinen Ursprung nehme, nämlich das Leben in personaler Verantwortung."[723]

Gültige Antwort auf diese Frage ist das „Wort Gottes", „das Wort, in dem Gott sich selbst den Menschen als ihr Gott zusagt."[724] Dieses Wort ereignet sich in der Predigt und nur hier.[725]

„Das bedeutet vor allem, daß Gott aus der schweigenden Verborgenheit heraustritt und sich den Menschen zuwendet und sie wissen läßt, daß er um sie weiß und sie in diesem seinem Wissen ihr Leben haben sollen."[726]

---

[717] Anmerkungsweise teilt ebd. 211 Stallmann mit, daß das Buch die Ausarbeitung einer kürzeren Schrift ist, die er Gogarten zu dessen 70. Geburtstag überreichte.
[718] Ebd. 33.
[719] Ebd. 51.
[720] Ebd. 64f.
[721] Ebd. 65.
[722] Ebd. 73.
[723] Ebd. 75. In diesem Zusammenhang mahnt Stallmann ebd. 81: „Man darf nur die natürliche Religiosität nicht übersehen, die durch die moderne Welt ins Unbewußte abgedrängt und dort außerordentlich gesteigert worden ist." Hier, wie auch anderswo (z.B. ebd. 12, 82), schwingt ein – gegenüber den durch die Katastrophe des 1. Weltkriegs geprägten Theologen – sehr moderater zivilisationskritischer Unterton mit.
[724] Ebd. 89.
[725] Ebd. 96.
[726] Ebd. 89.

Diese beiden Argumentationsstränge, die Bedeutung von Überlieferung im existentiellen Sinn und das Ereignis des Wortes Gottes in der Predigt, bilden den Hintergrund für die Ortung des Christentums in der Schule, konkret dann auch des Religionsunterrichts.[727] Stallmann setzte also Erfahrungen in Familie und Gemeinde voraus.

Nachdrücklich unterschied er das Christentum als „Ersatz für alle geschichtlich wandelbaren Weltanschauungen und Religionen", das geradezu dem christlichen Glauben widerspricht, vom Christentum, das „den Menschen zu einem Standhalten in der Geschichtlichkeit des immer Gefragtseins und Antworten-müssens, zu einer nichtwissenden Offenheit für seine Freiheit" drängt.[728] Letzteres hat sehr wohl Platz in der Schule, kann sogar „als Grundlage der Schule" in Anspruch genommen werden. Denn es meint „ein durch die christliche Verkündigung beeinflußtes Denken und Verstehen ..., ein Element unserer geistigen Überlieferung, in der das geschichtliche Selbstverständnis des Menschen seinen Niederschlag gefunden hat."[729] So kann die Begegnung mit dem Christentum als Überlieferung dem Schüler (und der Schülerin) helfen, „die Herausforderung, den Anruf und Anspruch unserer Welt verstehend zu vernehmen und darauf zu antworten, sie ruft indirekt die eigene Verantwortung wach".[730] Konkret geschieht dies im Religionsunterricht.

Gegen die Vertreter der Evangelischen Unterweisung, die die Bezeichnung „Religionsunterricht" ablehnten, beharrte Stallmann auf diesem Begriff: „Das Christentum nämlich, mit dem es die Schule zu tun hat, ist mit dem Namen ‚Religion' richtig benannt."[731] Denn Religion ist wesentlich Überlieferung und unterscheidet sich so vom Evangelium wie das Christentum vom christlichen Glauben.

---

[727] Janzen, a.a.O. (Anm. 713) 175: Der Religionsunterricht ist für Stallmann das „Hauptbeispiel", an dem er die Frage erörtert, „wie man sich erzieherisch den Phänomenen der Religion und des Glaubens nähern kann und soll".

[728] Stallmann, a.a.O. (Anm. 715) 149.

[729] Ebd. 150, aber: „Den christlichen Glauben kann man nicht zur Grundlage des Schulwesens machen. Er wäre mißverstanden, wenn man meinte, ihn als geistigen Besitz voraussetzen zu können, so daß man aus ihm Richtlinien für eine kontinuierliche Arbeit in der Schule herleiten könnte. Er ist immer angewiesen auf das hörende Vernehmen des verkündigten Wortes Gottes."

[730] Ebd. 168.

[731] Ebd. 191; s. ausführlicher M. Stallmann, Das Problem der Religionspädagogik, in: H. Heeger, Hg., Glauben und Erziehen, FS G. Bohne, Neumünster 1960, 115-127, wo er sich u.a. ausführlich (122-126) mit Schleiermachers Verständnis des Religionsunterrichts auseinandersetzt.

Deutlich versuchte also Stallmann bei seiner religionspädagogischen Konzeption sowohl der allgemeinen Aufgabe von Schule als auch der theologischen Einsicht in die Unverfügbarkeit des Glaubens gerecht zu werden. Pädagogisch stützte er sich dabei auf ein Verständnis von Schule als Ort der (existentiell bedeutsamen) Überlieferung,[732] theologisch auf das Glaubensverständnis Rudolf Bultmanns[733] und Gogartens Wortverständnis und Säkularisierungsthese.[734]

Dabei vernachlässigte er aber die pädagogisch unerläßliche entwicklungspsychologische Differenzierung.[735] Im Grunde beziehen sich seine Überlegungen nur auf den Religionsunterricht der gymnasialen Oberstufe, ohne daß diese Engführung thematisiert wird. Letztlich bleibt auch – wie vollends sein Buch „Die biblische Geschichte im Unterricht" zeigt – der Inhalt des Religionsunterrichts derselbe wie in der Evangelischen Unterweisung,[736] ohne daß konkrete, also nicht nur existentialphilosophisch erhobene Fragen der jungen Menschen Berücksichtigung finden. Interessant und bis heute noch nicht ausgeschöpft ist dagegen die Beobachtung Stallmanns, *daß* ein der Auslegung verpflichteter, materialiter also *jeder bibelbezogene Unterricht eine außerhalb seiner selbst liegende Voraussetzung* hat.

Stallmann nennt sie, hierin deutlich Erbe der dialektischen Theologie, die Predigt.

Diese unter volkskirchlichen Verhältnissen nicht viel Aufsehen erregende Einsicht bekam neue Relevanz bei der Einführung des Religionsunterrichtes in den neuen Bundesländern nach der politischen Wende. Denn hier haben die meisten Kinder und Jugendlichen jeden Kontakt zur kirchlichen Verkündigung und deren Wirkung verloren, bzw. sie wurden in den letzten vierzig bzw. sechzig Jahren von ihnen ferngehalten. Umgekehrt verkümmerte auch in den Kirchen das Bewußtsein für die Bedeutung der Institutionalisierung ihrer pädagogischen Verantwortung für die Allgemeinheit, etwa in Gestalt des schulischen Religionsunterrichts. Diese Entwicklungen werfen nicht zuletzt für die Bibeldidaktik erhebliche Fragen auf.

[732] S. H.-K. Beckmann, Martin Stallmann (1903-1980), in: H. Schröer, D. Zilleßen, Hg., Klassiker der Religionspädagogik, Frankfurt 1989, 271.
[733] S. Stallmann, a.a.O. (Anm. 715) 98-100.
[734] S. die Verweise in den Anmerkungen ebd. 212, 217.
[735] S. lediglich ebd. 192 den kurzen Hinweis.
[736] Vgl. das kritische Urteil Bockwoldts, a.a.O. (Anm. 136) 80. Vgl. in diesem Zusammenhang auch die konstruktiv-kritische Rezeption Rangs bei M. Stallmann, Die biblische Geschichte im Unterricht. Katechetische Beiträge, Göttingen 1963, 203-207.

4.2.2. H.-B. Kaufmanns „problemorientierter Religionsunterricht"

Den Hintergrund des „thematisch-problemorientierten Religionsunterrichts", wie ihn profiliert Hans-Bernhard Kaufmann (geb. 1926) im Oktober 1966 auf einer Loccumer Akademietagung vorstellte,[737] bildete das – in 4.1. in unterschiedlichen Hinsichten skizzierte – allgemeine Reformklima in der Bundesrepublik. Institutioneller Ausdruck des damit verbundenen pädagogischen Aufbruchs war auf kirchlicher Seite die Gründung bzw. der Ausbau von religionspädagogischen Instituten,[738] die sich ab Ende der sechziger Jahre nachdrücklich in die Theoriediskussion zur Religionsdidaktik (und zum Konfirmandenunterricht) einschalteten.

Kaufmann selbst leitete von 1966 bis 1972 das Religionspädagogische Institut der Hannoverschen Landeskirche in Loccum, bevor er als Direktor des Comenius-Instituts, der Evangelischen Arbeitsstätte für Erziehungswissenschaft, nach Münster ging.

Schon der Titel des Vortrags „Muß die Bibel im Mittelpunkt des Religionsunterrichtes stehen?" markierte deutlich, daß jetzt das Evangelische Unterweisung und Hermeneutischen Religionsunterricht verbindende inhaltliche Gemeinsame, die Bibel, in ihrer Bedeutung für den schulischen Religionsunterricht hinterfragt wird. Aktueller Grund hierfür war „die gegenwärtige Krise des Religionsunterrichts, wie sie u.a. in den epidemischen Abmeldungen in manchen Gegenden zum Ausdruck kommt",[739] also die fehlende bzw. mangelnde Motivation der Schülerinnen und Schüler für den Religionsunterricht.

Die Krise sah Kaufmann „auch darin begründet, daß ein Religionsunterricht, der sich fast ausschließlich im Medium der biblischen Bücher und der traditionellen christlichen Stoffe bewegt, als ob es nur um ihre Auslegung und Tradierung, um ihre Übernahme und Aneignung gehe, von Schülern, die diese Texte kritisch anfechten

---

[737] Zu den verschiedenen publizierten Fassungen dieses Vortrags s. die Anmerkung zu H.-B. Kaufmann, Muß die Bibel im Mittelpunkt des Religionsunterrichts stehen? Thesen zur Diskussion um eine zeitgemäße Didaktik des Religionsunterrichts, in: ders., Streit um den problemorientierten Unterricht, Frankfurt u.a. 1973, 23 (im folgenden zitiere ich aus der in diesem Sammelband abgedruckten Fassung). P. Biehl, Didaktische Strukturen des Religionsunterrichts, in: JRP 12 (1995), 1996, 200, sieht in diesem Neuansatz Kaufmanns die „stärkste Veränderung, die die Gestalt des Religionsunterrichts" in den letzten 50 Jahren erfuhr. Zum Weiterstudium s. die Bibliographie Kaufmanns (1954-1986) in: K. Goßmann, Hg., Glaube im Dialog, Gütersloh 1987, 285-306.

[738] S. zum einzelnen H.-B. Kaufmann, Der problemorientierte Unterricht und sein Kontext, in: ders., a.a.O. 9.

[739] S. Kaufmann, a.a.O. (Anm. 737) 23.

und die von ganz anderen Themen und Fragen bewegt werden, als Fremdkörper und Getto empfunden wird."[740]

Der Untertitel des Vortrags „Thesen zur Diskussion um die zeitgemäße Didaktik des Religionsunterrichts" wies auf den pädagogischen Ansatzpunkt Kaufmanns hin, der selbst nach Ausbildung zum gymnasialen Lehramt (Deutsch, Religion, Philosophie) als Dozent und Professor für Pädagogik in der Lehrerausbildung tätig gewesen war. Damals prägte die Verbreitung der US-amerikanischen Curriculum-Theorie durch Saul B. Robinsohn mit ihrer grundlegenden Infragestellung überkommener Bildungsinhalte und -ziele die allgemeine didaktische Diskussion.[741] Dementsprechend – und in Aufnahme bildungstheoretischer Überlegungen Georg Pichts zur grundsätzlichen Bedeutung problemorientierten Forschens, Lehrens und Lernens angesichts der globalen Überlebensfragen –[742] protestierte Kaufmann gegen den den damaligen Religionsunterricht immer noch prägenden „materialen Bildungsbegriff" des bisherigen bibelzentrierten Unterrichts.

Theologisch warf er ihm vor, daß er „einem einseitigen theologischen Verständnis des ‚Wortes Gottes' entspricht ..., nach dem das Wort Gottes mit der Bibel als ‚Schrift' und demzufolge die Aufgabe des Religionsunterrichts mit der Auslegung biblischer Texte identifiziert wird".[743]

Dagegen setzte Kaufmann: „Evangelischer Religionsunterricht hat die Aufgabe, Erfahrung und Wirklichkeit im Horizont des christlichen Glaubens auszulegen und zu eröffnen."[744] Didaktisch ging es um die – durch Karl Barth fälschlicherweise tabuisierte – Frage nach dem „Anknüpfungspunkt".[745]

---

[740] Ebd.

[741] S. Robinsohn, a.a.O. (Anm. 696); vgl. aus religionspädagogischer Sicht z.B. G.R. Schmidt, Die Inhalte des Religionsunterrichts aus der Sicht der allgemeinen Curriculum-Theorie, in: EvErz 22 (1970) 16-26, und ders., Die Lernziele, in: E. Feifel, Hg., Handbuch der Religionspädagogik Bd. 2, Gütersloh u.a. 1974, 73-89.

[742] Kaufmann, a.a.O. (Anm. 737) 16, bezieht sich auf G. Picht, Die großen Zukunftsaufgaben, München 1969.

[743] Kaufmann, ebd. 23.

[744] Ebd. 24.

[745] S. die 1934 geführte Diskussion zwischen E. Brunner, Natur und Gnade. Zum Gespräch mit Karl Barth, und K. Barth, Nein! Antwort an Emil Brunner, abgedruckt in: W. Fürst, Hg., „Dialektische Theologie" in Scheidung und Bewährung 1933-1936, München 1966, 169-207, 208-258; vgl. dazu die kritische religionspädagogische Rekonstruktion bei H.B. Kaufmann, Zum Verhältnis pädagogischen und theologischen Denkens, in: E. Goßmann, H.B. Kaufmann, Hg., Forum Gemeindepädagogik, Münster 1987, 17-21.

Ein didaktisch verantworteter Unterricht „verlangt vom Lehrer die Überlegung: Wo gibt es schon eine latente oder vorgängige Beziehung des jungen Menschen zum Gegenstand oder zum Thema, das behandelt werden soll, oder wo läßt sie sich stiften? Mit anderen Worten: Wo reicht die Sache, die im Unterricht zur Sprache kommen soll, in den Erlebnis- und Interessenhorizont des Schülers hinein?"[746]

Dazu bedarf es – auch hier im Gegenüber zu Evangelischer Unterweisung und Hermeneutischem Religionsunterricht ein Anliegen des religionspädagogischen Aufbruchs vor dem Ersten Weltkrieg aufnehmend – einer empirischen Analyse des Ausgangspunktes.[747] Erst so ist Problemorientierung als „die Orientierung des Lernens an Aufgaben, Themen, Konflikten unserer Lebenswelt in ihrer personalen, interpersonalen und gesellschaftlich-politischen Dimension"[748] möglich.

Neben dieser didaktischen Begründung des thematisch-problemorientierten Religionsunterrichts führt Kaufmann parallel noch eine theologische aus. Der traditionelle Bibelunterricht übersähe in seiner Traditionsorientierung, daß die zentralen biblischen Inhalte existentiell den Menschen und seine Wirklichkeit betreffen.

„Das Neue Testament versteht die Offenbarung Gottes in Jesus so, daß darin der Mensch auf seine ursprüngliche Zugehörigkeit zu Gott hin angesprochen und in seiner Beziehung zu Gott erneuert wird. Sowohl die paulinische als auch die lutherische Rechtfertigungslehre können m.E. nur so verstanden werden, daß sich mit dem Gottesverhältnis des Menschen auch sein Weltverhältnis, seine Stellung zum anderen Menschen und zu sich selbst verändert."[749]

Dazu ist nach christlichem Verständnis die Offenbarung Gottes ein geschichtliches Ereignis und muß wiederum unter geschichtlichen Bedingungen vermittelt werden. Seine theologische Argumentation beendete Kaufmann mit dem Hinweis auf „das Bekenntnis zu Jesus Christus als Grund und Ursprung des Glaubens".[750]

Die auch die weiterführende Diskussion prägende besondere Leistung Kaufmanns war es, die *Notwendigkeit einer Schülerorientierung des Religionsunterrichts* didaktisch (und in Ansätzen theologisch) herausgearbeitet zu haben. Besonders in der Oberstufe des Gymnasiums, aber auch in der Berufsschule[751] erschien eine Fortführung des traditionellen, die Dignität

---

[746] Kaufmann, a.a.O. (Anm. 737) 25.

[747] Vgl. dazu grundsätzlich den viel beachteten Aufsatz von K. Wegenast, Die empirische Wende in der Religionspädagogik, in: EvErz 20 (1968) 111-125.

[748] Kaufmann, a.a.O. (Anm. 738) 16.

[749] Ebd. 23f.

[750] Ebd. 27.

[751] Nicht von ungefähr bezog sich die erste größere Monographie des neuen religions-

der Bibel und der geschichtlichen Überlieferung als selbstverständlich vor-
aussetzenden Religionsunterrichtes nicht mehr möglich. Die kritischen
Rückfragen der Oberschüler und -schülerinnen waren unüberhörbar, die
mangelnde Ansprechbarkeit der Berufsschüler und -schülerinnen auf biblische Traditionen in den sechziger Jahren mit ihrer allgemeinen Infragestellung von Traditionen unübersehbar geworden. Die Grund- und Sonderschulen waren dagegen nicht bzw. nur am Rande im Blick.

Inhaltlich beendete Kaufmanns Programm die Phase eines didaktisch
unreflektierten Rückgriffs auf die Bibel, ohne daß schon genaue Kriterien
für die Inhalte des neuen Religionsunterrichtes ausgearbeitet worden wären.
Zu Recht wurde auf die mangelhafte Abgrenzung eines so verstandenen
thematisch-problemorientierten Religionsunterrichts zu anderen Unterrichtsfächern hingewiesen.[752] Viele Themen, für die die religionspädagogischen
Institute rasch und in großer Zahl Unterrichtsmodelle erstellten, waren auch
Gegenstand in anderen Fächern wie Sozialkunde. Anders als bei Kaufmann,
der sich zumindest konzeptionell bemühte, pädagogische und theologische
Argumentation zusammenzuhalten, gerieten unterrichtspraktisch oft explizit biblische bzw. religiöse Gesichtspunkte in den Hintergrund, manchmal
auch aus der Furcht heraus, unzeitgemäß zu wirken.

Angesichts der heute aktuellen Diskussion um das Fach LER bzw. die Verhältnisbestimmung des Religions- zum Ethikunterricht tritt diese Schwäche manchen ausschließlich problemorientierten Religionsunterrichts besonders hervor. Ist in einem
solchen Unterricht – so der Vorwurf – nicht schon LER verwirklicht?

Auf jeden Fall wies die Orientierung an der Alltagserfahrung der Schülerinnen und Schüler über die engen Grenzen des schulischen Religionsunterrichtes hinaus.

In seiner weiteren Arbeit widmete sich Kaufmann mehr den Fragen religiösen
Lernens im Elementarbereich,[753] in der Gemeinde[754] und im Zusammenspiel von
Schule und Gemeinde.[755]

---

pädagogischen Ansatzes auf den Berufsschul-Religionsunterricht: H. Gloy, Die
religiöse Ansprechbarkeit Jugendlicher als didaktisches Problem dargestellt am
Beispiel des Religionsunterrichts an der Berufsschule, Hamburg 1969.

[752] So z.B. K. Wegenast, Das Problem der Probleme. Das Verhältnis des problemorientierten RU zur Theologie und zu den sozialwissenschaftlich verantworteten
Fächern, in: EvErz 24 (1972) 126.

[753] S. z.B. H.B. Kaufmann, Der Beitrag der evangelischen Kirche zur Entwicklung
im Elementarbereich, in: Comenius-Institut, Hg., Leben und Erziehen durch
Glauben, Gütersloh 1978, 93-110.

[754] S. z.B. H.B. Kaufmann, Lernen mit Konfirmanden, in: Comenius-Institut, Hg.,
Handbuch für die Konfirmandenarbeit, Gütersloh ²1985, 333-346.

[755] S. z.B. H.B. Kaufmann, Nachbarschaft von Schule und Gemeinde, Gütersloh
1990.

Eine im schulischen Bereich verbleibende, aber noch stärker über den Lernort Schule hinausreichende Weiterentwicklung des problemorientierten Religionsunterrichtes war der sog. *therapeutische Religionsunterricht*. Hier trat die Biographie der einzelnen Schülerinnen und Schüler, von deren tendenzieller Schädigung kritisch-theoretisch ausgegangen wurde, in den Mittelpunkt des Interesses.[756] Ihnen sollte eine therapeutische Begleitung im Religionsunterricht, besonders eine entsprechende Aufarbeitung ihrer Verletzungen durch die Gesellschaft ermöglicht werden. Doch nur in Ausnahmen wurden Religionslehrerinnen und -lehrer den in diesem Konzept implizierten therapeutischen Anforderungen gerecht, so daß schon die mangelnde Praktikabilität eine Ausbreitung verhinderte.

Noch weniger als im thematisch-problemorientierten Konzept wurde hier die Konstitution der gegenwärtigen staatlichen Schulen mit ihrer unterrichtlichen und fachwissenschaftlich begründeten Struktur berücksichtigt. Indirekt zeigte sich so das Problem einer letztlich auf den schulischen Religionsunterricht (und evtl. den Konfirmandenunterricht) beschränkten Religionspädagogik, die bei Ernstnehmen der modernen Problemlagen – als notwendige Konsequenz aus der Schülerorientierung – letztlich das schulische Unterrichtsfach überfordert. Allerdings betonte dieser Ansatz noch einmal nachdrücklich die Bedeutung der Zuwendung zu einzelnen Schülerinnen und Schülern im Religionsunterricht, eine Forderung, die auch als wichtiger religionsdidaktischer Reflex auf die zunehmende Individualisierung in der Bundesrepublik verstanden werden kann.

Die damit eröffneten neuen Perspektiven paßten gut zu Bestrebungen stärkerer sozialpädagogischer Prägung von Schule.

Insgesamt stärkte der problemorientierte Ansatz das Bewußtsein in der religionspädagogischen Theoriebildung für die Bedeutung ökonomischer, politischer und sozialer Bestimmtheiten des Lebens.[757]

---

[756] S. z.B. D. Stoodt, Die gesellschaftliche Funktion des Religionsunterrichts, in: EvErz 21 (1969) 49-61; ders., Die Praxis der Interaktion im Religionsunterricht, in: EvErz 22 (1970) 1-10. Zum sozialisationstheoretischen Hintergrund s. ders., Religiöse Sozialisation und emanzipiertes Ich, in: K.-W. Dahm, N. Luhmann, D. Stoodt, Religion – System und Sozialisation, Darmstadt u.a. 1972, 189-237. Vgl. auf katholischer Seite O. Randak, Therapeutisch orientierte Religionspädagogik, Düsseldorf 1980, bei dem aber „Kirche" und „Religionsunterricht" undifferenziert ineinandergehen.

[757] S. D. Zilleßen, Symboldidaktik. Herausforderung und Gefährdung gegenwärtiger Religionspädagogik, in: EvErz 36 (1984) 628.

4.2.3. H. Halbfas' religionskundlicher Religionsunterricht

1968 – also mitten in der Zeit der Studentenbewegung mit ihrer radikalen Infragestellung aller Tradition – erschien das Buch „Fundamentalkatechetik"[758] des römisch-katholischen Religionspädagogen Hubertus Halbfas (geb. 1932). Zwar nahm er in manchem bereits aus dem hermeneutischen Konzept Bekanntes auf.

So sah er – ähnlich wie Stallmann – Schule an das Überlieferte und dessen Auslegung gewiesen.[759] Religionsunterricht verstand er als „Sprach-Lehre".[760]

Doch verknüpfte er diese Annahme mit sowohl analytisch als auch konzeptionell neuen Einsichten, die zumindest einen Teil der Didaktik des Religionsunterrichts bis heute bestimmen, nicht zuletzt in ihrer symboldidaktischen Weiterführung.[761]

Zur großen Wirkung von Halbfas trug sein Engagement für die konkrete Unterrichtsplanung und dabei für die Erstellung von Schulbüchern bei. Schon in der „Fundamentalkatechetik" skizzierte er Vorschläge für Lehrpläne aller Klassenstufen[762] und beschäftigte sich mit Religionsbüchern.[763] Inzwischen gestaltete er nach seinem religionskundlichen, symboldidaktischen Ansatz eine Lehrer- und Schülerbücher umfassende Religionsbuch-Reihe, die vielfach sowohl im katholischen als auch evangelischen Religionsunterricht Verwendung findet und seine konzeptionellen Überlegungen über die theoretische Diskussion hinaus in die Unterrichtspraxis einfließen läßt.[764]

In zweifacher Hinsicht sah Halbfas die gesellschaftliche Situation des (katholischen) Religionsunterrichts bestimmt. Zum einen diagnostizierte er: „Das technisch-naturwissenschaftliche Denken und dessen Objektivation in einer globalen Industriekultur ist in seinem inneren Wesen atheistisch."[765] Die Folge hiervon ist „eine radikale Krise der Religionen, die ja samt und

---

[758] Im folgenden beziehe ich mich auf die 2. Auflage der „Fundamentalkatechetik. Sprache und Erfahrung im Religionsunterricht", Düsseldorf ²1969, in der Halbfas sein Anliegen gegenüber der 1. Auflage noch präzisierte (s. Vorwort ebd. 11).

[759] S. ebd. 96f.

[760] Ebd. 66.

[761] Nach dem meditativ orientierten Buch: Der Sprung in den Brunnen, Düsseldorf 1981, s. grundsätzlich H. Halbfas, Das dritte Auge, Düsseldorf 1982, und ders., Was heißt „Symboldidaktik"?, in: JRP 1 (1985) 86-94.

[762] S. Halbfas, a.a.O. (Anm. 758) 299-339.

[763] S. ebd. 113-192.

[764] S. die Reihe „Religionsunterricht in der Grundschule", Düsseldorf u.a. 1983-1986, und die Religionsbücher für das 5./6., 7./8. und 9./10. Schuljahr, Düsseldorf 1989, 1990, 1991.

[765] Halbfas, a.a.O. (Anm. 758) 39.

sonders auf dem Boden agrarischer Gesellschaften gewachsen sind."[766] Zum anderen stellte er für die Situation der römisch-katholischen Kirche eine „tödliche(.) Diskrepanz zwischen kritisch-theologischem Denken und einer weithin unreflektierten Gemeindegläubigkeit"[767] fest; sie will Halbfas überwinden helfen, nicht ohne bissige Polemik gegen die sog. Amtskirche.[768]

Positiv setzte Halbfas dieser gefährlichen Entwicklung die Annahme der „Religiosität" als etwas zum Menschen apriorisch[769] gehörigen entgegen. Diesen Begriff bestimmte er anthropologisch im Rückgriff vor allem auf Paul Tillich[770] näher: „Religiosität ist … nicht Glaube an die Existenz Gottes oder göttliche Numinosa, sie realisiert sich nicht notwendig in kultischen Akten oder institutionellen Einrichtungen etablierter Religionen, sondern gründet im Verhältnis des Menschen zur Transzendenz seines eigenen Wesens. Religiosität kann darum – mit Paul Tillich – als Erschlossenheit für die Dimension der Tiefe im Menschen bezeichnet werden, als das Ergriffensein von dem, ‚was uns unbedingt angeht'."[771] Dieser Bezug auf das Tillichsche Religionsverständnis sicherte eine Begründung des Religionsunterrichts auch abgesehen von konkreten geschichtlichen Erscheinungen und fand bei Siegfried Vierzig und Werner Esser, aber auch Adolf Exeler, Günter Stachel und Erich Feifel Aufnahme.[772]

Die *weite Fassung des Religionsbegriffs* führt zu einer Weitung des Verständnisses von Religionsunterricht, die sich in der „Fundamentalkatechetik" erst vorsichtig andeutete, aber das weitere Werk von Halbfas bestimmt. Der Religionsunterricht hat – innerhalb des allgemeinen Auftrags der Schule, die Schülerinnen und Schüler in die Wirklichkeit einzuführen – die Aufgabe, die Tiefendimension der Wirklichkeit zur Sprache zu bringen. Hierfür greift er vorzüglich auf die Bibel zurück.[773] Diese kommt jetzt aber nicht auf

---

[766] Ebd. 41.

[767] Ebd. 15.

[768] S. z.B. ebd. 48, 79, 261f. u.ö.

[769] S. ebd. 27; ebd. 28: „Der ontische Charakter der Religiosität qualifiziert den Menschen als homo religiosus schlechthin."

[770] Dies hebt Halbfas selbst noch einmal im Vorwort zur (gekürzten) 4. Auflage der „Fundamentalkatechetik" (1973) 9f., hervor.

[771] Halbfas, a.a.O. (Anm. 758) 25.

[772] S. genauer G. Baudler, Religiöse Erziehung heute. Grundelemente einer Didaktik religiösen Lernens in der weltanschaulich pluralen Gesellschaft, Paderborn u.a. 1979, 40-46. Die Hauptdifferenz zwischen diesen Autoren liegt in der Frage, welche Bedeutung die konkreten institutionellen Formen von Religion für den Religionsunterricht haben.

[773] S. Halbfas, a.a.O. (Anm. 758) 103f.

Grund einer historischen oder kirchlich-lehramtlichen Autorität ins Spiel, vielmehr deshalb, weil sie „mehr als jedes andere Buch in der Geschichte unserer Welt zu Verstehen und Annahme des je konkreten Daseins verholfen hat".[774]

„Religionsunterricht treibt nicht Bibelinterpretation um der Bibel willen, sondern um des heute lebenden Menschen willen, damit er mit Hilfe biblischer und anderer religiöser Zeugnisse zu einer bewußten Existenz in seiner Welt frei werde."[775]

Schon in der „Fundamentalkatechetik" überschritt Halbfas diesen biblischen Rahmen in zweifacher Hinsicht. Unter Rückgriff auf Karl Rahners Theorie des anonymen Christentums empfahl er die Beschäftigung mit Dichtung im Religionsunterricht, um Wirklichkeit zu erschließen.[776] Dazu forderte er die Behandlung der Fremdreligionen,[777] und zwar in doppelter Weise: zum ersten „im Sinne einer sorgfältig informierenden und interpretierenden Religionskunde", zum zweiten „im vergleichenden Umgang mit biblischen Texten und kirchlicher Religiosität".[778]

Im Hintergrund dieser Forderung stand bereits die Einsicht in die Bedeutung religionskundlicher Kenntnisse für „das politische Leben der Völker"[779] und das Verstehen der Mitmenschen.[780]

Diese später von Halbfas noch erweiterte *religionskundliche Fundierung des Religionsunterrichtes* sprengt letztlich die konfessionelle Konstitution des bisherigen schulischen Religionsunterrichtes. Schon in der Fundamentalkatechetik stellte Halbfas „die radikale Frage, ob es in Zukunft noch schulischen Religionsunterricht geben kann, der im Auftrag der Kirchen und unter ihrer Kontrolle durchgeführt wird".[781] Wissenschaftstheoretisch führ-

---

[774] Ebd. 104.

[775] Ebd. 226.

[776] S. ebd. 222-225.

[777] Auf protestantischer Seite hatte K.E. Nipkow, Die Weltreligionen im Religionsunterricht der Oberstufe, in: EvErz 13 (1961) 150-162, ebenfalls einen Vorstoß in diese Richtung gemacht.

[778] Halbfas, a.a.O. (Anm. 758) 246. Für die bisherige religionspädagogische Diskussion in Deutschland war neu, daß sich Halbfas für diese Öffnung des Religionsunterrichts wesentlich auf das Religionsverständnis eines Nichtchristen berief, nämlich von Radhakrishnan (s. ebd. 239-242).

[779] Ebd. 243.

[780] Ebd. 245.

[781] Ebd. 276.

te dies dazu, daß die *Religionswissenschaft* an die Stelle der Theologie *als Bezugswissenschaft der Religionspädagogik* tritt.[782]

Der religionstheoretische Legitimationsversuch des schulischen Religionsunterrichtes – wie gezeigt allerdings nur eine Argumentationslinie in der „Fundamentalkatechetik" von Halbfas – fand schnell Nachfolger[783] und bestimmte die religionsdidaktische Diskussion der siebziger Jahre.

Auf evangelischer Seite griff fast gleichzeitig S. Vierzig auf einen allgemeinen Religionsbegriff zurück,[784] profilierte diesen aber unter Rezeption der Kritischen Theorie zunehmend religionskritisch.[785] Solche den Religionsunterricht zu einem Unterricht in Religionskritik verändernden Versuche erscheinen im Nachhinein als nicht weiterführende Extrempositionen, die weder den rechtlichen Rahmen des Religionsunterrichtes berücksichtigten noch Anklang bei einer nennenswerten Zahl von Religionslehrern und -lehrerinnen fanden oder wesentlich die Entwicklung der Schülerinnen und Schüler förderten.[786]

Allerdings enthält das Halbfassche Konzept Probleme, die einer weiteren Bearbeitung bedürfen. Abgesehen von der rechtlichen Problematik ist sachlich auf die mit dem weiten Religionsbegriff verbundenen Schwierigkeiten hinzuweisen. Schulpädagogisch ist ein Fach problematisch, das sich grundsätzlich auf alles, nämlich das Ganze der Wirklichkeit, bezieht. Steht hier Halbfas nicht – ungewollt – in der Gefahr, den Religionsunterricht (bzw. die Katechese) als „Superfach" hochzustilisieren? Dazu kommt, daß das

---

[782] S. H. Halbfas, Religionsunterricht und Katechese. Zur wissenschaftlichen Ortsbestimmung, in: EvErz 25 (1973) 3-9. Vgl. zur weiteren religionsdidaktischen Entwicklung H. Halbfas, Nach vorne gedacht. Wie soll der Religionsunterricht in einer nachchristlichen Gesellschaft aussehen?, in: Religionsunterricht an Höheren Schulen 35 (1992) 372-377.

[783] S. z.B. die Zusammenstellung bei W.H. Ritter, Religion in nachchristlicher Zeit. Eine elementare Untersuchung zum Ansatz der neueren Religionspädagogik im Religionsbegriff. Kritik und Konstruktion, Frankfurt u.a. 1982, 34f.

[784] S. Vierzig, Zur Theorie der „religiösen Bildung", in: H. Heinemann, G. Stachel, S. Vierzig, Lernziele und Religionsunterricht. Grundsätzliche Überlegungen und Modelle lernzielorientierten Unterrichts, Zürich u.a. 1970, 11-23.

[785] S. S. Vierzig, Ideologiekritik und Religionsunterricht. Zur Theorie und Praxis eines kritischen Religionsunterrichts, Zürich u.a. 1975, 3; ähnlich G. Otto, Religionsunterricht, in: ders., Hg., Praktisch theologisches Handbuch, Hamburg ²1975, 521-523.

[786] Vgl. auch die berechtigte wissenschaftstheoretische Kritik W.H. Ritters, Legitimation per Religion? Zur Begründung des Religionsunterrichts an öffentlichen Schulen. Ein kritischer Rückblick auf ein Dezennium religionspädagogischer Diskussion (1968-1978), Aachen 1984, 7, der bei diesem Ansatz ein differentes Verständnis von „Religion" im Entdeckungs- und Begründungszusammenhang feststellt.

weite Religionsverständnis als Vereinnahmung empfunden werden kann. Es trägt nicht der Tatsache Rechnung, daß Menschen sich bewußt nichtreligiös verstehen wollen. Darf man ihnen trotzdem Religiosität unterstellen? Schließlich stellt sich das Wert- und Normenproblem eines solchen religionskundlichen Unterrichts. Im Werk von Halbfas tritt eine deutliche Präferenz für mystische Frömmigkeitsformen hervor.[787] Wie kann dies allgemein einleuchtend begründet werden?

Diese Fragen weisen auf Schwächen des Religionsbegriffs für die Legitimation des Religionsunterrichtes in der Schule hin. Doch daneben ist das große Verdienst von Halbfas unübersehbar, den Horizont der Didaktik des Religionsunterrichtes und damit indirekt auch der Religionspädagogik durch die Hineinnahme von nichtchristlichen Religionen erweitert zu haben. *Angesichts der wachsenden Kommunikations- und Begegnungsmöglichkeiten zwischen Menschen verschiedener Kulturen und Religionen ist religiöse Bildung und Erziehung heute nur unter Einbeziehung religionskundlicher bzw. -wissenschaftlicher Erkenntnisse möglich* und aus Gründen der dringend erforderlichen Dialogfähigkeit geboten. Allerdings muß dies auch in die konzeptionelle Bestimmung der Religionspädagogik, nicht zuletzt hinsichtlich ihrer Bezugswissenschaften, eingehen.

4.2.4. Kirchliche Vermittlungskonzeptionen

Die Ende der sechziger, Anfang der siebziger Jahre zunehmend zu extremeren Vorschlägen führende Konzeptionsdebatte zum Religionsunterricht mündete bald in Bemühungen ein, durch Zusammenschau der einzelnen Ansätze die jeweiligen Einseitigkeiten zu vermeiden und die besonderen Stärken miteinander zu verbinden.[788] Besonderes wirkungsgeschichtliches Gewicht erhielten dabei in Deutschland zwei kirchenamtliche Texte, die den bis Anfang der siebziger Jahre erreichten Diskussionsstand aufnahmen und festschrieben: *die vom Rat der EKD approbierte Stellungnahme der Kommission I der Evangelischen Kirche in Deutschland „Zu verfassungsrechtlichen Fragen des Religionsunterrichtes"*[789] *und der Beschluß der Gemeinsamen Synode*

---

[787] S. z.B. Halbfas, Der Sprung in den Brunnen (Anm. 761).

[788] Vgl. die Zusammenstellung von einzelnen „Vermittlungskonzeptionen" bei W. Sturm, Religionspädagogische Konzeptionen des 20. Jahrhunderts, in: G. Adam, R. Lachmann, Hg., Religionspädagogisches Kompendium, Göttingen ³1990 u.ö., 53-61.

[789] Abgedruckt in: Kirchenamt der Evangelischen Kirche in Deutschland, Hg., Die Denkschriften der Evangelischen Kirche in Deutschland Bd. 4/1. Bildung und Erziehung, Gütersloh 1987, 56-63.

der Bistümer in der Bundesrepublik Deutschland (Würzburger Synode) zu „Der Religionsunterricht in der Schule"[790]. Beiden Verlautbarungen ist gemeinsam, daß sie zwar von der bestehenden (grund)gesetzlichen Konstitution des Religionsunterrichtes ausgehen, diese aber unter Berücksichtigung neuerer gesellschaftlicher Entwicklungen – wie sie kurz in 4.1. skizziert sind – zu interpretieren suchen. Damit geben sie einen Rahmen für weitere auf die Verbesserung der Praxis zielende Vorschläge ab.

Erst 1994 erfolgten für die EKD mit der Denkschrift „Identität und Verständigung" und 1996 mit dem Wort der deutschen Bischöfe „Die bildende Kraft des Religionsunterrichts" für die römisch-katholische Kirche neue Verlautbarungen, die sich aber selbst als Fortschreibungen der Dokumente von 1971 bzw. 1974 verstehen und auf Grund der durch die politische Vereinigung aufgebrochenen, vor allem die Konfessionalität des Religionsunterrichts betreffenden Fragen notwendig wurden.[791]

1971 nahm die EKD zu verfassungsrechtlichen Fragen des Religionsunterrichts Stellung. Dabei beruft sie sich auf die *Artikel 4 und 7 des Grundgesetzes.*

Artikel 4: „(1) Die Freiheit des Glaubens, des Gewissens und die Freiheit des religiösen und weltanschaulichen Bekenntnisses sind unverletzlich. (2) Die ungestörte Religionsausübung wird gewährleistet." bildet die Basis der Argumentation. Er enthält – in Verbindung mit anderen Grundrechtsartikeln wie Art. 7,2 und 3 unübersehbar – die „positive" Religionsfreiheit[792], also die Pflicht des Staates, die Religionsausübung zu unterstützen. Dementsprechend ist Artikel 7,3 nicht als Privileg der Kirche, sondern als Ermöglichung zur Wahrnehmung der positiven Religionsfreiheit zu verstehen: „Der Religionsunterricht ist in den öffentlichen Schulen mit Ausnahme der bekenntnisfreien Schulen ordentliches Lehrfach. Unbeschadet des staatlichen Aufsichtsrechts wird der Religionsunterricht in Übereinstimmung mit den Grundsätzen der Religionsgemeinschaften erteilt. Kein Lehrer darf gegen seinen Willen verpflichtet werden, Religionsunterricht zu erteilen."

Besondere Bedeutung erhielt die Stellungnahme durch ihre Interpretation der Grundgesetz-Formulierung „in Übereinstimmung mit den Grundsätzen der Religionsgemeinschaften". Das hier vorgetragene Verständnis der „Grundsätze der Religionsgemeinschaften' nach evangelischem Verständnis" zogen wiederholt auch obere Gerichte, nicht zuletzt das Bundesverfassungsgericht in Streitfällen als normativ heran:

---

[790] Abgedruckt in: L. Bertsch, Hg., Gemeinsame Synode der Bistümer in der Bundesrepublik Deutschland, Offizielle Gesamtausgabe Bd. 1, Freiburg 1976, 123-152 (113-122 Einleitung durch L. Volz).

[791] S. hierzu kurz 3. Kap. 3.3.3.

[792] S. A. Frhr. v. Campenhausen, Gesammelte Schriften, Tübingen 1995, 321-328.

„In der heutigen theologischen und kirchlichen Sicht ist das Verständnis des christlichen Glaubens durch folgende Grundsätze gekennzeichnet:

a) Die Vermittlung des christlichen Glaubens ist grundlegend bestimmt durch das biblische Zeugnis von Jesus Christus unter Beachtung seiner Wirkungsgeschichte.

b) Glaubensaussagen und Bekenntnisse sind in ihrem geschichtlichen Zusammenhang zu verstehen und in jeder Gegenwart einer erneuten Auslegung bedürftig.

c) Die Vermittlung des christlichen Glaubens muß den Zusammenhang mit dem Zeugnis und Dienst der Kirche wahren."[793]

Klar tritt hier das Bemühen hervor, die bisherigen religionsdidaktischen Konzeptionen aufzunehmen und miteinander zu verbinden: die Betonung des biblischen Zeugnisses in der Evangelischen Unterweisung, die Aufgabe der Auslegung im hermeneutischen Ansatz und das Ernstnehmen der jeweiligen Gegenwart im problemorientierten Unterricht,[794] den Zusammenhang mit der Kirche, die Wichtigkeit der Beschäftigung auch mit nichtchristlichen Religionen und die Offenheit hin zur Pädagogik und deren Forderungen.[795]

Religionspädagogisch am differenziertesten nahm Karl Ernst Nipkow dieses Konzept auf. Er führte es dann aber in der Mitte der siebziger Jahre über die die damalige bundesdeutsche Religionspädagogik weithin beherrschende Beschränkung auf den schulischen Religionsunterricht hinaus zu einer grundsätzlichen Bestimmung der Religionspädagogik, die in 4.3.1. näher entfaltet wird.[796]

Auf römisch-katholischer Seite ist der Beschluß der Würzburger Synode von 1974 das Grunddatum für die weitere religionspädagogische Diskussion.[797] Er sollte den Aufbruch des II. Vatikanischen Konzils in die konkrete deutsche Situation umsetzen.

---

[793] Kirchenamt, a.a.O. (Anm. 789) 60.

[794] Diese Ausrichtung findet sich deutlicher in der Entschließung der EKD vom 12.11.1971, wo es (abgedruckt a.a.O. 75) heißt: „Maßgebend für die Fachdidaktik des Religionsunterrichts sind die Erfahrungen, Konflikte und Fragen des jungen Menschen, das Selbstverständnis und das Bekenntnis der Religionsgemeinschaften sowie die mit den Sinn- und Wertfragen der menschlichen Existenz befaßten Wissenschaften."

[795] Vgl. G. Adam, R. Lachmann, Begründung des schulischen Religionsunterrichts, in: dies., Hg., Religionspädagogisches Kompendium, Göttingen ³1990, 73f.

[796] S. zur eigenen Entwicklung K.E. Nipkow, Grundfragen der Religionspädagogik Bd. 3, Gütersloh 1982, 27f.

[797] Auch die am 27.09.1996 herausgegebene Erklärung der deutschen Bischöfe „Die bildende Kraft des Religionsunterrichts – Zur Konfessionalität des katholischen Religionsunterrichts" (hg. vom Sekretariat der Deutschen Bischofskonferenz) beruft sich auf die Würzburger Synodenerklärung als grundlegend, ob mit Recht

Das II. Vatikanische Konzil hatte sich – erstmalig bei einem ökumenischen Konzil –[798] intensiv mit pädagogischen Fragen beschäftigt und zu seinem Ende 1965 die „Declaratio de educatione christiana" beschlossen. Allerdings ist dieses Dokument mit zehn Druckseiten sehr kurz,[799] so daß die Regionalkirchen zur weiteren Ausarbeitung aufgefordert wurden. Weiterführend war die Deklaration insofern, als sie pädagogische Fragen nicht mehr (nur) deduktiv theozentrisch behandelte. Vielmehr setzten die Konzilsväter (auch) beim Selbstverständnis des gegenwärtigen Menschen an.[800] Dementsprechend billigten sie der Pädagogik einen Eigenwert zu und schlossen sich nicht mehr der traditionellen Auffassung von der Theologie als Normwissenschaft der Pädagogik an.[801]

Unter dem ekklesiologischen Leitbild des wandernden Gottesvolkes wollte die Würzburger Synode „eine Brücke von christlichem Glauben zur Welt von heute ... schlagen".[802] Man wollte den Religionsunterricht konzeptionell neu verstehen:[803]

„Bei der Bestimmung einer solchen Neukonzeption lagen der Synode fünf Modelle für die Gestaltung von Religionsunterricht vor ...:
– Religionsunterricht verzichtet auf eine pädagogische und schulinterne Begründung und versteht sich als ‚Kirche in der Schule'.
– Religionsunterricht verzichtet umgekehrt auf theologische und kirchliche Begründung und erklärt sich ausschließlich von der Aufgabe der Schule her, den Schülern Welt, Kultur und Gesellschaft zu erschließen.

---

ist umstritten (s. die scharfen diesbezüglichen Anfragen von E. Feifel, Zukunftsweisendes Weggeleit? Kritische Würdigung der Erklärung „Die bildende Kraft des Religionsunterrichts", in: KatBl 122 (1997) 31-37).

[798] S. K. Erlinghagen, Neue Perspektiven. Zur Erklärung des Zweiten Vatikanischen Konzils „Über die christliche Erziehung", in: M. Heitger, Hg., Pädagogische Erwägungen nach dem Konzil. Neue Folge der Ergänzungshefte zur Vierteljahresschrift für Wissenschaftliche Pädagogik H. 6, Bochum 1967, 101.

[799] S. H. Bokelmann, Die Pädagogik des Konzils. Überlegungen zur ‚Declaratio de educatione christiana', in: Heitger, a.a.O. 63.

[800] S. E. Feifel, Anthropologische Strukturen des Zweiten Vatikanischen Konzils, in: Heitger, a.a.O. 23; s. grundsätzlich zum Gesamtansatz des II. Vaticanum aus pädagogischer Sicht J. Hofmeier, Fachdidaktik Katholische Religion, München 1994, 75-77.

[801] S. M. Heitger, Gedanken und Reflexionen zum pädagogischen Problem aus Anlaß des Zweiten Vatikanischen Konzils, in: ders., a.a.O. 40.

[802] H.-J. Frisch, Leitfaden Fachdidaktik Religion, Düsseldorf 1992, 25.

[803] Zur religionspädagogischen Vorgeschichte des Konvergenzkonzepts der Würzburger Synode s. knapp zusammenfassend G. Baudler, Korrelationsdidaktik: Leben durch Glauben erschließen. Theorie und Praxis der Korrelation von Glaubensüberlieferung und Lebenserfahrung auf der Grundlage von Symbolen und Sakramenten, Paderborn u.a. 1984, 13-15.

– Religionsunterricht verbindet pädagogische und theologische Begründung und versucht ein Modell der Konvergenz, bei dem beide Begründungsstränge zusammengebracht und in eine Wechselwirkung gestellt werden.
– Religionsunterricht macht ohne Kirchenbezogenheit religiöse Vorstellungen unserer Gesellschaft deutlich und betrachtet sie kritisch.
– Religionsunterricht versteht sich als ‚neutrale' Religionskunde."[804]

Die Synode entschied sich für das *Konvergenzmodell* und gab damit für die weitere religionspädagogische Fachdiskussion das entscheidende Signal.

„Der Glaube soll im Kontext des Lebens vollziehbar, und das Leben soll im Licht des Glaubens verstehbar werden."[805]

Dabei leitete die Synode ein weites Verständnis von „Religion" „als ‚Weltdeutung' oder ‚Sinngebung' durch Transzendenzbezug",[806] das eine kulturgeschichtliche, anthropologische und gesellschaftliche Begründung des Religionsunterrichts erlaubte.[807]

Inhaltlich bedeutete dies für den Religionsunterricht:

„– er weckt und reflektiert die Frage nach Gott, nach der Deutung der Welt, nach dem Sinn und Wert des Lebens und nach den Normen für das Handeln des Menschen und ermöglicht eine Antwort aus der Offenbarung und aus dem Glauben der Kirche;
– er macht vertraut mit der Wirklichkeit des Glaubens und der Botschaft, die ihm zugrunde liegt, und hilft, den Glauben denkend zu verantworten;
– er befähigt zu persönlicher Entscheidung in Auseinandersetzung mit Konfessionen und Religionen, mit Weltanschauungen und Ideologien und fördert Verständnis und Toleranz gegenüber der Entscheidung anderer;

---

[804] Frisch, a.a.O. (Anm. 802) 26f.
[805] Zitiert ebd. 29.
[806] Hofmeier, a.a.O. (Anm. 800) 81.
[807] Zitiert nach Frisch, a.a.O. (Anm. 802) 28:
„Es muß demnach Religionsunterricht in der Schule geben,
– weil die Schule den jungen Menschen mit den geistigen Überlieferungen vertraut machen soll, die unsere kulturelle Situation geprägt haben, und weil Christentum in seinen Konfessionen zu unseren prägenden geistigen Überlieferungen gehört;
– weil die Schule dem jungen Menschen zur Selbstwerdung verhelfen soll und weil der Religionsunterricht durch sein Fragen nach dem Sinn-Grund dazu hilft, die eigene Rolle und Aufgabe in der Gemeinschaft und im Leben angemessen zu sehen und wahrzunehmen;
– weil die Schule sich nicht zufrieden geben kann mit der Anpassung des Schülers an die verwaltete Welt und weil der Religionsunterricht auf die Relativierung unberechtigter Absolutheitsansprüche angelegt ist, auf Proteste gegen Unstimmigkeiten und auf verändernde Taten."

– er motiviert zu religiösem Leben und zu verantwortlichem Handeln in Kirche und Gesellschaft."[808]

Wissenschaftstheoretisch ist dieser Religionsunterricht an der „Schnittstelle von pädagogischen und theologischen Begründungen"[809] angesiedelt und geht von einer Konvergenz beider Wissenschaften aus. Damit legt der Synodenbeschluß den Grundstein für die korrelationsdidaktische Konzeption, die die nächsten zwanzig Jahre zumindest auf katholischer Seite die religionsdidaktische Diskussion bestimmte.[810]

Schließlich – und hier über die vergleichbaren evangelischen Verlautbarungen hinausgehend – stellte sich die Würzburger Synode realistisch der Frage nach der Leistungsfähigkeit des schulischen Religionsunterrichts:

„Es ist ein Gewinn:
– wenn die Schüler beim Verlassen der Schule Religion und Glaube zumindest nicht für überflüssig oder gar unsinnig halten;
– wenn sie Religion und Glaube als mögliche Bereicherung des Menschen, als mögliche Kraft für die Entfaltung seiner Persönlichkeit, als möglichen Antrieb für die Realisierung von Freiheit begreifen;
– wenn die Schüler Respekt vor den Überzeugungen anderer gewonnen haben ..."[811]

Hieraus folgt die Einsicht in die *Unerläßlichkeit der „Gemeindekatechese"*, die erst in der Regel die Kinder und Jugendlichen zu einer tiefer greifenden Begegnung mit dem Glauben führt. Während also der evangelische Beitrag von 1971 noch stark der engen Perspektive des schulischen Religionsunterrichtes verhaftet war,[812] bemühte sich der drei Jahre später veröffentlichte römisch-katholische Synodenbeschluß schon um eine realistische Einschätzung der Möglichkeiten und Grenzen schulischen Religionsunterrichtes für religiöse Sozialisation, Erziehung und Bildung und bereitete so den Weg für ein angemesseneres Verständnis von Religionspädagogik.

---

[808] Zitiert ebd. 30.

[809] Ebd. 27.

[810] S. z.B. Baudler, a.a.O. (Anm. 803); sehr schnell fand dieser Ansatz auch Aufnahme in den Lehrplänen für katholische Religion, zuerst dem Zielfelderlehrplan für den katholischen Religionsunterricht der Schuljahre 5 – 10 (Sekundarstufe I). Grundlegung, München 1973, und Zielfelderlehrplan für den katholischen Religionsunterricht in der Grundschule, Teil I: Grundlegung, München 1977.

[811] Frisch, a.a.O. (Anm. 802) 30f.

[812] In den Entschließungen der EKD-Synode vom November 1971 kommt neben Religionsunterricht und Schule lediglich der elementarpädagogische Bereich näher in den Blick.

4.2.5. G. Baudlers Korrelations- und Symboldidaktik

Wie schon angedeutet, führte der Würzburger Synodenbeschluß in der katholischen Religionspädagogik zu einer bis in die Gegenwart reichenden Orientierung an der Korrelationsdidaktik. Sie will „Erfahrungen identifizieren und anreichern von Glaubensaussagen her und zugleich ... Glaubensaussagen inhaltlich bestimmen durch heutige Erfahrung".[813] Damit soll der den Religionsunterricht auf Grund des allgemeinen Traditionsabbruchs belastende Hiatus zwischen Lebenswelt der Schülerinnen und Schüler und christlicher Religion überbrückt werden. Theologisch steht dabei – ursprünglich vom Tillichschen Korrelationsverständnis ausgehend – die Einsicht Karl Rahners in den unauflöslichen Zusammenhang des Redens von Gott mit dem vom Menschen im Hintergrund, die Eduard Schillebeeckx in der Verknüpfung von menschlicher und Offenbarungsebene aufnahm.[814]

Georg Baudler (geb. 1936) versuchte mit wirkungsvollen Publikationen diesem didaktischen Ansatz zum Durchbruch zu verhelfen. Wichtig war ihm, daß nicht eine feststehende Lehre mit den Erfahrungen der Schülerinnen und Schüler korreliert wird. Vielmehr geht es bei der Korrelation um die „subjektive Aneignung der Glaubensüberlieferung"[815], wobei es durchaus zu einer Kritik der Überlieferung durch die Erfahrung kommen kann.

Allerdings war letzteres umstritten und wurde auf der Jahrestagung des Deutschen-Katecheten-Vereins in Brixen (1979) kontrovers diskutiert. Während E. Schillebeeckx für eine wechselseitige Kritik plädierte, wobei er zwischen dem (nicht kritisierbaren) „Wort Gottes" und unserem Sprechen über das „Wort Gottes" unterschied,[816] empfahl G. Lange dagegen, der Glaubensüberlieferung eine übergeordnete Autorität zuzugestehen.[817]

Dahinter steht systematisch die Frage nach dem jeweiligen *Erfahrungsbegriff*. Baudler sah klar, daß dieser seit dem Ende der sechziger Jahre zunehmend die religionspädagogische Diskussion prägende Begriff die Gefahr der Affirmation in sich birgt. Deshalb erinnerte er gesellschaftskritisch an die Spannung eines biblischen, durch die Befreiungs- und Erlösungs-

[813] F.W. Niehl, Korrelation, in: G. Bitter, G. Miller, Hg., Handbuch religionspädagogischer Grundbegriffe Bd. 2, München 1986, 752.
[814] S. genauer Frisch, a.a.O. (Anm. 802) 32-39.
[815] Baudler, a.a.O. (Anm. 803) 29.
[816] E. Schillebeeckx, Offenbarung, Glaube und Erfahrung, in: KatBl 105 (1980) 84-95.
[817] G. Lange, Zwischenbilanz zum Korrelationsprinzip, in: KatBl 105 (1980) 151-155.

erfahrung Israels und Jesu geprägten Erfahrungsverständnisses[818] zu einer bloßen Übernahme individueller Erfahrungen.[819]

Hier ist auch der systematische Ort, an dem Baudler die Korrelationsdidaktik in die *Symboldidaktik* überführte.

Gesellschaftlich steht dabei der – in 4.1. skizzierte – Rückzug der die siebziger Jahre prägenden, vor allem an der Veränderung von Institutionen und Strukturen interessierten Reformkräfte im Hintergrund, der – angesichts der ökologischen Krise – zu einer stärkeren Hinwendung zum einzelnen und seinen Wahrnehmungen („Ästhetisierung") führte.

Entgegen dem abgelehnten Bezug auf Satzwahrheiten und einer unkritischen Individualisierung von Korrelation betont er, daß es sich bei der Überlieferung um Glaubenssymbole handelt und sich auch die Lebenserfahrung, insofern sie auf ihren Sinngehalt befragt wird, symbolisch verdichtet. Die Glaubenserfahrung wird inhaltlich durch den Rückbezug auf „ihr Zentrum, den gekreuzigten Jesus als den lebendigen Messias"[820] qualifiziert.

„Denn kritisch befreiende Theologie ist stets eine Kreuzestheologie; erst der Gekreuzigte als lebendiger Messias ist jenes Ursymbol christlichen Glaubens, das eine jede Herrschaft des Menschen über Menschen, die diese zu Objekten versklavt und nicht selbst Subjekt sein läßt, von Grund auf kritisiert."[821]

---

[818] Baudler, a.a.O. (Anm. 803) 28f.

[819] Vgl. grundsätzlich zum Erfahrungsbegriff die weit ausholende Habilitationsschrift von W. H. Ritter, Glaube und Erfahrung im religionspädagogischen Kontext. Die Bedeutung von Erfahrung für den christlichen Glauben im religionspädagogischen Verwendungszusammenhang, Göttingen 1989; s. speziell zur Bedeutung des Erfahrungsbegriffs für die Symboldidaktik den vielfach rezipierten Aufsatz von P. Biehl, Erfahrung als hermeneutische, theologische und religionspädagogische Kategorie. Überlegungen zum Verhältnis von Alltagserfahrung und religiöser Sprache, in: H.-G. Heimbrock, Hg., Erfahrungen in religiösen Lernprozessen, Göttingen u.a. 1983, 13-69 (jetzt auch in: P. Biehl, Erfahrung, Glaube und Bildung, Gütersloh 1991, 15-52).

[820] Baudler, a.a.O. (Anm. 803) 29. Ähnlich versucht auch P. Biehl, Symbole geben zu lernen. Einführung in die Symboldidaktik anhand der Symbole Hand, Haus und Weg, Neukirchen-Vluyn 1989, 53f., 58f., den von der – Religionsphänomenologie, Psychoanalyse und Literaturwissenschaft verbindenden – Hermeneutik P. Ricoeurs übernommenen Symbolbegriff theologisch zu qualifizieren. Biehl spricht hier von „Gebrochenheit" des Symbols, betont also die Differenz zwischen einem allgemeinen erfahrungswissenschaftlichen Symbolbegriff zu einem theologischen etwas stärker als Baudler, der vom christlichen Gottessymbol als „einer Art Grenzwert im Symbolerleben" spricht (Baudler, a.a.O. (Anm. 803) 45).

[821] Baudler, a.a.O. 29.

Inhaltlich entfaltete Baudler sein symboldidaktisches Konzept vor allem an den Sakramenten.[822] Sie leiten ihn deshalb, weil sie „am klarsten und differenziertesten" über sinngebende und sinnstiftende Lebensmuster Auskunft geben und diese an Jesus von Nazaret zurückbinden. Dabei stößt Baudler aber an die Grenzen des schulischen Religionsunterrichts. In Aufnahme des Würzburger Synodenbeschlusses unterscheidet er zwischen den Möglichkeiten des schulischen Religionsunterrichtes und denen der Gemeindekatechese. Der Religionsunterricht dient der Erschließung von „Lebensmustern, aus denen dem Menschen ein letzter Tod übergreifender Sinn zuströmt".[823]

Hier ist „der Mensch angesprochen, sofern er stets und immer neu in der Gefahr steht, sich innerhalb des religiösen und weltanschaulichen Pluralismus der Gesellschaft ... eben nur an das Vordergründige und Faktische zu halten".[824]

Die Gemeindekatechese, die sich im Vollsinn hauptsächlich an Erwachsene richtet,[825] dient der Verlebendigung dieser Tradition und damit der Befähigung, „selbständig aus dieser Tradition zu schöpfen".[826]

Sie spricht „den Menschen an, der nach der Quelle fragt und sucht, die ihm ... die existentielle Dimension erschließt und die darin enthaltenen sinngebenden Lebensmuster sichtbar werden läßt".[827]

Erst jüngste Entwicklungen, vor allem die Frage nach der Konfessionalität des Religionsunterrichtes, das Problem des mangelnden religiösen Interesses vieler Jugendlicher, aber auch zunehmender amtskirchlicher Druck gegen die autoritätskritischen Implikationen, führten zu einer Infragestellung der

---

[822] Interessant ist, daß auch P. Biehl, der wohl wichtigste protestantische Symboldidaktiker, bei seinen Anregungen zum symboldidaktischen Unterricht auf die Sakramente stößt (s. P. Biehl, Symbole geben zu lernen Bd. 2. Zum Beispiel: Brot, Wasser und Kreuz, Neukirchen-Vluyn 1993, 18-28). Im vorliegenden Zusammenhang, der der Entwicklung von Religionspädagogik gilt, kommt der Korrelationsdidaktik als grundlegendem hermeneutischen Ansatz primär Aufmerksamkeit gegenüber der eher fachdidaktisch relevanten Symbolkunde zu. Deshalb orientiere ich mich hier an G. Baudler. Zum grundsätzlichen Verhältnis beider Religionspädagogen s. ihre Artikel und gegenseitige Bezugnahme in P. Biehl, G. Baudler, Erfahrung – Symbol – Glaube. Grundfragen des Religionsunterrichts, Frankfurt 1980, 9-140; vgl. zur weiteren Entwicklung Baudlers Biehl, a.a.O. (Anm. 737) 212-216.

[823] Baudler, a.a.O. (Anm. 803) 251.

[824] Ebd. 251f.

[825] S. ebd. 252f.

[826] Ebd. 251.

[827] Ebd. 252.

Korrelationsdidaktik.[828] Dies weist indirekt auf ihre Voraussetzungen hin: Gemeinden, in denen die christlichen Symbole lebendig sind und denen die Schülerinnen und Schüler begegnen können.

4.2.6. Entwicklungen in Großbritannien und USA

Auch nach dem zweiten Weltkrieg bildeten die Fragen der religiösen Erziehung und Bildung in der Schule den Schwerpunkt der religionspädagogischen Diskussion in *Großbritannien*. Der im Laufe der Zeit stark anwachsende Zustrom von Menschen aus anderen Commonwealth-Staaten, vor allem vom indischen Subkontinent und den karibischen Inseln, stellt in den englischen Großstädten die zentrale Herausforderung für religionspädagogische Konzeptionsbildung dar. Denn dadurch kamen viele Menschen, die nichtchristlichen Religionen angehören, nach England.

In Birmingham z.B., einer Stadt mit ungefähr 1,1 Millionen Einwohnern, lebten 1982 etwa 90.000 Personen asiatischer Herkunft und 55.000 aus der Karibik, wobei sich diese wiederum auf einige wenige Stadtviertel konzentrierten und hier teilweise die Anhänger asiatischer Religionen zahlreicher waren als Christen.[829]

Viele Schulen standen vor der Aufgabe, pakistanische und indische Kinder, die Muslims, Hindus, Sikhs oder Buddhisten waren, zu integrieren, auch in die traditionellen Schulversammlungen („collective worships") und die Religionsstunden. Bereits der im Education Act von 1944 verwendete Begriff „Religious Instruction", der auf Eingliederung und Einübung in die christliche Religion zielte, zeigte die Notwendigkeit einer Reform. Zwar hatte man schon lange in den öffentlichen Schulen die Prägung des Religionsunterrichtes durch eine bestimmte Denomination überwunden, doch war

---

[828] S. R. Englert, Die Korrelationsdidaktik am Ausgang ihrer Epoche. Plädoyer für einen ehrenhaften Abgang, in: G. Hilger, G. Reilly, Hg., Religionsunterricht im Abseits?, München 1993, 97-110; vgl. die Entgegnung von G. Baudler, „Prüfet alles, das Gute behaltet". Zur gegenwärtigen Infragestellung der Korrelationsdidaktik, in: KatBl 120 (1995) 608-614. Sehr klar und überzeugend erklärt R. Englert, Korrelation(sdidaktik). Bilanz und Perspektiven, in: Religionspädagogische Beiträge 38 (1996) 3-18 die entscheidenden Veränderungen der letzten zwanzig Jahre, die zu einer impliziten Veränderung der Korrelationsdidaktik führten.

[829] S. den im Auftrag der anglikanischen Diözese erarbeiteten Bericht „Faith in the City of Birmingham", Devon 1988, 18; vgl. auch den religionspädagogischen „Reisebericht" von Chr. Grethlein, J. Hermelink, Religionsunterricht im Kontext „multi-faith". Religionsdidaktische Anregungen aus Birmingham, in: J. Henkys, B. Weyel, Hg., Einheit und Kontext. Praktisch-theologische Theoriebildung und Lehre im gesellschaftlichen Umfeld, FS P.C. Bloth, Würzburg 1996, 111-133.

der Inhalt von Religionsstunden und „worships" zweifellos allgemein christlich.

Michael Grimmit formulierte den neuen Ansatz 1973 in einem *religionsphänomenologisch* geprägten Konzept: „What Can I Do in R.E.?" Zentral ist
für ihn – in deutlicher Parallelität zum thematisch-problemorientierten
Religionsunterricht Deutschlands – der Ausgangspunkt bei den „feelings,
acts and experiences" der Schülerinnen und Schüler („existential approach").[830] „A most significant development is the use of ‚religious
education' to replace the term ‚religious instruction' with its overtones of
deliberate transmission of religious · beliefs. The subject must be fully
educational with its aims and processes justifiable on educational grounds."[831]
Der Rückgriff auf die Theologie Paul Tillichs und sein weites religions-
philosophisches Gottesverständnis („Tiefe") ermöglicht Grimmit die Einbeziehung von anderen nichtchristlichen Religionen in den Religionsunterricht.[832] Das wird in den dem Buch beigegebenen Praxisbeispielen sehr
anschaulich, z.B. im Unterrichtsentwurf für 11- bis 13-jährige „Feasts and
Festivals of Light", das Phänomene des Judentums, Christentums und Hinduismus aufnimmt, oder im Unterrichtsentwurf „Communities of Faith",
der sich inhaltlich auf Judentum, Christentum, Islam, Hinduismus und
Sikhismus bezieht.

Dieser Ansatz bei den phänomenologischen Äußerungen der jeweiligen Religion
wurde im Westhill-Projekt aufgenommen, einem im Birminghamer Westhill-College
ausgearbeiteten, breit angelegten Vorhaben, Bücher und Unterrichtsmaterialien für
solchen religionsphänomenologisch orientierten Unterricht bereitzustellen.[833]

Allgemeine Bedeutung für die lehrplanmäßige Weiterentwicklung dieses
Konzepts von „Religious Education" (nicht mehr „Instruction") bekam der

---

[830] M. Grimmit, What Can I Do in R.E.? A Guide to New Approaches, Great
Wakering ²1978 (1973), XV.

[831] R. Jackson, Religious education after the Reform Act, in: ders., D. Starkings, Hg.,
The Junior RE Handbook, Cheltenham 1990, 3.

[832] In der 1971 veröffentlichten Schrift „Religious Education in Secondary Schools",
hg. von School Council, der wohl ersten ausführlichen Begründung einer „multi-
faith-education", findet sich interessanterweise ein Hinweis auf den Einfluß des
II. Vaticanum: „This approach is endorsed by the declaration on non-Christian
religions promulgated by the second Vatican Council".

[833] Grundlegend hierfür ist G. Read, J. Rudge, R. Howarth, How Do I Teach R. E.,
London 1986. In der Reihe „The Westhill Project R. E. 5-16", hg. v. G. Read,
J. Rudge, R. Howarth, erschienen für jede Religion vier Schulbücher, ein Lehrer-
Handbuch sowie ein „Photopack" mit 20 A3-Fotos und weiterem Hintergrund-
material.

1975 veröffentlichte Birminghamer „Agreed Syllabus". Dieses erste „fully multi-faith"-Curriculum[834] Englands fand schnell in zahlreichen Bezirken („counties") Nachfolger. Grundlegend ist hier ebenfalls der phänomenologische Zugang zur Religion, dem sich die Behandlung des Christentums – neben anderen Religionen – einordnet.

In den siebziger und achziger Jahren wurden die „collective worships" vor allem an vielen „secondary schools" zunehmend schwieriger. Z.T. entfielen sie ganz, z.T. wurden sie ihres ursprünglich religiösen Inhaltes und ihrer liturgischen Elemente entkleidet. Sprachlich drückte sich dies im Wandel von „worship" zu „assembly" aus. Zugleich verschärfte sich das Problem der religiösen Erziehung und Bildung durch die zunehmende Zahl nichtchristlicher Schülerinnen und Schüler. Der im staatlichen Auftrag unter Leitung von Michael Swann angefertigte Bericht „Education for All" entwarf mit diesem Titel ein neues Erziehungsprogramm. U.a. forderte der Bericht: „The fundamental change that is necessary is the recognition that the problem facing the education system is not how to educate children of ethnic minorities, but how to educate all children." Dahinter steht die Einsicht: „Britain is a multi-racial and multi-cultural society and all pupils must be enabled to understand what it means."[835]

Vor allem politisch konservative Kräfte versuchten dieser zunehmenden Entchristlichung der schulischen religiösen Erziehung und Bildung entgegenzutreten. Nach heftigen parlamentarischen Auseinandersetzungen wurde *1988* der *Reform Education Act* verabschiedet, der bis heute den Gestaltungsrahmen für schulische religiöse Bildung und Erziehung abgibt.

Grundsätzlich geht das Gesetz[836] davon aus, daß der schulische Lehrplan „balanced and broadly based" sein muß.[837] Sein Hauptziel ist die Förderung

---

[834] N. See, Conflict and Reconciliation Between Competing Models of Religious Education: Some Reflections on the British Scene, in: BJRE 11 (1989) 128.

[835] M. Swann, Hg., Education for All. The Report of the Commitee of Inquiry into the Education of Children from Ethnic Minority Groups, London 1985, 769; s. auch die knappe, aber instruktive Zusammenfassung der Argumentation und Erkenntnisse des Swann-Reports bei W. Haußmann, Dialog mit pädagogischen Konsequenzen? Perspektiven der Begegnung von Christentum und Islam für die schulische Arbeit, Hamburg 1993, 163-165.

[836] S. die Zusammenstellung der wichtigsten Bestimmungen und späteren Ausführungsbestimmungen im Anhang von Hull, a.a.O. (Anm. 606) 37f.; s. zur Interpretation im einzelnen Jackson, a.a.O. (Anm. 832) 3-13. Vgl. zu den teilweise ähnlichen Bestimmungen in Schweden R. Larsson, A Reformed School and Religious Education in Sweden, in: Panorama 8/1 (1996) 72-82.

[837] S. hierzu die Interpretation J. Hulls im „Editorial" von BJRE 11 (1989) 59.

von „the spiritual, moral, cultural, mental and physical development of pupils and of society".[838] Dem entspricht, daß „Religious Education" – wie der Lerngegenstand jetzt entgegen der „Religious Instruction" des Education Act von 1944 genannt wird – eine wichtige Rolle in der Schule eingeräumt wird. „Religious Education" wird Bestandteil des „basic curriculum".

Allerdings ist es nicht Bestandteil des National Curriculum; in ihm wird auch nicht zentral geprüft, es gibt ja die Möglichkeit zur Abmeldung („withdrawal").

Inhaltlich ist es die Aufgabe von „Religious Education": „reflect the fact that the religious traditions in Great Britain are in the main Christian whilst taking account to the teaching and practices of the other principal religions represented in Great Britain".[839] Erstmalig ist hier die Verpflichtung aufgenommen, in „Religious Education" neben dem Christentum – zumindest zwei – weitere Religionen zu behandeln. Dazu müssen in den 105 lokalen Bezirken eigene Lehrpläne für „Religious Education" durch das jeweilige „Standing Advisory Council for Religious Education" (SACRE) entworfen werden.

SACRE setzt sich aus vier Unterkommissionen zusammen: Eine bilden Vertreter der Church of England als Staatskirche, eine Vertreter anderer religiöser Denominationen (jetzt auch nichtchristlicher Religionen), eine Vertreter der Lehrerorganisationen und eine Vertreter der LEA (Local Authorities of Education).[840]

Auf Grund von kritischen Nachfragen des Erzbischofs von York wird inzwischen versucht, „Religious Education" wieder in seiner nationalen Bedeutung wahrzunehmen.[841] Dazu wurden – nach entsprechenden Angaben der wichtigsten Inhalte durch die Vertreter der sechs „principal religions" – 1994 zwei Modell-Lehrpläne erstellt, die zwar nicht verpflichtend sind, aber doch die Arbeit der lokalen SACREs prägen dürften.

Religionspädagogisch führte der Reform Education Act von 1988 zu einer Überarbeitung der bestehenden Rahmenrichtlinien.

---

[838] Zur spezifischen Interpretation von „moral" und „spiritual" s. die offizielle Verlautbarung des National Curriculum Council, Spiritual and Moral Development, April 1993.

[839] Folgende Religionen gelten als die sechs „principal religions": Christentum, Judentum, Islam, Hinduismus, Sikhismus, Buddhismus (s. hierzu als didaktische Umsetzung für einen GCSE-Kurs A. Brown, Hg., Religions, Essex [7]1995 (1988)); in bestimmten Regionen können noch Baha'ismus und Jainismus hinzutreten.

[840] Diese Regelung gilt nur für England; in Wales, wo es keine Staatskirche gibt, setzt sich SACRE aus drei Untergruppen zusammen (s. näher: The role of the religious groups on SACREs, in: BJRE 16 (1994) 2-6).

[841] S. J. Gay, Compulsory RE: Is it a Benefit?, in: The Templeton London Lectures at the RSA: Future Progress in Religious Education, London 1995, 10.

Der erste „Agreed Syllabus" nach dem Inkrafttreten des Education Reform Act von 1988 war der im Londoner Bezirk Ealing. Dieser „world religions syllabus" hat darin seine Besonderheit, daß in dem Bezirk ein Sikh-Zentrum liegt und in mehreren Schulen über 90% der Schülerinnen und Schüler dieser Religion angehören. Dementsprechend eingehend werden hier die asiatischen Religionen in „Religious Education" thematisiert.[842]

Besonderes Interesse verdient auch hier wieder der Birminghamer „New Agreed Syllabus", der 1995 veröffentlicht wurde. Auf Grund der Gefahr einer zu distanzierten Sicht der verschiedenen Religionen und damit letztlich der (agnostischen) Relativierung stellt man jetzt neben „to learn about religion": „to learn from religion".

Genauer sollen folgende Fähigkeiten und Fertigkeiten angebahnt werden:
„– address the fundamental questions of life;
– respond to such questions with reference to the teachings and practices of religions, and in the light of their experience and understanding;
– reflect on their beliefs, values and experiences, in the light of their study;
– develop the ability to make reasoned and informed judgements about religious and moral life;
– develop positive attitudes towards other people, respecting their right to hold beliefs different from their own, and to enable them to live in a world with many diverse religions;
– develop knowledge and understanding of the faiths, practices and values of the religious traditions found in Birmingham and elsewhere, and their influences on individuals, families, communities, societies, and cultures."[843]

Auch für den „collective worship" finden sich im Reform Education Act von 1988 wichtige Bestimmungen. Er soll täglich stattfinden und „wholly or mainly of a broadly Christian character" sein. Dazu hat er „the broad tradition of Christian belief" zu bedenken. Zum einen wird also der nicht bekenntnismäßige Ansatz des Butler Education Act von 1944 weitergeführt. Zum anderen wird aber jetzt implizit die Bedeutung nichtchristlicher Traditionen in Rechnung gestellt, die allerdings in der Regel[844] nicht den allgemein christlichen Charakter überwiegen dürfen. Die inhaltlichen Hin-

---

[842] S. „Editorial" von BJRE 12 (1989) 1f.

[843] Mit diesem Zitat stellt T. Brighouse in dem Informationsblatt „A Summary of The Birmingham Agreed Syllabus for Religious Education (1995). Information for Parents and Governors" die wichtigsten Aussagen zusammen.

[844] Die Schulleitung kann bei mehrheitlich nicht-christlicher Schülerschaft beim SACRE einen (auf fünf Jahre begrenzten und dann wiederholbaren) Dispens von der christlichen Grundorientierung des „collective worship" beantragen; s. kritisch hierzu vom pädagogischen Konzept der „community" als obersten Wert her J. Hull, a.a.O. (Anm. 606).

weise bleiben jedoch sehr undeutlich.[845] Religionspädagogisch bedeutsam ist, daß an der Verbindung von Gemeinschaftsstiftung und spiritueller Erziehung in der Schule festgehalten wird.

J. Hull macht allerdings auf die inneren Widersprüche dieses Konzepts aufmerksam. Vor allem die spätere Auslegung des Gesetzestextes von 1988 führt nach ihm zu einer Verengung von „collective worship" auf ein objektives theologisches Verständnis, das bei konsequenter Schlußfolgerung zu einer Veranstaltung führt, die nur noch für Christen zugänglich ist und so letztlich dem pädagogischen Grundanliegen der Gemeinschaft entgegensteht.[846] Er fordert dagegen die Veränderung des „collective worship" zu einer „collective spirituality", also einer pädagogisch begründeten Zusammenkunft der ganzen Schule, in der theologische Distinktionen hinter dem Ziel von „spiritual development" zurücktreten sollen.[847]

Insgesamt hat der Reform Education Act von 1988 die Diskussion um die religiöse Bildung und Erziehung in England nicht beruhigt, sondern eher neu entfacht. Die Spannung zwischen den Zielen der Stärkung von Schulgemeinschaft und der Beachtung der religiösen Pluralität an vielen Orten wird für die Kritiker des Gesetzes zu einseitig durch Rückgriff auf die christliche Tradition als grundlegend für „Religious Education" und „collective worship" aufgelöst. Der von John Hull und seinen Mitstreitern empfohlene multireligiöse Ansatz, bei dem pädagogische Überlegungen den Primat vor theologischen Bedenken haben, ist aber ebenso fragwürdig. Vor allem Evangelikale[848] und Muslime[849] befürchten, daß eine „multi-faith"- "Religious Education" letztlich einen alles relativierenden Agnostizismus lehrt und die für Religion zentrale Wahrheitsfrage konzeptionell ausblendet. Praktisch stellt sich die Frage nach der notwendigen Qualifikation der Lehrkräfte für einen multi-religiösen Unterricht.

Hier ist zu bedenken, daß wohl nicht einmal die Hälfte aller „Religious Education"-Lehrer und -Lehrerinnen in „secondary schools" über eine entsprechende Hochschulausbildung verfügen.[850]

---

[845] S. ebd. 28f.

[846] S. ebd. 28-34.

[847] Ebd. 35.

[848] S. am ausführlichsten und argumentativ differenziertesten T. Cooling, A Christian Vision for State Education, London 1994.

[849] S. z.B. S.A. Mabud, A Muslim Response to the Education Reform Act 1988, in: BJRE 14 (1992) 88-98.

[850] S. A. Brown im Interview mit P. Schreiner, Main Problems of RE in England, in: Panorama 6 (1994) 24. Es ist für die Situation der Ausbildung für das „Religious Education"-Lehramt in England bezeichnend, daß erst 1989 der erste Lehrstuhl für „Religious Education" vergeben wurde (an J. Hull).

Systematisch ist ungeklärt, ob es eine den konkreten Religionen voraus-
liegende grundsätzliche Religiosität bzw. Spiritualität gibt, die in den Schulen unterrichtet werden kann und die konkrete familiäre bzw. gemeindliche
religiöse Praxis nicht behindert (sondern vielleicht sogar fördert).

Sehr deutlich zeigt eine jüdische Pädagogin die Konsequenz eines solchen Ansatzes, indem sie eine Entwicklung von „bilingualism" fordert: „the language of society
alongside the language of faith nurtured in our own communities".[851]

In den *USA* setzte sich die in 3.2.7. skizzierte Entwicklung fort. Religion
als Unterrichtsgegenstand findet nur in kirchlichen Schulen statt.

„Im Jahr 1984 besuchten über 5 Millionen Schüler diese Schulen, d.h. ca. 11%
der 45 Millionen. Von der Gesamtschülerzahl der privaten Schulen besuchten 86%
der Schüler privat-religiöse Schulen."[852]

Das Hauptgewicht religionspädagogischer Theoriebildung wie auch der
Modell- und Materialproduktion[853] lag deshalb bei der Bearbeitung der
Lernorte Gemeinde und Familie. Kwiran stellt fest, „daß sich heute zunehmend das Interesse in der Religious Education auf die Funktion der *Familie*
verlagert hat".[854] Insofern ist die für Deutschland und, wenn auch in inhaltlich unterschiedener Weise, England feststellbare Konzentration der Religionspädagogik auf Schule und den Religionsunterricht den USA fremd.
Auch die in England so schwierige Integrationsaufgabe wird in den USA
ohne Thematisierung von Religion in der Schule angegangen. Gabriel Moran
macht allerdings zu Recht darauf aufmerksam, daß das „multifaith"-Pro-
blem in England erheblich ausgeprägter ist als in den insgesamt doch sehr
(jüdisch-)christlich geprägten USA.[855]

4.2.7. Zusammenfassung

Politisch-gesellschaftliche, kulturell-religiöse und pädagogische Veränderun-
gen der letzten Jahrzehnte hinterließen in der Religionspädagogik deutliche
Spuren. Die Notwendigkeit, die Probleme und alltagskulturell geprägten
Plausibilitäten der Zeitgenossen konstitutiv zu berücksichtigen, wie es etwa

---

[851] L. Rosenberg in ihrer Antwort auf Hulls Vortrag im Rahmen der Templeton
London Lectures (a.a.O. (Anm. 606) 40).

[852] Kwiran, a.a.O. (Anm. 409) 114.

[853] S. J.V. Cully, Changing Patterns of Protestant Curriculum (zitiert ebd. 165).

[854] Kwiran, a.a.O. 242. Vgl. zu den mit den Veränderungen von Familie in den USA
gegebenen praktisch-theologischen Problemen den Forschungsbericht von D.
Browning, Practical Theology and the American Family Debate. An Overview,
in: International Journal of Practical Theology 1 (1997) 136-160.

[855] S. Moran, a.a.O. (Anm. 412) 89f.

der thematisch-problemorientierte Religionsunterricht forderte, ist mittlerweile unbestritten. Daraus erwächst für die religionspädagogische Theoriebildung die Aufgabe, solche Lernvoraussetzungen mit der biblisch-christlichen Tradition bzw. religiösen Fragen und Anschauungen zu vermitteln. Die traditionelle Konzentration auf den schulischen Religionsunterricht stößt hier rasch auf Grenzen.

4.3. Erweiterung des religionspädagogischen Horizonts

Im vorausgehenden Abschnitt wurde die Problematik einer Reduktion von Religionspädagogik auf Fachdidaktik deutlich. Der hermeneutische Ansatz Stallmanns hatte in der „Verkündigung" eine außerhalb der Schule liegende Voraussetzung. Die Problemorientierung verwies auf den Alltag der Schülerinnen und Schüler, zu dem das Leben in der Familie, der Kontakt mit Gleichaltrigen und schließlich der Bezug zur Gesamtgesellschaft gehören. Das Plädoyer von Halbfas für eine Konzentration des Religionsunterrichtes auf Religion führte zu einer Ausweitung des Horizonts weit über das im Unterricht Mögliche hinaus. Die von Baudler vertretene Korrelationsdidaktik setzte umfassender als für eine Fachdidaktik notwendig ein, wie ihr Programm „Leben durch Glauben erschließen" verrät. Allerdings blieben die materialen Ausführungen der in 4.2. vorgestellten Konzepte weithin auf den schulischen Religionsunterricht beschränkt. Eine grundsätzliche, auch konzeptionell reflektierte und materialiter ausgeführte Weitung der Religionspädagogik über die Fachdidaktik des Religionsunterrichtes hinaus vollzog Karl Ernst Nipkow Ende der sechziger Jahre, ohne daß die Konzentration der meisten religionspädagogischen Beiträge auf Schule damit durchbrochen worden wäre.

Auf katholischer Seite legte W. Bartholomäus 1983 eine „Einführung in die Religionspädagogik" vor, in der ebenfalls der schulische Religionsunterricht nur ein Thema unter anderen ist. Gegenüber Nipkows umfangreicherem Werk führt hier der Eingangsteil weiter, der der Disziplingeschichte gewidmet ist.

Etwa zur selben Zeit tauchte der Begriff „Gemeindepädagogik" auf und machte schnell – nicht zuletzt durch die Institutionalisierung des Fachs „Gemeindepädagogik" an kirchlichen Ausbildungsstätten und den hier ausgebildeten Berufsstand Gemeindepädagogen – in Ost- und Westdeutschland gleichermaßen Karriere.[856] Während es in der DDR angesichts der politischen Situation vor allem darum ging, der Staatspädagogik die bean-

---

[856] S. sehr differenziert zur Begriffsgeschichte Foitzik, a.a.O. (Anm. 2); vgl. als knappen Überblick die Rekonstruktion der wichtigsten Beiträge bei Chr. Grethlein, Gemeindepädagogik, Berlin u.a. 1994, 4-17.

spruchte Alleinvertretung auf dem Gebiet der Pädagogik streitig zu machen,[857] war in der Bundesrepublik u.a. die gegenüber dem schulischen Religionsunterricht zu geringe pädagogische Reflexion gemeindlichen Handelns[858] – auf dem Hintergrund abnehmender religiöser Prägung durch die Familie – ein wichtiger Grund für die Erarbeitung von Gemeindepädagogik.

Anfang der neunziger Jahre erschienen dann einige Lehrbücher der Religionspädagogik im umfassenden Sinn, die also einen über Schule hinausreichenden Ansatz und Anspruch vorlegten. Sie markieren vielleicht – auch mit ihrem Blick auf die ausländische Diskussion – einen gewissen Endpunkt der besonderen deutschen Religionspädagogik, für die weithin – abgesehen von der in der DDR politisch erzwungenen Verlagerung der pädagogischen Arbeit in die Gemeinde – der schulische Religionsunterricht das wichtigste Handlungsfeld religionspädagogischer Reflexion war.[859]

4.3.1. K.E. Nipkows „Grundfragen der Religionspädagogik"

Zwischen 1975 und 1982 erschien – durch mehrere kleinere Arbeiten vorbereitet[860] – das dreibändige Werk Karl Ernst Nipkows (geb. 1928) „Grund-

---

[857] Vgl. z.B. E. Heßler, Zeitgemäße Gedanken über das Verhältnis von Theologie und Pädagogik, Vortrag gehalten 1974 anläßlich des 25jährigen Bestehens des Katechetischen Oberseminars Naumburg; s. jetzt R. Degen, Gemeindepädagogische Perspektiven im ostdeutschen Kontext, in: JRP 11 (1994), 1995, 18f.

[858] S. G. Adam, Gemeindepädagogik. Erwägungen zu einem Defizit Praktischer Theologie, in: WPKG 67 (1978) 333.

[859] Weiterhin erschienen auf den Religionsunterricht konzentrierte Studien- und Lehrbücher: J. Hofmeier, Kleine Fachdidaktik Katholische Religion, München 1983 (erweitert: Fachdidaktik Katholische Religion, München 1994); H. Schmidt, Religionsdidaktik Bd. 1 und 2, Stuttgart u.a. 1982 und 1984; G. Adam, R. Lachmann, Hg., Religionspädagogisches Kompendium, Göttingen 1984 u.ö.; G. Lämmermann, Grundriß der Religionsdidaktik, Stuttgart u.a. 1991; H.P.Siller, Handbuch der Religionsdidaktik, Freiburg u.a. 1991; mit zumindest deutlichem Schwerpunkt auf den Fragen des Religionsunterrichts H. Schmidt, Leitfaden Religionspädagogik, Stuttgart u.a. 1991; H.-J. Frisch, Fachdidaktik Religion, Düsseldorf 1992; E. Groß, K. König, Hg., Religionsdidaktik in Grundregeln. Leitfaden für den Religionsunterricht, Regensburg 1996. S. insgesamt zur noch stark auf den schulischen Religionsunterricht bezogenen religionspädagogischen Diskussion den Literaturbericht von G.R. Schmidt, Bleibende Spannungen: Religionspädagogik in den 80er Jahren, in: ThR 55 (1990) 424-472; speziell zur katholischen Situation s. H.-G. Ziebertz, W. Simon, Hg., Bilanz der Religionspädagogik, Düsseldorf 1995.

[860] S. die Beiträge in der Aufsatzsammlung von K. E. Nipkow, Schule und Religionsunterricht im Wandel, Heidelberg u.a. 1971.

fragen der Religionspädagogik"[861]. Gottfried Adam formulierte einen weitgehenden Konsens, wenn er 1989 diese Bücher als „das entscheidende Werk
zu den Grundfragen und damit auch Grundlagen in der evangelischen
Religionspädagogik seit 1975" bezeichnete.[862] Grundlegend ist hier die
Einordnung der *Religionspädagogik zwischen Theologie und Pädagogik*. Kate-
gorial ist dies nur in spannungsvoller Weise möglich. Für die Beziehung von
Theologie und Pädagogik prägte Nipkow den Begriff *„konvergenztheoretisch"*,
der die „Frage nach konvergierenden und divergierenden Elementen" der
beiden Bezugswissenschaften der Religionspädagogik bezeichnen soll.[863]

Auch die Biographie Nipkows spiegelt diese Spannung wider. Er studierte von
1949 bis 1954 Germanistik, Anglistik, Evangelische Theologie und Pädagogik und
wirkte bis 1961 im gymnasialen Schuldienst. Nach einigen Jahren als Lehrbeauftrag-
ter für Gymnasialpädagogik am Pädagogischen Seminar in Marburg war er von 1965
bis 1968 Professor für Pädagogik an der Pädagogischen Hochschule Hannover und
von 1968 bis zu seiner Emeritierung Professor für Praktische Theologie an der
Evangelisch Theologischen Fakultät und zugleich kooptiertes Mitglied der Fakultät
für Sozial- und Verhaltenswissenschaften in Tübingen.[864]

Das „konvergenztheoretisch-dialektische Orientierungsmodell" ist kritisch durch „die Geschichte des Christentums und die neuzeitliche Frei-
heitsgeschichte" bestimmt.[865] Beide Traditionen sind bei der religionspädagogischen Kriterienbildung heranzuziehen, und zwar sowohl in ihrem
Zusammenhang als auch in ihrer Unterscheidung. Den begrifflichen Schlüssel für diese spannungsvolle Zuordnung lieferten Nipkow ökumenische

---

[861] K. E. Nipkow, Grundfragen der Religionspädagogik Bd. 1. Gesellschaftliche
Herausforderungen und theoretische Ausgangspunkte, Gütersloh 1975; ders.,
Grundfragen der Religionspädagogik Bd. 2. Das pädagogische Handeln der Kirche, Gütersloh 1975; ders., Grundfragen der Religionspädagogik Bd. 3. Gemeinsam leben und glauben lernen, Gütersloh 1982.

[862] G. Adam, Grundlagenforschung in der evangelischen Religionspädagogik, in:
Religionspädagogische Beiträge 24 (1989) 149 (jetzt auch in: ders., Glaube und
Bildung. Beiträge zur Religionspädagogik 1, Würzburg 1992, 65).

[863] Nipkow, Grundfragen 1 (Anm. 861) 177; zum möglichen Mißverständnis von
„konvergenztheoretisch" als zu sehr auf Gemeinsamkeiten und Ähnlichkeiten
bezogen s. ebd. 16.

[864] Nach der Kurzbiographie in: K.E. Nipkow, Religionspädagogik zwischen Theologie und Pädagogik, Kirche und Gesellschaft, in: R. Lachmann, H. Rupp, Hg.,
Lebensweg und religiöse Erziehung. Religionspädagogik als Autobiographie Bd.
2, Weinheim 1989, 215.

[865] Nipkow, Grundfragen 1 (Anm. 861) 173.

Einsichten, nämlich die Leitbegriffe der 5. Vollversammlung des Ökumenischen Rates der Kirchen in Nairobi: „freedom" und „community".[866]

Solche religionspädagogische Theoriebildung ist – diese Einsicht prägt die Religionspädagogik weithin bis heute – eingebettet in den „Zusammenhang von Gesellschaft, Erziehung, Religion und Kirche" und bedarf einer „mehrperspektivische(n) Aufschlüsselung".[867]

> „Nur in einem mehrperspektivischen und von gegenseitiger Bevormundung absehenden Wechselbezug zwischen nichttheologischen und theologischen Zugängen kann sich die Religionspädagogik in der Gegenwart entfalten."[868]

Gegenstand dieser Religionspädagogik – und hier setzte sich Nipkow klar, nicht zuletzt unter dem Einfluß von Ivan Illich[869], von der vorausgehenden Verengung auf eine Fachdidaktik ab – sind „alle religiösen Lernprozesse, schulische und außerschulische. Ferner müssen auch alle mittelbar religiös bedeutsamen Lernerfahrungen und Lernvoraussetzungen berücksichtigt werden, die mit dem allgemeinen Bildungswesen und Bildungsschicksal einer Zeit gegeben sind."[870]

Inhaltlich folgerte Nipkow für die Kirche aus diesem schwierigen Vermittlungsprozeß vier pädagogische Grundaufgaben:[871]

– „Lebensbegleitende, erfahrungsnahe Identitätshilfe",
– „Gesellschaftsdiakonische politische Verantwortung",
– „Das Wagnis kritischer Religionssicht",
– „Der ökumenische Weg",

wobei ihnen grundsätzliche ekklesiologische Konzeptionen, nämlich die der Volkskirche, der „Kirche für andere", der „(selbst)kritischen Kirche" und der „Kirche als ganzes Volk Gottes" entsprechen. Deutlich tritt auch hier die Bedeutung ökumenischer Erkenntnisse und die dadurch gegebene Erweiterung der traditionell auf deutsche Gegebenheiten gerichteten Religionspädagogik hervor.

Im dritten Band der „Grundfragen der Religionspädagogik" führte Nipkow *Erkenntnisse aus der US-amerikanischen Religionspsychologie* in die

---

[866] Ebd. 17; Nipkow arbeitete von 1968 bis 1983 in wesentlichen Funktionen in der Ökumenischen Bewegung mit (s. Nipkow, a.a.O. (Anm. 864) 225f.).

[867] Nipkow, Grundfragen 1 (Anm. 861) 14.

[868] Ebd.

[869] S. I. Illich, Entschulung der Gesellschaft, München 1971, rezipiert bei Nipkow, a.a.O. 99f.

[870] Nipkow, a.a.O. 14.

[871] Diese Begriffe werden im 2. Kapitel des 2. Bandes der Grundfragen (101-228) (Anm. 861) entfaltet.

deutsche Diskussion ein. Er nahm zum einen vor allem den kognitionspsychologischen Ansatz von James Fowler auf.[872] Zum anderen rezipierte er
Erkenntnisse der sozialpsychologischen *Lebenslaufforschung*.[873] Dadurch erweitert sich der traditionell auf Kinder und Jugendliche gerichtete Blick auf
das Erwachsenenalter hin.[874] Dies wiederum hat Konsequenzen für das
religionspädagogische Lernverständnis: „Aus der Aufgabe lehrender Vermittlung wurde die Aufgabe gemeinsamen Lernens."[875]

So führte Nipkow die religionspädagogische Arbeit dadurch weiter, daß
er die gesellschaftliche Situation, die entwicklungspsychologischen Erkenntnisse und darüber hinaus die Lebenslaufforschung als grundlegende Aspekte
religionspädagogischer Theoriebildung erwies. Interessanterweise geschah
dies nicht durch Rückgriff auf die Geschichte der Religionspädagogik, in der
diese Perspektiven jedenfalls teilweise bereits ausgearbeitet worden waren, ja
geradezu das Programm der Religionspädagogik bestimmten, sondern durch
Begegnung mit außerdeutschen Entwicklungen und Autoren, konkret in der
Ökumenischen Bewegung und in der US-amerikanischen Religionspsychologie. Neu über die früheren Ansätze der Religionspädagogik hinausgehend
ist dabei die durch die Rezeption der Lebenslaufforschung erfolgte (verstärkte) Einbeziehung auch des Erwachsenenalters in die religionspädagogische
Theoriebildung.

Diese Weite des religionspädagogischen Horizonts schloß aber nicht aus, daß
Nipkow für die Konzeption und Didaktik des schulischen Religionsunterrichts wichtige und wirksame Beiträge lieferte. So trägt z.B. die erste ausschließlich diesem
Unterrichtsfach gewidmete EKD-Denkschrift „Identität und Verkündigung" unver-
kennbar seine Handschrift. Dies zeigen – abgesehen von der Tatsache seines damaligen Vorsitzes bei der Kammer der EKD für Bildung und Erziehung – der zugrundeliegende Bildungsbegriff, aber auch die Aufnahme der schon genannten Theorien.
Didaktisch besonderes Interesse verdienen die Überlegungen zu einem „Kerncurriculum" des Religionsunterrichts.[876]

---

[872] S. grundlegend J.W. Fowler, Stages of Faith. The Psychology of Human
Development and the Quest for Meaning, San Francisco u.a. 1981 (deutsch:
Stufen des Glaubens, Gütersloh 1991); zur Diskussion s. K.E. Nipkow, F.
Schweitzer, J.W. Fowler, Hg., Glaubensentwicklung und Erziehung, Gütersloh
1988; s. ausführlicher 2. Kap. 1.3.

[873] Hier bezieht sich Nipkow vor allem auf D.J. Levinson, Das Leben des Mannes.
Werdenskrisen, Wendepunkte, Entwicklungschancen, Köln 1979 (New York
1978).

[874] S. Nipkow, Grundfragen 3 (Anm. 861) 11.

[875] Ebd. 12.

[876] S. Identität und Verständigung. Standort und Perspektiven des Religionsunterrichts in der Pluralität. Eine Denkschrift der Evangelischen Kirche in Deutschland, Gütersloh 1994, 18f.; vgl. 3. Kap. 3.3.3.

Das für das Selbstverständnis der Religionspädagogik in der Folgezeit grundlegende konvergenztheoretische Verständnis der Disziplin in der Spannung von Theologie und Pädagogik enthält jedoch systematische und praktische Probleme. Eine gleichberechtigte Konvergenz und Divergenz zweier Wissenschaften in einer Disziplin, nämlich der Theologie und Pädagogik in der Religionspädagogik, dürfte nicht nur logisch schwierig, sondern auch praktisch unmöglich sein, spätestens bei der Formulierung leitender Ziele. Heinz Schmidt[877] entdeckt wohl zu Recht eine gewisse Präferenz der Theologie bei Nipkow, die dann im Opus magnum Nipkows in Form einer kirchlichen Bildungstheorie deutlicher hervortritt.[878] Hier versucht Nipkow die in der Geschichte des Bildungsbegriffs enthaltenen theologischen und pädagogischen Gehalte, vor allem die Betonung des Subjekts, für die Religionspädagogik, bzw. besser: für eine „Theorie kirchlicher Bildungsverantwortung" fruchtbar zu machen. Auf jeden Fall ist es das Verdienst Nipkows, darauf hingewiesen zu haben, daß eine spannungsfreie, entweder nur theologisch oder nur pädagogisch begründete Religionspädagogik wichtige Probleme religiöser Erziehung und Bildung in der Gegenwart verfehlt.

Darüber hinaus wird in der Diskussion um die religionspädagogische Arbeit in den neuen Bundesländern deutlich, daß Nipkow in seiner religionspädagogischen Theoriebildung gesellschaftliche und kirchliche Verhältnisse voraussetzt, die gewöhnlich als volkskirchlich bezeichnet werden, also eine gewisse Selbstverständlichkeit der Kirchenmitgliedschaft und der Offenheit gegenüber kirchlicher Arbeit implizieren.[879] Es wird zu prüfen sein, inwieweit die besondere ostdeutsche Situation Bedeutung auch für das wissenschaftstheoretische Verständnis der Religionspädagogik zwischen Theologie und Pädagogik haben muß.

---

[877] H. Schmidt, a.a.O. (Anm. 859, 1991) 121, spricht von „konstitutiver Rolle" der Theologie; vgl. auch die ausführliche Rezension der ersten beiden Bände von Nipkows „Grundfragen der Religionspädagogik" durch P. Biehl, Religionspädagogik zwischen Gesellschaft und Kirche. Zum Verhältnis von Theologie und Religionspädagogik bei Karl Ernst Nipkow, in: EvErz 28 (1976) 302-314

[878] K.E. Nipkow, Bildung als Lebensbegleitung und Erneuerung. Kirchliche Bildungsverantwortung in Gemeinde, Schule und Gesellschaft, Gütersloh 1990 u.ö.

[879] S. K.E. Nipkow, Kirchliche Bildungsverantwortung in Gemeinde, Schule und Gesellschaft unter ostdeutschen Bedingungen, und die kritischen Anfragen von Chr. Grethlein, Empirische Stolpersteine auf dem Weg zur kirchlichen Bildungsverantwortung in Ostdeutschland, in: R. Degen, G. Doyé, Hg., Bildungsverantwortung der Evangelischen Kirche in Ostdeutschland, Berlin 1995, 131-160 bzw. 163-173.

4.3.2. Forderung „Gemeindepädagogik"

Anfang der siebziger Jahre äußerte sich in der Bundesrepublik die Unzufriedenheit über die pädagogische Arbeit in den Gemeinden an verschiedenen Stellen und kulminierte in der Forderung nach „Gemeindepädagogik".

E. Rosenboom, Kieler landeskirchlicher Bildungsdezernent, forderte sie wohl als erster programmatisch 1973 in einem Vortrag.[880] Dabei leiteten ihn folgende fünf Gesichtspunkte:[881]
– das Zurückbleiben des kirchlichen Unterrichts hinter dem curricularen schulischen Religionsunterricht,
– die mangelhafte Rezeption von pädagogischen Erkenntnissen in der Gemeinde,
– das Mißlingen der Elementarisierung christlichen Glaubens,
– die Notwendigkeit pädagogisch ausgebildeter Mitarbeiterinnen und Mitarbeiter,
– die Engführung der pädagogischen Bemühungen in Gemeinde auf den Konfirmandenunterricht.
Der vorletzte Punkt findet sich auch in der fast gleichzeitig in der DDR laut werdenden Forderung nach „Gemeindepädagogik" durch E. Heßler, die dazu u.a. auf die Bedeutung der Lebensform für die Erstellung von Erziehungszielen hinwies und so versuchte, einen Platz für eine kirchliche Pädagogik neben der sozialistischen Staatspädagogik zu reklamieren.[882]

Als erster machte im akademischen Bereich wohl Gottfried Adam (geb. 1939) auf die Bedeutung von Gemeindepädagogik für die Religionspädagogik aufmerksam. Dabei stellte er in seiner Marburger Antrittsvorlesung 1976 eingangs klar, daß Gemeindepädagogik als „ein Teil der Religionspädagogik, der den pädagogischen Fragen am didaktischen Ort Gemeinde nachgeht", kein „Gegenbegriff zu Religionspädagogik" ist.[883]

Gemeindepädagogik ist für ihn der „Kurztitel für ‚religionspädagogische Theorie des pädagogischen Handelns in der Gemeinde'".[884]

---

[880] Veröffentlicht in: EvErz 26 (1974) 25-40.

[881] S. ausführlicher Grethlein, a.a.O. (Anm. 856) 5-7.

[882] S. zu den beiden hierfür grundlegenden, nichtveröffentlichten Vorträgen von E. Heßler Grethlein, a.a.O. 7f.

[883] Adam, a.a.O. (Anm. 858) 332. Wie sehr z.T. „Religionspädagogik" mit ihrem nach dem II. Weltkrieg in der Bundesrepublik hauptsächlichen Gegenstandsbereich des schulischen Religionsunterrichts gleichgesetzt wurde, zeigte sich im Zuge der politischen Vereinigung Deutschlands, als ostdeutsche Katecheriker gegen die „Integration der ‚sogenannten' Gemeindepädagogik in die Religionspädagogik" protestierten (so noch 1995 E. Schwerin, Bildungsverantwortung der Kirche heute in Ostdeutschland, in: R. Degen, G. Doyé, Hg., Bildungsverantwortung der Kirchen in Ostdeutschland, Berlin 1995, 183).

[884] Adam, a.a.O. (Anm. 858) 332.

Kritisch grenzte sich Adam von der Konzentration der religionspädagogischen Forschung nach dem zweiten Weltkrieg auf den schulischen Religionsunterricht ab. Denn dadurch wurden die „Fragen von gemeindlicher Erziehung, Bildung und Unterricht ... sträflich vernachlässigt" und zugleich die Leistungsmöglichkeit des Religionsunterrichtes überschätzt.[885] Der Lernort Schule mit seinen „organisationsstrukturellen Bedingungen" führt dazu, „daß Religionsunterricht in der Schule primär Aufgaben einer kognitiven Verarbeitung von Religion und Glaube wahrnehmen kann",[886] aber nicht mehr. Besondere Bedeutung bekam diese realistische Einschätzung dadurch, daß „das Ende einer katechetischen Ära in Sicht kommt ..., die fast ausschließlich den Gesichtspunkt der kognitiven Verarbeitung im Blick hatte".[887] Demgegenüber entdeckte Adam die großen pädagogischen Chancen von Gemeinde, „weil sie frei ist von jenen Begrenzungen, die durch festgeschriebene Lehrpläne und normative Leistungsanforderungen im Rahmen der Schule gegeben sind".[888]

Bei der Vorstellung von Alternativen zu der bisher vornehmlich am Unterricht orientierten pädagogischen Arbeit in der Gemeinde griff Adam auf Anregungen aus den USA, England, Australien, aber auch Skandinavien und Italien zurück, ja er forderte eine „vergleichende Gemeindepädagogik".

„Vergleichende Gemeindepädagogik ist jener Teil der Praktischen Theologie, der gemeindepädagogische Theorie und Praxis, d.h. Erscheinungsformen, Probleme und Konzepte von Erziehung, Bildung und Unterricht in Sachen christlicher Glaube in anderen geographischen und gesellschaftlichen Räumen zum Gegenstand von objektiver Deskription und analytischer Explikation macht, mit dem letztlichen Interesse, aus den gewonnenen Erkenntnissen Folgerungen für Theorie und Praxis von religions- und gemeindepädagogischer Arbeit bei uns zu gewinnen."[889]

So weitet dieser *Vorstoß*, den Adam in der Folgezeit noch ausarbeitete,[890] den religionspädagogischen Horizont in doppelter Hinsicht aus: *über den Religionsunterricht und Schule hinaus und auf außerdeutsche Entwicklungen hin.*

---

[885] Ebd. 333.

[886] Ebd. 334.

[887] Ebd. 337.

[888] Ebd. 337f.

[889] Ebd. 342.

[890] S. G. Adam, Glaube und Lernen in Schule und Gemeinde. Eine Verhältnisbestimmung, in: ders., G. Fähndrich, M. Nicol, H.G. Ulrich, Kirche in der Gegenwart des Geistes. Glaube und Lernen im Konfirmandenunterricht, Hannover 1986, 25-47; G. Adam, R. Lachmann, Was ist Gemeindepädagogik?, in: dies., Hg., Gemeindepädagogisches Kompendium, Göttingen 1987 u.ö. 13-54; G.

Während das Stichwort „Gemeindepädagogik", im weiteren konzeptionell aufgenommen[891] und in den beginnenden neunziger Jahren systematisch bestimmt wurde,[892] verhallten die Aufforderungen zu einer vergleichenden Gemeindepädagogik merkwürdig ungehört.[893]

4.3.3. G. R. Schmidts „Religionspädagogik"

Günter R. Schmidt (geb. 1935) leistete mit seiner „Religionspädagogik" einen weiteren wichtigen Beitrag zur Erweiterung und Erneuerung des Fachs. Dabei siedelte er – ähnlich wie Nipkow – Religionspädagogik „zwischen Theologie und Pädagogik"[894] an, führte die konkrete Verhältnisbestimmung jedoch anders akzentuiert durch.

Schmidts berufliche Biographie[895] ähnelt in manchem der von Nipkow. Er durchlief eine Ausbildung als Gymnasiallehrer für Neuphilologie, Theologie und Pädagogik und setzte nach dem Referendariat das Theologiestudium bis zum ersten

---

Adam, Gegenwärtige Herausforderungen der Gemeindepädagogik. Fragestellungen für das weitere Gespräch, in: Die Christenlehre 41 (1988) 388-390 (vgl. ähnlich ders., Gemeindepädagogik. Eine Zwischenbilanz, in: DtPfrBl 88 (1988) 485-487).

[891] Vor allem das Comenius-Institut bemühte sich mit Konsultationen und Publikationen um die Fortentwicklung von Gemeindepädagogik: E. Goßmann, H.B. Kaufmann, Hg., Forum Gemeindepädagogik. Eine Zwischenbilanz, Münster 1987; E. Schwerin, Hg., Gemeindepädagogik. Lernwege der Kirche in einer sozialistischen Gesellschaft, Münster 1991; R. Degen, W.-E. Failing, K. Foitzik, Hg., Mitten in der Lebenswelt. Lehrstücke und Lernprozesse zur zweiten Phase der Gemeindepädagogik, Münster 1992; R. Degen, Gemeindeerneuerung als gemeindepädagogische Aufgabe. Entwicklungen in den evangelischen Kirchen Ostdeutschlands, Münster u.a. 1992.

[892] Grethlein, a.a.O. (Anm. 856), s. hierzu die kritische Rezension von R. Lachmann in: ThLZ 120 (1995) 576-578; K. Wegenast, G. Lämmermann, Gemeindepädagogik. Kirchliche Bildungsarbeit als Herausforderung, Stuttgart u.a. 1994, s. kritisch hierzu die Rezension von J. Henkys in: JRP 11 (1994), 1995, 203-212; s. auch W.E. Failing, Gemeinde als symbolischer Raum. Die Gemeinde in der Phase der Systematisierung, in: JRP 11 (1994), 1995, 37-55; H. Schröer, Gemeindepädagogik wohin? Bilanz einer realen Utopie, in: JRP 12 (1995), 1996, 161-177.

[893] In der Praxis bemühte sich das Gemeindekolleg der VELKD in Celle vor allem um Anregungen zur Gemeindeentwicklung aus Skandinavien.

[894] S. G.R. Schmidt, Religionspädagogik zwischen Theologie und Pädagogik, in: ThPr 22 (1987) 21-33.

[895] S. die Kurzbiographie in: Winkel, a.a.O. (Anm. 679) 92; vgl. die Bibliographie Schmidts in: M. Ambrosy, Chr. Grethlein, J. Lähnemann, Hg., Divinum et Humanum, FS G.R. Schmidt, Frankfurt u.a. 1996, 313-319.

Theologischen Examen fort. Von 1965 bis 1969 war er Wissenschaftlicher Assistent im Fach Pädagogik bei Professor H. Scheuerl und ging von 1969 bis 1974 als Schulpädagoge an die Universität Hamburg. Von 1974 bis 1982 lehrte er als Professor für Religionspädagogik an der Pädagogischen Hochschule Lüneburg und ist seit 1982 Professor für Praktische Theologie an der Theologischen Fakultät in Erlangen.

Bei Schmidt treten sowohl das pädagogische als auch das theologische Profil der Religionspädagogik deutlich zutage. Das bei Nipkow mit Begriffen wie „Spannung", „Konvergenz" u.ä. Umschriebene wird begrifflich genauer gefaßt. So unterschied Schmidt in seiner eben zitierten Erlanger Antrittsvorlesung, die in nuce seinen religionspädagogischen Ansatz enthält, zwischen einer „allgemeinen Religionspädagogik" und einer „christlichen Religionspädagogik". Den Hintergrund für diese Differenzierung bildet zum einen die Einsicht, daß die allgemeine Pädagogik durch bestimmte Erfahrungen bzw. Erfahrungsmöglichkeiten vor die religiöse Frage gestellt wird.

Schmidt nennt hier z.B. „Betroffenheit vom Rätsel eigenen und fremden Seins und Frage nach dem Sinn als dem letzten Woher, Worumwillen und Woraufhin des eigenen Lebens und der Gesamtwirklichkeit", aber auch „Erfahrung möglicher oder wirklicher Entfremdung und Verlangen nach Echtheit", „Erfüllung in der Freude und Dankbarkeit für ein Leben, das als Geschenk empfunden wird" oder „Endlichkeit des eigenen Lebens, Unausweichlichkeit und Unheimlichkeit des Todes".[896]

Zum anderen hält er fest, daß die in den westlich-demokratischen Verfassungen formulierten Grundrechte ein tragfähiges normatives Fundament für eine Religionspädagogik im Rahmen der allgemeinen Pädagogik abgeben.

Zwar muß sich eine allgemeine Religionspädagogik gegenüber der Frage nach der Wahrheit konkurrierender religiöser Symbolsysteme zurückhalten, doch bleiben genügend Aufgaben, die im Rahmen einer solchen Disziplin zu verfolgen sind.

Schmidt nennt z.B.:"Sensibilisierung für religiöse Lebensäußerungen", „,Versprachlichung' religiöser Erfahrungen", „Förderung eines den Grund- und Menschenrechten entsprechenden Ethos", „Förderung klaren Denkens in Sinn- und Wertfragen" oder „Förderung eines Grundvertrauens in die Sinnhaftigkeit des eigenen Lebens und der umgebenden Welt, das negativen Erfahrungen standhalten läßt und Bemühungen um Verbesserungen trägt".[897]

Die inhaltliche Hauptdifferenz der christlichen zu dieser allgemeinen Religionspädagogik besteht in dem Bezug der ersteren auf die christlichen

---

[896] Schmidt, a.a.O. (Anm. 894) 23.
[897] Ebd. 26.

Symbole, bei denen die Auferstehung Christi im Zentrum steht.[898] Wissenschaftstheoretisch gehört die christliche Religionspädagogik dadurch in den
Bereich der Theologie, nicht – wie die allgemeine Religionspädagogik – der
Pädagogik, und bekommt auch ihre Aufgaben aus diesem Bereich:

> „Die erste Aufgabe besteht darin, das Verstehen der zentralen christlichen
> Glaubenssymbole und eine elementare, dem geistigen Niveau der Allgemeinbildung
> entsprechende theologische Denkfähigkeit zu fördern ... Die zweite Aufgabe ist die
> Vermittlung von Begegnungen mit Erscheinungsformen gegenwärtigen christlichen
> Lebens ... Bei der dritten Aufgabe geht es darum, von den christlichen Glaubens
> symbolen her ethische Besinnung und ein persönliches Ethos zu fördern, das sich
> immer mehr, schließlich bis in das Politische hinein, ausweitet ... Vierte Aufgabe ist
> die Förderung einer kritischen Loyalität zur Kirche".[899]

Den Zusammenhang dieser beiden Formen von Religionspädagogik arbeitete Schmidt in seinem 1993 erschienenen Lehrbuch heraus, wobei der
Untertitel „Ethos, Religiosität, Glaube in Sozialisation und Erziehung" dessen sachliche Grundstruktur widergibt. Das Buch ist in die Hauptteile
gegliedert: „Sozialisation und Erziehung", „Religiöse Sozialisation und Erziehung" und „Christliche Sozialisation und Erziehung".

Ausdrücklich unterscheidet Schmidt anfangs die Religionspädagogik von der
Religionsdidaktik, die er als eine später zu ziehende Konsequenz aus dem grundlegenden Fach erachtet.[900]

Dabei zeigt Schmidt das jeweilige Gefälle zwischen den einzelnen Betrachtungsweisen auf, von der allgemeinen Sozialisation und Erziehung zur
religiösen Sozialisation und Erziehung und von hier – allerdings dialektisch
vermittelt[901] – zu christlicher Sozialisation und Erziehung. Für allgemeine
Erziehung ist das Hauptziel „Mündigkeit"[902], das sich wiederum an den
Leitvorstellungen der „Selbstbestimmung", „Selbstverwirklichung" und
„Selbstintegration" orientiert.[903] Hier stellt sich notwendig die Frage „nach
der integrierenden Mitte, dem Sinn": „Hilfe zur Selbstintegration ist die
entscheidende Aufgabe einer auf Mündigkeit gerichteten Erziehung". Insofern ist jede Erziehung „im Kern religiöse Erziehung".[904]

---

[898] S. ebd. 27.

[899] Ebd. 31f.

[900] G. R. Schmidt, Religionspädagogik. Ethos, Religiosität, Glaube in Sozialisation
und Erziehung, Göttingen 1993, 9.

[901] S. ebd. 11.

[902] Ebd. 82-86.

[903] Ebd. 84.

[904] Ebd. 86.

Bei der Thematisierung von religiöser Sozialisation und Erziehung stellt sich Schmidt – hier die Diskussion um eine im Religionsbegriff begründete Didaktik des Religionsunterrichtes indirekt weiterführend – dem Problem der Undeutlichkeit des Religionsverständnisses. Dessen Unschärfe bilde zutreffend den fließenden Übergang zwischen Religiösem und Nicht-religiösem in den modernen Gesellschaften ab. Pädagogisch geschickt empfiehlt Schmidt die Verwendung des Begriffs „religiös relevant",[905] der es erlaubt, in aller Breite die Erfahrungen moderner Menschen religionspädagogisch aufzunehmen und der inhaltlich phänomenologisch bestimmt wird. Deutlich weist Schmidt auf die *Probleme religiöser Sozialisation* „in den westlichen Ländern" hin, die er als Resultat zunehmender Pluralisierung religiöser Ausdrucksformen und deren gesellschaftlicher Randstellung sieht.

„R (sc. Religiosus, eine Person, insofern ihre Religiosität betrachtet wird, C.G.) steht einem religiösen Supermarkt gegenüber, der ein reiches Angebot vor ihm ausbreitet. Gleichzeitig erfährt er, daß für die meisten seiner Mitmenschen dieser gesamte Markt kaum von Belang ist ... Bei vielen Zeitgenossen, denen R leibhaftig oder medial begegnet, weiß er gar nicht, wie sie es mit der Religion halten. Auch die Botschaft dieses Sachverhalts ist eindeutig: Religion ist unerheblich."[906]

Besonders die „einweisende religiöse Erziehung" ist hierdurch vor erhebliche Schwierigkeiten gestellt.

„Einweisende religiöse Erziehung findet bei uns in vielen Fällen kaum Sozialisate vor, an die sie anknüpfen könnte."[907] Damit weist Schmidt auf die Spannung solcher in eine konkrete Religionsgemeinschaft „einweisenden" Erziehung zur pluralen Konstitution der modernen Gesellschaft hin. Ihr entspricht eher eine „hinweisende religiöse Erziehung",[908] die zwar die im Leben begegnenden religiösen Erfahrungen ernst nimmt, aber den Heranwachsenden in keine feste Ausdrucksform hierfür einführt.

Die genannten Schwierigkeiten religiöser Erziehung kehren verstärkt beim Bedenken der christlichen Erziehung wieder. Systematisch liegt dies an der engen Verbindung zwischen religiöser und christlicher Erziehung.

„In dem Maße, wie A (sc. der Aufwachsende, C.G.) durch religiöse Erziehung in der Einsicht gefördert wird, daß der Mensch immer schon aus einer Grundorientierung und ihrer Begründung in Verantwortung vor sich selbst gar nicht ausweichen kann, wird er auch Interesse für die Antwort des Christentums gewinnen und zur Kommunikation mit Christen bereit werden".[909]

---

[905] S. ebd. 87-104.

[906] Ebd. 130f.

[907] Ebd. 133.

[908] S. ebd. 145-150.

[909] Ebd. 222.

So erschweren „Sozialisationsdefizite und Pluralität"[910] auch christliche Erziehung. Besonders anschaulich wird diese Problematik an dem Beispiel, das Schmidt als besonders günstig für christliche Sozialisation erachtet, nämlich das Leben in der Gemeinschaft der Hutterer. Sie stellt ein homogen-christliches Milieu dar, das dem eines christlichen Ordens vergleichbar ist,[911] und bietet eine sehr günstige Gewähr für gelingende christliche Sozialisation und Erziehung.

Praktisch führt Schmidt die sozialisationstheoretisch gewonnene Leitvorstellung für christliche Erziehung dazu, daß er das staatliche Schulmonopol in Frage stellt und „wesentlich mehr von der Kirche getragene pädagogische Einrichtungen" fordert.[912]

Doch bestimmt er den Zusammenhang zwischen religiöser und christlicher Erziehung näherhin dialektisch. Christliche Erziehung „knüpft positiv an religiöse Erziehung an, sofern diese auf ‚Spuren der Transzendenz' (Berger) verweist, sie verneint sie in ihrer Tendenz, die ktisis (Schöpfung) anstelle des ktisas (Schöpfers) religiös aufzuladen (Röm 1,25)".[913]

Insgesamt liegt hier ein Entwurf von Religionspädagogik vor, der sowohl pädagogischen als auch theologischen Einsichten gerecht zu werden versucht. Faszinierend sind dabei die begriffliche Schärfe und Stringenz, mit der die religiöse Dimension der allgemeinen Erziehungswirklichkeit herausgearbeitet wird, die wiederum als wichtige Voraussetzung für christliche Erziehung erscheint. Unüberhörbar ist ein eminent gesellschaftskritischer Grundton; der heutigen pluralistischen Gesellschaft wird ein traditionell bestimmtes Christentum entgegengesetzt.

Dies kommt sehr deutlich in der inhaltlichen Bestimmung von christlicher Erziehung zum Ausdruck als:
- „Erziehung nach Maßgabe des christlichen Menschenbildes",
- „Erziehung von Getauften (oder zu Taufenden) durch Getaufte",
- „Erziehung in der Kirche zum Leben in und mit der Kirche",
- „in ihrem Kern Erziehung zur Aufmerksamkeit für das Wort und zur Empfänglichkeit für das Sakrament".[914]

Die den Beginn von Religionspädagogik bestimmende kulturelle Integration, die letztlich Nipkow in seinem bildungstheoretisch bestimmten Entwurf noch einmal einzuholen versuchte, steht hier in Frage, und zwar

---

[910] Ebd. 229.
[911] S. ebd. 202-206.
[912] Ebd. 221.
[913] Ebd. 223.
[914] Ebd. 216-219.

nicht wie in der Evangelischen Unterweisung aus theologischen, sondern aus sozialisationstheoretischen und pädagogischen Gründen. Interessant und wohl zukünftig nicht mehr zu hintergehen ist, daß Schmidt nachdrücklich auf die *religionspädagogische Bedeutung des Gottesdienstes* hinweist.

„Die zentrale Bedeutung des Gottesdienstes kann gerade unter religionspädagogischem Aspekt nicht genug betont werden. Wenn das Leben des einzelnen Christen und der Gemeinde seine Mitte im Gottesdienst hat, christliche Erziehung aber Hilfe zum Leben als Christ bedeutet, dann muß sich auch die religionspädagogische Intentionalität zentral auf den Gottesdienst richten."[915] Allerdings muß hier kritisch nachgefragt werden, ob das Schmidt leitende Gottesdienstverständnis nicht zu sehr an den herkömmlichen Sonntagsgottesdiensten orientiert ist und so die durch Röm 12,1f. eröffnete biblische Perspektive zu kurz kommt.[916]

Ähnlich wie Nipkow bezieht Schmidt viele Anregungen aus der außerdeutschen, vor allem US-amerikanischen Pädagogik, nicht aber aus der Geschichte der deutschen Religionspädagogik.

4.3.4. N. Mettes „Mathetik"

Traten schon bei Karl Ernst Nipkow, dem Aufkommen des Programms „Gemeindepädagogik" und Günter R. Schmidt zumindest bei genauerem Hinsehen Spannungen zwischen gegenwärtiger Gesellschaft und der Aufgabe religiöser und christlicher Bildung, Erziehung und Sozialisation heute zutage, so nimmt der katholische Praktische Theologe Norbert Mette (geb. 1946) bei diesen „Herausforderungen"[917] seinen Ausgang. Ungeschminkt versucht er die Realität kirchlich-christlicher Sozialisation in der Bundesrepublik wahrzunehmen und konstatiert – unter Rekurs auf den Soziologen Franz-Xaver Kaufmann – eine „manifeste Erfolglosigkeit".[918] Genauer weist Mette eine *„tiefgreifende Identitäts-Relevanz-Krise religionspädagogischen Handelns"*[919] nach.

„Religiöse Erziehung und Bildung haben nicht nur erheblich an allgemeiner Relevanz eingebüßt. Was ihre eigentlichen Ziele und Aufgaben sind, ist für viele Zeitgenossen ebenso fraglich geworden."[920]

[915] Ebd. 172.

[916] S. hierzu Chr. Grethlein, Abriß der Liturgik, Gütersloh ²1991, 43-46.

[917] Das erste Kapitel in Mette, a.a.O. (Anm. 61) 13-55, ist mit „Herausforderungen" überschrieben. Den Hintergrund hierfür bilden die ausgedehnten sozialisationstheoretischen Studien Mettes, die ihren bisher umfassendsten Ausdruck in seiner Habilitationsschrift fanden: N. Mette, Voraussetzungen christlicher Elementarerziehung, Düsseldorf 1983.

[918] Mette, a.a.O. (Anm. 61) 15.

[919] Ebd. 13.

[920] Ebd.

Zwei z.T. bereits länger andauernde, aber in den letzten Jahren beschleunigte Entwicklungen bilden den gesellschaftlichen Hintergrund hierfür: die
Radikalisierung des Modernisierungsprozesses, und hier vor allem die zunehmende Rationalisierung weiter Lebensbereiche,[921] und der damit verknüpfte zunehmende Gegensatz zwischen allgemeinen gesellschaftlichen und
christlichen Vorstellungen.

Mette weist auf die „Tatsache" hin, „daß die dominierenden Bereiche der Gesellschaft (insbesondere Wirtschaft und Politik) sich auf ‚Sachgesetzlichkeiten' berufen
und nach ihnen funktionieren, die nur schwerlich mit christlichen Vorstellungen in
Einklang zu bringen sind. Auf Grund der ... Vorherrschaft der ökonomischen Ratio-
nalität und dem damit verbundenen Leistungsdenken wird die Mentalität gefördert,
die in erster Linie auf die eigenen Vorteile bedacht ist und gegen die anderen darum
konkurriert ... Ein eindimensionaler Fortschrittsoptimismus und lineares Evolutions-
denken lassen die Geschichte verabschieden und das Gedächtnis an Vergangenes als
oberflächlich abtun ... Religion interessiert um ihrer Funktionalität willen."[922]

Sehr deutlich formulierte Kaufmann, an den Mette sich auch hier anschließt, die prekäre Situation für Christen in der heutigen Gesellschaft:

„1. Es ist schwierig, in dieser modernen Kultur zum Christen zu werden.'
‚2. Es ist schwierig, unter den Prämissen dieser Kultur als Christ zu leben
und zu handeln.'
‚3. Wenn dann einer versucht, sein Christ-sein tatsächlich zur Geltung
zu bringen, wird er selbst schwierig für seine Umwelt.'"[923]

Von daher lehnt Mette einfache Korrekturen oder Modifizierungen des
bisherigen religionspädagogischen Handelns als nicht ausreichend ab. Es
erscheint ihm „unerläßlich, auch die traditionellen Inhalte einer kritischen
Revision zu unterziehen".[924]

Materialiter arbeitet Mette ein Verständnis von christlichem Glauben
aus, das sich wesentlich durch seine befreiende Kraft, vor allem gegenüber
gesellschaftlichen und politischen Mißständen auszeichnet. Dabei bezieht er
sich zum einen auf den katholischen Fundamentaltheologen und Rahner-
Schüler Johann Baptist Metz mit seinem modernitätskritischen, befreiungs-
theologischen Ansatz:

---

[921] Ebd. 22f.
[922] Ebd. 29.
[923] Ebd. 21, unter Zitat von F.-X. Kaufmann, Über die Schwierigkeit des Christen
in der modernen Kultur, in: N. Klein u.a., Hg., Biotope der Hoffnung, Olten
1988, 114f.
[924] Mette, Religionspädagogik, a.a.O. 31.

„Thesenartig umreißt J. B. Metz den Kern des Glaubens als ein den Menschen rettendes Gedächtnis: ‚Wer dem Dahinschwinden des Menschen widerstehen will, wer den uns vertrauten und anvertrauten Menschen retten will, seine subjekthafte Identität, seine Verständigungsmöglichkeiten, sein Gedächtnis und seinen ungesättigten Hunger und Durst nach Gerechtigkeit, der kann das ... nur aus der Kraft des Gottesgedächtnisses ..., das uns auch heute noch von Humanität und Solidarität, von Entfremdung, Unterdrückung und Befreiung reden und gegen himmelschreiende Ungerechtigkeit, gegen Verelendung und zerstörerische Armut kämpfen läßt.'"[925]

Zum anderen nimmt er den Ansatz einer kommunikativen Pädagogik auf, wie ihn Helmut Peukert vertritt, der die Bedeutung der Freiheit auch im Erziehungsprozeß – trotz aller Gefährdungen und Schwierigkeiten in der Praxis – kompromißlos betont.[926]

Pädagogisch entspricht diesem Einsatz für die Freiheit, daß die herkömmlich in der Religionspädagogik bedachten und empfohlenen Handlungsfelder intentionaler pädagogischer Bemühungen hinter der Suche nach einer Lebenspraxis zurücktreten, in der pädagogisches Handeln, ethische Bewußtseinsbildung und politische Praxis untrennbar verknüpft sind[927] und die in ihrem Eintreten für die Befreiung der Schwachen attraktiv ist. Konzeptionell nimmt Mette dabei einen Leitbegriff des aus Brasilien stammenden Volkspädagogen Paolo Freire auf, nämlich den der „Konvivenz".

„Damit ist ursprünglich eine vor allem in den Kulturen des einfachen Volkes beheimatete Weise des Zusammenlebens bezeichnet, die ingesamt als ‚solidarisches Teilen' umschrieben werden kann."[928] Dies kann dann auch Ausdruck für eine Lerngemeinschaft sein.

„Das Medium der religiösen Erziehung sind also wesentlich das gemeinsame Leben und darin gemachte Erfahrungen, die untereinander besprochen und im Licht des Glaubens (kritisch) reflektiert werden – mit Impulsen für eine möglicherweise zu verändernde Praxis."[929] Knapp und programmatisch

---

[925] Ebd. 119f., unter Zitat von J. B. Metz, Suchbewegungen am Ende des zweiten Jahrtausends, in: HerKorr 40 (1986) 593.

[926] S. Mette, a.a.O. 121; vgl. grundlegend zu Peukerts Theologie als Handlungswissenschaft konzipierenden Ansatz H. Peukert, Wissenschaftstheorie – Handlungstheorie – Fundamentale Theologie. Analyse zu Ansatz und Status theologischer Theoriebildung, Düsseldorf 1976.

[927] S. Mette, a.a.O. 124.

[928] Ebd. 153.

[929] Ebd. 237; diese Überlegungen berühren sich eng mit denen von R. Englert, Glaubensgeschichte und Bildungsprozeß. Versuch einer religionspädagogischen Kairologie, München 1985, der hierfür den Begriff „Glaubensgeschichten" (22-25) verwendet und sich explizit an die Tradition der Heiligengeschichten anschließt (333-346).

bringt Mette diesen Ansatz dadurch auf den Begriff, daß er den „*Vorrang der
,Mathetik' vor der ,Didaktik'* " postuliert.[930] *Nicht die unterrichtliche Lehrveranstaltung ist der primäre Gegenstand religionspädagogischen Interesses, sondern
die Glaubensgemeinschaft.* Dem entspricht auch die grundsätzliche religionspädagogische Zielsetzung: die „Identität in universaler Solidarität".[931]

„Auf der einen Seite dient eine so konzipierte religiöse Erziehung den Heranwachsenden in der Aufgabe ihrer Identitätsbildung. Menschliche Identität kommt ...
dann zu ihrer adäquaten Bestimmung, wenn der Mensch sich auf die erlösende und
befreiende Wirklichkeit Gottes einläßt, sich von ihm prinzipiell geliebt und in
Freiheit gesetzt weiß und diese Erfahrung in seinem Handeln seinen Mitmenschen
zuteil werden läßt."[932] Auf der anderen Seite bedeutet dieses Ziel, „daß die gesell-
schaftlich-strukturelle Komponente eines solchen Handelns ausdrücklich berücksichtigt werden muß".[933]

Insgesamt macht Mette in seiner „Religionspädagogik" radikal mit den
empirischen Befunden zur weitgehenden Erfolglosigkeit kirchlicher und
christlicher Sozialisation und Erziehung in der Gegenwart ernst. Er versucht
sie dadurch zu erklären, daß unter den modernen Bedingungen unterrichtliche Veranstaltungen der herkömmlichen Art nicht mehr zum Christ-
werden ausreichen. Dagegen empfiehlt er – in Aufnahme befreiungstheologischer Auffassungen und der dabei gemachten Erfahrungen vor allem
in armen Ländern –, sich Gruppen zuzuwenden, die als Christen zu leben
versuchen und so Christsein attraktiv und anschaulich machen. Ihm ist
dabei bewußt, daß Erfahrungen nicht in andere Kontexte übertragen werden
können. In Deutschland entdeckt er vor allem in der „feministischen
Religionspädagogik" mögliche Ansatzpunkte.[934]

Die im einzelnen sehr differenzierten Ausführungen Mettes, die auch an
die traditionellen Handlungsfelder der Religionspädagogik anknüpfen, und
die eher vagen Hinweise auf zukunftsträchtige Modelle machen deutlich,
daß sein Denken eine gewisse Zäsur in der Religionspädagogik bedeutet,
ohne daß das die Zukunft prägende Profil schon deutlich hervortritt.

---

[930] S. Mette, a.a.O. 237; den Begriff „Mathetik" (aus dem Griechischen: Lehre von
der Jüngerschaft) übernimmt Mette vom niederländischen Praktischen Theologen G.D.J. Dingemans.
[931] Ebd. 139.
[932] Ebd. 139f.
[933] Ebd. 140.
[934] S. ebd. 53-55; s. 4.3.6.

4.3.5. G. Morans Verständnis von „Religious Education"

Wie bereits in 4.2.6. kurz angedeutet, enthält die englische Diskussion über die Gestaltung des schulischen Fachs „Religious Education" – und auch die Einrichtung regelmäßiger „assemblies" bzw. „collective worships" – wichtige Impulse für die religionspädagogische Theoriebildung, da hier Fragen der religiösen Erziehung und Bildung von Kindern und Jugendlichen aus religiös (und kulturell) unterschiedlich gebundenen Herkunftsfamilien in großer Offenheit und mit großem Ernst bearbeitet werden. Allerdings weist die exklusive Bedeutung von „Religious Education" in England als schulisches Unterrichtsfach eine aus der gegenwärtigen deutschen Diskussionslage her gesehen bedenkliche Beschränkung auf. Demgegenüber verdient das wesentlich auf Aktivitäten religiöser Denominationen bezogene Verständnis von „religious education" in den USA besonderes Interesse.

Der New Yorker Professor Gabriel Moran (geb. 1935) versuchte in seinem Buch „Religious Education as a Second Language" einen grundlegenden Begriff von „religious education" zu entwickeln, der sowohl die Erkenntnisse aus der englischen als auch der US-amerikanischen Tradition aufnimmt[935] und jeweils weiterführt. Bei der Beschäftigung mit seinem Ansatz ist zu beachten, daß Moran in New York Menschen unterschiedlicher Religionszugehörigkeit in „religious education" ausbildet.

G. Moran[936] entstammt einer Familie irischer Abstammung und wurde katholisch erzogen. Nach Besuch katholischer Schulen und einer katholischen Universität trat er in den Orden der Christian Brothers ein. Nach anfänglicher Arbeit auf dem Gebiet der Dogmatik und Theologiegeschichte verlagerte sich in den sechziger Jahren sein Interesse. Enttäuschung über die geringen Auswirkungen der Reformbestrebungen des II. Vaticanums, Anregungen durch die Civil-Right-Bewegung, den Feminismus und die Notwendigkeit des interreligiösen Dialogs führten ihn – nach einer biographischen Zäsur durch die Heirat einer Nonne – zur Beschäftigung mit „religious education".

Grundlegend ist für Moran die Bedeutung von religiöser Erziehung „to tolerance, understanding, and peace in the world".[937]

---

[935] S. Moran, a.a.O. (Anm. 412) 4; im einzelnen s. ebd. 87-113 die Ausführungen zum englischen, 114-137 zum US-amerikanischen Verständnis von „religious education".

[936] S. zu den folgenden biographischen Angaben K. Kurzdörfer, Gabriel Moran und Karl Ernst Nipkow. Ein Vergleich zwischen einer amerikanischen und einer deutschen religionspädagogischen Position, in: Religionspädagogische Beiträge 26 (1990) 149f.

[937] Moran, a.a.O. (Anm. 412) 23.

Zwar ist das Nebeneinander verschiedener Religionen historisch nichts Neues, doch entzieht sich der heutige religiöse Pluralismus früheren Lösungsmöglichkeiten wie der Überordnung einer Religion über die anderen oder der Bedeutungslosigkeit konkreter Religionen für das religiöse Leben.[938]

Es ist unabdingbar, daß Menschen lernen, sich über ihre Religion mit Menschen anderer religiöser Herkunft bzw. Überzeugung zu verständigen. Angesichts dieser Aufgabe kritisiert Moran die Beschränkung von „religious education" nur auf die Ebene religiöser Denominationen in den USA. Umgekehrt ist auch die Engführung von „religious education" auf ein Schulfach („Religious Education"), wie in England, nicht angemessen. Vielmehr haben sich Schule und Gemeinde gemeinsam der Aufgabe der „religious education" zu stellen.

Der hierzu von Moran geleistete Beitrag ist nicht zuletzt deshalb für die deutsche Religionspädagogik interessant, weil Moran ausschließlich aus pädagogischen und theologischen Erwägungen die Aufgabe der einzelnen Lernorte bestimmt, ohne daß – wie in Deutschland kaum vermeidbar – aus früherer Zeit stammende (grund-)gesetzliche Vorgaben den Blick bestimmen. Gerade in einer Zeit, in der zunehmend die Adäquanz von Art. 7,3 des Grundgesetzes in Frage gestellt wird, ist für zukünftige Diskussionen eine solche Argumentation bedeutsam.

„Religious Education" in der Schule vergleicht Moran mit dem Erlernen einer zweiten Sprache („second language").[939] Dies fügt sich in sein – an den hermeneutischen Ansatz Stallmanns erinnerndes – Schulkonzept ein.

„We need a place for developing a language to talk about these powerful realities and the classroom is the most likely candidate."[940] Und: „education is tradition".[941]

Dabei stellt Moran heraus, daß der Begriff „religion" sachgemäß den Gegenstand schulischen Unterrichts beschreibt. Ähnlich wie für Sexualkunde oder politische Bildung kann es in der Schule nicht um unmittelbare religiöse Praxis gehen, die ja nur in Form partikularer Religionen möglich ist. Vielmehr begegnet der Unterrichtsgegenstand auf einer hiervon abstrahierten Ebene.

---

[938] S. ebd. 229f.

[939] Ebd. 23; vgl. zu diesem hermeneutischen Ansatz ausführlicher H.-G. Heimbrock, Verstehen von Religion in pädagogischer Absicht. „Religious Education as a Second Language", in: D. Zilleßen, S. Alkier, R. Koerrenz, H. Schroeter, Hg., Praktisch-theologische Hermeneutik, FS H. Schröer, Rheinbach-Merzbach 1991, 109-124.

[940] Moran, a.a.O. 128.

[941] Ebd. 49.

Allerdings protestiert Moran gegen die Wendungen „religious education", wie in England üblich, oder „teaching about religion", wie in den USA vom Supreme Court gefordert. Denn: „From the side of the theorizers, ‚religious education' and ‚teaching about religion' are two levels removed from the practices of a particular religion." Demgegenüber gilt: „The religion that belongs in school is that language of how people practice their particular religious convictions."[942]

Inhaltlich bedeutet dies, daß sich der schulische Unterricht mit mehreren Religionen befassen muß, weil hierdurch „Sprachverständnis" geweckt und vertieft wird.

Während also „teach religion" der angemessene Ausdruck für „religious education" in der Schule ist, geht es in der Gemeinde („parish") um „teach to be religious", genauer „to be religiously Catholic Christian ..."[943] o.ä. Konkret macht Moran hier – anhand der römisch-katholischen Kirche – auf die Bedeutung der Liturgie und des daraus entspringenden sozial-diakonischen Engagements aufmerksam.

„The parish's center of teaching is its liturgical service in which the lives of the participants are to be inspired and directed."[944] Und: „If the liturgy is alive in a parish it will spill over into acts of compassion beyond the liturgical assembly."[945]

In erstaunlicher struktureller Ähnlichkeit zu Günter R. Schmidt und Norbert Mette erscheinen auch hier nicht-religionspädagogisch ausgerichtete Aktivitäten als religionspädagogisch zentral. Dabei betont Moran noch, daß der in der Gemeinde durch Liturgie und Einsatz für soziale Gerechtigkeit geleistete Beitrag zur religiösen Erziehung und Bildung wesentlich „nonverbal"[946] ist.

„The sacraments, especially the Eucharist, teach by being themselves. They are not means to education ... they are education."[947]

Während also die Schule die Sprachfähigkeit in religiösen Dingen fördern soll, ist es Aufgabe der Gemeinde, liturgische Erfahrungen und Einsatz für soziale Gerechtigkeit („justice") zu ermöglichen. Diese durchaus einleuchtende

---

[942] Ebd. 132.

[943] Ebd. 139.

[944] Ebd. 146.

[945] Ebd. 153; vgl. auch den Hinweis von Moran auf die unterschiedliche Begründung des Sabbatgebots in Ex und Dtn, die genau die von ihm herausgearbeitete Verbindung von Liturgie und sozialem Handeln widerspiegelt.

[946] Ebd. 152; vgl. Morans allgemeinpädagogischen Hinweis auf die Bedeutung des Nonverbalen bei Lernprozessen ebd. 80.

[947] Ebd. 152.

Differenzierung (nicht Scheidung)[948] gibt wichtige Hinweise für eine Reorganisation religiöser und christlicher Erziehung und Bildung in Deutschland, wie sie durch das Konzept „Gemeindepädagogik" verfolgt wird.

Schließlich bestimmt Moran die Aufgabe zukünftiger „religious education" durch die vier Attribute: „international", „interreligious", „intergenerational", „interinstitutional"[949], die noch einmal die große Weite seiner Überlegungen unterstreichen. Allerdings bleibt bei ihm die – besonders in den neuen Bundesländern mit dem weitgehenden Fehlen jeder religiöser Vorstellungen und Praxis bei den meisten Kindern und Jugendlichen virulente – Frage nach den Voraussetzungen für schulischen Unterricht offen. Es ist in Gegenden, in denen die Kinder und Jugendlichen lebendiger religiöser Praxis im Alltag begegnen, gewiß sinnvoll, den schulischen Religionsunterricht als Ort für das Erlernen religiöser Sprache zu verstehen. Doch wie ist das möglich ohne die Präsenz religiöser Phänomene in der Lebenswelt der Schülerinnen und Schüler (und der Lehrer und Lehrerinnen)?

4.3.6. Zusammenfassung und Ausblick

Wichtige religionspädagogische Publikationen in den letzten Jahren korrigierten die lange Zeit in Deutschland vorherrschende Verkürzung des Verständnisses von Religionspädagogik auf Didaktik des schulischen Religionsunterrichtes. Nicht zuletzt der Eindruck, daß die Leistungsfähigkeit des schulischen Religionsunterrichtes für religiöse und christliche Erziehung und Bildung überschätzt worden sei, führte zu einer neuen Akzentuierung in der deutschen Religionspädagogik. Am weitesten praktisch wurde sie in Ost- und Westdeutschland in der Entwicklung von „Gemeindepädagogik" mit ihrer Institutionalisierung in eigenen Studiengängen und einem eigenen Berufsprofil.

Theoretisch bestimmte lange Zeit das von Karl Ernst Nipkow in seinem dreibändigen Werk „Grundfragen der Religionspädagogik" vorgetragene Verständnis von Religionspädagogik als einer Wissenschaft in der kritischen Konvergenz zwischen Theologie und Pädagogik die Diskussionslage. Diese Zuordnung überzeugte – abgesehen von der enormen Belesenheit, der sowohl pädagogischen als auch theologischen Kompetenz und der ökumenischen Weite Nipkows – nicht zuletzt deshalb, weil sie zum einen den ursprünglich pädagogisch-psychologischen Ansatzpunkt der Religionspädagogik aufnimmt, zum anderen aber die von den Vertretern der Evangeli-

---

[948] S. ebd. 230.

[949] So die Überschriften des Abschlußkapitels „Toward a Wider Conversation" seines Buchs (223, 228, 233, 237).

schen Unterweisung aufgestellten theologischen Warntafeln nicht übersieht. Der von Nipkow immer mehr in den Mittelpunkt gerückte Bildungsbegriff eignet sich von seinem historischen Hintergrund her für die dazu notwendige Einheitsstiftung vorzüglich.[950] Praktisch grundlegend für diese Zuordnung von Theologie und Pädagogik sind eine Kirche, die allgemeinen Zugang zu den Menschen hat, und Bildungsinstitutionen, die zumindest offen für die religiöse Frage und das kirchliche Angebot dazu sind.

Günter R. Schmidt, der wissenschaftstheoretisch durchaus ähnlich wie Nipkow die Religionspädagogik in der Spannung zwischen Theologie und Pädagogik ansiedelt, macht nachdrücklicher als Nipkow auf die zunehmend problematischeren Bedingungen für religiöse und damit auch christliche Sozialisation in der heutigen Gesellschaft aufmerksam. Noch schroffer arbeitet Norbert Mette dieses Problem im Anschluß an christentumstheoretische und religionssoziologische Erkenntnisse heraus.

Indirekt machen der Rückgang der Selbstverständlichkeit von Kirchenmitgliedschaft sowie der Wegfall einer explizit christlichen und religiösen Sozialisation in den meisten Familien auf die wesentliche Voraussetzung aufmerksam, auf der bisher die unterrichtliche Beschäftigung mit Religion und christlichem Glaube in Deutschland beruhte, nämlich eine für Kinder und Jugendliche erfahrbare religiöse und christliche Praxis. Aus dieser Einsicht folgt, daß die herkömmlichen religionspädagogischen Bemühungen, die sich vornehmlich auf Unterricht konzentrieren, nicht mehr ausreichen und auch nicht mehr von primärer Bedeutung für die religiöse bzw. christliche Sozialisation, Erziehung und Bildung sind. Religionsunterricht oder Firm- bzw. Konfirmandenunterricht können in der Regel nicht die fehlende religiöse und christliche Sozialisation in Familie, Gemeinde und sonstigem Umfeld kompensieren. Aber solcher Unterricht ist zur Klärung und – meist kognitiven – Verarbeitung religiöser Vorstellungen und Anschauungen wichtig, angesichts des Aufeinandertreffens verschiedener religiöser Orientierungen vielerorts sogar unverzichtbar.

Interessanterweise verweisen Schmidt und Mette gleichermaßen auf entschieden christlich lebende Gruppen, die – nach Schmidt – die günstigsten Sozialisationsbedingungen für ihren Nachwuchs bieten bzw. – nach Mette – die Möglichkeiten des Christseins anschaulich machen und so zum Christsein einladen. Demnach verdienen Gruppen, die selbst keine primär religionspädagogischen Zwecke verfolgen, aber durch ihre Ziele und ihre Gemeinschaftsformen Christsein in der heutigen Zeit attraktiv erscheinen lassen, intensives religionspädagogisches Interesse. Dagegen scheinen die intentional

---

[950] S. Nipkow, a.a.O. (Anm. 878) 25-61.

religionspädagogisch ausgerichteten Institutionen wie Religionsunterricht
o.ä. in ihrer Bedeutung für religiöse und christliche Erziehung und Bildung
zurückzugehen, ohne jedoch überflüssig zu werden.

In diese Richtung weisen auch Versuche religionspädagogischer Theoriebildung, die sich von außerreligionspädagogischen Diskursen leiten lassen:[951]

– Die Vorschläge zum *„Ökumenischen Lernen"* nehmen Einsichten aus
der Ökumenischen Bewegung auf, wie sie die VI. Ökumenische Vollversammlung in Vancouver 1983 mit dem Eintreten für Gerechtigkeit, Frieden
und Bewahrung der Schöpfung formulierte.[952] Sie versuchen Lernprozesse
in einen ökumenischen, d.h. den ganzen Erdkreis umfassenden Horizont zu
stellen. Solches Lernen ist der Einheit der Menschen sowie der Gemeinsamkeit des Lebens auf der Erde als der Schöpfung Gottes verpflichtet und
richtet sich damit gegen Armut, Unterdrückung und Ausbeutung von Menschen und Natur. Es ist – geprägt durch Paolo Freires Programm der politischen Alphabetisierung[953] und Ernst Langes daraus entwickelte Forderung
einer „Sprachschule für die Freiheit"[954] – „wesentlich Erfahrungslernen,
partizipatorisches Lernen und Lernen am Konflikt".[955]

---

[951] Vgl. zur Rezeption anderer als der im folgenden genannten Kontexte in der
Religionspädagogik die zusammenfassenden Berichte in H.-G. Ziebertz, W. Si-
mon, Hg., Bilanz der Religionspädagogik, Düsseldorf 1995: S. Leimgruber,
Religionspädagogik im Kontext jüdisch-christlicher Lernprozesse (a.a.O. 193-
203), Th. Schreijäck, Religionspädagogik im Kontext befreiungstheologischer
Ansätze (a.a.O. 222-242).

[952] S. W. Müller-Römheld, Hg., Bericht aus Vancouver, Frankfurt 1983, 213ff.; vgl.
4.1.2. (Anm. 666).

[953] S. z.B. P. Freire, Pädagogik der Unterdrückten. Bildung als Praxis der Freiheit,
Reinbek 1973.

[954] E. Lange, Sprachschule für die Freiheit. Bildung als Problem und Funktion der
Kirche, München u.a. 1980.

[955] R. Schlüter, Religionspädagogik im Kontext ökumenischen Lernens, in: H.-G.
Ziebertz, W. Simon, Hg., Bilanz der Religionspädagogik, Düsseldorf 1995, 187.
Auf evangelischer Seite war für die Verbreitung des Begriffs „ökumenisches
Lernen" die 1985 von der Kammer für Bildung und Erziehung vorgelegte Ar-
beitshilfe „Ökumenisches Lernen. Grundlagen und Impulse" (Gütersloh 1985)
wichtig; zu Hintergründen und zur weiteren Entwicklung s. M. Bröking-Bortfeld,
Hg., Mündig Ökumene lernen. Ökumenisches Lernen als religionspädagogisches
Paradigma, Oldenburg 1994; aus katholischer Perspektive s. K. Piepel, Lern-
gemeinschaft Weltkirche. Lernprozesse in Partnerschaften zwischen Christen der
Ersten und der Dritten Welt, Aachen 1993.

Konrad Raiser formulierte die darin enthaltene pädagogische Herausforderung in dreifacher Hinsicht:

„– neu sehen zu lernen, die Bedrohungen des Lebens wahrzunehmen, vor allem mit den Augen der unmittelbar Betroffenen zu sehen;

– Verknüpfungen aufzuspüren, d.h. die eigene Situation in ihrem religiösen, wirtschaftlichen, sozialen und politischen Kontext so wahrzunehmen, daß sie in ihrer Beziehung zu anderen Zusammenhängen durchschaubar wird, daß die Auswirkungen des eigenen Verhaltens erkennbar und abschätzbar werden;

– Handlungsperspektiven zu erschließen, d.h., Wege aus der Gefahr zu eröffnen und sich wechselseitig zu ermutigen und zu befähigen, die konkreten Schritte zu tun. Man lernt nur, was man tut!"[956]

Solches ökumenische Lernen berührt sich schnell mit Bemühungen, die sich den neuen durch die weltweiten Migrationsbewegungen in Schule und sonstigen Bildungseinrichtungen aufgeworfenen Problemen stellen und unter dem Begriff des „interkulturellen Lernens" firmieren.[957] Dabei kommt den Fragen des „interreligiösen Lernens", bisher eher als Aufgabe, denn als Programm formuliert, besonderes religionspädagogisches Interesse zu.[958]

– Vor allem Frauen versuchen die *Erkenntnisse feministischer Theologie und Pädagogik* für die Religionspädagogik fruchtbar zu machen.[959] Die

---

[956] K. Raiser, Gerechtigkeit, Frieden und Bewahrung der Schöpfung als pädagogische Herausforderung, in: F. Johannsen, H. Noormann, Hg., Lernen für eine bewohnte Erde. Bildung und Erneuerung im ökumenischen Horizont, FS U. Becker, Gütersloh 1990, 163.

[957] S. die Diskussion systematisierend B. Krupka, Interkulturelles Lernen. Ein aktueller Literaturbericht, in: EvErz 46 (1994) 359-367, und ausführlicher H.H. Reich, Interkulturelle Pädagogik – eine Zwischenbilanz, in: Zeitschrift für Pädagogik 40 (1994) 9-27; vgl. M. Jäggle, Religionspädagogik im Kontext interkulturellen Lernens, in: H.-G. Ziebertz, W. Simon, Hg., Bilanz der Religionspädagogik, Düsseldorf 1995, 243-258; zur US-amerikanischen Diskussion s. die Beiträge in J.A. Banks, Ch. A. McGee Banks, Hg., Multicultural Education. Issues and Perspectives, Boston u.a. ²1993.

[958] S. den instruktiven, auch internationale Entwicklungen berücksichtigenden Überblick bei J.A. van der Ven, H.-G. Ziebertz, Religionspädagogische Perspektiven zur interreligiösen Bildung, in: H.-G. Ziebertz, W. Simon, Hg., Bilanz Religionspädagogik, Düsseldorf 1995, 259-273; vgl. religionsdidaktisch K.E. Nipkow, Schule und Gesellschaft im religiösen Pluralismus – Voraussetzungsprobleme und Ziele interreligiösen Lernens, in: GVEE-Informationen 93/2,5-34.

[959] S. grundsätzlich H. Pissarek-Hudelist, Die Herausforderung theologischer Frauenforschung an den Fachbereich Katechetik/Religionspädagogik, in: E. Moltmann-Wendel, Hg., Weiblichkeit in der Theologie, Gütersloh 1988, 112-148.

Analyse bisheriger religionspädagogischer Theorie und Praxis in geschlechts-
spezifischer Perspektive deckt Ausgrenzungen von Frauen auf; der Hinweis
auf die religiöse Praxis von Frauen eröffnet neue Perspektiven. Zu Recht
wird auf der einen Seite darauf aufmerksam gemacht, daß in der religionspädagogischen Praxis mehrheitlich Frauen, nämlich Mütter und Großmüt-
ter, Lehrerinnen, Katechetinnen und Erzieherinnen tätig sind,[960] ohne daß
dies bisher hinreichend theoretisch-konzeptionell berücksichtigt worden
wäre. Auch Beiträge von Frauen zur wissenschaftlichen Religionspädagogik
werden nicht ausreichend gewürdigt.[961] Dazu kommt, daß in Schulbüchern
und Unterrichtsmaterialien Mädchen und Frauen und ihre besonderen
Belange und Gaben eher nur am Rande Erwähnung finden.[962] Auf der
anderen Seite gilt es inhaltlich, die entwicklungspsychologischen Erkenntnisse zur Ausprägung moralischer und religiöser Vorstellungen und Urteilsstrukturen bei Mädchen[963] und die besonderen Formen weiblicher Spiritualität[964] auch religionspädagogisch aufzunehmen. Die hier zu beobachtende
Hochschätzung der Leiblichkeit und zwischenmenschlicher Beziehungen
lenkt u.a. den Blick auf die in der traditionellen Religionspädagogik weithin
vergessene Bedeutung ganzheitlicher gemeinschaftlicher Vollzüge für religiöses Lernen, wie sie sich in konzentrierter Form in der Liturgie finden.
     Die Religionspädagogik steht so nach ihrem Aufbruch um die Wende
vom 19. zum 20. Jahrhundert, der die psychologischen und pädagogischen
Aspekte christlicher Erziehung und Bildung in den Mittelpunkt rückte, und
der theologischen Kritik hieran in den dreißiger bis fünfziger Jahren vor

---

[960] S. H. Kohler-Spiegel, Religionspädagogik im Kontext feministischer Theologie,
       in: H.-G. Ziebertz, W. Simon, Hg., Bilanz der Religionspädagogik, Düsseldorf
       1995, 204.
[961] S. jetzt A. Pithan, Hg., Religionspädagoginnen des 20. Jahrhunderts, Göttingen
       1997.
[962] S. A. Wuckelt, Entdeckungen – Ermutigungen. Ansätze einer feministischen
       Religionspädagogik, in: M.-T. Wacker, Hg., Theologie feministisch, Düsseldorf
       1988, 189f.
[963] S. 2. Kap. 1.1.2.
[964] S. z.B. H. Kohler-Spiegel, Auf der Suche nach Ganzheit. Eine feministische
       Spiritualität der Schöpfung, in: Religionspädagogische Beiträge 31 (1993) 90-
       109; vgl. E. Moltmann-Wendel, Wenn Gott und Körper sich begegnen. Femi-
       nistische Perspektiven zur Leiblichkeit, Gütersloh 1989. Als ein wichtiges Stück
       entsprechender Praxis kann der Weltgebetstag der Frauen gelten (s. hierzu A.
       Knippenkötter, Weltgebetstag der Frauen, in: T. Berger, A. Gerhards, Hg.,
       Liturgie und Frauenfrage. Ein Beitrag zur Frauenforschung aus liturgiewissen-
       schaftlicher Sicht, St. Ottilien 1990, 581-592).

einer neuen Wende am Übergang ins nächste Jahrhundert. Auch diesmal sind es massive gesellschaftliche Veränderungen, die zu Innovationen auf dem Gebiet der religiösen Erziehung und Bildung zwingen. Sie rücken zum einen zunehmend die Frage nach den Inhalten christlicher und religiöser Erziehung und Bildung in den Vordergrund und lenken zum anderen das religionspädagogische Interesse verstärkt auf Orte gelebter religiöser und christlicher Praxis. In der Theoriediskussion der letzten Jahre ist auffällig, daß deutsche Religionspädagogen Anregungen aus der nichtdeutschen religionspädagogischen Diskussion vor allem des englischsprachigen Bereichs aufnehmen.

Gerade die Beschäftigung mit der Arbeit US-amerikanischer Religionspädagogen kann – ebenso wie ein Blick auf die offensichtlichen Defizite im Bereich religiöser Bildung der ostdeutschen Bevölkerung – davor warnen, nach der langjährigen Konzentration auf den schulischen Religionsunterricht jetzt in das Gegenteil zu verfallen. Denn Religionspädagogen wie Gabriel Moran weisen zu Recht auf die Bedeutung einer unterrichtlich strukturierten, mit anderen Wissensgebieten durch den Lernort Schule verbundenen Beschäftigung mit Religion und Christentum hin. Allerdings erfordert der allgemeine gesellschaftliche Wandel mit dem Zurücktreten religiöser und christlicher Praxis in den Familien und gleichzeitiger Zunahme erlebbaren religiösen Pluralismus, der eigenständige Orientierung verlangt, konzeptionelle und didaktische Veränderungen dieses Unterrichts. So wird zum einen Raum für das Erleben religiöser Praxis eröffnet werden müssen, wohl am deutlichsten in liturgischen Vollzügen greifbar; erforderlich sind ebenso Möglichkeiten für alle zum reflektierten Erleben, also Erfahren grundlegender religiöser Kommunikationsformen, z.B. gemeinsames Schweigen, genaues Wahrnehmen u.ä., wie auch differenzierende Angebote im außerunterrichtlichen Schulleben, etwa in Form der Kooperation von Schule und Gemeinde, an denen interessierte Schülerinnen und Schüler teilnahmen können. Zum anderen muß neben Theologie und Pädagogik die Religionswissenschaft zunehmendes Gewicht als Bezugswissenschaft schulischen Religionsunterrichts erhalten, um ein angemessenes Verstehen nichtchristlicher Religionen zu ermöglichen. Zugleich eröffnet eine solche wissenschaftstheoretische Erweiterung der Religionspädagogik für die Didaktik des Religionsunterrichts Kooperationsmöglichkeiten mit dem Ethikunterricht, der ebenfalls bei seinen auf Religion bezogenen Inhalten der religionswissenschaftlichen Erkenntnisse bedarf.

2. Kapitel: Grundbedingungen religiöser, christlicher und kirchlicher Bildung, Erziehung und Sozialisation

Die Probleme kirchlicher Erziehungs- und Bildungsbemühungen stellen unabweisbar die Frage nach den gegenwärtigen Grundbedingungen religiösen, christlichen und kirchlichen Lernens als dem Bildung, Erziehung und Sozialisation zugrundeliegenden Handlungsvollzug.

Der Begriff des Lernens bezeichnet hier im weiten Sinne die „Veränderung von Verhaltensdispositionen durch Reize (bzw. Situationen = Reizkonstellationen)"[1], um die für grundsätzliche Klärungen notwendige Weite zu gewährleisten. In der Regel gehört zu dieser Veränderung eine gewisse Dauer. Das Attribut „religiös" spezifiziert „Lernen" auf bestimmte Fragen, Erfahrungen und Probleme hin, die sich einer unmittelbaren pragmatischen Einordnung bzw. Lösung entziehen.[2] „Christlich" bezeichnet die Zuspitzung und zugleich Veränderung dieser Fragen, Erfahrungen und Probleme unter einer am Evangelium Jesu Christi orientierten Perspektive. Dabei leitet mich die Verhältnisbestimmung von Religion und christlichem Glauben durch G. Ebeling, nach dem Religion „die Lebensbedingung des Glaubens" ist, also

---

[1] G.R. Schmidt, Religionspädagogik. Ethos, Religiosität, Glaube in Sozialisation und Erziehung, Göttingen 1993, 55; vgl. die etwas enger gefaßte Begriffsbestimmung und die kurze Darstellung der lerntheoretischen Diskussion bei A.K. Treml, Lernen, in: H.-H. Krüger, W. Helsper, Hg., Einführung in Grundbegriffe und Grundfragen der Erziehungswissenschaft, Opladen 1995, 93-102 (zur genauen Definition s. 97).

[2] In religionspädagogischem Zusammenhang stellt Schmidt, ebd. 95-103, folgende „Elemente religiös relevanter Erfahrungen" zusammen:
„a) R (sc. Religiosus = eine Person, insofern ihre Religiosität betrachtet wird, C.G.) wird sich selbst zur Frage ...
b) R ist betroffen vom Rätsel des Seins. Warum ist überhaupt etwas? ...
c) R sehnt sich nach einer Erfüllung des Lebens, welche die Möglichkeiten der Erfahrungswelt überschreitet ...
d) R erfährt die Vorläufigkeit und Unabschließbarkeit von Erkenntnis ...
e) R sieht die Gefahr, sich selbst zu verfehlen und ängstigt sich um die Echtheit seines Lebens ...
f) R erfährt die Personhaftigkeit des anderen ...
g) R erfährt die Spannung zwischen dem, was er sein und tun soll, und dem, was er ist und tut, sein Zurückbleiben hinter dem, was er sein und tun müßte ...
h) R erfährt die Spannung zwischen Gut und Böse ...
i) R ist in den wesentlichen Beziehungen zu sich selbst, zu anderen und zur Welt glücklich und von dankbarer Freude erfüllt ...
k) R ist betroffen von eigenem oder fremdem Leid ...
l) R weiß, daß er auf die unheimliche Grenze seines Lebens, den Tod, zugeht."

„das Evangelium ohne Religion nicht verkündbar ist".[3] „Kirchlich" hebt den besonderen Zusammenhang solcher Lernprozesse mit vorfindlichen institutionalisierten
Gemeinschaftsformen, eben den Kirchen, hervor.

Bei solchem Lernen können folgende in der Praxis oft ineinander übergehende
Aspekte unterschieden werden, die die Begriffsdifferenzierung zwischen Bildung,
Erziehung und Sozialisation aufnimmt. Steht die Intention der Einwirkung von
Personen, etwa Eltern oder Lehrerinnen im Vordergrund, spreche ich von Erziehung;
umgekehrt nenne ich nicht intendierte Lernprozesse Sozialisation, etwa auf Grund
von Mitleben in einer Gemeinschaft. Der Begriff Bildung ist zum einen hier über-
greifend und soll die Einheit der verschiedenen Lernprozesse erfassen; zum anderen
betont er die Selbsttätigkeit und damit das Subjektsein des Lernenden.

Der römisch-katholische Religionspädagoge Rudolf Englert skizzierte
1985 am Anfang seiner umfassenden Dissertation die spezifische Problem-
lage heutiger religionspädagogischer Bemühungen und die Notwendigkeit
für die Religionspädagogik, ausdrücklich nach den Grundbedingungen religiösen und christlichen Lernens zu fragen: „Die Frage, wie wird man eigentlich ein Christ und welche Umstände sind für diesen Prozeß von positiver
oder negativer Bedeutung, wird in dem Maße relevant, wie sich abzeichnet,
daß unter den Bedingungen einer zerfallenden Volkskirchlichkeit an die
Stelle der relativ einheitlichen und durch das Zusammenspiel von Familie
und Kirche im wesentlichen verläßlich ‚funktionierenden' religiösen Sozialisation eine Pluriformität von Zugangsweisen zum Glauben getreten ist. In
dieser Situation, ... in der der Glaube eher als ein im Widerspruch zu den
gesellschaftlich vorherrschenden Werten zu leistender personaler Akt erscheint, stellt sich die Frage, wie man Christ wird, in einer vorher nicht
gekannten Dringlichkeit."[4] Durch die politische Wende und allgemeine
gesellschaftliche, technische und ökonomische Entwicklungen der letzten
Jahre hat sich die Lage wohl noch zugespitzt.

Positiv formuliert Englert als die wesentliche, aus dieser Diagnose resul-
tierende Aufgabe die *Forderung nach der „Pünktlichkeit" religionspädagogischer
Bemühungen.*[5]

Pünktlichkeit bezeichnet die „kontextuelle Genauigkeit", die sowohl individuelle
als auch gesellschaftliche Verfaßtheit umfängt. Englert siedelt seine „Kairologie", also

---

[3]   G. Ebeling, Dogmatik des christlichen Glaubens Bd. 1, Tübingen 1979, 138f.

[4]   R. Englert, Glaubensgeschichte und Bildungsprozeß, München 1985, 4.

[5]   S. R. Englert, Plädoyer für „religionspädagogische Pünktlichkeit", in: KatBl 113
      (1988) 164, der hierbei die allgemeinpädagogische Einsicht von F. Copei, Der
      fruchtbare Moment im Bildungsprozess, Heidelberg [9]1969 (Leipzig 1930),
      religionspädagogisch durch Bezug auf den theologischen Begriff des „Kairos"
      rezipiert.

Lehre vom rechten (gottgegebenen) Augenblick, genanntes Programm auf der mittleren Ebene zwischen wissenschaftstheoretischer Grundlegung und materialer Ausführung an: „Eine religionspädagogische Kairologie ist eine auf der systematischen Reflexion des Ziel-Zeit-Zusammenhanges gegründete Theorie der gesellschafts-, christentums- und individualgeschichtlichen Indexikalisierung religiöser Lernprozesse und will als Teil einer Theorie religiöser Bildung verstanden sein."[6]

Als wesentliche Bedingungsfelder stellt Englert überzeugend die Individual-, Gesellschafts- und Christentumsgeschichte heraus. Nur eine Berücksichtigung dieser drei Ebenen kann verhindern, daß religionspädagogische Angebote von vornherein ihre Adressaten verfehlen. Demnach sind für eine der heutigen Situation angemessene Religionspädagogik, auch insofern sie Grundlage einer Religionsdidaktik ist, Einblicke in Wissenschaftszweige erforderlich, die sowohl die individuelle als auch gesellschaftliche Konstitution heutiger Menschen thematisieren.

Die ab etwa der siebziger Jahre in Deutschland[7] (wieder) aufkommende *psychologische Forschung* zur religiösen Entwicklung stellt interessante Vermutungen und wichtige Einsichten für die Gestaltung verständlicher religiöser und christlicher Bildung und Erziehung bereit.

Zu Recht weist G. Bußmann darauf hin: „Die ‚Anziehungskraft‘ dieser entwicklungsorientierten religionspsychologischen Theorien steht in einem Zusammenhang mit dem Phänomen, das als ‚Tradierungskrise des Glaubens‘ apostrophiert werden kann. Auf die Frage nach möglichen Tradierungsformen und -orten des Glaubens, die angesichts des Schwundes religiöser Erziehung und Sozialisation virulent wird, versprechen diese Modelle ein sicheres Fundament zu bieten".[8]

---

[6] Ebd. (Anm. 4) 29. In der Durchführung betont Englert dann, daß es sich hier um mehr als „ein In-Rechnung-Stellen umweltlicher Faktoren, mehr als die Herstellung einer Fassung zwischen gesellschafts- bzw. christentumsgeschichtlichen Gegebenheiten und religionspädagogischen Projekten handelt"; vielmehr geht es um eine „Veränderung der Gegebenheiten im Sinne ihrer Ent-Entfremdung". Hier und auch sonst berühren sich Anliegen und Ausführungen Englerts mit denen Mettes (s. 1. Kap. 4.3.4.).

[7] Zu früheren Ansätzen und Versuchen s. den Überblick bei A. Bucher, Religionspädagogik und empirische Entwicklungspsychologie, in: H.-G. Ziebertz, W. Simon, Hg., Bilanz der Religionspädagogik, Düsseldorf 1995, 28-46; zur stärker religionspsychologisch ausgerichteten Religionspädagogik bzw. Katechetik in Frankreich s. den umfassenden, einzelne wichtige Werke und Umfragen vorstellenden Bericht von B. Grom, Botschaft oder Erfahrung? Tendenzen der französischsprachigen Religionspädagogik, Zürich u.a. 1969.

[8] G. Bußmann, Stufenmodelle zur Entwicklung religiösen Bewußtseins. Theologische und religionspädagogische Anfragen, in: Religionspädagogische Beiträge 21 (1988) 30.

Zum einen erarbeitete – in der Nachfolge von Jean Piaget – die epistemologisch interessierte kognitionspsychologische Forschung Stufenschemata zur Entwicklung des moralischen und religiösen Urteils; zum anderen entdeckte die an der Identität interessierte Ich-Psychologie verschiedene Phasen des Lebenslaufes, die auch für das religiöse Verstehen des Menschen von Bedeutung sind. Beide Ansätze wurden in Modelle integriert, wobei die Theorie der „Glaubensstufen" („stages of faith") besondere Prominenz bekam.

Gewiß ist die Gefahr nicht von der Hand zu weisen, daß diese – an die Anfänge der Religionspädagogik erinnernde – psychologische Ausrichtung zu einer Schematisierung religionspädagogischen Handelns führen kann. Deshalb muß deutlich die primär heuristische Funktion dieser Theoriebildung betont werden.

Einerseits dürfen Kinder und Jugendliche nicht in das Prokrustesbett kognitionspsychologischer Stufen gepreßt werden. Doch kann deren Kenntnis das Verständnis von kindlichen Äußerungen erleichtern bzw. für genaueres Hinhören auf Argumentationen von Kindern und Jugendlichen sensibilisieren.

Es macht also keinen Sinn, etwa bei einer Unterrichtsvorbereitung, allgemeine entwicklungspsychologische Theorien zu referieren, bevor eigene Beobachtungen in der Klasse mitgeteilt sind. Vielmehr gilt es, Äußerungen und Verhalten der Schülerinnen und Schüler sorgfältig wahrzunehmen und zu protokollieren und erst in einem zweiten Schritt psychologische Theorien zur Erklärung heranzuziehen.

Andererseits ist entwicklungspsychologisches Wissen für die Auswahl von Lernzielen und -inhalten unverzichtbar, wie schon der alte Leitsatz des Thomas von Aquin zeigt: „Quidquid recipitur, secundum modum recipientis recipitur."[9] (frei: Was auch immer gelernt wird, wird entsprechend der Auffassungsweise des Lernenden gelernt.)

Weiterhin besteht die Gefahr, daß die Aussagen zum „moralischen" oder „religiösen" Urteil oder zu „Glaubensstufen" unvermittelt auf den christlichen Glauben übertragen werden. Da im Deutschen nicht zwischen „Glauben" in psychologischer und theologischer Hinsicht unterschieden werden kann – wie etwa im Englischen durch die Differenzierung von „faith" und „belief" –, sei eingangs betont, daß es sich in 2.1. um die psychologische Perspektive handelt, die Inhalte wie das Bekenntnis zu Jesus Christus ausklammert.

---

[9] Zitiert bei F. Oser, Wieviel Religion braucht der Mensch? Erziehung und Entwicklung zur religiösen Autonomie, Gütersloh 1988, 10. Exemplarisch macht z.B. W. Simon, Welche Bibeltexte eignen sich für welches Alter? Vorschläge für eine entwicklungspsychologisch begründete Zuordnung von biblischen Texten zu Altersphasen der Schüler, in: KatBl 106 (1981) 776-786, auf die didaktische Relevanz dieser Einsicht aufmerksam.

Insofern aber – wie G. Ebeling zeigte – der Glaube (in theologischem Verständnis) die Religion als „Lebensbedingung" hat, haben die folgenden psychologischen Erkenntnisse durchaus theologisches Gewicht, eben als Rahmenbedingungen für die Gestaltung des Glaubens an Jesus Christus in der Gegenwart.

Bei genauerer Beschäftigung mit entwicklungspsychologischen Arbeiten tritt die Prägung der hier angenommenen Prozesse durch die gegenwärtige Gesellschaft und ihre Plausibilitätsstrukturen zutage. Psychologisch nimmt dies die ökologische Sozialisationsforschung auf, die gegenwärtig besonders die Jugendforschung bestimmt. Soziologisch grenzen *kultur- und wissenssoziologische Studien* an und verdienen religionspädagogisches Interesse. Bei ihnen wird deutlich, daß zum guten Teil die psychologischen Stufen-Schemata und Phasen-Einteilungen Charakteristika, Probleme und Begrenztheiten heutiger Gesellschaft widerspiegeln. Soziologische Forschungen weisen auf die gesellschaftliche Bedingtheit von anscheinend Selbstverständlichem hin und eröffnen damit den Blick auf die gegenwärtigen gesellschaftlichen Grundbedingungen von Lernprozessen, zugleich aber indirekt auf die Veränderbarkeit des Bestehenden.

Deshalb ist für eine christliche Religionspädagogik, die – entsprechend dem Wirken Jesu – primär am Verstehen und der Förderung einzelner Menschen interessiert ist, die Beschäftigung mit Gesellschaftsanalysen unerläßlich. Hier stößt sie – wie vor allem in der „Religionspädagogik" Mettes ersichtlich – unweigerlich auf Probleme, die den didaktischen und pädagogischen Bereich weit übersteigen, aber ihn entscheidend prägen.

An einer Stelle soll die hier auftretende Problematik exemplarisch vertieft werden, und zwar an der Frage nach dem *Zeitverständnis*. Nicht von ungefähr rückt das Thema Zeit gegenwärtig in verschiedenen Wissenschaften in den Mittelpunkt des Interesses. Pädagogisch ist es bedeutungsvoll, weil zum einen Kinder erst in einem langen Lernprozeß in die die heutige Gesellschaft prägende Zeit-Struktur eingeführt werden müssen und zum anderen die starke Verschulung von Lernen nicht zuletzt Ausdruck des Siegeszugs modernen linearen Zeitverständnisses ist. Theologisch verdient dieser Bereich besondere Aufmerksamkeit, da in der für (christliche) Religion zentralen Rede von Ewigkeit ein erhebliches, Menschen vom Diktat der Uhr befreiendes Widerstandspotenial bereitliegt, das aber bisher weder systematisch-theologisch noch religionspädagogisch zureichend entdeckt ist. Ich vermute, daß eine eingehendere religionspädagogische Reflexion des heute dominierenden Zeitverständnisses zumindest einen wesentlichen Grund für die weitgehende Erfolglosigkeit religiöser und christlicher Bildung und Erziehung aufdeckt.

Schließlich müssen die *kirchlich-religiösen Rahmenbedingungen* analysiert und interpretiert werden, innerhalb derer heute religiöse, christliche und kirchliche Lernprozesse stattfinden bzw. unterbleiben. Zwar warnten Religionssoziologen vor einer Engführung des Religionsverständnisses auf das von den Kirchen als Religion Definierte. Insofern griffe eine ausschließlich kirchensoziologisch orientierte Betrachtungsweise zu kurz. Umgekehrt machen neuere wissenssoziologisch argumentierende Forschungen darauf aufmerksam, daß ein nur funktional bestimmtes Religionsverständnis wichtige Bereiche auszublenden und die nicht nur geschichtliche Bedeutung der kirchlichen Institutionalisierung von Religion zu übersehen droht. Ein christentumstheoretischer Ansatz mit seiner Reflexion auf einer mittleren Theorieebene, die noch auf eine konkrete gesellschaftliche Situation, eben die Deutschlands, bezogen ist, versucht das Anliegen eines funktionalen mit dem eines substantiellen Religionsverständnisses zu verbinden. Entsprechend dem religionspädagogischen Interesse dieses Buchs wird inhaltlich ein gewisser Schwerpunkt auf der Reflexion des Verhältnisses von Jugend und (christlicher) Religion liegen.

1. Psychologische Grundbedingungen

Im folgenden werden die für die religionspädagogische Diskussion wichtigsten psychologischen Ansätze kurz anhand ihrer Hauptvertreter vorgestellt.

Wie bei dem Durchgang durch die Geschichte der Religionspädagogik soll auch hier die Darstellung konkreter Autoren den biographischen Hintergrund der Forschung (und damit deren Besonderheit und zugleich Begrenztheit) hervortreten lassen und problematische Pauschalierungen vermeiden helfen.

1.1. Kognitionspsychologische Perspektiven

1.1.1. J. Piagets Erkenntnisse zur kognitiven Entwicklung des Kindes

Grundlegend für die kognitionspsychologischen Arbeiten, auch auf dem Gebiet des moralischen und religiösen Urteils, ist das Lebenswerk des Schweizers Jean Piaget (1896-1980).[10]

Für dessen Verständnis ist der bereits in seiner Biographie angelegte fächerübergreifende Ansatz wichtig.[11] Schon als Kind interessierte sich Piaget für biologische

---

[10]   S. einführend zu Leben und Werk T. Kesselring, Jean Piaget, München 1988, 15-65.

[11]   S. zu den einzelnen Einflüssen die knappen Hinweise ebd. 31f. Interessant ist, daß Piaget aus einem Elternhaus stammt, in dem der Vater agnostisch, die Mutter

Fragen und publizierte bereits als Schüler einschlägige Arbeiten. Sein Biologiestudium schloß er mit einer Dissertation über die Verbreitung von Weichtieren im Schweizer Kanton Wallis ab. Zugleich weckte sein Pate S. Cornut über die Lektüre H. Bergsons das Interesse des Jugendlichen an philosophischen Fragen. Nach dem Studium wollte sich Piaget in experimenteller Psychologie ausbilden lassen und stieß auf die sich ausbreitende Psychoanalyse. Er beschäftigte sich mit S. Freud und hatte persönlichen Kontakt zu C.G. Jung. Der Auftrag an ihn, Intelligenztests für Kinder zu standardisieren, führte Piaget auf das sein weiteres Leben bestimmende Forschungsfeld.

Methodisch steht bei Piaget die sorgfältige Beobachtung im Mittelpunkt.

Der empirische Hintergrund seiner eigenen Forschung ist wesentlich die genaue Beobachtung seiner drei eigenen Kinder.

Er entwickelte sie zur „klinischen Methode", d.h. Kinder bzw. Heranwachsende werden bei der Lösung von ihnen vorgegebenen Problemen beobachtet.

Dabei geht es bei kleinen Kindern vorzüglich um die Beobachtung von Bewegungen, bei größeren um die Analyse sprachlicher Äußerungen.

„Auf dieser Beobachtungsgrundlage werden dann Hypothesen in Bezug auf die zugrundeliegenden biologischen und intellektuellen Strukturen der Reaktionen formuliert."[12] Piaget ist also nicht an Inhalten, sondern an *Strukturen* interessiert und arbeitet für diese verschiedene Entwicklungsstufen heraus, die sich wiederum differenzieren.

Unter Struktur versteht er „ein System von Transformationen, das als System (im Gegensatz zu den Eigenschaften der Elemente) eigene Gesetze hat und das eben durch seine Transformationen erhalten bleibt oder reicher wird ... eine Struktur umfaßt die drei Eigenschaften Ganzheit, Transformation und Selbstregelung".[13]

Die einzelnen Stufen müssen qualitativ verschieden, unumkehrbar aufeinanderfolgend, von strukturierter Ganzheit und hierarchisch angeordnet sein.

Während sich die konkreten Stufeneinteilungen[14] im Laufe der Forschungen veränderten und sich das Forschungsinteresse Piagets von den

---

lutherisch orientiert war. Als Student engagierte er sich im Schweizerischen Bund christlicher Studenten. Später ging er vom Gegensatz zwischen christlicher Religion und Wissenschaft aus und interessierte sich nur noch psychologisch für religiöse Fragen.

[12] R.M. Thomas, B. Feldmann, Die Entwicklung des Kindes, Weinheim u.a. 1986 u.ö. 120.

[13] J. Piaget, Der Strukturalismus, Olten u.a. 1973, 8.

[14] S. den Überblick bei Thomas/Feldmann, a.a.O. (Anm. 12) 128-137 (136f. übersichtliche Tabelle); s. ausführlicher, auch unter Heranziehung wichtiger Sekundärliteratur und religionsdidaktischer Überlegungen B.F. Hofmann, Kogni-

Fragen des kindlichen Weltbilds und der Moralentwicklung ab- und der Entwicklung von Formalkategorien im mathematisch-naturwissenschaftlichen Bereich zuwandte, halten sich die theoretischen Grundannahmen durch. Piaget geht – in doppelter Frontstellung gegen Behaviorismus und Ethologie – davon aus, „daß die Umwelt auf allen ... Stufen eine grundlegende Rolle spiele, aber als zu erobernder Gegenstand und nicht als formende Kausalität. Die Ursache wäre somit ... in den endogenen Aktivitäten des Organismus und des Subjekts zu suchen."[15] Dabei ist das Kind daran interessiert, Widersprüche zu überwinden und einen Gleichgewichtszustand („Äquilibration") zu erreichen bzw. wiederherzustellen. Hierzu bedient es sich bestimmter Verhaltensweisen wie der Assimilation, also der Anpassung der Umwelt an vorhandene Denkstrukturen, oder der Akkomodation, der Anpassung von Erkenntnisstrukturen an die Umwelt.[16]

In zahlreichen empirischen Untersuchungen trugen Mitarbeiterinnen und Mitarbeiter Piagets Beispiele hierfür zusammen.

Zwar beschäftigte sich Piaget – wie erwähnt – zunehmend weniger mit Fragen des moralischen und (noch seltener) des religiösen Denkens. Doch sind auch abgesehen von den im folgenden dargestellten Versuchen anderer Wissenschaftler, sein diesbezügliches Frühwerk weiterzuführen, zwei Erkenntnisse religionspädagogisch von weitreichender Bedeutung:

– die generelle Einsicht in den *Zusammenhang von Erkenntnis- und Urteilsvermögen mit der menschlichen Entwicklung,*

– das *Ineinander von kindlichen Anlagen und Umwelteinflüssen bei der Entwicklung des Erkenntnisvermögens.*

Die letztere Erkenntnis führte u.a. auch zur Abkehr von früheren endogenistischen entwicklungspsychologischen Theorien, die bestimmte Entwicklungsstufen auf das jeweilige Lebensalter bezogen.[17]

Kritisch ist anzumerken:

– Die Konzentration des Piagetschen Werks auf den Bereich der Kognition macht es besonders für schulischen Unterricht interessant. Sie

---

tionspsychologische Stufentheorien und religiöses Lernen. Zur (korrelations-)didaktischen Bedeutung der Entwicklungstheorien von J. Piaget, L. Kohlberg und F. Oser/P. Gmünder, Freiburg u.a. 1991, 30-64. Zur Einführung in das Denken Piagets empfiehlt sich J. Piaget, B. Inhelder, Die Psychologie des Kindes, Olten u.a. 1972 u.ö. (franz. 1966).

[15] J. Piaget, Biologische Anpassung und Psychologie der Intelligenz, Stuttgart 1975, 78.

[16] S. J. Piaget, Die Äquilibration der kognitiven Strukturen, Stuttgart 1976.

[17] S. hierzu den knappen Überblick bei Bucher, a.a.O. (Anm. 7) 28-30.

bedeutet aber zugleich eine bedenkliche Engführung, weil der Mensch als ganzer in den Hintergrund tritt.[18]

– Methodisch ist problematisch, daß die empirischen Forschungen meist nicht den allgemeinen Untersuchungsstandards entsprechen. So fehlen oft Angaben über die Größe der untersuchten Gruppe oder die genauen Untersuchungsumstände.[19]

– Schließlich beschäftigte sich Piaget nicht näher mit der Entwicklung von Erwachsenen, eine Fragestellung, die die mit dem Lebenslauf beschäftigten Forscher wie E. Erikson als unerläßlich erwiesen.

1.1.2. L. Kohlbergs Erkenntnisse zur Entwicklung des moralischen Urteils

Lawrence Kohlberg (1927-1987) knüpfte in seiner Arbeit an die frühen Bemühungen Piagets um die Entwicklung des moralischen Denkens – vor allem in dessen 1932 publiziertem Buch „Das moralische Urteil beim Kind" – an und weitete die Fragestellung über die Kindheit hinaus auf das Jugend- und Erwachsenenalter aus. Dabei verband er – ab etwa 1968 – ausdrücklich empirische Befunde und philosophische Reflexion.[20] Inhaltlich[21] interessierte er sich vor allem für den Umgang mit moralischen Dilemmata.

Auch hier ist auf biographische Wurzeln hinzuweisen.[22] Nach dem Besuch der High School arbeitete der Sohn eines jüdischen Vaters und einer christlichen Mutter auf einem Schiff, das entgegen den Beschränkungen der Vereinten Nationen jüdische

---

[18] S. Kesselring, a.a.O. (Anm. 10) 189-191; s. H.-J. Fraas, Die Religiosität des Menschen. Ein Grundriß der Religionspsychologie, Göttingen 1990, 62, der darauf hinweist, daß bei Piaget der – religiös so wichtige – Bereich der nicht-sprachlichen Kommunikation zu wenig Beachtung findet.

[19] S. Kesselring, a.a.O. 192; vgl. ausführlicher zur Kritik an Piaget R. Vuyk, Overview and critique of Piaget's genetic epistemology 1965-1980, 2 Bde., London 1981.

[20] Zu Kohlbergs Bezug auf Sokrates bzw. Plato s. ders., The Philosophy of Moral Development. Essays on Moral Development Bd. 1, San Francisco 1981, 29-48, wo er die sokratische Gerechtigkeitsvorstellung als „most relevant source" (29) seiner Theorie bezeichnet; als weiteren wichtigen philosophischen Gewährsmann nennt Kohlberg J. Dewey, dessen Ansatz er psychologisch durch Piaget, philosophisch durch Rawls fortgeführt sieht (ebd. 49-96). Vgl. auch die gemeinsam mit C. Gilligan erarbeitete These vom Jugendlichen als Philosophen (s. L. Kohlberg, C. Gilligan, The Adolescent as a Philosopher. The Discovery of the Self in a Postconventional World, in: J. Kagan, R. Coles, Hg., Twelve to Sixteen. Early Adolescence, New York 1971, 144-179).

[21] S. L. Kohlberg, Stages of Moral Development as a Basis for Moral Education, in: B. Munsey, Hg., Moral Development, Moral Education and Kohlberg, Birmingham/Al. 1980, 17.

[22] S. Hofmann, a.a.O. (Anm. 14) 100f. Anm. 1.

Flüchtlinge aus Europa nach Israel bringen sollte.[23] Dabei kam Kohlberg in mehrere moralische Dilemmata, die sein Interesse an moralphilosophischen Fragen weckten und zugleich als Grund für seine lebenslange Ablehnung moralischen Relativismus gelten können.[24]

Kohlberg wollte die Stufen moralischer Entwicklung in der von Piaget für kognitive Urteilsstrukturen ausgearbeiteten Weise („hard stages") erstellen, also in qualitativer Verschiedenheit der jeweiligen Stufen, unumkehrbarer Sequenzialität, strukturierter Ganzheit und hierarchischer Anordnung.[25] Dazu bediente er sich der *Methode der Dilemmageschichten*, d.h. er konfrontierte Probanden mit einem moralischen Dilemma, forderte sie zu einer Entscheidung auf und ließ diese dann begründen.

Eines der bekanntesten und am häufigsten verwendeten Dilemmata ist das „Heinz-Dilemma":

„Irgendwo in Europa stand eine krebskranke Frau kurz vor dem Tode. Es gab ein Medikament, das sie hätte retten können, eine Radiumverbindung, die ein Apotheker in jener Stadt vor kurzen entdeckt hatte. Der Apotheker verlangte dafür ... (viel Geld), das Zehnfache dessen, was ihn die Herstellung des Medikamentes kostete. Der Mann der kranken Frau, Heinz, bat alle seine Bekannten, ihm Geld zu borgen, aber konnte nur etwa die Hälfte des Preises zusammenbringen. Er sagte dem Apotheker, daß seine Frau im Sterben liege, und bat ihn, ihm das Medikament billiger zu verkaufen oder ihn später bezahlen zu lassen. Aber der Apotheker sagte ‚Nein'. In seiner Verzweiflung brach der Ehemann in die Apotheke ein und stahl das Medikament für seine Frau. Sollte er das tun? Warum?"[26]

Die Begründungen zur Entscheidung waren Kohlbergs Material zur Analyse der dahinterstehenden Urteilsstruktur.

---

[23] S. die Hinweise bei J.W. Fowler, Stufen des Glaubens. Die Psychologie der menschlichen Entwicklung und die Suche nach Sinn, Gütersloh 1991 (am. 1981) 64f.

[24] S. die kurze Würdigung durch Fowler anläßlich der Bestattung des auf Grund schwerer Krankheit freiwillig aus dem Leben geschiedenen Kohlbergs, zitiert in: Hofmann, a.a.O. (Anm. 14) 101 Anm. 1. Akademisch ist für den Bezug Kohlbergs zu Piaget dessen Wirksamkeit in den USA wichtig. Bereits 1936 verlieh die Harvard-University, also die Universität, an der Kohlberg später lehrte, Piaget einen Ehrendoktor.

[25] S. zu weiteren Übernahmen Kohlbergs aus der Konzeption Piagets die knappe Zusammenstellung bei Hofmann, a.a.O. 105f. Anm. 11.

[26] Hier in etwas gekürzter Fassung zitiert nach Thomas/Feldmann, a.a.O. (Anm. 12) 171 (ausführlicher in: L. Kohlberg, The Psychology of Moral Development. The Nature and Validity of Moral Stages. Essays on Moral Development Bd. 2, San Francisco 1984, 640).

Schon in seiner Dissertation „The development of modes of moral thinking and choice in the year ten to sixteen" (University of Chicago 1958) arbeitete er hieran.

Insgesamt systematisierte er drei „levels" des moralischen Urteils, die wiederum in je zwei „stages" unterteilt wurden:

„I. Präkonventionelle Stufe (prämoralische Stufe).
Die gesellschaftlichen Regeln darüber, was richtig und was falsch ist, werden befolgt – in Anbetracht ihrer physischen oder hedonistischen Folgen für die Person (Belohnung, Bestrafung, Gefälligkeit) und der machtausübenden Autorität, die die Regeln auferlegt.

Stadium 1. Orientierung an Bestrafung und Gehorsam.
            Ob eine Handlung richtig oder falsch ist, hängt davon ab, ob sie Belohnung oder Bestrafung nach sich zieht. Folgt Bestrafung, so hätte anders gehandelt werden sollen. Folgt keine Bestrafung, so darf so gehandelt werden – ungeachtet des Wertes oder der Bedeutung der Handlung.

Stadium 2. Naiv-instrumentelle oder egoistische Orientierung.
            Angemessenes Handeln befriedigt die Bedürfnisse des Individuums, manchmal auch die der anderen. Wie in der freien Marktwirtschaft richten sich die menschlichen Beziehungen nach dem, was sie dem Individuum einbringen – nach dem Motto ‚Eine Hand wäscht die andere‘ wird verfahren, aber nicht aus Loyalität, Dankbarkeit oder Gerechtigkeit.

II. Konventionelle Stufe.
Das Individuum entspricht den familiären, Gruppen- und staatlichen Erwartungen. Aktiv unterstützt und verteidigt es die bestehende soziale Ordnung.

Stadium 3. ‚Guter Junge, liebes Mädchen‘-Orientierung
            Es wird gehandelt, um anderen zu helfen oder sie zu erfreuen und um Bestätigung zu erfahren. Zum ersten Mal werden individuelle Absichten bedeutsam; ‚Sie/Er meint es gut‘.
Stadium 4. ‚Gesetz- und Ordnung‘-Orientierung
            Das Individuum tut seine Pflicht, respektiert Autorität und stützt die herrschende soziale Ordnung um ihrer selbst willen.

III. Postkonventionelle Stufe (autonome Stufe).
Das Individuum versucht, universelle, gültige moralische Werte herauszufinden, unabhängig davon, welche Autoritäten oder Gruppen ihnen beipflichten und unabhängig davon, ob es sich selbst als zu jenen zugehörig fühlt oder nicht.

Stadium 5. Sozialverträgliche Orientierung.
            Gewöhnlich legalistisch und utilitaristisch untermalt wird moralisches Verhalten nun im Sinne allgemeiner individueller Rechte vor dem Hintergrund kritisch überprüfter, von der gesamten Gesellschaft gebilligter Normen definiert. Dies ist die ‚offizielle‘ Moral der Verfassung der Bundesrepublik Deutschland und der Regierung. Es wird klar

erkannt, daß persönliche Werte und Meinungen relativ sind und daß man sich einigen kann und Gesetze zum Wohle der Allgemeinheit geändert werden können (im Gegensatz zu dem ‚Einfrieren' von Gesetzen in Stadium 4, weil sie als unantastbar gelten).

Stadium 6. Orientierung an universellen ethischen Prinzipien.
Moralisches Urteilen basiert auf universellen Gerechtigkeitsprinzipien, auf Reziprozität und Gleichheit der Menschenrechte und auf der Achtung der Würde des Menschen als Individuum. Was Recht ist, wird vom individuellen Gewissen im Einklang mit selbst gewählten, allgemeinen ethischen Anschauungen festgelegt."[27]

Vor allem in den beiden letzten Stufen treten deutlich die normativen Voraussetzungen von Kohlbergs Theorie hervor. Das grundlegende Ziel der Entwicklung ist die „Gerechtigkeit" („justice"), ein ebenfalls schon bei Piaget begegnender Begriff.[28]

Für die Erklärung des Stufenaufstiegs nimmt Kohlberg Piagets Gesetz der Äquilibration auf, d.h. Spannungen zwischen der moralischen Aufgabe und dem vorhandenen Urteilsniveau fördern die Weiterentwicklung. Dabei geht Kohlberg von vier Faktoren aus, die diese Entwicklung darüber hinaus beeinflussen:

– die Vernunft des Individuums,
– seine Motivation,
– die sich ihm bietenden Möglichkeiten, soziale Rollen zu erlernen,
– die aus den sozialen Institutionen geläufige Gerechtigkeitsstruktur.[29]

Während der erste Faktor als ganzer und der zweite teilweise als genetisch bedingt gilt, sind die beiden letzten umweltbedingt.

Hier liegt der Umschlagpunkt der entwicklungspsychologischen Überlegungen Kohlbergs zu seinem pädagogischen Engagement. Denn Kohlberg und seine Schüler bemühten sich (mit Erfolg), die Entwicklung des moralischen Urteils zu stimulieren. Dabei wollten sie aber nicht die Entwicklung beschleunigen, sondern eventuelle Blockaden überwinden.

„Accordingly, the aim of the developmental educator is not the acceleration of development but the eventual adult attainment of the highest stage. In this sense, the

---

[27] Aus: Thomas/Feldmann, a.a.O. (Anm. 12) 173 (etwas ausführlicher im Anhang von Kohlberg, a.a.O. (Anm. 21) 91-93); allerdings kann Kohlberg, a.a.O. (Anm. 20) auch „metaphorically" (401) von einer Stufe 7 sprechen, die sich auf Menschen bezieht, die für Gerechtigkeit eintreten und dafür ihr Leben einsetzen, wie z.B. Sokrates, M. Luther King und J. Korczak (s. ausführlicher zum Problem der 7. Stufe ebd. 347-372).
[28] S. Kohlberg, a.a.O. (Anm. 21) 62-66.
[29] S. zusammenfassend Thomas/Feldmann, a.a.O. (Anm. 12) 174, 176.

developmentalist is not interested in stage-acceleration, but in avoiding stage-retardation."[30]

Z.T. fanden Dilemma-Geschichten Eingang in den Schulunterricht. Untersuchungen ergaben dabei zumindest für einen Teil der Schülerinnen und Schüler langfristig einen Stufenanstieg.[31] Doch mußte Kohlberg feststellen, daß die Lehrerinnen und Lehrer nach Abschluß des Versuchs keine Dilemma-Geschichten mehr im Unterricht verwendeten. Grund hierfür war wohl der fehlende Bezug der konstruierten Geschichten zur sozialen Realität in den Schulen.[32] Dazu kamen Erfahrungen mit Gefängnis-Insassen in Conneticut, bei denen Kohlberg auf eine erhebliche Diskrepanz zwischen Höhe des moralischen Urteils und tatsächlichem Verhalten stieß.[33]

War Kohlberg bisher den unmittelbaren Umsetzungen seiner entwicklungspsychologischen Erkenntnisse in die schulische Unterrichtspraxis gegenüber eher skeptisch gewesen, so entwickelte er seit Ende der siebziger Jahre ein konstruktives Modell für ein an seinen Forschungen orientiertes pädagogisches Verhalten. Er beteiligte sich, von Eltern gebeten, am Aufbau einer „Just-Community-School", deren wesentliches Ziel in der Förderung der kognitiven und moralischen Entwicklung der Schülerinnen und Schüler bestand. Durch partnerschaftliches Besprechen von Schulkonflikten, wöchentliche, von Schüler(inne)n (unter Assistenz eines Lehrers/einer Lehrerin) geleitete Zusammenkünfte, Auswertung der dabei erstellten Protokolle nach dem Stufen-Schema des moralischen Urteils u.ä. sollte eine demokratische Atmosphäre geschaffen werden, die die moralische Entwicklung der Schülerinnen und Schüler fördert und diese damit auf das Leben als verantwortungsvolle Staatsbürgerinnen und -bürger vorbereitet.[34]

Religionspädagogisch interessant ist an der pädagogischen Entwicklung des (leider zu früh abgebrochenen) Kohlbergschen Werks die *Entdeckung, daß besondere Gemeinschaften notwendige Voraussetzungen für die Förderung moralischer Entwicklungen sind.* Wie für Günter R. Schmidt die Hutterer

[30]   L. Kohlberg, R. Mayer, Development as the Aim of Education, in: Harvard Educational Review 42 (1972) 489.

[31]   S. M.M. Blatt, L. Kohlberg, The Effects of Classroom Moral Discussion upon Children's Level of Moral Judgment, in: Journal of Moral Education 4 (1975) 129-161.

[32]   S. Hofmann, a.a.O. (Anm. 14) 207.

[33]   S. L. Kohlberg, P. Scharf, J. Hickey, Die Gerechtigkeitsstruktur im Gefängnis. Eine Theorie und eine Intervention, in: G. Portele, Hg., Sozialisation und Moral, Weinheim 1978, 202-214.

[34]   S. L. Kohlberg, High School Democracy and Education for a Just Society, in: R.L. Mosher, Hg., Moral Education. A First Generation of Research and Development, New York 1980, 20-57.

und für Norbert Mette die südamerikanischen Basisgemeinden religionspädagogisch attraktiv sind, so für Kohlberg mit seinem moralpädagogischen
Anliegen die israelischen Kibbuzim.[35] Entsprechend der von ihm deutlicher
als von Piaget betonten Bedeutung der Umweltfaktoren für die Entwicklung
des moralischen Urteils sieht er hier sehr günstige Sozialisationsbedingungen.

„Kohlberg found that the strong sense of community on the Kibbutz had a
powerful effect on the sozialization of these ‚transplanted‘ youth such they developed
to conventional stages of reasoning much more frequently than their counterparts
who remained in the city. He observed that the Kibbutz could become a model for
an alternative approach to school discipline."[36]

Offensichtlich reichen aus kognitionspsychologischer Perspektive im
Bereich moralischer Erziehung – zumindest gegenwärtig – unterrichtliche
Veranstaltungen nicht aus. Vielmehr sind in verbindlichen Formen lebende
Gemeinschaften notwendig, um Kinder und Jugendliche auf diesem Gebiet
optimal zu fördern.

Dazu ist es bedeutungsvoll, daß Kohlberg auf den engen Zusammenhang des
moralischen Urteilsvermögens mit sonstigen kognitiven Fähigkeiten hinwies. Damit
legt sich eine allgemeine Bedeutung der Einsichten zur moralischen Entwicklung für
die gesamte Entwicklung nahe.

Doch enthüllte die Diskussion der Kohlbergschen Forschungen auch
erhebliche Probleme:[37]

– Der hohe Anspruch auf universale Gültigkeit, den Kohlberg mit seiner
Theorie erhebt, ist wohl überzogen. Er kann nicht hinreichend die trans-
kulturelle Gültigkeit der von ihm festgestellten „Entwicklung des moralischen Urteils" aufweisen.

– Die höheren Stufen seines Entwicklungsschemas sind empirisch nicht
hinreichend belegt. Sie sind eher philosophiegeschichtlich hergeleitete
Konstrukte als Ergebnisse empirischer Forschung.

– Betrachtet man Kohlbergs Theorie genauer, fällt auf, daß er nicht die
moralische Entwicklung, sondern die Entwicklung des Gerechtigkeitsdenkens
erforschte. Zu Recht fragen z.B. Thomas/Feldmann: „Was wäre, wenn man
als höchste moralische Werte Leidenschaft, Aufopferungsbereitschaft oder
Friedfertigkeit wählen würde? Entwickelten sich Kinder dann in der glei-

---

[35] S. L. Kohlberg, Cognitive-Developmental Theory and the Practice of Collective
Moral Education, in: M. Wolins, M. Gottesmann, Hg., Group Care. An Israeli
Approach, New York 1971, 342-379.

[36] C. Power zitiert in: Hofmann, a.a.O. (Anm. 14) 363.

[37] S. den Überblick hierüber bei Hofmann, a.a.O. 130-163; ich schließe mich in der
folgenden Aufzählung im wesentlichen an Hofmann an (dieser faßt seine Bedenken knapp ebd. 162f. zusammen).

chen Weise auf diese höchsten Tugenden zu, wie sie es scheinbar im Hinblick auf Kohlbergs Gleichheits- und Gerechtigkeitsbegriffe tun?"[38]
– Eine besondere Zuspitzung erfuhr diese Anfrage durch die frühere Mitarbeiterin Kohlbergs Carol Gilligan.[39] Sie bemängelt methodisch, daß Kohlberg nur männliche Probanden untersuchte. Demgegenüber legt sie Forschungsergebnisse vor, die auf eine *geschlechtsspezifisch unterschiedliche Moralentwicklung* hinweisen. Mädchen sind demnach in ihrer moralischen Entwicklung eher beziehungsorientiert als die nach Ablösung und Individualisierung strebenden Jungen.
– Weiter muß kritisch nach dem Zusammenhang von moralpädagogischen Prinzipien und deren Anwendung im Alltag gefragt werden. Es erscheint problematisch, wenn allein die Prinzipienorientierung, nicht aber die Realisierung als Kriterium der Stufenhöhe gilt.
– Schließlich ist religionspädagogisch auf die Problematik der Abtrennung des Moralischen als eines dem Religiösen gegenüber separierten Bereichs hinzuweisen. Ist diese Scheidung nicht nur ein Reflex auf die in den US-Schulen aus juristischen Gründen praktizierte Ausgliederung religiösen Lernens?[40] Auch bei Kohlberg selbst eröffnet sich wenigstens auf der letzten Stufe der moralischen Entwicklung durch die Frage nach der Begründung des Moralischen der Weg zum religiösen Bereich. Kohlberg kann hier von einer siebten Stufe sprechen, die über das Entwicklungsmodell kognitiver Gerechtigkeitsstruktur hinausgeht.[41] Hier setzen dann die Forschungen von

[38] Thomas/Feldmann, a.a.O. (Anm. 12) 183.
[39] Vgl. C. Gilligan, Die andere Stimme. Lebenskonflikte und Moral der Frau, München [5]1991 (am. 1982), 28ff., die Kohlbergs Stufentheorie als „männlichkeitsorientiert" kritisiert und eine Orientierung an Fürsorge und Verantwortung („an ethic of care and response") fordert (s. gegen eine solche Auffassung von zwei Moralen G. Nunner-Winkler, Ein Plädoyer für einen eingeschränkten Universalismus, in: W. Edelstein, G. Nunner-Winkler, Hg., Zur Bestimmung der Moral. Philosophische und sozialwissenschaftliche Beiträge zur Moralforschung, Frankfurt 1986, 133-135).
[40] S. L. Kohlberg, Moral and Religious Education and the Public Schools. A Developmental View, 164f., 179-181; vgl. F. Schweitzer, Lebensgeschichte und Religion. Religiöse Entwicklung und Erziehung im Kindes- und Jugendalter, Mainz 1987, 120f.
[41] S. L. Kohlberg, Eine Neuinterpretation der Zusammenhänge zwischen der Moralentwicklung in der Kindheit und im Erwachsenenalter, in: R. Döbert, J. Habermas, G. Nunner-Winkler, Hg., Entwicklung des Ichs, Königstein [2]1980 (1977) 225-252; C. Power, L. Kohlberg, Religion, Morality and Ego Development, in: J. O'Donhoe, Chr. Brusselmanns, Hg., Toward Moral und Religious Maturity, Morristown 1980, 343-372; s. zu Kohlbergs Überlegungen zum religiösen Bewußtsein zusammenfassend Bußmann, a.a.O. (Anm. 8) 31-35.

Fritz Oser und Mitarbeitern an, die ein eigenständiges Stufenschema zur Entwicklung des religiösen Urteils erarbeiten.

1.1.3. F. Osers Erkenntnisse zur Entwicklung des religiösen Urteils

Der Schweizer Pädagoge Fritz Oser (geb. 1937) widmet sich mit Mitarbeitern und Mitarbeiterinnen seit Ende der siebziger Jahre der Erforschung religiöser Urteilsstrukturen. Dabei stimmt er in Ansatz und Untersuchungsmethodik mit Kohlberg überein. Auch Oser will ein Stufenschema von Urteilsstrukturen (im Sinne der „hard stages") erarbeiten; methodisch analysiert er Äußerungen von mit Dilemmata konfrontierten Menschen.

> Das bekannteste von Oser verwendete Dilemma ist das sog. „Paul-Dilemma":
> „Paul, ein junger Arzt, hat soeben sein Staatsexamen mit Erfolg bestanden. Er hat eine Freundin, der er versprochen hat, daß er sie heiraten werde. Vorher darf er als Belohnung eine Reise nach England machen, welche ihm die Eltern bezahlen. Paul tritt die Reise an. Kaum ist das Flugzeug richtig aufgestiegen, meldet der Flugkapitän, daß ein Motor defekt ist und der andere nicht mehr zuverlässig arbeitet. Die Maschine sackt ab. Alle Sicherheitsvorkehrungen werden sofort getroffen – Sauerstoffmasken, Schwimmwesten usw. werden verteilt. Zuerst haben die Passagiere geschrien, jetzt ist es totenstill. Das Flugzeug rast unendlich schnell zur Erde. Paul geht sein ganzes Leben durch den Kopf. Er weiß, jetzt ist alles zu Ende. In dieser Situation denkt er an Gott und beginnt zu beten. Er verspricht – falls er gerettet würde –, sein Leben ganz für die Menschen in der Dritten Welt einzusetzen und seine Freundin, die er sehr liebt, sofern sie ihn nicht begleiten will, nicht zu heiraten. Er verspricht, auf ein großes Einkommen und Prestige in unserer Gesellschaft zu verzichten. Das Flugzeug zerschellt auf einem Acker – doch wie durch ein Wunder wird Paul gerettet! Nach seiner Rückkehr wird ihm eine gute Stelle in einer Privatklinik angeboten. Er ist aus 90 Anwärtern aufgrund seiner Fähigkeiten ausgewählt worden. Paul erinnert sich jedoch an sein Versprechen, das er Gott gegeben hat. Er weiß nun nicht, wie er sich entscheiden soll."[42]

Im Gegensatz zu Kohlberg geht Oser von einem eigenständigen religiösen Bereich aus, der seiner Meinung nach klar von anderen wie dem moralischen abgrenzbar ist. Zum einen gibt er einen besonderen Bezugsrahmen für das religiöse Urteil an:

„1. Es bezieht sich auf jene subjektiven Wirklichkeiten, die, wenn sie bloß mit funktionellen und strategischen Mitteln der Objektbewältigung beschrieben und erfaßt werden, nicht adäquat zum Zuge kommen.

---

[42] S. F. Oser, P. Gmünder, Der Mensch – Stufen seiner religiösen Entwicklung, Gütersloh ³1992 (²1988) 119f. Um klarere Ergebnisse zu erhalten, schließen Oser/Gmünder an die Dilemma-Erzählung standardisierte Fragen zur Strukturierung der Interviews an (s. ebd. 120f.).

2. Es bezieht sich auf jene subjektiven Wirklichkeiten, die mit Bedeutung, Sinngebung und Kontingenzbewältigung zu tun haben.

3. In ihm kommt die Art der Beziehung eines Menschen zum Letztgültigen (Gott) in Situationen zum Ausdruck, in denen Plausibilitäten nicht selbstverständlich sind.

4. Es ist das je neue Unterfangen des Schaffens von Sicherheit innerhalb einer Welt, in der alle Sicherungen subjektiv geleistet werden müssen, objektiv aber zum Scheitern verurteilt sind."[43]

Demnach ist das religiöse Urteil „Ausdruck jenes Regelsystems einer Person, welches in bestimmten Situationen das Verhältnis des Individuums zum Ultimaten überprüft ... Die Person aktiviert also durch den Akt des religiösen Urteilens religiöse Strukturen, um eine bestimmte kontingente Wirklichkeit in einer bestimmten Weise zu integrieren, die sich eindeutig von anderen Integrationsweisen abhebt."[44]

Zum anderen ist das religiöse Urteil durch inhaltliche Elemente charakterisierbar. Sie sind als gegensätzliche Pole zu benennen.

Im einzelnen nennt Oser folgende Spannungen: „Heiliges vs. Profanes, Transzendenz vs. Immanenz, Freiheit vs. Abhängigkeit, Hoffnung (Sinn) vs. Absurdität, Vertrauen vs. Angst, Dauer (Ewigkeit) vs. Vergänglichkeit und unerklärlich Geheimnishaftes vs. funktional Durchschaubares."[45]

Entsprechend dem Piagetschen Gesetz der Äquilibration ist es das Ziel des religiösen Urteils, die hier ausgedrückten Spannungen zum Ausgleich zu bringen. Dabei strebt die Entwicklung zu einer möglichst umfassenden *Integration der Autonomie des Ultimaten und der Autonomie des Menschen.*[46]

„Im Laufe der altersbezogenen Entwicklung wird die Beziehung zwischen einer Person und dem Ultimaten (auf das sich die Person beruft) a) autonomer, differenzierter und universeller und b) inniger, integrierter und idiographischer."[47]

Dabei sind die ersten Stufen durch die Autonomie des Ultimaten geprägt, in der mittleren Stufe 3 erfolgt deren Ablösung durch die Autonomie des Menschen, während die beiden weiteren Stufen zu einer Integration führen.

---

[43] Ebd. 27.

[44] Ebd. 28.

[45] Ebd. 31.

[46] S. auch Schweitzer, a.a.O. (Anm. 40) 124f.

[47] F. Oser, Genese und Logik der Entwicklung des religiösen Bewußtseins: Eine Entgegnung auf Kritiken, in: K.E. Nipkow, F. Schweitzer, J.W. Fowler, Hg., Glaubensentwicklung und Erziehung, Gütersloh 1988, 48.

Im einzelnen entwickelten Oser/Gmünder – nach dem anfänglichen Versuch eines sechsstufigen Schemas – folgende fünf Stufen:

„Stufe 1: Das Letztgültige, was immer für eine Form es hat, beschützt dich oder läßt dich im Stich, gibt Gesundheit oder Krankheit, Freude oder Verzweifelung. Es beeinflußt den Menschen (auch alle andern lebendigen Wesen) in direkter Weise. Der Wille des Ultimaten muß stets erfüllt werden, sonst wird die Beziehung zu ihm zerbrochen.

Stufe 2: Der Wille des Letztgültigen kann beeinflußt werden durch Gebete, Opfer, Einhalten von religiösen Regeln u.a. Wenn jemand sich um das Letztgültige kümmert und all die Prüfungen, die es schickt, besteht, dann wird er von ihm wie von einem liebenden, vertrauensvollen Vater gehegt, und er wird glücklich, gesund und erfolgreich sein. Der Mensch kann das Letztgültige beeinflussen, oder er kann dies verpassen. Das hängt von seinen Bedürfnissen und seinem freien Willen ab.

Stufe 3: Das Individuum nimmt an, der Mensch sei vollständig selbstverantwortlich für sein eigenes Leben und für alles, was in der Welt ist. Freiheit, Sinn, Hoffnung sind Größen, die mit der eigenen Entscheidung zusammenhängen. Das Letztgültige stellt eine Größe außerhalb des Menschlichen dar. Es hat sein eigenes Aktionsfeld, seine Ganzheitlichkeit hat eine Freiheit, einen Sinn und eine Hoffnung, die ganz anders sind als diejenigen des Menschen. Zwar befindet sich das Transzendente außerhalb des Individuums, aber es ist repräsentant für die Grundordnung des Lebens und der Welt.

Stufe 4: Die Beziehung zu einem Letztgültigen ist nun indirekt vermittelt, d.h. das Individuum fährt fort, sich selbst verantwortlich zu sehen, aber es fragt sich nun, welches die Bedingungen der Möglichkeit dafür sind. Das Letztgültige stellt diese Bedingung dar. Im Überwinden von Sinnlosigkeit, Hoffnungslosigkeit, negativer Abhängigkeit bedeutet das Letztgültige das ‚daß‘ und die verborgene Immanenz dieser Tatsache. Oder anders gesagt: Das Letztgültige wird auf dieser Stufe gesehen als die Bedingung für Freiheit, Verantwortung, Hoffnung. Diese aber wird realisiert durch den ‚göttlichen Plan‘ (das, was Gott für die Welt durch uns tut).

Stufe 5: Das Letztgültige durchdringt in allem die mitmenschliche Verpflichtung eines jeden von uns und transzendiert diese gleichzeitig. Geschichte und Offenbarung zeigen dies an der Stelle, wo Menschen aufeinander zugehen und füreinander da sind. Transzendenz und Immanenz durchdringen sich gegenseitig und ermöglichen so universale Solidarität mit allen Menschen. Das ‚Königreich Gottes‘ wird Hüter für den sich immer am andern engagierenden Menschen, der so Sinn schafft und das Göttliche nicht ohne den Menschen denken kann."[48]

Entsprechend seiner beruflichen Tätigkeit als Professor für Allgemeine Pädagogik zieht Oser umgehend religionspädagogische Konsequenzen aus seiner Stufentheorie. Grundlegend für ihn ist dabei „die Leitidee des autonomen religiösen Menschen, der seine Beziehung zu Gott so intensiv als möglich lebt, aber zugleich rational auszudifferenzieren vermag, ohne daß

---

[48] Oser/Gmünder, a.a.O. (Anm. 42) 19; zu einer empirisch nicht überprüfbaren, aber theoretisch postulierbaren Stufe 6 s. die Überlegungen ebd. 94-96.

sie dadurch Schaden leidet".[49] Um dies zu erreichen, muß folgendes geleistet werden: „a) das Verstehen der religiösen Denkstruktur des Kindes, b) der optimale horizontale Ausbau der jeweiligen Stufe, c) die Entwicklung zur nächsthöheren Stufe und d) die optimale Kontextualisierung dieser religiösen Entwicklung."[50]

Dabei ist zu beachten, daß die Entwicklung erst stimuliert werden darf, wenn „der altersmäßig optimale Entwicklungsstand" nicht erreicht ist.[51]

Mit diesem Ziel grenzt sich Oser von dem traditionellen material-kerygmatischen Ansatz mit seiner Stofffülle ab.[52] Es geht ihm nämlich nicht um inhaltliche „Richtigkeit", sondern um die allgemein menschliche Entwicklung von Kindern und Jugendlichen.

Unerläßliche Voraussetzung für eine auf die Entwicklung des religiösen Urteils zielende Pädagogik ist, daß die Kinder und Jugendlichen religiöse Erfahrungen machen. Doch dies, dessen ist sich Oser bewußt, darf nicht mehr allgemein vorausgesetzt werden. So fordert er, daß „der Religionsunterricht selber ein Ort religiöser Grunderfahrung wird".[53]

Um der religionspädagogischen Problematik der heutigen Situation gerecht zu werden, schlägt Oser in seinem religionsdidaktischen Grundlagenwerk „Wieviel Religion braucht der Mensch?" folgende „Elemente eines Erziehungsprogramms in einer religionsfernen Gesellschaft" vor:[54]
– die Ermöglichung von Selbständigkeit und Gemeinschaft,

---

[49] F. Oser, Das Verhältnis von religiöser Erziehung und Entwicklung: Ein religionspädagogisches Credo, in: Religionspädagogische Beiträge 21 (1988) 23. Dieser Aufsatz geht auf Osers Vortrag anläßlich der Verleihung des theologischen Ehrendoktors durch den katholisch-theologischen Fachbereich der Mainzer Universität zurück.

[50] Ebd. 12.

[51] Ebd. 21; s. zur religionsdidaktischen Relevanz des Oserschen Ansatzes die Überlegungen zum Zusammenhang von Glaubensverständnis und Stufen des religiösen Urteils in: A. Bucher, F. Oser, „Wenn zwei das gleiche Gleichnis hören ..." Theoretische und empirische Aspekte einer strukturgenetischen Religionsdidaktik – exemplifiziert an der neutestamentlichen Parabel von den Arbeitern im Weinberg (Mt 20,1ff.), in: Zeitschrift für Pädagogik 33 (1987) 167-183 (vgl. grundlegend dazu die Dissertation von A. Bucher, Symbol – Symbolbildung – Symbolerziehung. Philosophische und entwicklungspsychologische Grundlagen, St. Ottilien 1990).

[52] S. z.B. Oser, a.a.O. (Anm. 9) 194.

[53] Oser, a.a.O. (Anm. 49) 27.

[54] S. ausgeführt in Oser, a.a.O. (Anm. 9) 191-215.

– die kritische Distanz des Religionsunterrichts zur Schule und Gesellschaft auf Grund der grundsätzlichen religiösen Herausforderung,

– die Betonung des prozessualen Charakters des Gottesverständnisses

– sowie die Berücksichtigung der Aufgabe von Familie für die Entwicklung religiöser Autonomie.

Insgesamt gilt: „Solange Bedingungen der Möglichkeit für a) Erfahrungen, die durch Gebet oder Meditation religiös erschlossen werden, b) narratives Erleben, in das man sich voll (und erschöpfend) hineinbegibt und c) kommunikativ-religiöse Gefühle fehlen, mangelt es der Religionspädagogik am Fundament ihrer Arbeit.[55]

Die Ähnlichkeiten zur Problemanalyse Norbert Mettes und Günter R. Schmidts sind unübersehbar. Doch sieht Oser stärker als diese die Chancen schulischen Religionsunterrichts, den er aber ausdrücklich nicht (primär?) schulisch begründet sehen möchte.[56]

„Noch in den späten siebziger Jahren meinten Religionspädagogen wie Baudler ..., der Religionsunterricht müsse von der Schule her begründet werden. Was immer das heißen mag, es war damit eine Richtung angegeben, die die freimachende geistige Andersartigkeit von echter Religiosität negierte.“[57]

Der Osersche Entwurf eines empirisch begründeten Stufenschemas der religiösen Entwicklung zog z.T. ähnliche Kritik auf sich wie die Kohlbergschen Bemühungen:[58]

– Überschätzt Oser nicht mit seinem Anspruch, Aussagen über die „religiöse Entwicklung" zu machen, die Möglichkeiten seines kognitionspsychologischen Zugriffs? Kann der Bereich des „Religiösen" hinreichend von anderen Lebensbereichen abgegrenzt werden? Es fällt ja z.B. beim Paul-Dilemma auf, daß es die Beziehung Gott-Mensch moralisch begreift. Rainer Döbert weist darauf hin, daß Testpersonen auf Dilemmata, die nicht ausdrücklich religiös typisiert waren, keine religiösen Antworten gaben. Daraus zieht er den Schluß, „daß religiöse Entwicklung kein naturwüchsiger Bestandteil von Ich-Entwicklung" ist.[59]

---

[55] Ebd. 197.

[56] S. ebd.

[57] Ebd. 201.

[58] S. grundsätzlich die Zusammenstellung kritischer Anfragen bei Schweitzer, a.a.O. (Anm. 40) 132-137 und Bußmann, a.a.O. (Anm. 8) 37-40; s. ausführlicher die Beiträge in: A. Bucher, K. H. Reich, Hg., Entwicklung von Religiosität, Freiburg 1989.

[59] R. Döbert, Religiöse Erfahrung und Religionsbegriff, in: Religionspädagogische Beiträge 14 (1984) 103.

Eigene Versuche im Osten Deutschlands in Religionsklassen, die überwiegend atheistisch sozialisierte Jugendliche besuchen, bestätigen diese Anfrage. So wurde das Paul-Dilemma z.b. in einer Hallenser gymnasialen Oberstufenklasse nur als moralisches Dilemma aufgenommen. Es war (1992) den Jugendlichen völlig unverständlich, wie ein Mediziner – also ein „vernünftiger" Mensch – auf die Idee kommen könne zu beten.

– Schwierigkeiten treten auch bei den höheren Stufen auf. Gabriele Bußmann nennt sie „eine bloße Übernahme theologischer Positionen, deren Gehalt jedoch nicht expliziert wird im Hinblick auf die unteren Stufen".[60]

Gestützt wird diese Kritik durch die Beobachtung, daß nicht wenige Äußerungen wichtiger Personen der Religionsgeschichte, wie z.b. Martin Luthers, den Oserschen Stufen 1 oder 2 zuzuordnen sind. In dieselbe Richtung weisen die Ergebnisse der Oserschen Befragungen alter Menschen. Oser konstatiert einen „Altersabfall"; könnte es nicht aber auch „Altersweisheit" sein?

Interessant sind hierzu die kritischen Anmerkungen eines Lesers von Oser/Gmünders Buch: „Der ältere Mensch fühlt wohl stärker als der noch vitale Mensch, daß er in dieser Welt, und das heißt auch gegen Gott, schuldig geworden ist. Er verzichtet auf eine Rechtfertigung gemäß Stufe 3 und unterwirft sich. Verstärkt wird dies ganz offensichtlich durch eine Resignation gegenüber der Welt: ,Wir ordnen, es zerfällt, wir ordnen wieder und zerfallen selbst', sagt Rilke. Und so, meine ich, wird der religiöse Mensch – statistisch gesehen – bescheidener. Altersweisheit hat etwas von kindlicher Mentalität, eine Einstellung, die sich nun freilich im Bewußtsein der allgegenwärtigen Abgründigkeit von Welt (und Gott) behaupten muß. Will man es negativ ausdrücken, so wäre es gottergebener Fatalismus. Ich sehe es aber eher positiv als bedingungslose Übergabe an Gottes unergründlichen Ratschluß. Im Grunde verschmilzt nun Position 2 (und 1) mit Position 5 (und 6)."[61]

– Auf ein besonderes Problem, das grundlegend für religionspädagogische Praxis ist und gut anhand Osers Stufenschema aufzeigbar erscheint, weist Döbert hin. Die Stufe 3 des Oserschen Stufen-Schemas mit ihrer schroffen Dichotomie zwischen Ultimatem und der menschlichen Autonomie entspricht weithin heutigem Bewußtsein.

„Es ist schwer zu erkennen, wie diese Dichotomie aufgelöst werden sollte, weil a. Kontingenzen abgebaut und Restkontingenzen profanen Agenturen überantwortet sind; weil b. rituell-symbolische Aktivitäten punktuell bleiben müssen; weil c. religiöser Konformitätsdruck nachgelassen hat; weil d. Wertwandel die Autoritätsbasis

---

[60] Bußmann, a.a.O. (Anm. 8) 38.
[61] Zitiert in: Oser/Gmünder, a.a.O. (Anm. 42) 201f.; zur insgesamt nicht befriedigenden Erklärung des „Alters-Abbaus" bei Oser/Gmünder s. ebd. 179.

religiöser Instanzen unterminiert, e. religiöse Sozialisation schwächt und schließlich f. genau die Werte begünstigt, die dem Denken auf Stadium 3 eh affin sind."[62]

Auch hier wird die Spannung zwischen Religion und heutiger Gesellschaft mit ihren Plausibilitäten unausweichlich sichtbar.

– Bei Oser kommt dies institutionell in seiner Distanz zur schulischen Begründung des Religionsunterrichts zum Ausdruck. Konsequent fordert er von der Perspektive der Religion her einen Religionsunterricht, der religiöse Grunderfahrungen ermöglicht. Nur: Ist dies heute noch schulpädagogisch allgemein verständlich zu machen, geschweige denn ostdeutschen Eltern, die durch jahrzehntelange atheistische Propaganda allem Religiösen gegenüber mißtrauisch sind?

– Grundsätzlich ist endlich auf die Problematik eines Stufenschemas gerade im religiösen Bereich hinzuweisen. Die Einsicht in die Prägung vor allem der oberen Stufen durch moderne Theologie läßt fragen, ob nicht die Theorie – gerade in ihrem Bemühen, traditionelle religiöse Vorstellungen und heutige Anschauungen zu vermitteln – an einem „Mangel an kritischer Distanz gegenüber dem modernen Bewußtsein" leidet?[63]

1.2. Ich-psychologische Perspektive

1.2.1. S. Freuds Erkenntnisse zum psychischen Apparat

Grundlegend für die Arbeiten zur Ich-Psychologie, die – wie am Beispiel Erik Eriksons gezeigt wird – wichtige Einblicke in die Rahmenbedingungen auch religiöser Entwicklung geben, ist die psychoanalytische Theorie Sigmund Freuds (1856-1939).[64]

Freud trat zwar als Religionskritiker hervor. Doch ist – auch abgesehen von seiner jüdischen Herkunft – an seinem Werk unübersehbar, daß ihn das Thema Religion Zeit seines Lebens nicht losließ.[65] J. Scharfenberg versuchte biographisch und systematisch die Offenheit der Freudschen Theoriebildung für theologische Fragestellungen zu erweisen.[66]

---

[62] R. Döbert, Oser/Gmünder Stadium 3 der religiösen Entwicklung im Kontext: ein circulus vitiosus, in: K.E. Nipkow, F. Schweitzer, J.W. Fowler, Hg., Glaubensentwicklung und Erziehung, Münster 1988, 161.

[63] S. P.L. Berger, Der Zwang zur Häresie. Religion in der pluralistischen Gesellschaft, Frankfurt 1980 (am. 1979) 133.

[64] Zur ersten knappen Orientierung zu Leben und Werk Freuds s. J. Strachey, Sigmund Freud. Eine Skizze seines Lebens und Denkens, in: S. Freud, Studienausgabe Bd. 1, Frankfurt 1982, 7-18.

[65] S. J. Scharfenberg, Sigmund Freud und seine Religionskritik als Herausforderung für den christlichen Glauben, Göttingen [4]1976 (1968) 135-154.

[66] S. ebd. 58-66, 155-180.

Zentral für die weitere psychoanalytische Arbeit war die Entdeckung des Unbewußten.[67] Auf Grund von Patienten, deren Leiden nicht mit den herkömmlichen streng naturwissenschaftlich-psychologischen Modellen erklärt werden konnten, nahm Freud das „Unbewußte" an. Er bestimmte es als Ort, an dem frühere Erlebnisse und Konflikte abgelegt werden, die aber trotzdem das weitere Leben (z.T. entscheidend) prägen, z.B. in Form bestimmter Zwangsvorstellungen. Um seine Patienten – vornehmlich Frauen aus der jüdischen Wiener Mittelschicht – von solchen Lasten zu befreien, versuchte Freud das verbale Nacherleben der Konflikte und so deren Verarbeitung zu ermöglichen. In der freien Assoziation und den Berichten von Träumen erfuhr er vieles über die Kindheit seiner Patientinnen. Beide waren die entscheidenden Quellen für das Material, auf dem seine Theorie von der menschlichen Entwicklung basiert.

Theoretisch entwickelte Freud die psychoanalytische *Instanzenlehre*, also die Unterscheidung von Es, Ich und Über-Ich. Das Es ist „alles, was ererbt, bei Geburt mitgebracht, konstitutionell festgelegt ist, vor allem also die aus der Körperorganisation stammenden Triebe".[68] Allerdings bildet sich bald eine Instanz aus, die zwischen dem ausschließlich am Lustprinzip orientierten Es und der Umwelt vermittelt, die z.B. durch die Mutter an das Kind herantritt. Das hierbei sich entwickelnde Ich richtet sich nach dem Realitätsprinzip.

„Die Wahrnehmung spielt für das Ich die Rolle, welche im Es dem Trieb zufällt. Das Ich repräsentiert, was man Vernunft und Besonnenheit nennen kann, im Gegensatz zum Es, welches die Leidenschaften enthält."[69]

Schließlich treten zu Es und Ich Regeln entweder nach dem Muster „Du darfst ..." (Ich-Ideal) oder „Du darfst nicht ..." (Gewissen) hinzu. Das Kind lernt zwischen Gut und Böse zu unterscheiden, es bildet sich das Über-Ich.

„Diese neue psychische Instanz setzt die Funktionen fort, die jene Personen der Außenwelt ausgeübt hatten, sie beobachtet das Ich, gibt ihm Befehle, richtet es und droht ihm mit Strafen, ganz wie die Eltern, deren Stelle es eingenommen hat."[70]

---

[67] S. S. Freud, Vorlesungen zur Einführung in die Psychoanalyse (18. Vorlesung), in: ders., Gesammelte Werke Bd. XI, Frankfurt [8]1986 (1944) 282-295, wo der Zusammenhang von Freuds Theorie und Breuers Erkenntnissen hervortritt.

[68] S. S. Freud, Abriß der Psychoanalyse (1940/{1938}), in: ders., Abriß der Psychoanalyse. Einführende Darstellungen, Frankfurt 1994 u.ö. 42.

[69] S. S. Freud, Das Ich und das Es, in: ders., Gesammelte Werke Bd. XIII, Frankfurt [9]1987 (1940) 252f.

[70] Freud, a.a.O. (Anm. 68) 101.

Das Verhältnis dieser Instanzen zueinander verändert sich im Laufe der kindlichen Entwicklung. Freud arbeitete sie als psychosexuelle Phasen aus, weil er der Sexualenergie (libido) entscheidende Bedeutung für die Entwicklung der Persönlichkeit zumaß.

Grundlegend statuierte Freud – bei Schwankungen im einzelnen – folgende fünf Phasen:
- orale Phase
- sadistisch-anale Phase
- phallische Phase
- Latenzperiode
- genitale Phase.[71]

Insgesamt gewinnt – bei gesunder – Entwicklung – das Ich immer größere Bedeutung. Thomas/Feldmann fassen knapp zusammen: „Das Verhalten älterer Kinder und Jugendlicher ist somit das Ergebnis, das anzeigt, wie das Ich eine Einigung zwischen den drei konkurrierenden Forderungskomponenten erzielt hat, zwischen (1) dem Es, das nach sofortiger Bedürfnisbefriedigung strebt, (2) der Umgebung, die die Bedingungen festsetzt, unter welchen Wünsche ungestraft erfüllt werden können und (3) dem Über-Ich, das den Jugendlichen drängt, entsprechend einer Reihe von moralischen Werten, die er von den Eltern und anderen ihm bedeutsamen Personen übernommen hat, zu leben."[72]

Aus der Fülle der Probleme, die an der Freudschen Theoriebildung aufgezeigt wurden, seien nur einige im vorliegenden Zusammenhang besonders wichtige genannt:

- Entwicklungspsychologisch sind die Grenzen der Freudschen Theorie schon von ihrem methodischen Vorgehen her unübersehbar. Seine nur indirekte – eben über die Erzählung erwachsener Kranker vermittelte – Einsicht in kindliche Entwicklung verhinderte ein genaueres Verständnis der besonderen Situation von Kindheit und Jugendalter.

- Zudem wurde Freud erst am Ende seines Lebens die Bedeutung der jeweiligen Kultur für die konkrete psychische Entwicklung eines Menschen deutlich.

In seinem posthum 1940 erschienenen Manuskript „Abriß der Psychoanalyse" schreibt Freud: „Im Elterneinfluß wirkt natürlich nicht nur das persönliche Wesen der Eltern, sondern auch der durch sie fortgepflanzte Einfluß von Familien-, Rassen- und Volkstradition sowie die von ihnen vertretenen Anforderungen des jeweiligen sozialen Milieus."[73]

---

[71] S. ebd. 49-51.
[72] Thomas/Feldmann, a.a.O. (Anm. 12) 69f.
[73] S. Freud, a.a.O. (Anm. 68) 43.

– Schließlich entging Freud, daß es auch im Erwachsenenalter zu tiefgreifenden Wandlungen kommt.

1.2.2. Identitätsfindung im Lebenszyklus bei E. Erikson

Erik Erikson (1902-1994) nahm wesentliche Theorien Freuds auf: die Existenz und Bedeutung des Unbewußten, die psychosexuellen Stadien und die Instanzenlehre (Es, Ich, Über-Ich). Die Modifikation letzterer macht seinen über Freud hinausreichenden sozialpsychologischen Ansatz deutlich.

Es, Ich und Über-Ich „spiegeln ... drei wesentliche Prozesse wider, deren gegenseitige Abhängigkeit die Form des menschlichen Verhaltens bestimmt. Diese sind
1. der Prozeß der Organisation des menschlichen Körpers innerhalb des Zeit-Raums eines Lebenszyklus (Evolution, Epigenese, Libidoentwicklung usw.);
2. der Prozeß der Organisierung der Erfahrung durch die Ich-Synthese (Ich-Raum-Zeit; Ich-Abwehrmechanismus; Ich-Identität usw.);
3. der Prozeß der sozialen Organisation der Ich-Organismen in geographisch-historischen Einheiten (kollektive Raum-Zeit, kollektiver Lebensplan, Produktionsethos usw.)."[74]

Darüber hinaus führte er Freuds Forschungen in mehrfacher Weise weiter:
– methodisch gesehen betrachtete er Menschen verschiedenen Alters und kulturellen Kontextes;
– inhaltlich präzisierte er die Freudschen Annahmen zur menschlichen Entwicklung, vor allem durch Erkenntnisse über Entwicklungen im Jugend- und Erwachsenenalter;
– schließlich erforschte er den Bezug der Ich-Entwicklung zur jeweiligen Kultur.

Auch hier lassen sich direkte Bezüge des Werkes zur Biographie des Forschers feststellen.[75] Eriksons Leben war von Anfang an sehr bewegt und vor allem durch eine ausgedehnte Krise im jungen Erwachsenenalter geprägt.

Er wurde als Kind dänischer Eltern – nach deren Trennung – in Deutschland geboren und wuchs nach der Verheiratung seiner Mutter mit dem ihn behandelnden Kinderarzt Dr. Homburger in einer deutschen jüdischen Familie auf. Nach dem Abitur reiste er längere Zeit durch Europa und begann in verschiedenen Städten Kunst zu studieren. Durch Einladungen eines Freundes kam er nach Wien und dort mit Freud und dessen Tochter Anna in Kontakt. Erikson lehrte hier in einer Privatschule für (vorwiegend amerikanische) Kinder, deren Eltern sich einer Psychoanalyse

---

[74] E. Erikson, Ich-Entwicklung und geschichtlicher Wandel, in: ders., Identität und Lebenszyklus, Frankfurt 1988, 52f.
[75] S. ausführlich R. Coles, Erik H. Erikson. Leben und Werk, München 1974 (am. 1970).

unterzogen. Nach einiger Zeit begann er selbst bei Anna Freud eine Analyse. Zugleich studierte er die Montessori-Pädagogik und legte auch die Prüfung als Montessori-Lehrer ab. 1929 heiratete er eine Kanadierin.

Erikson war also kein Arzt, hatte kein wissenschaftliches Diplom und fühlte sich bis 1928 als Künstler mit gewissen pädagogischen Ambitionen. 1933 wurde er in die psychoanalytische Gesellschaft aufgenommen. In demselben Jahr verließ er aus politischen Gründen Deutschland und siedelte nach kurzem Aufenthalt in Dänemark in die Vereinigten Staaten über. Dort verbrachte er sein weiteres Leben an verschiedenen Orten; er analysierte Indianer ebenso wie ehemalige Kriegsgefangene und Kinder der amerikanischen Mittelschicht.

Grundlegend ist für Erikson die genaue – wohl durch seine künstlerische Tätigkeit und die Montessori-Pädagogik geschulte[76] – Beobachtung von Menschen. *Theoretisch übertrug er biologische Erkenntnisse auf die sozialpsychologische Entwicklung des Menschen und kam so zum epigenetischen Prinzip.*

„Wenn wir das Phänomen ‚Wachstum‘ verstehen wollen, tun wir gut daran, uns an das epigenetische Prinzip zu erinnern, das vom Wachstum der Organismen in utero abgeleitet ist. Dieses Prinzip läßt sich darin verallgemeinern, daß alles, was wächst, einen Grundplan hat, dem die einzelnen Teile folgen, wobei jeder Teil eine Zeit des Übergewichts durchmacht, bis alle Teile zu einem funktionierenden Ganzen herangewachsen sind."[77]

Menschliches Leben ist als Entwicklung in Abschnitten zu verstehen, die durch Krisen gekennzeichnet sind. Erikson arbeitete *acht Krisen* heraus, die er jeweils in einem Begriffspaar formulierte.

Für Kindheit und Jugendalter:[78]

– Ur-Vertrauen („basic trust") gegen Ur-Mißtrauen (1. Lebensjahr).

„Mit ‚Vertrauen‘ meine ich das, was man im allgemeinen als ein Gefühl des Sich-Verlassen-Dürfens kennt, und zwar in bezug auf die Glaubwürdigkeit anderer wie die Zuverlässigkeit seiner selbst."[79]

– Autonomie gegen Scham und Zweifel (2.-3. Lebensjahr).

„Der Hauptakzent liegt in dieser Phase auf der Reifung des Muskelsystems, der daraus erwachsenden Fähigkeit (und doppelt empfundenen Unfähigkeit), eine Anzahl höchst komplizierter Akte wie ‚Festhalten‘ und ‚Loslassen‘ zu koordinieren, ferner auf dem enormen Wert, den das immer noch höchst abhängige Kind auf

---

[76] S. ebd. 38.
[77] S. E. Erikson, Wachstum und Krisen der gesunden Persönlichkeit, in: ders., Identität und Lebenszyklus, Frankfurt 1988, 57.
[78] S. ebd. 62-114.
[79] Ebd. 62.

seinen autonomen Willen zu legen beginnt."[80] „Aus einer Empfindung der Selbstbeherrschung ohne Verlust des Selbstgefühls entsteht ein dauerndes Gefühl von Autonomie und Stolz; aus einer Empfindung muskulären und analen Unvermögens, aus dem Verlust der Selbstkontrolle und dem übermäßigen Eingreifen der Eltern entsteht ein dauerndes Gefühl von Zweifel und Scham."[81]

– Initiative gegen Schuldgefühl (4.-6. Lebensjahr).

„Das Kind weiß jetzt sicher, daß es ein Ich ist; nun muß es herausfinden, was für eine Art von Person es werden will. Und dabei greift es gleich nach den Sternen: es will so werden wie Vater und Mutter."[82] „In diesem Stadium beginnt nun die Herrschaft des großen Lenkers der Initiative, nämlich des Gewissens."[83]

– Werksinn gegen Minderwertigkeitsgefühl (ab Einschulung).

„Jetzt will das Kind, daß man ihm zeigt, wie es sich mit etwas beschäftigen und wie es mit anderen zusammen tätig sein kann."[84] „Es entwickelt eine Lust an der Vollendung eines Werkes durch Stetigkeit und ausdauernden Fleiß. Die Gefahr dieses Stadiums ist die Entwicklung eines Gefühls von Unzulänglichkeit und Minderwertigkeit."[85]

– Identität gegen Identitätsdiffusion (Pubertät).

In „der Pubertät werden alle Identifizierungen und alle Sicherungen, auf die man sich früher verlassen konnte, erneut in Frage gestellt, und zwar wegen des raschen Körperwachstums, das sich nur mit dem in der frühen Kindheit vergleichen läßt und dem sich jetzt die gänzlich neue Eigenschaft der physischen Geschlechtsreife zugesellt."[86] „Das Gefühl der Ich-Identität ist ... das angesammelte Vertrauen darauf, daß der Einheitlichkeit und Kontinuität, die man in den Augen anderer hat, eine Fähigkeit entspricht, eine innere Einheitlichkeit und Kontinuität (also das Ich im Sinne der Psychologie) aufrechtzuerhalten."[87]

Für das Erwachsenenalter:[88]
– Intimität und Distanzierung gegen Selbstbezogenheit (Partnerfindung).

„... erst nachdem ein einigermaßen sicheres Gefühl der Identität erreicht ist, ist eine wirkliche Intimität mit dem anderen Geschlecht (wie übrigens auch mit jedem anderen Menschen und sogar mit sich selber) möglich."[89] „Das Gegenstück zur

---

[80] Ebd. 76.
[81] Ebd. 78f.
[82] Ebd. 87.
[83] Ebd. 94.
[84] Ebd. 98.
[85] Ebd. 103.
[86] Ebd. 106.
[87] Ebd. 107.
[88] S. ebd. 114-120.
[89] Ebd. 114.

Intimität ist die Distanzierung: die Bereitschaft, Einflüsse und Menschen von sich fernzuhalten, zu isolieren und, falls notwendig, zu zerstören, die einem für das eigene Wesen gefährlich erscheinen."[90]

– Generativität gegen Stagnierung (Elternschaft).

„Generativität ist in erster Linie das Interesse an der Erzeugung und Erziehung der nächsten Generation, wenn es auch Menschen gibt, die wegen unglücklicher Umstände oder aufgrund besonderer Gaben diesen Trieb nicht auf ein Kind, sondern auf eine andere schöpferische Leistung richten, die ihren Teil an elterlicher Verantwortung absorbieren kann."[91]

– Integrität gegen Verzweiflung und Ekel (Alter).

Integrität als seelischer Zustand „bedeutet die Annahme seines einen und einzigen Lebenszyklus und der Menschen, die in ihm notwendig da sein mußten und durch keine anderen ersetzt werden können. Er bedeutet eine neue, andere Liebe zu den Eltern, frei von dem Wunsch, sie möchten anders gewesen sein als sie waren, und die Bejahung der Tatsache, daß man für das eigene Leben allein verantwortlich ist. Er enthält ein Gefühl von Kameradschaft zu den Männern und Frauen ferner Zeiten und Lebensformen, die Ordnungen und Dinge und Lehren schufen, welche die menschliche Würde und Liebe vermehrt haben."[92]

Dabei ist zu beachten – und wird oft übersehen –, daß „erstens jedes zu diskutierende Problem der gesunden Persönlichkeit systematisch mit allen anderen verbunden ist und daß alle von der richtigen Entwicklung zur rechten Zeit abhängen, und daß zweitens jedes Problem in irgendeiner Form schon existiert, bevor es normalerweise in seine entscheidende, kritische Zeit eintritt."[93]

Grundlegend ist für die menschliche Entwicklung, daß das Gefühl des Ur-Vertrauens am Beginn des Lebens überwiegt.[94] Erikson weist auch darauf hin, daß die Religion die menschliche Institution ist, die eng mit der Frage des Vertrauens verbunden ist.[95] Im Umgang mit Kleinkindern zeigt sich geradezu die Kraft der Religion.

---

[90]   Ebd. 115.

[91]   Ebd. 117.

[92]   Ebd. 118f.

[93]   Ebd. 59.

[94]   Ebd. 63 spricht Erikson vom Ur-Vertrauen als „Eckstein der gesunden Persönlichkeit".

[95]   S. ebd. 74. In diesem Zusammenhang ist auch an die Hochachtung Eriksons P. Tillich gegenüber zu erinnern. Beide mußten 1933 Deutschland verlassen und lehrten später gleichzeitig in Harvard.

„Wer also behauptet, religiös zu sein, muß aus seiner Religion einen Glauben ableiten können, den er dem Kleinkind in Gestalt des Urvertrauens weitergeben kann. Wer behauptet, keine Religion zu besitzen, muß dieses Urgefühl aus anderen Quellen schöpfen."[96]

Besondere Bedeutung erhält – auch in der Folgezeit – der von Erikson vor allem für die Pubertät ausgearbeitete Begriff der *Identität*. Er bindet Vergangenheit, Zukunft und Gegenwart zusammen und formuliert zugleich die Aufgabe, die eigenen Bestrebungen und die jeweilige Kultur zum Ausgleich zu bringen.

„Das Gefühl der Ich-Identität ist also das angesammelte Vertrauen darauf, daß der Einheitlichkeit und Kontinuität, die man in den Augen anderer hat, eine Fähigkeit entspricht, eine innere Einheitlichkeit und Kontinuität (also das Ich im Sinne der Psychologie) aufrechtzuerhalten."[97]

An anderer Stelle tritt die – in der deutschen Übersetzung leider eingeebnete[98] – theo-logische Begründung dieses Identitätsverständnisses deutlich hervor: „The counterplayer of the ‚I‘ therefore can be, strictly speaking, only the deity who has lent his halo to a mortal ..."[99]

Insgesamt hat Eriksons Ansatz nach wie vor grundlegende Bedeutung für die Ich-Psychologie und fand vielfältige Aufnahme in Religionspsychologie[100] und -pädagogik[101]. Erikson strukturierte in der modernen Psychologie[102] als erster das ganze Leben des Menschen im *Konzept des Lebenszyklus* durch. Vor allem erweiterte er das psychologische Blickfeld durch Einbeziehung der Jugendlichen und Erwachsenen in sein Entwicklungskonzept.

---

[96] S. ebd. 75.

[97] Ebd. 107.

[98] S. den Hinweis von F. Schweitzer, Brauchen Kinder Religion?, in: Comenius Institut Münster, Hg., Aufwachsen in der Pluralität. Herausforderungen für Kinder, Schule und Erziehung, Münster 1994, 51.

[99] E. Erikson, Identity. Youth and Crisis, New York 1968, 220.

[100] S. z.B. Fraas, a.a.O. (Anm. 18) 58f. In der allgemeinen Psychologie führte vor allem D.J. Levinson, Das Leben des Mannes. Werdenskrisen, Wendepunkte, Entwicklungschancen, Köln 1979 (am. 1978) Eriksons Ansatz weiter. Er ersetzte – unter Bezug auch auf C.G. Jung – den Begriff der „Ich-Entwicklung" durch den der Entwicklung der „Lebensstruktur", um die für die Entwicklung zentrale Verbindung von Selbst und Welt deutlicher zu markieren (ebd. 439).

[101] S. z.B. H. Schmidt, Religionsdidaktik Bd. 2, Stuttgart u.a. 1984, 48f.; G.R. Schmidt, a.a.O. (Anm. 1) 184.

[102] Zu früheren, ebenfalls das ganze Leben umspannenden Theorien s. die knappen Angaben bei U. Schmidt-Denter, Soziale Entwicklung, Weinheim ²1994, 10f.

Dadurch ergeben sich auch pädagogisch neue Herausforderungen. Im schulischen Unterricht sind z.B. nicht nur der Entwicklungsstand der Schülerinnen und Schüler, sondern auch der der Lehrerinnen und Lehrer zu bedenken.

Weiter eröffnet Erikson „der Frage nach der Religiosität im Rahmen der Persönlichkeitsproblematik eine lebenslange Relevanz".[103] Dies tritt z.B. inhaltlich in seinem Spätwerk dadurch hervor, daß er den einzelnen Lebensphasen bestimmte Tugenden zuordnet, die teilweise deutlich durch die jüdisch-christliche Tradition geprägt sind.

Im einzelnen sind dies – in der Reihenfolge der acht Phasen –: Hoffnung, Wille, Zielstrebigkeit, Tüchtigkeit, Treue, Liebe, Fürsorge, Weisheit.[104] Hier ist aber auch ein Problem der Eriksonschen Theorie unübersehbar:

– Die Spannungen auf den einzelnen Stufen werden einseitig aufgelöst. Erikson sieht z.B. „die Gefahr der Ich-Diffusion, nicht aber in gleichem Maß die der Ich-Erstarrung ... Damit zielt sein Denken einseitig auf Anpassung, nicht aber auf Flexibilität und Entwicklungsfähigkeit."[105]

– Dazu gilt für Erikson wie für jeden anderen psychoanalytischen Theoretiker die Anfrage an die wissenschaftliche Überprüfbarkeit seiner Erkenntnisse. Die Instanzenlehre ist ein Konstrukt, das sich der empirischen Überprüfung entzieht.

1.3. Perspektive der „Glaubensentwicklung"

James Fowler (geb. 1940) entwarf Anfang der achtziger Jahre eine bis heute vielbeachtete Theorie der Glaubensstufen („stages of faith"), in der er die kognitionspsychologischen Theorien des moralischen und religiösen Urteils und die Erkenntnisse Eriksons zum Lebenslauf bezüglich der Herausbildung und Gestaltung von Identität miteinander verband.

„Wenn uns Piaget und Kohlberg den Anstoß gegeben haben, die strukturierende Tätigkeit des Glaubens zu untersuchen, so hat uns Erikson auf vielfache Weise geholfen, den funktionalen Aspekt von Glauben in den Blick zu bekommen, die erwarteten existentiellen Probleme, bei deren Bewältigung er dem Menschen auf jeder strukturellen Stufe des gesamten Lebenszyklus helfen muß."[106]

---

[103] Fraas, a.a.O. (Anm. 18) 59.

[104] S. E. Erikson, Einsicht und Verantwortung. Die Rolle des Ethischen in der Psychoanalyse, Frankfurt 1971, 101-117.

[105] S. Fraas, a.a.O. (Anm. 18) 59.

[106] Fowler, a.a.O. (Anm. 23) 128.

Gerade in vorliegendem Zusammenhang, der nach den psychologischen Bedingungen religiöser (und christlicher) Erziehung und Bildung fragt, ist solch ein Verbundmodell von besonderem Interesse, weil es einen weiteren Horizont verspricht als die durch die jeweilige engere Fragestellung begrenzten Forschungen. Deshalb sollen auch die materialen Ergebnisse von Fowlers Forschungen hier etwas umfassender dargestellt werden.

Zentral ist in Fowlers Theorie der Begriff „Glaube" („faith"):

Zum einen bezeichnet er eine grundlegende anthropologische Notwendigkeit.

„Ich glaube, daß Glauben ein allgemein menschliches Phänomen (a human universal) ist. Von unserer Geburt an sind wir mit wachsenden Fähigkeiten zum Glauben ausgestattet. Wie diese Fähigkeiten aktiviert werden und wachsen, hängt zu einem großen Teil davon ab, wie wir in der Welt aufgenommen werden und in welcher Art von Umgebung wir aufwachsen."[107]

Denn Glaube stiftet den Zusammenhang zwischen „den vielfältigen Kräften und Beziehungen, die unser Leben ausmachen".[108] Dabei unterscheidet Fowler – im Anschluß an den vergleichenden Religionswissenschaftler Wilfred C. Smith – zwischen „Religion" und „Glaube", wobei gilt: „Glauben (faith), viel mehr als Glaubensinhalt (belief) oder Religion, ist die grundlegendste Kategorie bei der Suche des Menschen nach einer Beziehung zur Transzendenz."[109]

Zum anderen steht Glauben bei Fowler in der *Spannung zwischen normativ-theologischer und empirisch-sozialwissenschaftlicher Arbeit*. Der ausgebildete Theologe räumt freimütig ein, daß für die Entwicklung der Glaubensstufen „eine Konzeption der höchsten Entwicklungsform des Glaubens" notwendig war.[110] Hier schließt er sich vornehmlich an H. Richard Niebuhrs

---

[107] Ebd. 23 (die in Klammer stehenden englischen Ausdrücke sind die von Fowler in der amerikanischen Originalausgabe „Stages of Faith" (1981) verwendeten).
[108] Ebd. 26.
[109] Ebd. 35; s. ausführlicher J.W. Fowler, Faith, liberation and human development, in: J. Astley, L. Francis, Hg., Christian Perspectives on Faith Development, Leominster 1992, 3-14. In dem seine bisherigen Forschungen und die Diskussion darüber zusammenfassenden Vorwort zu diesem Sammelband (XIII), definiert Fowler „faith" im Sinne seines Forschungsansatzes als „the formation of persons' ways of relating to their neighbours, themselves, and their world in light of their images of an ultimate environment".
[110] S. J.W. Fowler, Die Berufung der Theorie der Glaubensentwicklung: Richtungen und Modifikationen seit 1981, in: K.E. Nipkow, F. Schweitzer, J.W. Fowler, Hg., Glaubensentwicklung und Erziehung, Gütersloh 1988, 46.

Theologie des „radikalen Monotheismus" an.[111] Doch verdankt sich die
Ausarbeitung der einzelnen Stufen empirischer Studien. Sie beruhen – im
Gegensatz zu der Dilemma-Methode Osers – auf der Auswertung stunden-
langer Interviews, die sich auf „die eigenen Lebenserwartungen, die Antworten auf Herausforderungen und die Konstruktion von Sinn" beziehen.[112]

Fowler weist darauf hin, daß seine erste große Publikation „Stages of Faith"
(1981) eher sozialwissenschaftlich, spätere Bücher wie „Becoming Adult, Becoming
Christian" (1984), „Faith Development and Pastoral Care" (1987) und „Weaving the
New Creation: stage of faith and the public church" (1991) eher praktisch-theologisch orientiert sind. Allerdings warnt er: „Wir sollten nicht den Schluß ziehen, daß
die Theorie der Glaubensentwicklung ihren ‚wissenschaftlichen' Status aufgibt, wenn
sie ihre theologische Grundlegung anerkennt und rational erläutert."[113]

Als materiales Ergebnis seiner Studien stellte Fowler 1981 ein *sechsstufiges
Schema der Glaubensentwicklung* vor. Es zeichnet sich durch seine Inte-
grationskraft aus, die er durch die Differenzierung des Glaubensverständnisses
in sieben Aspekte erreicht. Zu jeder Glaubensstufe gehören folgende Aspekte:

- Form der Logik (Piaget)[114]
- Rollenübernahme (Selman)[115]
- Form des moralischen Urteils (Kohlberg)
- Grenzen des sozialen Bewußtseins
- Verortung von Autorität
- Form des Weltzusammenhangs
- Symbolfunktion.[116]

---

[111] S. H.R. Niebuhr, Radikaler Monotheismus. Theologie des Glaubens in einer
pluralistischen Welt, Gütersloh 1964; zu weiteren theologischen Gewährsleuten
s. Fowler, a.a.O. (Anm. 110) 30-34, 39.

[112] Fowler, a.a.O. (Anm. 23) 325; s. Schmidt, a.a.O. (Anm. 101) 43f.; diese Methodik ermöglicht die Verbindung von Piagets Stufenmodell und dem Eriksonschen
Konzept der Krisen im Lebenslauf.

[113] Fowler, a.a.O. (Anm. 110) 40.

[114] Dabei erweitert Fowler die Piagetschen Stufen des formal-operationalen Denkens
(s. 1.1.1.) durch drei Unterstufen (s. Fowler, a.a.O. (Anm. 23) 270).

[115] S. die Bostoner Dissertation von R.L. Selman, Role-taking ability and the
development of moral judgment, 1969.

[116] S. ausführlich anhand der Auswertung eines Interviews vorgestellt bei Fowler,
a.a.O. (Anm. 23) 258-275.

Dadurch entsteht ein komplexes Gebilde von Aspekten der Glaubensstufen.[117] Deren Abfolge ist wesentlich – hier folgt Fowler dem Piagetschen
Ansatz – durch die Entwicklung der strukturellen Denkoperationen geprägt:
(– undifferenzierter Glaube (Kleinkindalter))
– intuitiv-projektiver Glaube (frühe Kindheit)
– mythisch-wörtlicher Glaube (Schuljahre)
– synthetisch-konventioneller Glaube (Adoleszenz)
– individuierend-reflektierender Glaube (junge Erwachsenenzeit)
– verbindender Glaube (Midlife-Zeit und später)
– universalisierender Glaube.

Entgegen früheren Vermutungen nimmt Fowler heute keine Übereinstimmung
dieser Entwicklung mehr mit den Eriksonschen Phasen an. Häufig gibt es eine
Entsprechung zwischen beidem, aber nicht immer. „In jüngerer Zeit sind wir zu der
Einsicht gekommen, daß die strukturelle Glaubensstufe eines Menschen (die mit
anderen strukturellen Aspekten korreliert) wichtige Implikationen für die Art und
Weise hat, wie der Mensch die Erfahrung der Krise, die eine neue Eriksonsche
Entwicklungsphase eröffnet, konstruieren wird."[118]

Im einzelnen bestimmt Fowler die Stufen inhaltlich folgendermaßen:
– Nach einer Vorstufe des „undifferenzierten Glaubens" im Säuglings-
alter ermöglicht die Konvergenz von Denken und Sprache den Übergang zu
Stufe 1 des „intuitiv-projektiven Glaubens".

„Das intuitiv-projektive Kind, dessen Alter sich zwischen zwei bis zu sechs oder
sieben Jahren bewegt, verwendet die neuen Werkzeuge der Sprache und der symbolischen Repräsentation dazu, seine Sinneserfahrung in Sinneinheiten zu organisieren."
„Mit Worten und Namen erforscht und ordnet das Kind eine Welt voller
Neuheit, und täglich stößt es auf neue Elemente, für die es keine vorher entwickelten
Kategorien oder Strukturen besitzt."[119] „Der intuitiv-projektive Glaube der Stufe 1
ist die phantasiegefüllte, imitative Phase, in der das Kind von Beispielen, Stimmun-
gen, Handlungen und Geschichten des sichtbaren Glaubens der Erwachsenen, mit
denen es am engsten verbunden ist, stark und anhaltend beeinflußt werden kann."[120]

---

[117] S. in der amerikanischen Ausgabe von Fowlers Stages of Faith, Cambridge u.a.
1981, die Tabelle 244f.; in der deutschen Ausgabe 262f.

[118] Fowler, a.a.O. (Anm. 23) 125; hier bemerkt H. Saal, Das Symbol als Leitmodell
für religiöses Verstehen, Göttingen 1995, 108 Anm. 186, zu Recht: „Der Vorteil
von Fowlers Theorie gegenüber Eriksons Modell liegt in ihrer weitgehenden
Unabhängigkeit vom altersspezifischen Entwicklungsstand. Bei Fowler ... wird
deutlicher, daß der Umgang mit Symbolen von den gemachten Erfahrungen
abhängt."

[119] Fowler, a.a.O. 139f.

[120] Ebd. 150.

Wichtig – auch pädagogisch gesehen – ist, daß die Wahrnehmungen des Kindes auf dieser Stufe nicht durch logisches Denken gehemmt werden, vielmehr seine Phantasie gefördert wird. Kinder sollen in diesem Alter Geschichten und Bildern begegnen, die sie – ohne auf logische Zusammenhänge einzugehen – auf ihre Weise kombinieren können. Es geht also nicht darum, daß Kinder solche Geschichten nacherzählen können – dies ist ihnen in diesem Alter noch nicht möglich –, sondern daß ihre Einbildungskraft mit Bildern und Motiven aus einer Geschichte stimuliert wird. Fowler betont, „daß die Erziehung in diesem Alter – zu Hause, in Synagogen und Kirchen, in Kinderkrippen und Kindergärten – eine ungeheure Verantwortung für die Qualität der Bilder und Geschichten hat, die wir der fruchtbaren Einbildungskraft unserer Kinder als Geschenke und Wegweiser zur Verfügung stellen".[121]

– Zur 2. Stufe des „mythisch-wörtlichen Glaubens" führt „das zunehmende Verlangen des Kindes zu erkennen, wie die Dinge sind, und Klarheit für sich zu gewinnen über die Grundlagen der Unterscheidung zwischen dem, was wirklich ist, und dem, was nur wirklich zu sein scheint."[122]

„Im Gegensatz zum Vorschulkind konstruiert der Zehnjährige eine in höherem Maße ordentliche, zeitlich lineare und zuverlässige Welt. Da er induktiv und deduktiv denken kann, ist er ein junger Empiriker geworden."[123]

Entwicklungspsychologisch von großer Bedeutung ist die sich auf dieser Stufe herausbildende Fähigkeit, eigene Erfahrungen in Erzählform zu präsentieren.

Jetzt beginnt der Mensch, „für sich selber die ‚stories', Glaubensinhalte und Regeln zu übernehmen, die seine Zugehörigkeit zu der Gemeinschaft symbolisieren."[124] Dabei werden die Symbole eindimensional verstanden.

– Widersprüche in den „stories", verbunden mit der Fähigkeit zu formal-operationalem Denken, können zu Stufe 3 des „synthetisch-konventionellen Glaubens" führen. Auf dieser Stufe strukturieren Menschen „die letzte Umwelt in Begriffen der Zwischenmenschlichkeit".[125]

Die Gottesbilder dieser Stufe sind z.B. dadurch gekennzeichnet, daß Gott ein Gefährte ist, der führt und liebt. Die Glaubensinhalte werden durch das verbürgt, was man den Menschen gelehrt hat und was er fühlt.[126]

---

[121] Ebd. 149.

[122] Ebd. 151.

[123] Ebd. 151.

[124] Ebd. 166.

[125] Ebd. 191.

[126] S. ebd. 173.

„Obwohl Glaubenswerte und Werte tief empfunden werden, bleiben sie normalerweise stillschweigend – der Mensch ‚lebt‘ in ihnen und in der Sinnwelt, die sie vermitteln. Aber es hat noch keine Gelegenheit gegeben, aus ihnen herauszutreten, um über sie zu reflektieren oder sie explizit oder systematisch zu überprüfen."[127] Nach den Untersuchungen Fowlers gehören die meisten Erwachsenen dieser Stufe an.[128]

Etwas resigniert merkt er an: „In vieler Hinsicht ‚funktionieren‘ religiöse Institutionen am besten, wenn sie in der Mehrzahl aus solchen engagierten Leuten bestehen, auf die am ehesten die Beschreibung der Stufe 3 paßt."[129]

– Erfahrungen, die die bisherigen Antworten oder Praktiken in Frage stellen, oder auch Veränderungen im Lebensstil – etwa das Weggehen von zu Hause – können zu einem Zusammenbruch dieser Stufe führen und den Weg zur Stufe 4 des „individuierend-reflektierenden" Glaubens frei machen.

Es ist religionspädagogisch sehr interessant, daß Fowler den Übergang zu dieser Stufe am Beispiel eines jungen Mannes verdeutlicht, der durch das Ableisten des Wehrdienstes in Distanz zu seinen früheren Auffassungen geriet. Dies macht indirekt auf die religionspädagogisch meist noch nicht erkannte Bedeutung der Militärseelsorge aufmerksam.

„Die beiden wesentlichen Merkmale des Entstehens der Stufe 4 sind ... die kritische Distanzierung von einem früheren als selbstverständlich angenommenen Wertsystem und das Entstehen eines exekutiven Ichs."[130]

Auf dieser Stufe fiel Fowler auf, daß viele Menschen nur die eine Hälfte dieser Veränderung durchlaufen.[131] Sie bleiben bei der Kritik stehen und verharren in einer Übergangsstufe zwischen Stufe 3 und 4.

Auch ist der Übergang von der 3. zur 4. Stufe besonders kritisch, weil hier „der ältere Jugendliche oder Erwachsene anfangen (muß), die Last der Verantwortung für die eigenen Bindungen, Lebensstile, Glaubensinhalte und Einstellungen ernst zu nehmen".[132]

– Gerade der Gewinn dieser Stufe, die Fähigkeit zu kritischen Reflexionen auch im Bereich des Glaubens („faith"), kann letztlich zu ihrer Überwindung, nämlich zum Gefühl des Ungenügens über die eigenen Erkenntnisse führen. „‚Stories‘, Symbole, Mythen und Paradoxe ... können zum

---

[127] Ebd. 191.
[128] S. ebd. 178.
[129] Ebd. 181.
[130] Ebd. 197.
[131] S. ebd.
[132] Ebd. 200.

Einbruch in die glatte Geschlossenheit des vorhergehenden Glaubens drängen. Die Desillusionierung über die eigenen Kompromisse und die Erkenntnis, daß das Leben komplexer ist, als die Logik der klaren Unterscheidungen
und abstrakten Begriffe der Stufe 4 es erfassen können", drängen zur Stufe
5, dem „verbindenden Glauben".[133] Diese Stufe ist durch das gekennzeichnet, was die Mystiker „losgelöst sein" nennen.[134] Während die Entwicklung
der Stufen 1 bis 4 auf zunehmende Autonomie zulief, wird diese nun selbst
der Kritik unterzogen. „Die Stufe 5, die gewöhnlich nicht vor der Lebensmitte erreicht wird, kennt das Sakrament der Niederlage und die Realität der
unwiderruflichen Bindungen und Handlungen."[135] Gegensätze im Denken
und in der Erfahrung werden jetzt vereint.

„Bereit, sich dem anzunähern, was verschieden und für das Selbst und die
Weltsicht bedrohlich ist (eingeschlossen neue Tiefen der Erfahrung in der Spiritualität und der religiösen Offenbarung), ist die Bindung dieser Stufe an die Gerechtigkeit frei von den Beschränkungen auf Stamm, Klasse, religiöse Gemeinschaft und
Nation."[136]

– Sehr vorsichtig formuliert Fowler den Übergang der 5. zur 6. Stufe: „In
einigen wenigen Fällen öffnet sich diese Gespaltenheit (sc. zwischen einer
unverwandelten Welt und einer verwandelnden Vision, C.G.) dem Ruf
nach der radikalen Aktualisierung dessen, was wir die Stufe 6 nennen."[137]
Hier weist Fowler auf wenige große Homines religiosi hin: Gandhi, Martin
Luther King Jr., Mutter Teresa, Dag Hammerskjöld, Dietrich Bonhoeffer,
Abraham Heschel und Thomas Merton.[138] Sie „verkörpern in radikaler
Weise dieses Sich-verlassen auf die Zukunft Gottes für alles Sein"[139] und
realisieren den „radikalen Monotheismus" H. Richard Niebuhrs mit seinem
starken ethischen Bezug.[140]
    Grundsätzlich positiv ist bei Fowlers Theorie hervorzuheben, daß er
durch seinen weiten Glaubensbegriff und die in ihm umfaßten Aspekte den
Zusammenhang von Religion mit anderen Bereichen menschlichen Lebens
herausstellt. Fowler betont, daß es sich hierbei um eine Provokation des
Zeitgeistes handelt: „In an era when many are alienated from religious

---

[133] Ebd. 201.
[134] S. ebd. 202f.
[135] Ebd. 216.
[136] Ebd.
[137] Ebd. 217.
[138] S. ebd. 219.
[139] Ebd. 229.
[140] S. ebd. 223.

traditions, a time in which many are proud to be without religious affiliations, it seems to have been both a challenge and a stimulation to encounter the claim that they are, nonetheless, involved in the dynamics of faith."[141] Dazu läßt die Theorie – über den Forschungsansatz von Piaget hinaus – Raum für die Integration des affektiven Bereichs. Die z.B. gegenüber Oser weitergehende Untersuchungsmethodik mit der Einbeziehung von Lebensphasen und speziellen Erfahrungen der Probanden verleiht seinen Untersuchungen eine breitere empirische Basis.

Allerdings sind auch Probleme bzw. Schwächen unübersehbar. In der US-amerikanischen Diskussion[142] wurden vor allem zwei Probleme diskutiert: die Definition von „Glauben" und die Formulierung der 6. Stufe.

– Allgemeine Übereinstimmung besteht darin, daß die Besonderheit der 6. Stufe zumindest deutlich zu markieren ist. Sie kann nicht durch semiklinische Interviews erwiesen werden und stützt sich neben der Biographie einzelner auf theologische Überlegungen. Deshalb wird über sie primär theologisch zu diskutieren sein. Grundsätzlich ist aber zuzugestehen, daß auch empirische Forschungen normativer Grundannahmen bedürfen.

K.E. Nipkow stellt z.B. für Martin Luther fest, daß dieser „Stufen" des Glaubens als „Stufen wachsender Anfechtung und entsprechend wachsenden Gottvertrauens" auffaßte.[143] G. Moran macht auf die Bedeutung der Beziehung zwischen menschlichen und nichtmenschlichen Wesen aufmerksam[144] und betont die grundsätzliche Fragilität des Entwicklungsdenkens in christlicher Sicht.[145]

– Indirekt gilt dies auch für das der Theorie zugrundeliegende Glaubensverständnis. Je höher die Glaubensstufen voranschreiten, desto klarer wird deren theologische Prägung. Auf jeden Fall sollte die kulturelle Abhängigkeit

---

[141] Fowler im Vorwort zu Astley, Francis, a.a.O. (Anm. 109) X.

[142] S. die systematische Zusammenstellung der Diskussion bei S. Parks, James Fowlers Theorie der Glaubensentwicklung in der nordamerikanischen Diskussion – Eine Zusammenfassung der Hauptkritikpunkte, in: K.E. Nipkow, F. Schweitzer, J.W. Fowler, Hg., Glaubensentwicklung und Erziehung, Gütersloh 1988, 91-107; s. ausführlicher die Beiträge in: C. Dykstra, S. Parks, Hg., Faith Development and Fowler, Birmingham/Al. 1986 und in: J. Astley, L. Francis, Hg., Christian Perspectives on Faith Development, Leominster 1992.

[143] S. K.E. Nipkow, Stufentheorien der Glaubensentwicklung als eine Herausforderung für Religionspädagogik und Praktische Theologie, in: ders., F. Schweitzer, J.W. Fowler, Hg., Glaubensentwicklung und Erziehung, Gütersloh 1988, 287.

[144] S. G. Moran, Alternative Bilder der Entwicklung zur religiösen Lebensgeschichte des Individuums, in: K.E. Nipkow, F. Schweitzer, J.W. Fowler, Hg., Glaubensentwicklung und Erziehung, Gütersloh 1988, 176.

[145] S. ebd. 179.

des von Fowler verwendeten Glaubensverständnisses deutlicher herausgearbeitet werden.

Einen erster Hinweis für die religionsdidaktische Relevanz gibt hier die von H. Hanisch vorgelegte Studie zur Entwicklung des Gottesbildes bei deutschen Kindern und Jugendlichen. Hanisch nutzte geschickt die durch den weltanschaulich-kulturellen Umbruch in Ostdeutschland gegebene Situation und verglich zeichnerische Darstellungen von Gott, die religiös erzogene westdeutsche Kinder und Jugendliche angefertigt hatten, mit denen von nicht-religiös erzogenen ostdeutschen Kindern. Dabei ergaben sich ab etwa dem neunten bis zehnten Lebensjahr zunehmende Differenzen. Vor allem gelang nicht-religiös erzogenen Jugendlichen sehr viel weniger eine Überwindung anthropomorpher Gottesvorstellungen als religiös erzogenen. Aus dieser und anderen Beobachtungen folgert Hanisch: „Verallgemeinernd läßt sich behaupten, daß die Gottesdarstellungen der Schülerinnen und Schüler nicht in erster Linie entwicklungspsychologisch bedingt sind, sondern von der jeweiligen Sozialisation und der Erziehung abhängen."[146]

– Ein grundsätzliches Problem jeder Stufen-Theorie ist die Hierarchisierung. In manchen Schriften Fowlers kann man Belege dafür finden, daß er die Stufen wertet, umgekehrt weist er gerade dies zurück.[147] Bei diesem Problem ist ein Zweifaches zu beachten: Zweifellos gibt es auch bei den auf den Bereich der Daseins- und Wertorientierung bezogenen Fragen Entwicklungen. Aber es ist festzuhalten – und Fowler deutet dies zumindest für die Stufen 1 bis 5 an –, daß jede Stufe Vor- und Nachteile in sich birgt. Pädagogisch bedeutsam ist die Kenntnis der Stufentheorie vor allem dann, wenn deutlich wird, daß Menschen bei der Bewältigung ihres Lebens Schwierigkeiten bekommen, weil bisherige Denkstrukturen neue Erfahrungen bzw. Erfordernisse nicht hinreichend verarbeiten können.

1.4. Ökosoziale Perspektive

1.4.1. Allgemeiner Hintergrund

Zwar wurde die Ökologische Psychologie erst in den letzten drei Jahrzehnten entwickelt.[148] Doch lenkten schon seit Beginn des 20. Jahrhunderts Phänomene in den Großstädten die Aufmerksamkeit von Psychologen auf

---

[146] H. Hanisch, Die zeichnerische Entwicklung des Gottesbildes bei Kindern und Jugendlichen. Eine empirische Vergleichsuntersuchung mit religiös und nicht-religiös Erzogenen im Alter von 7-16 Jahren, Stuttgart u.a. 1996, 224.

[147] S. Nipkow, a.a.O. (Anm. 143) 281-286. Fowler, a.a.O. (Anm. 109) XI, bezeichnet selbst die Spannung als „paradoxical, if not self contradictory".

[148] S. zur ersten Orientierung über die Reichweite der hiermit verbundenen Fragestellungen L. Kruse, C.-F. Graumann, E.-D. Lantermann, Hg., Ökologische Psychologie. Ein Handbuch in Schlüsselbegriffen, München 1990.

den Zusammenhang zwischen menschlicher Psyche und der konkreten Umwelt von Menschen.[149] Den entscheidenden Impuls für die heutige sozioökologische Forschung gab vor allem der in den sechziger Jahren in den USA und etwas später in Europa aufkommende Zweifel an der ökologischen Verträglichkeit der industriellen Form der Wirtschaftens. Der Begriff „environmental psychology"[150] bzw. psychologische Ökologie begann sich zu verbreiten. Dabei treten – im Gegensatz zu anderen gleichzeitigen psychologischen Forschungen – von der normalen Wirklichkeit abgegrenzte Experimente zurück; die genaue Beobachtung im Alltag gewinnt methodisch an Bedeutung. Denn die Aufmerksamkeit der ökologischen Psychologen gilt gerade dem vielfältigen Zusammenspiel der sozialen Faktoren im Alltag, die sich in ihrer Komplexität jedem Arrangement im Labor entziehen.

Im vorliegenden Zusammenhang sind die sozialökologischen Bemühungen um ein besseres Verständnis der Sozialisation von Bedeutung.

1.4.2. U. Bronfenbrenners „Ökologie der menschlichen Entwicklung"

Urie Bronfenbrenner (geb. 1917) entwickelte mit Nachdruck die ökologische Sozialisationsforschung.

Auch hier sind Besonderheiten der Biographie untrennbar mit der Forschungstätigkeit verbunden.[151] Bronfenbrenner wurde 1917 in Moskau geboren, seine Familie wanderte 1923 in die USA aus. Er vergaß aber – gefördert durch die Mutter – seine russischen Sprachkenntnisse nicht und legte so den Grund für die Forschungen, die ihn später international bekannt machten, nämlich einen Vergleich zwischen der Kindheit in der UdSSR und den USA[152].

Seine Jugend verbrachte Bronfenbrenner im Umfeld einer „Anstalt für Schwachsinnige", in der sein Vater als Arzt beschäftigt war. Hier wurde er auf sein späteres Forschungsthema dadurch aufmerksam, daß die älteren (behinderten) Mädchen, die in den Haushalten der Heimangestellten halfen, sich häufig in besonders günstiger Weise entwickelten und später oft entlassen werden konnten.[153]

---

[149] Wohl als erster der W. Wundt-Schüler W. Hellpach, Nervosität und Kultur, Berlin 1902; ders., Geopsyche. Die Menschenseele unter dem Einfluß von Wetter und Klima, Boden und Landschaft, Stuttgart 1911 u.ö.

[150] So schon E. Brunswik, Organismic achievement and environmental probability, in: Psychological Review 50 (1943) 255-272.

[151] S. A. Flammer, Entwicklungstheorien. Psychologische Theorien der menschlichen Entwicklung, Bern 1993 (1988) 258.

[152] U. Bronfenbrenner, Zwei Welten. Kinder in USA und UdSSR, Stuttgart 1972 (am. 1970).

[153] S. K. Lüscher, Urie Bronfenbrenners Weg zur ökologischen Sozialisationsforschung, in: U. Bronfenbrenner, Ökologische Sozialisationsforschung, hg. v. K. Lüscher, Stuttgart 1976, 19.

Als Student beschäftigte er sich u.a. mit Piaget und kritisierte dessen Ansatz als theoretisch zu wenig fundiert.

Bronfenbrenner geht in seiner Theorie von folgendem Widerspruch[154] aus, der sich aus der Analyse vorliegender Untersuchungen und Beobachtungen ergab: Zum einen sind in kulturvergleichenden Studien zu Kindern bestimmte überschneidungsfreie Merkmalsverteilungen unübersehbar. Dies läßt auf die außerordentliche Bildbarkeit des kindlichen Organismus schließen. Auf der anderen Seite schlagen aber die Versuche fehl, mit sozialpolitischen Programmen Veränderungen herbeizuführen. Der Vergleich zwischen Versuchs- und Kontrollgruppen ergibt, wenn überhaupt, nur geringe, kurzlebige Auswirkungen. Aus diesem Widerspruch entwickelte Bronfenbrenner seine ökologische Sozialisationstheorie, die sich durch einen *differenzierten Umweltbegriff* auszeichnet. Er unterscheidet vier bzw. später fünf Ebenen, die er graphisch als konzentrische Kreise darstellte: *Mikro-, Meso-, Exo-, Makro- und (dann auch) Chronosysteme:*

„1. Ein Mikrosystem ist ein Muster von Tätigkeiten und Aktivitäten, Rollen und zwischenmenschlichen Beziehungen, das die in Entwicklung begriffene Person in einem gegebenen Lebensbereich mit seinen eigentümlichen physischen und materiellen Merkmalen erlebt. Ein Lebensbereich ist ein Ort, an dem ein Mensch direkte Interaktionen mit anderen eingehen kann.

2. Ein Mesosystem umfaßt die Wechselbeziehungen zwischen den Lebensbereichen, an denen die sich entwickelnde Person aktiv beteiligt ist (für ein Kind etwa die Beziehungen zwischen Elternhaus, Schule und Spielkameraden ...).

3. Unter Exosystem verstehen wir einen Lebensbereich oder mehrere Lebensbereiche, an denen die sich entwickelnde Person nicht selbst beteiligt ist, in denen aber Ereignisse stattfinden, die ihren Lebensbereich beeinflussen oder davon beeinflußt werden. Beispiele eines Exosystems eines kleinen Kindes sind der Arbeitsplatz der Eltern, die Schulklasse älterer Geschwister oder der Bekanntenkreis der Eltern.

4. Der Begriff des Makrosystems bezieht sich auf grundsätzliche formale und inhaltliche Ähnlichkeiten in den Systemen niedriger Ordnung (Mikro-, Meso- und Exosystem), die in der Subkultur oder der ganzen Kultur bestehen oder bestehen könnten, einschließlich der ihnen zugrundeliegenden Weltanschauungen und Ideologien."[155]

Dazu führt Bronfenbrenner für längerfristige Forschungen den Begriff „Chronosystem" ein:

„Der Prototyp eines Chronosystems ist ein Lebensübergang ..., der stattfindet, wenn eine Person ihre Position in der ökologisch verstandenen Umwelt durch einen

[154] S. U. Bronfenbrenner, Ökologische Sozialisationsforschung – Ein Bezugsrahmen, in: ders., Ökologische Sozialisationsforschung, hg. v. K. Lüscher, Stuttgart 1976, 201.

[155] U. Bronfenbrenner, Ökologische Sozialisationsforschung, in: L. Kruse, C.-F. Graumann, E.-D. Lantermann, Hg., Ökologische Psychologie, München 1990, 76f.

Wechsel ihrer Rolle oder ihres Lebensbereichs verändert; z.B. die Geburt eines Kindes, Eintritt in den Kindergarten oder die Schule, bestandene Abschlußprüfung oder vorzeitiges Verlassen der Schule, Suche nach einer Anstellung, deren Wechsel oder Verlust – Heirat, der Entschluß, ein Kind zu bekommen – Ferien, Reisen – Scheidung, neue Heirat, Berufswechsel usw. Die zweite, kompliziertere Form des Chronosystems ist eine Kette von Übergängen über eine längere Zeit hinweg ..."[156]

Bronfenbrenners Forschungen[157] galten dem Zusammenhang der verschiedenen Ebenen für den Sozialisationsprozeß. Besonders für die familiäre Sozialisation zog er daraus praktische Konsequenzen und setzte sich für familienpolitische Verbesserungen ein, um möglichst vielen Kindern gute Sozialisationsbedingungen zu ermöglichen.

So wies er z.B. unermüdlich auf den verhängnisvollen Einfluß von Armut und Arbeitslosigkeit für die ganze Familie und eben auch die Zukunft der Kinder hin.[158]

Die Stärke dieser Konzeption liegt darin, daß sie auf die Bedeutung der Rahmenbedingungen[159] für menschliche Entwicklung aufmerksam macht. Der von Bronfenbrenner selbst durch die Einführung des Chronosystems vollzogene Anschluß an die Lebenslaufforschung eröffnet dazu Möglichkeiten zur inhaltlichen Präzisierung.

Zu Recht wurde in der Diskussion u.a. folgendes Problem benannt:
– Manche Beurteilungsmaßstäbe sind ungenau gefaßt,[160] was einer genau quantifizierenden Forschung entgegensteht.

Speziell für die religionspädagogische Theoriebildung unterstreichen Bronfenbrenners Forschungen die Einsicht, daß eine Konzentration auf die Stunden schulischen Religionsunterrichtes o.ä. unzureichend ist.[161] Vielmehr gilt es, der Verwobenheit der religionspädagogisch inszenierten Angebote mit anderen Bereichen auch konzeptionell Rechnung zu tragen, wobei in früher und mittlerer Kindheit vor allem der Familie, später der Gruppe der Altersgleichen entscheidende Bedeutung zukommt.

---

[156] Ebd. 77.

[157] S. den Überblick über Feldforschungen bei U. Bronfenbrenner, Recent Advances in Research on the Ecology of Human Development, in: R.K. Silbereisen, K. Eyferth, R.G. Rudinger, Hg., Development as Action in Context. Problem Behaviour and Normal Youth Development, Heidelberg u.a. 1986, 287-309.

[158] S. G.H. Elder, Children of the Great Depression, Chicago 1974.

[159] Flammer, a.a.O. (Anm. 151) 271, nennt Bronfenbrenners Theorie „eine Rahmentheorie ..., nicht aber eine Entwicklungsprozeßtheorie".

[160] S. z.B. ebd. 263.

[161] S. sehr anschaulich D. Zink, Religionsunterricht im ökosozialen Kontext Jugendlicher, in: KatBl 117 (1992) 160-165.

1.4.3. Aktuelle Veränderungen

Besonderes Gewicht kommt der ökologischen Perspektive in einer sich in den Sozialisationsbedingungen rasch wandelnden Gesellschaft wie der gegenwärtigen zu. Zwar thematisiere ich diese Veränderungen im 3. Kapitel bei der Behandlung der verschiedenen Lernorte eingehender, doch ist unter ökologischem Blickwinkel die durch die Veränderungen gegebene Verschiebung der einzelnen Einflußfaktoren wichtig. Zum einen gewinnen heute – schon rein zeitlich – professionell pädagogisch organisierte Angebote und Eingriffe an Bedeutung. Vor allem die Schule umfaßt einen großen Teil des Tages und zugleich einen zunehmenden Abschnitt des gesamten Lebens von Kindern und Jugendlichen. Die Mehrzahl deutscher Heranwachsender besucht über zehn Jahre lang Schulen und verbringt in ihnen mindestens die Hälfte des Tages – zuzüglich der zu erledigenden Hausaufgaben. Dadurch prägt die Schule das Leben der Menschen nachhaltig. Doch verweist die etwa gleichzeitig mit der Verlängerung von Schulzeiten aufkommende Bedeutung von *Peer Groups*, also Gruppen Altersgleicher, indirekt auf Defizite der Schule.

Eindrücklich schildert F. Neidhardt den entwicklungspsychologischen Hintergrund der Ausbildung von Peer Groups:

„Wir können im Hinblick auf die allgemeinen personalen Merkmale und Fähigkeiten reifer Personalität und im Hinblick auf die damit zusammenhängenden Teilziele der Sozialisation vier Problembereiche erkennen, die Jugendlichen entstehen. Erstens entstehen Realitätsprobleme insofern, als der Jugendliche mit der teilweisen Ablösung vom kleinen, überschaubaren Schonraum familiärer Umwelt mehr und mehr in Sozialbezirke gerät, die ihm neu sind und deren Werte, Normen und Techniken z.T. von eingelernten familialen oder quasi-familialen Verhaltensmustern abweichen. Ist er auf die Erkenntnis dieser Strukturen und Rollen so hinreichend vorbereitet, daß er ihre gesellschaftlichen und politischen Wertigkeiten, ihre kulturellen Gründe und ihren Sinn versteht – oder erlebt er nun weitreichende Überraschungen und Enttäuschungen und Hilflosigkeiten? Diese Frage wird besonders für den Großteil der Jugendlichen akut, die mit dem Eintritt in die Jugendphase auch ihren Eintritt in den Berufsbereich verbinden. Im Hinblick darauf werden zweitens bestimmte Leistungsprobleme aufgeworfen: Ist der Jugendliche hinreichend vorbereitet, die ihm z.B. im Berufsbereich begegnenden instrumentalen Ansprüche zu erfüllen?

Und gibt es in diesen Bereichen Einrichtungen weiterführender Sozialisation, die die Ausbildung der in immer spezifischerer Form geforderten Fähigkeiten angemessen besorgen? Gelingt es ihm drittens auch angesichts der wahrscheinlichen Unsicherheiten kognitiver und instrumentaler Art, eine positive innere Beziehung zu den neuen Sozialbereichen und ihren vom Muster der Familie abweichenden größeren, formelleren und auf spezifischere Ziele hin orientierten Gruppen zu gewinnen und die damit zusammenhängenden Solidaritätsprobleme zu lösen? – Man wird das Ausmaß dieser Probleme nicht allein von den Milieuveränderungen her sehen dürfen, die sich in der Jugendphase notwendigerweise einstellen. Die damit verbundenen Schwierigkeiten werden dadurch verschärft, daß der Jugendliche mit der Pubertät eine Veränderung seines Organismus und damit zusammenhängend eine Umwandlung seiner Bedürfnisstruktur erlebt. Innere und äußere Umbrüche bewirken, daß die kindlich vertraute Beziehung zum eigenen Ich aufgestört wird. Das Identitätsproblem entsteht – viertens – mit der Frage, ob unter den neuen Organ- und Umweltbedingungen sowohl die eigenen Bedürfnisse als auch die sozialen Rollen zu einem neuen ‚erwachsenen‘ Ich integriert werden, das sich nach innen kontrollieren und nach außen abgrenzen und behaupten kann. Die Gefahr dieses Stadiums liegt in der Rollendiffusion, d.h. im Undeutlichwerden, in der Auflösung jeder möglichen Rolle; wie Biff im ‚Tod eines Handlungsreisenden‘ es ausdrückt: ‚Ich kann mich einfach nirgends festhalten, Mama, ich kann keine Art von Leben in die Hände kriegen‘."[162]

Schule ist nämlich – sozialpsychologisch gesehen – durch asymmetrische Beziehungen gekennzeichnet. Konkret bauen die Erwachsenen in der Schule, also die Lehrerinnen und Lehrer, kaum umfassende persönliche Beziehungen auf, sondern begegnen den jungen Menschen in zeitlich genau begrenztem Takt professionell als Wissensvermittler; umgekehrt suchen Kinder und Jugendliche auch bei ihren Lehrerinnen und Lehrern umfassende menschliche Begleitung.

„Die moderne Ausweitung des öffentlichen Bildungssystems und insbesondere die daran gekoppelte Professionalisierung der Erziehungsberufe drängt persönliche Beziehungen in altersgemischten Gruppen zurück und begünstigt asymmetrische Kontakte zwischen Personen (Kindern) und Positionsinhabern (Lehrern, Sozialpädagogen etc.)."[163]

Diese einseitige Prägung der Schule führt zu neuen Anforderungen an das Elternhaus. Es muß sich z.B. um die Erledigung der Hausaufgaben, die Motivation für den Schulbesuch oder Trost bei Leistungsversagen oder sonstigen Niederlagen kümmern.

Doch auch andere Veränderungen in der Umwelt von Kindern und Jugendlichen rücken die Bedeutung der Familie in den Vordergrund. Die Angebote in den Medien, vor allem die Vielzahl geschickter, zunehmend speziell Kinder ansprechender Werbung erfordern eine Instanz, die junge Menschen stützt und sie zu einem sachgerechten Umgang hiermit anleitet. Empirische Untersuchungen ergaben z.B. einen unmittelbaren Zusammenhang zwischen unkontrolliertem Fernsehen der Erwachsenen und Vielsehen der Kinder.[164] So folgert Rudolf Tippelt überzeugend: „Es mag paradox

---

[162] F. Neidhardt, Die junge Generation, Opladen 1967, 30; vgl. den Überblick über die unterschiedlichen Forschungen zum Einfluß der Peer Groups bei H. Fend, Theorie der Schule, München u.a. ²1981, 188-225.

[163] R. Tippelt, Kinder und Jugendliche im Spannungsfeld zwischen Familie und anderen Sozialisationsinstanzen, in: Zeitschrift für Pädagogik 34 (1988) 629.

[164] S. die Literaturhinweise ebd. 632-634.

erscheinen, daß in dieser Situation, in der es zu einer deutlichen Verlagerung von Bildungs- und Sozialisationsaufgaben aus der Familie kommt, in der die außerfamilialen Rollen zeitlich und inhaltlich an Bedeutung zunehmen, die Sozialisationsleistung der Familie aufgewertet wird."[165]

Eine Religionspädagogik, die sich vornehmlich auf Schule und hier den Religionsunterricht konzentriert, übersieht diese Entwicklung. Sozial-ökologisch gesprochen vernachlässigt sie die Reflexion der Mesoebene, näm-lich des Zusammenhangs von Schule und Familie bzw. Peer Group.

1.5. Zusammenfassung

Entsprechend den unterschiedlichen psychologischen Ansätzen finden sich verschiedene Erklärungen für religiöses Lernen. Bei ihrer Rezeption in der Religionspädagogik, etwa in Form von Verbundmodellen wie dem der „Glaubensentwicklung" (J. Fowler), ist auf folgendes zu achten:

– Die Kenntnis entwicklungspsychologischer Theorien zur „Glaubens-entwicklung" verhindert, daß in religionspädagogischem Zusammenhang Begriffe theologischer Anthropologie ohne Bezug auf die konkreten Adres-saten Verwendung finden. Der – eingangs zitierte – Grundsatz des Thomas („Quidquid recipitur, secundum modum recipientis recipitur.") hat zum einen unmittelbare Evidenz; zum anderen nimmt er – theologisch gesehen – den ersten Glaubensartikel auf, der ja wesentlich die Geprägtheit des Men-schen durch kreatürliche Gegebenheiten wie z.B. den Alterungsprozeß, die Geschlechtszugehörigkeit und indirekt die damit zusammenhängenden kul-turellen Entwicklungen im Handeln Gottes begründet. Insofern erfordert die konkrete religionsdidaktische Arbeit die Kenntnis der referierten psycho-logischen Einsichten.

– Allerdings ist in der konkreten pädagogischen Praxis zu berücksichti-gen, daß die einzelnen Konzeptionen keine Tatsachenfeststellungen, son-dern Modelle zur Erklärung von empirisch wahrnehmbaren Phänomenen, etwa Schüleräußerungen, sind. Deshalb eignen sie sich nicht zu Klassifika-tionen, sondern haben hier eine primär heuristische Funktion, nämlich die Schärfung der Aufmerksamkeit und Sensibilität für Äußerungen anderer Menschen. Dies gebieten auch pädagogische Gründe, nämlich die Anerken-nung des Subjektseins des anderen.

– Schließlich macht ein Studium der entwicklungspsychologischen Lite-ratur, vor allem in ihrer ökosozialen Ausarbeitung auf die Begrenztheit und damit Ergänzungsbedürftigkeit einzelner Lernorte aufmerksam. Die pädago-gisch institutionalisierten und reflektierten Lernorte stehen in ihrer Bedeu-

---

[165] Ebd. 636.

tung hinter dem Lernen in alltäglichen Sozialformen wie Familie oder – in bestimmtem Alter – Peer Groups zurück.

2. Gesellschaftliche Grundbedingungen

Ähnlich wie bei der Darstellung der psychologischen Bedingungen muß auch in diesem Abschnitt der primär heuristische Charakter der behandelten Konzeptionen und Theorien beachtet werden. Schon das Nebeneinander der Attribute „religiös", „christlich" und „kirchlich" in der Kapitelüberschrift weist auf grundlegende Differenzierungen hin, die eindimensionale Urteile verbieten. Dazu ist – wie im folgenden ausgeführt wird – der Pluralismus gerade auf dem Gebiet der Daseins- und Wertorientierung ein Signum gegenwärtiger Kultur, das nur die Skizze der gesellschaftlichen Rahmenbedingungen von Bildung, Erziehung und Sozialisation erlaubt.

2.1. „Modernes" Leben

Der Bielefelder Soziologe Franz-Xaver Kaufmann konstatiert: „Man kann eigentlich nicht gleichzeitig ,religiös' und ,modern' sein, oder jedenfalls nur auf Grund eines individuellen Balanceaktes. Die Denkhorizonte des Religiösen und des Modernen scheinen sich irgendwie auszuschließen, wenigstens für das zeitgenössische Bewußtsein."[166] Da diese Situation – wie bei der Darstellung der „Mathetik" Mettes angedeutet[167] – erhebliche Konsequenzen für die Sozialisation von Kindern und Jugendlichen, aber auch für die Lebensgestaltung von Erwachsenen hat, will ich ihr anhand von drei Charakteristika unserer gegenwärtig bestimmenden Kultur nachgehen:[168] dem Pluralismus und als dessen Kehrseite der Individualisierung, der Verwissenschaftlichung bzw. Technisierung und – wohl am grundlegendsten – dem modernen Zeitverständnis.

---

[166] F.-X. Kaufmann, Religion und Modernität, Tübingen 1989, 1.

[167] S. 1. Kap. 4.3.4.

[168] Vgl. auch Kaufmann, a.a.O. (Anm. 166) 213: „Vier Verallgemeinerungen, mit denen unsere zeitgenössische Kultur charakterisiert wird, seien ... bedacht: Säkularisierung, Pluralismus, Individualismus und Modernität." Entsprechend meinem religionspädagogischen Interesse werde ich dem von Kaufmann „Säkularisierung" genannten Phänomen in einem eigenen Abschnitt nachdenken (s. 3.) und das Problem der Verwissenschaftlichung, das unser Bildungswesen so tiefgreifend prägt, eigens thematisieren.

Dabei muß beachtet werden, daß es sich hier um Deutungsmuster handelt, die in das Verstehen der diese Kultur tragenden Gesellschaft einweisen. Ihnen eignet keinesfalls ein unabänderlicher Charakter, vielmehr sind sie nur hermeneutische Hilfskonstruktionen. Der übergreifende Begriff „Moderne" macht dabei auf den Zusammenhang der einzelnen Phänomene und ihrer Deutungen aufmerksam.

2.1.1. Zeitverständnis

Schon biologisch gesehen ist Zeit eine grundlegende Kategorie.

„Die Lebewesen scheinen aus Myriaden interner biologischer Uhren zu bestehen, die so eingestellt sind, daß sie in genauer Koordination mit den Rhythmen der physikalischen Außenwelt gehen."[169]

Dazu gilt anthropologisch: „Seinen Ort und Raum kann der Mensch verändern ... Dagegen hat der Mensch auf seinen zeitlichen Ort keinen Einfluß, von Geburt an steht er in einem Zeitstrom, in dem er keine Sprünge machen kann."[170] Es dürfte nicht zufällig sein, daß seit etwa fünfzehn Jahren in verschiedenen Wissenschaften das Zeitverständnis ausgedehnt diskutiert wird.[171] Offensichtlich kommt zunehmend die Bedeutung modernen Zeitverständnisses für unser Leben, auch in einschränkender Hinsicht, zum Bewußtsein. Weil dies in der religionspädagogischen Diskussion noch nicht hinreichend Beachtung findet, seien Genese und Problematik des modernen Zeitverständnisses etwas ausführlicher dargelegt.

Zu Recht weisen U. Rabe-Kleberg und H. Zeiher in ihrem die pädagogische Zeitdiskussion wesentlich initiierenden Beitrag auf die grundlegende Ambivalenz im modernen Zeitverständnis hin: „Der Widerspruch zwischen Freisetzung individueller Autonomie und Entfremdung des Handelns, der den abendländischen Modernisierungsprozeß kennzeichnet, kommt auch im Verhältnis zur Zeit zum Ausdruck."[172]

---

[169] J. Rifkin, Uhrwerk Universum. Die Zeit als Grundkonflikt des Menschen, München 1988 (am. 1987) 46.

[170] H.J. Zeiher, H. Zeiher, Orte und Zeiten der Kinder, Weinheim u.a. 1994, 49.

[171] S. etwa H. Lübbes Skizze der „Lage der zeittheoretischen Literatur" in: ders., Im Zuge der Zeit. Verkürzter Aufenthalt in der Gegenwart, Berlin u.a. 1992, 25-35; vgl. zum philosophischen Hintergrund die von W.Ch. Zimmerli, M. Sandbothe herausgegebene Textsammlung: Klassiker der modernen Zeitphilosophie, Darmstadt 1993 (mit zahlreichen bibliographischen Hinweisen); zur pädagogischen Diskussion s. einführend K.-H. Sahmel, Momo oder: Pädagogisch relevante Aspekte des Problems der Zeit, in: Pädagogische Rundschau 42 (1988) 403-419.

[172] U. Rabe-Kleberg, H. Zeiher, Kindheit und Zeit. Über das Eindringen moderner Zeitorganisation in die Lebensbedingungen von Kindern, in: Zeitschrift für Sozialisationsforschung und Erziehungssoziologie 1984, 31 (s. auch 40). Allerdings zeigt ein Blick auf den wohl ersten christlichen Zeittheoretiker Augustin, daß diese Fragestellungen keineswegs nur ‚moderne' sind (s. die wichtigsten

Die Prägung unseres Lebens durch den von Uhr und Kalender vorgegebenen Zeittakt ist das Produkt einer langen historischen Entwicklung. Wie wenig sie zur natürlichen Ausstattung des Menschen dazugehört, kann immer wieder von neuem beim Heranwachsen eines Kindes erlebt werden, das sich erst mühsam in die Erwachsenen so selbstverständliche Zeitstruktur hineinfinden muß.[173] In religionspädagogischer Perspektive kommt den Überlegungen zur Zeittheorie auch insofern Bedeutung zu, als die Dominanz unterrichtlicher und d.h. in der Regel strikt an linearer Zeit, etwa im 45-Minuten-Takt, orientierter Veranstaltungen ein deutlicher Ausdruck der allgemeinen Entwicklung ist.

Theologisch interessant ist die erst in den beiden letzten Jahrhunderten verschwundene *Beziehung zwischen religiöser Praxis und Zeitmessung.*

Ursprünglich war die Festlegung der „rechten" Zeit, etwa zur Ernte, Aufgabe des Priesters. Er koordinierte und integrierte dadurch das Leben der Menschen.[174] Zwar kam es mit der Herausbildung komplexerer Sozialgebilde zu Auseinandersetzungen zwischen Priestern und Königen u.ä. um das Recht der Zeitbestimmung, doch prägten Priester bzw. religiöse Entwicklungen die wichtigen Etappen der Entwicklung des modernen linearen Zeitverständnisses.

Für das Christentum gilt von Anfang an, daß es durch die Spannung zwischen der Erfüllung der Zeit in Jesus Christus und dem noch ausstehenden Jüngsten Gericht unter einem starken Beschleunigungsdruck stand, der in unterschiedlicher Weise vor allem die Mission vorantrieb.[175] Daneben gibt es einzelne historische Entwicklungen im Christentum, die unser heutiges, am linearen Ablauf orientiertes Zeitverständnis vorbereiteten und ihm zum Durchbruch verhalfen. So begann die Einführung des Zeitplans in Benediktinerklöstern. Die für diesen Orden typische Verbindung von Kontemplation und Tätigsein („Ora et labora") war mit dem Bemühen verbunden, die Zeit voll auszuschöpfen. Das Klosterleben wurde straff organisiert: „Eine Zeit war zum Beten vorgesehen, eine zum Essen, Baden, Arbeiten, Lesen, Nachdenken und Schlafen. Zur Sicherung der Regelmäßigkeit und des Gruppenzusammenhalts führten die Benediktiner die römische Idee der Stunden (Horen) wieder ein".[176] Zur Erinnerung an die zu beachtenden Zeiten dienten

---

Argumente und Einsichten Augustins zum Zeitproblem zusammenfassend K.H. Manzke, Ewigkeit und Zeitlichkeit. Aspekte für eine theologische Deutung der Zeit, Göttingen 1992, 259-365).

[173] Die kognitionspsychologischen Voraussetzungen hierfür hellte J. Piaget, Die Bildung des Zeitbegriffs beim Kinde, Frankfurt 1974 (franz. 1946), auf.

[174] S. N. Elias, Über die Zeit, Frankfurt [4]1992 (1984) 19.

[175] S. E. Benz, Akzeleration der Zeit als geschichtliches und heilsgeschichtliches Problem, Mainz 1977. Es ist zumindest auffällig, daß das 19. Jahrhundert eine Zeit wachsender Beschleunigung und zugleich verstärkter Missionsbestrebungen war.

[176] Rifkin, a.a.O. (Anm. 169) 107.

Glocken. J. Rifkin resümiert zu Recht: „Die Idee festgesetzter Zeiten für jede Tätigkeit war in sich revolutionär."[177]

Auch noch beim Aufkommen der Uhren in der Öffentlichkeit ist der religiöse Kontext des Zeitverständnisses unübersehbar. Die Uhr bildete die Vorstellung von Gott als Uhrmacher ab. Sie „war in ihrem leitenden mechanischen Prinzip dem von Gott geschaffenen Kosmos nachempfunden, sie verkörperte die bis dahin überzeugendste Antwort der Menschen auf das von Gott vorgegebene Modell der Welt. Die herausragenden Uhrwerke jener Zeit an Kathedralen wie etwa dem Straßburger Münster waren nicht als Zeitmesser gedacht, sondern als ein Lobpreis Gottes und als eine Konkretisierung dieser Idee von der Welt als Uhr."[178] Noch im 19. Jahrhundert finden sich in Kochbüchern Zeitangaben nach zu betenden Vaterunsern.[179]

Etwa im 13./14. Jahrhundert begann sich die – noch durchaus weiter bestehende – Verbindung von Religion und Zeitverständnis zu lockern. Der damit gegebene Konflikt läßt sich gut auf dem Gebiet der Ökonomie studieren. Jacques Le Goff hat hierfür die anschauliche Formel „Zeit der Kirche und Zeit des Händlers" geprägt. Lehnte die Kirche ursprünglich das Zinsnehmen als eine unstatthafte „Hypothek auf die Zeit"[180] ab – und damit also die wesentliche Voraussetzung moderner Ökonomie –, so gab es im 13. Jahrhundert ein Umdenken, wie z.B. ein Studium der damaligen Beichtpraxis verrät.[181] Die Zeit wird etwa bei der Organisation des Handelsnetzes und den damit erforderlichen Reisen zunehmend als ökonomisch relevanter Faktor erkannt.[182]

---

[177] Ebd. 108.

[178] N. Neumann, Lerngeschichte der Uhrenzeit. Pädagogische Interpretationen zu Quellen von 1500 bis 1930, Weinheim 1993, 42. Besonders deutlich tritt dies in den Figurenautomaten dieser Uhren entgegen, die kein Beiwerk, sondern notwendiger Bestandteil waren. „Es galt, durch die vielen Zeiger und Skalen die Bewegungen von Sonne, Mond und der Planeten zu zeigen und damit die zu Grunde liegende Gesetzmäßigkeit und göttliche Ordnung zu vergegenwärtigen. Die automatisch sich bewegenden Figuren verweisen auf jene Ordnung, nach der sich die Menschen, jeder an seinem Platz, zu bewegen hatten" (Y. Spiegel, Religion und Zeitstrukturierung, in: D. Georgi, H.-G. Heimbrock, M. Moxter, Hg., Religion und Gestaltung der Zeit, Kampen 1994, 140).

[179] S. Neumann, a.a.O. 24 Anm. 1.

[180] J. Le Goff, Zeit der Kirche und Zeit des Händlers im Mittelalter, in: C. Honegger, Hg., Schrift und Materie der Geschichte, Frankfurt 1977, 393; zum philosophisch-theologischen Zeitverständnis der damaligen Zeit s. A. Maier, Scholastische Diskussionen über die Wesensbestimmung der Zeit, in: Scholastik 26 (1951) 520-556.

[181] S. Le Goff, a.a.O. 407.

[182] Le Goff weist ebd. 397 auf den geschichtlichen Hintergrund der Schwächung eines auf Gott bezogenen Zeitverständnisses hin: „Ohne Zweifel lösten der Zer-

Die Katastrophe der Pest – erstmals 1348 in Europa – verstärkte den Prozeß der Säkularisierung von Zeit, weil es nicht gelang, dieses Sterben für die Mehrzahl der Bevölkerung theologisch hinreichend zu deuten.[183] In den Schulen scheint sich ab 1500 in wenigen Jahrzehnten die Strukturierung des Unterrichtsablaufes durch die Uhrzeit durchgesetzt zu haben.

„Dieses Hineinzwängen des Schulehaltens in den Rhythmus der Uhr war Ausdruck eines allgemeinen Rationalisierungsprozesses, der von den humanistisch gebildeten Intellektuellen und Magistratsmitgliedern und Teilen der Kaufmannschaft ... befördert wurde.“[184]

Eine neue Basis erhielten diese Bestrebungen durch die Konstruktion der ersten Pendeluhr (1656). Denn sie ermöglichte eine Ganggenauigkeit mit Fehlzeiten von nur noch zehn bis fünfzehn Sekunden pro Tag – im Gegensatz zu den bisherigen täglich mindestens fünfzehn Minuten abweichenden Großuhren.[185] Diese technische Perfektionierung legte auch den Grund für die Vorstellung der objektiven Zeit, nach der sich die Menschen zu richten haben.

Sehr schön – und bereits das Motiv der Beschleunigung, das mit der Zeitmessung einherging, umfassend – zeigt folgende Anekdote diesen Übergang: „Eben ehr (Gaulard, N.N.) zog eines mahls etliche Meil wegs von Haus, und ein ander Edelmann mit ihm, dehr spraach zu Gaulard: Herr, wihr müssen ein wenig eilen, denn auff meiner Halsuhr ist die Glocke schoon über siben. Wohrauff Gaulard zur Antwort gab: Ich kahn nicht so stark raiten, ziehet doch euer Vhr ein wenig zu rück, daß wihr doch ein wenig länger Tag haben möchten.“[186]

Die pädagogische Relevanz dieses objektiven Zeitverständnisses, das sich immer noch in einem religiösen Kontext befand, trat bei dem Pietisten und Gründer der nach ihm benannten Hallenser Anstalten *August Hermann Francke* (1663-1727) hervor. Er betonte, daß „jeder Augenblick“ zu beach-

---

fall des Römischen Reichs, die Barbarisierung des Abendlandes und, in geringerem Maße, die Restauration des karolingischen und dann des ottonischen Kaisertums eine Reflexion über die Geschichte aus.“ Dazu ist mit J. Leclercq, Zeiterfahrung und Zeitbegriff im Spätmittelalter, in: A. Zimmermann, Hg., Miscellanea Mediaevalia Bd. 9, Antiqui und Moderni, Berlin 1973, 18f., an die gleichzeitige Vergeistigung von Zeit in der Mystik – unter Zuhilfenahme der Uhr als Bild – zu erinnern.

[183] S. M. Gronemeyer, Das Leben als letzte Gelegenheit. Sicherheitsbedürfnisse und Zeitknappheit, Darmstadt 1993, 7-12.

[184] Neumann, a.a.O. (Anm. 178) 30.

[185] S. ebd. 84f.; vgl. zum kulturgeschichtlichen Hintergrund Leclercq, a.a.O. (Anm. 182) 3-8.

[186] Zitiert nach Neumann, a.a.O. (Anm. 178) 89.

ten, daß „immer etwas gutes aus der Zeit als aus einem schnell vorbey-
lauffenden Strom heraus (zu) reissen" ist.[187] Entsprechend straff war der
Tagesablauf für die Schülerinnen und Schüler organisiert.

Für die Größeren galt z.B.: „Fünf Uhr Aufstehen, Gebet, Bibellesen, sechs bis
acht griechische, hebräische (französische) Sprache, acht bis zehn Freistunde mit
Rekreation, Mechanik oder Instrumentalmusik, elf bis zwölf (je nach Klasse) Schreiben, Geographie, Historie, Mathematik, deutsche Oratorie oder Theologie, zwölf bis
eins Essen mit Bibellesen, Gelegenheit zu einem guten Diskurs, eins bis zwei Freistunde, zwei bis drei wie elf bis zwölf, drei bis fünf lateinische Sprache, fünf bis sechs
dreimal wöchentlich Kirchgang oder Katechisation in der Schule, sechs bis sieben
fertigen die größeren die Exercitia oder präparieren sich auf die Lectiones des folgenden Tages, sieben bis acht Abendmahlzeit – Abendgebet, spätestens zehn Uhr zu
Bett."[188]

Z. T. wurden im Halleschen Waisenhaus sogar die Minuten verplant.[189]
*In diesem Zeitverständnis dreht sich das bisherige Verhältnis von Lehrstoff und
Zeit um:* „Die Verfasser der frühen evangelischen Schulordnungen dachten
von den Stoffen her und paßten sie in die Zeitleiste ein, um Unterricht zu
rationalisieren, um ihn planbar und kontrollierbar zu machen. Francke
dagegen konzentrierte sich auf die verfügbare Zeit und preßte so viel Stoff
wie möglich in sie hinein. Denn grundsätzlich hatten bei ihm die Erzieher
die Aufgabe, im Sinne des Auskaufens der Zeit Arbeiten zu suchen und den
Kindern aufzuerlegen, damit kein Augenblick tatenlos verbracht werden
konnte."[190]

Das objektive Verständnis von Zeit schritt im 18. Jahrhundert vor allem
in zwei Hinsichten weiter voran. Zum einen ist die *Individualisierung der
Zeitmessung* unübersehbar. Die Ausbreitung der Hausuhren und die Erfindung der Taschenuhr und dann der Armbanduhr ermöglichten eine Individualisierung der Pünktlichkeitsforderung, also der Ausrichtung des Lebens
an der vorgegebenen linearen Zeitstruktur.[191]

Dabei ist lernpsychologisch zu beachten: „Indem die Uhr ... sich von einem
akustischen Medium (sc. als Glockenschlag der Turmuhr, C.G.) zu einem visuellen
(sc. als Taschenuhr, C.G.) wandelte, wurde das Lernfeld ‚Zeit' anders organisiert und
strukturiert und die Erfahrbarkeit von Zeit neu gestaltet."[192]

---

[187] Zitat nach ebd. 98.
[188] Nach F. Blättner, Geschichte der Pädagogik, Heidelberg [14]1973, 77f.
[189] S. Neumann, a.a.O. (Anm. 178) 103.
[190] Ebd.
[191] Zum Anstieg der Uhrenproduktion s. im einzelnen ebd. 108-114.
[192] Ebd. 114.

Zum anderen nahm die *Merkantilisierung des Zeitverständnisses* zu. 1748 hatte der für die Herausbildung der US-amerikanischen Kultur so wichtige Benjamin Franklin (1706-1790) die Gleichung von Geld und Zeit, wenn auch nicht als erster, doch sehr wirkmächtig, aufgestellt: Zeit ist Geld.[193] Zu Recht konstatiert Norbert Neumann: „Mit der Gleichsetzung von Zeit und Geld hatte die Stilisierung der Zeit zu einem dem Menschen gegenüberstehenden Subjekt ihre bis heute höchste Abstraktionsstufe erreicht. Formaler und formelhafter ist ‚Zeit' seitdem nicht mehr versprachlicht worden."[194] Interessant ist, daß in der zweiten Hälfte des 18. Jahrhunderts erste Stimmen begegnen, die von diesem Zeitverständnis her die Vielzahl der kirchlichen (katholischen) Feiertage und die Häufigkeit des (katholischen) Gottesdienstbesuchs kritisieren.[195]

Im 19. Jahrhundert nahm dann – auch im Gefühl der Zeitgenossen – die in diesem Zeitverständnis begründete Beschleunigung des Lebens zu. Vor allem die Einführung der Eisenbahn als neuem den Raum erschließenden Verkehrsmittel führte zu einer weiteren Durchsetzung des linearen Zeitverständnisses.[196] Sie trug u.a. dazu bei, daß die bis dahin übliche Regionalisierung der Zeitmessung überwunden wurde.

„1870 mußte ein Eisenbahnfahrgast auf dem Weg von Washington nach San Francisco seine Uhr über zweihundertmal neu stellen, um mit all den örtlichen Zeitsystemen entlang der Strecke Schritt zu halten."[197]

1884 beschloß die Internationale Meridiankonferenz, Greenwich zum Zeitmeßpunkt der Erde zu machen.[198] Jeremy Rifkin interpretiert dies zeittheoretisch zu Recht: „Die Standardisierung der Weltzeit markierte den Endsieg der Effizienz. Lokalzeiten waren lange an traditionelle Werte gebun-

---

[193] S. E.P. Thompson, Time, Work-Discipline and Industrial Capitalism, in: Past and Present 38 (1967) 89.

[194] Neumann, a.a.O. (Anm. 178) 122.

[195] S. ebd.; vgl. aber andererseits die etwa bei Jung-Stilling zu beobachtende, auf Schriften Bengels rekurrierende Endzeiterwartung und deren Konsequenzen für das Zeitgefühl vieler Erweckter (s. hierzu Benz, a.a.O. (Anm. 175) 31-40).

[196] Die Bedeutung der Eisenbahn für das Zeitverständnis wird anschaulich bei den damals aufkommenden Schwarzwälder Uhren, insofern deren Gehäuse ein Bahnwärterhäuschen der badischen Staatseisenbahn imitiert (s. Neumann, a.a.O. (Anm. 178) 162f.).

[197] Rifkin, a.a.O. (Anm. 169) 148.

[198] Auch Frankreich, das zuerst seine Zustimmung versagte, schloß sich 1912 an. In Deutschland trat das Gesetz zur Einführung einer einheitlichen Zeitmessung am 1.4.1893 in Kraft.

den gewesen, an die Natur, die Götter, die mythische Vergangenheit. Die neue Weltzeit war nur an abstrakte Ziffern gebunden. Sie floß gleichmäßig und blieb erhaben und getrennt von Gemeindeinteressen. Die neue Zeit drückte nur eine einzige Dimension aus: die Nützlichkeit."[199]

Neue Erfindungen, wie der Telegraph, das Telephon, das Radio, das Auto, der Fernseher usw.[200] ermöglichten, zunehmend Zeit zu sparen, allerdings ohne daß sich dies im subjektiven Bewußtsein der meisten Menschen positiv niederschlug. Im Gegenteil wächst bei vielen Menschen das Gefühl von Zeitknappheit. Dabei scheint zeittheoretisch die „Eingebundenheit in Zeitstruktur" als Ausfluß der Ökonomisierung des Zeitumgangs das entscheidende Problem zu sein.[201]

Die zeitliche Verplanung des Lebens hat mittlerweile auch die Kinder in erheblichem Maß erreicht. Zum einen zog der Straßen-, Wohnungs- und Städtebau ab den sechziger Jahren eine Spezialisierung und Funktionalisierung von Orten nach sich,[202] die zugleich den Lebensraum von Kindern beschränkte und zur „Verinselung des individuellen Lebensraums" führte. Viele Kinder treffen sich jetzt nicht mehr wie früher auf der Straße, sondern müssen Begegnungen planen bzw. durch die Eltern arrangieren lassen. Dadurch reguliert heute ein Zeitplan die Lebensvollzüge schon vieler Kleinkinder. Zum anderen nimmt die Unterbringung von Kindern in nichtfamilialen Institutionen zur Betreuung, Erziehung und Unterrichtung zu.

„Im Westen Deutschlands haben in den sechziger Jahren ein Drittel der Jahrgänge einen Kindergarten besucht, seit Beginn der achtziger Jahre knapp 80%, wenn auch überwiegend nur halbtags."[203] Während hier nur wenige Krippen und Horte zur Verfügung stehen, war in der DDR die Unterbringung auch von Kleinkindern in solchen Institutionen weit verbreitet.[204]

Unter der Perspektive des Zeitverständnisses ist hieran wichtig, daß solche Betreuungs- und Erziehungseinrichtungen wie Kindergärten, Horte,

---

[199] Rifkin, a.a.O. (Anm. 169) 149.

[200] S. ausführlicher aus US-amerikanischer Sicht S. Kern, The Culture of Time and Space 1880-1918, Cambridge/Mass. 1983.

[201] S. J. Rinderspacher, Die Kultur der knappen Zeit – Über Chancen und Grenzen individueller Zeitgestaltung, in: G. Voß, Hg., Die Zeiten ändern sich – Alltägliche Lebensführung im Umbruch, München 1991, 17.

[202] S. ausführlicher Zeiher, Zeiher, a.a.O. (Anm. 170) 17-30.

[203] Ebd. 32.

[204] S. näher G. Helwig, Jugend und Familie in der DDR. Leitbild und Alltag im Widerspruch, Köln 1984, 18-24.

aber auch Schulen „Eigenschaften komplexer Organisationen wie Funktions-
gliederung und Hierarchie, Amtscharakter und Dienstweg, Regelhaftigkeit
der Handlungsvollzüge und prinzipielle Personenungebundenheit" aufweisen.[205] Und damit sind die Handlungsaufgaben und -angebote dieser Institutionen in Zeitpläne eingebettet, die unabhängig von den persönlichen
Befindlichkeiten der Kinder sind.

In vielen Kindergärten „gibt es die Wechsel von Spielen, Essen und Schlafen, die
Wechsel der einzelnen Spielformen ... In der Schule gibt es die Wechsel von Unter-
richtsstunde und Pause sowie die Wechsel von Handlungsformen im Unterricht, die
in der Unterrichtsmethodik geplant sind."[206]

Kinder werden schon früh an das lineare Zeitverständnis gewöhnt bzw.
härter formuliert: in es hineingezwungen.[207]

Es ist das Verdienst des Schriftstellers Michael Ende, schon 1973 in
seinem Märchen „Momo oder Die seltsame Geschichte von den Zeit-Die-
ben und von dem Kind, das den Menschen die gestohlene Zeit zurückbrach-
te" auf die Probleme der modernen Zeitorganisation für das Aufwachsen von
Kindern aufmerksam gemacht zu haben und zwar in einer zur religionspädagogischen Reflexion einladenden Weise.[208] Denn Ende entlarvt den
Zusammenhang von Zeit und Zuhören-können, Wahrhaftigkeit, Nächstenliebe, Feier, Träumen und Still-sein-können. Das kleine Mädchen Momo,
das „nur" an Zeit reich ist, kann zuhören, ist wahrhaftig, kümmert sich um
andere Menschen, kann feiern, träumen und – die wichtigste Voraussetzung
für die genannten Fähigkeiten – Stille ertragen. Die Erwachsenen, die Zeit
sparen wollen, haben all dies aufgegeben und verlernt.

Dem praktisch-theologisch geschulten Auge fällt auf, daß die aufgezähl-
ten Verhaltensweisen von Momo zentrale christliche Ausdrucksformen sind,
wie sie im liturgischen Geschehen verdichtet begegnen.[209] *Offensichtlich*

---

[205] Rabe-Kleberg, Zeiher, a.a.O. (Anm. 172) 36.
[206] Ebd. 36f.
[207] Vgl. sehr eindrücklich zur pädagogischen Problematik des linearen Zeitverständnisses den Roman von P. Høeg, Der Plan von der Abschaffung des Dunkels,
München u.a. 1995 (dän. 1993).
[208] S. zum folgenden ausführlicher Chr. Grethlein, Momo – oder: die religionspädagogische Bedeutung der neuen Frage nach der Zeit, in: Loccumer Pelikan
1996, 59-64.
[209] S. ebd. 61: „– die Stille als Grundlage für religiöse und damit auch liturgische
Vollzüge überhaupt,
– die Fähigkeit, Feiern, etwa einen Gottesdienst, zu erleben und zu gestalten,
– das Zuhören-Können, das in den biblischen Lesungen und in der Predigt

behindert eine exklusive Orientierung am ökonomisch orientierten Zeitverständnis („Zeit ist Geld", Zeitsparen ist alles) *die Ein- und Ausübung zentraler Äußerungen christlichen Glaubens.* Die verbreitete Unterordnung der Inhalte des Tuns unter die lineare Zeitstruktur ist ein kaum zu überschätzendes Hindernis bei der religiösen Sozialisation. Anschaulich wird dies z.B. bei der für christliche Religion wohl zentralen Kommunikationsform, dem Gebet.[210] Felicitas Betz resümiert aus eigener Erfahrung: „Wer beten will, muß unendlich viel Zeit haben, auch wenn er schließlich doch nur eine kurze Zeit betet." Und: „Wenn wir unter Druck stehen, wird es uns nicht gelingen, eine Atmosphäre der Stille zu schaffen, in der Gebet gedeihen kann."[211]

Während also die sich seit Jahrhunderten verbreitende und in den letzten Jahren zunehmend den Alltag der Kinder bestimmende Linearisierung und Ökonomisierung der Zeit schwerwiegende, noch ungelöste Probleme für die religiöse Sozialisation enthält, bahnt sich im Zuge der Ausbreitung elektronischer Datenverarbeitung ein weiterer Wandel im Zeitverständnis mit neuen Problemen an. Die *Rechenzeit* der Computer wird in Nano-Sekunden, also im Bereich der Milliardstel-Sekunden, gemessen und ist somit der menschlichen Erfahrungsmöglichkeit entzogen, obwohl sie zunehmend menschliches Leben bestimmt.[212]

„Die neue ‚Rechenzeit' (...engl. ‚computime') stellt die endgültige Abstraktion der Zeit und ihre völlige Trennung von menschlicher Erfahrung und den Rhythmen der Natur dar."[213]

Damit hat die Beschleunigung ein neues Niveau erreicht. Hierdurch scheinen sich tiefgreifende Veränderungen im Wahrnehmungsmodus der

---

vorausgesetzt wird und seinen sachlichen Grund im extra nos der Heilsbotschaft hat,

– das Träumen als Ausdruck des Transzendierens gegenwärtiger Wirklichkeit, wie sie etwa in den beiden Sakramenten rituell begangen wird,

– die Verpflichtung und Fähigkeit zur Wahrheit, wie sie im Bekenntnis ausgesprochen wird,

– die Nächstenliebe, die praktischer Ausdruck des Christseins ist."

[210] Systematisch-theologisch arbeitete Ebeling, a.a.O. (Anm. 3) 192-210, die Bedeutung des Gebets als Schlüssel zum christlichen Gottesverständnis heraus.

[211] F. Betz, Die Seele atmen lassen. Mit Kindern Religion entdecken, München ³1992, 108; vgl. auch grundsätzlicher zur Bedeutung von Ritual und Gottesdienst für das Zeitverständnis H.-G. Heimbrock, Gottesdienst: Gestaltung der Zeit in symbolischem Handeln, in: D. Georgi, H.-G. Heimbrock, M. Moxter, Hg., Religion und Gestaltung der Zeit, Kampen 1994, 77-91.

[212] J. Rifkin, a.a.O. (Anm. 169) 26.

[213] Ebd. 27.

Menschen anzubahnen. Die sinnlich wahrnehmbare Welt tritt hinter die
virtuelle der Computersimulation zurück. Es ist noch nicht abzusehen,
welche psychischen und sozialen Konsequenzen sich hieraus ergeben, wenn
Kinder, die mit dem Spielen und Arbeiten am Computer groß geworden
sind, erwachsen werden und ihr Leben gestalten. Doch ist zu vermuten, daß
die Bedeutung der Vergangenheit weiter schwinden und die Anpassung an
die Geschwindigkeit von elektronischen Rechnern auch traditionelle Bildungsprozesse und -gewohnheiten beeinflussen wird.

Rifkin berichtet: „Kinder, die einmal in die Zeitwelt des Computers eingetaucht
sind, sind oft unfähig, sich wieder auf die langsamere Zeitwelt der Uhrenkultur
umzustellen."[214] Vor allem scheint längeres Nachdenken im Widerspruch zur Arbeit
am Computer zu stehen, der auf schnellen Tastendruck reagiert. Auch sind Klagen
von Schulkindern über die Langsamkeit ihrer Lehrer zu hören: „Lehrer reden langsamer als Atari, manchmal machen sie mich wütend. Ich denke: ‚Na los, ich will zu
Atari zurück. Es sagt mir die Sachen schneller als du.'"[215]

Für eine christlich orientierte Religionspädagogik, die um der Zukunft
willen Erinnerung an vergangenes Geschehen, vorzüglich das in der Bibel
Berichtete, und Wahrnehmung der Wirklichkeit als Gottes Schöpfung ermöglichen will, stellt die kurz skizzierte Entwicklung des Zeitverständnisses
eine große Herausforderung dar. Menschen benötigen neben und im Gegenüber zu Zeitplan und simulierter Wirklichkeit Räume und Zeiten, in
denen sie sich für das Geheimnis ihres Lebens öffnen können. Ohne die
Erweiterung der Lebensmöglichkeiten durch Zeitplanung und Datenverarbeitung für heutige Menschen gering zu schätzen, muß religionspädagogisch auf die *Gefahr* hingewiesen werden, *daß die für Menschsein
grundlegende Erfahrung und Reflexion der eigenen Endlichkeit zunehmend
erschwert bzw. verdrängt werden.* Der Hinweis von Rifkin auf das vielleicht
hinter den enormen Bemühungen um die Perfektionierung von Zeitmessung und -einteilung sowie Beschleunigung stehende Grundproblem der
Endlichkeit des Menschen ist bedenkenswert:

„Der europäische Mensch war nicht länger überzeugt von seinen Aussichten auf
dieser Welt oder Unsterblichkeit in der nächsten, und so verzehrte ihn immer mehr
die Furcht vor dem Künftigen. Zeitplan und Uhr wurden ein Mittel, um die
Aufmerksamkeit vor der Ungewißheit der Zukunft abzulenken ... Durch die Voraus-
planung jedes Details im Leben konnte man die Zukunft so ausfüllen, daß es keine
Zeit für Ungewißheit mehr gab."[216]

---

[214] Ebd. 39.
[215] Zitiert ebd. 41.
[216] Ebd. 180; vgl. Elias, a.a.O. (Anm. 174) 109f.; vgl. H. Nowotny, Eigenzeit.
Entstehung und Strukturierung eines Zeitgefühls, Frankfurt 1993 (1989) 145f.

Die – bereits von Ende diagnostizierte – von vielen Menschen heute erlebte chronische Zeitknappheit, die mit weiterer Beschleunigung bekämpft wird, zeigt, daß der Mensch auch durch das Konstrukt einer prinzipiell ewigen, linearen Zeit seiner Endlichkeit nicht entkommen kann. Religionspädagogisch stellt sich hier die Aufgabe, Menschen zu einer Gestaltung ihres Lebens und Umgangs mit der Zeit zu verhelfen, die gerade dieses Grunddatum der Endlichkeit nicht ausblendet.[217]

In ähnliche Richtung geht die geschichtstheologische Argumentation von J.B. Metz mit ihrem Rekurs auf die Apokalyptik als der für christlichen Glauben fundamentalen Zeitauffassung. Er stellt dem heute allgemeinen linearen Verständnis der Zeit als „einem leeren, evolutionär ins Unendliche wachsenden Kontinuum"[218] die „apokalyptische Symbolik vom Abbruch, vom Ende der Zeit"[219] gegenüber, die gerade erst „echte Zukunft" gewinnen läßt.[220]

2.1.2. Pluralismus/Individualisierung

Pluralismus und dessen Gegenstück, die Individualisierung, sind Grundsigna der modernen (westlichen) Gesellschaften. Frühere Orientierungsmuster, etwa (religiös begründete) Ständeordnungen, Geschlechterrollen oder Berufszugehörigkeiten, verloren an Überzeugungskraft und dann an Einfluß für die Lebensgestaltung der Menschen. Dieser sich seit langem anbahnende Prozeß beschleunigte sich im 20. Jahrhundert und trat zunehmend ins Bewußtsein der Öffentlichkeit.[221]

Er vollzog sich in mehreren Schritten: „Einerseits als Ausdifferenzierung unterschiedlicher Kommunikationsmedien und strukturierter Handlungsbereiche innerhalb einer Gesellschaftsformation. Sodann als wachsende Interdependenz von

---

[217] Vgl. aus allgemeinpädagogischer Sicht O.F. Bollnow, Das Verhältnis zur Zeit. Ein Beitrag zur pädagogischen Anthropologie, Heidelberg 1972 (die Kritik von Sahmel, a.a.O. (Anm. 171) 409, daß Bollnows Überlegungen „lediglich" auf metaphysische Einsichten zurückgehen, überzeugt angesichts von Sahmels eigenem pessimistischen Schluß (414) nicht).

[218] J.B. Metz, Glaube in Geschichte und Gegenwart, Mainz ²1978 (1977) 150.

[219] Ebd. 151.

[220] Ebd. 155; vgl. zum Metzschen Zeitverständnis auch F. Schweitzer, ZEIT. Ein neues Schlüsselthema für Religionsunterricht und Religionspädagogik?, in: JRP 11 (1994), 1995, 160f.

[221] S. R. Preul, Das öffentliche Auftreten der Kirche in der pluralistischen Gesellschaft, in: J. Mehlhausen, Hg., Pluralismus und Identität, Gütersloh 1995, 505: „Unter einer pluralistischen Gesellschaft verstehe ich eine solche Gesellschaft, in der es nicht nur unterschiedliche bzw. unvereinbare ethisch-weltanschauliche Grundüberzeugungen gibt – das war in gewissem Maß schon immer der Fall –, sondern in der dieser Sachverhalt auch allgemein bewußt ist und von Fall zu Fall zum Problem wird."

Gesellschaftsformationen mit heterogenen kulturellen Traditionen. Endlich als zunehmende Entkoppelung partialisierter Alltagswirklichkeiten ... und den stärker generalisierenden Metawirklichkeiten der spezialisierten Handlungsbereiche von Professionen, Organisationen und institutionalisierten Organisationsgeflechten wie Staat, Wissenschaft oder Wirtschaft.“[222]

Der *Pluralismus* muß hier eingehender bedacht werden, da er als Grundsignum der Gesellschaft pädagogische und religiöse Praxis verändert und pädagogische, theologische und religionspädagogische Probleme aufwirft, die nicht hintergehbar sind.

So ist die Tatsache, daß in diesem Kapitel jeweils nur Rahmenbedingungen genannt und letztlich nur heuristische Hinweise gegeben werden können, eine Konsequenz der Pluralisierung der Einstellungen und Lebensstile.

Genauer sind *drei Implikationen des Pluralismus unserer gegenwärtigen Gesellschaft* zu reflektieren: *die Möglichkeit bzw. der Zwang zur Wahl* in verschiedenster Hinsicht, *die allgemeine Relativierung* und *die Ethisierung der Wahrheitsfrage:*
– Peter L. Berger konstatiert: „modernes Bewußtsein zieht eine Bewegung vom Schicksal zur Wahl nach sich“.[223] Denn: „Wo für gewöhnlich eine oder zwei Institutionen bestanden, gibt es nun fünfzig. Institutionen lassen sich jedoch am besten als Programme für menschliches Handeln verstehen.“[224] Diese stehen jetzt grundsätzlich den Menschen zur Wahl, wenn auch im konkreten Fall durch bestimmte Eigenheiten wie z.B. physische oder psychische Konstitution, Lebensalter oder materielle Ressourcen eingeschränkt. Solche Wahl vollzieht sich auf vielfältige Weise in unterschiedlichen Bereichen. Gewählt werden z.B.: Beruf – von Gelegenheitsjobs bis zu lebenslangen Beamtenpositionen; Wohn- bzw. Aufenthaltsort – von lebenslanger Wohnortstabilität bis zu häufigen Umzügen und vom Leben in der Großstadt bis zu Dörfern; Gestaltung der Sexualität – von homo- bis zu heterosexuellen Beziehungen, von häufig wechselnden Partnerschaften bis zur lebenslangen Ehe; Kinderzahl – vom Verzicht auf Kinder bis zur künstlichen Insemination. Dieses Wahlverhalten gilt insgesamt für den ganzen Lebensstil, zunehmend auch für die religiösen Vorstellungen. Der Lebensstil ist in der Regel das Produkt aus einzelnen, z.T. nicht miteinander kongruenten Wahlakten; daraus resultiert – im Vokabular der Postmoderne-Diskussion formuliert – eine „Bastelbiographie“.[225]

---

[222] Kaufmann, a.a.O. (Anm. 166) 22.

[223] Berger, a.a.O. (Anm. 63) 24.

[224] Ebd. 28.

[225] S. auch zu den daraus resultierenden Konsequenzen U. Beck, Das „eigene Leben“ in die eigene Hand nehmen, in: Pädagogik 48 (1996) H. 7-8, 41-47.

Pädagogisch erfordert diese Zunahme von Wahlmöglichkeiten, die zugleich auch als Zwang zur Wahl interpretiert werden kann, eine entsprechende Vorbereitung der Menschen. Selbst in zentralen Lebensbereichen haben Menschen keine klar vorgegebenen Ziele, auf die hin erzogen werden könnte. Vielmehr ist die Fähigkeit zur Bestimmung von sinnvollen Lebenszielen selbst eine wichtige Erziehungsaufgabe, wie z.b. Mündigkeit als verbreitetes oberstes Erziehungsziel zeigt. Die Differenzierung des Bildungsangebots, aber auch Diskussionen um sog. Grundwerte o.ä. sind Ausdruck entsprechender Bemühungen.

Die Migrationsströme dieses Jahrhunderts, während der letzten fünfundzwanzig Jahre in der Bundesrepublik besonders durch die sog. Gastarbeiter und Asylbewerberinnen und -bewerber präsent, machten diese Aufgabe nicht zuletzt in religiöser Hinsicht dringlicher. Zwar ging bereits seit dem Ende des letzten Jahrhunderts in bestimmten Kreisen[226] die Selbstverständlichkeit christlicher Daseins- und Wertorientierung (sowie dann auch der Mitgliedschaft in einer der beiden großen Kirchen) zurück, doch ist jetzt erstmals in vielen Gegenden Deutschlands eine hohe Wahrscheinlichkeit gegeben, daß Kinder im Kindergarten und in der Grundschule Angehörigen einer nichtchristlichen (und nichtjüdischen), meist der islamischen Religion begegnen. Allgemeinpädagogisch werden die dabei auftretenden Probleme unter dem Stichwort „interkulturelle"[227], religionspädagogisch unter dem Stichwort „interreligiöse" Erziehung[228] verhandelt.

Daneben scheinen sich auf religiösem Gebiet auch anderweitige Formen der Praxis auszubreiten[229], etwa bei Experimenten Jugendlicher mit psychomotorischen Automatismen[230] wie Tischchen-Rücken oder der Zustimmung zur Reinkarnationslehre,[231] ohne daß bereits neue institutionelle

---

[226] S. 1. Kap. 1.2.

[227] S. zur Genese und zum Überblick über diese Diskussion G. Auernheimer, Einführung in die interkulturelle Erziehung, Darmstadt [2]1995.

[228] S. als Überblick über die verschiedenen Fragestellungen und Forschungsansätze die Beiträge in: J.A. van der Ven, H.-G. Ziebertz, Hg., Religiöser Pluralismus und Interreligiöses Lernen, Weinheim u.a. 1994.

[229] S. den wichtigen Hinweis von A. Grünschloß, Der eigene und der fremde Glaube. Probleme und Perspektiven gegenwärtiger Religionstheorie, in: EvErz 46 (1994) 289 Anm. 13: „Es ist ein religionswissenschaftlicher Tatbestand, daß wir gegenwärtig in einer der ‚religiös schöpferischsten' Epochen der Menschheit leben."

[230] S. z.B. H. Streib, Geheimnisumwitterte magische Blüten: Jugendokkultismus im Spiegel empirischer Untersuchungen, in: EvErz 45 (1993) 111-128.

[231] S. z.B. P.M. Zulehner, H. Denz, Wie Europa lebt und glaubt. Europäische

Konturen erkennbar wären.[232] Der Religionspädagogik kommt hier im Interesse der Jugendlichen, ihrer Kommunikationsfähigkeit und Entwicklung zur Mündigkeit, auch eine heuristische Aufgabe zu. Indem sie die in auf den ersten Blick profanen Äußerungen und Handlungen verborgenen religiösen Fragen und Antwortversuche rekonstruiert, legt sie die Basis für deren sachgemäße Verarbeitung, wozu auch die Auseinandersetzung mit Erfahrungen und Einsichten früherer Generationen und deren Sprachformen zählt. – Als zweite Konsequenz des modernen Pluralismus gilt die Vorstellung, „daß keine der anzutreffenden Grundüberzeugungen so etwas wie einen universalen Wahrheitsanspruch erheben könne oder gar danach streben dürfe, die Grundlage des Gemeinwesens abzugeben".[233] Berger nennt dieses Phänomen „Relativierungshexenkessel".[234] Offensichtlich kennt diese Grundeinstellung nur eine Absolutheit, nämlich daß alles relativ ist.[235] Auch – wie noch zu zeigen ist – traditionelle, in Gesetzen festgeschriebene inhaltliche Bestimmungen von Institutionen, wie z.B. der staatlichen Schulen in verschiedenen Bundesländern als „christliche Gemeinschaftsschulen",[236] schützen nicht vor deren tatsächlicher Pluralisierung. Dem entspricht die sich abzeichnende Veränderung von Wissen: „Das alte Prinzip, wonach der Wissenserwerb unauflösbar mit der Bildung des Geistes und selbst der Person verbunden ist, verfällt mehr und mehr."[237] Es bahnt sich eine Flexibilisierung des Wissens an, weg von genau beschreibbaren Inhalten hin zu interaktionalen Prozessen.[238] Pädagogisch ist dies insofern von grundlegender Bedeutung, als Erziehung traditionell mit bestimmten, auch materialen Zielen verbunden ist,[239]

Wertestudie, Düsseldorf 1993 u.ö., 74-76 (im dazugehörigen Tabellenband, Wien 1993, s. A 36).

[232] S. die Zusammenstellung diesbezüglicher internationaler Befragungen bei R. Inglehart, Kultureller Umbruch. Wertwandel in der westlichen Welt, Frankfurt u.a. 1995 (am. 1989) vor allem 226-245, der bei der Auswertung zu dem interessanten Resultat kommt: „Obwohl Postmaterialisten wenig Interesse an herkömmlichen religiösen Vorstellungen zeigen, sind sie in allen untersuchten Gesellschaften eher geneigt als Materialisten, über Sinn und Zweck des Lebens nachzudenken."

[233] Preul, a.a.O. (Anm. 221) 511.

[234] Berger, a.a.O. (Anm. 63) 23.

[235] Hierauf weist Berger, ebd. 23, zu Recht hin.

[236] S. 3. Kap. 3.2.6.

[237] J.-F. Lyotard, Das postmoderne Wissen, Wien [2]1993 (franz. 1979) 24.

[238] S. R. Boenicke, Das postmoderne Klassenzimmer. Pädagogische Antworten auf das Ende der Moderne, in: Pädagogik 48 (1996) H. 7/8, 60.

[239] S. grundsätzlich B. Krewer, L.H. Eckensberger, Selbstentwicklung und kulturelle

die zumindest für jüngere Kinder, aber auch für geistig behinderte Menschen nicht zugleich relativiert werden dürfen. Orientierungslosigkeit führt bei jungen Menschen zum Stagnieren der Entwicklung.[240] Religiös stellt sich die Frage, ob eine so umfassende Relativierung nicht letztlich selbst Ausdruck einer bestimmten religiösen Position ist, die die Wahrheitsfrage grundlegend dispensiert, nämlich des Agnostizismus. Religionsdidaktisch begegnet dieses Problem z.B. in der Frage der inhaltlichen Verantwortung des Religions-, aber auch des Ethikunterrichts. Wer kann hier klare Zielsetzungen mit welchen Gründen vorgeben? Wie im ersten Kapitel gezeigt, gehört der Umgang mit dieser Frage hinsichtlich der kirchlichen Mitverantwortung für den schulischen Religionsunterricht mit zu den Entstehungsbedingungen der Religionspädagogik. Theologisch wird dieses Problem in den Versuchen zu einer Theologie der Religionen o.ä. bearbeitet.[241]

– Schließlich ist auf eine dritte, in letzter Zeit zunehmend wichtiger werdende Konsequenz des Pluralismus hinzuweisen. „An die Stelle der offenbar aussichtslosen Suche nach einer alle verbindenden Wahrheit, die einer gemeinsamen Praxis zugrunde liegen könnte, richtet sich der Blick vorab auf diese Praxis selber, insbesondere auf gemeinsam zu bewältigende Aufgaben, die sog. Überlebensprobleme, und es wird gefragt, was die verschiedenen Kulturen, Religionen und Weltanschauungen zu deren Lösung beitragen können."[242] Die ethische Perspektive dominiert zunehmend die öffentliche Diskussion; religiöse Vorstellungen scheinen dagegen eher in die – letztlich beliebige – Privatsphäre zu gehören.

In der wissenschaftlichen Pädagogik findet sich diese Denkform z.B. in der didaktischen Konzeption Wolfgang Klafkis. Entscheidend für sein Verständnis von Allgemeinbildung sind die „epochaltypischen Schlüsselprobleme unserer Gegenwart und der vermutlichen Zukunft".[243] Auf deren Bearbeitung bzw. Lösung hin hat Bildung abzuzielen. Zwar leuchtet deren materiale

---

Identität, in: K. Hurrelmann, D. Ulich, Hg., Neues Handbuch der Sozialisationsforschung, Weinheim u.a. [4]1991, 573-594.

[240] S. Schmidt, a.a.O. (Anm. 1) 37f.; vgl. auch L. Vaskovics, Religionssoziologische Aspekte der Sozialisation wertorientierter Verhaltensformen, in: IJRS 3 (1967) 115-151.

[241] S. den Überblick über diese Diskussion bei Grünschloß, a.a.O. (Anm. 229) 287-299.

[242] Preul, a.a.O. (Anm. 221) 512.

[243] S. W. Klafki, Grundzüge eines neuen Allgemeinbildungskonzepts. Im Zentrum: Epochaltypische Schlüsselprobleme, in: ders., Neue Studien zur Bildungstheorie und Didaktik, Weinheim [3]1993, vor allem 56-60; vgl. genauer zu diesem didaktischen Ansatz 3. Kap. 3.3.2.

Ausführung – die Friedens- und Umweltfrage, das Problem der gesellschaftlich produzierten Ungerechtigkeit, die Gefahren und Möglichkeiten neuerer Technologie sowie die Frage der Gestaltung des Geschlechterverhältnisses werden genannt – unmittelbar ein. Doch setzen solche Probleme, die Grundlage für die Didaktik sein sollen, zum einen normative Setzungen voraus, die den Bereich der Ethik übersteigen. Zum anderen fällt auf, daß der zunehmend auch mit den politischen Auseinandersetzungen im globalen Sinn verbundene Bereich der Religionen, bzw. des Dialogs zwischen den Religionen, fehlt.[244]

Theologisch ist die Ethisierung der öffentlichen Diskussion innerhalb des Pluralismus darin bedenklich, daß die Grundeinsicht des Evangeliums, wie sie Paulus und die Reformatoren auf den Begriff brachten, keinen Raum mehr hat: die Rechtfertigung allein aus Glauben, die u.a. die Vorläufigkeit der Ethik für das Gelingen des Lebens behauptet.[245]

Religionspädagogisch gesehen liegt in der Rechtfertigungsbotschaft eine grundlegende Relativierung aller pädagogischen Bemühungen vor, wie sie z.B. Martin Luther gegenüber Erasmus vertrat.[246] So wird es eine wichtige Aufgabe einer an den Einsichten der Reformatoren geschulten Religionspädagogik sein, im allgemeinen Bildungsgeschehen dafür zu sorgen, daß der Pluralismus selbst, mit seinen verschiedenen Implikationen, zum Thema wird und bei aller Anerkennung seiner Bedeutung – auch aus theologischen Gründen[247] – die ihm inhärenten Grenzen nicht verschwiegen werden.

Der Pluralismus spiegelt sich in der persönlichen Lebensführung als *Individualisierung*.

„Wo keine verbindliche Wahrheit mehr kollektiv definiert werden kann, muß es dem Individuum überlassen bleiben, seine eigenen Präferenzen zu bilden. Der Gedanke des persönlichen Gewissens wird mit demjenigen der Unsterblichkeit der individuellen Seele erst seit jener Achsenzeit um das Jahr 1100 gedacht, als mit dem Investiturstreit und seiner Beilegung in der spannungsreichen Doppelköpfigkeit geistlicher und weltlicher Macht die Grundlagen für die moderne, freiheitliche Entwicklung gelegt wurden. Aus diesen beiden zusammengehörigen Gedanken haben sich in

---

[244] Dies ergänzt zu Recht die EKD-Denkschrift: Kirchenamt der EKD, Hg., Identität und Verständigung. Standort und Perspektiven des Religionsunterrichts in der Pluralität, Gütersloh 1994, 33f.

[245] Vgl. Preul, a.a.O. (Anm. 221) 516.

[246] S. K. Petzold, Die Grundlagen der Erziehungslehre im Spätmittelalter und bei Luther, Heidelberg 1969, 74-76.

[247] S. z.B. V. Drehsen, Protestantische Pluralität diesseits des Himmels, in: J. Henkys, B. Weyel, Hg., Einheit und Kontext. Praktisch-theologische Theoriebildung und Lehre im gesellschaftlichen Umfeld, Würzburg 1996, 91-109.

einem verschlungenen Prozeß die Vorstellungen individueller Menschenwürde und individueller Menschenrechte entwickelt, zu deren Anwalt sich später die Aufklärung machte, und die ihren Niederschlag in den modernen Verfassungen gefunden haben ... So gilt denn das Individuum heute als letzte, nicht mehr hinterfragbare Instanz, die sich nur noch durch ihr ‚ich will' zu legitimieren braucht."[248]

Der einzelne Mensch sieht sich zunehmend Situationen ausgesetzt, in denen er eigenständige Entscheidungen treffen muß (bzw. kann), ohne daß Traditionen, etwa in Form von sozialer Zugehörigkeit, ihm helfen. Er muß „Das ‚eigene Leben' in die eigene Hand nehmen".[249]

Wie gravierend diese Anforderung ist, wurde im Zuge der deutschen Vereinigung 1989/90 anschaulich. Denn in der DDR-Gesellschaft war der Lebensweg des einzelnen (weithin) durch staatliche Lenkung vorgegeben. Daß dies nicht nur eine – zu überwindende – Beschränkung der Freiheit, sondern zugleich auch ein Schutz vor Risiken war, die zur Eigenverantwortlichkeit gehören, erfuhren in den letzten Jahren viele frühere DDR-Bürger und -Bürgerinnen schmerzhaft.[250]

Speziell auf religiösem Gebiet führt die Individualisierung zu einer Privatisierung von Religion. Religiöse Inhalte verlieren ihren lange vorherrschenden Charakter als etwas objektiv Feststehendes und werden zu einer – grundsätzlich jederzeit revidierbaren – subjektiven Angelegenheit des einzelnen. Berger bezeichnet das damit gegebene Verhalten als „häretisch" (im ursprünglich griechischen Sinn von hairein = nehmen, wählen) und markiert so die Differenz heutiger Glaubensbekenntnisse zu früheren.

„In prämodernen Situationen leben die Menschen in einer Welt religiöser Sicherheit, die gelegentlich durch häretische Abweichungen in Mitleidenschaft gezogen wird. Im Gegensatz dazu bildet die moderne Situation eine Welt der Unsicherheit, die gelegentlich durch mehr oder weniger brüchige Konstruktionen religiöser Affirmation abgewehrt wird."[251]

Religionspädagogisch bedeutet dies z.B., daß sich auch eine juristisch fixierte, kirchliche Verantwortung für den schulischen Religionsunterricht im Bewußtsein der Menschen verändert. War sie ursprünglich Ausdruck einer als selbstverständlich angenommenen Stabilität, erscheint sie mittlerweile als eine mögliche Wahl unter anderen Optionen – und so der politischen Diskussion ausgesetzt.

---

[248] Kaufmann, a.a.O. (Anm. 166) 215.

[249] So der Titel des Beitrages von U. Beck in: Pädagogik 48 (1996) H. 7-8, 41-47.

[250] Vgl. z.B. die stichwortartige Zusammenstellung der durch die Wende ausgelösten Ängste bei H.-J. Maaz, Der Gefühlsstau. Ein Psychogramm der DDR, München 1992 (1990) 160-164.

[251] Berger, a.a.O. (Anm. 63) 41.

2.1.3. Technisierung

Modernes Leben basiert gerade auch in seinem neuen Zeitverständnis und seinem Pluralismus auf technischen Errungenschaften und ist zugleich durch sie geprägt.

Vorweg sei betont: mit den folgenden Überlegungen soll keine – im übrigen unrealistische – Technikfeindlichkeit beschworen werden. Im religionspädagogischen Kontext warnt die Tatsache, daß manche allgemein zivilisationskritischen Einstellungen den Weg zu einer „deutschen" Pädagogik im Dritten Reich vorbereiteten. Vielmehr sollen neue Akzentuierungen religionspädagogischen Bemühens vorbereitet werden, die sich aus der Veränderung unserer Lebenswelt durch die Technisierung ergeben. Ihnen wird dann exemplarisch im 3. Kapitel in 2. (Elektronische) Medien eingehender nachgegangen.

Eisenbahn, Auto und Flugzeug gestatten eine noch vor zweihundert Jahren völlig undenkbare Mobilität, Telefon, Fernsehen und Computer ermöglichen eine jenseits früherer Vorstellungen liegende Kommunikation. Die Verbindung von Mikroelektronik und Computertechnologie mit der optischen Nachrichtentechnik und den neuen durch Kabel und Satellit eröffneten Möglichkeiten bahnt alle bisherigen Innovationen auf dem Mediensektor in den Schatten stellende neue Kommunikations- und Informationsmöglichkeit an.[252]

Nicht von ungefähr verbreitet sich mit dieser Entwicklung, die eine neue Ära im sozialen und individuellen Leben zu eröffnen scheint, der Begriff „Postmoderne" in Soziologie[253] und Philosophie.[254]

Während die umfassende Telekommunikation langsam die Kinderzimmer erobert,[255] sind die vorher genannten technischen Instrumente mittlerweile so in den Alltag integriert, daß sie nur noch bei Versagen als nicht selbstverständlich bewußt werden. Es ist wichtig, sich ihre revolutionäre Bedeutung für Erziehung und religiöse Praxis bewußt zu machen.

Pädagogisch relevant ist die Veränderung der Wirklichkeitswahrnehmung durch die technischen Innovationen. Die Fähigkeit zu genauer – und damit

---

[252] S. z.B. J. Schulte-Sasse, Von der schriftlichen zur elektronischen Kultur. Über neuere Wechselbeziehungen zwischen Mediengeschichte und Kulturgeschichte, in: H.U. Gumbrecht, K.L. Pfeiffer, Hg., Materialität der Kommunikation, Frankfurt ²1995 (1988) 433.

[253] S. grundlegend A. Etzioni, Die aktive Gesellschaft, Opladen 1975 (am. 1968).

[254] S. grundlegend Lyotard, a.a.O. (Anm. 237).

[255] S. die Zusammenfassung der neueren Medienrezeptionsforschung bei H.-H. Krüger, H.-J. v. Wensierski, Wirklichkeit oder Simulation – Erziehungswissenschaft und Medienalltag, in: H.-H. Krüger, Hg., Abschied von der Aufklärung. Perspektiven der Erziehungswissenschaft, Opladen 1990, 201-205.

auch langsamer – Wahrnehmung kann bei Kindern nicht mehr vorausgesetzt werden. Der „touristische Umgang" mit Gesehenem[256] und die von
Computern gewohnte Geschwindigkeit[257] stehen dem entgegen. Zudem
tritt die virtuelle Wirklichkeit des technisch Produzierten und am Bildschirm Gesehenen an die Stelle der alle Sinne umfassenden Wirklichkeitswahrnehmung etwa beim Spiel auf einer Wiese. Hier ist nicht zuletzt das
Anwachsen akustischer Einflüsse zu nennen, die die Wirklichkeitswahrnehmung trüben.

„Durch ständige Präsentifikation, durch ständige Hör-Gegenwart, unter Vernachlässigung der bereits gehörten Weltinformation und ohne Aussicht auf das
antizipierende Hören dessen, was sich erst leise ankündigt, geht nun das Hören in der
Ubiquität der Lärmausschüttung unter. In der Abwesenheit der Stille wird diese Art
perverser Zeitlosigkeit zur anthropologischen Falle, zum neuen Analphabetismus der
Sinne im Zeitalter der Großen Information."[258]

Dies hat auch für die religiöse und christliche Einstellung und Praxis
Konsequenzen. Denn z.B. beziehen sich viele biblische Geschichten auf
Wahrnehmungen und Erfahrungen, die heutigen Menschen fehlen. „Folg-
lich besteht ein kognitives Mißverhältnis zwischen dem traditionellen nor-
mativen System und der Welt, die den meisten Menschen aus unmittelbarer
Erfahrung bekannt ist."[259] Vor allem führt der zunehmend durch technische
Apparaturen vermittelte und erleichterte Umgang mit Wirklichkeit, nicht
zuletzt in Form der Unterhaltungselektronik, zu einem Zurücktreten der
Konfrontation mit der eigenen Endlichkeit, einer für religiöse Praxis grundlegenden Frage und Erfahrung.

Religionspädagogisch erinnert vor allem die Symboldidaktik an die große
Bedeutung sinnlicher Wahrnehmung für religiöses und christliches Lernen.[260] Erst das unmittelbare Hören, Sehen, Tasten, Riechen und Schmek-
ken in seiner jeweiligen Bezogenheit aufeinander ermöglichen z.B. ein ni-
veauvolles Gespräch über den ersten Glaubensartikel.

Die zunehmende Technisierung der Lebensvollzüge erschwert auch die bisher
verbreitete Bezugnahme auf die Geschöpflichkeit des Menschen im Gespräch zwi-

---

[256] S. G. Lange, Die Sehgeduld stärken, in: Kunst und Kirche 1983, 73-77.

[257] S. z.B. die am Ende von 2.1.1. zitierte Kinderäußerung.

[258] J.-P. Wils, Die große Erschöpfung. Kulturethische Probleme vor der Jahrtau-
sendwende, Paderborn u.a. 1994, 52f.

[259] Inglehart, a.a.O. (Anm. 232) 229.

[260] S. z.B. E. Feifel, Was ist ästhetische Erfahrung? Prolegomena einer religionspädagogischen Ästhetik, in: Religionspädagogische Beiträge 30 (1992) 3-18; s.
auch 1. Kap. 4.2.5.

schen Theologie und Pädagogik. Die damit gegebenen Probleme werden aber, soweit ich sehen kann, noch nicht wahrgenommen, geschweige denn bearbeitet.

2.2. Leben in der Risiko- und Erlebnisgesellschaft

Die im vorhergehenden kurz skizzierten Phänomene der „modernen Welt" werden in zwei breit rezipierten soziologischen Gegenwartsanalysen aufgenommen und mehr politisch bzw. mehr ästhetisch unter den Begriffen „Risiko-" bzw. „Erlebnisgesellschaft" profiliert.

Bei der folgenden Darstellung der wichtigsten Einsichten und Thesen dieser Konzepte ist noch einmal an das hier leitende heuristische Ziel zu erinnern, gesellschaftliche Rahmenbedingungen religiöser, christlicher und kirchlicher Bildung, Erziehung und Sozialisation zu erfassen. Deshalb verzichte ich auf eine genauere Auseinandersetzung mit den einzelnen Forschungsstrategien, die für die genaue Bewertung von Einzelaussagen unerläßlich wäre.

2.2.1. Risikogesellschaft

Der methodische Nachteil der Studie „Risikogesellschaft" des Soziologen Ulrich Beck, die mangelnde Absicherung seiner Thesen mit repräsentativem empirischen Material, ist zugleich im vorliegenden heuristisch interessierten Zusammenhang ihr Vorteil. Denn so Beck selbst: „In Zeiten strukturellen Wandels geht Repräsentativität ein Bündnis mit der Vergangenheit ein und verstellt den Blick auf die Spitzen der Zukunft, die von allen Seiten in den Horizont der Gegenwart hineinragen."[261] Er macht in zwei Hinsichten auf den Wandel der Moderne aufmerksam, den er als Übergang von der einfachen zur reflexiven Modernisierung charakterisiert:[262] Die reflexive moderne Gesellschaft, also die Gesellschaft, die die modernen Prinzipien der Kritik auf die Errungenschaften der durch Abgrenzung von der Prämoderne gewonnenen Moderne anwendet und so diese Moderne brüchig werden läßt, wird durch die Begriffe „Risiko" und „Individualisierung" gekennzeichnet.

„Wurden im 19. Jahrhundert ständische Privilegien und religiöse Weltbilder, so werden heute das Wissenschafts- und Technikverständnis der klassischen Industriegesellschaft entzaubert, die Lebens- und Arbeitsformen in Kleinfamilie und Beruf, die Leitbilder von Männer- und Frauenrolle usw."[263]

---

[261] U. Beck, Risikogesellschaft. Auf dem Weg in eine andere Moderne, Frankfurt 1986, 13.
[262] S. ebd. 14.
[263] Ebd.

Besonders aufschlußreich für das Verständnis der Gegenwart und nahen Zukunft ist das Stichwort „Risikogesellschaft".[264] Es sei hier näher erläutert, weil es sowohl pädagogische und theologische als auch religionspädagogische Herausforderungen der Gegenwart und Zukunft beschreibt.

Beck beobachtet, daß das Leben von Menschen in unserer Gesellschaft zunehmend von Risiken bestimmt wird, die sich in zweierlei Hinsicht von früheren Risiken unterscheiden: sie sind global, betreffen also grundsätzlich alle Menschen, ja letztlich die ganze Natur, und sie sind Produkte erfolgreicher technischer Entwicklungen, also der Modernisierung.[265]

Wissenschaftstheoretisch ist dabei das Ineinandergreifen früher scharf getrennter Bereiche, nämlich von Ethik, Politik und Naturwissenschaft bzw. Technik wichtig, das letztlich zu einer völligen Verschmelzung von Natur und Gesellschaft führt.[266] Z.B. liegt jeder – angeblich (natur)wissenschaftlichen – Risikoeinschätzung, etwa in Form von Festlegung bestimmter Grenzwerte, eine bestimmte Vorstellung, also Norm von wünschenswertem Leben zugrunde.[267] Zusammenfassend bringt Beck dies auf den Begriff: Letztendlich steht hinter solchen Versuchen der Risikoabschätzung und -abwehr ein „normativer Gegenentwurf" zur Gesellschaft, dessen Ziel „Sicherheit" ist.[268] Psychologisch liegt dem die „Angst" der Menschen zugrunde vor dem, was noch nicht eingetreten ist, aber – nach Expertise moderner Wissenschaft – einzutreten droht.

Es ist interessant, daß Beck zur näheren Beschreibung der dadurch entstehenden Veränderungen auf religiöse Vorstellungen zurückgreift: „Die Bedrohungen der Zivilisation lassen eine Art neues ‚Schattenreich' entstehen, vergleichbar mit den Göttern und Dämonen der Frühzeit, das sich hinter der sichtbaren Welt verbirgt und das menschliche Leben auf dieser Erde gefährdet."[269]

„Die Rolle der Geister übernehmen unsichtbare, aber allgegenwärtige Schad- und Giftstoffe. Jeder hat seine privaten Feindschaftsbeziehungen zu speziellen Unter-

---

[264] Zu den liturgischen und kybernetischen Konsequenzen des hiermit verbundenen Individualisierungsschubs der letzten zwanzig Jahre s. K.-H. Bieritz, Gegengifte. Kirchliche Kasualpraxis in der Risikogesellschaft, in: ZdZ 46 (1992) 3-10.

[265] S. Beck, a.a.O. (Anm. 261) 29.

[266] S. ebd. 37f.

[267] Ebd. 76: „Selbst in ihren hochmathematisch-statistischen oder technologischen Einkleidungen enthalten Aussagen über Risiken Aussagen der Art: so wollen wir leben – also Aussagen, die nur in einer permanenten Grenzverletzung von Natur- und Technikwissenschaften allein entschieden werden können."

[268] Ebd. 65.

[269] Ebd. 96f.

giften, seine Ausweichrituale, Beschwörungsformeln, seine Wetterfühligkeit, Vorahnungen und Gewißheiten."[270]

Die Herausforderungen für die Theologie und damit für Religionspädagogik sind hier unmittelbar zu greifen. Offensichtlich zeichnen sich Probleme für Menschen und ihre Lebensgestaltung[271] als Folge des mit der Modernisierung gegebenen technischen Fortschritts, nämlich infolge von dessen „Nebenwirkungen" und deren Interpretation, ab, die nicht mit „modernen" Vorstellungen hinreichend bearbeitet werden können. Sie gewinnen dadurch an Brisanz – und hier spielt Becks These vom Individualisierungsschub hinein –, daß die herkömmlichen „Formen der Angst- und Unsicherheitsbewältigung in Familie, Ehe, Geschlechtsrollen, Klassenbewußtsein und darauf bezogenen politischen Parteien und Institutionen" an Bedeutung verlieren.[272]

Das Stichwort: Sehnsucht nach „Sicherheit" verweist auf eine in der reformatorischen Theologie geläufige Denkfigur. Hier wird zwischen „certitudo" (Gewißheit) und „securitas" (Sicherheit) unterschieden. Dabei bezeichnet „securitas" „den (freilich bloß relativ erreichbaren) Zustand ..., in dem ein Mensch eine Situation so beherrscht und bestimmt, daß er unverwundbar ist"; „certitudo" ist dagegen „kein Beherrschen und Bestimmen, sondern viel eher ein Beherrscht- und Bestimmtwerden, dem ein Mensch wehrlos ausgesetzt ist, und schließt deshalb Verletzbarkeit gerade nicht aus".[273]

Religionspädagogische Bemühungen, die sich Becks Vorhersage einer „Risikogesellschaft"[274] stellen, stoßen hinter den Vermutungen Becks auf den fundamentalen Streit um die Lebensausrichtung, auch ein grundlegendes theologisches Thema. Der Versuch, das eigene Leben möglichst umfassend zu sichern und vor Verletzungen zu bewahren, ein wesentlicher Impetus der modernen Technik und zugleich der auf sich bezogenen reflexiven

---

[270] Ebd. 98.

[271] Vgl. zur in diesem Zusammenhang interessanten poimenischen Bedeutung des Konzepts „Risikogesellschaft" den Versuch von K.-H. Bieritz, Gewinner und Verlierer. Seelsorge in der Risikogesellschaft, in: VuF 35 (1990) 4-35, neuere Literatur zur Seelsorge unter diesem Stichwort zu interpretieren.

[272] Beck, a.a.O. (Anm. 261) 101f.

[273] W. Härle, Dogmatik, Berlin u.a. 1995, 62.

[274] In der Diskussion wurde zu wenig beachtet, daß Beck erst das Heraufziehen der Risikogesellschaft, nicht aber deren allgemeine Präsenz konstatiert (Beck, a.a.O. (Anm. 261) 27). Allerdings ist gerade eine solche Prognose in pädagogischem bzw. religionspädagogischem Zusammenhang von Relevanz, weil pädagogisches Handeln in den Erziehungs- und Bildungszielen immer Zukunft antizipieren muß.

Moderne, muß in letzter Konsequenz als von vornherein aussichtlos gelten und führt zunehmend in Aporien.

Sie treten vielleicht am deutlichsten in den Fortschritten der modernen Medizin zu Tage. Diese führen z.B. zu einer explosionsartigen Vermehrung der Bevölkerung auf der Erde – in den letzten 300 Jahren fast Verzehnfachung –, eine Entwicklung, die aber gleichzeitig das lebensgefährdende Problem der Überbevölkerung mit sich bringt.[275] Dabei tritt die unterschiedliche Einschätzung des Wertes von Menschenleben immer krasser zum Vorschein. Während sich z.B. auch Greise in den sog. entwickelten Ländern umfassender kostspieliger Intensivbetreuung erfreuen können, fehlen in vielen anderen Ländern einfachste Medikamente, um das Leben von Kindern zu retten.

Pädagogisch weist das Konzept von der Risikogesellschaft ebenfalls auf ein großes Problem hin. Die Risiken der Großtechnologien, von den Medien eindrücklich den Menschen, auch den Kindern und Jugendlichen nahegebracht, gefährden die natürliche Ausrichtung von Kindern und Jugendlichen auf die Zukunft.

„Haben sie (sc. die Lebensphasen des Aufwachsens, C.G.) früher doch ihren Sinn aus der Vorbereitung auf ein Morgen bezogen, so sind sie angesichts der Ungewißheit, ob es dieses Morgen überhaupt noch geben wird, und angesichts des Zweifels, ob es sich lohnt, um dieses Morgens willen heute Verzicht zu üben, zu Lebensphasen mit einem ausgeprägten Gegenwartsbezug geworden, die ihren Sinn gerade im Hier und Jetzt besitzen."[276]

Ja, grundsätzlich erscheint der Sinn von Erziehung überhaupt gefährdet, denn: „Erziehung zielt ihrer inneren Struktur nach darauf, Leben, und zwar gemeinsames Leben, auf Zukunft hin zu ermöglichen ... Wenn nun die Grundmechanismen einer Gesellschaft, in die im Erziehungsvorgang eingeführt werden soll, die Zukunft dieser Gesellschaft selbst in Frage stellen, wird der Vorgang von Erziehung selbstwidersprüchlich: was zukünftiges Leben ermöglichen soll, gefährdet dieses Leben."[277] So droht – anscheinend paradox – die Sehnsucht nach Sicherheit die Grundlagen pädagogischer Arbeit zu zerstören. Angesichts der eben vorgetragenen theologischen Deutung dieses Vorgangs in Form der Differenzierung zwischen „certitudo" und „securitas" liegt in der Bearbeitung dieses Problems eine zentrale religionspädagogische Aufgabe, die wohl von einer im Modernitätsparadigma befangenen Pädagogik so gar nicht gesehen werden kann.

---

[275] S. ebd. 330.

[276] N. Mette, Religionspädagogik, Düsseldorf 1994, 35.

[277] H. Peukert, Tradition und Transformation. Zu einer pädagogischen Theorie der Überlieferung, in: Religionspädagogische Beiträge 19 (1987) 24f.

2.2.2. Erlebnisgesellschaft

Einige Jahre nach Becks aufsehenerregender These von der „Risikogesellschaft" versuchte der Soziologe Gerhard Schulze die gegenwärtige Verfassung der bundesdeutschen[278] Gesellschaft mit dem Begriff „Erlebnisgesellschaft" zu begreifen. Dabei will er wissenssoziologisch hinter der allgemein konstatierten Individualisierung die „Spurenelemente von Kollektivität"[279] erfassen.

„Individualisierung bedeutet nicht Auflösung, sondern Veränderung von Formen der Gemeinsamkeit."[280]

Mit vielen anschaulichen Beispielen aus dem Alltag belegt Schulze die *„Ästhetisierung des Alltagslebens".*[281] Während frühere Gesellschaften wesentlich durch den Kampf um das materielle Überleben bestimmt waren, tritt jetzt die Orientierung an Erlebnissen in den Vordergrund. Diente ursprünglich z.B. Kleidung dem Wärmeschutz, so scheint jetzt ihre Hauptfunktion in der Selbststilisierung der Menschen zu liegen.

„Das Subjekt wird sich selbst zum Objekt, indem es Situationen zu Erlebniszwecken instrumentalisiert."[282]

Deutlich betont Schulze, daß diese neue Ausrichtung nur auf dem Hintergrund der (weitgehenden) Erfüllung der grundlegenden Bedürfnisse der Menschen möglich ist.

Die religionspädagogische Relevanz dieser grundsätzlichen Veränderung der „Beziehung der Menschen zu Gütern und Dienstleistungen"[283] deutet Schulze selbst in zweifacher Hinsicht an:

Zum einen konstatiert er: „Die Problemperspektive des Lebens verlagert sich von der instrumentellen auf die normative Ebene".[284] Oder anders formuliert: „Der Weg von der Pauperismuskrise zur Sinnkrise läßt sich auch als Weg von der Überlebensorientierung zur Erlebnisorientierung beschrei-

---

[278] G. Schulze, Die Erlebnisgesellschaft. Kultursoziologie der Gegenwart, Frankfurt u.a. 1993 (1992) 30, nimmt an, daß die von ihm auf Grund einer empirischen Erhebung im Nürnberger Raum diagnostizierte Situation sich im „Zeitraffer" auf dem Gebiet der DDR einstellen wird.
[279] Ebd. 24f.
[280] Ebd. 24.
[281] So die Überschrift des ersten Kapitels der „Erlebnisgesellschaft".
[282] Ebd. 40, wobei „Situation" alles bezeichnet, „was sich außerhalb von Bewußtsein und Körper befindet, jedoch damit in Beziehung steht" (ebd. 48).
[283] Ebd. 13.
[284] Ebd. 33.

ben."[285] Damit ist eine Verkomplizierung des Lebens gegeben, die verstärkte Bildungsbemühungen, eben auch im normativen Bereich, erfordert.

Zum anderen stößt Schulze – ähnlich wie Beck – auf das Problem der Sicherung des Lebens. Er versteht die Bemühungen um eine Ästhetisierung des Alltags letztlich als „Konstruktionen, die Sicherheit geben sollen".[286] Damit ist auch hier das theologische Fundamentalproblem der Rechtfertigung indirekt angesprochen.

Bei genauerer Ausarbeitung des Konzepts vom schönen Leben als Ziel trifft Schulze auf die tiefe Aporie der Erlebnisgesellschaft: „Es ist ein unauflöslicher innerer Widerspruch erlebnisorientierten Handelns, daß der Versuch, Erleben durch Variation der Erlebnisgegenstände sicher zu stellen, zur Unklarheit darüber führt, was man will und ob einem das Neue wirklich gefällt. Erlebnisse setzen ästhetische Übung voraus, habitualisierte Routinen der Dekodierung, werden aber paradoxerweise durch Gewöhnung uninteressant."[287]

Machen diese Gesichtspunkte darauf aufmerksam, daß die tiefgreifenden Veränderungen in unserer Gesellschaft nach dem Zweiten Weltkrieg theologisch und pädagogisch relevante Grundsatzfragen aufreißen, so gibt die Auswertung der empirischen Ergebnisse interessante materiale Hinweise für religionspädagogische Theoriebildung. Schulze unterscheidet in Deutschland insgesamt fünf „alltagsästhetische Schemata", also „kollektive Muster des Erlebens".[288]

„Gemeint ist damit eine weit verbreitete, den meisten Menschen in einer Kultur vertraute Relation zwischen zwei Ebenen, die zueinander im Verhältnis von Zeichen und Bedeutungen stehen. In der Zeichenebene finden wir große Gruppen von Konsumgütern, Veranstaltungen, Situationen, Personen, Handlungen, selbst von Städten (Florenz, New York, Amsterdam usw.) und Regionen (Alpen, Ibiza, Karibik usw.) – potentiell alles, denn alles ist ästhetisierbar, d.h. mit Erlebnisabsichten besetzbar. Diesen Ensembles stehen Bedeutungskomplexe gegenüber, die sich ungefähr als Konfigurationen von Genuß, Lebensphilosophie und Distinktion beschreiben lassen. Innerhalb einer Zeichengruppe gibt es einen kleinsten gemeinsamen Nenner von kollektiven Bedeutungen."[289]

Die nachfolgenden, dem Buch von Schulze entnommenen stichpunktartigen Charakterisierungen der einzelnen Milieus zeigen gut die Verbundenheit der verschiedenen Lebensbereiche durch die jeweiligen ästhetischen Schemata.

---

[285] Ebd. 55.

[286] Ebd. 72.

[287] Ebd. 234.

[288] Ebd. 125.

[289] Ebd.

„1. Im *Niveaumilieu* regiert die primäre Perspektive der Hierarchie, die durch die Ordnungsrelation von Abstufungen zwischen oben und unten bestimmt ist. Neben dem Wirklichkeitsbereich der sozialen Positionen (vor allem der Berufe, deren hierarchisierte Wahrnehmung die Soziologie seit ihren Anfängen beschäftigt hat) gibt es viele weitere hierarchisierbare Aspekte der Welt, etwa Geschmack, Bildung, Sprachkompetenz, Kunstwerke und Darbietungen von Kunstwerken (besonders musikalische Interpretation). Normale existentielle Problemdefinition in dieser subjektiven Welt der vertikalen Ordnungen ist das Streben nach Rang: gehobene Berufspositionen, hohe Leistungsmaßstäbe, Kultiviertheit von Sprache, Erscheinungsbild und Umgangsformen, hochkulturelle Alltagsästhetik. Im Streben nach Rang wird die hierarchische Ordnung der Welt als gegeben angenommen, während die Position des Ich in dieser Welt erkämpft und behauptet werden muß. Da die Richtung der Zuordnung vom Ich zur Welt verläuft, liegt ein weltverankerter Ich-Welt-Bezug vor.

2. Andere Perspektiven gelten für die existentielle Anschauungsweise des *Integrationsmilieus*. Hier dominiert die primäre Perspektive der sozialen Erwartungen, die eine Grundeinteilung der Welt nach den Gesichtspunkten von Konformität und Abweichung vornimmt. Grundfrage ist: Wie verhält sich das Erfahrbare zu Konventionen, ungeschriebenen Regeln, Gesetzen? Paßt es in die soziale Ordnung der Welt? Dabei ergeben sich teilweise andere Klassifikationen als nach dem Ordnungsschema der Hierarchie. Wenn etwa die Wahrnehmung musikalischer Interpretation an der Perspektive der Hierarchie ausgerichtet ist, kann man auch für die einzigartige, alle Konventionen sprengende Gestaltung eines Werkes eine günstige Beurteilung erwarten; dagegen disponiert die primäre Perspektive der sozialen Erwartungen eher Reserviertheit gegenüber künstlerischen Innovationen, bis diese schließlich konventionalisiert sind. Als gut erscheint unter dieser Perspektive das Regelrechte: musikalische Aufführungen, die eingefahrene Hörgewohnheiten respektieren, solide Lebensläufe, ordentliche Kleidung, sauber geputzte Küchen, zuverlässig erledigte Aufträge. Hierarchische und erwartungsbezogene Denkweisen schließen sich zwar nicht gegenseitig aus, doch konzentrieren sie sich auf unterschiedliche Aspekte der Wirklichkeit – hier das Gehobene, ob es nun innerhalb konventioneller Rangordnungen definiert ist oder seinen Rang gerade dadurch gewinnt, daß es revolutionär ist, dort das Passende, das auch in der Subordination bestehen kann. Normale existentielle Problemdefinition in der Anschauungsweise des Integrationsmilieus ist das Streben nach Konformität. Wiederum stoßen wir auf einen weltverankerten Ich-Welt-Bezug. Gegeben ist eine Ordnung sozialer Erwartungen, denen das Ich zugeordnet wird.

3. Der existentiellen Anschauungsweise des *Harmoniemilieus* liegt die primäre Perspektive der Bedrohung zugrunde. Bei der daraus resultierenden Klassifikation wird die Wirklichkeit mit einer Art Ur-Mißtrauen betrachtet. Es ergibt sich eine Ordnung der Dinge nach dem Grad der Angst, die man vor ihnen haben muß. Das Wirklichkeitsmodell wird beherrscht von Polaritäten zwischen gut und böse, harmlos und gefährlich, vertrauenerweckend und verdachterregend. Normale existentielle Problemdefinition ist das Streben nach Geborgenheit. Auch hier liegt eine weltverankerte Variante des Ich-Welt-Bezuges vor. Ausgangsvorstellung ist die gegebene Ordnung der Bedrohlichkeitsgrade, in der das Ich nach Nischen sucht.

4. Während sich bei weltverankerten existentiellen Anschauungsweisen der Blick nach außen richtet, ist die primäre Perspektive in der Anschauungsweise des *Selbstverwirklichungsmilieus* nach innen gerichtet. Sie besteht in der Ordnungsvor-

stellung des Inneren Kerns, die vom Modell einer endogenen psychischen Entwick-
lungsdynamik ausgeht und daraus eine fundamentale Unterscheidung zwischen au-
thentischen und entfremdeten Zuständen des Ichs ableitet. Wo man gerade innerlich
steht, was im Moment für das Ich richtig ist, wohin man sich entwickelt – solche
Fragen operieren implizit mit der primären Perspektive des Inneren Kerns, dessen
Substanz immer wieder neu bestimmt werden muß. Normale existentielle Problemdefinition ist Selbstverwirklichung, worauf auch die Benennung des Milieus anspielt.
Dies impliziert eine Ich-Verankerung des Ich-Welt-Bezuges, bei der das Innere als
gegeben angenommen wird, während das Äußere als variabel gilt und so einzurichten
ist, daß es zur inneren Ordnung paßt.
    5. Ebenfalls ichverankert ist schließlich die primäre Perspektive der Bedürfnisse,
typisch für das *Unterhaltungsmilieu*. Hierbei ergibt sich eine Grundklassifikation
zwischen gewollten und nichtgewollten psychophysischen Zuständen, mit denen die
Vorstellung vom Ich geordnet wird. Negativ konkretisiert sich diese Ordnungsvor-
stellung oft als Ablehnung von Langeweile, während der positive Pol der Unterscheidung eher unklar bleibt. Dem entspricht die normale existentielle Problemdefinition
des Strebens nach Stimulation, wofür der voll entwickelte Erlebnismarkt immer
wieder neue Angebote bereit hält. Mit dem Ziel einer als angenehm empfundenen,
von Langeweile befreienden psychophysischen Aktivierung wird das Ich ins Zentrum
der Wirklichkeitsauffassung gesetzt, an dessen Gegebenheiten die äußere Welt anzu-
passen ist."[290]

Für pädagogisches Handeln ist die Kenntnis dieser „hypothetischen"
Schemata in mehrfacher Weise von Bedeutung. Sie kann auf das Problem
aufmerksam machen, daß Milieus, vor allem die, denen die den pädagogischen Prozeß leitende Person nahesteht, verabsolutiert werden. Hier
zeigt sich wieder in neuer Hinsicht die Problematik einer zu starken Konzentration religionspädagogischer Theoriebildung und Handelns auf den
schulischen Bereich, da dieser meist in engerer Verbundenheit zum Niveau-
als zum Harmoniemilieu steht.

    Dazu macht Th. Ziehe unter Bezug auf die Unterscheidung von Hoch- und
Alltagskultur darauf aufmerksam, daß die traditionelle Orientierung an der „Hochkultur", die auch noch (indirekt) die Studenten- und Schülerproteste Ende der
sechziger, Anfang der siebziger Jahre leitete, mittlerweile weithin weggefallen ist und
sich so vielleicht der Eindruck von Lehrerinnen und Lehrern erklären läßt, daß das
Unterrichten anstrengender wird. Die „Alltagskultur" der Schülerinnen und Schüler
steht gleichberechtigt neben der „Hochkultur". „Die Kluft zwischen der alltags-
kulturell-vermittelten Mentalität der Kinder und Jugendlichen einerseits und den
Bildungsinstitutionen der Pädagogen andererseits wird immer größer."[291]

---

[290] Ebd. 259f. (s. genauer die tabellarischen Übersichten zu den einzelnen Milieus
ebd. 291, 300, 311, 321, 330).

[291] Th. Ziehe, Adieu 70er Jahre! Jugendliche und Schule in der zweiten Modernisierung, in: Pädagogik 48 (1996) H. 7/8, 35; s. näher zum schulpädagogischen
Gesamtzusammenhang 3. Kap. 3.3.2.

Theologisch ist zudem wichtig, die Nähe bzw. Distanz von (allgemeinen) Milieus zu spezifischen Frömmigkeitsformen und Glaubensvorstellungen kritisch zu reflektieren. So hat das „kirchliche Leben" in seiner vereinsähnlichen Organisationsstruktur z.b. eine deutliche Nähe zum Integrationsmilieu.[292]

Allerdings ist auch hier – wie z.b. bei den entwicklungspsychologischen Theorien – auf den heuristischen, nicht normativen Charakter der Milieu-Theorie Schulzes hinzuweisen. Es wäre verfehlt, wenn z.b. eine Katechetin ihre Christenlehrekinder oder ein Religionslehrer seine Schüler und Schülerinnen nach Milieuzugehörigkeit einordnete. Vielmehr soll das Schema den Blick für Zusammenhänge zwischen einzelnen Verhaltensweisen öffnen und kritischer gegenüber eigenen Selbstverständlichkeiten machen, nicht zuletzt gegenüber der Gleichsetzung bestimmter milieubedingter Verhaltensweisen und Formen christlichen Glaubens.

2.3. Zusammenfassung

Die Beschäftigung mit Analysen der heutigen Gesellschaft und ihres Wissens führt zu pädagogisch und theologisch zentralen Problemstellungen, die dringend der religionspädagogischen Bearbeitung bedürfen:
– Hinter der Dominanz des linearen Zeitverständnisses, aber auch hinter der Technisierung, der Angst vor Risiken und dem Impetus zur Stilisierung des Lebens als eines Erlebnisses steht die Sehnsucht der Menschen nach Sicherheit. Die Ungesichertheit menschlicher Existenz, die in der Zukunft liegt, und die damit verbundenen fundamentalen Schwierigkeiten für pädagogisches Handeln sollen durch genaue Zukunftsplanung, technische Anlagen, Risikominimierung und intensives Erleben in der Gegenwart überwunden werden. Reformatorische Theologie wird diese Versuche, wenn sie absolut gesetzt werden, als untaugliche Versuche einer „securitas", also einer jenseits von Gott erstrebten Sicherheit, entlarven. Dahinter steht die offenkundige Unfähigkeit vieler Zeitgenossen, sich mit der eigenen Endlichkeit abzufinden bzw. diese überhaupt zu bedenken. Die Ethisierung des Lebens, wie sie im Imperativ der Wahl unverstellt hervortritt, mahnt indirekt die Botschaft von der Rechtfertigung an.
– Dadurch bekommt die Frage nach den vordringlichen Inhalten religionspädagogischer Bemühungen Orientierungen, in denen Gegenwarts-

---

[292] S. Schulze, a.a.O. (Anm. 278) 309. Vgl. zu theologischen Rezeptionsmöglichkeiten von der „Erlebnisgesellschaft" H.J. Schliep, Kirche in der Erlebnisgesellschaft. Soziologische Beobachtungen und theologische Bemerkungen, in: PTh 85 (1996) 211-224.

analyse und christliches Erbe eine erstaunliche Verbindung eingehen: *die Erinnerung an die Endlichkeit des Menschen, die Zerstörung falscher Sicherungsbestrebungen erfordern ein Fundament der Lebensgewißheit. Der christliche Glaube bietet dies an in der Botschaft von Gott, der uns Menschen aus Liebe rechtfertigt – getrennt von unseren ethischen Bemühungen.*

– Allerdings – und dies muß didaktisch und methodisch weiter durchdacht werden – reicht die abstrakt-verbale Verkündigung dieser Glaubenseinsicht nicht aus. Denn hier geht es um die den ganzen Menschen umfassenden Grundlagen der Daseins- und Wertorientierung. Vielmehr kommt es – gerade angesichts der entgegenstehenden Tendenzen in der Gesellschaft und ihrer Verwurzelung in der Alltagsroutine – darauf an, Orte und Zeiten zu schaffen, in denen die Menschen der Botschaft von der Rechtfertigung allein durch Gott und der daraus resultierenden, den biologischen Tod überschreitenden Gewißheit („certitudo") mit all ihren Sinnen, theologisch formuliert: ihren von Gott geschenkten Kommunikationsmöglichkeiten, begegnen können.

3. Kirchliche Rahmenbedingungen

Zwar wies Thomas Luckmann in einer vielbeachteten Sammelrezension kirchensoziologischer Bücher 1960 auf die Problematik einer „Kirchgemeindesoziologie", also die Beschränkung religionssoziologischer Forschung auf das Zählen der Gottesdienstbesucher u.ä. hin und mahnte die wissenssoziologische Erweiterung religionssoziologischer Fragestellungen an.[293] Dementsprechend widmeten sich die vorhergehenden Abschnitte neueren wissenssoziologischen Erkenntnissen. Doch ist in religionspädagogischer Hinsicht die direkte Frage nach dem Zustand der Kirchen in mehrfacher Weise unerläßlich:

In Deutschland sind die Kirchen unmittelbar bzw. in Gemeinschaft mit dem Staat verantwortlich für wichtige Bildungsbemühungen, etwa in Form der kirchlichen Kindergärten, der Christenlehre, des Konfirmanden- bzw. Kommunion- und Firmunterrichts, der Jugendarbeit, der kirchlichen Erwachsenenbildung, des schulischen Religionsunterrichts und der Schulen in

---

[293] Th. Luckmann, Neuere Schriften zur Religionssoziologie, in: KZSS 12 (1960) 315-326; vgl. zur im Hintergrund stehenden grundsätzlichen Auseinandersetzung zwischen Vertretern substantieller und funktionaler Definitionen von Religion sehr übersichtlich und die entscheidenden Weichenstellungen markierend R. Döbert, Religiöse Erfahrung und Religionsbegriff, in: Religionspädagogische Beiträge 14 (1984) 98-118.

kirchlicher Trägerschaft. Dazu werden in der neueren Diskussion um den Religionsunterricht wiederholt unter Hinweis auf den (veränderten) kirchlichen Status in der heutigen Gesellschaft z.T. tiefgreifende Modifizierungen zur rechtlichen und konzeptionellen Konstitution dieses Unterrichtsfachs gefordert.[294]

Erste Spuren für einen Zusammenhang von Höhe der Kirchenmitgliedschaft und Schulrecht finden sich bereits vor der Vereinigung Deutschlands. So heißt es 1957 in Art. 6 Abs. 1 des Vertrags zwischen dem Land Schleswig-Holstein und den evangelischen Landeskirchen in Schleswig-Holstein bezüglich des „christlichen Grundcharakters" der Schulen: „Die Vertragsschließenden sind sich im Hinblick auf die Zugehörigkeit des größten Teils der Schüler und Lehrer des Landes zum christlichen Glauben darin einig ..."[295]

Weiter weisen neuere empirische Forschungen auf einen engen Zusammenhang zwischen äußeren Formen kirchlicher Praxis wie z.B. Gottesdienstbesuch und der Einstellung zu Glaubensfragen hin.

So konstatiert R. Köcher (in Verwendung eines auf abfragbare Inhalte bezogenen, also soziologisch operationalisierbaren Glaubensbegriffs): „Je seltener die Kontakte mit der Kirche über den Gottesdienst sind, desto schwächer ist der Glaube. 94% der regelmäßigen Gottesdienstbesucher, aber nur 35% derjenigen, die nie Gottesdienste besuchen, glauben an Gott ... Nur eine Minderheit ist kirchenfern und dennoch dem christlichen Glauben fest verbunden. Für die meisten geht die Loslösung von der Institution mit der Schwächung oder dem Verlust des christlichen Glaubens einher."[296]

Schließlich macht die von Paul M. Zulehner und Mitarbeitern religionssoziologisch ausgewertete Europäische Wertstudie auf – im Vergleich zu anderen europäischen Ländern (und Nordamerika) – wichtige Eigenheiten der Einstellung in Deutschland zu den Kirchen aufmerksam. Dies gilt in besonderem Maße für das Gebiet der ehemaligen DDR.[297]

Im folgenden stehen deshalb einige Hinweise auf spezifisch deutsche Charakteristika der Konstitution von Kirche am Anfang. Danach werden Daten zur Kirchenmitgliedschaft und zum Gottesdienstbesuch kurz vorgestellt und auf ihre Relevanz für religionspädagogisch reflektierte Handlungsfelder hin interpretiert. Dann wird die für die Zukunft besonders wichtige

---

[294] S. genauer 3. Kap. 3.3.3.

[295] Zitiert nach J. Listl, Hg., Die Konkordate und Kirchenverträge in der Bundesrepublik Deutschland Bd. 2, Berlin 1987, 668.

[296] R. Köcher, Religiös in einer säkularisierten Welt, in: E. Noelle-Neumann, R. Köcher, Die verletzte Nation, Stuttgart 1987, 183.

[297] S. besonders das Kapitel „Wie Europa glaubt" in Zulehner, Denz, a.a.O. (Anm. 231) 17-54.

Gruppe der jungen Menschen in ihrem Verhältnis zur Kirche thematisiert. Während hierbei jeweils auf Grund der besseren Datenlage die kirchlichen Verhältnisse in den alten Bundesländern im Vordergrund stehen, folgen dann einige Hinweise auf die spezielle Situation der Kirchen im Gebiet der früheren DDR. Abschließend versuche ich, die wichtigsten Einsichten systematisierend zusammenzufassen.

Konkretere Hinweise auf Gemeinde und Kirche, besonders bezüglich ihres konkreten pädagogischen Handelns, finden sich im 3. Kap. 4.

3.1. Kirche in Deutschland

Ein Blick in andere Länder macht schnell auf die Besonderheiten der kirchlichen und religiösen Situation in Deutschland aufmerksam.[298] Zwar beginnen sie z.T. undeutlicher zu werden bzw. sich aufzulösen, doch dürften sie aller Voraussicht nach zumindest mittelfristig noch bestimmend für religiöse Praxis und damit für religionspädagogische Theoriebildung und Praxis sein.

Die religiöse Situation in Deutschland ist nach wie vor durch die *Dominanz der beiden großen Kirchen* gekennzeichnet. Eine deutliche Bevölkerungsmehrheit gehört einer von beiden an.

In den alten Bundesländern geben je 42% der Bevölkerung an, entweder Glieder der römisch-katholischen oder der evangelisch(-landeskirchlich)en Kirche zu sein.[299] Erheblich anders ist die Situation in den neuen Bundesländern, in denen die Mehrzahl von 66% sich zu keiner Glaubensgemeinschaft zählt. Dadurch ist auch der Prozentsatz der Kirchenmitgliedschaft bezogen auf die Gesamtbevölkerung gegenüber etwa knapp 90% in der Bundesrepublik von 1988 auf etwa 70% nach der politischen Wende gesunken.

---

[298] Einen guten Überblick gibt K.-F. Daiber, Religion unter den Bedingungen der Moderne. Die Situation in der Bundesrepublik Deutschland, Marburg 1995. Dieses Buch geht ursprünglich auf einen Beitrag zu einem gesamteuropäischen Forschungsprojekt zurück und stellt deshalb die (für manchen Deutschen selbstverständlichen) Besonderheiten der kirchlichen Situation in der Bundesrepublik eingehend dar, schon unter Berücksichtigung der ostdeutschen Verhältnisse. In den folgenden Ausführungen stütze ich mich im wesentlichen auf das von Daiber zusammengetragene Material aus verschiedenen Statistiken, Umfragen und Untersuchungen.

[299] S. ebd. 151; nach den Statistischen Beilagen Nr. 89 und 90 zum Amtsblatt der EKD vom 15.10.1994 bzw. 15.1.1995 und dem Katholischen Kirchlichen Handbuch Bd. XXXII: 1991 und 1992, waren Ende 1992 35,7% der Bevölkerung in der Bundesrepublik Deutschland Mitglieder einer evangelischen Landeskirche, 34,7% waren römisch-katholisch.

Zwar ist – wie in 3.2. noch genauer gezeigt wird – die Selbstverständlichkeit der Kirchenmitgliedschaft in Deutschland heute nicht mehr allgemein; doch kann auch nicht pauschal von einer allgemeinen Pluralisierung der kirchlich-religiösen Situation gesprochen werden. Weder kleinere christliche bzw. christlich orientierte Denominationen noch gar andere Religionen konnten sich in der deutschen Bevölkerung zahlenmäßig so ausbreiten, daß sie in den Bereich der beiden großen Kirchen kommen.

Bei den Freikirchen stagnieren weithin die Mitgliedszahlen.[300] Andere Religionen, z.B. der Islam, scheinen sich bisher weithin auf aus dem Ausland Zugezogene bzw. deren Kinder zu beschränken.[301]

Auffällig ist im Vergleich zu anderen Ländern die Ausstrahlung der christlichen Kirchen in die bundesrepublikanische Öffentlichkeit. Der ihnen zugestandene Status der Körperschaft des öffentlichen Rechts[302] ist juristisch ein Ausdruck für ihre besondere Stellung im Vergleich zu anderen Gruppierungen und Gemeinschaften. Konkret verfügen die Kirchen in verschiedenen Institutionen, angefangen vom kirchlichen Kindergarten über den schulischen Religionsunterricht bis hin zu kirchlichen Erwachsenenbildungswerken, über erhebliche Einflußmöglichkeiten auf dem Gebiet der Bildung. Krankenhaus-, Industrie-, Militär-, Gefängnis- und Polizeipfarrstellen o.ä. zeigen die Verbundenheit von Kirche mit anderen Lebensbereichen. Am stärksten ist diese Verflechtung auf diakonischem Gebiet, wo die Kirchen in Form selbständiger, unter dem Dach des Diakonischen Werks bzw. des Caritasverbands zusammengeschlossener Werke mit jeweils über 300.000 Mitarbeiterinnen und Mitarbeitern erhebliche Wirkungsmöglichkeiten besitzen. Ausländischen Beobachtern fällt auch die Präsenz der Kirchen in den Medien auf. So stehen ihnen Sitze in den Rundfunkräten der öffentlichen Sender zu, sie verfügen dort über feste Sendezeiten und unterhalten in erheblichem Umfang selbst Print-Medien.

Das Ausmaß dieser Kontakte und institutionellen Verflechtungen scheint auf den ersten Blick der in der heutigen religionspädagogischen Diskussion

---

[300] S. Daiber, a.a.O. (Anm. 298) 134. Auf die große Bedeutung verwandtschaftlicher Beziehungen für die Mitgliedschaft in baptistischen Gemeinden macht die empirische Untersuchung des Gemeindeverständnisses Berliner baptistischer Gemeinden von B. Marchlowitz, Freikirchlicher Gemeindeaufbau. Geschichtliche und empirische Untersuchung baptistischen Gemeindeverständnisses, Berlin u.a. 1995, 155f., aufmerksam.
[301] S. Daiber, a.a.O. (Anm. 298) 145-147.
[302] S. zu diesem Rechtstitel G. Grethlein, H. Böttcher, W. Hofmann, H.-P. Hübner, Evangelisches Kirchenrecht in Bayern, München 1994, 110-115.

konstatierten „Erfolglosigkeit"[303] zu widersprechen. Ein Rückgriff auf religionssoziologische Einsichten läßt diesen Widerspruch zwischen pessimistischer Diagnose und der eben skizzierten Präsenz der Kirchen in der Öffentlichkeit verstehen. Kirche tritt – im Zusammenhang des allgemeinen Differenzierungsprozesses stehend – als „Organisationskirche" in der Öffentlichkeit auf.

„Von Organisationskirche ist dann zu sprechen, wenn das Christentum über eigene Sozialgestalten, eigene Gemeindebildungen, die sich von anderen Gruppierungen deutlich abheben und einen eigenständigen religiös-christlichen Zweck verfolgen, verfügt. Zum Teil Folge, zum Teil Voraussetzung hierfür ist, daß in einer (jeweiligen) Gesellschaft das Bewußtsein dafür vorhanden ist, daß Kirchenmitgliedschaft nicht gesellschaftlich selbstverständlich ist, sondern entscheidbar, sodaß man in eine jeweilige Kirche aus- und eintreten kann. Der seit dem 4. Jahrhundert im Abendland vorherrschende Institutionstyp, der auch im 16. Jahrhundert sowohl in evangelischen wie katholischen Territorien beibehalten wurde, hat sich spätestens seit dem 18. Jahrhundert in diese Richtung zu wandeln begonnen."[304]

Offensichtlich sagt jedenfalls gegenwärtig die Präsenz der Organisationskirche in der deutschen Öffentlichkeit nur teilweise etwas über die Präsenz christlicher Daseins- und Wertorientierung bei den einzelnen Menschen aus. Die – wie gezeigt – für die christlichen Kirchen schwierigen Sozialisationsbedingungen dürften in der Regel weiter wirken.

3.2. Kirchenmitgliedschaft

Die Veränderung im Verhältnis der Bevölkerung zur Kirchenmitgliedschaft ist unübersehbar. Zwar gab es in diesem Jahrhundert bereits wiederholt Kirchenaustrittswellen – mit Höhepunkten kurz nach dem Ersten Weltkrieg und dann im Nationalsozialismus um 1939[305] –, doch vollzieht sich seit 1968 in Westdeutschland eine hiervon mehrfach deutlich unterschiedene Entwicklung. Denn die Kirchenaustritte sind jetzt weder durch politische Propaganda zu erklären, noch sind sie auf wenige Jahre begrenzt.

Folgende Ergebnisse aus der Erforschung der *Kirchenaustritte* sind von direkter religionspädagogischer Relevanz:[306]

---

[303] S. Mette, a.a.O. (Anm. 276) 15-18.

[304] Daiber, a.a.O. (Anm. 298) 16.

[305] S. genauer den Exkurs „Zur Geschichte der Kirchenaustritte in Deutschland seit 100 Jahren" in: A. Feige, Kirchenmitgliedschaft in der Bundesrepublik Deutschland. Zentrale Perspektiven empirischer Forschungsarbeiten im problemgeschichtlichen Kontext der deutschen Religions- und Kirchensoziologie nach 1945, Gütersloh 1990, 126-136.

[306] Grundlegend für die weitere Forschung war die Dissertation von A. Feige,

– Es ist auffällig, daß die Mitglieder der evangelischen Kirchen sehr viel häufiger aus der Kirche austreten als die der römisch-katholischen Kirche. Traditionell wird dies mit der geringeren Bedeutung der Institution Kirche für evangelische Frömmigkeit als Resultat der Reformation mit ihrer Freisetzung des einzelnen Gemeindeglieds von den Ansprüchen der kirchlichen Hierarchie erklärt.[307] Religionspädagogisch ist dazu auf die Bedeutung von Gesten und Riten für religiöse Sozialisation hinzuweisen,[308] für die die römisch-katholische Kirche größeren Raum bietet. Theologisch muß gefragt werden: Kommt in den deutlich höheren Austrittszahlen auf evangelischer Seite nicht ein problematisch abstraktes, die Gestaltungsfrage christlichen Lebens zu sehr vernachlässigendes Verständnis von Glauben zum Vorschein? Dazu ergeben Umfragen eine bedeutend höhere Wertschätzung religiöser Erziehung bei Katholiken als bei Evangelischen.[309]

Allerdings nahm die Zahl der Austritte von Katholiken bei dem letzten „geradezu explosionsartigen Anstieg der Kirchenaustritte"[310] 1991 erheblich zu und nähert sich dem der evangelischen Kirche.

– Die empirischen Untersuchungen zur Kirchenmitgliedschaft ergeben, daß bestimmte Persönlichkeitsmerkmale mit der Wahrscheinlichkeit des Kirchenaustritts korrelieren. Am häufigsten findet sich der Kirchenaustritt bei Menschen mit folgenden Merkmalen: „Alter zwanzig – vierzig Jahre, höhere formale Bildung, alleinstehend, berufstätig, in der Großstadt lebend."[311] Für die religionspädagogische Arbeit besonders wichtig ist daran,

---

Kirchenaustritte. Eine soziologische Untersuchung von Ursachen und Bedingungen am Beispiel der Evangelischen Kirche von Berlin-Brandenburg, Gelnhausen u.a. ²1977 (1976). Ihr gingen die (erste Welle der) großen Umfragen in kirchlichem Auftrag voraus, die wesentlich durch die als tiefgreifend empfundenen Veränderungen Ende der sechziger Jahre angestoßen wurden: K. Forster, Hg., Befragte Katholiken – Zur Zukunft von Glaube und Kirche, Freiburg 1973; G. Schmidtchen, Hg., Gottesdienst in einer rationalen Welt. Religionssoziologische Untersuchungen im Bereich der VELKD, Stuttgart u.a. 1973; H. Hild, Hg., Wie stabil ist die Kirche? Bestand und Erneuerung, Gelnhausen u.a. 1974.

[307] S. z.B. J. Hanselmann, H. Hild, E. Lohse, Hg., Was wird aus der Kirche? Ergebnisse der zweiten EKD-Umfrage über Kirchenmitgliedschaft, Gütersloh 1984, 41.

[308] S. Schmidt, a.a.O. (Anm. 1) 200.

[309] S. W. Pittkowski, Evangelisch – Katholisch – Konfessionslos, in: J. Matthes, Hg., Kirchenmitgliedschaft im Wandel, Gütersloh 1990, 167.

[310] Kirchenzugehörigkeit in Deutschland: Was hat sich verändert? Evangelische und katholische Kirche im Vergleich, epd-Dokumentation 1a/95, 8.

[311] So die Einzelbefunde zusammengefaßt in: Kirchenamt im Auftrag des Rates der

daß der Großteil der Ausgetretenen sich in einem Alter befindet, in dem häufig die Geburt und Erziehung von Kindern anstehen. Da in der Regel die Kinder von Ausgetretenen in ihrer Familie keine (explizit) religiöse Erziehung finden,[312] ist ein weiterer Rückgang von religiösem Wissen (im umfassenden nicht nur verbal-kognitiven, sondern auch den alltagspraktischen und rituellen Bereich einbeziehenden Sinn) bei Kindern und Jugendlichen zu erwarten.

  – Schon die erste eingehende Untersuchung der Kirchenaustritte durch Andreas Feige ergab die Hypothese, „daß die Entscheidung über die Beibehaltung bzw. Aufkündigung der Kirchenmitgliedschaft unter dem Aspekt des Nutzens und der Kosten gesehen wird".[313] Dabei handelt es sich nicht nur um finanzielle Überlegungen, obwohl Veränderungen im Steuer- und Abgabenrecht regelmäßig einen Anstieg der Kirchenaustritte nach sich ziehen. Vielmehr wird offensichtlich an bestimmten Übergängen, die auch ökonomische Konsequenzen erfordern, über den Nutzen von Dingen, eben auch die Kirchenmitgliedschaft, nachgedacht. Den Hintergrund hierfür gibt die Tatsache ab, daß die frühere, z.T. durch soziale Sanktionen abgestützte Selbstverständlichkeit der Kirchenmitgliedschaft einer bewußten (immer wieder revidierbaren) Entscheidung weicht.

  Hierfür spricht umgekehrt die seit etwa 1974 steigende Zahl von Wiederaufnahmen bzw. Übertritten in die evangelische Kirche.[314]

  Demnach wird die *Frage der Bedeutung von Gemeinschaft für religiöses Leben und deren Organisation* zunehmend ein Thema für eine Bildungsarbeit, die junge Menschen für die von ihnen zu treffenden Entscheidungen, eben auch bezüglich der Mitgliedschaft in der Kirche, befähigen will.

  – Schließlich zeigen neuere Untersuchungen zu den Ausgetretenen, daß die traditionelle Unterscheidung zwischen Kirchenmitgliedern und Nichtmitgliedern der weiteren Differenzierung bedarf. Bei der Frage nach dem Glauben an Gott ergab sich z.B. eine interessante Differenz zwischen denen, die aus der Kirche ausgetreten sind, und denen, die schon immer konfessionslos waren. Die Ausgetretenen stehen christlichen bzw. religiösen Aussagen deutlich näher als die schon immer Konfessionslosen.

Evangelischen Kirche in Deutschland, Hg., Christsein gestalten. Eine Studie zum Weg der Kirche, Gütersloh 1986, 21.

[312] S. ebd.

[313] Feige, a.a.O. (Anm. 306) 217f.

[314] S. Kirchenzugehörigkeit (Anm. 310) 10.

Während z.B. in Westdeutschland 11% der Ausgetretenen dem Item zustimmten: „Ich glaube an Gott, obwohl ich immer wieder zweifle und unsicher werde", waren es nur 5% der schon immer Konfessionslosen; 46% der Ausgetretenen bejahten: „Ich glaube an eine höhere Kraft, aber nicht an einen Gott, wie ihn die Kirche beschreibt", dagegen nur 26% der schon immer Konfessionslosen.[315]

Bildungsangebote werden also zunehmend mit einem differenzierteren Adressatenkreis zu rechnen haben, den die Unterscheidung von Kirchenmitgliedschaft und Nichtmitgliedschaft nicht hinreichend erfaßt.

Insgesamt ergeben die wenigen hier aufgenommenen Befunde zur Kirchenmitgliedschaft, daß die häufig zu hörende pauschale Rede von „der Säkularisierung", z.T. verbunden mit einer kulturpessimistischen Globalperspektive vom Ende „der Religion", nicht nur nicht weiterhilft, sondern den Blick für die in der Situation liegenden Chancen verstellt. Die Befunde der konfessionellen Differenzen, des Profils des typischen Kirchenaustrittskandidaten, des Rückgangs der Selbstverständlichkeit von Kirchenmitgliedschaft und der zunehmenden Differenzierung im Verhältnis zur Kirche implizieren große religionspädagogische Herausforderungen, die die traditionellen Schwerpunkte kirchlicher und religiöser Bildungsarbeit im Religions- und Konfirmandenunterricht weit übersteigen. Vor allem scheint die Abnahme der Bedeutung von Kirche als Großinstitution zu einem Bedeutungsgewinn von Personen und ihren je eigenen Entscheidungen zu führen.[316] Daraus ergibt sich für Zulehner folgende zukünftige Aufgabe: „Eine große Kunst der christlichen Kirchen wird künftig darin bestehen, nicht kirchlich behauste personbezogene Religiosität in den Menschen (institutionell) zu stützen."[317] Die Offenheit der meisten kirchlich verantworteten Bildungsangebote auch für Nichtmitglieder, angefangen vom kirchlichen Kindergarten über den schulischen Religionsunterricht bis zur kirchlichen Erwachsenenbildung, ist von hier gesehen eine große Chance, die nicht leichtfertig aufgegeben werden sollte.

---

[315] S. Studien- und Planungsgruppe der EKD, Fremde Heimat Kirche. Ansichten ihrer Mitglieder. Erste Ergebnisse der dritten EKD-Umfrage über Kirchenmitgliedschaft, Hannover 1993, 56.
[316] S. Zulehner, Denz, a.a.O. (Anm. 231) 260. Dahinter steht das eindrücklich von F.-X. Kaufmann, Kirche begreifen. Analysen und Thesen zur gesellschaftlichen Verfaßtheit des Christentums, Freiburg 1979 (vor allem in Kapitel 3), vorgetragene Problem der „Verkirchlichung des Christentums", also der Reduktion der christlichen Religion auf das offizielle Handeln der beiden großen Kirchen.
[317] Zulehner, Denz, a.a.O. (Anm. 231) 238.

3.3. Gottesdienstbesuch

Auch der allgemeine Eindruck leerer Kirchen hält einer genaueren Überprüfung nicht stand. Zwar ging der Besuch der evangelischen Sonntagsgottesdienste vor allem zwischen 1967 und 1973 erheblich zurück.

Während 1963 etwa 7% der Kirchenmitglieder durchschnittlich sonntags einen Gottesdienst besuchten, waren es 1984 nur noch 5%.[318]

Eine ähnliche Tendenz, wenn auch in einer anderen quantitativen Ausprägung, ist in der römisch-katholischen Kirche in Deutschland zu beobachten.

„Besuchten Mitte der sechziger Jahre noch 55% der Deutschen regelmäßig die Messe, so waren es 1973 nur noch 35%."[319] Allerdings scheint sich der Rückgang des Gottesdienstbesuchs hier im weiteren, wenn auch verlangsamt, fortzusetzen, während sich der Kirchgang in der evangelischen Kirche auf dem prozentualen Niveau von Mitte der siebziger Jahre stabilisiert.

Bei genauerer Durchsicht der Daten für den evangelischen Bereich fällt auf, daß sich vor allem der *Rhythmus des Gottesdienstbesuchs* verschoben hat, wobei die durchschnittliche Häufigkeit zurückgeht.[320] Offensichtlich gibt es verschiedene Rhythmen für den Kirchgang. In den letzten dreißig Jahren fand „im wesentlichen eine Verschiebung von den ‚regelmäßigen‘ bzw. ‚unregelmäßigen‘ zu den ‚seltenen‘ Kirchgängern statt".[321]

Gegenüber der traditionellen Ansicht, daß der Gottesdienstbesuch im wöchentlichen oder allenfalls vierzehntägigen Takt die Norm sei und andere Partizipation demgegenüber defizitär, eröffnete Gerhard Rau 1977 mit seiner These vom „Festtagskirchgänger" neue Perspektiven.[322] Bei der Analyse von Daten zum Kirchgang beobachtete er eine große Gruppe von Kirchenmitgliedern, die nur an Festtagen, vorzüglich an Weihnachten, den Gottesdienst besuchen. In der Tat zeigen spätere Umfragen, daß die Zahl der Menschen, die im „normalen" Rhythmus den Gottesdienst besuchen, ab-, umgekehrt aber z.B. die Besucherzahl der Gottesdienste am Heiligabend zunimmt.[323]

---

[318] S. Pittkowski, a.a.O. (Anm. 309) 172f.

[319] Zulehner, Denz, a.a.O. (Anm. 231) 39.

[320] S. P. Cornehl, Teilnahme am Gottesdienst. Zur Logik des Kirchgangs – Befund und Konsequenzen, in: J. Matthes, Hg., Kirchenmitgliedschaft im Wandel, Gütersloh 1990, 16.

[321] Ebd.

[322] G. Rau, Rehabilitation des Festtagskirchgängers, in: M. Seitz, L. Mohaupt, Hg., Gottesdienst und öffentliche Meinung, Stuttgart u.a. 1977, 83-99.

[323] S. Statistische Beilage Nr. 91 des Amtsblattes der EKD H. 2 vom 15. Februar 1997, 18.

Rau versuchte sich von der in manchen kirchlichen Kreisen traditionellen Geringschätzung solcher Partizipation am Gottesdienst zu befreien und die Logik des „Festtagskirchgängers" zu rekonstruieren. Hierzu griff er einerseits auf religions- und sozialwissenschaftliche, andererseits auf zeit- und kulturtheoretische Einsichten zurück. Zeittheoretisch überlagern sich verschiedene Rhythmen im menschlichen Leben: z.B. Tages-, Wochen- und Jahresrhythmus. Religion, und damit auch der Kirchgang, scheint bei einer zunehmenden Zahl von Menschen nicht mehr zum Tages- oder Wochenrhythmus, sondern eher zum Jahresrhythmus zu gehören. Rau erklärt dies soziologisch damit, „daß sich hier ein Wirklichkeitsverständnis (selektiv) durchgesetzt hat, das sich der Privatisierung der Kleinfamilie verdankt, einer Kleinfamilie, die sich allerdings an die Gesamtgesellschaft in ‚abstrakter' Form gebunden weiß."[324] Pointiert formuliert: „Der Festtagskirchgänger könnte ... als ein Mensch gesehen werden, der unter Umgehung der Zwänge des ‚Sozialsystems Kirche' das ‚Kultursystem Kirche' für eine Entschränkung dieser Privatsphäre sucht."[325]

Peter Cornehl nahm diese Überlegungen auf und führte sie weiter. Er beobachtet u.a. eine Tendenz weg vom „normalen" hin zum besonders gestalteten Gottesdienst, sowohl im Besuch als auch im Angebot. Dabei wird der Gottesdienst zunehmend ein Bestandteil des Bereichs „Kultur". Soziologische Erkenntnisse, nach denen die meisten Menschen „kulturelle" Veranstaltungen nur in relativ geringer Häufigkeit besuchen, stützen diese Interpretation.

„Als Häufigkeitsmuster für die Teilnahme am Kulturprogramm und an öffentlicher Kommunikation haben Freizeitforscher den Rhythmus ‚mindestens jeden zweiten Monat' ermittelt." Daraus folgt: „Für ein Gottesdienstangebot auf der Ebene des Kulturprogramms wäre eine Teilnahme in Abständen von ein bis zwei Monaten bis zu mehrmals im Jahr regelrecht."[326]

Dazu weist Cornehl darauf hin, daß Gottesdienste zu Weihnachten oder auch die Kasualgottesdienste in gewisser Unabhängigkeit vom Ort und auch von der Konfession gefeiert werden und insofern der wachsenden Mobilität vieler Menschen entsprechen. Er vermutet hinter dem Besuch des Weihnachtsgottesdienstes etwa am Urlaubsort oder der Taufe eines verwandten Kindes in einer anderen Stadt und Kirche das Ziel, „am Ganzen und Gemeinsamen des christlichen Glaubens Anteil zu bekommen".[327]

---

[324] Rau, a.a.O. (Anm. 322) 96.
[325] Ebd. 97.
[326] Cornehl, a.a.O. (Anm. 320) 26.
[327] Ebd. 31.

Diese Interpretationen haben gewiß ihr Recht darin, daß pauschale „Abfall"-Theorien vermieden und die Verhaltensweisen vieler heutiger Menschen unvoreingenommen und differenziert wahrgenommen werden. Weiterführend gerade in Zeiten schnellen sozialen Wandels ist der Hinweis auf Veränderungen von Rhythmen im Zeiterleben der Menschen. Allerdings merkt bereits Rau bei seinem Plädoyer für die „Rehabilitation des Festtagskirchgängers" nachdenklich an: „Ob freilich eine solche interaktionsschwache Beziehung für die Identitätssuche und -stabilisierung genügen kann, ist sehr fraglich."[328]

„Ein solches Kirchenverständnis zeigt eine außerordentliche Schwächung der Sozialdimension der Kirche, einer Kirche, die nunmehr fast ausschließlich auf der Individual- sowie auf der Kulturebene angesiedelt erscheint."[329]

Dieses Problem gewinnt aus religionspädagogischer Sicht noch an Gewicht. Denn es ist unübersehbar, daß der Gottesdienstbesuch, auch im Deutungsschema allgemeiner kultureller Partizipation bzw. eines Jahresrhythmus, bei jüngeren Menschen erheblich geringer ist als bei älteren. Gerade die potentiellen und tatsächlichen Eltern kleiner(er) Kinder finden nur selten den Weg in den Gottesdienst. Damit wächst die Zahl der Kinder – in Ostdeutschland im Vorschulalter die Mehrheit –, der die für religiöses Lernen zentrale Erfahrung eines explizit christlichen Ritus fehlt. *Der religiöse Grundvollzug christlicher Kirchen bleibt* damit *einer zunehmenden Zahl von Menschen in Deutschland unbekannt.* Eine bisher unhinterfragt als selbstverständlich angenommene Erfahrung kann nicht mehr allgemein vorausgesetzt werden. Es muß z.B. neu bestimmt werden, welche Bedeutung die inhaltliche Bestimmung des Religionsunterrichts „in Übereinstimmung mit den Grundsätzen der Religionsgemeinschaften" des Artikel 7,3 des Grundgesetzes in Religionsklassen hat, deren Schülerinnen und Schüler mehrheitlich noch nie einen Gottesdienst besuchten. Berichte von Kirchenbesichtigungen durch Schulkinder nach der Wende, in denen diese den Crucifixus nach längerem Überlegen als Spartacus identifizierten, sind wohl nur die kognitive Spitze eines viel tieferreichenden Eisbergs.[330]

---

[328] Rau, a.a.O. (Anm. 322) 97.

[329] Ebd. 96.

[330] Vgl. den die spezifischen ostdeutschen Probleme facettenreich, d.h. auch in seinen Chancen skizzierenden Bericht von S. Klinke, „So etwas gab es bei uns nicht". Erfahrungen im Berliner Osten, in: JRP 11 (1994), 1995, 11-15.

3.4. Jugend und Kirche

Auch bei diesem Thema müssen allgemein kolportierte Meinungen sorgfältig auf ihren empirischen Gehalt befragt werden. So spielt z.B. das in den Medien teilweise so breit verhandelte Problem der sog. Jugendreligionen für die größte Zahl der Jugendlichen keine Rolle.[331] Auch der Kirchentag erreicht lediglich einen kleinen Teil der jungen Menschen,[332] die dazu meist noch zur Gemeindejugend gehören. Umgekehrt blenden die meisten jugendsoziologischen Studien das Thema „Religion" oder gar „Kirche" aus, so daß nur einige diesbezügliche Daten und Interpretationen zur Verfügung stehen.[333] Auf dem Hintergrund der Einsicht in die zunehmende Individualisierung auch der Jugendphase, der eine Verwischung traditioneller Differenzen entspricht, lassen sich jedoch einige für die religionspädagogische Theoriebildung interessante Grundbestimmungen des Verhältnisses von Jugendlichen und Kirche herausarbeiten.

Zuerst fällt bei Durchsicht der Befunde im europäischen Vergleich auf, daß in Deutschland die Einstellung der Jugendlichen zu Kirche bzw. religiösen Fragen teilweise erheblich von der der Älteren abweicht.

R. Köcher faßt diesbezügliche Ergebnisse aus der Internationalen Wertstudie 1981/82 zusammen: „Nur 34 Prozent der 18- bis 24jährigen beschreiben sich als religiös, 74 Prozent der 60jährigen und älteren; die Bedeutung von Gott für das eigene Leben beschreiben annähernd 60 Prozent der 60jährigen und älteren mit den drei Prozent Extremstufen 8 bis 10, aber nur 15 Prozent der 18- bis 24jährigen; 84 Prozent der 60jährigen und älteren, aber nur jeder zweite der 18- bis 24jährigen glauben an Gott. Der Kreis, der aus dem Glauben Trost und Kraft zieht, umfaßt zwei Drittel der älteren, aber nur 24 Prozent der jungen Generation."[334]

Der Vergleich mit anderen Ländern auch hinsichtlich anderer Themenbereiche zeigt, daß in Deutschland die *Generationendifferenz* besonders ausgeprägt ist. Dabei verdient die Haltung der jungen Menschen bei der Frage nach dem Bezug zur Kirche besondere Aufmerksamkeit, weil in West-

---

[331] S. die Zusammenstellung der entsprechenden Befunde in den Shell-Studien von 1981 und 1985 bei I. und W. Lukatis, Jugend und Religion in der Bundesrepublik Deutschland, in: U. Nembach, Hg., Jugend und Religion in Europa, Frankfurt u.a. 1987, 134.

[332] S. ebd. 129f.

[333] S. ebd. 107-144 die Zusammenfassung der bis 1987 vorliegenden Untersuchungen. Eine sehr knappe Zusammenstellung neuer Befunde findet sich bei F. Schweitzer, Die Suche nach eigenem Glauben. Einführung in die Religionspädagogik des Jugendalters, Gütersloh 1996, 25-33.

[334] Köcher, a.a.O. (Anm. 296) 172.

deutschland weithin die Kirchenmitgliedschaft eine zugeschriebene ist und im Laufe der Jugend in eine selbstgestaltete und -verantwortete übernommen werden muß.[335] Besonders das Alter zwischen 18 und 20 Jahren scheint für viele junge Menschen ein Zeitraum zu sein, in dem sie ein tiefgreifender Umwertungsprozeß, auch im Hinblick auf die Kirche erfaßt.[336]

„Zum Teil ist man dadurch (sc. in diesem Alter, C.G.) sehr viel unmittelbarer als bisher auf funktionierende Deutungen des Alltagshandelns und zutreffende Entscheidungsoptionen angewiesen, die sich nun außerhalb des Eltern-Kind-Verhältnisses bewähren müssen. Besonders hier an der Schwelle zum dritten Lebensjahrzehnt, am Beginn relativ selbstbestimmten Lebens können und dürfen nun eigene Orientierungen mit mehr Erfolgschancen realisiert werden."[337]

Bei der Beurteilung der festgestellten Distanz vieler junger Menschen zur Kirche stellt sich die Frage, ob sie nur ein Übergangsphänomen ist, oder ob diese Einstellung auch beim Älterwerden festgehalten wird. Zwar ist nicht zu bestreiten, daß spätere Ereignisse wie Familiengründung und damit gegebene erneute Begegnung mit Kirche und ihrem Angebot etwa im evangelischen Kindergarten o.ä. einen neuen Zugang zur Kirche ermöglichen können. So ergibt ein Vergleich der ersten mit der dritten EKD-Mitgliedschaftsumfrage zur Frage der Verbundenheit mit Kirche, daß aus den 21% der 1972 befragten 14- bis 24jährigen, die sich sehr oder ziemlich mit der Kirche verbunden fühlten, 1992 bei der Altersgruppe der 35- bis 49jährigen 33% wurden.[338] Doch stehen andere Befunde zur Veränderung der religiösen Sozialisation der jungen Generation einer zu starken Gewichtung solcher Daten entgegen. Offensichtlich wird in den Familien weniger die wohl zentrale christliche Frömmigkeitsform, das Gebet, gepflegt[339]; die jungen Menschen beten weniger als früher.[340] Dazu steigt bei Jüngeren die

---

[335] S. Feige, a.a.O. (Anm. 305) 258f.

[336] S. A. Feige, Kirche auf dem Prüfstand: Die Radikalität der 18-20jährigen. Biographische und epochale Elemente im Verhältnis der Jugend zur Kirche – ein Vergleich zwischen 1972 und 1982, in: J. Matthes, Hg., Kirchenmitgliedschaft im Wandel, Gütersloh 1990, 67f.

[337] Ebd. 88.

[338] S. Studien- und Planungsgruppe, a.a.O. (Anm. 315) 8.

[339] S. z.B. zum Rückgang der familiären Sitte des Tischgebets Köcher, a.a.O. (Anm. 296) 178: „Mitte der sechziger Jahre war das tägliche Tischgebet noch 62 Prozent der Bevölkerung zumindest als Kindheitserinnerung vertraut, für 29 Prozent gehörte es noch zum Alltag; 1982 kennen nur noch 47 Prozent das Tischgebet aus ihrer Kindheit, der Anteil derer, die diesen Brauch pflegen, ist auf 11 Prozent gesunken."

[340] S. E. Noelle-Neumann, R. Köcher, Hg., Allensbacher Jahrbuch der Demoskopie

Partizipation an Bildung seit Beginn der siebziger Jahre stetig an, wobei u.a.
deren traditionskritische Ausrichtung die selbstverständliche Übernahme
von Traditionen, auch im kirchlich-religiösen Bereich, erschwert.[341] So ist
nicht mit einer weitgehenden quasi natürlichen Aufgabe der kirchenkritischen
Einstellung Jugendlicher auf breiter Front zu rechnen. Besonders erwähnenswert ist noch eine weitere Differenz zwischen den Jüngeren und den
Älteren. Jüngere verfügen über deutlich mehr *Erfahrungen im esoterischen
bzw. spiritistischen Bereich*. 34% der 18- bis 39jährigen gaben 1992 an,
entsprechende Praktiken selbst erprobt zu haben.[342]

Insgesamt weisen die hier auswahlweise kurz referierten jugendsoziologischen Befunde darauf hin, daß die im Zusammenhang mit den Stichworten Pluralismus und Individualisierung beschriebenen Phänomene im
kirchlichen und religiösen Bereich noch stärker für die jungen als für die
älteren Menschen gelten.

Religionspädagogisch ergeben sich hieraus verstärkte Anforderungen im
Blick auf Jugendarbeit und Erwachsenenbildung. Es ist an die Auswertung
der im Rahmen der Shell-Untersuchung 1985 eingegangenen Zuschriften zu
erinnern, zu denen die Interpretin anmerkte: „Beim Lesen der Briefe gewinnt man den Eindruck, daß die Jugendlichen relativ wenig Unterstützung
von außen bei ihrer Auseinandersetzung mit der Religion bekommen."[343]

Gerade bei jüngeren Erwachsenen muß zum einen mit einer kritischen
Distanz zum Tradierten, aber auch auf Grund höherer formaler Bildung mit
Ansprüchen an das Niveau einer Daseins- und Wertorientierung gerechnet
werden, die sorgfältige religionspädagogische Arbeit erfordern. Dazu sind
Modelle von Gestalten und Formen christlichen Lebens wichtig, die in der
jeweiligen Lebenssituation alltagsbezogen[344] als hilfreich empfunden werden. Hier ist zu berücksichtigen, daß junge Menschen häufig außerchristliche

---

1984-1992, München u.a. 1993, 213, wonach nur 8% der 18-29jährigen, 11%
der 30-44jährigen, 23% der 45-59jährigen und 39% der 60jährigen und Älteren
„oft" beten, dagegen 32% der jüngsten Altersgruppe nie, ebenso 27% der 30-
44jährigen, 18% der 45-59jährigen und 11% der Älteren.

[341] S. ausführlich zu dem damit gegebenen Problem R. Schloz, Das Bildungs-
dilemma der Kirche, in: J. Matthes, Hg., Kirchenmitgliedschaft im Wandel,
Gütersloh 1990, 215-230.

[342] S. Studien- und Planungsgruppe, a.a.O. (Anm. 315) 11.

[343] W. Sziegaud-Roos, Religiöse Vorstellungen von Jugendlichen, in: Jugendwerk
der Deutschen Shell, Hg., Jugendliche + Erwachsene 85. Generationen im Vergleich Bd. 4, Opladen 1985, 386.

[344] Vgl. D. Fischer, A. Schöll, Glauben Jugendliche anders? Zur Bedeutung von
Religion in der Lebenspraxis Jugendlicher, in: KatBl 121 (1996) 4-14.

religiöse Erfahrungen gemacht haben und diese reflexiv aufgenommen werden müssen. Deshalb wird zunehmend eine inhaltliche *Auseinandersetzung über hilfreiche und schädliche Formen religiöser Praxis und die darin implizierten Daseins- und Wertorientierungen* in den Mittelpunkt religionspädagogischer Reflexion treten müssen.

F. Schweitzer arbeitete anhand empirischer Befunde zum Gottesglauben junger Westdeutscher zehn interessante Befunde zum Gottesverständnis Jugendlicher und den dabei zum Ausdruck kommenden Problemen heraus:[345]
- Diffusität der Rede von Gott
- „Subjektivierung des Gottesglaubens"
- „Tendenz, Gott im Jenseits aller menschlichen Vorstellungen anzusiedeln"
- „von Gottesglauben ausgehende Kirchenkritik"
- Projektionstheorie
- „Biographisierung Gottes"
- „Theodizeefrage"
- „Verhältnis zwischen Glaube und Naturwissenschaft"
- „Frage nach dem Ursprung der Welt"
- Grenzen der Alltagswelt.

Ihnen wird sich Kirche in ihren Bildungsangeboten stärker als bisher stellen müssen.

3.5. Kirche in Ostdeutschland

Grundsätzlich ist festzuhalten, daß für die Kirche in der DDR sowohl genaue Statistiken als auch sozialwissenschaftlich fundierte Analysen fehlen.[346] Dazu sind die Untersuchungen nach der Wende sowohl durch die sprachliche Verschiedenheit belastet, die sich im Laufe der deutschen Teilung entwickelt hat, als auch durch das tiefe Mißtrauen vieler früherer DDR-Bürgerinnen und -Bürger gegenüber Befragungen und ihre Scheu, sich offen etwa zu religiösen Fragen zu äußern.

Trotz dieser Probleme ist es eindeutig, daß das Gebiet der früheren DDR hinsichtlich der Kirchenzugehörigkeit und der religiösen Einstellung der hier Lebenden innerhalb Europas eine einzigartige Ausnahme bilden. Nur hier sind die sog. „Unreligiösen" in der Mehrheit.[347]

---

[345] Schweitzer, a.a.O. (Anm. 333) 37-40.

[346] S. zur meist im Deskriptiven bleibenden Literatur die Zusammenstellung bei D. Pollack, Überblick über den Stand der Forschung zum Thema Kirche und Religion in der DDR, in: ZEE 35 (1991) 306.

[347] S. Zulehner, Denz, a.a.O. (Anm. 231) 40. Hinter dem Begriff „unreligiös" steht eine fünfstufige sozioreligiöse Typologie, die durch Aufnahme von Befunden zu Gottesbild und Kirchgang gewonnen wurde und „Kirchliche", „Kulturkirchliche", „Religiöse", „Kulturreligiöse" und „Unreligiöse" unterscheidet (s. hierzu ebd. 39).

Nach der Europäischen Wertestudie waren 1990 in der DDR 31,8% der Bevölkerung Mitglieder der evangelischen Kirchen, 5,6% der römisch-katholischen Kirche;[348] 37,3% der Befragten schätzen sich selbst als „unreligiös", 17,4% als „atheistisch" und 32,4% als „religiös" ein;[349] 52,9% gaben an, „nie" zu beten.[350] Die Diskrepanz zu den alten Bundesländern tritt z.B. deutlich bei der Frage nach dem Glauben an Gott zutage. Während 64% in den alten Ländern ihn bejahen, tun dies in den neuen Ländern nur 32%.[351]

Vor allem kirchlich-theologische Stellungnahmen aus der DDR tendierten dazu, den unübersehbaren Schrumpfungsprozeß der Kirche und die Abnahme religiöser Einstellungen in der Bevölkerung als Ausdruck des allgemeinen neuzeitlichen Säkularisierungsprozesses einzuordnen. Doch überspringt dies die offensichtliche Bedeutung der atheistischen Propaganda in der DDR, deren Hauptagentur die Schule war, und verwischt die bis heute unübersehbaren Differenzen im Verhältnis zu Kirche und Religion in Ostdeutschland im Vergleich zu den alten Bundesländern. Vielmehr ist der *einzigartige Abbruch kirchlichen und religiösen Lebens in der DDR* nur vom Zusammenspiel des massiven staatlichen Vorgehens gegen Christen in den fünfziger und sechziger Jahren mit der traditionellen protestantischen Distanz zur Kirchenbindung und den allgemeinen Prozessen der Industrialisierung zu verstehen.[352]

In dem 1989 noch vor der politischen Wende für die Kirchenprovinz Sachsen erstellten Bericht über die kirchliche Lage wird der Rückgang der Kirchenmitgliedschaft zwischen 1964 und 1986 an zwei Kirchenkreisen deutlich gemacht. Im Kirchenkreis Nordhausen sank die Zahl der Kirchenmitglieder von 34.645 (1964) auf 21.153 (1986), im Kirchenkreis Wittenberg von 100.286 (1964) auf 23.790 (1986).

Auch bei der Christenlehre waren erhebliche Einbrüche zu verzeichnen. In der Kirchenprovinz sank die Zahl der Kinder, die diesen Unterricht besuchten, rapide von 104.004 (1964) auf 54.000 (1974), 32.000 (1981) und 30.645 (1986).[353]

---

[348] S. P.M. Zulehner, H. Denz, Wie Europa lebt und glaubt. Europäische Wertestudie. Tabellenband, Wien 1993, 12; diese Zahlen dürften angesichts der Kirchenaustrittswelle 1991/92 noch gesunken sein.

[349] S. ebd. 3.

[350] S. ebd. 6.

[351] S. Noelle-Neumann, Köcher, a.a.O. (Anm. 340) 214.

[352] S. K.-F. Daiber, Kirche und religiöse Gemeinschaften in der DDR, in: F.-X. Kaufmann, B. Schäfers, Hg., Kirche und Gesellschaft in Deutschland, Opladen 1988, 75-88.

[353] S. Magdeburg, Anfang 89: Kirchliche Planung für die nächsten 20 Jahre, in: epd Dokumentation 34/91, 13.

Eine ähnliche Entwicklung, wenn auch auf höherem absoluten Niveau, vollzog sich in der Evangelisch-Lutherischen Landeskirche Sachsens. 1964 zählte sie 3.352.974 Mitglieder, 1986 nur noch 1.659.323.[354]

Bei der Christenlehre stehen in der sächsischen Landeskirche 1964 127.961 Kinder 1986 51.938 Kindern gegenüber.[355]

Ein besonderes Problem warf und wirft dieser zahlenmäßige Abbruch vor allem für ländliche Gebiete auf. Die herkömmliche kirchliche Arbeit stößt in Kleinstgemeinden, die großenteils noch überaltert sind, auf Grenzen in kybernetischer, aber auch liturgisch-homiletischer und seelsorgerlicher Art.[356] Die seit Karl dem Großen Deutschland prägende Parochialstruktur, in der grundsätzlich für jeden Christen ein Pfarrer erreichbar war, scheint hier an ihr Ende zu kommen.

Neuere Untersuchungen zur kirchlichen Partizipation und Glaubenseinstellung von Kirchenmitgliedern im Beitrittsgebiet widerlegen die von manchen Kirchenführern gehegte Hoffnung vom „Gesundschrumpfen" der Kirche. Die dritte EKD-Mitgliedschaftsumfrage ergab für die Einstellung der Evangelischen zu ihrer Kirche für Ost- und Westdeutschland sehr ähnliche Profile. Jeweils fühlt sich nur eine Minderheit der Kirchenmitglieder sehr mit ihrer Kirche verbunden (im Osten: 16%, im Westen 10%), die große Mehrzahl dagegen nur mehr oder weniger (im Osten: 33% „etwas verbunden", im Westen 35%; im Osten 29% „ziemlich verbunden", im Westen 30%).[357] Ebenfalls ähneln sich die Erwartungen und Einschätzungen von Kirche.[358]

Ein deutlicher Unterschied zwischen Ost- und Westdeutschland findet sich für die evangelischen Christen nur bei den Jüngeren.[359] Zum einen fühlten sich 1992 junge ostdeutsche Evangelische deutlich verbundener mit ihrer Kirche als westdeutsche. Die in ihr erfahrbare „Gemeinschaft" gaben z.B. 20% der befragten ostdeutschen, aber nur 8% der westdeutschen 18-

---

[354] S. die Angaben der kirchlichen Statistik in W.-J. Grabner, Religiosität in einer säkularisierten Gesellschaft. Eine Kirchenmitgliedschaftsuntersuchung in Leipzig 1989, Frankfurt u.a. 1994, 209.

[355] S. ebd. 214.

[356] S. schon vor der Wende E. Winkler, Die neue ländliche Diaspora als Frage an die Praktische Theologie, in: ThLZ 112 (1987) 163-165.

[357] Studien- und Planungsgruppe, a.a.O. (Anm. 315) 24.

[358] S. genauer ebd. 24-30.

[359] Zwar haben diese Daten auf Grund der sehr geringen Zahl von befragten ostdeutschen Jugendlichen erheblich geringere Aussagekraft als die vorher für die Gesamtbevölkerung genannten. Doch kamen z.B. die Shell-Studien zu ähnlichen Ergebnissen.

24jährigen als Mitgliedschaftsgrund an.[360] Zum anderen erwarten die jungen Ostdeutschen zwischen 18 und 29 Jahren in erheblich größerem Umfang ein gesellschaftspolitisches Engagement von der Kirche.[361]

> So fordern z.b. 52% der ostdeutschen, aber nur 36% der westdeutschen Jüngeren von der Kirche, „Stellung zu aktuellen, politischen Fragen (zu) nehmen".[362]

Dabei dürfte wohl eine andere Vorstellung von Kirche im Hintergrund stehen, wie sie sich auf Grund des Totalitätsanspruches des SED-Staats und der Kirche als einziger institutionalisierter Opposition in der DDR ausbildete. Schon in den achtziger Jahren fiel bei Gesprächen mit Angehörigen ostdeutscher Jungen Gemeinden deren teilweise große Distanz zu kirchlichen und religiösen Themen auf.

> „Bereits 1982/83 fand der damalige Landesjugendpfarrer Johannes Lohmann bei einer Befragung von tausend Mitgliedern der Jungen Gemeinde in Mecklenburg ein entschlossenes Desinteresse an kirchlichen Themen: ‚Mit Begriffen (wie) Gottesdienst, Altar, Abendmahl konnte eine deutliche Mehrheit der Befragten nichts anfangen, nur die Hälfte der jungen Leute wußte ungefähr über die Bibel Bescheid. Auf innerkirchlich heiß umstrittene Fragen z.b. nach der Gestaltung der Abendmahlsfeier ... reagierten die jungen Leute mit Unverständnis.‘"[363]

Welche Konsequenzen die in den einzelnen Landeskirchen durchaus unterschiedliche Entwicklung nach der Wende auf das Verhältnis der Jugendlichen zur Kirche haben wird, ist noch nicht abzusehen.

Religionspädagogisch von großer Relevanz ist, daß das SED-Regime einen Monopolanspruch auf das Bildungswesen erhob und deshalb nur eine kleine, schrumpfende Minderheit von Kindern und Jugendlichen Gelegenheit in gemeindepädagogischen Angeboten hatte, das Christentum kennenzulernen. Im Gegenteil wurden die Schülerinnen und Schüler in den Schulen mit einem kämpferischen Atheismus konfrontiert, der Religion und Glauben als rückständige, vorwissenschaftliche Vorstellungen zur Stabilisierung ungerechter Herrschaftsverhältnisse diffamierte. Besonders deutlichen Ausdruck erhielt diese Propaganda im schulischen Staatsbürgerkundeunterricht und im Ritus der Jugendweihe mit seinen Vorbereitungsstunden.

So stellt sich für religionspädagogische Arbeit die in Deutschland neue Aufgabe, Menschen zu einer Erstbegegnung mit christlichem Glauben zu

---

[360] S. Studien- und Planungsgruppe, a.a.O. (Anm. 315) 33.

[361] S. ebd. 34.

[362] Ebd. 35.

[363] Zitiert bei H. Barz, Jugend und Religion in den neuen Bundesländern, in: Aus Politik und Zeitgeschichte. Beilage zur Wochenzeitung Das Parlament vom 23.9.1994, 27.

verhelfen, die bzw. deren Familien jahrzehntelang der Atheismuspropaganda ausgesetzt waren, ja vielleicht sogar selbst diese betrieben. Neben der behutsamen Aufklärung über Vorurteile dürfte dabei auch die kritische Auseinandersetzung mit einem platten Materialismus („der Mensch ist eine Maschine ...") eine vordringliche Aufgabe sein, die nicht nur einer kognitiven, sondern ebenso einer affektiven Bearbeitung bedarf. Wie die mehrfach zitierte Europäische Wertestudie zeigt, ist dies nicht nur theologisch mit dem Missionsauftrag, sondern auch allgemeinpädagogisch von der Ermöglichung eines Dialogs mit Bewohnern anderer Länder zu begründen, in denen junge Menschen – wie etwa in den USA – selbstverständlich den Glauben an Gott bejahen und Frömmigkeitsformen wie das Gebet praktizieren.

3.6. Zusammenfassung

Bei der Analyse der kirchlichen Lage tauchen die allgemein soziologisch unter den Begriffen Pluralismus und Individualisierung verhandelten Phänomene wieder auf, wenn auch in einer durch die Stabilität der „Organisationskirche" eigenartigen Einbettung.

– *Grundlegend für zukünftiges religionspädagogisches Handeln ist die Einsicht, daß die Selbstverständlichkeit der Kirchenmitgliedschaft, die in Deutschland – abgesehen von einigen zahlenmäßig geringen Ausnahmen – etwa eintausend Jahre lang bestand, zurückgeht. Auch die Formen der Partizipation an Kirche und/oder nichtkirchlich institutionell eingebundenen religiösen Angeboten werden vielfältiger.*

– *Damit wird die Frage der sozialen Gestaltung und Institutionalisierung persönlicher Daseins- und Wertorientierung zu einem wichtigen religionspädagogischen Thema,* insofern pädagogische Bemühung den Menschen in seiner Entscheidungsfindung, eben auch auf diesem Gebiet, fördern will. Hierbei werden wohl zunehmend vor allem bei jungen Menschen Auseinandersetzungen mit außerchristlichen religiösen Praktiken, etwa psychomotorischen Automatismen (Tischrücken u.ä.) an Gewicht gewinnen.

– Speziell auf dem Gebiet der früheren DDR scheint eine Auseinandersetzung mit dem dort vorherrschenden Atheismus anzustehen, der jede Form von Religion als vorwissenschaftlich und antiquiert und die Kirchen als Instrumente der Herrschenden abqualifiziert(e).

Insgesamt gilt für diese Aufgaben, daß – bei Abnahme der Überzeugungskraft von Großinstitutionen – immer mehr *die glaubwürdigen Argumente von einzelnen ausdrücklich als Christen lebenden Personen und die Existenz von erkennbar christlich motivierten Gemeinschaften* an Bedeutung gewinnen.

3. Kapitel:
Orte religiösen, christlichen und kirchlichen Lernens

In der Rekonstruktion der Geschichte von „Religionspädagogik" im 1. Kapitel trat von Anfang an der schulische Religionsunterricht als bevorzugter Reflexionsgegenstand der jungen Wissenschaft hervor. Bei genauerem Studium wichtiger programmatischer Beiträge zur Religionspädagogik finden sich aber immer wieder Hinweise auf die Problematik solcher Konzentration auf den Lernort Schule, die jedoch nicht material ausgearbeitet wurden.

Vor allem die große Bedeutung der Familie für religiöse Sozialisation und Erziehung wurde und wird in der Religionspädagogik unzulässig vernachlässigt. Die darin implizierte Gefahr einer programmatischen Überforderung bzw. Überlastung des schulischen Religionsunterrichts begleitet(e) die Religionspädagogik in ihren ersten hundert Jahren. Offensichtlich ist Schule, oder gar nur ein zweistündiges Unterrichtsfach, (in der Regel) nicht in der Lage, im Bereich der Familie Versäumtes zu ersetzen bzw. hier Abgelehntes zu korrigieren. Neben der alltagspraktischen Erfahrung läßt sich dies auch theoretisch begreifen. Psychoanalytisch orientierte Entwicklungsmodelle zeigen die große Bedeutung der ersten Lebensjahre für die menschliche Entwicklung,[1] sozialökologische Theorien weisen durch die Differenzierung der Sozialisationsebenen[2] den einzelnen Lernorten unterschiedliche Leistungsmöglichkeiten zu, und auch die kognitionspsychologischen Ansätze machen auf dieses Problem aufmerksam, wenn sie die empirisch unübersehbare Diskrepanz zwischen verbal geäußerten Urteilen und tatsächlichem Verhalten reflektieren.[3]

Dazu trat – wie gezeigt[4] – seit Anfang der siebziger Jahre in beiden Teilen Deutschlands der im Programm der Gemeindepädagogik konzeptionell ausgearbeitete Hinweis auf die besondere Bedeutung des Lernorts Gemeinde. Neben Veränderungen in der Theologie, besonders der Abkehr vom Erbe der sog. Dialektischen Theologie mit ihrem einseitig deduktiv-dogmatischen Kirchenverständnis, führten nicht zuletzt Veränderungen in vielen Familien dazu, daß Gemeinde aus pädagogischer Perspektive zum Reflexions-

---

[1] S. 2. Kap. 1.2.

[2] S. 2. Kap. 1.4.

[3] S. zu den diesbezüglichen Forschungen L. Kohlbergs auf dem Gebiet des moralischen Urteils 2. Kap. 1.1.2.

[4] S. 1. Kap. 4.3.2.

gegenstand wurde und zugleich entsprechende Programme und Handlungs-orientierungen für die Praxis entstanden.[5]

Schließlich machen medienpädagogische Publikationen auf die wachsende sozialisatorische Bedeutung der Massenmedien aufmerksam. Zwar ist dieser Bereich – abgesehen von methodischen Überlegungen zum Medieneinsatz im Religionsunterricht – in der Religionspädagogik bisher noch kaum im Blick. Doch legt schon die ausgedehnte zeitliche Nutzung der Medien die Vermutung nahe, daß diese auch religionspädagogische Konsequenzen haben dürften und hier ein Forschungsdesiderat vorliegt.

Die eben kurz angesprochenen „Lernorte", Schule, Familie, Gemeinde und Medien können unter dem Gesichtspunkt des Lernens, also – formal definiert – der „Veränderung von Verhaltensdispositionen durch Reize (bzw. Situationen = Reizkonstellationen)"[6], miteinander verglichen und in Beziehung gesetzt werden. Auch finden sich bei ihnen allen spezifisch und primär erzieherisch bzw. pädagogisch intendierte Phänomene. Ihre Verschiedenheit in pädagogischer Hinsicht tritt deutlich zu Tage, wenn man das Gewicht pädagogischer bzw. erzieherischer Überlegungen im Gesamt ihrer Gestaltungsformen bedenkt.

Schule bzw. ein Unterrichtsfach in ihr sind primär pädagogisch intendierte, ja sogar aus pädagogischen Überlegungen konstruierte Orte, wenngleich auch hier wesentliches Lernen ohne pädagogische Kontrolle geschieht.

Dagegen ist Familie – pädagogisch gesehen – ein „,unspezifischer' Ort".[7] Gewiß werden in ihr erzieherische, z.T. sogar pädagogisch reflektierte Ziele verfolgt, vor allem von den Eltern gegenüber ihren Kindern. Allerdings scheinen die alltagspraktischen, also die nicht unter Erziehungsabsichten vollzogenen Verrichtungen demgegenüber für das Lernen der Kinder größere Bedeutung zu haben, ganz abgesehen von den durch die Kinder bei den Erwachsenen ausgelösten Lernprozessen, denen keinerlei pädagogische Überlegungen zugrunde liegen.

Ähnliches läßt sich für Gemeinde vermuten. Zwar trifft man hier ebenfalls auf primär pädagogisch intendierte Institutionen, wie etwa die Christenlehre, den Konfirmanden-, Kommunion- und Firmunterricht oder erwachsenenbildnerische Veranstaltungen. Doch unterliegen wesentliche

---

[5]   S. z.B. die Konkretionen des sog. projektorientierten Gemeindeaufbaus, die im Gemeindekolleg der VELKD erarbeitet wurden (s. zum Überblick A. Seiferlein, Projektorientierter Gemeindeaufbau, Gütersloh 1996).

[6]   S. G.R. Schmidt, Religionspädagogik. Ethos, Religiosität, Glaube in Sozialisation und Erziehung, Göttingen 1993, 55; s. 2. Kap. Anm. 1.

[7]   W.-E. Failing, Religiöse Erziehung in der Familie, in: G. Adam, R. Lachmann, Hg., Gemeindepädagogisches Kompendium, Göttingen 1987 u.ö., 201.

Vollzüge in der Gemeinde, wenn überhaupt, erst sekundär oder tertiär pädagogischen Überlegungen, etwa die Gottesdienstgestaltung, Krankenbesuche, diakonische Hilfeleistungen u.ä. Zweifellos können sie tiefgehende Lernprozesse initiieren, aber eben nicht primär intentional wie etwa in der Schule.

Zu Recht warnte auf diesem Hintergrund P.C. Bloth vor einer sachlich nicht angemessenen „Pädagogisierung" von Gemeinde.[8]

Schließlich verfolgen die meisten Medienangebote keine pädagogischen Absichten. Zwar finden sich unter ihnen ebenfalls pädagogisch intendierte, teilweise sogar unmittelbar mit Schule verbundene Sendungen, etwa im sog. Schulfunk oder -fernsehen. Doch dominiert bei den meisten auf dem freien Markt befindlichen Angeboten vor allem Unterhaltung, oft eng verbunden mit den daran geknüpften Verdienstmöglichkeiten für die Produzenten, als Zielsetzung.

Die unterschiedliche Bedeutung erzieherischer Intention oder gar pädagogischer Reflexion an den einzelnen im folgenden dargestellten Lernorten muß jeweils beachtet werden, soll es nicht zu einer unstatthaften Pädagogisierung kommen. Hier liegt die Grenze der Religionspädagogik und zugleich ihr Verwiesensein auf andere praktisch-theologische Disziplinen, etwa Liturgik, Kybernetik, Poimenik, Diakonik oder Christliche Publizistik.

Umgekehrt dürfte die religionspädagogische Relevanz nichtintentional pädagogischer Handlungen und Institutionen unstrittig sein. Schon die Umfassenheit des Gegenstandes „Religion", verbunden mit der Notwendigkeit der Tradierung religiösen Wissens im (umfassenden, also auch Nicht-Bewußtes inkludierenden) wissenssoziologischen Sinn von einer Generation zur nächsten, steht einer säuberlichen Separierung einzelner Bereiche entgegen. Dazu kommt die in religionssoziologischen Veröffentlichungen vor allem von Franz-Xaver Kaufmann zu Recht konstatierte Problematik,[9] daß explizit religiöses und alltagspraktisches Handeln immer weiter auseinanderfallen – mit fatalen Konsequenzen für religiöses Lernen. Christliche Praxis und Anschauungen erscheinen zunehmend als ortlos in Familie und Medien. Diesen Befund gilt es auszuhalten und durch Analyse aufzuhellen. Im 2. Kapitel finden sich dazu ausführlichere Hinweise. Allerdings kann sich eine christlich orientierte Religionspädagogik, die möglichst vielen Menschen

---

[8]   S. P.C. Bloth, Kommt die ‚pädagogische Gemeinde'? Über Sachtendenz und Konjunkturtrend einer praktisch-theologischen Entwicklung, in: ThR 54 (1989) 69-108.

[9]   S. 1. Kap. 4.3.4.

eine Begegnung mit dem Evangelium Jesu Christi ermöglichen will, hiermit nicht zufrieden geben. Es ist für sie eine wesentliche Aufgabe, auf *mögliche Verbindungen zwischen religionspädagogischen Angeboten und unspezifisch alltagspraktischen Vollzügen* aufmerksam zu machen. Daß die Religionspädagogik hier für den Bereich der elektronischen Massenmedien, aber auch der (modernen) Familie erst am Anfang steht, wird in der Darstellung unübersehbar und fordert dringend entsprechende religionspädagogische Arbeit auf diesen Gebieten heraus.

Sachlich am angemessensten wäre im folgenden eine Darstellung der genannten Lernorte, die diese – entsprechend dem Alltag der Menschen – nicht auseinanderreißt, sondern zusammenhält. Dies ist aber aus Gründen der Übersichtlichkeit nicht möglich. Zudem fände bei solchem Vorgehen die jeweilige Spezifik der einzelnen Lernorte zu wenig Beachtung, nicht zuletzt ihre unterschiedliche pädagogische Prägung. So werde ich sie im folgenden nacheinander vorstellen, aber besonderes Augenmerk auf (mögliche) Verknüpfungen legen.

Weil die jeweiligen Begriffe – Familie, Medien, Gemeinde und Schule – zwar umgangssprachlich eindeutig erscheinen, bei genauerem Hinsehen aber – nicht zuletzt auf Grund schon vollzogener bzw. sich anbahnender gesellschaftlicher Veränderungen – erhebliche Unschärfen enthalten, sind sie in einem ersten Durchgang zu klären. Dabei kommen besondere Problemstellungen zur Sprache, die sich hinter begrifflichen Unschärfen verbergen. In einem zweiten Durchgang skizziere ich knapp – in problemorientiertem Interesse – die historische Entwicklung der einzelnen Lernorte. Denn erst deren Kenntnis läßt die gegenwärtige Situation mit ihren Gefährdungen und Chancen verstehen. Zudem kann nur eine genauere Kenntnis der Genese des jeweiligen Lernorts kurzschlüssige „Reform"-Versuche verhindern, etwa durch deduktiv theologisch hergeleitete Forderungen, und die Berücksichtigung der tatsächlichen Lebenswelt moderner Menschen gewährleisten. Der jeweils dritte Abschnitt dient dann der Darstellung wichtiger empirischer Daten und Befunde, wobei deren religionspädagogische Relevanz wichtigstes Auswahlkriterium ist. Schließlich stelle ich als handlungsorientierende Anregung exemplarisch einige Modelle vor, in denen zum einen versucht wird, die besonderen religionspädagogischen Chancen des jeweiligen Lernorts aufzunehmen und ihn zugleich in Verbindung mit anderen Bereichen zu bringen und so der Gefahr der „Versäulung" zu entgehen. Jeder Lernort wird also in folgenden Schritten behandelt:

1. Begriffsbestimmung
2. Geschichtliche Entwicklung
3. Gegenwärtige Situation
4. Religionspädagogische Modelle

Zuerst soll die Familie thematisiert werden. Denn sie ist nach wie vor für die meisten Menschen die wichtigste Sozialisationsinstanz, auch in religiöser, christlicher und kirchlicher Hinsicht, und sei es – wie heute häufig – durch Ausblendung der religiösen Dimension. Familie bildet den Hintergrund für alle anderen Einflüsse und Bemühungen.

Trotz der noch geringen religionspädagogischen Bearbeitung werden die Medien an zweiter Stelle bedacht. Obwohl es sich hier mehr um die Anzeige von Forschungsnotwendigkeiten als um die Darstellung von fundierten Einsichten handelt, erscheint mir ein solcher Abschnitt unverzichtbar. Denn die modernen Massenmedien bilden für die meisten Menschen einen permanenten Hintergrund ihrer Lebensvollzüge und eben auch der Lernprozesse.

Danach wende ich mich dem Bereich Schule, und hier besonders der unterrichtlichen Behandlung von Religion zu (ohne allerdings die Besonderheiten von kirchlichen Schulen zu überspringen). Alle Menschen unserer Gesellschaft verbringen viel Zeit in dieser Institution; die Mehrzahl – zumindest in den alten Bundesländern – besucht etliche Jahre den Religionsunterricht; und auch die, die dem Religionsunterricht fernbleiben, begegnen in den meisten Bundesländern im Ethikunterricht dem Phänomen Religion. Insofern ist – trotz der geäußerten kritischen Reserve gegenüber der Dominanz dieses Praxisfeldes in der traditionellen religionspädagogischen Reflexion – eine eingehende Beschäftigung hiermit unerläßlich.

Im Vergleich zu den bisher genannten Lernorten kommt für die meisten Menschen der Gemeinde die geringste sozialisatorische Wirkung zu. Zwar besucht in den alten Bundesländern die große Mehrzahl der Jugendlichen den Erstkommunion- und Firm- bzw. den Konfirmandenunterricht. Doch ist der gemeindliche Unterricht zeitlich erheblich begrenzter als der Kontakt zu den anderen genannten Sozialisationsinstanzen. Allerdings hat die Gemeinde als Lernort religionspädagogisch besonderes Gewicht, insofern sie von hoher Relevanz für christliches Lernen ist. Sie ist der institutionalisierte Ort christlicher Praxis und damit des spezifisch christlichen Wissens, und insofern für christliche Bildung, Erziehung und Sozialisation in der gegenwärtigen Situation von grundlegender Bedeutung.

Deshalb weisen auch die handlungsorientierenden Vorschläge zu den anderen Lernorten auf mögliche Verbindungen zur christlichen Praxis in Gemeinde hin. Es ist nicht zu leugnen, daß sich dabei eine große Spannung zwischen Anspruch und empirisch feststellbarer Realität auftut – eine Spannung, die manche Religionspädagogen durch die Hinwendung zu einem allgemeinen Religionsverständnis aufzulösen versuchen. Doch gerade die jüngste deutsche Geschichte zeigt: Mit der christlichen Daseins- und Wertorientierung trägt Gemeinde – wie zuletzt die politische Wende in der DDR zeigte – auch aktuell gesellschaftlich wirksame Potentiale in sich, die sich zwar gegenwärtig nur dem aufmerksamen Beobachter erschließen, aber bei krisenhaften Zuspitzungen ihre den Raum der Kirche überschreitende Kraft im Sinne eines Gegenentwurfs zu den nicht nur ökologisch problematischen Selbstverständlichkeiten gegenwärtiger Gesellschaft erweisen könnten.

1. Familie

1.1. Zur näheren Bestimmung von „Familie"

„Familie" ist immer wieder ein Thema öffentlicher Diskussion.[10] Betrachtet man einzelne Beiträge genauer, fallen schnell Ungenauigkeiten, nicht zuletzt im Familienbegriff, auf. Offensichtlich vollziehen sich in dieser Institution aufsehenerregende Veränderungen, die nicht zuletzt von pädagogischer Relevanz sind. Deshalb ist es ratsam, familienbezogene Überlegungen mit einer kurzen Begriffsklärung zu beginnen, ohne daß damit schon eine genauere empirische Analyse vorgenommen werden soll.

Sehr schnell wird teilweise von einer *Pluralisierung der Familienformen* gesprochen. Das Zusammenleben ohne Trauschein, aber auch Ehescheidungen und Wiederverheiratungen mit den entsprechenden Folgen für die Familienzusammensetzung scheinen sprunghaft zuzunehmen. Im dritten dem empirischen Befund gewidmeten Abschnitt werde ich diesen Phänomenen nachgehen. Doch kann schon hier festgehalten werden, daß die Annahme einer statistisch zahlenmäßig ausweisbaren Gleichrangigkeit solcher Lebensformen, aber auch von Adoptions- und Stieffamilien sowie Einelternteil-Familien mit der traditionellen Zwei-Eltern-und-Kind(er)-Familie einer empirischen Überprüfung nicht standhält. Rosemarie Nave-Herz resümiert aus entsprechenden Untersuchungen zutreffend: „Zusammenfassend ergibt sich als Antwort auf die Frage nach der gestiegenen Pluralität von Familienformen, daß weiterhin die Eltern-Familie (mit formaler Eheschließung) statistisch die dominante Familienform (= 85%) ... geblieben ist, daß 87% aller Kinder unter 18 Jahren in den alten und 82% in den neuen Bundesländern in dieser herkömmlichen Kernfamilie aufwachsen und daß weiter-

---

[10]   Noch stärker als in Deutschland bestimmen Fragen der „Familie" gegenwärtig in den USA die öffentliche Diskussion; s. hierzu den aufschlußreichen Bericht von D. Browning, Practical Theology and the American Family Debate, in: International Journal of Practical Theology 1 (1997) 136-151, der zum einen das Ineinander von politischen und religiösen Positionen aufweist und zum anderen kurz die wesentlichen Argumente aus psychologischer, soziologischer, ökonomischer und evolutionsbiologischer Sicht nennt.

hin auch auf normativer Ebene ihr eine hohe subjektive Bedeutung zugeschrieben wird."[11] Allerdings ist nicht zu leugnen, daß vor allem die Erhöhung der Scheidungshäufigkeit – in den neuen Bundesländern auch die Verbreitung von nichtehelichen Geburten – zu gewissen Veränderungen im Familienverständnis führt, die in einer Begriffsklärung Berücksichtigung finden müssen, wenn nicht wichtige, zukünftig vielleicht an Bedeutung zunehmende Bereiche ausgeklammert werden sollen. Mit Nave-Herz seien hier folgende Merkmale als konstitutiv für den Familienbegriff verstanden: „1. die biologisch-soziale Doppelnatur aufgrund der Übernahme der Reproduktions- und zumindest der Sozialisationsfunktion ...,
2. ein besonderes Kooperations- und Solidaritätsverhältnis; (vor allem) ... wird in allen Gesellschaften der Familie eine ganz spezifische Rollenstruktur mit nur für sie geltenden Rollendefinitionen und Bezeichnungen (z.B. Vater/Mutter/Tochter/Sohn/ Schwester usw.) zugewiesen...,
3. die Generationsdifferenzierung."[12]
Vor allem der zweite Gesichtspunkt ist von pädagogischer Bedeutung, weil er große Flexibilität und Umfassenheit ermöglicht.

„Die Partikularität der Familie, genauer: ihre spezifische, diffuse Struktur, die Gleichzeitigkeit von Nähe und Distanz, von Zuwendung und Kontrolle, von Symmetrie und Asymmetrie, eine Form der Kommunikation zwischen Kindern und Eltern, die sich zwar an Rollen und Hierarchien orientiert, aber dennoch die Beteiligten nicht auf ihre Rollen reduziert (usw.), diese eigentümliche Struktur macht überhaupt erst möglich, was man vom Prozeß der Sozialisation erwartet: basale Handlungsfähigkeit zu vermitteln und den Erwerb grundlegender Kompetenzen zu ermöglichen."[13]

Allerdings wurde von systemtheoretischer Seite zu Recht auf eine veränderte Stellung von Familie in der Gesellschaft hingewiesen. Die Zunahme von sog. nichtehelichen Lebensgemeinschaften, Singles und Wohngemeinschaften, alles Lebensformen, die in der Regel auf Grund der meist fehlenden Reproduktionsfunktion nicht unter den Begriff von „Familie" im oben genannten Sinn fallen, macht darauf aufmerksam, daß sich der Bereich des Privaten, dem traditionell die Familie zugeschrieben wird, zunehmend ausdifferenziert.[14] Familie ist demnach eine – und zur Zeit die verbreitetste –

---

[11] R. Nave-Herz, Familie heute. Wandel der Familienstrukturen und Folgen für die Erziehung, Darmstadt 1994, 15.

[12] Ebd. 5.

[13] H.-E. Tenorth, „Alle Alles zu lehren". Möglichkeiten und Perspektiven allgemeiner Bildung, Darmstadt 1994, 61.

[14] S. ausführlicher Th. Meyer, Der Monopolverlust der Familie. Vom Teilsystem Familie zum Teilsystem privater Lebensformen, in: KZSS 45 (1993) 23-40.

Form privaten Lebens. Doch wird vor allem im Bereich der Erwachsenenbildung zu berücksichtigen sein, daß eine wachsende Zahl von Menschen in
Deutschland nicht mehr in Familien lebt.

Aus pädagogischer Sicht ist noch auf eine im vorliegenden Familienverständnis nicht notwendig implizierte, aber weit verbreitete Charakteristik
moderner Familien in Deutschland hinzuweisen, die der gebräuchliche Begriff *„Kernfamilie"* (englisch: „nucleus family") eher verschleiert als offenlegt.
Wie noch im zweiten, der historischen Genese gewidmeten Teil näher
ausgeführt wird, ist die Tatsache, daß in heutigen Familien meist nur Eltern
und Kind bzw. Kinder zusammenleben, keineswegs selbstverständlich. Die
Einsicht in die (potentielle) große pädagogische Bedeutung des Gesprächs
zwischen Großeltern und Enkeln weist auf die damit gegebenen Probleme
hin.

G. Moran konstatiert: „The most dramatic embodiment of intergenerational
education is the conversation between the old a few years from death and the young
a few years from birth. No relation is more powerful in its educational effects and yet
it is totally absent from most treatises on education. Probably religious education has
to remind the rest of education to include the relation of the very young and very
old."[15]

Offensichtlich ist die „Kernfamilie" nur noch manchmal der Kern eines
größeren Familienverbandes. Allerdings lebten 1991 27,9% aller 10-14jäh-
rigen Kinder im gleichen Haus oder in der Nachbarschaft ihrer Großeltern
(väterlicherseits), 52,1% wohnten im gleichen oder einem anderen Ort,
weniger als eine Fahrstunde entfernt.[16] Insofern hat offensichtlich die Mehrzahl der in Deutschland aufwachsenden Kinder zumindest die Möglichkeit
eines einigermaßen regelmäßigen Kontaktes zu den Großeltern, eine in ihrer
religionspädagogischen Relevanz – etwa in der Seniorenarbeit – noch nicht
entdeckte Chance.

Schließlich verändert sich jede Familie im Lauf der Zeit. Schon 1947
machte Paul C. Glick darauf aufmerksam, daß der Begriff „Familie" hinsichtlich verschiedener Phasen, die er – vielleicht nicht sehr glücklich –
„family cycle" nannte, differenziert werden muß:

„From its formation until its dissolution, a family passes through a series of stages
that are subject to demographic analysis. Typically, a family comes into being when

---

[15] G. Moran, Religious Education as a Second Language, Birmingham/Al. 1989,
     234.

[16] S. Bundesministerium für Familie, Senioren, Frauen und Jugend, Hg., Die
     Familie im Spiegel der amtlichen Statistik. Lebensformen, Familienstrukturen,
     wirtschaftliche Situation der Familien und familiendemographische Entwicklung
     in Deutschland, Bonn (März) 1997, 23.

a couple is married. The family gains in size with the birth of each child. From the time when the last child is born until the first child leaves home, the family remains stable in size. As the children leave home for employment or marriage, the size of the family shrinks gradually back to the original two persons. Eventually one and then the other of the parents die and the family cycle has come to an end.

During the life of the typical family, important changes occur not only in the composition but also in many other measurable characteristics of the group. The family is likely to move to one or more new locations in the process of adjusting to new housing requirements or of improving employment opportunities. A home may be purchased; the rental value of the living quarters may change. The probability of employment of the husband and of his wife will differ from one phase of the family cycle to another. Occupational shifts and corresponding variations in earnings are usually experienced during the lives of the average family's breadwinners."[17]

In der Forschung wurden sechs- bis achtphasige „Familienzyklen" konstruiert.[18] In vorliegendem Kontext ist nur wichtig, daß das Reden von „der" Familie offensichtlich zumindest dann nicht zureicht, wenn konkrete handlungsorientierende Perspektiven erarbeitet werden sollen. Gerade die pädagogische Problematik des Zusammenhangs der verschiedenen Lernorte weist hier darauf hin, daß in den einzelnen Familienphasen unterschiedliche Lernorte von besonderer Bedeutung sind. Dies ist vor allem für Familien von schulpflichtigen Kindern evident. Hier wird sogar teilweise von einer „Verschulung der Familie" gesprochen.[19] Dazu macht die Theorie vom Familienzyklus darauf aufmerksam, daß es in Familien Zeiträume gibt, in denen die Familienmitglieder ihre bisherigen Rollen und Verhaltensweisen überdenken und verändern, in denen sie also – pädagogisch gesprochen – lernen müssen. Weil das familiäre Leben Menschen in sehr umfassender, also auch die grundsätzlichen Daseins- und Wertorientierungen betreffender Weise prägt, stellen sich an solchen Übergängen auch religionspädagogisch relevante Probleme in besonderer Schärfe.

1.2. Zur geschichtlichen Entwicklung von Familie

Lange herrschte die Ansicht, daß sich die heutigen Kleinfamilien vor allem durch die Industrialisierung aus früheren Großfamilien entwickelten.

---

[17] P.C. Glick, The Family Cycle, in: American Sociological Review 12 (1947) 164f.

[18] S. R. Nave-Herz, B. Nauck, Familie und Freizeit. Eine empirische Studie, München 1978, 115f.; zum Zusammenhang der Ausbildung eines familiären Familienzyklus mit der allgemeinen Modernisierung s. M. Kohli, Die Institutionalisierung des Lebenslaufs. Historische Befunde und theoretische Argumente, in: KZSS 37 (1985) 4-8.

[19] S. Tenorth, a.a.O. (Anm. 13) 43.

„Diese These läßt sich folgendermaßen zusammenfassen und wiedergeben: In der Großfamilie wohnten mehrere Generationen – Eltern und Kinder sowie Großeltern und andere Verwandte – im gemeinsamen Haushalt unter der patriarchalischen Herrschaft des Hausvaters, wobei das Gesinde zum Familienkreis gehörte und die hausrechtliche Position eines Kindes einnahm. Die vorindustrielle Großfamilie – das ganze Haus – vereinigte Produktion und Konsum in sich; außerdem übernahm sie fast allein die Erziehung und Sozialisation der nachwachsenden Generation. Autorität, Stabilität und Solidarität charakterisierten diese Sozialform, in der die Gemeinschaft und nicht der einzelne dominierte. Seit dem Ende des 18. Jahrhunderts unterminierten die Industrialisierung und ihre Begleiterscheinungen ... die Grundlagen dieses Familientyps."[20]

Demgegenüber zeigen neuere Forschungen zum einen, daß eine *große Vielfalt von Formen und Verhaltensweisen* frühere Familien prägte; zum anderen machen sie deutlich, daß die sog. Drei-Generationen-Familie auch früher eher selten war.

„Für die Mehrgenerationenfamilien läßt sich ... vielfach zeigen, daß sie in Gebieten, in denen entsprechende strukturelle Voraussetzungen ... gegeben waren, gerade im 19. Jahrhundert zahlenmäßig sehr stark zugenommen haben. Das hat freilich mit der Industrialisierung gar nichts zu tun".[21] Auch früher waren bestimmte – eher selten anzutreffende – Formen der Altersversorgung, bestimmte erbrechtliche Bestimmungen, Steuervorschriften u.ä. grundlegende Voraussetzungen für die Existenz von Mehrgenerationenfamilien.[22]

Methodisch beschritt die moderne Familienforschung vor allem drei Wege, deren Ergebnisse sich jeweils ergänzen müssen, um ein möglichst zutreffendes Bild früherer Familien zu erhalten:[23]

– Pfarrmatrikel werden unter demographischer Fragestellung ausgewertet. Hierdurch kann man ein Bild vor allem über regionale Verhältnisse bezüglich Eheschließungen, Geburten und Sterbefällen erhalten. Allerdings läßt bis etwa Mitte des 19. Jahrhunderts die Qualität der Daten manche Wünsche offen. Außerdem sind dadurch genauere Erkenntnisse über die konkrete Gestaltung sozialer Verhältnisse oder die Einstellungen der Menschen zur Familie nicht zu gewinnen.

---

[20] W. H. Hubbard, Familiengeschichte. Materialien zur deutschen Familie seit dem Ende des 18. Jahrhunderts, München 1983, 12.

[21] M. Mitterauer, Faktoren des Wandels historischer Familienformen, in: H. Pross, Hg., Familie – wohin? Leistungen, Leistungsdefizite und Leistungswandlungen der Familien in hochindustrialisierten Gesellschaften, Reinbek 1979, 95.

[22] S. jeweils genauer ebd. 95-97.

[23] So mit Hubbard, a.a.O. (Anm. 20) 17-26.

– Hier führt die Auswertung von schriftlichen Aufzeichnungen aus früherer Zeit weiter. Vor allem der Vergleich von Dokumenten unterschiedlicher Epochen weist auf Differenzen in Familienbild und wohl auch -realität hin. Es muß aber berücksichtigt werden, daß sich vor allem Menschen höherer Schichten schriftlich äußerten, bzw. daß deren Notizen eher den Nachkommenden tradiert wurden.

– Schließlich werden Quellen wie Haushaltslisten, Rechnungen u.ä. analysiert, aus denen auf ökonomische Verhältnisse geschlossen werden kann. Hier stößt man schnell auf den offenkundigen Zusammenhang zwischen materiellen Umständen und Familienform. Doch fehlen vor allem für frühere Zeiten oft Dokumente, die die Skizze eines gesicherten allgemeineren Bildes ermöglichten.

Außerdem ergibt die Auswertung von gesetzlichen Bestimmungen manchmal interessante Aufschlüsse. Denn Familie war entsprechend ihrer Bedeutung für das Zusammenleben Gegenstand rechtlicher Regelungen. Zumindest die jeweils gültige Norm tritt hier hervor – z.T. aber jedoch nicht die damals üblichen Verhältnisse.

Dazu interessiert im vorliegenden religionspädagogischen Fragehorizont besonders der Zusammenhang bzw. das Verhältnis von Familie und Religion im Lauf der Zeit. Dies ist eng mit den drei eben genannten Fragehinsichten verbunden.

1.2.1. Theologische Distanz zu Familie im Mittelalter

Neuere familiensoziologische Publikationen setzen in ihrem historischen Teil meist erst im 18. oder 19. Jahrhundert ein. Tatsächlich liegen für Antike und Mittelalter keine präzisen demographischen Angaben vor. Allerdings ist hier jeweils zumindest eine hohe Kindersterblichkeit anzunehmen, die auch das Verhältnis der Familienmitglieder untereinander geprägt haben dürfte.

B. und P.L. Berger vermuten: „Man muß sich die psychologischen Implikationen für Eltern in einer Situation vorstellen, in der die Wahrscheinlichkeit, daß ihr neugeborenes Kind niemals das Erwachsenenalter erreicht, ja, daß ihr Kind in seinen ersten drei Lebensjahren stirbt, sehr groß ist. ... In einer solchen Situation ist es nur natürlich, daß sich Eltern dagegen ‚wappnen‘, zuviel Emotionen in kleine Kinder zu investieren, und daß sie in ihren Anstrengungen, diese Kinder auf eine Zukunft vorzubereiten, die sie unter Umständen gar nicht erleben werden, nicht gerade überschwenglich sind.“[24]

---

[24] B. und P.L. Berger, In Verteidigung der bürgerlichen Familie, Frankfurt 1984 (am. 1983) 140f.

Dazu begegnet schon im Mittelalter eine *Pluriformität von Familien*, deren Charakterisierung – etwa als Bauern-, Handwerker-, Kaufmanns- oder Adelsfamilie – auf den engen Zusammenhang zwischen Familienform und beruflicher Tätigkeit von Familienmitgliedern aufmerksam macht.[25]

Von besonderer Bedeutung ist aber ein kurzer Blick auf mittelalterliche Familien in einem religionspädagogischen Zusammenhang deshalb, weil hier ein kulturgeschichtlich durchaus auffälliges Verhältnis von Familie und Religion zu beobachten ist. Angesichts verbreiteter Vorstellungen von „dem christlichen Mittelalter" erstaunt vielleicht die Feststellung des Soziologen Hartmann Tyrell: „Die Nichtidentität von Religion und Familie ist ... in sehr ausgeprägter Form gerade für die christlich-okzidentale Gesellschaftsentwicklung seit der Spätantike kennzeichnend; ja, man kann sagen, daß in dieser – interkulturell geradezu singulären – Distanz beider ein mitbedingendes Moment für die gesellschaftliche Sonderentwicklung des Okzidents in Mittelalter und Neuzeit liegt."[26] Theologisch und rituell tritt diese Distanz zwischen Familie und christlicher Religion in der Bedeutung der Taufe am deutlichsten hervor. Der Mensch wird in der Taufe – auch bei der Taufe eines Säuglings – nicht als Familienmitglied Gott präsentiert; vielmehr symbolisiert die Taufe seine deutlich von menschlicher Verwandtschaft separierte Gotteskindschaft.

Dies wird im Verständnis des Patenamtes handgreiflich. Die leiblichen Eltern waren immer von der Patenschaft ausgeschlossen. Die Paten selbst gelten in der römisch-katholischen Kirche bis zum heutigen Tage als geistliche Verwandte, was z.B. eine Ehe zwischen Pate und Patenkind verhindert. Ihre Hauptaufgabe besteht in der religiösen Erziehung.[27]

Die Propagierung und Durchsetzung des Klerikerzölibats etwa im 11. Jahrhundert förderte mit dem hierin implizierten asketischen Ideal eine

---

[25] Vgl. zu weiteren Faktoren, die regional unterschiedlich ausgeprägt waren und so die Pluriformität von Familie bedingten, die übersichtliche Graphik „Determinants of Marriage and Family Structures" in: M.W. Osmond, Comparative Marriage and the Family, in: B.C. Miller, D.H. Olson, Hg., Family Studies & Review Yearbook 3, Beverly Hills u.a. 1985, 506. S. zu den grundsätzlichen Entwicklungen mit ihren tiefgreifenden Veränderungen der sozialen Formen N. Elias, Über den Prozeß der Zivilisation, Frankfurt 1980 (am. 1977).

[26] H. Tyrell, Familie und Religion im Prozeß der gesellschaftlichen Differenzierung, in: V. Eid, L. Vaskovics, Hg., Wandel der Familie – Zukunft der Familie, Mainz 1982, 19.

[27] S. zum Patenamt knapp L. Eisenhofer, Handbuch der katholischen Liturgik Bd. 2, Freiburg 1933, 237-240.

deutliche religiöse Distanz zu sexueller Praxis und damit zur Familie. So fällt es – sowohl hinsichtlich neutestamentlicher Texte wie der Haustafeln als auch späterer Pastoral – auf, daß kaum über die häusliche Gemeinschaft gepredigt wurde.[28]

Schließlich steht die Bedeutung der nichtfamiliär bestimmten religiösen Gemeinschaft der Gemeinde einer Hochschätzung der Familie entgegen, wie sie aus anderen Religionen bekannt ist. Vielleicht liegt hier schon eine in der Zwischenzeit säkularisierte Quelle für die heute oft beklagte Distanz zwischen Familienleben und christlicher Praxis.

1.2.2. Katechetische Entdeckung von Familie in der Reformation

Die Reformation beendete diese Nebenrolle der Familie in religiösen Dingen. Zwar bestand die wesentlich auf die Kirchengemeinde bezogene Konstitution christlichen Lebens weiter, aber die Zurückweisung des Pflichtzölibats für Kleriker eröffnete eine aufgeschlossenere Sicht der Familie. Vor allem aus katechetischen Gründen rückte Luther diese Institution in den Mittelpunkt mancher Schriften, z.B. des Kleinen Katechismus, dessen einzelne Stücke „ein Hausvater seinem Gesinde einfältiglich furhalten soll".[29] Von der Erziehung in der Familie erhoffte sich der Reformator Besserung der moralischen und religiösen Verwahrlosung, die er beklagte. Tyrell vermutet, „daß es wesentlich der Protestantismus war, der die Familie auf den Weg der Intimisierung, des dichteren subjektivierten Zusammenrückens und der Pädagogisierung gebracht hat".[30]

„Gerade in England hat die Reformation die Kirchengemeinde funktional nachhaltig zugunsten der Familie geschwächt und Katechese und religiöse Unterweisung fast überwiegend als Familienaufgabe etabliert."[31]

Gegenreformatorische Bestrebungen versuchten ebenfalls das katechetische Potential der Familien zu nutzen und in ihrem Sinn zu profilieren, wenngleich hier der Schwerpunkt religiösen Lebens bei den Gemeinden blieb.[32]

---

[28] S. Tyrell, a.a.O. (Anm. 26) 32.

[29] BSLK 507, 510, 512, 515, 519; s. näher zum Kleinen Katechismus und seiner Wirkungsgeschichte H.-J. Fraas, Katechismustradition. Luthers kleiner Katechismus in Kirche und Schule, Göttingen 1971.

[30] Tyrell, a.a.O. (Anm. 26) 35.

[31] Ebd. 39.

[32] S. ebd. 44.

Frömmigkeitsgeschichtlich verstärkte die im Frankreich des 17. Jahrhunderts einsetzende Hinwendung zur Verehrung der „Heiligen Familie" die Tendenz zu einer religiösen Aufwertung der Familie.[33]

1.2.3. Herausbildung der bürgerlichen Familie im 18. Jahrhundert

Auf dem Land hielten sich – mit regionalen Differenzen in der konkreten Ausprägung – familienübergreifende Hausverbände, vor allem durch das Gesinde.[34] Diese Sozialverbände unterschieden sich aber regional nicht nur hinsichtlich ihrer Größe, sondern auch in ihrer inneren Konsistenz und Stabilität erheblich. Für manche Gebiete ergaben Einzelstudien, daß Knechte und Mägde durchschnittlich kaum länger als ein bis zwei Jahre in den jeweiligen Hausgemeinschaften verweilten. Anderswo blieb – maßgeblich durch die dort gegebene Möglichkeit der Heirat auch für Gesinde gefördert – das Gesinde jahrzehntelang im selben Haus.[35]

M. Mitterauer weist auf den idealtypischen Lebenszyklus solcher Sozialform hin: „Knechte und Mägde werden vor allem in der ersten Zeit nach der Hofübernahme durch den Jungbauern eingestellt. Eigene Kinder stehen als Mitarbeiter noch nicht zur Verfügung. Die Frau ist durch die Häufigkeit von Geburten und Stillphasen in ihrer Einsatzmöglichkeit noch stark beschränkt und bedarf selbst der Unterstützung. Mit dem Heranwachsen der Kinder kann auf gedungene Hilfskräfte mehr und mehr verzichtet werden. Durch das Ausscheiden der Kinder aus dem Elternhaus steigt hingegen wieder der Bedarf an Knechten und Mägden." Allerdings fügt er einschränkend hinzu: „In der Realität freilich findet sich bei größeren Bauern ziemlich durchgehend Gesindehaltung. Sehr kleine wiederum konnten sie sich auch in Phasen des verstärkten Bedarfs nicht leisten."[36]

Spezialuntersuchungen zur Lebensform in den Städten[37] zeigen, daß die sog. Protoindustrialisierung des 18. Jahrhunderts die Arbeiterfamilien erheblich veränderte: „Sinkende Heiratsraten, steigende Unehelichkeitsraten

---

[33]   S. ebd. 45. Welchen sozialen und ökonomischen Belastungen arme Familien auf der anderen Seite ausgesetzt waren, kann man z.B. an einem Dokument wie dem Grimmschen Märchen von Hänsel und Gretel sehen (s. zur historischen Genese H.-J. Uther, Hg., Brüder Grimm. Kinder- und Hausmärchen Bd. 4, München 1996, 32f.). Die Veränderungen in den sozialen Verhältnissen treten anschaulich in der Modifizierung der Mutterrolle in E. Humperdincks Oper „Hänsel und Gretel" (1893) hervor.

[34]   S. zu dem Begriff „Gesinde" Mitterauer, a.a.O. (Anm. 21) 103.

[35]   S. ebd. 103.

[36]   Ebd.

[37]   S. z.B. J. Ehmer, Familienstruktur und Arbeitsorganisation im frühindustriellen Wien, Wien 1980.

und wachsende Zahlen von familienfremden Haushaltsmitgliedern demonstrierten diese Schwächung."[38]

Umgekehrt entwickelte sich in dieser Zeit in den höheren Schichten ein neues, bald allgemein ausstrahlendes Familienideal, das sich vor allem der zunehmenden Entflechtung der bis dahin eng verbundenen gesellschaftlichen Teilbereiche Staat, Kirche, Ökonomie und Familie verdankte.

„Die geistige Bewegung der Aufklärung begann, diese realen Veränderungen gedanklich zu verarbeiten und Leitbilder einer neuen, freiheitlicheren Gesellschaftsform zu entwickeln, deren letzte Bezugspunkte das Individuum als Träger aller persönlichen Rechte und das Privateigentum als Bündelung aller Rechte an einer Sache in einer Hand sein sollten. Alte Ordnungsstrukturen, welche persönliche Rechte an Standeszugehörigkeit und sachliche Rechte an das Feudalverhältnis banden, wurden auch real abgeschafft. Damit wurde der bisherigen hausherrschaftlichen Ordnung ihre Grundlage entzogen."[39]

In den viel gelesenen „Moralischen Wochenschriften" trat eine *Vorstellung von Familie* hervor, *die sich wesentlich selbst genügt*. Nicht zuletzt die Empfehlung zum Vorlesen der Wochenschriften im Familienkreis förderte die Intimität und vertraute Geselligkeit des Familienlebens.

Das deutsche Weihnachtsfest mit seinem Hauptakzent auf der „Gemütlichkeit" ist ein bis in die Gegenwart hineinreichendes Produkt dieser – auch theologisch begriffenen – bürgerlichen Geselligkeit der Familien.[40]

Konsequenter Ausdruck dieser Entwicklung war, daß sich im späten 18. Jahrhundert das „Du" im Verkehr zwischen Eltern und Kindern durchzusetzen begann.[41]

Die Moralischen Wochenschriften veränderten auch das Verhältnis von Familie und Religion. Denn durch ihre rein moralischen Abhandlungen etablierten sie „neben der traditionell religiösen eine auf die Vernunft bauende Moral".[42] Inhaltlich stellten sie das Ideal diesseitiger „Glückseligkeit" „als allgemeines Ziel der vernünftigen und tugendhaften Lebensführung" vor Augen.[43] „Die Familienbeziehungen erhalten hier ein so übermächtiges

---

[38] Hubbard, a.a.O. (Anm. 20) 34.
[39] F.-X. Kaufmann, Zukunft der Familie im vereinten Deutschland. Gesellschaftliche und politische Bedingungen, München 1995, 19.
[40] Vgl. z.B. D.F. Schleiermacher, Weihnachtsfeier. Ein Gespräch (1806), in: KGA I.5, Berlin 1995, 39-98.
[41] S. Tyrell, a.a.O. (Anm. 26) 57.
[42] Ebd. 51.
[43] Ebd. 52.

Eigengewicht, daß die Gottgefälligkeit des eigenen Tuns und Empfindens vor der ‚Familiengefälligkeit' gänzlich verblassen muß."[44]

Rechtlich fand diese Neuorientierung einen ersten teilweisen Niederschlag im Allgemeinen Landrecht für die Preußischen Staaten (1794). Dieses „unterschied unter dem Einfluß der Aufklärung und mit deutlicher Tendenz zur Schwächung der Hausherrschaft erstmals zwischen dem Zusammenhang des ‚Hauses' und demjenigen der ‚Familie' im Sinne des modernen, von Ehe und Elternschaft geprägten Familienbegriffs."[45] Damit förderte dieser Codex ein Familienverständnis im Sinne einer exklusiven Gemeinschaft von Eltern und Kindern (allerdings unter Beibehaltung patriarchalischer Grundstruktur). Für das Verhältnis von Familie und Religion ist hier § 84 von Interesse: „Nach zurückgelegtem Vierzehnten Jahre ... steht es lediglich in der Wahl der Kinder, zu welcher Religionspartey sie sich bekennen wollen."[46]

1.2.4. Veränderung von Familie im 19. Jahrhundert

Die sich im 19. Jahrhundert anbahnenden und bis zum Ausbruch des 1. Weltkriegs offenkundigen Veränderungen in Familien gehen schon aus demographischen Daten hervor:

Ein Vergleich der Fruchtbarkeitsziffern zeigt erhebliche Veränderungen bei der durchschnittlichen Kinderzahl in den Familien. 1816/19 wurden in Preußen 186 Lebendgeborene auf 1000 Frauen im Alter von 14 bis 45 Jahren registriert; 1868/71 waren es noch 161. Im Deutschen Reich betrug diese Zahl 1880/81 167, 1900/01 158, 1910/11 nur noch 128, 1912/13 117, 1924/25 80, 1929/30 68.

Diese Tendenz setzte sich dann weiter fort, etwas unterbrochen nur im III. Reich, dessen rassistisch motivierte Bevölkerungspolitik aber auch nur zu einer Steigerung auf 79 Lebendgeborene je 1000 gebärfähiger Frauen 1937/38 führte, und in der wirtschaftlich prosperierenden Bundesrepublik Anfang der sechziger Jahre mit 84.[47]

William Hubbard weist bei der Interpretation dieser statistischen Angaben auf die dahinter stehenden Folgen für die Familie hin: „Durch die Abnahme der Fruchtbarkeit verliert das Gebären von Kindern seine frühere

---

[44] Ebd. 54. Allerdings trat diese Familienmoral z.T. in religiösem Gewand auf (s. hierzu G. Mehnert, Evangelische Presse. Geschichte und Erscheinungsbild von der Reformation bis zur Gegenwart, Bielefeld 1983, 62-112).

[45] Kaufmann, a.a.O. (Anm. 39) 15.

[46] Zitiert nach Hubbard, a.a.O. (Anm. 20) 55.

[47] Nach ebd. 94.

zentrale Rolle im Familienalltag; gleichzeitig wird es zunehmend außerhalb des Hauses und ins Spital verlegt."[48]

Befragungen von jungen Männern beim Militär zeigen deutlich, daß zu Beginn des 20. Jahrhunderts die Fragen der Empfängnisverhütung allgemein präsent waren.[49] Anderen Dokumenten ist zu entnehmen, wie stark ökonomische Fragen auch noch in dieser Zeit die Partnerwahl bestimmten. So erzählte ein schlesischer Bauer: „Ich wurde am 16.9.1880 ... geboren. Meine Eltern hatten 5 Kinder, von denen ich das jüngste war. Ich sollte einmal den Hof übernehmen. Meine beiden Brüder waren versorgt, der Ernst hatte eine gute Stellung bei der Bahn, der Fritz lernte Lehrer, aber es waren zwei Schwestern auszuzahlen, und es war für jede eine Hypothek von 3000 Mark auf den Hof eingetragen. Wir hatten aber bloß 23 Morgen ... Weil nun die Martha heiratete und weil ich da mit dem Auszahlen nicht zurechtkommen konnte, weil ich ja auch wirtschaften mußte, dachte ich, daß ich auch heiraten möchte. Und überhaupt kann einer ja nicht wirtschaften, wenn er noch freiledig ist. Ich hatte auch eine auf dem Kieker ... und anderthalb Jahre sind wir miteinander auch gegangen ... Aber weil sie bloß 700 mitkriegen sollte, deswegen nutzte sie mir nichts. Sie konnten nicht mehr mitgeben, weil er doch bloß ein Häusler war, der Vater ging in das Warenhaus aushelfen ... ich mußte aber, wenn schon kein Geld war, mußte ich wenigstens noch fünf Morgen kriegen, denn 27, da konnte ich eine Kuh mehr halten, und von dem Milchgelde wären schon ein paar Pfennige gut mit gewesen. Wenn ich nichts kriegen konnte, keine Hilfe, aber hätte ich da verkaufen müssen. Deswegen ließ ich die ... dann".[50]

Etwa parallel hierzu stieg die Lebenserwartung der Menschen. In Preußen betrug die Lebenserwartung zwischen 1816 und 1860 durchschnittlich 26,53 Jahre für männliche Neugeborene und 28,70 Jahre für weibliche. Da diese Zahlen stark durch die damals erhebliche Säuglingssterblichkeit geprägt sind, sei noch die Lebenserwartung der Vierzigjährigen in diesem Zeitraum genannt. Sie betrug für Frauen 23,62 und für Männer 22,85 Jahre. Im Deutschen Reich hatte sie sich zwischen 1871 und 1880 schon etwas verbessert. Bei Neugeborenen betrug nun die Lebenserwartung 35,38 bzw. 38,45 Jahre; bei den Vierzigjährigen war sie 24,46 bzw. 26,32. Dreißig Jahre später (1901-1910) war sie bei Neugeborenen 44,82 bzw. 48,33, bei Vierzigjährigen 26,64 bzw. 29,16 Jahre.

Diese Tendenz setzte sich dann stetig fort: Lebenserwartung für Neugeborene 1924-1926 55,97 bzw. 58,82, in der Bundesrepublik 1949-1951 64,56 bzw. 68,48, 1976-1978 68,99 bzw. 75,64 Jahre; für Vierzigjährige 1924-1926 30,05 bzw. 31,37, 1949-1951 32,32 bzw. 34,67 und 1976-1978 32,49 bzw. 37,98 Jahre.[51]

---

[48] Ebd.
[49] S. die entsprechenden Dokumente in: ebd. 254f.
[50] Abgedruckt ebd. 185.
[51] Nach ebd. 117; s. zum heutigen Altersaufbau der deutschen Gesellschaft 1. Kap. 4.1.1. (vor allem Anm. 633).

Die Konsequenzen für die Familie und ihre Bedeutung im Leben der Menschen werden gut anschaulich, wenn man sich die Veränderungen des bio-sozialen Lebenszyklus der statistischen Durchschnittsfrau betrachtet. Hier kamen mehrere Entwicklungen zusammen und verstärkten sich gegenseitig: der Heiratszeitpunkt verschob sich nach oben, die Geburt des letzten Kindes nach unten; zugleich trat die Menarche früher und die Menopause später ein; dazu kam der Anstieg der Lebenserwartung.[52]

Die steigende Lebenserwartung, verbunden mit der Reduktion der Kinderzahl, führte dazu, daß auch für Frauen die Lebenszeit ohne direkten sozialen Kontakt mit ihren Kindern deutlich ab Ende des 19. Jahrhunderts anwuchs. Die Familienphase im engeren Sinn wurde dadurch etwas Besonderes im Leben der Menschen, was die *Individualisierung und Emotionalisierung der Familienbeziehungen* steigerte.[53]

Die eben skizzierten Tendenzen müssen noch in ökonomischer Hinsicht differenziert werden. So bestand z.B. eine direkte Korrelation zwischen sozialer Stellung der Eltern und der Säuglingssterblichkeit. Während z.B. 1877/79 in Preußen durchschnittlich 17,5% der in Familien von öffentlichen Beamten geborenen Kinder im ersten Lebensjahr starben, waren dies bei Dienstboten und Gesinde 29,6%; bis 1910/11 sank diese Prozentzahl in Beamtenfamilien erheblich auf 9,9%, bei den Dienstbotenfamilien nur auf 25,8%.[54]

Allgemein gilt, daß sich im 19. Jahrhundert die Erwerbsarbeit bzw. Produktion zunehmend aus der Familie auslagerte, was zu einer *Trennung von Erwerbsarbeit und Haushalt* führte. Zwar ist umstritten, ob dies eine Voraussetzung für die zunehmende Emotionalisierung und Intimisierung der Familien war oder ob umgekehrt diese Veränderung des Charakters von Familie den ökonomischen Wandel förderte.[55] Die Entwicklung selbst ist aber eindeutig.

Die Gesetzgebung konservierte auf der einen Seite noch ein Verständnis von Familie, das den Sozialverband der Eltern-Kind-Familie überschritt. So bestimmte das Bürgerliche Gesetzbuch von 1900 in § 1589: „Personen, deren eine von der anderen abstammt, sind in gerader Linie verwandt ...“ und in § 1601: „Verwandte in gerader Linie sind verpflichtet, einander Unterhalt zu gewähren.“[56] Auf der anderen Seite trat aber deutlich die Sorge

---

[52] S. ebd. 123.
[53] S. ebd. 67.
[54] S. ebd. 122.
[55] S. Berger, Berger, a.a.O. (Anm. 24) 107-131.
[56] Nach Hubbard, a.a.O. (Anm. 20) 61.

um das Kindeswohl gegen die frühere patriarchalische Bestimmung von Familie hervor. So begann das Reichsgesetz für Jugendwohlfahrt vom 9.7.1922 mit § 1: „Jedes deutsche Kind hat ein Recht auf Erziehung zur leiblichen, seelischen und gesellschaftlichen Tüchtigkeit. Das Recht und die Pflicht der Eltern zur Erziehung werden durch dieses Gesetz nicht berührt ... Insoweit der Anspruch des Kindes auf Erziehung von der Familie nicht erfüllt wird, tritt, unbeschadet der Mitarbeit freiwilliger Tätigkeit, öffentliche Jugendhilfe ein."[57]

Gravierend beeinflußten die skizzierten Veränderungen in Familien auch deren Verhältnis zur Religion. Die ab der Mitte des 19. Jahrhunderts aufkommenden Bestrebungen zur Kirchenreform, etwa bei Johann Wichern und seinem Programm der Inneren Mission, wiesen immer wieder darauf hin, daß die Familien ihrer Aufgabe der religiösen Erziehung nicht oder zumindest nicht zureichend nachkommen. Soziologisch gesehen vollzog sich offensichtlich *ein allgemeiner Differenzierungsprozeß, der zu einer Verlagerung der religiösen Erziehung in eigens dafür konzipierte Veranstaltungen, etwa den Religionsunterricht oder den Kindergottesdienst führte,* und damit auch auf diesem Gebiet zu einer Entlastung von Familie.

1.2.5. Familien im 20. Jahrhundert (bis ca. 1970)

Die im 19. Jahrhundert sich abzeichnenden Trends der Veränderung von Familie, vor allem im Sinne einer Entlastung von Funktionen zugunsten einer zunehmenden Emotionalisierung, setzten sich im 20. Jahrhundert fort. Dies wurde im letzten Abschnitt für den demographischen Bereich anhand einiger statistischer Daten bereits kurz angedeutet. Ein weiterer wesentlicher Grund hierfür war der rapide Rückgang der Kinderzahl in den Familien. Während um 1900 nach 19,5jähriger Ehedauer von 100 Ehen 58 vier oder mehr Kinder aufwiesen, waren dies 1920 nur noch 21, 1965 16 Familien.[58] Damit veränderte sich das familiäre Binnenklima erheblich in Richtung weiterer Intimisierung.

Die überkommenen patriarchalisch strukturierten Familienformen wurden zunehmend als überholt empfunden. Das Werk von Thomas Mann stellt in gewisser Weise einen wehmütigen Abgesang hierauf dar, etwa in den „Budenbrooks".[59] Zu der damit verbundenen Veränderung der Familie

---

[57] Zitiert nach ebd. 59.
[58] S. M. Koschorke, Familie als Lebenshintergrund der Menschen in der Gemeindearbeit, in: ThPr 10 (1975) 131.
[59] S. hierzu sehr anschaulich die Passagen zur Herkunftsfamilie Manns und zu den „Budenbrooks" in: H. Wysling, Y. Schmidlin, Hg., Thomas Mann. Ein Leben in Bildern, Zürich ²1994, 36-43 bzw. 98-119.

trugen nicht zuletzt auch die Haushaltsführung verändernde technische Innovationen bei. Sie befreiten die Frauen von zeitraubenden Tätigkeiten,[60] was im *Anwachsen der Erwerbstätigkeit von Frauen, auch von Müttern* seinen Niederschlag fand. „In den Heiratskohorten seit 1955 nimmt die marktmäßige Erwerbstätigkeit junger verheirateter Frauen rapide zu. In der Bundesrepublik Deutschland wurde dieser Umschwung nicht zuletzt mit den Erinnerungen an die Kriegs- und Nachkriegszeit gerechtfertigt, die gezeigt haben, daß Frauen auch auf ‚eigenen Füßen‘ und selbst ‚ihren Mann‘ zu stehen haben."[61] Während 1925 erst 17% der jungverheirateten Frauen erwerbstätig waren, stieg dieser Prozentsatz 1937 auf 19% und erreichte im II. Weltkrieg 1943 40%; nach einem Rückgang 1945 wiederum auf 17% nahm er 1950 auf 34%, 1955 auf 43%, 1960 auf 53%, 1965 auf 62% und 1970 auf 72% zu.[62] Bei den Müttern mit Kind stieg der Anteil der Erwerbstätigen von 1950 22,8% auf 1961 34,6%, 1970 34,8%, 1976 40%.[63] In der DDR vollzog sich diese Entwicklung auf Grund der staatlichen Ideologie noch schneller und umfassender.

„Die Gesellschaftstheorie des Marxismus-Leninismus sieht in der Berufstätigkeit der Frau die Grundlage sowohl für die Gleichberechtigung als auch für ‚eine höhere Form der Familie und des Verhältnisses beider Geschlechter'. Die materielle Produktion gilt als entscheidende Sphäre der Persönlichkeitsentwicklung, die Arbeitsmoral als wichtigste Quelle der Familienmoral. Von daher schien es geboten, die Gleichstellung zunächst in der Arbeitswelt zu einem gewissen Abschluß zu bringen und erst danach ein neues Familienrecht zu konzipieren."[64]

Die zunehmende Emotionalisierung der Beziehung zwischen Eltern und Kindern äußert sich wohl auch im Rückgang der körperlichen Züchtigung als Erziehungsmittel: „Von den Befragten des Geburtsjahrgangs 1954/55 und 1959/60 gaben noch jeweils 21 bzw. 20 Prozent an, geschlagen worden zu sein. Von den Befragten des Geburtsjahrgangs 1964/65 waren es gerade noch 9 Prozent."[65]

Diese Tendenz fand in den gesetzlichen Bestimmungen einen Niederschlag. So heißt es in § 1626 des Bürgerlichen Gesetzbuchs von 1980: „(1)

---

[60] S. Berger, Berger, a.a.O. (Anm. 24) 126f.

[61] T. v. Trotha, Zum Wandel der Familie, in: KZSS 42 (1990) 460 Anm. 14.

[62] S. ebd.

[63] S. ebd. 460 Anm. 15; vgl. umfassend A. Willms-Herget, Frauenarbeit. Zur Integration der Frauen in den Arbeitsmarkt, Frankfurt u.a. 1985.

[64] G. Helwig, Jugend und Familie in der DDR. Leitbild und Alltag im Widerspruch, Köln 1984, 8.

[65] v. Trotha, a.a.O. (Anm. 61) 462 Anm. 17; vgl. allerdings zur Vielschichtigkeit des Problems familiärer Gewaltanwendung Nave-Herz, a.a.O. (Anm. 11) 76-83.

Der Vater und die Mutter haben das Recht und die Pflicht, für das minderjährige Kind zu sorgen (elterliche Sorge). Die elterliche Sorge umfaßt die
Sorge für die Person des Kindes ... und das Vermögen des Kindes ...
... (2) Bei
der Pflege und Erziehung berücksichtigen die Eltern die wachsende Fähigkeit und das wachsende Bedürfnis des Kindes zu selbständigem verantwor-
tungsbewußtem Handeln. Sie besprechen mit dem Kind, soweit es nach
dessen Entwicklungsstand angezeigt ist, Fragen der elterlichen Sorge und
streben Einvernehmen an."[66]
   Die Verbindung zwischen Familie und Religion lockerte sich nach dem
II. Weltkrieg nicht zuletzt auf Grund der Ansiedelung von Flüchtlingen, die
bis dahin noch bestehende konfessionell homogene Gebiete durchmischte
und durch Eheschließungen zur Zunahme von konfessionsverschiedenen
Familien führte.[67] Damit verlor die Kirchenzugehörigkeit – spätestens bei
der Frage nach der Konfession der Kinder – zunehmend an Selbstverständlichkeit und nahm in gewisser Weise Wahlcharakter an.

1.3. Zur gegenwärtigen Situation der Familie

Die gegenwärtige Situation von *Familie im Spannungsfeld zwischen Verlust
ihrer Monopolstellung als privater Lebensform und allgemein hochgeschätztem
Wert* ist nur auf dem Hintergrund der im vorhergehenden kurz skizzierten
geschichtlichen Entwicklung verständlich. Deren Kenntnis kann sowohl vor
einer vorschnellen Geringschätzung von Familie als auch einer Glorifizie-
rung bestimmter Familienformen bewahren. Vielmehr gilt es, unter religionspädagogischer Perspektive die gegenwärtige Situation möglichst differenziert
zur Kenntnis zu nehmen, um Angebote zu konzipieren, die Menschen in
ihrer heutigen Lebenswelt erreichen.

1.3.1. Statistische Befunde

Folgende Befunde machen exemplarisch auf wichtige Veränderungsprozesse
der letzten dreißig Jahre in der Familienstruktur und Einstellung zur Familie
aufmerksam.
   In diesem Zusammenhang erinnert F.-X. Kaufmann zu Recht daran: „Nahezu
alle Kommentatoren sind sich darin einig, daß sich ein Strukturbruch im Prozeß der
neuzeitlichen Entwicklung etwa in den 60er Jahren dieses Jahrhunderts ereignet habe
..."[68]

---

[66] Zitiert nach Hubbard, a.a.O. (Anm. 20) 59.
[67] S. 1. Kap. 4.1.1.
[68] Kaufmann, a.a.O. (Anm. 39) 148.

– Seit 1965 ging die *Geburtenrate* in der Bundesrepublik fast zwanzig Jahre kontinuierlich zurück. Kamen 1965 noch 124,05 Geburten auf 1000 verheiratete Frauen zwischen 15 und 45 Jahren, so waren es 1980 nur noch 72,27.

In absoluten Zahlen war dieser Rückgang noch deutlicher ausgeprägt, weil die geburtenschwachen Jahrgänge der Kriegs- und Nachkriegszeit damals ins Heiratsalter kamen.

Ab Mitte der achtziger Jahre ist wieder ein leichter Anstieg der Geburtenzahlen zu beobachten, etwa 1990 88,20 Geburten auf die vorher genannte Maßzahl.[69]

1995 lebten in Deutschland 24,4% aller unter achtzehnjährigen Kinder ohne Geschwister in einem Haushalt, 48,1% mit einem Geschwister, 19,2% mit zwei, 8,4% mit drei und mehr. Dabei ist der Anteil der Einzelkinder und Kinder mit nur einem Geschwister in den neuen Bundesländern deutlich höher (Einzelkinder 28,6% gegenüber 23,3% in den alten Ländern; mit einem Geschwister 52,7% gegenüber 46,9%), während die Familienform mit drei und mehr Kindern in den alten Bundesländern häufiger ist (drei Kinder: 20,6% gegenüber 13,8%; mehr Kinder: 9,3% gegenüber 4,9%).[70] Soziohistorische Studien ergeben hierzu, daß für die wenigen Kinder pro Familie heute „wesentlich mehr Leistungen seitens der Mütter mobilisiert (werden) als früher, sowohl was die Intensität der Beziehungen als auch die ökonomischen Aufwendungen und den zeitlichen Umfang für die Betreuung der Kinder anbetrifft".[71] In diesem Zusammenhang ist bemerkenswert, daß die Zahl der gewünschten Kinder insgesamt größer ist als die der tatsächlich geborenen.[72]

Inzwischen gibt es eine Reihe von Untersuchungen speziell zu den Konsequenzen des Einzelkindseins für die Sozialisation. Ihre Befunde sind nicht einlinig interpretierbar.[73] „In der Einzelkindsituation können zwar bestimmte soziale Erfahrungen nicht gesammelt werden, aber diese sind nicht nur und immer als positiv unterstützend für die kindliche Entwicklung zu bewerten. Überhaupt stehen sich Vor- und Nachteile gegenüber."[74]

In der DDR erklärte der VIII. Parteitag der SED (1971) die Familien- und Bevölkerungsentwicklung zum politischen Thema und ergriff Maßnah-

---

[69] S. ebd. 46.

[70] Bundesministerium, a.a.O. (Anm. 16) 34.

[71] S. Nave-Herz, a.a.O. (Anm. 11).

[72] S. die Hinweise auf diesbezügliche Untersuchungen ebd. 24.

[73] S. die knappe Darstellung wichtiger Untersuchungen ebd. 65-69.

[74] Ebd. 69.

men, um die Geburtenzahl zu heben. In vielfacher Weise wurden junge Frauen materiell und durch (teilweise) Freistellung von betrieblicher Arbeit zur Mutterschaft animiert.[75] Ab etwa 1975 griffen die entsprechenden Aktionen und die Geburtenziffer stieg deutlich an, ohne daß es jedoch gelang – wie geplant –, die Zahl der Familien mit mehr als zwei Kindern zu steigern. Familiensoziologisch von Bedeutung ist an dieser Entwicklung – in deutlichem Unterschied zur Bundesrepublik –, daß die Zahl der unehelichen Geburten zunahm, von etwa 15% auf über 30% ab 1982.[76] Nach der politischen Wende fiel die Geburtenzahl dramatisch. Zwischen 1989 und 1992 ging sie in den neuen Bundesländern um mehr als die Hälfte zurück.[77]

– Eng mit dem Rückgang der Kinderzahl hängt die *Verkleinerung der Haushalte* zusammen. Vor allem ist der geringe Anteil der Drei-Generationen-Familien am Gesamt der Familien bemerkenswert. Er beträgt nicht einmal ganz drei Prozent.

Genauere Untersuchungen zum Alltag junger Familien zeigen jedoch, daß besonders für die Betreuung von Kindern enge Kontakte zu den Großeltern, vor allem den Großmüttern, bestehen. So ergab eine Umfrage in Nordrhein-Westfalen, daß etwa zwei Drittel aller junger Familien weniger als eine Viertelstunde entfernt von den Eltern der Frau leben.[78]

In der DDR baute der Staat ein flächendeckendes, (1988) von etwa 80% der Ein- bis Dreijährigen in Anspruch genommenes[79] Krippenwesen aus, das den Eltern auch kleiner Kinder weithin die Betreuungsaufgabe abnahm.

A. Garlichs vermutet auf Grund eigener psychoanalytisch orientierter Forschungen in Kassel und Leipzig hierzu: „Die zwei unterschiedlichen Gesellschaftssysteme in der BRD und DDR haben sich offensichtlich jene Systeme der Früherziehung geschaffen, die – mit großer Wahrscheinlichkeit – jene Menschen hervorgebracht haben, die das jeweilige System brauchte: hoch individualistische, konkurrenzfähige Individuen im spätkapitalistischen Westen, ins Kollektiv sich einfügende, in ihrer Eigeninitiative oftmals gebremste, zu solidarischen Verhalten in ihrem Kollektiv bereite Menschen im Osten."[80]

---

[75] S. Kaufmann, a.a.O. (Anm. 39) 84.

[76] S. ebd. 47. Inzwischen, 1995, werden 41,8% aller Kinder in den neuen Bundesländern nichtehelich geboren (gegenüber 12,9% in den alten).

[77] S. Kaufmann, a.a.O. 90.

[78] S. ebd. 60; s. auch Anm. 16.

[79] Im gleichen Jahr besuchte nur etwa 1% der bundesdeutschen Kinder dieser Altersgruppe eine entsprechende Kindereinrichtung (s. A. Garlichs, Aufwachsen in schwieriger Zeit, in: Comenius-Institut Münster, Hg., Aufwachsen in Pluralität. Herausforderungen für Kinder, Schule und Erziehung, Münster 1994, 36).

[80] Ebd.

Allerdings muß auf die besonders bei den sog. Wochenkrippen, also Einrichtungen, in denen kleine Kinder, z.T. bereits ab der 12. Woche, von Montag bis Freitag durchgehend untergebracht waren, massiven Schädigungen der Kinder hingewiesen werden. Empirisch wurden erhebliche Entwicklungsverzögerungen, auch bei Tageskrippenkindern, festgestellt.[81]

– Zwischen dem Beginn der sechziger und der Mitte der siebziger Jahre verdoppelte sich die *Scheidungsrate* in der Bundesrepublik. Sie steigt seitdem – abgesehen von einer kurzen gegenläufigen Entwicklung auf Grund der Änderung des Scheidungsrechts – kontinuierlich, so daß mittlerweile von der Scheidung jeder dritten Ehe ausgegangen wird.[82] Offensichtlich gehört die Trennung einer Ehe zunehmend zum akzeptierten Repertoire für eheliche Konfliktlösung.[83] Dazu scheinen erhöhte Anforderungen an die Ehe deren Fragilität zu fördern.

Nave-Herz fand in eigenen Untersuchungen heraus: „Die Zunahme der Ehescheidungen ist nicht die Folge eines gestiegenen Bedeutungsverlustes der Ehe; nicht die Zuschreibung der ‚Sinn‘losigkeit von Ehen hat das Ehescheidungsrisiko erhöht ..., vielmehr ist der Anstieg der Ehescheidungen Folge gerade ihrer hohen psychischen Bedeutung und Wichtigkeit für den einzelnen, so daß die Partner unharmonische eheliche Beziehungen heute weniger als früher ertragen können und sie deshalb ihre Ehe schneller auflösen. Zuweilen in der Hoffnung auf eine spätere bessere Partnerschaft.“[84]

In der DDR übertraf die Scheidungsquote in den achtziger Jahren die der Bundesrepublik um etwa ein Drittel.[85] Die Ehe war hier rechtlich erheblich weniger geschützt und deshalb leichter lösbar. Im Zuge der Wende, die zu einer Übernahme des bundesdeutschen Scheidungsrechtes führte, kam es dann zu einem erheblichen Rückgang der Ehescheidungen, von 1990 auf 1991 um 72%.[86]

Eine interessante Differenz zwischen den alten und neuen Bundesländern liegt noch darin, daß 1995 zu 52,4% aller geschiedenen Ehen in den alten Ländern minderjährige Kinder gehörten, in den neuen Bundesländern dagegen zu 70,7%. Hier werden also mehr Kinder durch Scheidungen betroffen.[87]

---

[81] S. die Zusammenfassung empirischer Befunde bei E. Schmidt-Kolmer, Der Einfluß der Lebensbedingungen auf die Entwicklung des Kindes im Vorschulalter, Berlin (DDR) 1963, 71-73.

[82] S. die entsprechende Graphik bei Kaufmann, a.a.O. (Anm. 39) 41.

[83] S. ebd. 119.

[84] Nave-Herz, a.a.O. (Anm. 11) 118.

[85] S. die anschauliche Graphik bei Kaufmann, a.a.O. (Anm. 39) 85.

[86] S. ebd. 90.

[87] S. Bundesministerium, a.a.O. (Anm. 16) 77.

Insgesamt ist die Tendenz unübersehbar, daß der intergenerationelle Zusammenhalt in Deutschland langsam zurückgeht. In Ostdeutschland schwächte die SED-Politik Ehe und Familie zusätzlich.

Dabei machen die dramatischen Veränderungen auf dem Gebiet der früheren DDR darauf aufmerksam, wie schnell sich in Gesellschaften, in denen zuverlässige Antikonzeptiva verbreitet sind – und auch die Möglichkeit zur Abtreibung besteht –, statistisch greifbare Umbrüche im familiären Bereich vollziehen können.

Pädagogisch folgt aus den skizzierten Entwicklungen, vor allem aus der „Ausdünnung der Sozialbeziehungen in der Familie und der Pluralisierung in ihrer Umwelt", daß die „Erziehungswirksamkeit der Familie" insgesamt nachläßt.[88] Darauf weisen ebenfalls Veränderungen im familiären Binnenraum hin.

1.3.2. Veränderungen im familiären Binnenraum

Grundlegend für die Veränderungen im familiären Binnenraum dürfte der – bereits bei der Begriffsbestimmung von Familie genannte – Rückgang ihrer Monopolstellung als Form privaten Lebens sein. *Familie unterliegt – zunehmend – der Option.*

Th. Meyer arbeitete für Westdeutschland drei heute feststellbare Typen von Privatheit heraus: den „kindorientierten Privatheitstyp", also die Familie, den „partnerschaftsorientierten Privatheitstyp", also kinderlose Ehen, nichteheliche Lebensgemeinschaften (ohne Kinder), und den „individualistischen Privatheitstyp", etwa sog. Singles oder Bewohner(innen) von Wohngemeinschaften.[89]

Offensichtlich gibt es für eine wachsende Zahl von Menschen in Deutschland nicht hinreichend Gründe dafür, ihr Privatleben in Form einer Familie zu gestalten. Wie noch gezeigt wird, scheint zwischen der Entscheidung für oder gegen Familie und der Partizipation an Kirche ein gewisser Zusammenhang zu bestehen. Vor allem aber kann diese Einsicht davor warnen, religionspädagogische Bemühungen, wenn sie den engen Kreis der unmittelbar am Gemeindeleben Teilnehmenden überschreiten sollen, zu stark auf den Bereich der Familie zu konzentrieren. Immer mehr Menschen, und nicht nur Alte jenseits der Familienphase, blieben dabei unberücksichtigt.

Vielleicht hängt der zunehmende Wahlcharakter von Familie mit dem ebenfalls wohl noch wachsenden *Ernstnehmen der familiären und besonders elterlichen Verpflichtung* zusammen.

---

[88] F. Schweitzer, Wandel der Familie – Wandel der religiösen Sozialisation. Veränderte Aufgaben von Schule und Religionsunterricht, in: rhs 32 (1989) 222.

[89] Meyer, a.a.O. (Anm. 14) 27-33; für das Beitrittsgebiet gilt dies nur eingeschränkt, da hier weniger Frauen kinderlos bleiben (s. Bundesministerium, a.a.O. (Anm. 16) 91).

„Diese Norm verantworteter Elternschaft ist heute so hochgradig internalisiert, daß sich nur wenige Frauen – zumeist unter erheblichen seelischen Belastungen – bereitfinden, Schwangerschaften auszutragen und das Kind dann zur Adoption freizugeben."[90]

Im einzelnen scheinen mir folgende von der Familiensoziologie herausgearbeiteten Phänomene – unter religionspädagogischer Perspektive – besonders bedenkenswert:

– „In modernen Gesellschaften ist die Familie zum einzigen institutionalisierten Lebensbereich geworden, in dem das Äußern von Gefühlen – und zwar nicht nur der Liebe, sondern auch der Angst, ja eventuell des Hasses – als erlaubt, ja als wünschenswert gilt, und in dem Gefühlsäußerungen als Ausdruck der Personhaftigkeit (und nicht z.B. als psychische Labilität) gelten."[91] Andere Lebensbereiche, wie z.B. der ökonomische, die Schule, aber auch die von der Freizeitindustrie offerierten Angebote gewähren keinen oder kaum Raum für unmittelbare, nicht willentlich kontrollierte oder gelenkte Gefühlsäußerungen. Da es in der Beziehung des Menschen zu Gott, die im Zentrum religiöser Praxis steht, um ein den ganzen Menschen, also auch seine ungezügelten Emotionen umfassendes Geschehen geht, liegt die besondere religionspädagogische Relevanz von Familie auch in dieser Hinsicht auf der Hand.

Allerdings läuft eine zu starke Betonung der Emotionalisierung in Familien Gefahr, die nach wie vor bestehenden – und in wirtschaftlichen Krisenzeiten gewiß an Bedeutung gewinnenden – materiellen, sozialen und politischen Aspekte dieser Institution zu übersehen.[92] Pädagogisch alarmierend ist – nicht zuletzt als Folge eines fehlenden Familienlastenausgleichs –, daß z.B. die Arbeitslosigkeit in höherem Maße Familien mit Kindern als kinderlose Arbeitnehmer trifft.[93]

– Eine genauere Analyse der Einstellungen verschiedener Familienmitglieder ergibt interessante Differenzierungen, die in ihrer Ausprägung offensichtlich für Deutschland besonders typisch sind. In wichtigen Gebieten, wie z.B. der Einstellung zur Religion, zu anderen Menschen und zur Sexua-

---

[90] Kaufmann, a.a.O. (Anm. 39) 42.

[91] Ebd. 36.

[92] S. R. Köcher, Familie und Gesellschaft, in: E. Noelle-Neumann, R. Köcher, Die verletzte Nation, Stuttgart 1987, 88.

[93] S. Kaufmann, a.a.O. (Anm. 39) 144; vgl. ausführlich P. Beckmann, S. Bender, Arbeitslosigkeit in ostdeutschen Familien. Der Einfluß des Familienkontextes auf das individuelle Arbeitslosigkeitsrisiko, in: Mitteilungen aus dem Arbeitsmarkt- und Berufsforschung 1993/2, 222-235.

lität, aber auch in Moralvorstellungen und politischen Ansichten besteht in Deutschland eine besonders große Kluft zwischen den Generationen, aber auch zwischen den Ehepartnern.

„So teilen 76 Prozent der Amerikaner, zwei Drittel der Europäer, aber nur 56 Prozent der verheiratet oder unverheiratet zusammenlebenden Deutschen die religiösen Überzeugungen ihres Partners".[94]

Hier deutet sich eine gewisse Unentschiedenheit in vielen Familien an, die vielleicht auch als Labilität dieser Institution interpretiert werden kann. Die große Kluft zwischen den Generationen, nicht zuletzt auf religiösem Gebiet, gerade in Deutschland hängt wohl mit den tiefgreifenden politischen und gesellschaftlichen Veränderungen in diesem Jahrhundert zusammen, die jeweils das bisher von den Erwachsenen Gelehrte und Vorgelebte entwerteten.

– Weiter darf die *familienverändernde Kraft der Massenmedien* nicht übersehen werden. Sie „treten zwangsläufig, schon allein durch ihre Aufgabe der Informationsvermittlung, in Konkurrenz zu den Eltern bei der Vermittlung von Weltbildern im eigentlichen, umfassenden Sinn. Ihr nahezu unbegrenzter Erfahrungsradius stattet sie dabei mit einer Überlegenheit aus, die durch die Abhängigkeit der Eltern von den Medien, ihren Rekurs auf Medieninhalte zur Darstellung und Legitimierung eigener Positionen weiter verstärkt wird."[95] Gewiß wäre es zu einfach, hier im Sinne eines Schwarz-Weiß-Schemas Eltern- und Medieneinfluß gegeneinanderzustellen. Doch daß die Medien in gewissem Maße den elterlichen Einfluß einschränken, liegt auf der Hand. Zu beobachten ist z.B. der Einfluß des Fernsehens auf die zeitliche Gestaltung des familiären Alltags.[96]

– Dies ist aber nur ein Aspekt der *Veränderungen in der Zeitstruktur von Familie*, die sich z.T. erst anbahnen, aber in naher Zukunft von erheblicher Bedeutung sein werden. Die aus ökonomischen Gründen angestrebte „Flexibilisierung" der Arbeitszeiten, die Lockerung des Arbeitsverbots an Sonn- und Feiertagen und die längere Öffnung von Verkaufsstätten verknappen in Verbindung mit der häufigen Erwerbstätigkeit beider Eltern und der zunehmenden Inanspruchnahme von Kindern durch professionell pädagogische Angebote die in der Familie gemeinsam verbrachte Zeit und schwächen deren Sozialisationseinfluß. Familienzeit muß „ausgehandelt" werden.[97] Damit verliert Familie etwas von ihrem sozialisatorisch so wichtigen unspezifischen Charakter.

---

[94] Köcher, a.a.O. (Anm. 92) 90.

[95] Ebd. 78.

[96] S. Kaufmann, a.a.O. (Anm. 39) 105.

[97] S. ebd. 49.

– In ähnliche Richtung weist eine Entwicklung in Familien mit schulpflichtigen Kindern. Hier nimmt der *Einfluß der Schule* mit ihrem Zeitrhythmus, aber auch mit ihren spezifischen Anforderungen zu. Deutlich steigen seit Mitte der siebziger Jahre die Bildungsaspirationen der Eltern, unabhängig von ihrer eigenen Schulausbildung. Um für die Kinder entsprechende Ziele zu erreichen, sind vor allem viele Mütter im Zusammenhang der Erledigung von Hausaufgaben quasi als Hauslehrerinnen tätig. Hier zeichnet sich – familiensoziologisch gesehen – eine gewisse gegenläufige Tendenz zur sonstigen Entlastung von Familie und der dadurch ermöglichten positiven Emotionalisierung ab. Es werden ursprünglich von der Familie auf die Schule übertragene Funktionen wieder zurückverlagert.[98]

Befragungen unter Müttern von Schulanfängern ergaben, daß die Hausaufgaben vor allem familiären Ärger verursachen.[99]

Religionspädagogisch stellt sich hier die Frage, ob nicht auch auf dem Gebiet religiöser und christlicher Erziehung und Bildung eine Stufe erreicht ist, die eine – teilweise – Rückverlagerung von den außerfamiliären Institutionen wie schulischem Religionsunterricht und gemeindlichen Angeboten in den Raum der Familie nahelegt.

1.3.3. Familie und Kirche bzw. Religion

Fragt man nach dem Verhältnis der Mehrzahl heutiger Familien zur Kirche, erweitert sich die Fragestellung schnell zu der nach dem Verhältnis von Familie zur Religion. Auch hier ergibt sich ein facettenreicher, schillernder Befund, der nicht ohne gewisse Widersprüche interpretierbar ist. Deshalb will ich im folgenden nach einem kurzen Blick auf die in den meisten deutschen Familien vorherrschende Beziehung zur Kirche Erkenntnisse zur religiösen Situation der Familien zusammentragen. Diese sollen dann eingehender erklärt werden.

– Die vielleicht wichtigste Verbindung zwischen Familie und Kirche stellen existentielle Krisensituationen dar, die sich im familiären Rahmen ereignen bzw. diesen unmittelbar tangieren. Hierfür stellt die Kirche mit den sog. *Kasualien* rituelle Formen zur Bewältigung bzw. Bearbeitung zur Verfügung. In den alten Bundesländern sind die großen Kirchen nach wie vor die für die Begleitung von Übergängen im Lebenslauf, die zugleich

---

[98] S. Nave-Herz, a.a.O. (Anm. 11) 71f., die zugleich auf die damit verbundene Stärkung des sozialen Ungleichgewichts hinweist.

[99] S. B. Paetzold, Familie und Schulanfang – eine Untersuchung mütterlichen Erziehungsverhaltens, Bad Heilbrunn 1988.

Übergänge im Familienzyklus markieren, am meisten gefragten Institutionen.[100]

Deutlich unterscheiden sich hiervon die Verhältnisse in den neuen Bundesländern. In den meisten dort gelegenen Regionen ersetzen für die Mehrheit der Bevölkerung Jugendweihe und Bestattung durch einen Redner bzw. eine Rednerin die jeweiligen traditionellen kirchlichen Handlungen.

– Daneben tritt die Verbindung von Familie und Kirche an *Weihnachten* deutlich hervor. Umfragen zeigen: „Hat man eine eigene Familie gegründet und Kinder im Haushalt wohnen, wächst die weihnachtliche Kirchgangsneigung."[101] Dazu zeigt eine genauere faktorenanalytische Auswertung entsprechender Daten, daß den meisten Deutschen Weihnachten zwar „heilig" ist, dieses Fest aber primär auf Familie und nicht auf Kirche bezogen wird.[102]

Schon dieser Befund deutet darauf hin, daß die Annahme einer direkten Verbindung zwischen Kirchen und Familien oberflächlich ist und wichtige Differenzierungen unterschlägt. Dies möchte ich anhand der folgenden fünf Phänomene veranschaulichen:

– Im Zentrum moderner Familie steht die Erziehungsaufgabe. Deshalb sind Untersuchungen, die nach der möglichen Bedeutung der Kirchen für die Erziehung fragen, indirekt aufschlußreich für das Verhältnis beider Institutionen. Bei der 1992 durchgeführten 3. EKD-Mitgliedschaftsumfrage stimmten 51% der westdeutschen und 40% der ostdeutschen Protestanten dem Item zu: „Die evangelische Kirche soll einen Beitrag zur Erziehung der Kinder leisten". Bei den Konfessionslosen bejahten nur 27% im Westen

---

[100] S. zu den konkreten Daten die Statistischen Beilagen zum Amtsblatt der EKD. Allerdings muß bei der Interpretation der Daten beachtet werden, daß der Anteil der Evangelischen an der Gesamtbevölkerung, vor allem auf Grund von Kirchenaustritten, stetig abnimmt und deshalb Hinweise auf fast hundertprozentige Inanspruchnahme von Taufe oder Konfirmation durch Kinder evangelischer Eltern nur ein Teil des Befundes sind, insofern der Anteil der Kinder von evangelischen Eltern an der Gesamtzahl aller Kinder zurückgeht und damit gesamtgesellschaftlich auch die Partizipation an diesen Amtshandlungen.

[101] M.N. Ebertz, Heilige Familie? Die Herausbildung einer anderen Familienreligiosität, in: Deutsches Jugendinstitut, Hg., Wie geht's der Familie?, München 1988, 410.

[102] S. G. Schmidtchen, Was den Deutschen heilig ist. Religiöse und politische Strömungen in der Bundesrepublik Deutschland, München 1979, 65. Zu dem Faktor „Verankerung im sozialen Konsens" gehören folgende Variablen: „Das Weihnachtsfest in der Familie", „Daß wir in der Familie, in der Verwandtschaft zusammenhalten", „Daß ich Deutscher bin", „Daß ich meine Pflicht erfülle", „Die Heimatliebe".

bzw. 21% im Osten diese Vorgabe.[103] Auch bei vorsichtiger Interpretation, zumal vergleichbare Zahlen für Katholiken fehlen, kann auf jeden Fall nicht davon ausgegangen werden, daß die Mehrheit der Bundesbürger einen Erziehungseinfluß der Kirche und damit den Kontakt der Familie mit der Kirche auf diesem für Familie so zentralen Gebiet wünscht. Angesichts der in 3.3. dieses Kapitels noch näher darzustellenden Geschichte der Bildungsinstitutionen in Deutschland mit ihrem erheblichen kirchlichen Anteil ist dieses Ergebnis erstaunlich.

– Eine *wachsende Distanz zwischen Familie und Kirche* ergibt sich aus folgendem Vergleich der Ergebnisse der 1972 durchgeführten 1. EKD-Mitgliedschaftsumfrage und der zehn Jahr später wiederholten 2. EKD-Mitgliedschaftsumfrage. Zwar stellte man auch 1982 fest, daß fast alle erwachsenen Evangelischen dem Kindergottesdienst grundsätzlich positiv gegenüberstehen. Doch ging die Bereitschaft, das eigene Kind aktiv zu dieser Gemeindeveranstaltung zu schicken, erheblich zurück. Während 1972 noch 79% zustimmten, daß ein Kind am Kindergottesdienst teilnehmen solle,[104] gaben zehn Jahre später nur noch 37% an, daß sie ihr Kind zum Kindergottesdienst schicken würden.[105]

Viele Eltern empfinden es inzwischen als nicht angebracht, ein Kind entsprechend anzuleiten. Offensichtlich ist dies nicht in einer Ablehnung des kirchlichen Angebots, sondern in einem Erziehungsstil begründet, der den Kindern mehr Raum für eigene Entscheidungen eröffnet (bzw. kritisch formuliert: zumutet). Als Folge rücken aber das Aufwachsen der Kinder und Kirche weiter auseinander.

– Noch deutlicher sind Befunde zu einem erheblichen *Rückgang christlicher Sitte in den Familien.* Für religiöse Sozialisation ist vielleicht am gravierendsten der Rückgang, ja weithin Wegfall einer gemeinsamen Gebetspraxis in den meisten Familien. „Zwar gab immerhin beinahe die Hälfte aller Ende der 70er Jahre Befragten an, zu beten (freilich mehr als die Hälfte der über 65jährigen, weniger als ein Viertel der unter 30jährigen ...); doch ziehen die meisten das Alleinbeten vor, nur wenige sprechen ein Gebet zusammen mit dem Ehepartner oder mit den Kindern."[106] Am häufigsten finden wohl noch Abendgebete statt, vor allem wenn die Kinder ins Bett

---

[103] Studien- und Planungsgruppe der EKD, Hg., Fremde Heimat Kirche, Hannover 1993, 35 bzw. 61.

[104] S. H. Hild, Hg., Wie stabil ist die Kirche?, Gelnhausen u.a. 1974, 93.

[105] S. J. Hanselmann, H. Hild, E. Lohse, Hg., Was wird aus der Kirche?, Gütersloh 1994, 192f.

[106] Ebertz, a.a.O. (Anm. 101) 409.

gebracht werden. Demgegenüber ist die Sitte des Tischgebets, eine für den Sozialisationsprozeß auf Grund der dabei gegebenen Verbindung von Alltag, elementarer Lebensnotwendigkeit und Religion sehr bedeutungsvolle Praxis, im Schwinden begriffen. Während 1965 noch 24% der Bundesdeutschen angaben, regelmäßig mittags zu beten, reduzierte sich dieser Anteil bis 1982 auf 11%.[107]

– In dieselbe Richtung weist die Erkenntnis, daß der vielfach beschriebene *Privatisierungsprozeß* von Religion nicht vor der Familie haltmacht. Der bereits genannte Befund, daß zwischen Ehepartnern in Deutschland erhebliche Differenzen bei religiösen und moralischen Anschauungen bestehen, ist vielleicht ein Hintergrund für das weitgehende Schweigen über religiöse Fragen in den Familien.[108]

Aufschlußreich ist in diesem Zusammenhang die volkskundliche Beobachtung, daß religiöse Bilder kaum in Wohnzimmern, aber recht häufig in Schlafzimmern hängen, also in den „privatesten Räumen einer Wohnung".[109]

– Auch hinsichtlich der *Gestaltung von Zeit* ist eine deutliche Distanz der meisten Familien zu kirchlichen Angeboten zu konstatieren. Nur wenige Familien besuchen am Sonntag einen Gottesdienst oder beschäftigen sich an diesem Tag anderweitig mit religiösen Fragen. Der „Tag des Herrn" ist zu einem „Ruhe-, Familien- und Freizeittag, der in jeder Familie nach eigenen Regeln und Bedürfnissen verbracht wird", geworden.[110]

Allerdings zeigt der erhebliche Zuspruch und Bekanntheitsgrad von sog. Familiengottesdiensten, daß keinesfalls von einer Gegnerschaft der meisten (westdeutschen) Familien zu gottesdienstlichen Angeboten gesprochen werden kann. Vielmehr wird nach Kriterien ausgewählt, die nicht kirchlichen Normen, sondern familiären Bedürfnissen entsprechen.

Vermutlich ist familiäres Handeln unter religiöser Perspektive nur noch partiell mit christlichen Kategorien zu erfassen, wie sie in der kirchlichen Lehre begegnen. Dies legen folgende Deutungen von familiärer Partizipation an kirchlichen Veranstaltungen nahe:

– Weithin werden in den alten Bundesländern, wenn auch zeitlich z.T. in deutlichem Abstand zur Geburt, fast alle Kinder evangelischer Eltern zur Taufe gebracht. Eine genauere Analyse der Taufbegehren zeigt, daß hier sehr verschiedene Motive miteinander verknüpft sind. Neben der vor allem in

---

[107] S. E. Noelle-Neumann, E. Piel, Allensbacher Jahrbuch der Demoskopie 1978-1983, München u.a. 1983, 121.

[108] S. Ebertz, a.a.O. (Anm. 101) 407.

[109] Ebd. 408.

[110] Ebd. 410.

ländlichen und kleinstädtischen Gebieten verbreiteten Traditionsleitung und dem Bedürfnis, einen wichtigen Übergang im Lebenslauf angemessen zu begehen, scheint die allgemeine „Generationenvorsorge" als Taufmotiv an Bedeutung zu gewinnen.[111] Schon 1959 beobachtete Hans-Otto Wölber: „... die ältere Generation will der Kindesgeneration aus dem Motiv der Fürsorge und der unbedingt zu gewährenden Lebenschance die Möglichkeit einer religiösen Bindung gewähren. Es ist das sehr tief verankerte Moment irdischer Liebe, welches die Religiosität der Generationsvorsorge prägt."[112] Offensichtlich ist das Begehren der Taufe bei vielen Eltern gerade nicht Ausdruck einer Glaubensentscheidung, sondern eher ihres Bemühen, dem Kind möglichst alle Wege, eben auch den religiösen, offenzulassen.

– Eine solche Verschiebung des Sinns religiöser Praxis liegt wohl auch beim Weihnachtsgottesdienst vor. Michael N. Ebertz vermutet: „Einer großen Zahl weihnachtlicher Gottesdienstbesucher geht es weniger um ein Bekenntnis zur Geburt des Gottessohnes, sondern um eine Bestätigung und Überhöhung eines zentralen Teils ihrer sozialen Identität: der an Weihnachten mitgefeierten Gründung einer Familie. Weihnachten ist eben das Geburtstagsfest der Familie, was sich auch darin zeigt, daß es mehrheitlich Alleinstehende und kinderlose Paare sind, die an diesen Tagen auf Urlaubsreise gehen."[113]

Angesichts dieser Befunde zum Verhältnis der Mehrheit deutscher Familien zu Kirche und Religion ist die verbreitete Rede vom unaufhörlichen Verfall der Kirchen oder der Religion zumindest einseitig. Dazu sind die Weihnachts- und Familiengottesdienste zu gut besucht, werden (in den alten Bundesländern) zu viele Taufen begehrt und Jugendliche konfirmiert. Umgekehrt erscheint von traditionell theologisch-kirchlichen Normen her gesehen das Verhältnis zwischen den meisten Familien und Kirche problematisch. *Offensichtlich verändern Familien den Sinngehalt kirchlicher Angebote. Sie deuten kirchliche Handlungen entsprechend ihren Bedürfnissen und ziehen sie so zur Lösung ihrer Probleme heran.* Vor allem bei der vermuteten Neuinterpretation der Taufe vom Motiv der Generationenvorsorge her führt dies zum (weitgehenden) Ausfall der für das biblische Taufverständnis zentralen christologischen (und wohl auch ekklesiologischen) Dimension.

M. N. Ebertz interpretiert diese Konstellation soziologisch: „Aus einer Herrschaftsbeziehung von Geistlichen über Laien, die am reinsten in der römisch-katholischen

---

[111] S. ausführlicher zu den Taufmotiven Chr. Grethlein, Taufpraxis heute. Praktisch-theologische Überlegungen zu einer theologisch verantworteten Gestaltung der Taufpraxis im Raum der EKD, Gütersloh 1988, 115-135.

[112] H.-O. Wölber, Religion ohne Entscheidung, Göttingen 1959, 117.

[113] Ebertz, a.a.O. (Anm. 101) 410.

Tradition des Christentums ausgeprägt ist, scheint immer mehr ein Marktverhältnis zu werden, in dem die religiöse Nachfrage und damit auch das religiöse Angebot weitgehend durch den Eigen-Sinn der Familie mitbestimmt werden."[114]

In dieser Situation erscheint es wenig sinnvoll, ungeachtet der spezifischen Situation heutiger Familien traditionelle kirchliche Normen durchsetzen zu wollen. Umgekehrt ist die Widersprüchlichkeit und Brüchigkeit heutiger Familienreligiosität unübersehbar. Ein Sich-Verlassen auf den Familienverband wird nicht nur angesichts zunehmender Individualisierung fragwürdiger; wichtige Transzendenzerfahrungen, meist im familiären Kontext jenseits der Alltagsroutine gemacht, können mit einem solchen „Familismus" nicht hinreichend gedeutet werden. Die inhaltliche Armseligkeit vieler Todesanzeigen in ostdeutschen Zeitungen und der meisten Jugendweihefeiern lassen ahnen, wohin familiäre Deutungsmuster ohne ein transzendente Horizonte eröffnendes, der theologischen Reflexion zugängliches Korrektiv verkommen können. In dieser Spannung kommt es darauf an, daß beide Institutionen, Familie und Kirche, miteinander Räume des Austausches erschließen, in denen Familien wichtige Inhalte christlichen Glaubens kennenlernen und sich mit ihnen beschäftigen können und in denen sich Kirche den Problemen und Fragen heutiger Menschen aussetzt. Religionspädagogisch kommt es also für Familie wesentlich auf eine mögliche Verbindung mit dem Lernort Gemeinde an. Dazu sollen im folgenden zwei Modelle Anregungen geben.

1.4. Religionspädagogische Modelle für Familie

Die beiden ausgewählten Modelle für familienbezogene religionspädagogische Arbeit haben im doppelten Sinn handlungsorientierende Funktion. Zum einen laden sie zur Übernahme ein, selbstverständlich in einer der jeweiligen Situation angepaßten Weise. Zum anderen wollen sie zu eigenen Versuchen anregen, Familien religionspädagogisch zu helfen.

Beide Modelle werden seit einigen Jahren erprobt und versuchen in unterschiedlicher Weise Familie und Gemeinde in Kontakt zu bringen. Wie gezeigt ist die Beziehung der meisten deutschen Familien zum christlichen Glauben nicht eindeutig. Auf der einen Seite scheint auch die Religion entsprechend der Verlagerung von Funktionen auf andere Institutionen weithin den familiären Alltag verlassen zu haben. Dies hat für die Erziehung und Sozialisation der nachkommenden Generation erhebliche Folgen. Auf der anderen Seite greifen die meisten Familien bei Übergängen im Lebens-

---

[114] Ebd.

lauf auf die religiösen Deutungsmuster zurück, die ihnen die entsprechenden kirchlichen Handlungen, die sog. Kasualien, anbieten.

E. Winkler bezeichnete diese Rituale als „Tore zum Leben".[115] Die von ihm empfohlene enge Verbindung von Kasualien und Gemeindeaufbau[116] läßt sich unschwer auf eine religionspädagogische Perspektive hin erweitern.

So stehen die folgenden Modelle unter einem bildungstheoretischen Vorzeichen, insofern sie Familien fördern wollen, ihre Lebensvollzüge umfassender und zureichender zu verstehen als dies ohne christliche Deutungsmuster möglich ist.

Praktisch-theologisch befinden sich solche Bemühungen an der Übergangsstelle von Religionspädagogik und Gemeindeaufbau (Kybernetik). Während die Religionspädagogik mit ihrer im Bildungsbegriff implizierten Weite sich grundsätzlich auf alle Menschen bezieht, steht der Gemeindeaufbau durch seinen Bezug auf Jesus Christus als Grund der Gemeinde für eine sachliche Tiefe.

Treffend formuliert dies K.E. Nipkow als religionspädagogisches und praktisch-theologisches Grundproblem und weist auf die darin gegebene Aufgabe zur Synthese unterschiedlicher theologischer Ansätze hin: „Wissenschaftlich gesprochen: Woher gewinnt die Praktische Theologie und mit ihr die Religionspädagogik gleichzeitig Weite und Tiefe? Die Weite, um den größtmöglichen Horizont zeitgenössischer religiöser und säkularer Fragen auszumessen, und die Tiefe, sich zugleich klar im Dienst der Kirche zu wissen? Wie kann man die beiden großen Traditionsströme des Protestantismus, die moderne liberale Theologie, einsetzend mit Friedrich Schleiermacher, und die dialektische Theologie einschließlich der Renaissance des reformatorischen Erbes und der Einsichten und Erfahrungen der Bekennenden Kirche (Karl Barth, Dietrich Bonhoeffer, Barmen) – zusammen mit dem festzuhaltenden flankierenden Erbe des pietistischen Traditionsstroms – gemeinsam fruchtbar machen?"[117]

Entsprechend dem religionspädagogischen Zusammenhang liegt die Akzentuierung bei der Vorstellung der Modelle auf ihrem Bezug zur familiären Bewältigung der Übergänge im Lebenslauf. In einer kybernetischen Darstellung gälte das Interesse stärker dem theologischen Bezug, konkret der Spannung heutiger Lebensvollzüge zur biblischen Botschaft.[118]

---

[115] E. Winkler, Tore zum Leben. Taufe – Konfirmation – Trauung – Bestattung, Neukirchen-Vluyn 1995.

[116] S. ebd. 33-35.

[117] K.E. Nipkow, Bildung als Lebensbegleitung und Erneuerung. Kirchliche Bildungsverantwortung in Gemeinde, Schule und Gesellschaft, Gütersloh 1990 u.ö. 73f.

[118] Vgl. etwa zum ersten Modell die stärker kybernetisch orientierten Ausführungen von Chr. Grethlein, Taufe in unübersichtlicher Zeit, in: K. v. Bonin, Hg., Deutscher Evangelischer Kirchentag Hamburg 1995, Gütersloh 1995, 317-321;

1.4.1. Einladung zur Taufe – Einladung zum Leben

Das Modell „Einladung zur Taufe – Einladung zum Leben" erarbeitete zwischen 1988 und 1993 eine Projektgruppe des Gemeindekollegs der VELKD, die Erzieherinnen, Pädagoginnen, Pfarrer und Hochschultheologen umfaßte und so schon personell die der Religionspädagogik inhärente Spannung zwischen Theologie und Pädagogik sowie Theorie und Praxis widerspiegelte. Ein gewisses Vorbild gaben Projekte der Evangelisch-Lutherischen Kirche in Norwegen, ohne daß es jedoch – wie anfangs geplant – zu einer direkten Übernahme gekommen wäre.[119]

Folgende auf Familie bezogene Situationsanalyse steht im Hintergrund des VELKD-Modells:[120] Der Familienzyklus enthält einige Phasen, die in den meisten Familien auch zum Bedenken der bisherigen Daseins- und Wertorientierung führen. Diese Einsicht greift das Modell für die Zeiten auf, in denen gegenwärtig am häufigsten die Taufe begehrt wird, nämlich das Alter von der Geburt bis zum 14. Lebensjahr. Dabei zeigt sich – und dies ist pädagogisch von besonderem Interesse –, daß bestimmte Übergänge im Lebenslauf des Kindes zu Veränderungen im Leben der Eltern führen:

– Die Geburt eines Kindes, besonders des ersten, bedeutet für die Eltern einen tiefgreifenden Einschnitt im Leben: „Gewohntes muß aufgegeben werden (bis hin zum Tagesrhythmus), soziale Kontakte zu Freunden ohne Kind verkümmern, materielle Probleme (Einkommen, Wohnung usw.) treten auf. Dazu stellen die Erfahrungen mit dem Kind ganz elementare, sonst eher verdrängte Fragen nach dem Sinn des Lebens."[121] Bei Taufbegehren innerhalb der ersten sechs Lebensmonate ist diese spezielle Situation zu berücksichtigen.[122]

---

zum kybernetischen Hintergrund des zweiten Modells s. Seiferlein, a.a.O. (Anm. 5) 30-38.

[119] S. für das norwegische Projekt grundlegend Institutt for Kristen Oppseding, Hg., Dåpspraksis og dåpsopplaering i Den norske Kirke, Bjørkelangen 1982.

[120] S. die Graphik in: R. Blank, Chr. Grethlein, Hg., Einladung zur Taufe – Einladung zum Leben Bd. 1, Stuttgart 1993, 8; ein von Chr. Grethlein publizierter Vorentwurf dieses Schemas wurde vom römisch-katholischen Theologen P. Hinsen, Spüren, daß Gott nahe ist. Katechese mit Erwachsenen, Mainz 1993, 35, aufgenommen und für die katholische Kirche mit ihren besonderen Angeboten der Erstkommunion und Firmung modifiziert.

[121] Blank, Grethlein, a.a.O. 9.

[122] S. G. Gloger-Tippelt, Der Übergang zur Elternschaft. Eine entwicklungspsychologische Analyse, in: Zeitschrift für Entwicklungspsychologie und Pädagogische Psychologie 17 (1985) 53-92.

– Der Übergang in den Kindergarten bzw. das Kindergartenalter ist häufig die nächste religionspädagogisch besonders brisante Phase. Die Fragen des Kindes, oft als schier endlose Frageketten nach dem Warum o.ä. formuliert, stellen die Alltagsroutine in Frage und führen bei manchen Eltern zum Staunen über Unscheinbares und lange nicht mehr bewußt Wahrgenommenes, was dem Kind aber auffällt. Auch unmittelbar religiös interpretierbare Fragen wie die nach dem Sinn des Sterbens oder dem Aufenthalt Verstorbener begegnen hier.

– Der Eintritt in die Schule stellt meist eine weitere Zäsur dar. Familie ist hier unausweichlich mit einer gewissen Form von Öffentlichkeit konfrontiert. Häufig werden Unsicherheiten und Ängste geäußert.

– Etwa im Alter von zehn bis elf Jahren, in den meisten Bundesländern durch den Übergang in eine weiterführende Schule auch institutionell deutlich markiert, ist eine verstärkte Hinwendung der Kinder zu Gleichaltrigen mit entsprechender Gruppenbildung zu beobachten. Dadurch wird die Stellung der Eltern langsam relativiert.

– Besondere Brisanz hat dann der Eintritt des Kindes in die Pubertät. Denn hier unterliegt nicht nur das bisherige Kind, das sich jetzt als Jugendlicher fühlt, einer tiefgreifenden Veränderung. Auch bei den Eltern ist dies häufig der Fall. Denn sie haben in der Regel die Lebensmitte erreicht und werden verstärkt mit Fragen nach der eigenen Endlichkeit konfrontiert, vielleicht im Beruf mit einer gewissen Stagnation der Karriere oder in der Verwandtschaft bzw. im Freundeskreis durch Todesfälle.

Genau in diese krisenhaften Zeiten sollen spezielle Einladungen zur bzw. Erinnerungen an die Taufe als dem grundlegenden Ritus christlicher Identität plaziert werden. Dabei geht es weniger um die Initiierung neuer gemeindlicher Aktivitäten als vielmehr um die tauftheologisch profilierte und religionspädagogisch reflektierte Gestaltung bestehender Institutionen wie z.B. der Familienbildungsstätten mit ihren Kursen zur Geburtsvorbereitung, der Mutter-Kind-Gruppen in vielen Kirchengemeinden, der Kindergärten, des Religionsunterrichts und der Christenlehre, des Kindergottesdienstes, des Konfirmandenunterrichts und nicht zuletzt der Gottesdienste. Um das in der Taufe aufbewahrte religiöse und christliche Wissen für das Leben in der Familie fruchtbar zumachen, empfiehlt das Modell den Rückgriff auf die *grundlegenden Symbole des Taufgottesdienstes: Kreuz, Namensnennung, Wasser, Handauflegung, Licht (Kerze)*.[123] Denn sie beziehen sich auf unmittelbar im familiären Alltag Erfahrbares und eröffnen zugleich den Blick auf einen letztlich sogar das biologische Leben transzendierenden Sinn.

---

[123] S. Blank, Grethlein, a.a.O. (Anm. 120) 11.

Dies wird z.B. für die Situation in Familien mit Kleinkindern unter Rückgriff auf in vielen kirchlichen Familienbildungsstätten angebotene Geburtsvorbereitungskurse und hier speziell die dort übliche „Badestunde" am Beispiel des Symbols Handauflegung folgendermaßen ausgeführt: „Die nicht nur der körperlichen Versorgung des Kindes dienende Handhaltung beim Baden o.ä. wirft vielleicht die Frage auf, wer uns in unserem Leben hält und beschützt. Welches Vertrauen in den Grund unseres Lebens setzen wir voraus, wenn wir einem Kind über den Kopf streicheln? So kann die Handauflegung bei der Taufe als Zeichen des gütigen, das Leben tragenden Gottes verstanden und die Aufgabe der Elternschaft als eine Beauftragung durch Gott durchsichtig werden."[124]

Für den Kindergarten schlägt das Modell u.a. eine auf das Symbol Licht (Kerze) gerichtete Sequenz vor, die mit den üblichen Advents- und Weihnachtsvorbereitungen verbunden ist, durch den Rückbezug auf die Taufe aber eine deutliche christliche Profilierung erlaubt und dabei die Eltern ausdrücklich einbezieht.[125]

Weiter findet sich ein Modell für einen Schulanfängergottesdienst, der mit dem Symbol Hand die bereits kurz angesprochene spezifische Problematik des Loslassens und Abschiednehmens thematisiert, durch den Rückbezug auf die Taufe den einzigen tragfähigen Grund menschlichen Lebens erinnert[126] und so Kindern und Eltern gleichermaßen diesen schwierigen Übergang erleichtern möchte.

Für den Religionsunterricht (der 5. Jahrgangsstufe) findet sich ein Vorschlag für eine am Symbol Namen orientierte Unterrichtseinheit, die unter Aufnahme der Kinder von zehn bis elf Jahren interessierenden Fragen „Wer bin ich?" und „Woher komme ich?" u.a. die Deutung der meist christlich geprägten Vornamen vorschlägt und so durch einen mehr kognitiven Zugang den Raum für persönliche Auseinandersetzung der Kinder mit ihrer Taufe ermöglichen möchte,[127] die die Beschäftigung mit der Familie als der wesentlich für die Namensgebung verantwortlichen Institution einschließt.

Schließlich schlägt die Projektgruppe u.a. für die Konfirmandenarbeit eine auf die Erschließung des Symbols „Wasser" gerichtete Einheit vor, die stark meditative Züge trägt und dadurch auch ambivalente Rückbezüge auf die eigene Familie und hier gemachte Erfahrungen nahelegt, die durch Psalmworte aufgenommen und weitergeführt werden sollen.[128]

Theologisch ist das Modell durch die biblischen Taufperspektiven begründet, die sich bei näherem Hinsehen durch das ganze Neue Testament ziehen und ein Geschehen markieren, in dem der christliche Glaube jeweils konkret auf einen Menschen bezogen zur Darstellung kommt.[129]

---

[124] Ebd. 23.

[125] S. ebd. 86-93.

[126] S. R. Blank, Chr. Grethlein, Hg., Einladung zur Taufe – Einladung zum Leben Bd. 2, Stuttgart 1995, 68-74.

[127] S. ebd. 35-46.

[128] S. ebd. 52-58.

[129] S. zur theologischen Grundlegung Grethlein, a.a.O. (Anm. 111) 143-226.

Im Vergleich zu dem norwegischen Taufprojekt fehlt aber bei „Einladung zur Taufe – Einladung zum Leben" ein unmittelbarer, nicht durch gemeindliche Angebote vermittelter Zugang in die Familien. Dies leistet in Norwegen die Paket-Aktion „*tripp trapp*", die mittlerweile auch in Deutschland von privater Seite vertrieben wird. Hier kann – etwa durch einen Paten – ein Paket-Abonnement bestellt werden, das die christliche Erziehung in der Familie erleichtern will. Jeweils im Abstand von vier Monaten erhält eine Familie, die „tripp trapp" abonniert hat,[130] während der ersten fünf Lebensjahre des Kindes Pakete, die neben Spielsachen, Musik-Kassetten u.ä. auch ein Elternmagazin enthalten, in dem die Entwicklung des Kindes unter religionspädagogischer Perspektive[131] interpretiert wird und die Eltern Hilfestellungen für allgemeine und religiöse Erziehung erhalten. Auch wenn in einzelnen Punkten die konkrete Ausstattung der Pakete noch verbesserungsfähig erscheint, ist „tripp trapp" ein religionspädagogisch sehr interessanter Versuch, Familie, und zwar ganz konkret das Spielzimmer, als Ort religiösen und christlichen Lebens ernstzunehmen. Das Modell der Paket-Aktion ist bereits mit Erfolg auf dem Gebiet der Verkehrserziehung erprobt.

1.4.2. Hoyaer Modell

Das eben skizzierte Modell „Einladung zur Taufe – Einladung zum Leben" empfiehlt u.a. die Übernahme eines anderweitig entwickelten gemeindepädagogischen Modells, das auf Grund der Einbeziehung der Eltern in das kirchliche Lernen der Kinder hier vorgestellt werden soll. In Hoya initiierte ab 1976 die dortige Kirchengemeinde eine Form der Konfirmandenarbeit, in der Eltern selbst einen großen Teil des ersten Konfirmandenjahres unterrichten.

Andernorts, z.T. gleichzeitig, z.T. etwas später sind ähnliche Modelle entwickelt worden.[132] Bei ihnen stand z.T. die in römisch-katholischen Gemeinden verbreitete

---

[130] Nach dem „Elternmagazin ‚aktuell' – der Brief" vom September 1996 wird aus Gründen der Portoersparnis nicht mehr jedes Paket einzeln verschickt, sondern werden jedes Jahr die drei Pakete in nur noch zwei Sendungen zugestellt.

[131] Die Verfasser der norwegischen Ausgabe sind Oddbjörn Evenshang und Dag Hallen, für die deutsche Überarbeitung zeichnet Hans-Jürgen Fraas verantwortlich.

In diesem Zusammenhang ist auch auf anderweitige frühere Versuche hinzuweisen, die Eltern durch Erziehungsbriefe – in München etwa die „Peter-Pelikan-Briefe" – bei der religiösen Erziehung zu unterstützen bzw. auf die religiöse Dimension von Erziehung aufmerksam zu machen.

[132] S. hierzu den kurzen Überblick bei M. Meyer-Blanck, L. Kuhl, Konfirmandenunterricht mit 9/10jährigen, Göttingen 1994, 19-21.

Praxis der sog. „Tischmütter" oder „Firmmütter" Pate, eine Form der Vorbereitung auf das Firmsakrament, in der Mütter unter Anleitung einer Fachkraft Kinder unterrichten.[133]

Konkreter Anlaß war in Hoya – nach Auskunft des damaligen Pfarrers der Gemeinde, der dieses Modell entwickelte und durchführte – das Unbehagen über die traditionelle Konfirmationspraxis.[134] Dazu fiel damals im Bereich der Hoyaer Gemeinde weitgehend der Religionsunterricht in der Grundschule aus.[135] Schließlich merkte der Hoyaer Gemeindepfarrer an den Fragen seiner eigenen Tochter, daß gerade etwa Neunjährige sehr an religiösen Fragen interessiert sind.[136]

Aus diesen Anstößen ergab sich folgendes Modell:[137]

Das Vorkonfirmandenjahr wird vom 7. auf das 4. Schuljahr vorverlegt. Drei Wochen unterrichten jeweils eine Stunde pro Woche Mütter, sehr viel seltener Väter,[138] eine etwa acht Kinder umfassende Gruppe.[139] Die vierte Stunde steht in der Gesamtgruppe unter der Leitung des Pfarrers, wobei hier das in den vorhergehenden Stunden Gelernte aufgenommen wird und die Vorkonfirmanden neue Lieder u.ä. einüben. Der Lehrstoff dieses Jahres sind hauptsächlich biblische Geschichten aus dem Alten Testament (Abraham, Jakob, Joseph, Mose, die Zehn Gebote, Josua, David, Salomo); den Abschluß bildet die Geschichte von der Tempelreinigung Jesu und der Besuch eines Taufgottesdienstes. Die unterrichtenden Eltern treffen sich jede Woche zu einer Vorbereitung der Stunden.

---

[133] S. z.B. E. Reichelt, Eltern halten Konfirmandenunterricht in Uffenheim (Mittelfranken), in: H. Reller, R. Grohmann, Lernen um zu lehren. Eltern geben Vorkonfirmandenunterricht, Gütersloh 1985, 129; vgl. hierzu D. Zimmermann, Leben – Glauben – Feiern. Dimensionen des Glaubensweges, in: Lebendige Seelsorge 29 (1978) 148-154; P. Béguerie, Liturgie und Leben, in: Lebendige Seelsorge 29 (1978) 305-308.

[134] S. H.-W. Hastedt, Langjährige Erfahrungen mit dem „Hoyaer Modell", in: M. Meyer-Blanck, Hg., Zwischenbilanz Hoyaer Modell, Hannover 1993, 10.

[135] S. Meyer-Blanck, Kuhl, a.a.O. (Anm. 132) 19.

[136] S. Reller, Grohmann, a.a.O. (Anm. 133) 20.

[137] S. hierzu die kurze Vorstellung ebd. 19-33.

[138] Vgl. zu dem dahinterstehenden Problem H.W. Grosse, Anmerkungen und Anfragen zum Konfirmandenunterricht nach dem „Hoyaer Modell", in: M. Meyer-Blanck, Hg., Zwischenbilanz Hoyaer Modell, Hannover 1993, 52.

[139] S. H.-W. Hastedt, Eltern unterrichten zehnjährige Konfirmanden in Kleingruppen, in: J. Bode, W. Flemmig, H.B. Kaufmann, Hg., Konfirmandenzeit von 11 bis 15?, Gütersloh 1985, 23; vgl. kritisch zu der Tatsache, daß im Hoyaer Modell jede Mutter auch ihr eigenes Kind in der Gruppe hat, Grosse, a.a.O. 51.

Der Hauptkonfirmandenunterricht behält sowohl bei der Zeit (8. Schuljahr) als auch der Durchführung durch den Pfarrer die traditionelle Struktur. In der Zwischenzeit zwischen Vor- und Hauptkonfirmandenunterricht sind Angebote der Kinderarbeit plaziert.

Positiv ist aus religionspädagogischer Perspektive an diesem Modell hervorzuheben, daß eine traditionell gemeindepädagogische Veranstaltung, eben der Konfirmandenunterricht, wenigstens zu einem Teil direkt mit der Familie verbunden wird. Die einzige Voraussetzung, die an mitarbeitende Eltern – Mitarbeit ist immer nur einmal möglich, um „Professionalisierung" zu vermeiden – gestellt wird, ist die Offenheit, sich den biblischen Geschichten auszusetzen. Auch nichtevangelische Eltern können eine Vorkonfirmandengruppe leiten. Dies weist zugleich auf das erwachsenenpädagogische Gewicht dieses Modells hin. „Die Eltern können sich über die Fragen und über die Unterrichtsinhalte ihrer Kinder selbst mit dem Glauben beschäftigen."[140] Angesichts des hohen Stellenwerts, den Eltern heute der Erziehung ihrer Kinder zumessen, dürfte es wohl kaum eine bessere Motivation für erwachsenenbildnerische Prozesse geben als eine solche Gruppenleiter(in)-Tätigkeit.

Dazu kommt, daß hier – von den Initiatoren wohl eher unbewußt – wichtige Einsichten moderner Jugendforschung aufgenommen sind, nämlich in die Vorverlegung der Jugendzeit. Das früher als Abschluß der Kindheit in der Konfirmation gefeierte Schulende hat sich heute für die meisten erheblich nach hinten verschoben, das Bewußtsein, Jugendlicher zu sein, dagegen nach vorne. Ein vorverlegter Teil des Konfirmandenunterrichts[141] nimmt so ein wesentlich zur Stabilisierung des Konfirmandenunterrichts beitragendes Moment unter veränderten gesellschaftlichen Bedingungen, hier Veränderungen der Jugendzeit, wieder auf.[142]

In der Diskussion über dieses Modell, das sich mittlerweile vor allem in der Hannoverschen Landeskirche verbreitet, wurden vor allem folgende Probleme benannt:

Die starke bibeldidaktische Orientierung erfordert eine genaue Abstimmung mit dem Religionsunterricht der Grundschule, soll es nicht zu für die

---

[140] Meyer-Blanck, Kuhl, a.a.O. (Anm. 132) 33.

[141] Einer vollständigen Verlegung der Konfirmandenarbeit stehen entwicklungspsychologische Einsichten entgegen. Zentrale Fragen späterer Zeit sind im Alter von 10 Jahren noch nicht präsent.

[142] S. F. Schweitzer, Die Suche nach eigenem Glauben. Einführung in die Religionspädagogik des Jugendalters, Gütersloh 1996, 190f.

Kinder langweiligen Dubletten kommen.[143] In Gegenden, in denen ein guter bibelbezogener Grundschul-Religionsunterricht stattfindet, ist bei Beibehaltung der bewährten Grundstruktur eine andere inhaltliche Ausrichtung, etwa die Einübung und Reflexion liturgischer Elemente, notwendig.

Umgekehrt ist die stark biblische Ausrichtung des Vorkonfirmandenunterrichts für Gemeinden, in deren Bereich kein Religionsunterricht in der Grundschule stattfindet, nach wie vor sehr attraktiv.

Schließlich wurde angefragt, ob die exklusive Rekrutierung der Gruppenleiterinnen aus dem Kreis der Eltern nicht Chancen vergibt, die bei der Heranziehung von Jugendlichen für diese Aufgabe bestünden.[144] Allerdings reduzierte dies den Bezug zur Familie erheblich.

2. (Elektronische) Medien

2.1. Zur näheren Bestimmung von Medien

„Medien" als Begriff auch der Umgangssprache hat sich erst in unserer Zeit eingebürgert.[145] Dies weist angesichts der Tatsache, daß sich – aus heutiger Sicht – Menschen schon immer verschiedener Medien bedienten, auf erhebliche Veränderungen im Kommunikationsbereich während der letzten Zeit hin, die erst die Bedeutung der Medien ins allgemeine Bewußtsein rückten. Deshalb werde ich im folgenden den Blick verstärkt auf eine bestimmte „moderne" Medienart, nämlich die elektronischen Medien, lenken. Das

---

[143] S. Chr. Grethlein, Meine Bilanz: Ziele, Inhalte und Lernformen für die Konfirmandenarbeit im 4. Schuljahr, in: M. Meyer-Blanck, Hg., Zwischenbilanz Hoyaer Modell, Hannover 1993, 110f.

[144] S. F. Schweitzer, Konfirmandenunterricht mit Zehnjährigen in lebensgeschichtlicher Perspektive – Impulse aus der Religions- und Entwicklungspsychologie, in: M. Meyer-Blanck, Hg., Zwischenbilanz Hoyaer Modell, Hannover 1993, 107.

[145] S. H. Wokittel, Medienbegriff und Medienbewertungen in der pädagogischen Theoriegeschichte, in: S. Hiegemann, W.H. Swoboda, Hg., Handbuch der Medienpädagogik, Opladen 1994, 25. Der vielfach gebrauchte Begriff „Neue Medien" ist unscharf; er bezieht sich nicht auf neue Inhalte, sondern nur auf neue Übertragungsarten, die aber angesichts der schnellen technischen Innovationen einem steten Wandel unterliegen (s. R. Schmidt-Rost, Spuren christlicher Existenz in der Medienwelt, in: V. Drehsen, D. Henke, R. Schmidt-Rost, W. Steck, Hg., Der ‚ganze Mensch'. Perspektiven lebensgeschichtlicher Individualität, FS. D. Rössler, Berlin u.a. 1997, 178 Anm. 4).

prominenteste von ihnen, das Fernsehen, zeichnet sich in seiner Wirkung dadurch aus, daß es zunehmend eine Art allgemeines Wissen zur Verfügung stellt, das den Hintergrund für sonstige Kommunikationsprozesse und damit auch für Sozialisation und Erziehung in der heutigen Gesellschaft abgibt.

Deshalb mußte bereits im 1. Kapitel bei der Skizze zu den kulturell-religiösen Veränderungen (4.1.2.), die unsere heutige Gesellschaft prägen, auf die Expansion des Fernsehens Ende der fünfziger Jahre hingewiesen werden.

Um die eben angedeuteten Veränderungen zu begreifen, ist es unerläßlich, die Eigenart der elektronischen Medien vor dem Hintergrund eines allgemeinen Medienverständnisses herauszuarbeiten. Zudem tritt ihre gesellschaftsverändernde Kraft erst bei einem kurzen Rückblick in die Geschichte der Medienentwicklung hervor. Auf einem solchen Hintergrund können empirische und systematische Einsichten zur heutigen Bedeutung von Medien unter religionspädagogischer Perspektive sinnvoll aufgenommen werden, ohne daß es – auf diesem Gebiet eine unübersehbare Gefahr – zur unreflektierten Übernahme modischer Vorurteile kommt.

Zu Recht stellt Th. Strohm für die medienpädagogische Diskussion fest, daß sie „zwischen tendentieller Perhorreszierung der neuen Medientechniken bzw. der Programmvielfalt und einer tendentiellen Verharmlosung im Namen eines gesteigerten Freiheits- und Selbstbestimmungspostulats" schwankt.[146]

In weitem Sinn können „Medien" als „Mittler von Informationen, die eines materiellen Trägers bedürfen", definiert werden.[147] Angesichts der Fülle und zugleich Verschiedenheit der damit angesprochenen Phänomene ist zumindest in einem letztlich auf Handlungsorientierung abzielenden Zusammenhang wie dem vorliegenden eine weitere Differenzierung notwendig.

Eine erste Unterscheidung[148] kann hinsichtlich des „materiellen Trägers" gewonnen werden. Ist die Information mit dem Träger identisch, so spricht man von „originalen Medien"; dies ist z.B. im Konfirmanden- oder Erstkommunionunterricht der Fall, wenn bei der Einheit „Kirche" das Kirchengebäude behandelt und dazu die Kirche vor Ort besichtigt wird.

---

[146] Th. Strohm, Medienpädagogik – eine unerledigte Aufgabe in Kirche und Schule, in: Praktische Theologie 31 (1996) 295. Vgl. auch die jeweils sorgfältig Risiken und Chancen abwägende Gemeinsame Erklärung der Deutschen Bischofskonferenz und des Rates der Evangelischen Kirche in Deutschland: „Chancen und Risiken der Mediengesellschaft" (1997).

[147] Wokittel, a.a.O. (Anm. 145) 25.

[148] S. zum folgenden ebd. 26.

„Personale Medien" werden dagegen Vermittlungen genannt, bei denen
Informationen an Personen gebunden sind; die Befragung eines Kirchenvor-
stehers während eines Konfirmandenpraktikums zum Aufbau der Orts-
gemeinde ist ein Beispiel hierfür. Beide bisher genannten Medienarten
erreichen nur einen recht begrenzten Kreis von Menschen, denn sie sind
wesentlich an bestimmte räumliche und zeitliche Verhältnisse gebunden.
Dies ist bei den „apersonalen Medien" anders. Hier haben die Informationen einen besonderen Träger, wie etwa gedrucktes Papier, eine Schallplatte
o.ä. Dadurch sind diese Medien zwar weniger unmittelbar, aber sehr viel
unabhängiger von konkreten Orten und Zeiten und multiplizierbar, also
potentiell mehr Menschen zugänglich. Sie werden zu *„Massenmedien"*. Soziologisch genauer können Massenmedien „alle Einrichtungen der Gesellschaft" genannt werden, „die sich zur Verbreitung von Kommunikation
technischer Mittel der Vervielfältigung bedienen".[149]
    Die moderne Gesellschaft ist im Vergleich zu früheren Zeiten auch durch
die Allgegenwart von Massenmedien charakterisierbar. Sie bilden gleichsam
den Hintergrund für die Kommunikationsprozesse, etwa für familiäre Sozialisation, schulische Erziehung oder religiöse Praxis. Wie im weiteren noch
gezeigt wird, gewinnen innerhalb der Massenmedien in den letzten Jahrzehnten besonders die an Bedeutung, bei denen sich die Datenvermittlung
elektronisch vollzieht.
    Konkret zählen zu den sog. elektronischen Medien technische Systeme wie Te-
legraph, Telefon, Rundfunk, Tonband, Fernsehen und Computer[150], wobei im
folgenden die zum Teil mögliche Nutzung zur privaten Kommunikation zwischen
einzelnen, etwa bei einem Telefongespräch, unthematisiert bleibt und diese Medien
nur in ihrem Charakter als Massenmedien, also als grundsätzlich an eine große Zahl
von Menschen gerichtet, bedacht werden.
    Kommunikationstheoretisch[151] zeichnen sich die elektronischen Medien
dadurch aus, daß bei ihnen nicht nur für die Verschlüsselung der Informationen ein technisches Gerät, etwa eine Druckpresse, notwendig ist, sondern
daß die Entschlüsselung ebenfalls der technischen Vermittlung bedarf, etwa

---

[149] N. Luhmann, Die Realität der Massenmedien, Opladen ²1996, 10.

[150] S. J. Meyrowitz, Überall und nirgends dabei. Die Fernsehgesellschaft 1, Weinheim u.a. 1990 (am. 1985) 148.

[151] Vgl. hierzu ausführlich die Differenzierung der Medien in primäre, sekundäre
und tertiäre, wobei bei ersteren Kommunikation ohne Geräte, bei den zweiten
Geräte nur auf seiten des Produzenten und bei den dritten Geräte bei Produzenten und Rezipienten notwendig sind, bei H. Pross, Der Kommunikationsprozeß,
in: H. Beth, H. Pross, Hg., Einführung in die Kommunikationsforschung, Berlin
u.a. 1976, 70-123.

in Form eines Fernsehers. Die elektronischen Medien steigern also im technischen Sinn die Indirektheit in der Vermittlung des Umgangs mit der Wirklichkeit. Eine direkte, personal vermittelte Interaktion zwischen Sender und Empfänger ist bei ihnen (nahezu) ausgeschlossen.[152]

2.2. Zur geschichtlichen Entwicklung der Medien

Das Christentum ist in doppelter Hinsicht unausweichlich auf Medien angewiesen. In seinem Zentrum steht die Kommunikation von Menschen mit Gott als einer unfaßbaren und unbegreiflichen, zugleich aber als lebensbestimmend erfahrenen Wirklichkeit. Hier bedarf es der Vermittlung. Dazu bezieht sich die christliche Religion wesentlich auf vergangenes Geschehen, das nicht mehr unmittelbar zugänglich ist, vor allem auf das Wirken und Sterben des Juden Jesus von Nazaret sowie dessen Vorgeschichte und Wirkung.

Ist also die Bedeutung von Medien für das Christentum unbestreitbar, so gibt es – medientheoretisch gesehen – fast von seinem Anfang an heftige Auseinandersetzungen über die angemessenste Art von Medien für die Vermittlung und Bestärkung des christlichen Glaubens. Hierbei wurden wichtige grundsätzliche Kriterien entwickelt, die für die heutige religionspädagogische Frage nach dem sachgemäßen Umgang mit modernen Medien Beachtung verdienen. Deshalb greife ich in der folgenden historischen Skizze kurz bis zur Antike zurück, wobei dafür nicht die besondere Medienentwicklung, sondern die grundsätzliche theologische Bearbeitung der Medienfrage von Interesse ist. Ein direkter Einsatz bei der Entwicklung der Massenmedien, also dem Buchdruck, oder gar der elektronischen Medien, also der Telegraphie, liefe Gefahr, zu einer theologisch unterbestimmten Reflexion des Themas zu werden. Allerdings steht umgekehrt eine theologisch verantwortete Theorie der elektronischen Medien noch aus, ein für Religionspädagogik schmerzliches Defizit.

2.2.1. Medien in der Alten Kirche

Von Anfang an waren für die ersten Christengemeinden – in deutlicher Kontinuität zum jüdischen Glauben – die „Schriften", also der später „Altes Testament" genannte Schriftencodex, von herausragender Bedeutung. Die meisten Christen begegneten ihnen in der Form der gehörten gottesdienstlichen Lesung, nicht der eigenen Textlektüre. Ähnliches gilt für die Briefe etwa des Paulus, die ebenfalls in der Gemeindezusammenkunft ver-

---

[152] S. Luhmann, a.a.O. (Anm. 149) 11.

lesen wurden. Es handelte sich also bei der Bibel für die meisten Gemeindeglieder um ein personales Medium. Zudem war die Zahl der zur Verfügung
stehenden Schriftrollen begrenzt, so daß das gemeinschaftliche Hören auf
die Lesung lange Zeit die übliche Form der Bibelrezeption war. Dieser
personale Charakter der Begegnung mit der Bibel bestimmte über Jahrhunderte den Glauben der meisten Christen. Angesichts der Tatsache, daß heute
der Umgang mit der Bibel meist mit dem Lesen dieses Buchs gleichgesetzt
wird, muß medientheoretisch darauf hingewiesen werden, daß es sich hierbei um ein anderes, nämlich ein apersonales Medium handelt.

Es sei nur angemerkt, daß diese Einsicht ein in bestimmten Kreisen verbreitetes,
medientheoretisch unreflektiertes Klagen über die zu geringe Bibellektüre in der
Gegenwart problematisiert und die Frage nach der angemessenen Begegnung mit der
Bibel aufwirft. Könnten nicht z.B. Bibelverfilmungen in gewissem Maß die verlorene
personale Begegnung mit der biblischen Geschichte über die Identifikation mit
Personen des Films wiedergewinnen helfen?

Die ersten Jahrhunderte waren immer wieder durch Auseinandersetzungen mit Gruppen überschattet, die der Exklusivität der Offenbarung in der
Schrift pneumatische Offenbarungen entgegensetzten und so für sich
einen unvermittelten Zugang zu Gott beanspruchten. Ihnen gegenüber
verteidigte die Mehrheit das in der Bibel stehende Wort als entscheidende
Orientierungsgröße.

Zu einer weiteren, sich über Jahrhunderte erstreckenden Auseinandersetzung bezüglich der – modern formuliert – Medienverwendung kam es noch
auf einem anderen Gebiet, dem der *Bilder*. Während die Religion(en) der
Griechen und Römer bilderfreundlich war(en) – wovon zahlreiche Statuen,
Vasen und Mosaiken bis heute zeugen –, stand das Judentum dem in
deutlicher Reserve gegenüber. Auf jeden Fall war die Abbildung Jahwes
strikt verboten (Ex 20,4). Vermutlich sollte damit vor allem die Personalität
Gottes geschützt werden.[153] Denn gerade diese verletzte ein Götterbild,
indem es die Gottheit verfügbar machte. Die frühen Christen blieben,
soweit feststellbar, lange Zeit in dieser bilderkritischen bzw. -feindlichen
Tradition.[154] Allerdings sind auf Sarkophagen des 3. Jahrhunderts, offensichtlich aus heidnisch-neutraler Motivik hervorgegangen, die ersten Darstellungen biblischer Geschichten zu entdecken. In den folgenden Jahrhunderten finden sich aber immer wieder gegenüber christlichen Bildern

---

[153] S. H. Gese, Der Dekalog als Ganzheit betrachtet, in: ders., Vom Sinai zum Zion,
München 1974, 53f.
[154] S. als kurzer Überblick H.G. Thümmel, Bilder IV. Alte Kirche, in: TRE 6 (1980)
525-531.

ablehnende Stellungnahmen von Synoden und Theologen. Sie sind nur auf dem Hintergrund antiken Bildempfindens zu verstehen, nach dem „das Porträt den Dargestellten" vertritt.[155]

Ein grundsätzlicher Wandel der kirchlichen Einstellung zum Bild vollzog sich im Osten des 6. und frühen 7. Jahrhundert: „Das christliche Bild wird zur Ikone, d.h. es wird derart als mit dem Dargestellten in Verbindung stehend angesehen, daß es die Hilfe des Heiligen vermitteln wie die ihm zugedachte Verehrung empfangen kann".[156] Dadurch gewinnen die Gläubigen die Möglichkeit, das Heilige überall als präsent wahrzunehmen.

„Den engen Zusammenhang von Bild und Dargestelltem bezeugen Wunderwirkungen, die der Kraft des Heiligen zuzuschreiben sind, aber von seinem Bild ausgehen. Unabgeklärt vermischt ist damit die Vorstellung von einer metaphysischen Qualität des Bildes. So erweist es sich etwa als widerstandsfähig gegen Naturkatastrophen. Brände und Wassernot können ihm nichts anhaben ..."[157]

Erst zögerlich begannen sich Theologen mit diesen Phänomenen der Volksfrömmigkeit auseinanderzusetzen. Bei Hypatios von Ephesus zeigt sich in der ersten Hälfte des 6. Jahrhunderts bereits eine bilderfreundlichere Haltung, die mit dem – in der Folgezeit bis heute die Diskussion um Medien begleitenden – Argument begründet wird, Bilder hälfen den Ungebildeten, Geistiges zu begreifen.[158]

Theologisch umfassend, die bisherigen Kontroversen aufnehmend und die weitere Bildtheologie der orthodoxen Kirchen bestimmend waren die Ausführungen des Johannes von Damaskos (gest. um 750). Für ihn stellt die Menschwerdung Christi die „theologische Basis für die Herstellung von Bildern" dar: „Der unsichtbare Sohn Gottes, die zweite Person der Heiligen Trinität ist für die Menschen Mensch geworden."[159]

---

[155] S. ebd. 529.

[156] H.G. Thümmel, Bilder V/1. Byzanz, in: TRE 6 (1980) 532.

[157] Ebd. 533. Ein ähnliches Wirklichkeitsverständnis steht offensichtlich hinter modernen Werbestrategien (s. hierzu z.B. W. Kroeber-Riel, Bildkommunikation. Imagerystrategien für die Werbung, München 1993).

[158] S. G. Lange, Bild und Wort. Die katechetischen Funktionen des Bildes in der griechischen Theologie des 6. bis 9. Jahrhunderts, Würzburg 1969, 44-60; vgl. auch Johannes Damascenus: „Denn die Ikone ist eine Erinnerung; und was den Gebildeten das Buch ist, ist den Ungebildeten die Ikone" (zitiert bei T. Nikolaou, Die Ikonenverehrung als Beispiel ostkirchlicher Theologie und Frömmigkeit nach Johannes von Damaskos, in: OstKSt 25 (1976) 151f.).

[159] Ebd. 143.

Gegenüber monophysitischen Verkürzungen betonte Johannes nachdrücklich, daß die gottmenschliche Person Christi sichtbar und deshalb auch
abbildbar geworden sei.[160]

Hinsichtlich des alttestamentlichen Bilderverbots wies er auf die heilsgeschichtlich
neue Situation hin. Während die alten Israeliten durch Götzendienst gefährdet
gewesen seien, sei diese Versuchung durch Gottes Offenbarung in Christus ge-
bannt.[161]

Das Besondere dieser Auffassung von Bildern erschließt sich vom zentralen Begriff „Eikon" her. Johannes: „Eikon ist also ein Ebenbild, welches das
Urbild kennzeichnet und sich doch von ihm unterscheidet". „Eikon ist also
ein Ebenbild und Beispiel (paradeigma) und Abprägung von irgend etwas,
und zeigt in sich das Abgebildete".[162]

Demnach ist „die Theologie der Ikone eine Theologie der Beziehung
zum Abgebildeten (seien es Christus oder die Gottesmutter oder die Heiligen) und letzten Endes zum Dreieinigen Gott".[163] Begrifflich wird dies für
die Frömmigkeitspraxis durch die Unterscheidung der Gott allein gebühren-
den „Anbetung" (griechisch: latreia) und der „Verehrung" (griechisch: time)
gegenüber den auf Gott (mehr oder weniger direkt) verweisenden Ikonen
festgehalten.

2.2.2. Theologische Klärungen im Mittelalter

Die westliche Kirche war ebenfalls in den Bilderstreit verwickelt. Hier kam
es erst später zu einer eigenen Auseinandersetzung, die vor allem bilder-
kritische Äußerungen Karls d. Gr. bzw. seiner Theologen hervorriefen. Aber
auch im Westen setzte sich schließlich die Position der Volksfrömmigkeit,
unterstützt vom Papst, durch. *Thomas v. Aquin* (geb. 1225 oder 1226, gest.
1274) faßte die wichtigsten Funktionen von Bildern folgendermaßen zusammen: Sie sollen die Andacht befördern, an das Beispiel der Heiligen
erinnern und die Unwissenden belehren.[164] Damit waren Zwecke religiöser
Bilder benannt, die breiten Spielraum für Ausgestaltungen ließen. Systematisch gesehen formulierte Thomas damit wesentliche Kriterien, die auch
sonst zur Bewertung von Medien in religiösem bzw. religionspädagogischem

---

[160] S. ebd. 158.
[161] S. ebd. 142f.
[162] Zitiert jeweils ebd. 147 (der griechische Begriff wurde in deutsche Umschrift
übertragen).
[163] Ebd. 148.
[164] S. knapp systematisierend W. v. Loewenich, Bilder V/2. Im Westen, in: TRE 6
(1980) 544.

Zusammenhang herangezogen werden können: *Bezug zur Förderung spirituellen Lebens, Ermöglichung der Verbindung zu Vergangenem und der pädagogisch so wichtigen Anschaulichkeit.* Kritische Stimmen, z.T. von Mystikern oder von religiösen Dissidenten, zogen dagegen den Sinn von religiösen Bildern immer wieder in Zweifel, ohne sich jedoch durchsetzen zu können. Dabei spielte zunehmend die Kritik an der Verweltlichung der Kirche, konkret ihrem Reichtum auch an Bildern u.ä., eine Rolle.

2.2.3. Reformatorische Beiträge

Vor allem in zwei Hinsichten ist aus medientheoretischer Hinsicht die Beschäftigung mit der Reformation angezeigt. Zum einen verdankt sich die Ausbreitung der Reformation – kommunikationstheoretisch gesehen – einer neuen Technik bei der Medienproduktion, der Buchdruckerkunst; zum anderen wurde hier die Frage nach der möglichen Bedeutung von Bildern für den christlichen Glauben und seine Verkündigung wieder aufgenommen.

Das älteste Massenmedium ist das Buch. Während Bücher im Mittelalter auf Grund der zeitintensiven Kopiertechnik, nämlich des Abschreibens von Vorlagen durch einzelne Schreiber, nur in jeweils wenigen Exemplaren verbreitet werden konnten, änderte sich dies durch die Erfindung der Buchdruckerkunst im 15. Jahrhundert. Diese Technik ermöglichte eine Vervielfältigung des Schriftgutes in großem Umfang, obgleich bis ins 18. Jahrhundert hinein auf Grund der geringen Lesefähigkeit weiter Teile der Bevölkerung und der kleingewerblichen Organisation der Buchdruckerei die meisten Buchauflagen sehr gering waren. Medientheoretisch ist wichtig, daß mit dem Buchdruck „eine mündliche Interaktion aller an Kommunikation Beteiligten wirksam und sichtbar ausgeschlossen" wurde.[165]

Theologiegeschichtlich von großer Bedeutung ist, daß das erste Buch mit großer Verbreitung – über 100.000 Exemplare zu Lebzeiten des Übersetzers – die Übersetzung des Neuen Testaments durch Luther war.[166] Joshua Meyrowitz weist auf die weitreichenden Folgen der reformatorischen Publikationen hin: „Das mittelalterliche Monopol der Kirche über religiöse Information (und daher darüber, wessen Seele wie gerettet werden konnte), wurde durch die Erfindung der Druckerpresse gebrochen. Die Druckerzeugnisse brachen das Monopol der Kirchenschreiber, und plötzlich waren die Bibel und andere religiöse Bücher überall erhältlich. Derselbe Inhalt also –

---

[165] Luhmann, a.a.O. (Anm. 149) 34.
[166] S. P. Hunziker, Medien, Kommunikation und Gesellschaft. Einführung in die Soziologie der Massenkommunikation, Darmstadt ²1996, 28.

in diesem Fall die Bibel – hatte unterschiedliche Auswirkungen, je nach dem Medium, durch das er übermittelt wurde."[167] *Die Bibel wurde* – potentiell – für die Menschen *vom personalen Medium zum apersonalen Massenmedium*. Dazu kamen viele andere Publikationen und vor allem zahllose Flugschriften, die den Fortgang der Reformation vorantrieben.

Während so die Reformation von einer technischen Innovation im Medienbereich profitierte, war die Haltung ihrer Führer auf dem bereits schon für frühere Zeiten angesprochenen Gebiet der Bilder und ihrer etwaigen religiösen Bedeutung eher verhalten. Für Luther selbst war diese Frage offensichtlich nebensächlich.[168] Er beschäftigte sich mit ihr nur notgedrungen auf Grund der Aktionen der sog. Bilderstürmer.

Die sog. Zwickauer Propheten begründeten ihre Ablehnung der Bilder mit direkten Offenbarungen, Nikolaus Storch konkret mit Erscheinungen des Erzengels Gabriel, und waren daher theologisch leicht widerlegbar. Dagegen bezog sich Karlstadt auf den *locus classicus* christlicher Bilderkritik, das alttestamentliche Bilderverbot (Ex 20,4).[169]

Entsprechend seinem Grundansatz auch bei anderen damals in Wittenberg strittigen Fragen wie der Meßreform appellierte Luther – unter Zurückweisung eines am toten Buchstaben orientierten Schriftverständnisses – an die Liebe als obersten Maßstab und lehnte die Zerstörung von Bildern strikt ab. Dazu stellte sich der Reformator von seinem eigenen theologischen Grundansatz her dem Problem und deckte einen bisher so noch nicht benannten Mißstand auf: „Der eigentliche Mißbrauch der Bilder besteht nicht in ihrer Anbetung; denn so töricht ist wohl niemand, daß er das Bild für einen Gott hält. Viel schlimmer ist die damit verbundene Werkfrömmigkeit, was die Bilderstürmer nicht erkannt hatten. Die Stifter von Bildern wollten sich damit die Seligkeit kaufen."[170] Schließlich wurde Luther nicht müde zu unterstreichen, daß die Predigt des Evangeliums sein eigentliches Anliegen sei. Dagegen müsse man den Menschen die äußerli-

---

[167] Meyrowitz, a.a.O. (Anm. 150) 47f.; vgl. zur damit verbundenen Individualisierung des Glaubensverständnisses und zu dessen weiteren Folgen H.-G. Soeffner, Luther – Der Weg von der Kollektivität des Glaubens zu einem lutherisch-protestantischen Individualitätstypus, in: H.-G. Brose, B. Hildenbrand, Vom Ende des Individuums zur Individualität ohne Ende, Opladen 1988, 107-149.

[168] S. M. Stirm, Die Bilderfrage in der Reformation, Heidelberg 1977, 23.

[169] S. W. v. Loewenich, Martin Luther. Der Mann und das Werk, München 1982 u.ö. 206f.

[170] Ebd. 212.

chen Zeichen noch lassen, bis ihr Glauben erstarkt sei und sie solche nicht mehr benötigten.[171]

Wirkungsgeschichtlich wichtig wurde dann die Konsequenz, die Luther aus dieser Haltung zur Bilderfrage für die Gliederung des Dekalogs zog. Das Bilderverbot fehlt im Dekalog seiner beiden Katechismen. Luther ordnete es – entsprechend Augustin und der ihm folgenden römisch-katholischen Auffassung – dem 1. Gebot unter und verzichtet deshalb auf seine eigene Nennung in diesem auf die Elementaria christlichen Glaubens bezogenen Zusammenhang.

Dahinter stand letztlich die soteriologische Ausrichtung der gesamten Theologie Luthers, die in der Einsicht in die Güte Gottes gipfelt.

Allerdings waren Bilder für Luther in der Verkündigung eindeutig dem Wort, konkret der Predigt, untergeordnet. Margarete Stirm faßt entsprechende Äußerungen Luthers zutreffend zusammen: „Was ein Mensch mit seinen Augen sieht, sagt ihm nichts von Gott und Gottes Reich und Christus. Das Ohr hat an sich dem Auge nichts voraus. Aber Gott hat beschlossen – so Luther – durch das Wort und d.h. hörbar und nicht sichtbar zu den Menschen zu kommen. Auch Christus ist nicht mehr sichtbar."[172]

So bestimmt eine merkwürdige Unausgeglichenheit das Verhältnis der lutherischen Reformation zu dem, was heute Medien heißt. Auf der einen Seite verschaffen die Übersetzung und Verbreitung der Bibel einen letztlich über den Gesichtssinn vermittelten, apersonalen Zugang zum Evangelium; auf der anderen Seite wird der auditive Sinn eindeutig hervorgehoben, was sich dann z.B. wirkungsgeschichtlich in der Präferenz der Musik gegenüber der bildenden Kunst niederschlägt. Die für die Verkündigung des Evangeliums zentrale Predigt ist ein personales Medium (wobei das Ablesen einer Predigt vom Manuskript die damit gegebenen Kommunikationschancen zunichte macht).

Erheblich kritischer gegenüber den Bildern waren die Schweizer Reformatoren, die sich in ihrer Haltung auf das alttestamentliche Bilderverbot stützten. Zwar lehnten auch Calvin und Zwingli die gewaltsame Entfernung der Bilder aus den Kirchen ab. Doch ging es ihnen hier um die Vermeidung von Chaos. Das Gewicht, das sie grundsätzlich dem Bilderverbot zuerkannten, wird z.B. daran deutlich, daß sie dieses als selbständiges 2. Gebot in den Katechismus aufnahmen.[173] So wandte sich Calvin „nicht nur gegen jedes Bild, das Offenbarung zu vermitteln beansprucht,

---

[171] S. Stirm, a.a.O. (Anm. 168) 34; Luther wies 1533 in einer Osterpredigt auf die Bedeutung der Anschauung hin, „weil wir ... nichts on bilde dencken noch verstehen können" (WA 37,63,26ff.).

[172] Stirm, a.a.O. 120.

[173] S. ebd. 160.

sondern gegen jeden Versuch, durch Liturgie, heilige Handlungen, symbolische Figuren, kultisch geprägte Räume oder irgendein anderes selbstgewähltes Mittel Verbindung mit Gott aufzunehmen".[174] Dem entspricht die z.T. bis heute beobachtbare Praxis in reformierten Kirchen, in denen Bilder und sonstiger Schmuck fehlen.

2.2.4. Entwicklung der Massenmedien bis zum Ende des 19. Jahrhunderts

Die Anhebung des allgemeinen Bildungsniveaus und damit die Vergrößerung des (potentiellen) Leserinnen- und Leserkreises erschloß für die Buchproduktion neue Absatzmärkte. Dementsprechend stieg die Zahl der Bücher.

„Wurden 1750 in Deutschland ungefähr 1300 Buchtitel herausgebracht, waren es 1800 schon 4000, 1875 überstieg die jährliche Titelzahl 10.000 und erreichte 1895 annähernd 20.000. Dabei ist zu berücksichtigen, daß die sogenannte ‚schöne Literatur' im Rahmen der Buchproduktion seit jeher nur einen kleinen Anteil der Titel ausgemacht hat."[175]

Während vor allem Gebildetere Bücher lasen, erfreuten sich Heftchen, das erste „populäre Unterhaltungsmedium", eines sehr viel breiteren Publikums. Hier begegnet ein rein marktorientiertes Produkt, ohne kulturellen, religiösen oder wissenschaftlichen Anspruch.

Diese Publikationen enthielten „neben Moritaten und Sensationsberichten auch Legenden, Ritterromane und Märchen, Gebet-, Traum- und Witzsammlungen sowie Ratgeber aller Art".[176]

Im 17. Jahrhundert erschienen – nach Vorläufern im 16. Jahrhundert – die ersten Zeitungen.

„Ende des 17. Jahrhunderts gab es im deutschsprachigen Raum bereits 60 bis 70 Zeitungen mit einer durchschnittlichen Auflage von 300 bis 400 Exemplaren. Die hauptsächlichen Inhalte waren damals Nachrichten über militärische Aktivitäten und ihre Folgen, aber auch Katastrophenmeldungen und Informationen über Fürstenhäuser, Staatsmänner und andere wichtige Persönlichkeiten."[177]

---

[174] Ebd. 216; s. zur Stellung der beiden Schweizer Reformatoren zur Bilderfrage knapp, aber unter Nennung der wesentlichen Belegstellen W. v. Loewenich, Bilder VI. Reformatorische und nachreformatorische Zeit, in: TRE 6 (1980) 551-555; s. ausführlicher J. Cottin, Le regard et la parole, 1993.

[175] Hunziker, a.a.O. (Anm. 166) 28.

[176] Ebd. 29.

[177] Ebd. 30; vgl. zur Schilderung kirchlicher und religiöser Vorgänge in diesen Zeitungen G. Mehnert, Evangelische Presse. Geschichte und Erscheinungsbild von der Reformation bis zur Gegenwart, Bielefeld 1983, 35-38.

Im 19. Jahrhunderte wurde dann die politische Presse zu einem bedeutenden Faktor der öffentlichen Meinungsbildung. Auf religiösem Gebiet bediente sich vor allem die Erweckungsbewegung der neuen technischen Möglichkeiten. So geht z.B. der Bertelsmann-Verlag auf die Druckertätigkeit des jungen Buchbinders Carl Bertelsmann zurück, der – selbst zum Kreis der westfälischen Erweckung gehörend – anfangs vor allem Kleinliteratur wie „Die kleine Missionsharfe" (78 Auflagen mit 2 Millionen Exemplaren) druckte.[178] Etwa zur selben Zeit konstituierten und verbreiteten sich in den einzelnen Landeskirchen die (meist) bis heute bestehenden Bibelgesellschaften, deren erste Karl Hildebrand Freiherr von Canstein (1667-1719) 1710 in Halle gründete.[179]

Am Ende dieses Jahrhunderts bahnten technische Innovationen den Weg für ein neues Medium, den Film. Grundlegend hierfür waren die Erfindung der Photographie (1839) und des Rollfilms (1887). 1895 fanden dann die ersten öffentlichen Filmaufführungen statt, bei denen die Vorführung von Bewegungen und Sensationen im Vordergrund stand.

2.2.5. Massenmedien im 20. Jahrhundert

Bevor die rasante Medienentwicklung der letzten Jahrzehnte in ihren wichtigsten Etappen kurz skizziert wird, ist auf die Bemühungen zum *Jugendschutz* hinzuweisen, die ab dem Ende des 19. Jahrhunderts einen Hintergrund für die Mediendiskussion bilden.

Gegen Ende des 19. Jahrhunderts schlossen sich vielerorts Lehrer, sonstige Pädagogen und Pfarrer in Zirkeln zusammen, um zum einen die Verbreitung guter Kinder- und Jugendliteratur zu fördern und zum anderen die nachwachsende Generation vor Schund- und Schmutzliteratur zu bewahren.[180] Solche meist gleichermaßen am (vermeintlichen) Schutz der Jugend und der Aufrechterhaltung überkommener moralischer Werte orientierten Bemühungen begleiten im folgenden bis in die Gegenwart die Medienentwicklung. Mit weiterer Verbreitung des Kinos versuchte man, die

---

[178] S. R. Stupperich, Die kirchliche und theologische Wirkung der Erweckungsbewegung im Spiegel des Gütersloher Verlagswesens, in: Jahrbuch für Westfälische Kirchengeschichte 72 (1979) 23-37.

[179] S. grundlegend W. Gundert, Geschichte der deutschen Bibelgesellschaften im 19. Jahrhundert, Bielefeld 1975. Erst 1933 entstand die Katholische Bibelbewegung e.V., später Katholisches Bibelwerk e.V. genannt.

[180] S. S. Kolfhaus, Anfänge des Jugendschutzes seit 1900. Intentionen und Institutionen im „Schmutz- und Schundkampf" vom Kaiserreich zur Weimarer Republik, in: S. Hiegemann, W.H. Swoboda, Hg., Handbuch der Medienpädagogik, Opladen 1994, 141f.; zum folgenden s. ebd. 142-148.

Jugend vor nicht geeignet erscheinenden Filmen zu schützen. So verabschiedete 1920 die Nationalversammlung das „Lichtspielgesetz", das eine allgemeine Präventivzensur für Filme einführte und eine besondere Zulassung
von Kinofilmen für unter 18jährige bestimmte. Nach dem Zusammenbruch
des Hitler-Regime bemühten sich vor allem die Kirchen um einen wirksamen Jugendschutz.[181] Dabei waren sie am „Wohl der Jugend" orientiert und
operierten mit allgemein moralischen Kategorien. Vor allem sexuell getönte
Medienprodukte sollten von den Jugendlichen ferngehalten werden. Positiv
ausgerichtet war eine 1919 am „Zentralinstitut für Erziehung und Unterricht" angegliederte „Amtliche Bildstelle", die den Einsatz von Lehrfilmen
im Unterricht fördern sollte. Es ist aber nicht zu übersehen, daß die sowohl
auf positive Rezeption als auch Jugendschutz gerichteten pädagogischen
Bemühungen der schnellen Entwicklung im Medienbereich nur verzögert
folgen konnten.

Eine wichtige Weiterentwicklung des Films stellte 1927 die Einführung
des Tonfilms dar.[182] Dadurch wirkte dieses Medium sehr viel realistischer.
So verdankte die erhebliche Filmpropaganda im III. Reich einen wesentlichen Teil ihrer Wirkung dieser technischen Innovation.

Daß die Nazis die Bedeutung des Mediums Film für unterrichtliche Zwecke
entdeckt hatten, geht aus folgender Äußerung des damaligen Bildungsministers B.
Rust von 1934 hervor: „Der nationalsozialistische Staat stellt die deutsche Schule vor
neue große Aufgaben. Sollen sie erfüllt werden, so müssen alle pädagogischen und
technischen Hilfsmittel für diese Arbeit eingesetzt werden. Zu den bedeutungsvoll-
sten der Hilfsmittel gehört der Unterrichtsfilm ... Es ist mein Wille, daß dem Film
ohne Verzögerung in der Schule die Stellung geschaffen wird, die ihm gebührt; er
wird dann – worauf ich besonderen Wert lege – gerade bei den neuen Unterrichts-
gegenständen der Rassen- und Volkskunde von vornherein mit eingesetzt werden
können."[183]

Das zweite wichtige moderne Massenmedium, dessen sich die Nazis mit
großem Nachdruck bedienten, war der *Rundfunk*.

---

[181] S. J. Lieven, Jugendschutz und Medienkontrolle seit den 50er Jahren. Zur
     Entwicklung der Strukturen und Arbeitsweisen des Jugendmedienschutzes in der
     Bundesrepublik Deutschland, in: S. Hiegemann, W.H. Swoboda, Hg., Hand-
     buch der Medienpädagogik, Opladen 1994, 168-170.
[182] S. Hunziker, a.a.O. (Anm. 166) 33.
[183] Zitiert nach B. Schorb, Zwischen Reformpädagogik und Technozentrik. Über
     Kinoreformer und die ‚Keilhacker-Schule' zu einer handlungsorientierten Medien-
     pädagogik, in: S. Hiegemann, W.H. Swoboda, Hg., Handbuch der Medien-
     pädagogik, Opladen 1994, 152f.

„Die Vorstellung von einem Rufer und Millionen von gehorsamen Hören, von Millionen von Volks- und Befehlsempfängern, die Vorstellung von einem Staat, der jederzeit in die Privatsphäre seiner Bürger eindringen konnte, beflügelte die totalitären Phantasien der nationalsozialistischen Rundfunkpolitiker."[184]

Vorbereitet durch verschiedene Entdeckungen, vor allem die der elektromagnetischen Strahlung, und Erfindungen, vor allem des Detektors, der Antenne und schließlich der Röhren, setzte sich der Rundfunk schnell ab Mitte der zwanziger Jahre in Deutschland durch.

„Anfang 1924 zählte man in Deutschland 1500 Radiohörer, vier Monate später waren es 8600 und zu Beginn 1925 bereits 549.000. Am Ende desselben Jahres war die Millionengrenze überschritten. Anfang 1934 gab es im Deutschen Reich 5 Millionen Rundfunkteilnehmer; fünf Jahre später 10 Millionen."[185]

Am Anfang überwog das Staunen über die technische Innovation einen funktional interessierten Gebrauch der neuen Kommunikationsmöglichkeiten. Sogar religiöse Vorstellungen wurden beim Versuch, das Neue zu begreifen, herangezogen.

Etwas von diesem Pathos formulierte A. Zweig in seiner Ode an den Berliner Funkturm:

„In deinen Rippen mündet das Industrielle des Menschen, sein technisches Genie, und das Ahnen des Menschen, sein dumpfer, alldurchschauerter Sinn, zusammen in jenes Universum, von dem wir armen Wirbeltiere wenig wissen – welches aber sein Geheimnis nicht so streng verschließt, daß wir nicht mit unseren beiden Hauptsinnen, dem mathematischen und dem religiösen, daran tasten könnten. So stehst du, Funkturm, ganz und gar im Zeichen des Menschen; denn deine Schönheit, wie die der Musik, löst sich ja aus der Überschneidung von Mathematik und Religion nicht anders als die Schönheit der großen Dome, die Mathematik und Religion waren, und so durch die Zeiten zurück bis zur mathematisch-religiösen Schönheit ägyptischer Pyramiden, griechischer Götterhallen und chaldäischer Terrassentempel."[186]

Nach dem II. Weltkrieg wurde – als Lehre aus den fatalen Folgen eines staatshörigen zentralen Rundfunks in Deutschland – der Rundfunk föderal und weithin staatsunabhängig organisiert.

Der Versuch des Bundes, ein nationales Fernsehprogramm einzurichten, scheiterte 1961 an einem Urteil des Bundesverfassungsgerichts.

---

[184] R. Schieder, Religion im Radio. Protestantische Rundfunkarbeit in der Weimarer Republik und im Dritten Reich, Stuttgart u.a. 1995, 19, der zugleich auf das Scheitern dieser Politik auf Grund der Pluralität der Sender hinweist.

[185] Hunziker, a.a.O. (Anm. 166) 35. Bereits am Karsamstag 1924 hielt der römisch-katholische Seelsorger Carl Sonnenschein in Berlin die erste religiöse Ansprache (s. D. Hober, Die Radiopredigt, Stuttgart u.a. 1996, 17).

[186] Zitiert bei Hunziker, a.a.O. 44f.

Die bis heute bestehenden Rundfunkräte spiegeln das Anliegen wider, unterschiedliche gesellschaftliche Gruppierungen, unter ihnen auch die Religionsgemeinschaften, an der Gestaltung der Programme zu beteiligen.[187] 1950 schlossen sich die Landesrundfunkanstalten zur „Arbeitsgemeinschaft der öffentlich-rechtlichen Rundfunkanstalten der Bundesrepublik Deutschland" (ARD) zusammen, die bis zum heutigen Tag besteht. Durch die neuen Mediengesetze in den achtziger Jahren etablierten sich neben diesen öffentlich-rechtlichen Anstalten eine große Zahl privater Rundfunkanbieter.

Deren Einführung „hatte eine flächendeckende ‚Radioschwemme' in der Bundesrepublik zur Folge, die um ihrer Hörerakzeptanz und damit wirtschaftlichen Existenz willen einer verstärkten Musikprogrammierung gegenüber Inhalten und Wortbeiträgen absolut Priorität einräumte".[188]

Auch hier eröffnen die Mediengesetze den Kirchen Sendemöglichkeiten. Die Einrichtung eigener kirchlicher bzw. christlicher Sender, die in anderen Ländern weit verbreitet ist,[189] ist in Deutschland noch umstritten.

Die von der heutigen Wirkung her weitreichendste Innovation im Medienbereich war in diesem Jahrhundert die Erfindung des Fernsehens. Zwar meldete Paul Nipkow bereits 1884 das Patent für ein „Elektrisches Teleskop" an, doch bedurfte es noch zahlreicher technischer Verbesserungen, bis das *Fernsehen* in den dreißiger Jahren zu einem öffentlichen Medium werden konnte. Allerdings behinderte der Zweite Weltkrieg seine Verbreitung in Deutschland, so daß hier erst in den fünfziger Jahren ein deutlicher Aufschwung feststellbar war.[190] Ab 1954 sendete die ARD ein sog. Vollprogramm, 1961 kam das Zweite Deutsche Fernsehen (ZDF) hinzu. Soweit wie möglich empfingen auch die DDR-Bürgerinnen und -Bürger die hier ausgestrahlten Sendungen – trotz Behinderungen. In der DDR gab es seit Ende 1952 den Kanal „DFF 1" und seit 1969 „DFF 2".

Ähnlich wie im Rundfunkbereich etablierten sich in den achtziger Jahren private Fernsehsender in der Bundesrepublik. Moderne Satellitentechnik erlaubt darüber hinaus den Empfang von Sendungen aus anderen Ländern und erweitert so das potentielle Programmspektrum erheblich. Entsprechend der religionspädagogischen Absicht konzentriere ich mich im folgenden wegen der Prägung des täglichen Lebens auf das Fernsehen. Unter

---

[187] S. Hober, a.a.O. (Anm. 185) 18-21.

[188] Ebd. 99.

[189] S. H. Biemer, Christliche Rundfunksender weltweit. Rundfunkarbeit im Klima der Konkurrenz, Stuttgart 1994.

[190] S. 1. Kap. 4.1.2.

primär ästhetischen Kategorien verdiente dagegen der Kinofilm mehr Interesse.[191]

Pädagogisch sind für den Umgang mit Rundfunk und Fernsehen noch zwei technische Entwicklungen von Gewicht: die Erfindung des Tonbands bzw. dann des Kassettenrecorders sowie der Video-Technik. Zwar dienten diese Geräte ursprünglich der Aufzeichnung von Sendungen. Doch erlauben sie – ergänzt durch Mikrophon bzw. Kamera – den Einsatz der ursprünglich auf Rezeption abzielenden elektronischen Medien auch für aktive Gestaltung, etwa die Produktion eines Hörspiels oder Video-Films.[192]

Insgesamt läßt sich seit den siebziger Jahren eine Verknüpfung der bisher genannten Bereiche zu einem *Medienverbund* beobachten. Fernsehsendungen, vor allem Serien, ziehen die Produktion von Schallplatten, Tonkassetten, Büchern, Zeitschriften und Heften nach sich. So verändert die Verbreitung des Fernsehens auch die anderen Medien, die zunehmend in dessen Bann geraten.

„Wie vor allem die immensen Gewinne der Deutschen Grammophon Gesellschaft im letzten Drittel der siebziger Jahre (mit den originalen Soundtracks von Zeichentrickfilmserien) zeigen, etablierten sich Hörspiele auf kommerziellen Tonträgern via Medienverbund als ‚Filme ohne Bilder‘."[193]

Mittlerweile strahlen entsprechende Filme bis in den Bereich der Textilien und sonstiger Gebrauchsgüter aus und repräsentieren so sehr anschaulich die allgemeine Bedeutung visueller Medien weit über das unmittelbare Ansehen hinaus.

Entsprechend der Verbreitung des Fernsehens begannen sich seit Anfang der siebziger Jahre Pädagogen mit Fragen der *Medienerziehung* zu beschäftigen, ohne daß es hier bisher zu einem – die Praxis spürbar prägenden – Durchbruch gekommen wäre.

Ben Bachmair nennt folgende in den letzten 25 Jahren erprobten Methoden der Medienerziehung:[194]

---

[191] S. hierzu J. Kirsner, Erlösung im Film. Praktisch-theologische Analysen und Interpretationen, Stuttgart u.a. 1996.

[192] S. z.B. D. Baacke, T. Kluth, Hg., Praxisfeld Medienarbeit. Beispiele und Informationen, München 1980.

[193] H. Hengst, Der Medienverbund in der Kinderkultur. Ensembles, Erfahrungen und Resistenzen im Mediengebrauch, in: S. Hiegemann, W.H. Swoboda, Hg., Handbuch der Medienpädagogik, Opladen 1994, 243.

[194] B. Bachmair, Entwicklungsschwerpunkte für die Medienpädagogik. Praktische Konzepte für Medienerziehung und Medienkultur, in: medien praktisch 18 (1/94) 90f.

– „Hinführen zum Qualitätsfilm und Qualitätsfernsehen"
– „Medienkritik und Medienanalyse"
– „Medien als Ausdrucks- und Gestaltungsmittel"
– „Hilfen zur Verarbeitung von Fernseherlebnissen"
– „Kompensation der Fernseheinflüsse und Stärkung der Identität".
Neue Anforderungen bringt die Computertechnologie mit sich. In Verbindung mit dem Telephon und den genannten Medien eröffnet sich hier der Bereich des sog. *„Multi-Media"*. Es entstehen jetzt neue Möglichkeiten der Interaktivität zwischen Medium und Mediennutzer bzw. Mediennutzerin. Vor allem das Fernsehen könnte durch die Integration in die Computer-Technik revolutioniert werden. Allerdings scheitert die Verbreitung solcher – noch vor wenigen Jahren selbstbewußt von Medienmachern als unmittelbar bevorstehend prognostizierten – Entwicklungen zur Zeit an den hohen Kosten, die offensichtlich die Akzeptanz breiter Bevölkerungskreise übersteigen.

„Betrachtet man die vom Statistischen Bundesamt ermittelte ... Entwicklung der monatlichen Gesamtaufwendungen für Massenmedien, das heißt für Geräte, deren Unterhalt, Rundfunkgebühren, Tonträger, Zeitschriften, Kino etc., so ergibt sich im Verhältnis dieser Ausgaben für privaten Verbrauch in Westdeutschland im Langzeitvergleich eine beachtliche Konstanz ...: Bei Vier-Personen-Haushalten mit mittlerem Einkommen lag der Anteil 1970 beispielsweise bei 3,17 Prozent, 1980 bei 3,40 Prozent, 1990 bei 3,79 Prozent und 1995 bei 3,70 Prozent (151,63 DM) und hat sich demnach in 25 Jahren insgesamt nur geringfügig verändert. Bei Vier-Personen-Haushalten von Beamten und Angestellten mit höherem Einkommen veränderte sich der Anteil von 3,63 Prozent 1970 auf 3,93 Prozent 1995 (230,44 DM)."[195]

Die deutschen Schulen sind Mitte der neunziger Jahre noch recht sparsam mit Computer-Technologie ausgerüstet. Erfahrungen in den USA, in denen seit etwa zehn Jahren in fast allen Schulen die Kinder und Jugendlichen Zugang zu PCs haben, zeigen, daß die Einbeziehung von Computern zu erheblichen Veränderungen im Unterricht führt. Vor allem scheint das Lernen in der Schule individueller zu werden.

So berichtet die Medienspezialistin einer Middle School in Oregon: „Die Schüler werden selbständiger, Lehrer halten weniger ‚Lektionen', werden Lernberater und praktizieren deutlich mehr Zusammenarbeit. Der Lehrer hat kaum noch die Möglichkeit, traditionell zu lehren, er muß flexibel reagieren, bei einzelnen Schülern eingreifen, hier und da unterstützen. Sein Lehrstil wird sich ändern. Das Lernen im Klassenverband wird bei einer genügend großen Anzahl von PC aufgelöst."[196]

---

[195] J. Zimmer, Pay TV: Durchbruch im digitalen Fernsehen, in: Media Perspektiven 7/96, 393.

[196] Zitiert in: H. Dichanz, Medienerziehung pragmatisch und wenig problembewußt. Neue Technologien und Netzwerke in amerikanischen Schulen, in: medien +

2.3. Zur gegenwärtigen Mediennutzung

Die Plazierung der (elektronischen) Massenmedien an die Stelle des zweiten hier behandelten Lernortes impliziert deren erhebliche Bedeutung für religiöse und christliche bzw. kirchliche Erziehung und Sozialisation. Diese Annahme wird im folgenden näher begründet. Dazu referiere ich eingangs einige empirische Befunde zur Medienverbreitung und -nutzung im heutigen Deutschland. Dem schließen sich Einsichten sozialwissenschaftlicher Analysen zur Veränderung der Gesellschaft besonders durch das Fernsehen an. In einem dritten Schritt will ich speziell das Verhältnis der Kirche zu diesem Medium näher untersuchen, wobei auch hier verallgemeinernd „Kirche" auf Religion hin überschritten wird, um die Perspektive zu erweitern.

2.3.1. Statistische Befunde

Aus der großen Menge der zur Verfügung stehenden Daten können nur einige Befunde zur Mediennutzung und dann speziell zur Nutzung des Fernsehens gegeben werden. Sie machen auf die große Relevanz der Massenmedien für heutige Menschen aufmerksam.

Entsprechend dem religionspädagogischen Gesamtzusammenhang geht es im folgenden um die Darstellung von Trends und Tendenzen, die sich – vermutlich – auf pädagogisches Handeln auswirken. Deshalb verzichte ich auf Hinweise zur Methodik der jeweiligen Erhebungen, die für eine exakte medienwissenschaftliche Analyse unerläßlich wären und erst eine genauere, nicht nur tendenzmäßige Erfassung der Daten erlaubten.

– Vermutlich steht die Bedeutung von Medien in einem gewissen Verhältnis zu ihrer zeitlichen Nutzung durch die Menschen. Deshalb eignet sich die Untersuchung der durchschnittlichen Reichweite und des durchschnittlichen Zeitaufwands für eine erste Orientierung.[197]

---

erziehung 41 (1997) 193; s. für einen ersten Überblick S. Aufenanger, Neue Medien als pädagogische Herausforderung, in: Praktische Theologie 31 (1996) 261-267.

[197] Die folgenden Daten sind Media Perspektiven Basisdaten. Daten zur Mediensituation in Deutschland 1996, 70f., entnommen. Hierbei wurde bei gleichzeitiger Nutzung von zwei Medien für den Summenwert jeweils nur ein Medium gezählt. Andere Statistiken, die bei Nutzung zweier Medien dies für jedes Medium in Anschlag bringen, weisen etwas höhere Werte auf. Allerdings muß angemerkt werden, daß die sich ausbreitende Sitte des Programmwechsels in einer Sendung, das sog. „Switchen", und die ebenfalls zunehmende Verwendung des Fernsehens als eine Art Hintergrundmedium die bisher übliche Redeweise von „Reichweite" problematisch werden läßt.

In der Bundesrepublik (ab 1990 den alten Bundesländern) ergibt sich für die Bevölkerung (ab 14 Jahren) in den letzten dreißig Jahren bezüglich der drei am häufigsten genutzten Massenmedien folgendes Bild: 1964 sahen täglich 47% der über vierzehnjährigen Bundesdeutschen fern, 1970 72%, 1974 78%, 1985 72%, 1995 81%; Sendungen des Rundfunks hörten täglich 1964 68%, 1970 67%, 1974 70%, 1985 76%, 1995 75%; täglich eine Zeitung lasen 1964 69%, 1970 70%, 1974 73%, 1985 73%, 1995 68%. Die Hauptsteigerung in der Mediennutzung ist also beim Fernsehen zu verzeichnen. Interessanterweise reduzierte dies aber die Nutzung von Rundfunk und Tageszeitungen kaum bzw. nicht. Eine Spezifizierung für 1995 nach Ost- und Westdeutschen ergibt eine nicht unerheblich höhere Mediennutzung in den neuen Bundesländern.

Die genauen Befunde sind: 1995 sahen täglich 89% der Ostdeutschen fern; 83% der Ostdeutschen hörten im Durchschnitt täglich Radio und 69% lasen eine Tageszeitung.

Bei der Nutzung der einzelnen Medien ergeben sich hinsichtlich des durchschnittlichen Zeitaufwandes ähnliche Tendenzen: Während 1964 nur 70 Minuten täglich vor dem Fernseher verbracht wurden, waren dies 1995 147 Minuten; Radio wurde 1964 durchschnittlich 99 Minuten gehört, 1995 157 Minuten; Zeitung wurde 1964 täglich 35 Minuten gelesen, 1995 31 Minuten. Bei genauerer Analyse dieser Befunde zeigt sich eine wichtige Differenz zwischen Rundfunkhören und Fernsehen. 1995 verbrachten die Deutschen durchschnittlich 131 Minuten ihrer Freizeit vor dem Fernseher, dagegen nur 54 Minuten vor dem Radio. Offensichtlich wird Radio großenteils während anderer, vor allem wohl beruflicher Tätigkeiten gehört; *Fernsehen ist* dagegen *das am meisten die Freizeit prägende Massenmedium.*

Konkret für das Verhältnis der Lernorte Schule und Fernsehen wiesen die deutschen römisch-katholischen Bischöfe in ihrem Wort „Die bildende Kraft des Religionsunterrichts" 1996 auf folgenden statistischen Befund hin: „Wenn der Jugendliche in seinem 7. Schuljahr 11.000 Schulstunden absolviert hat, dann hat er bereits 12.000 Stunden vor dem Fernsehen verbracht."[198]
– Ebenfalls interessant ist in den letzten fünf Jahren die Entwicklung der Geräteausstattung in den (gesamt)deutschen Haushalten. Besondere Steigerungen waren bei folgenden Produkten der Unterhaltungselektronik zu

---

[198] Sekretariat der Deutschen Bischofskonferenz, Hg., Die bildende Kraft des Religionsunterrichts. Zur Konfessionalität des Katholischen Religionsunterrichts, Bonn 1996, 14.

verzeichnen:[199] 1992 waren 48,7% der Haushalte mit einem Videorecorder ausgestattet, 1996 bereits 61,5%; 1992 besaßen 5,9% der Haushalte eine Videokamera bzw. einen Camcorder, 1996 13,4%. Bei Geräten wie Fernseher (98,4% aller Haushalte 1995) und Radio (98,2%) ist schon seit mehreren Jahren eine fast vollständige Versorgung gegeben.

Demgegenüber sind neuere Medien weniger verbreitet.[200] 1996 hatten nur 3,7% der deutschen Haushalte einen Personal-Computer mit Modem und Onlineabo (3,9% in West-, 2,3% in Ostdeutschland) und damit die technischen Voraussetzungen dafür, in die neue Welt des Internet einzutreten.

24,6% der deutschen Haushalte besitzen mittlerweile einen Personal-Computer (25,2% in West- und 21,8% in Ostdeutschland).

Aber auch das Buch wird deutlich weniger genutzt. Nur 22,1% der Deutschen lesen regelmäßig Bücher (23,9% der Frauen, 20,2% der Männer).[201] Die Produktion von Büchern stieg aber in den letzten dreißig Jahren. 1970 wurden in der Bundesrepublik 47.096 Buchtitel produziert, 1990 61.015, 1991 in Gesamtdeutschland 67.908, 1995 74.174. Davon stammten 1995 4,9% aus den Sachgebieten Religion und Theologie.[202]

– Wendet man sich speziell dem *Fernsehen* als dem heute dominierenden Massenmedium zu, stößt man auf interessante Entwicklungen in der letzten Zeit. Mittlerweile haben private Fernsehanbieter die öffentlich-rechtlichen Anstalten bezüglich der Einschaltdauer überholt.[203] 1995 konnte RTL mit 17,6% vor SAT 1 und ZDF mit je 14,6% und ARD 1 mit 14,5% den höchsten Anteil am Fernsehkonsum erringen. Noch 1994 schnitten ARD 1 mit 16,3% und ZDF mit 17,0% besser ab. Darüber hinaus erreichten 1995 PRO 7 9,9% (1994: 9,4%), ARD 3 9,7% (1994: 8,9%), RTL 2 4,6% (1994: 3,8%), Kabel 1 3,0% (1994: 2,0%), VOX 2,6% (1994: 2,0%). Diese Tendenz zu den mehr – vorsichtig formuliert – leichtere Unterhaltung anbietenden Privatsendern ist in Ostdeutschland noch stärker ausgeprägt.

In den neuen Bundesländern beträgt der Anteil von RTL am Fernsehkonsum 19,6% (alte Bundesländer: 16,9%), von SAT 1 16,6% (gegenüber 14,2%), von PRO 7 11,3% (gegenüber 9,5%), von RTL 2 5,6% (gegenüber 4,3%); dagegen erfreuen

---

[199] S. Media Perspektiven a.a.O. (Anm. 197) 65.

[200] S. ebd. 66.

[201] S. ebd. 69.

[202] S. ebd. 59.

[203] Die folgenden Daten sind ebd. 74 entnommen; vgl. zu den anderen Präferenzen ostdeutscher Fernseher den interessanten, auf die anderen Medienerfahrungen hinweisenden Beitrag von W. Mühl-Benninghaus, 1989 und die andere Mediensozialisation, in: J. Hörisch, Hg., Mediengeneration, Frankfurt 1997, 98-124.

sich die öffentlich-rechtlichen Anbieter in Ostdeutschland geringerer Beliebtheit: ARD 1 hat hier 11,0% Anteil am Fernsehkonsum (gegenüber 15,7% in Westdeutschland), ZDF 12,3% (gegenüber 15,4%).

Auch bei den Jüngeren, die allerdings in der Regel deutlich weniger fernsehen als die Älteren,[204] ist RTL der Lieblingssender. Vor allem die vorrangige Unterhaltungs- und Spielfilmorientierung führt bei Jugendlichen zu dieser Präferenz.[205]

2.3.2. *Veränderungen durch das Fernsehen und im Fernsehen*

Die Attraktivität des Fernsehens tritt schon hervor, wenn man die Zugangsbedingungen dieses Mediums mit denen anderer Medien vergleicht: „Im Gegensatz zum Lesen und Schreiben erfordert Fernsehen keine besonderen Fähigkeiten."[206] Während die Nutzung der bisherigen Medien, etwa der Bücher, langwierige Lernprozesse voraussetzt, ist solche Vorbereitung zum Fernsehen nicht notwendig. Dazu kommt, daß das Fernsehen zugleich Gesichts- und Gehörsinn, also die beiden wichtigsten Sinne des Menschen anspricht, und dadurch besonders authentisch wirkt.[207] Um die Bedeutung dieses Mediums in einem religionspädagogischen Zusammenhang richtig einschätzen zu können, ist es unerläßlich, seine *Wirkungen* genauer zu bestimmen.[208]

---

[204] S. zu den genauen Daten Media Perspektiven, a.a.O. 73. Danach sahen die 14-19jährigen am wenigsten fern (1995 durchschnittlich in Westdeutschland 104, in Ostdeutschland 120 Minuten; am meisten Zeit verbrachten – nach kontinuierlicher Steigerung durch die verschiedenen Altersgruppen hindurch – die 65jährigen und Älteren mit 245 Minuten in West- und 283 Minuten in Ostdeutschland vor dem Fernseher).

[205] S. C. Schmidt, Die vermessene X-Generation, in: medium 3/95, 29-31; s. genauer zur Mediennutzung von Jugendlichen B. van Eimeren, W. Klingler, Elektronische Medien im Tagesablauf von Jugendlichen, in: Media Perspektiven 5/95, 210-219. S. auch H.-M. Fendel, Most wanted. Auf der Suche nach jungen Zuschauern, in: medium 3/95, 32, die darauf hinweist: „Nahezu alle in den vergangenen zehn Jahren eingeführten Sendeformate erlebten bei RTL ihre Geburtsstunde: Von Reality TV, eigenproduzierten Soaps, nachmittäglichen Talk-Shows bis hin zum heißen Stuhl und den ‚late night shows' ... wurden neue Sehgewohnheiten geprägt und gleichzeitig junge Zuschauer gebunden."

[206] Meyrowitz, a.a.O. (Anm. 150) 156.

[207] Vgl. Luhmann, a.a.O. (Anm. 149) 79.

[208] S. hierzu genauer die sorgfältige Darstellung der verschiedenen, einander abwechselnden Forschungsansätze zur Wirkungsforschung bei U. Sander, R. Vollbrecht, Wirkungen der Medien im Spiegel der Forschung. Ein Überblick über Theorien, Konzepte und Entwicklungen der Medienforschung, in: S. Hiegemann, W.H. Swoboda, Hg., Handbuch der Medienpädagogik, Opladen 1994, 361-385.

Schon sehr früh interessierten sich Forscher hierfür. Dabei ergab sich, daß die Wirkungen offensichtlich erheblich indirekter und komplizierter verlaufen als ursprünglich angenommen.

Eine Konzentration nur auf das Medium selbst führt schnell zu pauschaler Medienschelte. Am populärsten wurden hier die Arbeiten von N. Postman.[209]

Mittlerweile ist klar, daß die Menschen Fernsehsendungen sehr unterschiedlich rezipieren, ja daß derselbe Mensch in unterschiedlichen Situationen Sendungen verschieden aufnimmt. Von daher legt sich für Wirkungsforschung ein am Rezipienten orientierter ökologischer Ansatz, etwa im Gefolge Uri Bronfenbrenners[210], nahe, der das jeweilige Umfeld der Mediennutzung berücksichtigt.[211]

So wird z.B. zwischen den „Wirkungen ... auf das Individuum, Wirkungen ... auf die Menschen im Rahmen ihrer alltäglichen Lebenswelt, Wirkungen ... auf die Gesellschaft, ihre Institutionen und Organisationen"[212] unterschieden, wobei diese drei Bereiche jeweils wiederum miteinander in Wechselwirkung stehen.

Bei solcher primär an der Erhebung längerfristiger Veränderungen interessierter Methodik ergeben sich einige sehr aufschlußreiche Befunde, die auch ein besseres Verständnis des religiösen, christlichen und kirchlichen Lernens bzw. der Schwierigkeiten hiermit ermöglichen.

Mitunter die öffentliche Diskussion unhinterfragt beherrschende Annahmen, etwa bezüglich der Gefährdung von Werten wie der Unversehrtheit des Lebens durch Gewaltdarstellungen, können mit einem so differenzierten methodischen Ansatz nicht bestätigt werden. Vielmehr ist zu vermuten, daß es sehr auf Vorbildung, soziales Milieu und momentane Verfassung ankommt, wie z.B. eine Sendung mit Gewaltdarstellungen konkret auf einen Jugendlichen wirkt.[213]

Grundlegend ist die *Veränderung des Zeitverständnisses*,[214] die die Massenmedien und besonders das Fernsehen fördern bzw. bewirken. Fernseh-

---

[209] S. N. Postman, Das Verschwinden der Kindheit, Frankfurt 1983; ders., Wir amüsieren uns zu Tode. Urteilsbildung im Zeitalter der Unterhaltungsindustrie, Frankfurt 1985.

[210] S. 2. Kap. 1.4.

[211] So Hunziker, a.a.O. (Anm. 166) 26.

[212] Ebd. 23.

[213] S. die kurze, systematisch klare Zusammenfassung der bisherigen empirischen Ergebnisse zum Einfluß von Gewaltdarstellungen im Fernsehen auf das Verhalten von Menschen ebd. 85-87; vgl. auch D. Hoffmann, Zwischen Vermutung und Beweis. Aktuelle Probleme der Medienwirkungsforschung, in: medium 24 (1994) H. 3, 64-68.

[214] Vgl. 2. Kap. 2.1.1.

sendungen aus fremden Ländern bzw. Berichte über Ereignisse dort sugge-
rieren eine Gleichzeitigkeit, egal ob es sich um eine sog. Live-Sendung oder
eine Aufzeichnung handelt. Dazu kommt die unübersehbare Beschleunigung, die sich inhaltlich in der zunehmenden Komprimierung von Informationen[215] und formal in immer kürzeren Schnitten bei Filmen zeigt. Vorläu-
fig letzte Stufe der Beschleunigung sind die sog. Video-Clips, die in großer
Geschwindigkeit jenseits narrativer Strukturen assoziativ Bild an Bild reihen
und vor allem in Jugendsendern (fast) das ganze Programm bestimmen.[216]
Offensichtlich fordern die Zuschauer und Zuschauerinnen immer mehr
Sensationen in immer kürzerer Zeit.

Dazu verändern die Ausdehnung des Programms in den einzelnen Sendern und die Vielzahl der Sender die Sehgewohnheiten. Sah man früher eine
bestimmte Sendung an, so sieht man jetzt fern – von Kanal zu Kanal
wechselnd, prinzipiell rund um die Uhr. Fernsehen besteht jetzt (meist)
nicht mehr „in einem Sich-Versenken in das eine, in sich geschlossene Werk,
sondern im zerstreuten Hinschauen, in der gelegentlichen Zuwendung zum
vorbeiziehenden Angebot".[217]

Daß diese Entwicklung erhebliche Probleme für religiöse Erziehung und
Bildung aufwirft, geht aus den Überlegungen im 2. Kapitel zum „Zeitverständnis" (2.1.1.) unmittelbar hervor. Spirituelles Leben, das nach her-
kömmlicher Auffassung Zeit und Ruhe erfordert, sowie Bezug zu Vergangenem – zwei Kriterien des Thomas für die theologische Beurteilung von
Bildern – werden dadurch nicht gefördert, sondern behindert.

Eng mit diesem neuen Zeitempfinden verbunden sind die durch das
Fernsehen bewirkten Veränderungen im Ortsverständnis. Meyrowitz konstatiert: „Das Fernsehen und die elektronischen Medien allgemein haben die

---

[215] Luhmann, a.a.O. (Anm. 149) 53, macht z.B. auf die Außergewöhnlichkeit von
Selbstverständlichem aufmerksam: „Wir sind an tägliche Nachrichten gewöhnt,
aber man sollte sich trotzdem die evolutionäre Unwahrscheinlichkeit einer solchen Annahme vor Augen führen. Gerade wenn man mit Nachrichten die
Vorstellung des Überraschenden, Neuen, Interessanten, Mitteilungswürdigen
verbindet, liegt es näher, nicht täglich im gleichen Format darüber zu berichten,
sondern darauf zu warten, daß etwas geschieht und es dann bekannt zu machen."
[216] S. J. Schulte-Sasse, Von der schriftlichen zur elektronischen Kultur: Über neuere
Wechselbeziehung zwischen Mediengeschichte und Kulturgeschichte, in: H.U.
Gumbrecht, H.U. v. Pfeiffer, K. Ludwig, Hg., Materialität der Kommunikation,
Frankfurt ²1995, 433f., der auch auf das Eindringen dieses Genres in Serienpro-
duktionen hinweist.
[217] K. Hickethier, Im Fluß der Bilder. Programmausweitungen, Entgrenzungen,
Vermischungen im Fernsehen, in: medien + erziehung 36 (1992) 279.

Bedeutung der physischen Präsenz für das Erleben sozialer Ereignisse ganz gewaltig verändert."[218] War früher das durch Gesichts- und Gehörsinn vermittelte Erleben an die persönliche Gegenwart des Menschen gebunden, lösen Fernsehen (und Film) diesen Zusammenhang auf. Dadurch kommt es zu einer schwer bestimmbaren neuen Wirklichkeitsform, der Realität des im Fernsehen Ausgestrahlten, in der sich die Zuschauerinnen und Zuschauer zugleich teilweise selbst begegnen. Müller-Funke formuliert tastend: „Kurzum, der Bildschirm ist weder Fenster noch reine Projektionsfläche, sondern exakt beides, halbverspiegeltes Glas, in denen sich etwas spiegelt, nämlich vornehmlich wir uns selbst, und das doch zugleich transparent ist."[219]

Neben diesen beiden grundlegenden Veränderungen für das Wirklichkeitsverständnis der Menschen ergeben sich weitere das Leben der Menschen verändernde Konsequenzen aus der Verbreitung des Fernsehens:

– Die Vielgestaltigkeit der in Fernsehsendungen präsentierten Lebensformen und Verhältnisse macht unterschiedliche Optionen der Lebensgestaltung bewußt.[220] Die anschauliche Darstellung auch und vorzüglich der privaten Sphäre von in der Öffentlichkeit stehenden Personen und der (möglichen) Hintergründe ihres Lebens im Fernsehen verstärkt das Gefühl, frei zwischen verschiedenen Lebensstilen wählen zu können. Dadurch werden traditionell stabile Lebensweisen relativiert.

Schnell entsteht der Eindruck (und zunehmend wohl die Praxis): „Ehe, Priesterschaft, Berufe und Beziehungen zu anderen Menschen sind heute keine ‚Schicksale‘ mehr, sondern zeitlich begrenzte Lebensphasen."[221]

– Meyrowitz arbeitete unter Bezug auf die Rollentheorie Goffmans die *Veränderungen im Verständnis von Öffentlichkeit* durch das Fernsehen heraus. Private und öffentliche Sphäre verschwimmen zunehmend ineinander. Dem entspricht, daß eigentlich öffentliche Akte, etwa politische Entscheidungen, in Kategorien der Privatsphäre gedeutet werden.

„Eine typische Zuschauer-Reaktion auf die Ansprache eines Politikers im Fernsehen ist daher, über die Person des Politikers nachzudenken statt über den Inhalt seiner Rede."[222]

---

[218] Meyrowitz, a.a.O. (Anm. 150) 10f.

[219] W. Müller-Funke, Spiegelung und Transparenz. Der Streit um die Bilder und deren Kritik, in: medien + erziehung 40 (1996) 78.

[220] S. Meyrowitz, a.a.O. (Anm. 150) 258; vgl. hierzu auch die Ausführungen im 2. Kapitel zu Pluralismus und Individualisierung (2.1.2.).

[221] Ebd. 300.

[222] Ebd. 204; vgl. hierzu auch Schulte-Sasse, a.a.O. (Anm. 216) 440.

Diese Wahrnehmung führt zu einer Relativierung von Hierarchien, insofern jetzt – früher nicht öffentlich zugängliche – Schwächen von öffentliche Verantwortung Tragenden schonungslos publik werden. Die „Politikverdrossenheit", die sich auch auf Vertreter großer Institutionen wie der Kirchen erstreckt, dürfte zumindest teilweise ein daraus resultierendes Medienprodukt sein.

– Die weite Verbreitung des Fernsehens und die Menge von durch dieses Medium vermittelten Informationen, die sich ständig ablösen, formen zunehmend das „Gedächtnis"[223] der Gesellschaft. Es geht hierbei weniger um einzelne Informationen als vielmehr um „ein Hintergrundwissen ..., von dem man in der Kommunikation ausgehen kann".[224]

Zwar wird hiergegen neuerdings eingewendet, daß die Vermehrung der Fernsehsender seit der Zulassung privater Sendeanstalten 1986 zu einer Auflösung des Massencharakters des Fernsehens führt, doch überzeugt dies nur teilweise. Es gibt nach wie vor Sendungen, sowohl in zyklischer als auch in punktueller Austrahlung, die ein erheblicher Teil der deutschen Bevölkerung sieht und die so ein allgemeines Hintergrundwissen bilden. So sahen z.B. 1995 täglich durchschnittlich 8,36 Millionen Menschen die „Tagesschau" (1994 allerdings noch 9,22 Millionen),[225] durchschnittlich 10,66 Millionen hatten 1995 die samstäglichen ZDF-Shows eingeschaltet (1994 erst 9,41 Millionen).[226] Noch höhere Einschaltquoten erreichten manche Serien. So sahen z.B. 28 Millionen einzelne Sendungen der „Schwarzwaldklinik".[227] Auch die hohen Zuschauerzahlen bei bestimmten Sportübertragungen gehören in diesen Zusammenhang.

Zudem stehen hinter den verschiedenen Serien und Sendungen durchaus ähnliche Lebens- und Wirklichkeitssichten, so daß es zwar auf Grund der Sender- und Programmvielfalt schwerer wird, sich über konkrete Inhalte von Sendungen zu verständigen, aber trotzdem eine grundsätzliche Breitenwirkung allgemein in Fernsehsendungen verbreiteter Daseins- und Wertorientierungen nicht geleugnet werden kann.

Besonders ausgeprägt ist dieser bewußtseinsbildende Anteil des Fernsehens bei Kindern. Ben Bachmair beobachtet: „Kinder wachsen heute selbstverständlich in einer von Medien geprägten Welt auf, in der sie sich mit Hilfe der Geschichten und Bilder der Medien verständigen. Bilder und Geschichten der Medien verdichten symbolisch die persönlichen Themen, Wünsche und Ängste der Kinder und Jugendlichen. Diese Bilder und Ge-

---

[223] Luhmann, a.a.O. (Anm. 149) 120.

[224] Ebd. 121f.

[225] S. Media Perspektiven, a.a.O. (Anm. 197) 75.

[226] S. ebd. 76.

[227] Nach P. Kottlorz, „Und die Moral von der Geschicht..." Unterhaltungsserien als Wert- und Normvermittler, in: Ethik & Unterricht 6 (4/1995) 5.

schichten werden dadurch zu ordnenden Handlungs-, Deutungs- und Verständigungsmustern, die Kinder und Jugendliche in ihren Handlungs-, Erlebnis- und Mitteilungsweisen sowie ihren Themen und Lebensinhalten prägen. Mediendarstellungen und Medieninhalte überlagern und verquikken sich auf diese Weise mit Handlungsformen, Denk-, Erlebnis- und Erklärungsmustern der Kinder und Jugendlichen."[228]

– Eine nähere Inhaltsanalyse verbreiteter Serien ergibt moral- und religionspädagogisch hochinteressante Befunde. Denn die Dominanz moralisch relevanter Begebenheiten ist unübersehbar. Z.B. beschreibt Peter Kottlorz aus dieser Sicht die Serie „Schwarzwaldklinik" folgendermaßen: „Will man die ‚Schwarzwaldklinik' kurz charakterisieren, so müßten als Hauptmerkmale ihre hochmoralischen Inhalte und deren stark expressive Gestaltung genannt werden ... In der ‚Schwarzwaldklinik' werden überwiegend moralische Themen mit allen verfügbaren filmästhetischen Mitteln präsentiert ... Richtiges und falsches Verhalten wird ... mehrfach und mit verschiedenen Mitteln vorgeführt."[229] Allgemein formuliert kann man vermuten, daß das Fernsehen „nicht nur die Art, wie sich Menschen verhalten, (beeinflußt), sondern ... auch die Art und Weise, wie die Leute glauben, daß sie sich verhalten sollten".[230] Fernsehen hat demnach eine erhebliche *moralische und ethische Funktion.*

Sehr eindrücklich formuliert dies der lange Zeit für die Serien seines Senders verantwortliche ZDF-Redakteur G. Bauer: „Der Mensch in der Unterhaltung kommt oft in seiner besten Weise vor: nämlich in der Stilisierung von guten Eigenschaften. Das gibt dem Zuschauer die Möglichkeit einer stärkeren Wunschidentifizierung. Anders gesagt: wir konfrontieren den Zuschauer mit Leitbildern, die in sich die Summe aller guten Eigenschaften tragen, und machen dadurch Mut zu menschlichem Verhalten. Lösungen von durchaus realistischen Problemen werden nicht als Patentrezept angegeben, aber als Lösungsmöglichkeiten entsprechend positiver Verhaltensweisen aufgezeigt. Dadurch werden die Serien wie die Specials zu Mutmachergeschichten, treffen auf ein Bedürfnis und haben dadurch ihren Erfolg. Es sind übrigens nur die guten Eigenschaften des Menschen im ethisch-moralischen Sinn, die für das Publikum mehrheitsfähig sind."[231]

---

[228] Bachmair, a.a.O. (Anm. 194) 50.

[229] Kottlorz, a.a.O. (Anm. 227) 5; genauer ergibt seine Analyse, „daß rein quantitativ rund 60% der ‚Schwarzwaldklinik' ethisch, genauer gesagt: hoch moralisch strukturiert sind" (ebd. 7). Vgl. auch zur anderen viel empfangenen Serie der letzten Jahre und dem ähnlichen Befund P. Moritz, Ratgeber „Lindenstraße". Fernsehen zwischen Mensch und Unterhaltung, in: medien praktisch 4/96, 22-25.

[230] Meyrowitz, a.a.O. (Anm. 150) 335.

[231] Zitiert nach Kottlorz, a.a.O. (Anm. 227) 3f.

– Schließlich hebt Meyrowitz die egalisierende Bedeutung der allgemeinen Verbreitung des Fernsehens in unterschiedlichen Bevölkerungsschichten und Altersgruppen hervor. Herkömmliche Sozialisationsstadien, die z.B. ihren Niederschlag in den geläufigen entwicklungspsychologischen Modellen finden, beginnen sich aufzulösen. Denn die Menschen unterschiedlichen Alters haben durch das Fernsehen den Zugang zu denselben Informationen.[232] Damit verliert auch die Bedeutung von Familie an Gewicht, insofern die Menschen eine Vielzahl von Informationen mit anderen Menschen außerhalb ihrer Familie teilen.[233]

Empirisch ergab sich zudem, daß „das Fernsehen den ‚Schweigeanteil' im familiären Zusammenleben" erheblich erhöhen kann. In Familien mit starkem Fernsehkonsum kommt es seltener zu „kommunikativen Lösungen anstehender Familienprobleme".[234] Allerdings lassen die entsprechenden Untersuchungen keine Rückschlüsse auf eventuelle Kausalverhältnisse zwischen hohem Fernsehkonsum und familiären Schwierigkeiten zu.

Wie bereits kurz erwähnt, weisen in letzter Zeit Medienforscher auf die grundsätzlichen Wandlungen des Fernsehens durch die Einführung von neuen Kanälen in den letzten zehn Jahren hin. Unübersehbar ist dabei die enge Verflechtung dieser Entwicklung mit der Expansion von Medienkonzernen[235] und damit der Zusammenhang zwischen Medienengagement und ökonomischen Interessen. Der im Auftrag des Bundespräsidenten erstellte „Bericht zur Lage des Fernsehens" spricht von einer grundsätzlichen Veränderung vom „Rundfunk als kulturelle(r) Veranstaltung" zum *„Rundfunk als Ware und Dienstleistung".*[236] Ein Vergleich der Programmgestaltung der letzten Jahre zeigt eine deutliche Zunahme von Unterhaltungssendungen und ein Zurücktreten von politischen Informationssendungen.[237] Diese Entwicklung ist von hoher religionspädagogischer Relevanz, wenn die – im folgenden näher dargestellte – Ansicht von Medienforschern zutrifft, daß Unterhaltung im Fernsehen wesentlich religiöse Funktionen erfüllt. Zu-

---

[232] S. Meyrowitz, a.a.O. (Anm. 150) 132.

[233] S. ebd. 284f.

[234] Hunziker, a.a.O. (Anm. 166) 92.

[235] S. zu den Anteilen der großen deutschen Medienkonzerne an den einzelnen Sendern und Printmedien die eindrucksvollen Schaubilder in: Media Perspektiven, a.a.O. (Anm. 197) 28-40.

[236] Zitiert nach Hunziker, a.a.O. (Anm. 166) 128.

[237] S. im einzelnen die Übersicht zur Programmstruktur von ARD, ZDF, RTL, SAT 1 und PRO Sieben von 1985 bis 1995 in Media Perspektiven, a.a.O. (Anm. 197) 24f.

gleich sind aber die mit dieser Programmverbreitung und -veränderung gegebenen Ambivalenzen hinsichtlich der Mediennutzung unübersehbar. Offensichtlich ziehen eher die Gebildeten und besser Situierten Gewinn aus den neuen Möglichkeiten, während am Rande der Gesellschaft Stehende und sozial Isolierte häufiger gefährdet sind, Fernsehen „rein passiv als Kompensation für nicht erfülltes Leben" zu nutzen.[238]

2.3.3. Fernsehen und Kirche bzw. Religion

Institutionell ist die Mitverantwortung der beiden großen Kirchen – wie der israelitischen Kultusgemeinden – für das Fernsehen dadurch verankert, daß sie jeweils Vertreter in die Rundfunkräte entsenden können. Inhaltlich stehen ihnen in den öffentlich-rechtlichen Anstalten bestimmte Zeiten zur Übertragung von Gottesdiensten, aber auch von anderen Sendungen zur Verfügung. Zu deren Produktion bzw. Auswahl unterhalten die Sender eigene Abteilungen. Vergleicht man diese komfortable Ausstattung an Einflußmöglichkeiten mit der tatsächlichen Wirkung der Kirchen in den Medien, tritt eine erhebliche Diskrepanz zu Tage. Hart, aber wohl zutreffend muß festgestellt werden: „Müßten die Kirchen heute ihr Medienpublikum umwerben, entschiede auch bei ihnen die Einschaltquote oder käme ihr wenigstens ein gewisses Gewicht bei, so gäbe es überhaupt keinen ‚Kirchenfunk', keine von geistlichen Redakteuren betreuten Magazine (‚Gott und die Welt') ... Die Kirchen sind ihr Medienpublikum längst los."[239] Selbst am Sonntag wird für 14% der Ostdeutschen bzw. 6% der Westdeutschen zu viel „Kirchliches" gesendet.[240] Umfragen zeigen eindeutig die „Tatsache, daß man weithin Sendungen aus dem Weg geht, die das Etikett ‚Kirche und Religion' tragen".[241]

Einen ergiebigen Zugang zur religionspädagogischen Bedeutung des Fernsehens erhält man erst, wenn man sich diesem Medium von einem allgemeineren funktionalen Religionsbegriff nähert. So stellte Johanna

---

[238] Strohm, a.a.O. (Anm. 146) 299, unter Bezug auf Forschungsergebnisse von D. Baacke.

[239] B. Sichtermann, Die Karriere des Religiösen in den Medien, in: S. v. Kortzfleisch, P. Cornehl, Hg., Medienkult – Medienkultur, Berlin u.a. 1993, 142.

[240] S. M. Buß, M. Blumers, Freizeit und Medien am Sonntag, in: Media Perspektiven 8/95, 398.

[241] Ebd. 406; vgl. K. Visarius, „Anspruch und Wirklichkeit kirchlich-religiöser Sendungen im Fernsehen", eine kritische Untersuchung im Auftrag des GEP-Fachreferates Hörfunk und Fernsehen, in: Religiöses im Fernsehen – Anspruch und Wirklichkeit, epd Dokumentation 14/89, 1-51.

Haberer – klar von der christlichen Tradition geleitet und in Aufnahme
einschlägiger soziologischer und religionswissenschaftlicher Theoriebildung
– sieben Zwecke von Religion zusammen und verglich sie mit den Funktionen des Fernsehens:

„1. Religion bietet Beheimatung in einer Lebenswelt, die ich als un-
durchschaubar, komplex und verwirrend erlebe. Sie bietet Orientierung in
der bedrohlichen Komplexität des Kosmos.

2. Religion bietet Vergewisserung auf Dauer, und zwar im persönlichen
wie im gesellschaftlichen Bereich. Sie trägt, individuell wie kollektiv, über
die Diskontinuitäten des Alltags hinweg.

3. Religion gliedert die Zeit in ritualisierte Tages- und Wochen- und
Jahreszeiten.

4. Religion verschafft das Erlebnis von Transzendenz, der Befreiung von
der Verschlossenheit des Ich, verschafft die Erfahrung von Entrückung und
Ent-Äußerung.

5. Religion vermittelt die Erfahrung des Einswerdens mit dem Unbe-
grenzten aus der individuellen Begrenzung heraus.

6. Religion personalisiert, individualisiert und benennt das Bedrohliche
und Fremde.

7. Religion schafft, beantwortet und entwickelt den Überlebensmythos
der Gesellschaft fort, die sie geschaffen hat."[242]

Es ist unübersehbar, daß die Unterhaltungssendungen des Fernsehens für
viele Menschen einen großen Teil dieser Funktionen erfüllen. Kirche erscheint zunehmend überflüssig.

Bissig fügt Haberer hinzu: „Die christliche Theologie hat dadurch, daß sie im
Raum der Kirche aufgeräumt hat mit den Mythen, dem Fernsehen mit seinen
beruhigenden, entlastenden, tröstenden Funktionen das Feld überlassen".[243]

Demnach sollte man vorsichtig mit schnellen Verurteilungen von Seri-
enproduktionen aus ästhetischer oder sonstwie hochkulturell argumentie-
render Perspektive sein. Offensichtlich empfangen viele Menschen aus diesen Sendungen Trost, Reduktion der sie sonst überfordernden Komplexität
der Wirklichkeit und nicht zuletzt auch ethische und moralische Anregun-

---

[242] J. Haberer, Die verborgene Botschaft. Fernseh-Mythen – Fernseh-Religion, in: S.
v. Kortzfleisch, P. Cornehl, Hg., Medienkult – Medienkultur, Berlin u.a. 1993,
124; vgl. auch unter Bezug auf N. Smart und F.-X. Kaufmann, G. Thomas, Die
Wiederverzauberung der Welt? Zu den religiösen Funktionen des Fernsehens, in:
P. Bubmann, P. Müller, Hg., Die Zukunft des Fernsehens. Beiträge zur Ethik der
Fernsehkultur, Stuttgart u.a. 1996, 113-139.

gen bzw. Stabilisierungen. Die Serien zielen weniger auf einen ästhetisch zu beurteilenden Genuß als vielmehr auf ein traditionell mit dem Begriff „religiös" bezeichnetes Bedürfnis.

Von dieser Interpretation her kann auch der überraschend große Publikumserfolg der Fernsehserie „Oh Gott, Herr Pfarrer" gedeutet werden, die Ende 1988 zwischen 10 und 16 Millionen Zuschauer erreichte. Diese Serie wurde nur unter dem Unterhaltungsgesichtspunkt ohne Berücksichtigung eventueller kirchlicher oder religionspädagogischer Interessen konzipiert und produziert. Als Unterhaltung hatte sie ungewöhnlichen Erfolg.

„65% aller befragten Fernsehzuschauer schätzen diese Serie besser ein als andere, ihnen bekannte Serien, nur 5% halten sie für schlechter",[244] – angesichts von damals etwa einhundert empfangbaren Serien ein herausragendes Ergebnis.

Eine Untersuchung zu dem auch für Filmemacher unerwarteten Erfolg ergab, daß die Mehrheit der Zuschauer der Annahme zustimmte, diese Serie wollte mehr „als Unterhaltung" bringen.[245] Vermutlich unterschätzten hierbei die Befragten die eben angedeuteten moralischen und religiösen Implikationen von „Unterhaltung". Von Bedeutung für die günstige Rezeption dürfte die Realitätsnähe – jedenfalls in der Einschätzung der Zuschauerinnen und Zuschauer – gewesen sein.[246]

„Sich ähnlich verhalten wie Pfarrer Wiegandt und seine Familie würden sich vor allem Angehörige höherer Bildungsschichten (79%), während Facharbeiter mit 44% und Auszubildende nur mit 35% die Verhaltensweise der Familie Wiegandt für sich selbst gültig erachten. Die Art und Weise, wie in der Familie Wiegandt und in der Gemeinde Probleme gelöst werden, findet bei den kirchlich Aktiven mit 63% wesentlich mehr Zustimmung als bei denen, die sich selbst als kirchlich passiv einstufen (45%)."[247]

Vermutlich thematisierte die Serie „Oh Gott, Herr Pfarrer" in der Person des sehr überzeugend sowohl seinem christlichen Glauben als auch seiner Zeitgenossenschaft verpflichteten Pfarrers Wiegandt das Anliegen auch der anderen Serien, indem sie sich – in für die Mehrzahl der Zuschauerinnen und Zuschauer erträglicher Dosis – anschaulich christlicher Sprache bediente. Im Gefolge der Serie kam es zu zahlreichen öffentlichen und privaten

---

[243] Haberer, a.a.O. 132.

[244] Nach: ‚Oh Gott, Herr Pfarrer'. Der Mann auf der Kanzel als Fernsehunterhaltung. Eine wissenschaftliche Untersuchung zur Rezeption der erfolgreichen Fernsehserie, epd Dokumentation 26/89, 23.

[245] Ebd. 24.

[246] S. ebd.

[247] Ebd. 27.

Diskussionen über kirchliche und religiöse Fragen. Besonders hervorgehoben wurde dabei, daß sich der Pfarrer für Obdachlose, Ausländer und Trauernde einsetzte. Wie schon anderweitig festgestellt, scheint auch hier ein nicht religionspädagogisch geplantes Angebot ungleich größere Wirkung zu haben als erzieherisch abgezweckte Sendungen des Kirchenfunks o.ä. Entscheidend ist der Lebensbezug des religiösen Inhalts. Offensichtlich kann Kirche im Fernsehen am besten in Form von Unterhaltung Menschen mit christlichen Perspektiven bekannt machen, und zwar wenn glaubwürdige Personen zu sehen sind.

Bei einer genaueren Analyse der Fernsehprogramme unter der Perspektive des eben zitierten Religionsverständnisses begegnen zunehmend *Sendungen, die unmittelbar bisher in der Kirche Praktiziertes übernehmen.* So wird in der Sendung „Traumhochzeit", jedenfalls auf dem Bildschirm, geheiratet.

„Ein Fernsehstandesbeamter spricht in dieser Sendung vor laufender Kamera die (rechtlich völlig unverbindlichen) Worte ‚Hiermit sind Sie Mann und Frau‘, und die so Angesprochenen tauschen Eheringe und fühlen sich danach ‚richtig‘ verheiratet".[248]

Noch tiefgreifender ist vielleicht das Erbe des Fernsehens auf dem Gebiet der Beichte. Während nach dem fast vollständigen Verlust dieses Ritus in den deutschen evangelischen Kirchen auch die römisch-katholische Kirche einen erheblichen Rückgang verzeichnen muß, installieren Talk-Show-Masters und andere neue Möglichkeiten zu Beichte und Absolution.

„ShowmoderatorInnen hören sich tagtäglich von ganz normalen Menschen an, daß ... man das gemeinsame Geld oder Haus verspielt und/oder vertrunken habe oder daß man die Frau und diese wiederum die eigenen Kinder mißhandelt habe. Denen, die auf diese Weise öffentlich beichten, wird in der Regel nicht nur großes Verständnis entgegengebracht, sondern sie können (äußern sie nur ein wenig Reue) der bußfreien Vergebung durch die ModeratorInnen bzw. der Eingemeindung durch Experten ... sicher sein. Öffentlich Sündiges bekennen und Vergebung erlangen kann man in Sendungen wie Verzeih mir und Nur die Liebe zählt".[249]

Schließlich übernehmen Fernsehsendungen die diakonische Tätigkeit der Kirchen. „Schreinemakers live demonstriert eindrucksvoll, daß man/frau zu Zeiten leerer Kirchen und kleiner werdender Kirchengemeinden im Falle konkreter und akuter Not besser nicht den örtlichen Pfarrer um Hilfe

---

[248] J. Reichertz, Trennung, Trost und Wunder. Formen, Praktiken und Funktion des Religiösen im Fernsehen, in: medien praktisch 4/96, 5; vgl. aus pastoralpsychologischer Sicht F.-W. Lindemann, Der alte Wunsch nach Bedeutung. Pastoralpsychologische Überlegungen zum Trauritual, in: PTh 82 (1993) 218.

[249] Reichertz, a.a.O. 5.

angeht, sondern daß es sehr viel effektiver ist, sich statt dessen in ein Fernsehstudio zu begeben, und sich von der Fernsehgemeinde helfen zu lassen."[250]

2.4. Religionspädagogische Hinweise für Fernsehen

Wie eben kurz angedeutet, gelingt es den Kirchen kaum bzw. nicht, wichtige Inhalte christlichen Glaubens in expliziter Form im wichtigsten Massenmedium unserer Zeit, dem Fernsehen, attraktiv zu plazieren. Angesichts zurückgehender kirchlicher Bindung von Familien und teilweise ausfallendem Religionsunterricht wächst aber die Notwendigkeit, Menschen die Möglichkeit einer Bekanntschaft mit christlicher Religion zu eröffnen. Dies erscheint, wenn wirklich Breitenwirkung erzielt werden soll, ohne Fernsehen nicht realisierbar. Hier gilt es, die Bemühungen der jungen Disziplin „Medienpädagogik" aufzunehmen.[251] Dabei sind religionspädagogisch sowohl die traditionellen Bemühungen um die Optimierung von Unterricht und Lernprozessen durch Medieneinsatz als auch die neueren Ansätze einer „handlungsorientierten Medienpädagogik", die die „Medienkompetenz"[252] fördern will, von Bedeutung.

Als Beispiel für einen Versuch in der ersten Richtung, der wohl nicht nur vom finanziellen Einsatz her alles bisherige für das Fernsehen an religiösen Angeboten Konzipierte in den Schatten stellt, sei auf die Verfilmung des Alten Testaments als Serie, initiiert und wesentlich durchgeführt von der Kirch-Gruppe, hingewiesen. Die hierbei bereits entstandenen Filme sind eine religionspädagogische Chance und Herausforderung sowohl für die Gemeinden als auch den schulischen Religionsunterricht. Dabei geht es vor allem um ein Ernstnehmen der medienwissenschaftlichen Einsicht, daß das

---

[250] Ebd. 9.

[251] S. zu einem ersten Überblick K.-U. Hugger, Medienpädagogik im ausgehenden 20. Jahrhundert. Theoretische Orientierungen, Ziele und neue Herausforderungen, in: Praktische Theologie 31 (1996) 279-287; s. ausführlicher B. Schorb, Medienalltag und Handeln, Opladen 1995; vgl. auch 2.2.5.

[252] „Darunter können vier Dimensionen verstanden werden: 1. das Wissen über Medien – ihre Organisations- und Angebotsformen sowie ihre Produktionsbedingungen, 2. die Fähigkeit, die Medienangebote kritisch bewerten und begründet auswählen zu können, 3. die Fähigkeit, sich über Medien zu artikulieren und damit eigene (Kommunikations-)Interessen zu verwirklichen sowie die Medien selber kreativ als Produktionsinstrumente nutzen zu können und 4. die medialen Zeichencodes und Symbole entziffern und deuten zu können." (Hugger, a.a.O. 282).

Fernsehen für die Öffentlichkeit von Themen eine Art allgemeines Hintergrundwissen schafft. Religionspädagogisch ist angesichts der wohl nicht zu hoch anzusetzenden inhaltlichen Bedeutung dieser Filme das Bemühen darauf zu richten, durch das Fernsehen Interessierten Hilfen zur weiteren Beschäftigung mit der Bibel zu geben.

Während es hier vor allem um die Rezeption vorgegebener Filme geht, soll in einem zweiten Modell das Anliegen der handlungsorientierten Medienpädagogik aufgenommen werden, für die die eigene Medienproduktion von großer Bedeutung ist. Konkret geht es um ein Projekt, in dem Kinder und Jugendliche die Möglichkeit erhalten, mit Videotechnik selbst einen „Fernsehfilm" zu drehen und sich so ein kritisches Verhältnis zu diesem Medium zu erarbeiten. Dies ermöglicht die Kritik des Fernsehens als eines Religionsersatzes, insofern die eigene Produktion eines Films das fertige Produkt entzaubert. Religionspädagogisch geht es hier also um christliche Religionskritik.

2.4.1. Das Alte Testament – verfilmt für das Fernsehen

Die Kirch-Gruppe verfilmt in Verbindung mit der Firma LUX des italienischen Filmmanagers E. Bernabei und der US-amerikanischen TURNER NETWORK nach langen Vorplanungen seit 1993 das Alte Testament in 21 Folgen à 90 Minuten. 1993 wurden „Abraham" (2 Teile) und „Genesis – Die Schöpfung", 1994 „Jakob" und „Josef" (2 Teile) sowie 1995 „Moses" (2 Teile) fertiggestellt.

„Die restlichen Folgen der Reihe sind den übrigen Büchern des Alten Testaments gewidmet, soweit sie für eine filmische Nacherzählung in Frage kommen: einige der Richtergestalten (Debora, Simson), die großen Könige Saul, David und Salomo sowie die bedeutenden unter den Propheten, insbesondere Elija, Jesaja sowie Jeremia, unter dem mit der Zerstörung Jerusalems das Babylonische Exil beginnt. Den Abschluß der Serie bilden die Bücher Daniel, Ester, Ijob und Jona sowie die Berichte über die Rückkehr der Juden aus dem Exil unter Esra und Nehemia."[253]

Dem Projekt liegt die wohl unbestreitbare Einsicht zu Grunde: „Einer unmittelbaren, spontanen Bibellektüre bereitet ... das Alte Testament durch seine archaische Sprache und die Fremdheit seiner Lebensumstände über weite Strecken hin große Schwierigkeiten. Für ein Verständnis ohne das Studium gelehrter Kommentare fehlen dem heutigen Leser weitgehend die

---

[253] H. Krauss, Vom Buch zum Film. Die Genese des Projekts (Chronologie, Konzeption, Filme), in: M. Kress, W. Luley, Hg., DIE BIBEL: Das Alte Testament und seine filmischen Umsetzungen. Materialien und Arbeitshilfen Bd. 1, München u.a. 1995, 16.

Voraussetzungen".[254] In dieser Situation wollen die Filme an frühere Traditionen, etwa die der Mysterienspiele, der Oratorien in der Barockzeit oder der Malereien der mittelalterlichen biblia pauperum anknüpfen.[255]

Soweit die Filme bisher im Fernsehen ausgestrahlt wurden – in Deutschland im Fernsehprogramm hoher kirchlicher Feiertage –, hatten sie beachtliche Einschaltquoten. Offensichtlich stößt diese Bibelverfilmung auf das Interesse des breiten Publikums. Dazu dürfte die große Zahl internationaler Stars, die als Schauspielerinnen und Schauspieler verpflichtet wurden, nicht unwesentlich beitragen.[256] Die Ausstattung der Filme erreicht durchweg das Niveau anderer Fernsehfilme bzw. übertrifft diese sogar. Schon von diesen Voraussetzungen her scheint es religionspädagogisch angezeigt, eine mögliche Verwendung dieser Filme zu überprüfen. Bevor hier auf methodische Fragen eingegangen werden kann, ist aber noch die theologische Angemessenheit zu klären.

Hier kam es schon in unmittelbarem Anschluß an die Fertigstellung und Ausstrahlung der ersten Filme zu einer Diskussion, in der auch deutlich kritische Vorbehalte geltend gemacht wurden.

Dabei wird im folgenden die Verfilmung der Schöpfungs- und Urgeschichte bis zum zweiten Bundesschluß nach der Sintflut durch Ermanno Olmi ausgenommen. Dieser Teil unterscheidet sich in mehrfacher Weise von den anderen Filmen. Denn er stellt den biblischen Text in Gestalt der Erzählung eines alten Mannes sowie einer Bild-Erzählung mit den Augen eines Kindes vor, die beide mit Lichtern und Tönen die Welt entdecken; dazu finden sich im weiteren Film kurze Einblendungen heutiger Ereignisse, nämlich bei der Visualisierung der menschlichen Sünde. Die künstlerische Qualität dieses Films ist allgemein unbestritten, doch erscheint fraglich, ob eine solche Bearbeitung attraktiv für ein breites Publikum ist.[257]

Neben grundsätzlichen Zweifeln, ob überhaupt eine Verfilmung der Bibel zulässig ist, wird dem Projekt eine zu einlinige Interpretation der biblischen Geschichten vorgeworfen. Polemisch spricht z.B. M. Hestermann

---

[254] Ebd. 17.

[255] S. ebd. 17f.

[256] P. Hasenberg, Allgemeine filmästhetische Überlegungen zur Bibelreihe im Kontext traditioneller Bibelverfilmungen, in: W. Zahner, Hg., DIE BIBEL: Das Alte Testament – Die Filme: Genesis – Die Schöpfung, Abraham, Jakob, Josef. Materialien und Arbeitshilfen Bd. 2, München u.a. 1995, 37, bemerkt gewiß zu Recht: „Die Trumpfkarten der Reihe sind ... ohne Zweifel die Schauspieler."

[257] S. genauer die Kurzbeschreibung von H. Gerhold, Genesis – Die Schöpfung, in: W. Zahner, Hg., DIE BIBEL. Die Filme: Genesis – Die Schöpfung, Abraham, Jakob, Josef. Materialien und Arbeitshilfen Bd. 2, München u.a. 1995, 42-51.

von einer „hermeneutischen Einheitssoße".[258] Interessant ist bei genauerem Studium der einzelnen Kritiken[259], daß ihre Argumente fast ausschließlich theologischer Herkunft sind.

> Typisch ist z.B. die Mahnung, „die unterschiedlichen Botschaften der biblischen Erzählkomplexe nicht allzusehr zu vereinfachen und auf einen – noch dazu zweifelhaften – Nenner zu bringen. Gerade die faszinierende Vielfalt der Bibel und ihrer Traditionen, die je auf neue und eigene Weise von Gottes Handeln sprechen, darf bei einer Verfilmung nicht verloren gehen."[260]

Hier wird die durch eingehende Lektüre und historisch-kritische Methodik gewonnene differenzierte Sicht der Bibel der vermeintlich platten Verfilmung entgegengesetzt. Das Medium Film ist dem Medium Buch an Differenzierungsfähigkeit unterlegen. Deshalb laufen solche Einwände – trotz gegenteiliger Beteuerungen – letztlich auf eine grundsätzliche Ablehnung von Bibelverfilmungen hinaus. Doch sind sie – religionspädagogisch bedacht – höchst einseitig. Denn sie bekommen die Situation der potentiellen Rezipienten nicht in den Blick. Angesichts der geringen Bibelkenntnisse[261] und der Tatsache, daß ein erheblicher Teil der Bevölkerung keine (so dicken) Bücher liest, geht es bei Bibelfilmen primär um die Ermöglichung einer Erstbegegnung mit biblischen Themen und Stoffen. Hierbei ist vor allem Anschaulichkeit notwendig – und das ist zweifellos die Stärke des Mediums Film gegenüber dem Buch.

Th. Strohm spitzt diese Differenz kulturtheoretisch zu: „Das Zeitalter der abstrahierenden Lese- und Bildungskultur brachte eine spezifische Distanzierung von der realen Welt der Dinge und des Alltagsgeschehens mit sich. Sie wirkte sich aus als ‚Vertreibung des Mythos‘, der Menschheitsmythen durch ‚Entmythologisierung‘. Sie verdrängte die mündliche Überlieferung und den freien zwischenmenschlichen Diskurs und die Welterfahrung aus der unmittelbaren Anschauung der zyklischen Abläufe des Lebens. Demgegenüber belebt ... das ‚Optische Zeitalter‘ Erfahrungen, die beispielsweise in der mittelalterlichen Welt durch die reiche Bildersprache der Reli-

---

[258] M. Hestermann, Die Kirch-Bibel. Bibelschinken oder ernstzunehmende Verfilmung?, in: medien praktisch 1/97, 60.

[259] Besonders schroff K. Hickethier, Bibel im TV-Movie-Format, in: medien praktisch 2/96, 47-51.

[260] Hestermann, a.a.O. (Anm. 258) 60; besonders kraß kommt diese Argumentationsstruktur zum Ausdruck, wenn der Deutung des Abrahams die Übernahme einer Interpretation vorgehalten wird, „die sich in der Sicht des Deuteronomiums herausbildete" (ebd. 58 unter Bezug auf Kuschel).

[261] S. die entsprechenden Befunde kurz aufnehmend und praktisch-theologisch interpretierend Chr. Grethlein, Modernes Leben mit der Bibel, in: BThZ 14 (1997) H. 2.

gion und durch die gebaute und in der Malerei abgebildete Wirklichkeit immer schon eine zentrale Rolle spielten."[262]

Dabei sind angesichts der Fülle des verarbeiteten Materials und der Vielschichtigkeit des historisch-kritisch reflektierten Entstehungsprozesses Vereinfachungen notwendig. Gerade wenn man bedenkt, daß die Bibel in den ersten Jahrhunderten, ja fast bis ins letzte Jahrhundert hinein für die meisten Christen ein personales Medium war – nämlich vom Priester verlesenes (oder gesungenes) Wort im Gottesdienst –, gewinnt der vorliegende Versuch an Gewicht. Denn durch die schauspielerisch unbestritten guten Leistungen bekommen die Zuschauerinnen und Zuschauer Identifikationsangebote, die eine persönliche Auseinandersetzung mit den Inhalten stimulieren. Vielleicht gelingt es sogar manchen Szenen, die bestehenden Realitäten für das Handeln Gottes „transparent werden" zu lassen oder sie darauf hin zu „dynamisieren".[263]

Methodisch liegen erste Handreichungen vor,[264] die aber zu wenig die verschiedenen, durch die Filme eröffneten Lernmöglichkeiten in Familie, Schule und Gemeinde berücksichtigen.

Die Tatsache, daß die Filme an hohen Feiertagen ausgestrahlt werden, läßt vermuten, daß sie wenigstens teilweise von Familien gemeinsam angesehen werden. Mir ist keine Untersuchung bekannt, inwiefern es dabei – etwa im Anschluß an den Film – zu Gesprächen kommt. Allerdings liegt es – entsprechend den in 2.3.2. skizzierten allgemeinen medientheoretischen Überlegungen – nahe, daß das Sehen der Bibelfilme in der Familie einen gewissen Beitrag zum gemeinsamen Hintergrundwissen liefert,[265] das für die Bewältigung des Alltags von nicht unterschätzbarer Bedeutung sein dürfte.

---

[262] Strohm, a.a.O. (Anm. 146) 297.

[263] H. Schmidt, Transparenz für das Reich Gottes. Religionspädagogische Erwägungen zu einer Ethik der Fernsehkultur, in: P. Bubmann, P. Müller, Hg., Die Zukunft des Fernsehens, Stuttgart u.a. 1996, 150, der diese Begriffe bei der medienbezogenen Bestimmung des Verständnisses von „authentischer Öffentlichkeit bzw. Wirklichkeit" verbunden mit „Reich Gottes" gebraucht.

[264] S. die Vorschläge zu „Abraham", „Jakob" und „Joseph" von K. Henning in: W. Zahner, Hg., DIE BIBEL. Genesis – Die Schöpfung, Abraham, Jakob, Josef. Materialien und Arbeitshilfen Bd. 2, München u.a. 1995, 70-73, 89-92, 107-109; s. zu „Moses" die Vorschläge von K. Henning, E. Bartsch in: W. Zahner, Hg., DIE BIBEL: Das Alte Testament – Die Filme: Moses. Materialien und Arbeitshilfen Bd. 3, München u.a. 1996, 63-85.

[265] Vgl. hierzu grundsätzlich die Agenda-Setting-Theorie, also die Medientheorie, die die Fähigkeit der Massenmedien untersucht, Themen aufzubringen und zu verbreiten (s. zum ersten Überblick R. Ehlers, Themenstrukturierung durch Massenmedien, in: Publizistik 28 (1983) 166-186).

Hier kann eine Fernseh-Serie zweifellos mehr leisten als ein einzelner Kino-Film.

„Im Fernsehen sind die Serien ... deshalb wichtig, weil eigentlich nur sie als Fernsehereignisse vom Publikum wirklich wahrgenommen werden. Die Leute schauen sich weitgehend Serien oder serienartige Produkte an, weil sie dann ungefähr wissen, was sie erwartet. Ein einzelner Film verschwindet sehr leicht; wenn wir dagegen jetzt 20mal 90 Minuten machen, und dies über Jahre hin, wird die Bibel ganz anders im Bewußtsein der Zuschauer sein als ein einziger Bibelfilm, der im Fernsehen läuft; selbst, wenn er eine gute Zuschauerquote hat, verschwindet er im übrigen Programm."[266]

Verstärkt und für die Reflexion geöffnet werden könnte das Sehen der Bibelfilme durch Bearbeitung der Filme an den Lernorten Schule und Gemeinde. Auf Grund der Länge und Komplexität der Filme bieten sich für gemeindliche Bildungsarbeit Veranstaltungen etwa in Form von Wochenendseminaren an, die Raum für eine kreative Begegnung und Aneignung der im Film präsentierten Aussagen und Erfahrungen geben. In dem kurzen Stundentakt des schulischen Religionsunterrichts wird es dagegen nur möglich sein, einzelne Sequenzen von höchstens zehn bis fünfzehn Minuten Länge anzusehen und zu analysieren. Dabei stellt sich jeweils die grundsätzliche didaktische Frage, inwieweit die Filme in ihrem eigenen Gewicht zum Tragen kommen bzw. ob sie eher als Hinführungen zur Beschäftigung mit dem Buchtext Verwendung finden sollen. Eine konkrete Entscheidung ist nur für die jeweilige Lerngruppe möglich, wobei nicht zuletzt die Lesefertigkeit der Schülergruppe berücksichtigt werden muß.

Es fällt z.B. auf, daß die bisherigen Kritiken an den Filmen völlig die durch sie gegebenen Möglichkeiten im Bereich der Hauptschulen und bestimmter Sonderschulen ausblenden.

So bieten die bereits vorliegenden und wohl auch die noch ausstehenden Filme dieses großen Projektes eine Chance, in einer durch das Fernsehen mitgeprägten Gesellschaft vielen Menschen, die keinen Zugang zur Bibel als Buch oder zur Gemeinde haben, eine Grundvorstellung biblischer Motive und Einsichten zu präsentieren. Dies für die Lernorte Gemeinde und Schule angemessen zu begreifen, dürfte für eine adressatenorientierte Religionspädagogik eine wichtige didaktische Aufgabe der nächsten Jahre sein.

2.4.2. Video-Projekt für Jugendliche

Das im folgenden vorgestellte Projekt initiierte das Jugendamt Wuppertal, ist also keine kirchliche Veranstaltung. Es bietet sich aber auch für Kirchen-

---

[266] Die Bibel – das Buch zum Film. Ein Interview mit Dr. Heinrich Krauss. Taurus-Film GmbH & Co (geführt von I. Baldermann), in JBTh 11 (1996) 215.

gemeinden an, die die religiöse Funktion der Videos erkannt haben und offene Jugendarbeit betreiben; ebenso bietet es Anregungen für Projekttage in Schulen oder Veranstaltungen der Erwachsenenbildung. In einem religionspädagogisch verantworteten Kontext ist es ein wesentliches Ziel solch eines Angebots, zur Entzauberung des Mediums Fernsehen beizutragen, es hat also eine religionskritische Funktion.

Jährlich veranstaltet das Jugendamt Wuppertal seit 1989 die Video-Aktionswoche „Clip it": „Kinder und Jugendliche (Alter 4 bis 26 Jahre) produzieren in dieser Woche Kurz-Videoclips von höchstens einer Minute Länge zu einem vorgegebenen Thema. Die Teilnehmergröße bewegt sich von zwei bis zwanzig Personen. ... Innerhalb relativ kurzer Zeit (zwischen drei und sechs Stunden an einem Tag dieser Woche) sollen Kinder und Jugendliche mit oder ohne Vorkenntnisse unter Anleitung (soweit notwendig) von der Idee und dem Drehplan über die Bildgestaltung und die Arbeit mit der Videokamera zum Schnitt und damit vorzeigbaren Produkt geführt werden."[267]

Wichtige Voraussetzungen für dieses Projekt sind:
– Jedes Jahr wird ein Thema für die Produktionen vorgegeben.

Solche Themen waren z.B. „Sexualität", „Gewalt", „Rassismus/Rechtsextremismus", „schwarz/weiß", „Grenzenlos".

– Jede Gruppe bekommt einen Camcorder mit Mikrophon und Stativ zur Verfügung gestellt; dazu erhält sie Zugang zu einem Schnittplatz.
– Bei den Mitarbeiterinnen und Mitarbeitern ist primär die filmische Qualifikation, weniger die pädagogische wichtig.
– Es wird die Möglichkeit zur Präsentation der Ergebnisse in der Öffentlichkeit (Kino, Fußgängerzone, Jugendtreffs) gegeben. Diese findet möglichst bald im Anschluß an die Produktion der Videos statt.

Bei diesem Projekt steht – das zeigt sich deutlich bei der Auswahl der Mitarbeiter und Mitarbeiterinnen – die Auseinandersetzung mit dem Medium im Vordergrund, und zwar in einer produkt- und nicht prozeßorientierten Weise.[268] Denn die Videofilme wirken als fertige Produkte. Allerdings vollzieht sich der religionspädagogisch wertvolle Lernprozeß während der Herstellung der Video-Clips. Hier decken die Kinder und Jugend-

---

[267] Begleitheft zum Videoband „Tod – eine Zusammenstellung exemplarischer themenzentrierter Jugendvideoproduktionen", hg. von Medienprojekt des Jugendamtes Wuppertal, A. von Hören, Wuppertal ²1994, 7.

[268] Vgl. zu den Gefahren einer religionspädagogisch konzeptionellen Überfrachtung eines solchen Video-Projektes Chr. Grethlein, Gemeindepädagogik, Berlin u.a. 1994, 250f.

lichen jedenfalls ansatzweise deren Produktionsweisen auf und gewinnen durch das hierbei erworbene Wissen die Möglichkeit zur Distanzierung von Filmen. Die schon von Johannes v. Damaskus in der kirchlichen Bilderdebatte ausgearbeitete Forderung nach einer Differenzierung zwischen Bild als Repräsentation von Wirklichkeit[269] und dieser selbst wird hier für die Film-Religion eingelöst.

Religionspädagogisch bedeutungsvoll ist auch, daß die Präsentation der Videos in der Öffentlichkeit Kommunikation zwischen den Generationen ermöglicht. Jugendliche können hier auf einem Gebiet, in dem sie den meisten Erwachsenen überlegen sind, eigene Vorstellungen präsentieren und regen zur Auseinandersetzung an. Wird ein solches Projekt in einer Kirchengemeinde durchgeführt, wäre auf eine angemessene Vorbereitung der Erwachsenen, im Interesse der Verbindung der verschiedenen Lernorte besonders der Eltern und Lehrerinnen und Lehrer, für eine solche Diskussion zu achten. Vorurteile gegen audiovisuelle Medien o.ä. müssen abgebaut werden, damit es zu einer fruchtbaren Auseinandersetzung kommen kann. Ein thematischer Gottesdienst, in dem ausgewählte Video-Clips der Gemeinde präsentiert und vom Evangelium her gedeutet werden, könnte ein guter, die verschiedenen Lernorte verbindender Abschluß eines solchen Video-Projekts in der Gemeinde sein.

3. Schule

3.1. Zur näheren Bestimmung von Schule

Auch beim Thema Schule ist eine genauere Begriffsreflexion unerläßlich. Denn jeder Leser und jede Leserin hat hier Primärerfahrungen und dementsprechend eigene höchst partikulare Vorstellungen. Häufig prägen bei Menschen mit akademischem Abschluß die Gymnasialjahre die eigene Anschauung von Schule. Da auch die Mehrzahl religionspädagogischer Arbeiten und Beiträge zum Religionsunterricht implizit gymnasiale Verhältnisse im Blick hat – die meisten religionspädagogisch Publizierenden besuchten nicht nur als Schülerinnen und Schüler ein Gymnasium, sondern sammelten in dieser Schulform auch ihre Lehrerfahrungen[270] – und hier die Gefahr einer einseitigen Sicht von Schule besteht, ist ein näheres Hinsehen unerläßlich.

---

[269] S. 2.2.1.

[270] Dies hängt mit der traditionellen Nähe der Gymnasiallehrer(innen)- und Hochschullehrer(innen)-Karriere zusammen. Insofern sind die kurz skizzierten Berufsbiographien von K.E. Nipkow (s. 1. Kap. 4.3.1.) und G.R. Schmidt (s. 1. Kap. 4.3.3.) durchaus typisch für viele religionspädagogische Professoren.

Schulen als „Institutionen der gesellschaftlich kontrollierten und veranstalteten" Erziehung und Sozialisation[271] sind in mehrfacher Hinsicht vielgestaltig:

– Sie umfassen Kinder unterschiedlichen Alters, von sechsjährigen Schülerinnen und Schülern bis zu jungen Erwachsenen;

– sie sind verschieden groß, reichen von der vierklassigen Grundschule bis zur weit über tausend Schülerinnen und Schüler umfassenden Gesamtschule;

– sie sind je nach Schulart ausgerichtet, von der Sonderschule für Geistigbehinderte mit ihrer starken Orientierung an lebenspraktischen Elementaria bis zur gymnasialen Oberstufe mit ihrer kognitiven Wissenschaftsorientierung;

– sie werden durch sehr unterschiedliche Umgebungen geprägt, von der Schule in einer ostdeutschen Mittelstadt, die fast nur Deutsche besuchen, bis zu Schulen in westdeutschen Großstädten, in denen Kinder mit deutscher Muttersprache in der Minderheit sind bzw. – für den Religionsunterricht ebenso bedeutungsvoll – von Schulen in noch eindeutig konfessionell geprägten Gegenden etwa Bayerns bis zu Schulen in ostdeutschen Großstädten mit fast nur atheistisch erzogenen Kindern und Jugendlichen sowie Lehrerinnen und Lehrern;

– sie sind zwar meist in staatlicher oder städtischer Trägerschaft, doch nehmen die Schulen in privater Trägerschaft zu.

Die hier nur an wenigen unmittelbar einsichtigen Beispielen angedeutete *Pluriformität von Schule* führt notgedrungen zu einer Unschärfe bei der Verwendung des Wortes „Schule". Diese Einsicht kann davor bewahren, unreflektiert in einer bestimmten Schulform unter gewissen Bedingungen gemachte Erfahrungen und vielleicht daraus erschlossene Konzeptionen auf „Schule" hin zu generalisieren.

G. Büttner weist z.B. für die Religionsdidaktik überzeugend darauf hin, daß die Unterschiedlichkeit der symboldidaktischen Konzeptionen von P. Biehl und H. Halbfas auch dadurch erklärt werden kann, daß sie verschiedene Altersgruppen von Schülerinnen und Schüler und damit verschiedene Schularten im Blick haben.[272] Biehls Beispiele stammen zum größten Teil aus dem Bereich von Sekundarstufe 1 und 2,[273] Halbfas bemüht sich demgegenüber vor allem um die Grundschule[274] –

---

[271] Vgl. H. Fend, Theorie der Schule, München u.a. ²1981, 2.

[272] S. G. Büttner, Zwischen Halbfas und Biehl. Diskussionsbeiträge zur Symboldidaktik, in: EvErz 46 (1994) 63f.

[273] S. die Beispiele in P. Biehl u.a., Symbole geben zu lernen. Einführung in die Symboldidaktik anhand der Symbole Hand, Haus und Weg, Neukirchen-Vluyn

und neuerdings Sonderschule[275]. Auch der Übergang vom Konzept der Evangelischen Unterweisung zu dem des sog. Hermeneutischen Religionsunterrichts könnte so erklärt werden. Die Evangelische Unterweisung richtete sich vornehmlich an die (damalige) Volksschule, der hermeneutische Ansatz an das Gymnasium.[276]

Dazu kommt der Umbruch in der öffentlichen Schule, der sich in Reformversuchen äußert, die in den einzelnen Schulen unterschiedlich vorangetrieben werden und zu einer Pluriformität der einzelnen Schulen in didaktischer und methodischer Hinsicht führen.

Zwar ist es nicht möglich, im weiteren den hier genannten Differenzierungen des Schulverständnisses präzise zu folgen – für eine ausgeführte Religionsdidaktik wäre dies unerläßlich –, doch soll immer wieder auf den jeweiligen Entdeckungszusammenhang der einzelnen Beobachtungen und Erkenntnisse bzw. Vorschläge verwiesen werden.

3.2. Zur geschichtlichen Entwicklung von Schule bzw. schulischer religiöser Bildung

Zum einen ist kurz der Einsatz beim mittelalterlichen Schulwesen zu begründen. Er folgt aus der Tatsache, daß es in der Antike, auch im 4./5. Jahrhundert zu keiner Herausbildung eines eigenen christlichen Schulwesens kam. Die heidnisch geprägte „Paideia"[277] bestand weiter und auch das ihr verbundene antike Schulwesen.[278]

1989, und ders. u.a., Symbole geben zu lernen II. Zum Beispiel: Brot, Wasser und Kreuz. Beiträge zur Symbol- und Sakramentendidaktik, Neukirchen-Vluyn 1993.

[274] S. die Schul- und Lehrerhandbücher von H. Halbfas, die er zuerst für die Grundschule erstellte.

[275] S. z.B. H. Halbfas, Die Allgemeingültigkeit der Sonderpädagogik, in: G. Adam, A. Pithan, Hg., Wege religiöser Kommunikation. Kreative Ansätze der Arbeit mit behinderten Menschen, Münster 1990, 185-208.

[276] S. zu diesen beiden Konzeptionen 1. Kap. 3.2. bis 3.2.6. bzw. 4.2.1.

[277] S. nach wie vor grundlegend W. Jaeger, Das frühe Christentum und die griechische Bildung, Berlin 1963; zum ersten Überblick s. E. Paul, Geschichte der christlichen Erziehung Bd. 1. Antike und Mittelalter, Freiburg u.a. 1993, 15-28; vgl. auch zum christlichen „Paideia"-Verständnis W.-D. Hauschildt, Erziehung und Bildung als theologisches Problem der frühen Christenheit, in: W. Baier, Hg., Weisheit Gottes, Weisheit der Welt. FS J. Ratzinger, St. Ottilien 1987, 615-635.

[278] S. H.I. Marrou, Geschichte der Erziehung im klassischen Altertum, München 1977 (franz. 1948).

Anschaulich macht der berühmte „Bienenvergleich" deutlich, wie Christen diese Situation deuteten: „Wie die Biene aus den Blüten den Honig saugt, so benütze der Christ die heidnische Literatur: Die Biene wählt die Blüten aus, ja, selbst von den ausgewählten nimmt sie nicht alles; allein das Nützliche trägt sie heim."[279]

Daneben bildete sich – ohne erkennbare Verbindung – das auf die Taufe bezogene Katechumenat als gemeindliche Institution. Hierbei waren aber Erwachsene, nicht Kinder im Blick.[280] Dieser Unterricht wird bei den Überlegungen zum Lernort Gemeinde dargestellt.[281]

Zum anderen ist bei der folgenden religionspädagogisch interessierten Skizze der Entwicklung von Schule auf einen sachlichen Sprung etwa zu Beginn des 19. Jahrhunderts hinzuweisen. Bis zu dieser Zeit war Schule in Deutschland selbstverständlich eine kirchliche Institution, sowohl in inhaltlicher als auch weithin in organisatorischer Hinsicht. Zwar zeigt näheres Hinsehen, daß sich wichtige Fundamente dieser Konstruktion von Schule bereits ab der Reformation zu verändern bzw. aufzulösen begannen; doch dauerte es noch lange und bedurfte weiterer Entwicklungen auf geistigem und staatlichem Gebiet, ehe entsprechende Veränderungen sich auf die schulische Praxis spürbar auszuwirken begannen. Für die vorliegende Darstellung bedeutet dies, daß ab der Mitte bzw. dem Ende des 19. Jahrhunderts die Rekonstruktion allgemeiner Schulentwicklung hinter die Beschäftigung mit dem Religionsunterricht zurücktritt.

Allerdings ist dies nur eine Akzentverschiebung. Denn der Religionsunterricht und seine Konzeptionen sind untrennbar mit Theorie und Wirklichkeit der jeweiligen Schule verknüpft.

3.2.1. Kirche als Ursprung der Schule

Die tiefen Umbrüche im Zuge des Zusammenbruchs des (west)römischen Reichs und der Etablierung germanischer Machthaber veränderten die Situation institutionalisierter Erziehung vollständig. Zwar prägte die antike heidnische Wissenschaft schon formal in Gestalt der „septem artes" die mittelalterlichen Bildungsbemühungen[282], doch bestimmte die Kirche die Organisation des Schulwesens weit über tausend Jahre.

---

[279] Diese Paraphrase der hier von Basilius d. Gr. rezipierten Argumentationsfigur folgt Paul, a.a.O. (Anm. 277) 19; vgl. ebd. 20 den Hinweis auf die augustinische Vermittlung von philosophischer und christlicher Weisheit.

[280] S. zur christlichen Sicht vom Kind in der Antike knapp ebd. 32-34.

[281] S. 4.2.1.

[282] S. hierzu vor allem die Enzyklopädie des Martianus Capella (5. Jahrhundert) „De nuptiis Philologiae et Mercurii".

Zu Recht konstatiert Ernst Christian Helmreich: „Die Geschichte des deutschen Schulwesens – wie auch diejenige Westeuropas überhaupt – wurzelt in der Geschichte der christlichen Kirche."[283] Dabei erfolgte der Beginn in Form der *Klosterschulen* ungeplant. Gerade die Mönche polemisierten am heftigsten gegen die heidnische Bildung. Sie setzten ihre – asketische – Lebensform dagegen. Doch stellte die bereits früh nachweisbare, biblisch wohl durch das Vorbild Samuels (I Sam 1) legitimierte Sitte der „pueri oblati", also der „Darbringung" von Kindern in die Obhut eines Klosters, die Mönche vor die Notwendigkeit, erzieherisch tätig zu werden.

Soweit ersichtlich war diese Sitte der „Darbringung", religionsgeschichtlich gesehen eine Art Opferung des Kindes bzw. dessen Gottweihung, durchaus umstritten. Auf der einen Seite wurde durch bestimmte Altersgrenzen[284] versucht, die Freiwilligkeit der Entscheidung für ein monastisches Leben zu wahren. Auf der anderen Seite galt eine Oblation als unwiderruflich.[285]

Langsam bildeten sich – vornehmlich in Klöstern, die der Benediktus-Regel folgten – bisherige Lebensformen, die der Persönlichkeitsbildung von Erwachsenen, eben der Mönche, dienen sollten, zu Maßnahmen um, die einer schulischen Erziehungsweise nahekamen. Durch die Notwendigkeit von Erziehern, die den kindlichen Zöglingen gegenüberstanden, wandelte sich das gemeinsame Leben zu einer primär pädagogisch bestimmten Beziehung. Lange Zeit gingen aber in den Klosterschulen – strukturell eine wesentliche Problemstelle moderner Religionspädagogik markierend[286] – schulisches Lernen und gemeinsames Leben ineinander über.

„Studium und Lehre dienten in erster Linie der Sicherung all dessen, was dem spirituellen Ziel und der Feier der Liturgie die Basis bot. Dies umfaßte die Kenntnis der Schrift, der liturgischen Bücher, der Schriften der Väter. Die Einhaltung des

---

[283] E.Chr. Helmreich, Religionsunterricht in Deutschland. Von den Klosterschulen bis heute, Hamburg u.a. 1966 (am. 1959) 17. Vgl. zu diesem gesamten Abschnitt die sehr gut die geschichtliche Entwicklung von Schule illustrierenden Abbildungen in: H. Schiffler, R. Winkeler, Tausend Jahre Schule. Eine Kulturgeschichte des Lernens in Bildern, Stuttgart u.a. ⁴1994.

[284] „Caesarius von Arles (gest. 542) etwa erlaubt die Aufnahme von Kindern erst im Alter von sechs oder sieben Jahren, weil sie jetzt erst Lesen und Schreiben lernen können und zum Gehorsam fähig sind. Die Aufnahme von Kindern nur zum Zwecke der Erziehung und Unterweisung, solcher also, die nicht im Kloster bleiben sollen, lehnt er ganz ab. Aurelian von Arles (gest. 551?) nennt als Mindestalter der Aufnahme von Oblaten sogar zehn oder zwölf Jahre, weil jetzt Schuldfähigkeit gegeben sei." (Paul, a.a.O. (Anm. 277) 120).

[285] S. ebd. 119 unter Hinweis auf die Regula Benedicti.

[286] S. vor allem die „Religionspädagogik" von N. Mette (s. hierzu 1. Kap. 4.3.4.).

Festkreises verlangte Kalenderberechnungen. Das Schriftgut war in lateinischer Sprache verfaßt und wurde in dieser unterrichtet."[287]

Besondere Bedeutung bekamen – und dies verdient nicht zuletzt wegen aktueller bibeldidaktischer Bemühungen[288] Interesse – dabei die *Psalmen*. Sie prägten die Gebetskultur der Klöster und wurden schon früh in ihrem katechetischen Wert erkannt.[289]

Athanasius z.B. klassifizierte die Psalmen nach möglicher Verwendungsart, wobei er die einzelnen Psalmen bestimmten katechetischen Topoi zuordnete.[290]

Bis ins späte Mittelalter hinein wurde – auch außerhalb der Klosterschulen – in der Schule mit dem Lernen der Psalmen begonnen,[291] was zugleich eine Sprachschulung war. Vor allem in der Erziehung von Mädchen scheinen die Psalmen eine große Rolle gespielt zu haben.[292]

Schon bald besuchten auch Kinder, die nicht Mönche werden sollten, die Klosterschulen, und an Domen wurden Schulen, sog. Domschulen, gegründet. Sie „hatten im großen und ganzen denselben Stundenplan wie die Klosterschulen und wurden ebenso ... von weltlichen Scholaren besucht."[293] 789 ordnete Karl d. Gr. in einem Kapitular an, daß in seinem Reich alle Klöster und Domkapitel Schulen errichteten, zu denen auch Nichtkleriker Zugang erhalten sollten. Zwar war dies nicht flächendeckend durchzusetzen, unterstrich aber die Bedeutung von Schulen. Im Laufe der Zeit entstanden zudem an Kirchen und in Kirchengemeinden Schulen. Sie waren in ihrem Lehrplan ebenfalls religiös ausgerichtet, was angesichts der lateinischen Bibel als Hauptunterrichtsgegenstand zugleich eine intensive philologische Schulung in Latein einschloß.

Das Wachstum der Städte und deren Prosperieren führten dazu, daß die Bürgerschaften – oft in Auseinandersetzung mit Bischöfen oder Äbten bzw.

---

[287] K. Erlinghagen, Die Säkularisierung der deutschen Schule, Hannover u.a. 1972, 19f.

[288] S. z.B. I. Baldermanns Rückgriff auf die Psalmen als Versuch, Kindern Sprache für ihre Ängste und Freuden zu geben.

[289] S. den interessanten Exkurs „Die Psalmen im Kontext von Sozialisation und Erziehung" bei Paul, a.a.O. (Anm. 277) 129-142.

[290] S. H.-J. Sieben, Athanasius über den Psalter. Analyse eines Briefes an Marcellinus, in: ThPh 48 (1973) 157-173.

[291] S. Paul, a.a.O. (Anm. 277) 137.

[292] S. ebd. 139-142 den Exkurs „Die Mädchen/Frauen und die Psalmen".

[293] Helmreich, a.a.O. (Anm. 283) 19.

deren Schulvertretern[294] – Schulen eröffneten, die sog. Lateinschulen, wobei sich hinter diesem Begriff durchaus Unterschiedliches verbarg.[295] Inhaltlich blieben die Schwerpunkte gleich, doch wurden sie zunehmend von zukünftigen Verwaltungs- und Geschäftsleuten besucht.

„Auch unter dem Einfluß von Humanismus und Renaissance ändern sich die religiösen Inhalte kaum, denn einmal werden hier die üblichen Texte weiterverwendet, zum andern bewegen sich die neuen, vielleicht abgesehen von einer gewissen Konzentration auf das Wesentliche, in deren Rahmen. Das Institutum hominis christiani (vor 1514) des Erasmus von Rotterdam (gest. 1536) etwa enthält Symbolum, sieben Sakramente, Tugend- und Sündenlehre (hier die sieben Hauptsünden), Ermahnungen zu einem christlichen Leben, Tod."[296]

Daneben entstand im 14. Jahrhundert noch ein anderer Typ der Stadtschulen, die sog. Lese- und Schreibschulen bzw. Deutschen Schulen. Sie unterschieden sich von den vorher genannten Schularten vor allem durch den fehlenden Lateinunterricht. Das bedeutete zugleich eine andere inhaltliche Ausrichtung. So wurde in diesen Schulen z.B. das Lesen nicht mehr anhand von Psalmen, sondern von kaufmännischen Texten gelernt.[297]

Alle diese Schulen prägte ein enger Bezug zum kirchlichen Leben, der sich nicht zuletzt an der selbstverständlichen *Teilnahme der Schüler mit ihrem Lehrer an Gottesdiensten* zeigte. Eugen Paul konstatiert deshalb wohl zu Recht, „die Schüler des Mittelalters seien mehr in der Kirche als in der Schule gewesen, ihre Lebensform sei mehr kirchlich-liturgisch als schulisch geprägt gewesen".[298] Diese liturgische Ausrichtung entwickelte sich dahingehend weiter, daß etwa seit der zweiten Hälfte des 14. Jahrhunderts – dann unterstützt durch den Einfluß der Devotio moderna[299] – die biblischen Lesungen in der Schule vor dem jeweiligen Sonn- und Feiertag behandelt wurden. Nach den Lateinschulen nahmen auch die Deutschen Schulen diesen Usus auf,[300] der bis ins 20. Jahrhundert reichte.

Beim gegenwärtigen Stand der Forschung kann allerdings nicht gesagt werden, in welchem Maß die Kinder zu welcher Zeit die Schulen tatsächlich

---

[294] Vor allem ging es darum, daß den Domkapiteln bzw. Klöstern keine finanziellen Einbußen auf Grund fehlenden Schulgeldes durch solche Neugründungen entstanden (s. ebd. 21).

[295] S. genauer Paul, a.a.O. (Anm. 277) 135.

[296] Ebd. 156f.

[297] S. ebd. 137.

[298] Ebd. 146.

[299] S. E. Brouette, Art. Devotio moderna, in: TRE 8 (1981) 605-609.

[300] S. Paul, a.a.O. (Anm. 277) 157f.

besuchten. Hier fehlen territorialgeschichtliche Einzelforschungen und deren Verknüpfung. „Vorerst bleibt die Vermutung, daß die Bedeutung des Schulbesuchs – auf's Ganze der Bevölkerung bezogen – nicht hoch einzuschätzen ist."[301] Allerdings ist unübersehbar, daß im späten Mittelalter zunehmend private Schulen, sog. „Winkelschulen", gegründet wurden, deren inhaltliches Niveau aber schwer einzuschätzen ist.

„Viele fromme Damen – oft auch nicht ganz so fromme herumwandernde Kleriker, Studenten, Handwerker, überhaupt jeder, der sich den Anschein geben konnte, im Lesen und Schreiben bewandert zu sein – gründeten Schulen, um sich den Lebensunterhalt zu verdienen."[302]

Auf jeden Fall unterlagen sie, wenn sie entdeckt wurden, der Aufsicht des Scholasticus (früher: magister scholarum), also des jeweiligen kirchlichen Schulreferenten, und mußten diesem Abgaben zahlen.

Ein interessantes Licht auf das Verhältnis der verschiedenen Lernorte – hier Haus und Schule – wirft die nachdrückliche Erinnerung der spanischen Synode von Alcalá (1480), „man solle die Kinder in die Schule schicken bzw. Schulen errichten, damit dort das für den Glauben Notwendige gelernt werden könne".[303] Offensichtlich war am Vorabend der Reformation die Einsicht verbreitet, daß die bisherigen kirchlichen und familialen Sozialisationsformen nicht mehr ausreichen und die Schule hier Abhilfe schaffen könne.

Vor dem Hintergrund der modernen religionspädagogischen Diskussion erscheinen vor allem folgende drei Phänomene aus der kurz skizzierten Entwicklung der mittelalterlichen Schule interessant:

– die langsame Ausdifferenzierung von gemeinsamem Leben und Schule, die heute in der sprichwörtlichen Lebensferne der Schule zu einem allgemeinpädagogischen Problem geworden ist, das speziell religionspädagogisch noch eine Zuspitzung durch den zunehmenden Wegfall von als religiös oder christlich zu identifizierenden Erfahrungen im Alltag erhält;

– die große Bedeutung liturgischer Vollzüge für schulisches Lernen im Mittelalter, das kirchliche Praxis – im Gegensatz zur heutigen Marginalität – zum Zentrum der Schule machte und zugleich eine Brücke zwischen den Generationen schlug;

– das Gewicht der Psalmen gerade im Elementarbereich, das angesichts der zunehmenden Sprachlosigkeit von Kindern gegenüber den sie umgebenden Bedrohungen gegenwärtig langsam wiederentdeckt wird.

---

[301] Ebd. 146.
[302] Helmreich, a.a.O. (Anm. 283) 23.
[303] Paul, a.a.O. (Anm. 277) 280.

3.2.2. Reformatorische Einflüsse

Daß Erziehungsfragen und damit auch der Frage von Schulen und ihrer Organisation ab dem 16. Jahrhundert verstärktes öffentliches Interesse galt, ist angesichts der tiefgreifenden gesellschaftlichen und kulturellen Veränderungen – auch abgesehen von der Reformation – nicht verwunderlich.

„Dieser gesamtgesellschaftliche Strukturwandel vollzog sich ... nicht plötzlich, sondern hatte sich schon im 13., 14. und beginnenden 15. Jahrhundert in vielen Bereichen des Lebens der Menschen angekündigt. ... Erfindungen wie Gutenbergs Buchdruckerkunst und Henleins Uhr, Entdeckungen wie diejenige Amerikas durch Kolumbus, Wandlungen auf ökonomischem Gebiet wie die Intensivierung der Produktion durch das aufkommende Verlagssystem und neue Hüttentechniken im Bergbau, die Anhäufung riesiger Kapitalmengen in den Händen reicher Handels- und Bankherrn, Wandlungsprozesse im gesellschaftlich-politischen Feld wie der Funktionsverlust des Rittertums durch die Einführung neuer Kriegs- und Kampftechniken und das Aufbegehren der Bauern gegen die Feudalherrn ..., neue naturwissenschaftlich-physikalische Erkenntnisse wie die Umorientierung vom geozentrischen zum heliozentrischen Weltbild und nicht zuletzt auch ein intensives neues religiöses Nachdenken und Suchen nach Wegen des menschlichen Heils."[304]

Den unmittelbaren Hintergrund der reformatorischen Bemühungen um das Schulwesen bildete folgende Entwicklung: „Die Reformation brachte das bestehende Schulwesen in Unordnung. Viele der alten Kloster- und Domschulen hörten auf zu bestehen; die städtischen Lateinschulen lösten sich auf."[305] Die in der Rechtfertigungslehre begründete Kritik am Mönchswesen und der Klerikalisierung des Lebens hatte unmittelbare Auswirkungen auf die damaligen Schulen.

Luther beschreibt diese Situation 1524 sehr zutreffend am Anfang seiner berühmten Ratsherrenschrift: „Auffs erst erfaren wyr jetzt ynn' deutschen landen durch und durch, wie man allenthalben die schulen zur gehen lesst, die hohen schulen werden schwach, klöster nemen ab, und will solichs gras dürre werden und die blume fellt dahyn, wie Jsaias sagt, weyl der geyst Gottis durch seyn wort drein webet und scheinet so heys drauff durch das Euangelion. Denn nu durch das wort Gottis kund wird, wie solch wesen unchristlich und nur auff den bauch gericht sey."[306]

Die konstruktiven Vorschläge und Aufrufe *Luthers* zur Erneuerung der Schulen sind sowohl theologisch als auch pädagogisch begründet[307] und markieren die Bedeutung, die der Reformator den Schulen zumaß.

---

[304] H. Rupp, Pädagogik, Bildung und Schulreform der Reformation: Philipp Melanchthon, in: EvErz 49 (1997) 56f.

[305] Helmreich, a.a.O. (Anm. 283) 34.

[306] WA 15,28,5-11.

[307] Vgl. grundlegend zu Luthers Erziehungsverständnis I. Asheim, Glaube und Er-

Die drei zentralen Schriften des Reformators zu Schul- und Erziehungsfragen sind:

– „An den christlichen Adel deutscher Nation von des christlichen Standes Besserung" (1520)
– „An die Bürgermeister und Ratsherren aller Städte deutschen Landes, daß sie christliche Schulen aufrichten und halten sollen" (1524)
– „Eine Predigt, dass man die Kinder zur Schule halten solle" (1530).

Zugleich erweist das Studium von Luthers Schriften Versuche als verkürzt, das Thema Schule unter Rückgriff auf die Unterscheidung der beiden Reiche als nur „weltlich" zu bestimmen.[308] Dem steht schon die Tatsache entgegen, daß Luther im Ringen um eine Erneuerung der Schule auf der Gegenseite den Teufel ausmacht, also einen soteriologischen Hintergrund für seine Überlegungen aufspannt.

Gleich zu Beginn seines an den Nürnberger Lazarus Spengler adressierten Sermons „Eine Predigt, dass man Kinder zur Schulen halten solle" (1530) stellt Luther fest: „Denn es kan freilich nicht wol feilen, das jnn einer solchen grossen Stad, unter solchem grossem hauffen burger, der teuffel auch seine kunst nicht solt versuchen und ettliche anfechten, das sie das wort Gottes und die schulen verachten, Und sonderlich, weil da ursachen viel sind (nemlich der kauffhandel), die kinder von der schulen zum dienst des Mammon zu keren..."[309]

In den Schulen geht es ja auch – bei all ihrer Bedeutung für die Erhaltung der Welt – um die Weitergabe des Evangeliums.[310] Der gegenwärtige theo-

---

ziehung bei Luther. Ein Beitrag zur Geschichte des Verhältnisses von Theologie und Pädagogik, Heidelberg 1961; R. Preul, Erziehung bei Luther – Luthers Bedeutung für die Erziehung, in: ders., Luther und die Praktische Theologie. Beiträge zum kirchlichen Handeln in der Gegenwart, Marburg 1989, 47-70; knapp zusammengefaßt finden sich die wesentlichen Aussagen Luthers zu Schulfragen bei K. Goebel, Luther als Reformer der Schule. Seine Schrift „An die Ratsherren ..." und Äußerungen des Reformators zu Schule und Erziehung, in: ders., Hg., Luther in der Schule. Beiträge zur Erziehungs- und Schulgeschichte, Pädagogik und Theologie, Bochum 1985, 7-26.

[308] S. hierzu sorgfältig abwägend und den Zusammenhang der beiden Regimente Gottes in Luthers Auffassung von Erziehung und Schule herausarbeitend W. Sturm, Luthers Sicht von der Erziehung, in: H. Bungert, Hg., Martin Luther. Eine Spiritualität und ihre Folgen, Regensburg 1983, 57-71, vor allem für die Schule 65f.

[309] WA 30/2,518,1-5.

[310] „Wenn nu gleich (wie ich gesagt habe) keyn seele were und man der schulen und sprache gar nichts dürffte umb der schrifft und Gottis willen, So were doch alleyn dise ursach gnugsam, die aller besten schulen beyde fur knaben und meydlin an allen ortten auff zu richten, das die wellt auch yhren wellichen stand eusserlich zu halten doch bedarff feiner geschickter menner und frawen." (WA 15,44).

logische Aufbruch war für Luther eine einmalige[311] von Gott geschenkte
Gelegenheit, für eine bessere Erziehung der Kinder zu sorgen. Ursprünglich
komme – entsprechend dem 4. Gebot – diese Aufgabe den Eltern zu. Doch
sah Luther realistisch, daß diese ihr nicht nachkommen (können).

Die Begründung hierfür entbehrt nicht der Aktualität: „Das es von den elltern
nicht geschicht, hat mancherley ursach. Auffs erst sind etliche auch nicht so frum und
redlich, das sie es thetten, ob sie es gleich kundten ... Auffs ander so ist der grössest
hauffe der elltern leyder ungeschickt dazu und nicht weys, wie man kinder zihen und
lernen soll. Denn sie nichts selbs gelernet haben ... Auffs dritte, ob gleich die elltern
geschickt weren und wölltens gerne selbs thun, so haben sie für andern geschefften
und haus hallten widder zeyt noch raum dazu, also das die not zwinget, gemeine
zuchtmeyster fur die kinder zu hallten ... Dazu, so sterben viel elltern und lassen
weysen hynder sich ...“[312]

Deshalb wandte er sich nachdrücklich an die „Obrigkeit", durch Einrichtung von Schulen hier Abhilfe zu schaffen. Sie sei für das Wohl des Gemeinwesens verantwortlich, und dazu gehöre vorzüglich die Ausbildung der
jungen Generation.[313] Bei seiner Mahnung hatte Luther zum einen die
Reform der Lateinschulen im Blick, denn er betonte ausführlich die besondere Bedeutung des Erlernens der biblischen Sprachen. Zum anderen bezog
er sich bei seinen praktischen Hinweisen offensichtlich auf das Elementar-
schulwesen.

Zum zeitlichen Umfang des Schulbesuchs schrieb er: „Meyn meynung ist, das
man die knaben des tags eyn stund odder zwo lasse zu solcher schule gehen und nichts
deste weniger die ander zeyt ym hausse schaffen, handwerck lernen und wo zu man
sie haben will, das beydes mit eynander gehe, weyl das volck jung ist und gewarten
kan ... Also kan eyn meydlin ja so viel zeyt haben, das des tages eyne stunde zur schule
gehe und dennoch seyns gescheffts ym hause wol warte."[314]

Zweifellos erhielt die Schule – neben der Predigt – durch den Einsatz der
Reformatoren ein so bisher noch nicht gekanntes Gewicht.[315] Durchaus im
Sinne Luthers wurden in der Folgezeit die ersten *Staatsschulen* gegründet.

---

[311] In der Ratsherrenschrift schrieb Luther beschwörend: „Denn das sollt yhr wissen
Gottis wort und gnade ist ein farender platz regen, der nicht wider kompt, wo
er eyn mal gewesen ist." (WA 15,32).

[312] WA 15,33,29f.; 34,1-20.

[313] S. ebd.

[314] WA 15,47,1-8.

[315] S. Erlinghagen, a.a.O. (Anm. 287) 24; s. auch M. Schreiner, Im Spielraum der
Freiheit. Evangelische Schulen als Lernorte christlicher Weltverantwortung,
Göttingen 1996, 30-64, der neben Luther die Impulse weiterer Reformatoren
darstellt.

Noch zu seinen Lebzeiten, nämlich 1543, geschah dies durch den Herzog Moritz von Sachsen mit der Eröffnung von Schulen in Pforta und Meißen. Damit begann eine sich über Jahrhunderte erstreckende Entwicklung, die abschließend erst im Zuge der Weimarer Reichsverfassung für Deutschland geklärt wurde.

Für die Organisation und inhaltliche Ausgestaltung dieser Schulen waren Überlegungen von *Philipp Melanchthon* (1497-1560) bestimmend. Vor allem arbeitete Melanchthon den reformatorischen Ansatz pädagogisch aus und gab so den praktischen Maßnahmen einen Theorierahmen, der bis heute beachtenswert ist.

Im Hintergrund stand dabei die Vereinigung des humanistischen Erbes, in dem Melanchthon als Zögling des großen Humanisten Johannes Reuchlin (1455-1522), des Bruders seiner Großmutter mütterlicherseits, aufgewachsen war, und des reformatorischen Neuaufbruchs. Melanchthon fand „zu einer Art Legierung beider Impulse, wobei der Humanismus wohl schwergewichtig das formal-methodische Werkzeug lieferte, während die reformatorischen Erkenntnisse eher die normativ-inhaltliche Prägung verkörperten.“[316]

Grundlegend war für ihn die Einsicht: „Ohne Bewahrung der Literatur können auch die Religion und die rechte gesetzliche Ordnung nicht von Dauer sein.“[317] *Demnach gehören Religion, Wissenschaft und Recht untrennbar zusammen.* Die Wissenschaften dienen dabei – durchaus im Sinne des Lobes Luthers für die alten Sprachen – als wichtige Hilfsmittel, um die Religion zu bewahren. Das Recht wiederum eröffnet den Raum zur Entfaltung des Evangeliums, wie es zugleich vom Evangelium her Kriterien zu seiner Beurteilung empfängt.[318] Das hier zugrundeliegende Unterscheiden zwischen wichtigen Lebensbereichen und zugleich deren Aufeinanderbeziehen spiegelt sich in den praktischen Vorstellungen Melanchthons wider. Denn er sah als erster eine eigene, vom übrigen Unterricht unterschiedene „christliche Unterweisung“, also eine Vorform eines eigenständigen Religionsunterrichts, vor.

---

[316] Rupp, a.a.O. (Anm. 304) 63.

[317] Zitiert aus Melanchthons Rede „Zum Lobe der neuen Schule“ (1526, in Nürnberg gehalten) nach G.R. Schmidt, Philippus Melanchthon (1497-1560), in: H. Schröer, D. Zilleßen, Hg., Klassiker der Religionspädagogik, Frankfurt 1989, 23.

[318] S. ebd. 24. Vgl. grundsätzlich zur Entschränkung des Theologieverständnisses bei Melanchthon weg von der Einzelwissenschaft und hin zum allgemeinen Kriterium u.a. für Bildungsprozesse M. Wiedt, Die theologische Begründung der Bildungsreform bei Luther und Melanchthon, in: M. Beyer, G. Wartenberg, Hg., Humanismus und Wittenberger Reformation. FS H. Junghans, Leipzig 1996, 155-183.

Im „Unterricht der Visitatoren an die Pfarrherrn im Kurfürstentum zu Sachsen"
(1528) schrieb er: „Einen Tag aber, als Sonnabend oder Mittwoch, soll man anlegen,
daran die Kinder christliche Unterweisung lernen. Denn etliche lernen gar nicht aus
der Heiligen Schrift, etliche lehren die Kinder gar nichts denn die Heilige Schrift,
welche beide nicht zu leiden sind. Denn es ist vonnöten, die Kinder zu lehren den
Anfang eines christlichen und gottseligen Lebens."[319]

Der auf Grund seiner Verdienste um das deutsche Schulwesen auch
„Praeceptor Germaniae" genannte Melanchthon reflektierte diesen im engeren Sinn religiösen Bereich der Schule auch pädagogisch. So sind die
Verstehensmöglichkeiten der Schüler (und Schülerinnen) wesentliches Kriterium für die Stoffauswahl.

In dem eben zitierten „Unterricht der Visitatoren" heißt es, nachdem Vaterunser,
Glaubensbekenntnis und Zehn Gebote als wichtige Unterrichtsinhalte benannt
wurden: „Daneben soll der Schulmeister den Knaben etliche leichte Psalmen aufgeben außen (auswendig) zu lernen, in welchen begriffen ist eine Summa eines christlichen Lebens, als, die von Gottesfurcht, vom Glauben und von guten Werken
lehren. ... Und etliche dergleichen leichte und klare Psalmen, welche auch sollen aufs
kürzeste und richtigst ausgelegt werden, damit die Kinder wissen, was sie daraus
lernen und da suchen sollen." Nachdem die Lektüre von Mt, I und II Tim, I Joh und
Prov empfohlen wird, warnte der Reformator, der theologisch – wie Luther – im
Römerbrief die Mitte der Schrift entdeckte: „Sonst sollen die Schulmeister kein Buch
vornehmen zu lesen. Denn es nicht fruchtbar, die Jugend mit schweren und hohen
Büchern zu beladen, als etliche Jesaiam, Paulus an die Römer, S. Johannis Evangelium und andere dergleichen, um ihres Ruhmes willen, lesen."[320]

Schulgeschichtlich am wirkmächtigsten waren aber wohl nicht die bis
heute aktuellen systematischen Einsichten Luthers und Melanchthons. Das
zunehmende Bestreben ihrer Epigonen, das reformatorische Erbe möglichst
treu zu bewahren, führte bald zur stofflichen Überfrachtung der schulischen

[319] Zitiert nach K.E. Nipkow, F. Schweitzer, Hg., Religionspädagogik Bd. 1, München 1991, 87f.; vgl. den auf Grund eines Vergleichs der Eislebener und der
Nürnberger Schulordnung gewonnenen Hinweis bei A.-H. Stempel, Melanchthons pädagogisches Wirken, Bielefeld 1979, 84, darauf, daß sich Melanchthon gerade in dieser Frage entwickelte. Während in dem wahrscheinlich von
Melanchthon verfaßten Eislebener Lehrplan von 1525 noch die christliche Unterweisung sonntags erteilt wird, also die Schule gewissermaßen in den Sonntag
hineingenommen wird, ist dies in der ein Jahr später erstellten Schulordnung für
Nürnberg dahin geregelt, daß die christliche Unterweisung an einem Wochentag
stattfinden soll. Stempel, a.a.O. 84, interpretiert: „Er (sc. Melanchthon, C.G.)
löst damit die Schule aus der Vorherrschaft der Kirche, ohne die volle Säkulari-
sation des Schulwesens anzustreben".
[320] Zitiert nach Nipkow, Schweitzer, a.a.O. 88.

religiösen Erziehung, wie sie vornehmlich im Katechismusunterricht Gestalt gewann, und konterkarierte letztlich das reformatorische Anliegen.

Insofern ist auch die früher häufig geäußerte Ansicht, Luther sei der Vater des deutschen Volksschulwesens, historisch nicht haltbar.[321]

Die zunehmende lehrmäßige Abgrenzung der großen Konfessionen verstärkte diese Stofforientierung. Im Zuge der Gegenreformation bildete sich ein teilweise reformatorische Methoden – wie etwa das Choralsingen[322] – übernehmendes, teilweise deutlich anders gestaltetes katholisches Erziehungswesen. Besonders der *Jesuitenorden* bemühte sich – auf dem Hintergrund des „ignatianischen Glaubensprofils"[323] – mit beachtlichen Erfolgen um eine möglichst effektive jugendbezogene Erziehung.

„Ihrem Inhalt nach sind die jesuitischen Schulen humanistische Sprachschulen mit katholischem Katechismusunterricht, die für den Dienst in Kirche und Staat ausbilden. Im Vergleich zum Protestantismus zeigt sich eine engere Kontinuität mit dem Mittelalter in einer stärkeren Betonung der Philosophie. Dieser bekannte äußere Rahmen ist jedoch jetzt mit einem neuen Geist ausgefüllt: dem Geist der exercitia spiritualia und der Ordenskonstitutionen ... Das Studium ist als ein einheitlicher, genau geregelter Prozeß gedacht. Das Ziel ist, Streiter der Kirche auszubilden, Instrumente Gottes ..."[324] Diesem Ziel der ganzheitlichen Persönlichkeitsförderung dienten auch die Durchführungen von Schulfeiern und Theateraufführungen, die sog. Jesuitendramen.[325]

Institutionell lehnten sich die Jesuitenschulen nicht so stark an den Staat an. Vielmehr entstand durch jesuitische Initiative „ein exklusiv kirchliches,

---

[321] S. H.-E. Tenorth, Geschichte der Erziehung. Einführung in die Grundzüge ihrer neuzeitlichen Entwicklung, Weinheim u.a. ²1992, 67f., der aus wirkungsgeschichtlicher Sicht konstatiert: „Insgesamt wird man daher wohl sagen dürfen, daß die neuzeitliche Volksschule in den protestantischen Schulordnungen seit dem 16. Jahrhundert allenfalls Motive ihrer Entstehung findet und institutionelle Formen, die vielleicht für die Landschulen des 19. Jahrhunderts noch stilbildend sind. Aber sowohl der verweltlichte Lehrplan wie der Schulzwang und die professionell, wenn nicht in der Ausbildung, so zumindest beruflich eigens abgestützte Lehrerarbeit fehlen diesen Schulen noch. Nach ihrer Funktion sind sie auch noch nicht eindeutig zwischen Berufsvorbildung und ständisch geforderter Qualifizierung, der Erzeugung religiös-obrigkeitlicher Gesinnung und den elementaren, unerläßlichen Kenntnissen, in denen ein jeder Heranwachsender gebildet sein sollte, in ihrem Anspruch bestimmt."
[322] S. E. Paul, Geschichte der christlichen Erziehung Bd. 2. Barock und Aufklärung, Freiburg u.a. 1995, 37.
[323] S. ebd. 17f.
[324] I. Asheim, Art. Bildung V. Reformationszeit, in: TRE 6 (1980) 621.
[325] S. Paul, a.a.O. (Anm. 322) 46f.

nichtstaatliches Bildungswesen"[326]; damit begann eine schulpolitische Linie, die die römisch-katholische Kirche – bestärkt durch die Erfahrungen im Bismarckschen Kulturkampf – bis heute verfolgt.[327]

Allerdings galt im 17. Jahrhundert auch für die evangelischen Länder, daß die Schulen – wie es im Artikel 31 des Westfälischen Frieden (1648) formuliert wurde – „annexa religionis" waren.

Wirkungsgeschichtlich besonders hartnäckig, z.T. bis weit ins 20. Jahrhundert hineinreichend war die Verbindung von Schule, Kirche und Staat beim Status der Lehrer. Häufig waren sie – in den sog. *Küsterschulen* – zugleich als Lehrer und Küster tätig, wobei beide Ämter mit ihren jeweiligen Anforderungen durchaus in Konkurrenz treten konnten.

„Die vielfältigen kirchlichen Pflichten, die der Küster-Lehrer wahrnahm, lassen sich, je nach ihrem geschichtlichen Ort, verschieden klassifizieren. Zunächst waren ihm die Pflichten eines Kustos der Kirche aufgetragen. Hierunter fielen auch solche Aufgaben wie die Reinigung des Kirchengebäudes, das Öffnen und Schließen der Kirche, das Auswechseln der Altar- und Kanzelbehänge, die Zubereitung des Altars für den Abendmahlsgottesdienst, das Polieren der Leuchter, das Auslöschen der Kerzen während des Gottesdienstes, das Ausgießen des Wassers in das Taufbecken und das Halten der Tücher bei Taufen, die Eintragung der Namen in das Taufregister, die Aufsicht über den Friedhof – bisweilen selbst das Ausheben der Gräber – das Freischaufeln der Kirchwege im Winter und überhaupt die Sorge für das kirchliche Eigentum. Er half auch dem Pfarrer bei seiner Arbeit; so verlas er die Predigt des Pfarrers in den Filialpredigtstellen ... An manchen Orten war es auch üblich, daß der Lehrer Kelch, Brot, Wein und auch den Talar des Pfarrers zu den Häusern trug, wenn eine Hausabendmahlsfeier gehalten werden sollte.

An zweiter Stelle wäre jener Pflichtenkreis zu nennen, welcher mit den Kirchenglocken und dem Glockenturm zusammenhing (Glöcknerdienst) ...

Wichtiger als die bisher genannten Aufgaben waren diejenigen, welche mit dem Kantoren- und Organistendienst zusammenhingen. Der Lehrer spielte Orgel – was in den ungeheizten Kirchen nicht immer eine reine Freude war – und führte die Gemeinde mit seiner Stimme Vers für Vers durch die langen Kirchenlieder ...

---

[326] Asheim, a.a.O. (Anm. 324) 621.

[327] Es ist von hierher z.B. (auch) zu erklären, daß die römisch-katholische Kirche sich in Ostdeutschland nach der politischen Wende 1989/90 sehr viel stärker bei der Gründung kirchlicher Schulen engagierte als die (dort zahlenmäßig größere) evangelische, die wiederum offensichtlich mehr Interesse am schulischen Religionsunterricht hatte. So gründete z.B. die kleine Magdeburger Diözese in Sachsen-Anhalt drei große Gymnasien, während die erheblich mitgliederstärkere Evangelische Kirche der Kirchenprovinz Sachsen sich zu keiner Schulgründung in diesem Bundesland entschließen konnte. Umgekehrt wurde 1992 eine religionspädagogische Professur an der Universität Halle nur evangelischerseits eingerichtet.

Zweifellos war die Leitung der Begräbnisgesänge auf dem Friedhof die unerfreulichste Aufgabe des Lehrers. Oft wird in den Verordnungen auf die Notwendigkeit hingewiesen, daß die Schulkinder bei einem Begräbniszug in Zucht zu halten seien ...

Häufig fielen dem Lehrer noch viele andere Pflichten zu. Oft hatte er die Kirchenbücher zu führen und als Schreiber der Gemeinde, oft auch als Schreiber des örtlichen Gerichtes zu dienen."[328]

Die z.B. von Luther wiederholt geäußerte Hochschätzung der Lehrer hatte auch problematische Konsequenzen.[329] Denn als Inhaber eines „geistlichen Amtes" unterlag der Lehrer der Überprüfung seiner Rechtgläubigkeit, die der Pfarrer durchführte, und organisatorisch war er diesem durch seine Küsterdienste eindeutig untergeordnet. Die Frage der „geistlichen Schulaufsicht" durchzieht seit dem Ende des 17. Jahrhunderts bis zum Ende des Kaiserreichs die Schuldiskussion.[330]

Die politische und kulturelle Katastrophe des Dreißigjährigen Krieges zerstörte zwar weithin das durch reformatorische und gegenreformatorische[331] Impulse entstandene Schulwesen. Doch sie vertiefte zugleich die konfessionell bestimmte Teilung des deutschen Schulwesens,[332] die in ihrer Bedeutung zwar teilweise erst Jahrhunderte später bei der zunehmenden konfessionellen Durchmischung der einzelnen Territorien allgemein bewußt wurde, aber dann die schulpolitische Diskussion nachhaltigst bestimmte.

Die gegenwärtige Diskussion um die Konstitution des Religionsunterrichts in der Spannung zwischen dem Beharren auf einer konfessionellen Trennung über die Forderung nach einem sog. ökumenischen Religionsunterricht bis zum Versuch eines allgemeinen „Religionsunterrichts für alle" ist – nach der Abschaffung der Konfessi-

---

[328] Helmreich, a.a.O. (Anm. 283) 39-41.

[329] So bekannte Luther z.B. 1530: „... Und ich, wenn ich vom predig ampt und andern sachen ablassen kundte odder müßte, So wolt ich kein ampt lieber haben denn Schulmeister odder knaben lerer sein. Denn ich weis, das dis werck, nehest dem predig ampt das aller nutzlichst, grossest und beste ist, Und weis da zu noch nicht, welchs unter beiden das beste ist, denn es ist schweer alte hunde bendig und alte schelcke frum zu machen, daran doch das predig ampt erbeit, und viel umbsonst erbeiten mus, Aber die iungen bewmlin kan man besser biegen und ziehen, ob gleich auch ettliche druber zu brechen" (WA 30/2,579f.).

[330] S. zum einzelnen die Monographie von E. Fooken, Die geistliche Schulaufsicht und ihre Kritiker im 18. Jahrhundert, Wiesbaden-Dotzheim 1967.

[331] S. hierzu nach den Aktivitäten einzelner Orden differenzierend Paul, a.a.O. (Anm. 322) 15-66 (wobei vor allem ebd. 48-66 das starke Engagement von Frauen interessant ist).

[332] S. Helmreich, a.a.O. (Anm. 283) 47.

onsschulen fast überall in Deutschland – ein letzter Nachklang der letztlich durch die Reformation aufgeworfenen schulorganisatorischen Probleme.[333]

Theologisch ist die Hochschätzung der Schule, nicht nur einseitig hinsichtlich ihrer Aufgabe für religiöse Erziehung, ein wichtiges reformatorisches Erbe, dem zugleich aber – pädagogisch höchst relevant – die Mahnung korrespondiert, die Möglichkeiten dieser Institution wie überhaupt der Erziehung nicht zu überschätzen.

„Die Dialektik des ‚simul iustus et peccator‘ läßt bei Luther keinen maßlosen pädagogischen Optimismus zu. Der Mensch kann durch Erziehung nie erlöst oder gar vor Gott gerecht gemacht werden. Andererseits verbietet sie aber jeden radikalen Pessimismus und jede Resignation, die allzu schnell am Menschen verzweifelt. Denn Luther weiß von der eschatologischen Vorgabe Gottes für das Neuwerden des Menschen und schöpft hieraus Impulse für einen evangelisch verstandenen Optimismus. Erziehung ist für ihn Gottesdienst jenseits von ‚furor‘ und ‚desperatio‘, von Übersteigerung und Hektik, aber auch von Verzweiflung.“[334]

Gleichsam zwischen den Zeiten – einerseits noch dem mittelalterlichen Weltbild verpflichtet, andererseits von großem pädagogischen Optimismus beseelt[335] – erarbeitete der böhmische Reformator *Johann Amos Comenius* (1592-1670) im Zusammenhang seiner chiliastischen und pansophischen Spekulationen ein zugleich pädagogisch und theologisch durchdachtes Schulmodell, in dem er viele erst später (wieder)entdeckte Anregungen und Erkenntnisse vorwegnahm.

H. Scheuerl bezeichnet sein Werk zu Recht als „das erste wirklich umfassende System einer Pädagogik, die von den anthropologischen Prämissen bis in die Details der Ziel- und Inhaltsentscheidungen, der methodischen und organisatorischen Fragen eins aus dem andern entwickelt.“[336]

Sein monumentales Hauptwerk „Didactica Magna“ leitete er programmatisch ein: „Erstes und letztes Ziel unserer Didaktik soll es sein, die

---

[333] Vgl. in diesem Zusammenhang auch 1. Kap. 2.3.5. den Hinweis auf die Bedeutung der durch die Existenz der beiden großen Kirchen charakterisierten Situation in Deutschland für die religionspädagogische Sonderentwicklung – etwa im Gegenüber zu England.

[334] Sturm, a.a.O. (Anm. 308) 60f.

[335] S. H. Scheuerl, Johann Amos Comenius (1592-1670) in: ders., Hg., Klassiker der Pädagogik Bd. 1, München ²1991, 67.

[336] Ebd. 68. Einen guten ersten Einblick in das grandiose, einerseits auf Grund der chiliastischen Spekulation sehr fremd anmutende, andererseits in vielen praktischen Vorschlägen zu einer ganzheitlichen Bildung aktuell erscheinende Werk bietet K. Goßmann, H. Schröer, Hg., Auf den Spuren des Comenius. Texte zu Leben, Werk und Wirkung, Göttingen 1992.

Unterrichtsweise aufzuspüren und zu erkunden, bei welcher die Lehrer weniger zu lehren brauchen, die Schüler dennoch mehr lernen; in den Schulen weniger Lärm, Überdruß und unnütze Mühe herrschen, dafür mehr Freiheit, Vergnügen und wahrer Fortschritt; in der Christenheit weniger Finsternis, Verwirrung und Streit, dafür mehr Licht, Ordnung, Friede und Ruhe." Im einzelnen empfahl er eine Schule für alle, in der ganzheitlich und naturbezogen gelernt wird. Dabei verfolgte er – hochaktuell – einen genetischen Ansatz, in dem letztlich der göttliche Ursprung der Dinge hervortritt.

„Alles, was gelehrt wird, muß in seinem Sein und Werden, d.h. in seinen Ursachen gelehrt werden ... Wissen heißt ein Ding aus seinen Ursachen begreifen, und: die Ursache ist die Lenkerin des Geistes."[337]

Dazu soll mit allen Sinnen gelernt werden: „Alles soll wo immer möglich den Sinnen vorgeführt werden, was sichtbar dem Gesicht, was hörbar dem Gehör, was riechbar dem Geruch, was schmeckbar dem Geschmack, was fühlbar dem Tastsinn. Und wenn etwas durch verschiedene Sinne aufgenommen werden kann, soll es den verschiedenen zugleich vorgesetzt werden."[338]

Hier wurde also der später immer mehr in den Vordergrund rückende Unterricht in den (von Gott geschaffenen!) Realien grundgelegt.

Schließlich vertrat Comenius schon einen am Schüler und dessen Selbsttätigkeit orientierten Unterricht.

„Die Studien werden darum den Schülern sehr erleichtert und angenehmer gemacht, wenn man I. ihnen möglichst wenig öffentliche Unterrichtsstunden auferlegt, nämlich vier (am Tage), und ihnen ebensoviel Zeit für eigene Bestrebungen läßt; II. das Gedächtnis möglichst wenig belastet, nämlich nur mit den Grundgesetzen (fundamentalia), und dem übrigen freien Lauf läßt; III. immer im rechten Verhältnis zur Fassungskraft lehrt, die mit zunehmendem Alter und fortschreitendem Studium wächst."[339]

All diese heute pädagogisch so modern anmutenden Ansätze und Vorschläge sind aber Konsequenzen eines exklusiv theologisch bestimmten Welt- und Menschenbildes, das sich zwischen Schöpfung und neuem ewigen Leben spannt und auf eine grundlegende Verbesserung („emendatio") der Verhältnisse zielt. Schon zu Lebzeiten umstritten konnten sich die Anregungen des großen Bischofs der Brüdergemeinde, dessen persönliches Schicksal neben familiärem Leid durch die Verfolgung und Zerschlagung seiner im Westfälischen Frieden nicht genannten Brüdergemeinde geprägt wurde, nur

---

[337] Zitat aus der „Didactica Magna" nach Goßmann, Schröer, a.a.O. 118.
[338] Ebd.
[339] Ebd. 116f.

indirekt durch seine Schriften im Laufe der Zeit hier und dort Gehör verschaffen. Vielleicht sind sie noch nie so intensiv wahrgenommen worden wie in der Gegenwart.

Es ist in diesem Zusammenhang erwähnenswert, daß die 1954 gegründete Arbeitsstätte für Erziehungswissenschaft der EKD in Münster, die auf evangelischer Seite wahrscheinlich heute wirkungsvollste religionspädagogische Institution in Deutschland, den Namen Comenius-Institut trägt.

3.2.3. Pietistischer und aufklärerischer Einfluß

Die grundlegenden ökonomischen und kulturellen Veränderungen im Deutschland des 18. Jahrhunderts betrafen auch die Schule und den Religionsunterricht. Sowohl die Fürsten des Absolutismus als auch die Bürger waren im Zuge des um sich greifenden Pauperismus und der gleichzeitigen Modernisierung[340] – neben sozialpolitischen Maßnahmen zur Linderung der Not – zunehmend am Aufbau des durch den Dreißigjährigen Krieg weithin ruinierten Schulwesens interessiert.

Neue Akzente setzten hierbei die *Pietisten.*[341] Auf dem Hintergrund des allgemeinen Bildungsziels einer Erweckung, in der rechter Glaube und rechtes Tun zusammenfallen sollten, verstärkten sie die Beschäftigung mit den Realien. Sehr anschaulich – und von Comenius beeinflußt – tritt dies im pädagogischen Werk des Begründers des Halleschen Waisenhauses, August Hermann Francke (1663-1727), hervor.[342]

---

[340] „Die im Dreißigjährigen Krieg erlittenen Bevölkerungsverluste waren langsam ausgeglichen, und mit der nun einsetzenden Bevölkerungsvermehrung konnte die Nahrungsmittelproduktion nicht Schritt halten; hinzu kommt gegen Ende des Jahrhunderts das Steigen der Geburtenrate bei gleichzeitig sinkender Sterblichkeit. Dazu kamen Mißernten und die Vernichtung von Hab und Gut durch Krieg. Steigende Agrarpreise, sinkendes Einkommen und – infolge des Bevölkerungszuwachses – abnehmende Nebenverdienstmöglichkeiten schufen für die Masse der Bevölkerung in den Städten und auf dem Lande eine verzweifelte Situation. Die Landesherren und Magistrate griffen ein: durch Landesausbau, durch Intensivierung der Nahrungsmittelproduktion, durch Einführung neuer Pflanzen und Geräte; durch eine gezielte Gewerbeförderungspolitik, besonders durch die Hebung der Manufakturen ...“ (U. Herrmann, Die Pädagogik der Philanthropen, in: H. Scheuerl, Hg., Klassiker der Pädagogik Bd. 1, München ²1991, 137).
[341] S. grundlegend G. Schmalenberg, Pietismus – Schule – Religionsunterricht. Die christliche Unterweisung im Spiegel der vom Pietismus bestimmten Schulordnungen des 18. Jahrhunderts, Bern u.a. 1974.
[342] S. grundlegend P. Menck, Die Erziehung der Jugend zur Ehre Gottes und zum Nutzen des Nächsten. Historisch-systematische Untersuchung der Begründung

Das inzwischen wieder restaurierte Naturalienkabinett der Franckeschen Stiftungen in Halle läßt das Bemühen um eine lebensnahe naturkundliche Lehre ahnen.

Konkret versuchte Francke in seiner Schule, den meist aus zerrütteten Familienverhältnissen stammenden Kindern ein Handwerk beizubringen, damit diese ihren Lebensunterhalt selbständig bestreiten konnten. Die letztlich noch von den Wirren des Dreißigjährigen Kriegs und einer Pestepidemie herrührende Not der Kinder aus der Glauchaer Vorstadt war für ihn auch eine Herausforderung für christliche Erziehung. Deshalb erhöhte er in seinen Schulen die religiösen Übungen und Themen gewidmeten Stunden,[343] wobei das Bemühen um eine existentielle, eben auch das Gemüt umfassende Aneignung des christlichen Glaubens im Vordergrund stand.

„Die pietistische Konzeption christlicher Unterweisung lautet ‚Anführung zur heiligen Übung der Gottseligkeit'. Sie unterschied sich wesentlich vom reinen Stofflernen und gedächtnismäßigen Memorieren ... Ein anfänglich rezeptiver Unterricht erfuhr durch die applikative Erweiterung eine größere Öffnung zum Schüler hin."[344]

Insgesamt sind Franckes auf dem Fundament seiner eigenen Erweckung ruhenden Schulreformen durch drei Grundsätze charakterisierbar:
„– Realfächer im Schulunterricht
– Konkrete Anschauung in der Verbindung von Wort und Sache
– Weckung der Selbsttätigkeit der Schüler."[345]
Francke entwickelte diese Konzeption im Zusammenhang des Aufbaus des Waisenhauses, also eines Internats.

Insgesamt umfaßten die Franckeschen Stiftungen, in denen zur Zeit seines Todes etwa dreitausend Lernende, Lehrende und Betreuende tätig waren[346], neun Hauptanstalten: „Waisenhaus für Knaben und Mädchen, Schulen des Waisenhauses, Pädagogium für Kinder aus den höheren Ständen, Seminarium Praeceptorum zur Ausbildung der Lehrkräfte für die Volks- und höheren Schulen, weibliche Anstalt, Infirmerie, Arbeitshaus, Collegium orientale und Seminarium nationum."[347]

Francke selbst hatte sehr gute Verbindungen zum preußischen Königshof. Besonders Friedrich Wilhelm I. (1713-1740) wurde durch seine Arbeit

---

und Intentionen der Pädagogik August Hermann Franckes, Wuppertal u.a. 1969; s. zu einem ersten Überblick die sehr gut die wesentlichen Fortschritte der Franckeschen pädagogischen Bemühungen herausstellenden Ausführungen bei Schreiner, a.a.O. (Anm. 315) 65-77.

[343] Zu dem dahinterstehenden zeittheoretischen Konzept s. 2. Kap. 2.1.1.

[344] S. Wibbing, August Hermann Francke (1663-1727), in: H. Schröer, D. Zilleßen, Hg., Klassiker der Religionspädagogik, Frankfurt 1989, 81.

[345] S. ebd. 78.

[346] S. Schreiner, a.a.O. (Anm. 315) 68.

[347] Ebd. 73f.

beeindruckt und begann mit Nachdruck, das Schulwesen zu fördern.[348]
Dabei standen religiöse Inhalte im Zentrum des Unterrichts.[349]

So schrieb der preußische König z.b.: „In Lateinischen und Teutschen Schulen
soll hauptsächlich darauf gesehen werden, daß der Jugend die Furcht des HErrn, als
der Weisheit Anfang, werde beygebracht, daß sie vor allen Dingen GOtt lernen
lieben, dem Gebeth fleissig abwarten, auch in den Gründen des Christhentums, nach
Anleitung des ... heydelbergischen Catechismi, fleissig unterrichtet werden... Dafern
Kinder von einer andern Confession (sc. der lutherischen, C.G.) der Reformirten
Gymnasia und Schulen wollen frequentiren, so sollen sie nicht gegen der Eltern
Willen genöthigt werden, den Reformirten Catechismum zu erlernen, sondern sie
mögen in solcher Stunde den Psalter Davids oder geistliche Lieder, so sie zu Hauß
auswendig gelernet, hersagen.

... Rector und übrige Docentes der Lateinischen, wie auch Cantores und Schulmeister der Teutschen Schulen, haben darauf zu halten, daß die Jugend fleißig den
öffentlichen Gottes-Dienst besuche, sich zu dem Ende an Sonn- und Feyer-Tagen
vor der Predigt in den Classen oder Schulen versamle und also in guter Ordnung
zur Kirch ein- und ausgehe: In der Kirch insonderheit sich still und züchtig betrage,
dem Gesang mit behöriger Andacht abwarte, und mitsinge; in währender Predigt und
Gebeth alles Geschwätzes und Muthwillens sich entschlage, hingegen fleißig in all
Wege aus der Predigt etwas behalte, und in der nächsten Schul-Stunde es wieder
aufsage und erzehle.“[350]

Allerdings sind deutlich Konfliktpunkte zu erkennen, in denen dieses
Programm nicht der Realität entsprach. Zum einen begegnet hier, konkret
in der Differenz zwischen lutherischem und reformiertem Bekenntnis, das
Problem des Konfessionsunterschieds im schulischen Religionsunterricht.
Zum anderen enthalten auch andere Dokumente Mahnungen zur Stille und

---

[348] 1719 verfügte er in einem Erlaß, daß an allen Orten mit Schule für die Kinder
der Schulbesuch verpflichtend sei. Zugleich ordnete er an, für Kinder, deren
Eltern kein Schulgeld zahlen konnten, öffentliche Mittel bereitzustellen (s. Helmreich, a.a.O. 57).

[349] Noch im Königlich Preußischen General-Land-Schul-Reglement von 1763 ist –
vermittelt durch Franckes Schüler J.J. Hecker – deutlich Franckes Einfluß spürbar.

[350] Zitiert nach: D. Stoodt, Arbeitsbuch zur Geschichte des evangelischen Religionsunterrichts in Deutschland, Münster 1985, 55. Hier und auch im folgenden
greife ich vorzüglich auf die preußische Geschichte zurück, da diese auch unter
dem Gesichtspunkt der religiösen Erziehung besonders gut aufgearbeitet ist,
Preußen sich zur führenden Bildungsmacht entwickelte und zudem als großes
Land von erheblicher Bedeutung für andere deutsche Territorien war. Vgl. zur im
einzelnen etwas anders verlaufenden Entwicklung in Bayern N. Seibert, Christliche Volksschule in einer säkularisierten Gesellschaft. Traditionslinien und Probleme der Pflichtschule, Bad Heilbrunn 1995, 95-319.

Konzentration im Gottesdienst, einem damals selbstverständlichem Teil des Schulbesuchs. Offensichtlich gab es Probleme mit einem angemessenen Verhalten während des Gottesdienstes.

Andere Pietisten merkten schnell, daß Schulen allein den Ansprüchen auf eine umfassende lebensbezogene religiöse Erziehung nur teilweise genügen. Deshalb wandten sie sich verstärkt dem bis dahin erst vereinzelt üblichen Brauch der Konfirmation und hier vor allem dem darauf vorbereitenden Unterricht zu, ergänzten also die schulische religiöse Unterweisung durch ein gemeindliches Angebot.[351]

Wie sehr der Einfluß der *Aufklärung* diese Schulauffassung im Laufe des 18. Jahrhunderts veränderte, geht deutlich aus dem Allgemeinen Preußischen Landrecht von 1794 hervor. Jetzt gilt die Schule eindeutig als staatliche Aufgabe.

So heißt es in § 1 bzw. 9 des 12. Teils dieses Gesetzes: „Schulen und Universitäten sind Veranstaltungen des Staats, welche den Unterricht der Jugend in nützlichen Kenntnissen und Wissenschaften zur Absicht haben." Und: „Alle öffentlichen Schul- und Erziehungsanstalten stehen unter der Aufsicht des Staats und müssen sich den Prüfungen und Visitationen derselben zu allen Zeiten unterwerfen."[352]

Daß dies auch durchaus praktische, den Religionsunterricht betreffende Konsequenzen hatte, zeigen die Bestimmungen von § 10 und § 11: „Niemand soll, wegen Verschiedenheit des Glaubensbekenntnisses, der Zutritt in öffentliche Schulen versagt werden" und: „Kinder, die in einer anderen Religion, als welche in der öffentlichen Schule gelehrt wird, nach den Gesetzen des Staates erzogen werden sollen, können dem Religionsunterricht in derselben beizuwohnen nicht angehalten werden". Dies kann als Vorstufe des 1919 in der Weimarer Reichsverfassung eingeräumten Abmeldungsrechts vom Religionsunterricht interpretiert werden.[353] Allerdings griff der Staat in den praktischen Vollzügen, etwa in der konkreten Schulaufsicht vor Ort, bedenkenlos auf die Mitarbeit der Geistlichen zurück.

Doch wirkte die Aufklärung nicht nur in dieser institutionellen Hinsicht. Sie war – wie bereits gezeigt[354] – wesentlich für die Konstituierung der Pädagogik als einer eigenen Wissenschaft verantwortlich – durchaus im Gegensatz zur Theologie, innerhalb deren früher die Fragen der Erziehung und Bildung behandelt wurden. Und sie führte in Deutschland zu neuen Vorschlägen auf dem Gebiet der religiösen Erziehung in der Schule.

---

[351] S. Helmreich, a.a.O. (Anm. 283) 60; s. genauer 4.2.4.

[352] Zitiert nach Stoodt, a.a.O. 60.

[353] S. Chr. Reents, Zu den Wurzeln des selbständigen Ethikunterrichts in der deutschen Schulgeschichte. Wozu diente der Ethikunterricht – wozu soll er dienen?, in: Die Christenlehre 47 (1994) 111f.

[354] S. 1. Kap. 1.3.2.

Besonders die *Philanthropen* machten sich hier verdient.[355] Durch ihre – in der Nachfolge Rousseaus stehende – Orientierung am Kind gewannen sie sowohl didaktisch als auch methodisch neue Ansätze, die in gewisser Weise bis heute Gegenstand religionspädagogischer Reflexion sind.[356]

Auch hier sind sowohl Erfolg als auch Einseitigkeiten der Konzeptionen und einzelnen Vorschläge nur verständlich, wenn man die Positionen und vor allem die damalige Unterrichtspraxis kennt, die sie verändern wollen. Sehr anschaulich geht dies z.B. aus einem Bericht von M.J. Dominikus über die Ende des 18. Jahrhunderts in Erfurter Schulen herrschenden Zustände hervor, wobei diese Stadt konkret einige Zeit Wirkungsort von Salzmann war: „Vermöge des Schlendrians findet man alles gut, wenn es nur bei dem Alten bleibt. Das Kind und der Jüngling ist nur gelehrt, wenn er vieles auswendig weiß, was er bald wieder vergißt, oder worüber er zum Sophist seines Jugendwahns wird, wenn er nur seine Schule besucht, wenn er ohne anzustoßen seine Lektion ansagen, wenn er Buchstaben malen kann, ohne einen Sinn aufzusetzen, wenn er lateinisch oder wohl gar griechisch deklinieren und konjugiren kann, wovon er in seinem Leben bei seinem Handwerk keinen Gebrauch macht, wenn er dabei seinen Katechismus von Wort zu Wort hersagt, und doch von der schönen Natur keinen Begriff hat, von der wichtigen Erhaltung und Sorge für seinen Körper nichts weiß, Tugend ihm unbekannter als religiöse Dogmatick ist, wenn er in einer ihm unverständigen Sprache seine Gebete hersagt. ... Der Unterricht ist schleppend, ohne Anmuth und Reiz, häuft mehr das Gedächtniß mit unnöthigen Materialien, als er den Verstand bildet, oder die Einbildungskraft durch anschauliche Bilder belebt, faselt in Theorien, ohne Verbindung mit praktischen Uebungen."[357]

Grundsätzlich bedeutungsvoll war die Differenzierung zwischen einem allgemeinen Sitten- und einem speziellen Religionsunterricht, wobei in letzterem noch einmal ein Teil mit religiösen Vorstellungen, die der natürlichen Vernunft unmittelbar zugänglich sind, und ein der christlichen Offenbarung verpflichteter Teil unterschieden wurde.

Chr.G. Salzmann empfahl z.B. in seinem Spätwerk folgende vier Grade eines Religionsunterrichts (im weiten Sinn):
„I. Grad: Sittenlehre (8.-10. Lebensjahr)
II. Grad: Natürliche Gotteslehre (10.-12. Lebensjahr)
III. Grad: Christliche Religion (12.-14. Lebensjahr)
Vierter Grad: Kirchliche Vorstellungsarten (14. Lebensjahr)".[358]

---

[355] S. zum ersten Überblick Herrmann, a.a.O. (Anm. 340) 135-158; zur theologischen Rezeption s. den knappen Überblick bei R. Lachmann, Der Religionsunterricht Christian Gotthilf Salzmanns. Ein Beitrag zur Religionspädagogik der Aufklärung, Bern u.a. 1974, 9-24.

[356] S. grundsätzlich zur religionspädagogischen Aktualität philanthropischer Ansätze K. Meiers, Der Religionsunterricht bei Johann Bernhard Basedow, Bad Heilbrunn 1971, und Lachmann, a.a.O.

[357] Zitiert nach Lachmann, a.a.O. (Anm. 355) 32 Anm. 30.

[358] Ebd. 40 zitiert, wobei Lachmann hier zusammenfassend auch auf einen früheren, davon etwas abweichenden Plan Salzmanns hinweist.

In diesen Konzepten spiegelt sich das fundamentalreligionspädagogische Problem der Lehrbarkeit christlicher Religion wider. Offensichtlich sind zumindest für die jüngeren Altersgruppen die traditionellen kirchlichen Stoffe und Lehren pädagogisch nicht erschwinglich. Dazu wird der Religionsunterricht – gleichsam im Vorgriff auf die Diskussion um einen konfessionellen bzw. „allgemeinen" Religionsunterricht – bezüglich seines kirchlichen Bezugs differenziert. Das schwächte den Einfluß der Kirche auf die Schule. Konkret wurde dies darin wirksam und zugleich gefördert, daß sich der Lehrerstand langsam aus seiner Bindung an die Kirche zu emanzipieren begann.

Institutionell greifbar wird diese Entwicklung 1787 in der Einrichtung des preußischen Oberschulkollegiums als einer unabhängigen Schulbehörde zur Aufsicht über höhere und niedere Schulen.[359]

Methodisch führte das Bestreben, kindgemäß zu unterrichten, zur Entwicklung der Sokratik genannten unterrichtlichen Gesprächsführung.[360] Diese Methodik der von Sokrates entwickelten und praktizierten Maieutik (griechisch: Hebammenkunst), die davon ausgeht, daß die richtige Erkenntnis aus dem Kind nur (durch geschickte Gesprächsführung) herausgelockt werden muß, entspricht genau der didaktischen Vorordnung der natürlichen Religion vor die Offenbarung. Denn Offenbartes muß mitgeteilt, natürlich Angelegtes kann dagegen fragend erhoben werden.

3.2.4. Konflikte und Umbrüche im 19. Jahrhundert

Die Entwicklung der deutschen Schule wurde während des ganzen 19. Jahrhunderts – in verschiedenen Konflikten – durch *Auseinandersetzungen um den Einfluß der Kirche auf die Schule und die Stellung und Gestaltung von Religion in den Schulen* geprägt.

Schon 1794, dem Jahr, in dem – wie erwähnt – das Preußische Allgemeine Landrecht die Schule eindeutig der staatlichen Verantwortung (wenn auch unter Inanspruchnahme kirchlicher Hilfe) zuwies, erinnerte umgekehrt der preußische Justizminister Johann Christoph Wöllner (1732-1800) die Lehrer an ihre Pflicht, die Kinder zu Christen zu erziehen, und machte die Anstellung als Lehrer von einer Prüfung der Rechtgläubigkeit abhängig.[361]

---

[359] S. Helmreich, a.a.O. (Anm. 283) 67.
[360] S. immer noch die sehr materialreiche Darstellung von M. Schian, Die Sokratik im Zeitalter der Aufklärung. Ein Beitrag zur Geschichte des Religionsunterrichts, Breslau 1900.
[361] S. Helmreich, a.a.O. (Anm. 283) 69.

Wenige Jahre vorher, 1788, hatte er ein Edikt erlassen, aus dem deutlich als Grundlage dieser Politik die – in früheren Zeiten unvorstellbare – Trennung von öffentlicher und privater Religion auch bei einem Konservativen wie dem Minister, ursprünglich einem evangelischen Theologen, zum Ausdruck kommt.

Im sog. Wöllnerschen Religionsedikt von 1788 heißt es u.a.: „Als Landesherr und als alleiniger Gesetzgeber in Unsern Staaten befehlen und ordnen Wir also, daß hinführo kein Geistlicher, Prediger oder Schullehrer der protestantischen Religion bey unausbleiblicher Kassation und nach Befinden noch härterer Strafe und Ahndung, sich der im vorigen ... angezeigten oder noch mehrerer Irrthümer in sofern schuldig machen soll, daß er solche Irrthümer bey der Führung seines Amts oder auf andere Weise öffentlich oder heimlich sich auszubreiten unterfange. Denn so wie Wir zur Wohlfahrt des Staates und zur Glückseligkeit Unserer Unterthanen die bürgerlichen Gesetze in ihrem ganzen Ansehen aufrecht erhalten müssen, und keinen Richter ... erlauben können, an dem Inhalt derselben zu klügeln, und selbigen nach seinem Gefallen abzuändern; eben so wenig und noch viel weniger dürfen Wir zugeben, daß ein jeder Geistlicher in Religionssachen nach seinen Kopf und Gutdünken handele, und es ihm freystehen könne, die einmal in der Kirche angenommenen Grundwahrheiten des Christenthums das Volk so oder anders zu lehren, sie nach bloßem Willkühr beyzubehalten oder wegzuwerfen, die Glaubensartikel nach Belieben in ihrem wahren Lichte vorzutragen, oder seine eigenen Grillen an ihre Stelle zu setzen ... Unser ernster Wille ist daher, auf die Festhaltung dieser unabänderlichen Ordnung gerichtet, ob Wir schon den Geistlichen in Unsern Landen gleiche Gewissensfreiheit mit Unsern übrigen Unterthanen gern zugestehen, und weit entfernt sind, ihnen bey ihrer inneren Ueberzeugung den mindesten Zwang anzuthun. Welcher Lehrer der christlichen Religion also eine andere Überzeugung in Glaubenssachen hat, als ihm der Lehrbegriff seiner Confeßion vorschreibt, der kann diese Ueberzeugung auf seine Gefahr sicher behalten, denn Wir wollen Uns keine Herrschaft über sein Gewissen anmaßen; allein, selbst nach seinem Gewissen müßte er aufhören, ein Lehrer seiner Kirche zu seyn".[362]

Seitdem bildet – trotz Aufhebung des Edikts 1797 – die *funktionale Zuordnung eines durch die kirchliche Lehre geprägten Religionsunterrichts zur Erhaltung der Staatsräson* gleichsam eine dunkle Folie für die Diskussion um dieses Fach und macht die zumindest untergründig bis heute reichende Skepsis politisch links gerichteter Kreise gegen den konfessionellen Religionsunterricht verständlich. 1826 erließ in Preußen der Kultusminister Karl Altenstein (1770-1840) eine Anordnung, die das Christsein als Erziehungsziel der Schulen und einen dogmatisch orientierten Religionsunterricht vorschrieb.[363] Als nächster bediente sich 1854 der preußische Geheime Ober-

---

[362] Zitiert nach Stoodt, a.a.O. (Anm. 351) 307f.
[363] S. Helmreich, a.a.O. (Anm. 283) 80f.

regierungs-Rat Ferdinand Stiehl (1812-1878) in den nach ihm benannten Regulativen gegenüber Liberalisierungstendenzen in den Lehrerseminaren dieser Argumentationsfigur,[364] die dann in expliziter Zuspitzung gegen die Sozialdemokratie etwa in einem königlichen Erlaß am 1. Mai 1889 wieder auftauchte.

Wilhelm II. (1888-1918) schrieb dort: „Schon lange Zeit hat Mich der Gedanke beschäftigt, die Schule in ihren einzelnen Abschnitten nutzbar zu machen, um der Ausbreitung sozialistischer und kommunistischer Ideen entgegenzuwirken. In erster Linie wird die Schule durch Pflege der Gottesfurcht und der Liebe zum Vaterlande die Grundlage für eine gesunde Auffassung auch der staatlichen und gesellschaftlichen Verhältnisse zu legen haben. Aber Ich kann mich der Erkenntnis nicht verschließen, daß in einer Zeit, in welcher die sozialdemokratischen Irrtümer und Entstellungen mit vermehrtem Eifer verbreitet werden, die Schule zur Förderung der Erkenntnis dessen, was wahr, was wirklich und was in der Welt möglich ist, erhöhte Anstrengungen zu machen hat. Sie muß bestrebt sein, schon der Jugend die Überzeugung zu verschaffen, daß die Lehren der Sozialdemokratie nicht nur den göttlichen Geboten und der christlichen Sittenlehre widersprechen, sondern in der Wirklichkeit unausführbar und in ihren Konsequenzen dem Einzelnen und dem Ganzen gleich verderblich sind."[365]

Im Hintergrund solcher Äußerungen stand die zunehmend schroffe Distanz zwischen obrigkeitlicher Schul- und Religionspolitik und an der Aufklärung orientierter Emanzipation des Lehrerstandes, wie sie für den Religionsunterricht etwa Friedrich Adolph Wilhelm Diesterweg (1790-1866) ausarbeitete.[366]

Angesichts heutiger Auseinandersetzungen um die Konfessionalität des Religionsunterrichts, die in gewissem Sinn eine Fortsetzung des Streits um die Bekenntnisschule in den sechziger Jahren darstellen, erscheint folgende programmatische Äußerung Diesterwegs von 1863 geradezu prophetisch: „Konfessionsschule, Simultanschule, konfessionslose Schule. Die konfessionslose Schule ist indessen noch nicht das letzte. Sie ist nur notwendig, um über die trennenden Unterschiede tatsächlich hinwegzukommen; sie selbst führt zur letzten Stufe: zum gemeinsamen religiösen Unterricht aller Kinder."[367]

---

[364] S. 1. Kap. 2.1.2.; sehr ausführlich und vom Bemühen um didaktisches Verstehen der vielfach als reaktionär abgelehnten Stiehlschen Regulative geleitet stellt P.C. Bloth, Religion in den Schulen Preußens. Der Gegenstand des evangelischen Religionsunterrichts von der Reaktionszeit bis zum Nationalsozialismus, Heidelberg 1968, 14-88, Stiehls religionsdidaktisches Anliegen im Gegenüber zur Diesterwegschen Kritik am konfessionell gebundenen Religionsunterricht dar.

[365] Zitiert nach Helmreich, a.a.O. (Anm. 283) 117.

[366] S. 1. Kap. 2.1.3.

[367] Zitiert nach Seibert, a.a.O. (Anm. 351) 24.

Eine langfristig gesehen erhebliche Schwächung der kirchlichen Prägung von Schule und dann auch des Religionsunterrichts stellte die konfessionelle Durchmischung der deutschen Territorien seit 1815 dar.[368] Wie sollte man in Gegenden, in denen die Bevölkerung nicht ausschließlich einer Konfession zugehörte, die Kinder in der Schule religiös unterweisen? Mancherorts, wohl zuerst 1817 im kleinen Nassau[369], kam es zu sog. *Simultanschulen* bzw. Gemeinschaftsschulen, also Schulen, in denen Lehrer der verschiedenen Konfessionen Schüler der verschiedenen Konfessionen unterrichteten. Hierbei ist wichtig, daß die Simultanschulen auch pädagogische Vorzüge boten, insofern sie vielerorts eine Abkehr von den einklassigen Schulen und die Einrichtung größerer und besser ausgestatteter Schulen ermöglichten.[370]

Interessant ist darüber hinaus, daß das Nassauische Schuledikt von 1817 zugleich einen überkonfessionellen, selbstverständlich christlichen Religionsunterricht einführte, neben dem noch konfessionell gebundene Religionsstunden bestanden. Zwar wurde in Nassau der allgemeine Religionsunterricht für die Gymnasien 1838 und die Volksschulen 1846 wieder abgeschafft, doch markiert diese Konstruktion ein bis heute virulentes Problem. In welcher Weise findet Religionsunterricht in einer Schule statt, die von Schülerinnen und Schülern unterschiedlichen Bekenntnisses besucht wird? Die erst nach Zögern in Nassau eingeführte Lösung, gemeinsamer Unterricht in allen Fächern außer Religion und konfessionell gebundener Religionsunterricht (dessen Erteilung sich meist Lehrer und Pfarrer teilten), verbreitete sich langsam – meist gegen den Widerstand der Kirchenbehörden – auch in anderen Territorien. Sie sollte vor allem die gegenseitige Toleranz fördern.

Folgende Argumente finden sich bei den Gegnern der Simultanschulen: „Die Lehrer würden in manchen Fächern, vor allem in Geschichte, ihre volle Meinung nicht frei äußern können. Eine protestantische oder katholische Darstellung der Reformation ... werde den Widerspruch der betreffenden Kirchenbehörden, vielleicht sogar der Laien, erregen. Außerdem werde solcher Interkonfessionalismus in der traditionellen Schulandacht, in Schul-Abendmahlsgottesdiensten, beim gemeinsamen Besuch von kirchlichen Gottesdiensten und im Gesangsunterricht, der großen-

---

[368] S. 1. Kap. 1.1.1.

[369] Durch die napoleonische Konsolidierungspolitik war es hier zu einem konfessionell gemischten Territorium gekommen. Es gab 1816 133 katholische, 124 lutherische sowie 67 reformierte Gemeinden. (s. Helmreich, a.a.O. (Anm. 283) 75).

[370] S. ebd. 77; daß dieses Problem auch im Hintergrund des Streits um die sog. Stiehlschen Regulative stand, darauf machen H.-G. Herrlitz, W. Hopf, H. Titze, Deutsche Schulgeschichte von 1800 bis zur Gegenwart, Weinheim u.a. 1993, 108, zu Recht aufmerksam.

teils aus dem Singen von Kirchenliedern bestand, Verwirrung stiften. Anstatt die Unterschiede zwischen den Konfessionen zu mindern, würden die Simultanschulen – besonders durch die Trennung der Schüler im Religionsunterricht – sie verschärfen. Selbst beim interkonfessionellen Schulgebet werde ein lutherisches Kind die Hände falten, während ein katholisches Kind sich bekreuzigen und wahrscheinlich heimlich ein stilles Ave Maria anschließen werde. Wenn ein Kind der Minderheit angehöre, werde es so von seinen Kameraden isoliert ... Vor allem jedoch fehle an den Simultanschulen jener gemeinsame Geist, der letztlich den gesamten Unterricht bestimmen solle."[371]

Eine gewisse Lockerung setzte Anfang des 20. Jahrhunderts aus pragmatischen Gründen in konfessionell stark gemischten Gegenden Preußens ein, insofern hier der Konfessionsstand des Lehrers entscheidend für den Charakter der Schule wurde, die aber durchaus Kinder anderer Konfessionszugehörigkeit besuchen konnten.[372] Es war aber ein sich bis weit ins 20. Jahrhundert erstreckender, in den einzelnen Ländern sehr unterschiedlich verlaufender Prozeß, in dem sich die Gemeinschaftsschule durchsetzte.

So besuchten 1932 im Deutschen Reich von etwa 4,5 Millionen evangelischen Volksschülerinnen und -schülern etwa 3,4 Millionen eine Evangelische Konfessionsschule, 1,1 Millionen eine Simultanschule und ein verschwindender Rest von etwa 25.000 eine Katholische Konfessionsschule; umgekehrt nahmen von etwa 2,7 Millionen katholischen Schülerinnen und Schülern 2,3 Millionen am Unterricht einer Katholischen Konfessionsschule teil, gut 330.000 waren in einer Simultanschule, gut 60.000 an einer Evangelischen Konfessionsschule eingeschult.[373]

Sehr viel schneller als in den Volksschulen befreiten sich die Gymnasien vom kirchlichen Einfluß. Wesentlich war hierfür, daß sich die Gruppe der Gymnasiallehrer früher als eigener Stand etablieren konnte. Schon im Preußischen Allgemeinen Landrecht (1794) gehörten sie zum „höheren" Bürgerstand und waren somit dem Zugriff der ständischen Lokalgewalten entzogen.[374] Ihre Identität beruhte wesentlich auf ihrer wissenschaftlichen Qualifikation. Dies wurde 1810 in Preußen durch die unter Wilhelm v. Humboldt ausgefertigte Anordnung eines nur nach wissenschaftlichen Kriterien vergebenen „Examen pro facultate docendi" rechtlich fixiert.[375] Dadurch durften Pfarrer nicht mehr – ohne weitere Ausbildung – am Gymnasium unterrichten (geschweige denn aufsichtliche Funktionen übernehmen). Trotz mancher kritischer Anfragen blieb aber Religion ein Unterrichtsfach

---

[371] Helmreich, a.a.O. (Anm. 283) 77.
[372] S. Seibert, a.a.O. (Anm. 351) 58.
[373] S. Helmreich, a.a. O. (Anm. 283) 186.
[374] S. Herrlitz, u.a., a.a.O. (Anm. 370) 40.
[375] S. ebd. 41.

am Gymnasium und wurde im Abiturreglement von 1834, das endgültig das Abitur am Gymnasium zur Voraussetzung eines Universitätsstudiums machte, als Prüfungsfach geführt.[376]

Auch hier zeigt sich die bereits im vorhergehenden aufgezeigte enge Bindung von Staat und Kirche, insofern das Abitur vor allem den Zugang zu staatlichen Ämtern regelte.[377]

So vollzog sich der Streit um die kirchliche Prägung der Schule und des Religionsunterrichts vor allem auf der Ebene der Volksschulen, und zwar in enger Verbindung mit der Herausbildung eines Standesbewußtseins der Lehrerschaft.

Dies geht z.b. aus den programmatischen Artikeln hervor, die bei der Gründungsversammlung des Allgemeinen Deutschen Lehrervereins in Eisenach (September 1848) verabschiedet wurden. Dort heißt es in § 2: „Die selbständige Leitung der einigen Volksschulen geschieht ... durch ein besonderes Ministerium der öffentlichen Volkserziehung, dessen Mitglieder (Erziehungsräte), sowie die Kreis- und Bezirksschulräte, nur aus wirklichen Schulmännern (sc. also nicht aus Pfarrern!, C.G.) bestehend, die verschiedenen Arten der Volksschule vertreten."[378]

Vor allem die Sozialdemokratische Partei unterstützte die Lehrer bei ihrem Kampf gegen kirchliche Bevormundung.

Sie „befürwortete Schulneugründungen auf simultaner anstatt auf konfessioneller Basis und machte sich zum Anwalt aller Bestrebungen, die den Religionsunterricht zwar nicht gänzlich abschaffen, aber doch zumindest drastisch kürzen wollten."[379]

Wie im 1. Kapitel gezeigt, eskalierte der Konflikt Anfang des 20. Jahrhunderts. Sowohl der sog. Bremer Schulstreit[380] als auch Verlautbarungen wie das Zwickauer Manifest dokumentieren die fatale Verquickung von allgemein schulpolitischen, pädagogischen und spezifisch die schulische re-

---

[376] Daß dies nicht unumstritten war, zeigt die Tatsache, daß es zwischen 1812 und 1834 – wohl auf Grund des Einflusses von Schleiermacher, für dessen romantisierendes Religionsverständnis (s. genauer 1. Kap. 1.2.2.) eine Prüfung in Religion verfehlt erscheinen mußte – keine Religionsprüfung im Abitur gab (s. Helmreich, a.a.O. (Anm. 283) 91).

[377] Zum schwindenden kirchlichen Einfluß auf Gymnasien während des Kaiserreichs s. den knappen Überblick ebd. 112f.; s. zu den wenigen im 19. Jahrhundert von der evangelischen Kirche gegründeten Schulen Schreiner, a.a.O. (Anm. 315) 106-200.

[378] Zitiert nach Herrlitz, u.a., a.a.O. (Anm. 370) 59.

[379] Helmreich, a.a.O. (Anm. 283) 98.

[380] S. 1. Kap. 2.3.2.

ligiöse Erziehung und den Einfluß der Kirchen betreffenden Fragen und Problemen, wobei die Kirchen als Gegner der pädagogischen Innovationen und der Versuche, einen unabhängigen Lehrerstand zu etablieren, auftraten.

Gerade das Zwickauer Manifest von 1905 zeigt, daß die Reformvorschläge der Lehrerschaft zum Religionsunterricht zwar kirchenkritisch, aber keinesfalls atheistisch waren, sondern Einsichten der damaligen liberalen Theologie und der Pädagogik Herbarts und Zillers aufnahmen:

„1. Religion ist ein wesentlicher Unterrichtsgegenstand und der Religionsunterricht eine selbständige Veranstaltung der Volksschule.

2. Er hat die Aufgabe, die Gesinnung Jesu im Kinde lebendig zu machen.

3. Lehrplan und Unterrichtsform müssen dem Wesen der Kindesseele entsprechen, und Festsetzungen darüber sind ausschließlich Sache der Schule. Die kirchliche Aufsicht über den Religionsunterricht ist aufzuheben.

4. Nur solche Bildungsstoffe kommen in Betracht, in denen dem Kinde religiöses und sittliches Leben anschaulich entgegentritt. Der Religionsunterricht ist im wesentlichen Geschichtsunterricht. Im Mittelpunkt hat die Person Jesu zu stehen ...

5. Die Volksschule hat systematischen und dogmatischen Unterricht abzulehnen. Für die Oberstufe können als geeignete Grundlage für eine Zusammenfassung der in der christlichen Religion enthaltenen sittlichen Gedanken die Zehn Gebote, die Bergpredigt und das Vaterunser bezeichnet werden. Der Katechismus Luthers kann nicht Grundlage und Ausgangspunkt der religiösen Jugendunterweisung sein. Er ist als religionsgeschichtliche Urkunde und evangelisch-lutherische Bekenntnisschrift zu würdigen.

6. Der religiöse Lernstoff ist nach psychologisch-pädagogischen Grundsätzen neu zu gestalten und wesentlich zu kürzen, der Lernzwang zu mildern ...“[381]

Die Antwort der sächsischen Synode 1909 markierte die strittigen Punkte: Sie lehnte eine ausschließlich von Laien durchgeführte Schulaufsicht ab; sie betonte, daß die Schüler Jesus als ihren Heiland und Erlöser kennenlernen müssen; sie hielt Luthers Katechismus für unersetzlich im schulischen Religionsunterricht.[382]

3.2.5. Probleme und Auseinandersetzungen zwischen den beiden Kriegen

Die im Bremer Schulstreit und in den Zwickauer Thesen formulierten Probleme brachen unmittelbar nach Beendigung des I. Weltkriegs heftiger als vorher auf. Die bisher die Stellung der Kirchen stützende monarchische Staatsform war zu Ende, weithin errangen in den einzelnen Ländern Sozialdemokraten bzw. Sozialisten die Macht bzw. waren an ihr beteiligt. In

---

[381] Zitiert nach Helmreich, a.a.O. (Anm. 283) 146; allerdings forderte der 1906 gegründete „Bund für weltliche Schule und Moralunterricht" einen eigenständigen Sittenunterricht (s. Reents, a.a.O. (Anm. 353) 108).

[382] S. Helmreich, a.a.O. 146f.

Preußen leitete der Unabhängige Sozialist Adolf Hoffmann (1858-1930) eine völlige Kehrtwende in der Religionspolitik ein, vor allem hinsichtlich Schule und Religionsunterricht:

„Am 15. November (sc. 1918, C.G.) verfügte er, daß Kinder auf Wunsch der Eltern oder Vormünder vom Religionsunterricht an den Schulen befreit würden ... Am 27. November wurde die örtliche kirchliche Schulaufsicht abgeschafft. Zwei Tage später wurden weitere revolutionäre Bestimmungen erlassen: 1. Die Gebete zu Anfang und zu Ende des Unterrichtes sollen fortfallen. 2. Der Gottesdienstbesuch und der Besuch von Andachten sollen für die Schüler hinfort nicht mehr obligatorisch sein. 3. Religion soll kein Prüfungsfach mehr sein. 4. Kein Lehrer soll zur Erteilung von Religionsunterricht, zum Besuche eines Gottesdienstes oder zur Beaufsichtigung von Kindern im Gottesdienste verpflichtet sein. 5. Kein Kind darf zum Besuche des Religionsunterrichtes gezwungen werden. Eltern oder Vormünder sollen für die Kinder unter 14 Jahren die Entscheidungsgewalt haben ... 6. Im Religionsunterricht sollen keine Aufgaben erteilt werden".[383] In ganz Deutschland wurde gegen diese Bestimmungen protestiert. Daraufhin zog sie der Nachfolger Hoffmanns Anfang 1919 zurück. Doch auch anderswo kam es zu ähnlichen, z.T. noch radikaleren Verordnungen.

So schaffte z.B. in Hamburg am 10.12.1918 der damals herrschende Arbeiter- und Soldatenrat den Religionsunterricht an allen öffentlichen Schulen ab; in Bayern beseitigte der sozialistische Kultusminister am 16.12.1918 jede kirchliche Aufsicht und gab am 10.1.1919 einen Lehrplan für einen Ethikunterricht ohne religiösen Inhalt heraus.

Zwar wurden diese Vorstöße in der Folgezeit zurückgenommen. In Bremen bildete sich aber – nach der Abschaffung des Religionsunterrichts durch die Arbeiter- und Matrosenregierung (7.1.1919) und der Bestätigung dieser Maßnahme durch die Regierung im März 1919, trotz der Aufhebung dieser Entscheidung durch ein Reichsgerichtsurteil (29.11.1920) – eine neue Form des Religionsunterrichts, die bis heute Bestand hat: ein überkonfessioneller Unterricht in „Biblischer Geschichte".

So bestimmt – dies ist der Grund der sog. Bremer Klausel in Art. 141 des Grundgesetzes, die eine Befreiung von der Geltung des Art. 7,3 vorsieht, wenn am 1.1.1949 eine andere landesrechtliche Regelung bestand[384] – Art. 32 Satz 1 der bremischen Landesverfassung von 1947: „Die allgemein bildenden öffentlichen Schu-

---

[383] Ebd. 153.

[384] Diese Bestimmung wurde auch wieder nach der politischen Vereinigung bei der Frage diskutiert, ob in den neuen Bundesländern Religionsunterricht eingeführt werden solle.

len sind Gemeinschaftsschulen mit bekenntnismäßig nicht gebundenem Unterricht in Biblischer Geschichte auf allgemein christlicher Grundlage".[385]

Angesichts dieser Turbulenzen nimmt es nicht wunder, daß die Fragen von Bekenntnis- bzw. Gemeinschaftsschule und Religionsunterricht auch bei der Erstellung der *Weimarer Reichsverfassung* umstritten waren.

Als Hintergrund ist dabei in Fortführung des für die unterschiedliche Entwicklung der Lehrämter im 19. Jahrhundert Gezeigten folgendes zu beachten: „Der Konflikt um die Entkonfessionalisierung der Volksschule ... ist ... auch als ein Konflikt über die inhaltliche Bildungserweiterung oder -begrenzung zu verstehen. Die religiöse Indoktrination in den Volksschulen war ... in Deutschland seit jeher ein wichtiges Mittel zur politischen Unterordnung der großen Masse der Bevölkerung. In der wissenschaftlich ausgerichteten höheren Schule dagegen spielte die Religion nur eine untergeordnete Rolle. Das Eintreten der Arbeiterbewegung und liberaler Teile des Bürgertums und kleinbürgerlicher Schichten für die Weltlichkeit der Volksschule war daher auch eine Forderung nach Aufhebung der inhaltlichen Bildungsbegrenzung."[386]

Die Schulfrage blieb – trotz mehrer Anläufe, 1921, 1925 und 1927 wurden jeweils neue Entwürfe eines Reichsschulgesetzes erarbeitet – ungelöst. Auf Grund der schnell wechselnden politischen Koalitionen und der unterschiedlichen Positionen der verschiedenen Parteien gerade in dieser Frage[387] ließ die Verfassung das Problem offen und verlagerte eine Entscheidung auf ein noch zu erstellendes Schulgesetz, das aber in den zunehmenden politischen Wirren nicht mehr zustande kam.

So heißt es in Art. 146 der Weimarer Reichsverfassung:
„Das öffentliche Schulwesen ist organisch auszugestalten. Auf einer für alle gemeinsamen Grundschule baut sich das mittlere und höhere Schulwesen auf. Für diesen Aufbau ist die Mannigfaltigkeit der Lebensberufe, für die Aufnahme eines Kindes in eine bestimmte Schule sind seine Anlage und Neigung, nicht die wirtschaftliche und gesellschaftliche Stellung oder das Religionsbekenntnis seiner Eltern maßgebend.

Innerhalb der Gemeinden sind indes auf Antrag von Erziehungsberechtigten Volksschulen ihres Bekenntnisses oder ihrer Weltanschauung einzurichten, soweit hierdurch ein geordneter Schulbetrieb, auch im Sinne des Absatzes 1, nicht beeinträchtigt wird. Der Wille der Erziehungsberechtigten ist möglichst zu berücksichti-

---

[385] Zitiert nach P.C. Bloth, Der Bremer Schulstreit als Frage an die Theologie. Eine Studie zur Problematik des Religionsunterrichts in der Volksschule des frühen 20. Jahrhunderts, Diss. theol. Münster 1959, 89.

[386] Herrlitz, u.a., a.a.O. (Anm. 370) 130.

[387] Die Sozialisten forderten „die weltliche Schule, die Demokraten die Simultanschule und das Zentrum die Konfessionsschule" (Helmreich, a.a.O. (Anm. 283) 158).

gen. Das Nähere bestimmt die Landesgesetzgebung nach den Grundsätzen eines Reichsgesetzes ..."[388]

Art. 174 entschärfte aber diese Bestimmung: „Bis zum Erlaß des im Artikel 146 Abs. 2 vorgeschriebenen Reichsgesetzes bleibt es bei der bestehenden Rechtslage. Das Gesetz hat die Gebiete des Reichs, in denen eine nach Bekenntnissen nicht getrennte Schule gesetzlich besteht, besonders zu berücksichtigen."[389]

Zwar klang der Anfang von Art. 146 mit seiner impliziten Einführung der weltlichen Schule revolutionär, doch fehlte ihm die praktische Umsetzung durch das angekündigte, aber nie verabschiedete Reichsgesetz. So blieben – entsprechend Art. 174 – die Verhältnisse weithin unverändert, in manchen Ländern dominierte die Konfessionsschule, während andere mehrheitlich Simultanschulen unterhielten.[390] Allein die sog. weltlichen Schulen fehlten weithin völlig bzw. waren in extremer Minderzahl. Insofern hatten sich die Kirchen mit ihrem Eintreten für eine konfessionell geprägte schulische Erziehung durchgesetzt.

P.C. Bloth konstatiert: „Der deutsche Protestantismus hatte im ersten Jahrzehnt nach dem Ersten Weltkriege auf seinen ‚Deutschen evangelischen Kirchentagen‘ (1919-1921; 1924-1930) in der dort regelmäßig verhandelten ›Schulfrage‹ noch nahezu mit einer Stimme zugunsten der aus Vorkriegszeiten überwiegend gebräuchlichen ›Bekenntnisschule‹ gesprochen. ... Die Probleme des Religionsunterrichtes ... schienen während der zwanziger Jahre jedenfalls aus der Sicht der auf ›Kirchentagen‹ sprechenden Kirche nichts weiter zu sein als Derivate der von ihr im eigenen Sinne unzweideutig beantworteten ›Schulfrage.‘"[391] Mit diesem Engagement für die staatliche Bekenntnisschule hängt auch – neben allgemeinen wirtschaftlichen Schwierigkeiten – zusammen, daß während der Weimarer Republik kaum kirchliche Schulen gegründet wurden.[392]

Schulorganisatorisch bedeutete die Einführung der vierjährigen obligatorischen Grundschule einen tiefen Einschnitt, weil hier „zum ersten Mal in der deutschen Schulgeschichte die strikte Segregation von höherer und niederer Bildung – allerdings nicht die von ‚Normalschulen‘ und ‚Hilfsschulen‘ für geistig und körperlich Behinderte – durchbrochen" wurde.[393] Auch die Dreigliederung des Schulwesens in der Weimarer Reichsverfassung hat

---

[388] Zitiert nach Stoodt, a.a.O. (Anm. 351) 104.

[389] Zitiert ebd. 105.

[390] S. genauer die Übersicht bei Helmreich, a.a.O. (Anm. 283) 187.

[391] P.C. Bloth, Einführung XIIIf. zu: F. Kraft, Religionsdidaktik zwischen Kreuz und Hakenkreuz. Versuche zur Bestimmung von Aufgaben, Zielen und Inhalten des evangelischen Religionsunterrichts, dargestellt an Richtlinienentwürfen zwischen 1933 und 1939, Berlin u.a. 1996.

[392] S. Schreiner, a.a.O. (Anm. 315) 202-243.

[393] Herrlitz, u.a., a.a.O. (Anm. 370) 126.

bis heute – abgesehen von der zunehmenden Problematik der Hauptschule und dem Versuch einzelner neuer Bundesländer mit einem eher zweigliedrigen Schulsystem – Bestand.

Bei der Frage des Religionsunterrichts gelang den Verfassungsgebern ein – von der Wirkung her gesehen – tragfähiger Kompromiß.

In Art. 149 heißt es:

„Der Religionsunterricht ist ordentliches Lehrfach der Schulen mit Ausnahme der bekenntnisfreien (weltlichen) Schulen. Seine Erteilung wird im Rahmen der Schulgesetzgebung geregelt. Der Religionsunterricht wird in Übereinstimmung mit den Grundsätzen der betreffenden Religionsgesellschaft unbeschadet des Aufsichtsrechtes des Staates erteilt.

Die Erteilung religiösen Unterrichts und die Vornahme kirchlicher Verrichtungen bleibt der Willenserklärung der Lehrer, die Teilnahme an religiösen Unterrichtsfächern und an kirchlichen Feiern und Handlungen der Willenserklärung desjenigen überlassen, der über die religiöse Erziehung des Kindes zu bestimmen hat."[394]

Deutlich tritt hier der Versuch hervor, zugleich den Religionsunterricht als in die Schule integriertes Unterrichtsfach zu etablieren, den Kirchen Einflußmöglichkeiten zu geben und das Recht auf religiöse Selbstbestimmung auch für die Lehrerinnen und Lehrer zu wahren. Das Reichsgesetz gab den Ländern einen Rahmen vor, innerhalb dessen einzelne Fragen, wie die nach der Überprüfung der Rechtgläubigkeit des Unterrichts oder die Erstellung von Lehrplänen und die Zulassung von Religionsbüchern zu klären waren.

Sogar der Teilnahmemodus wurde diskutiert. „Allgemein wurde ... angenommen, daß Kinder am Religionsunterricht teilnehmen sollten, wenn sie nicht auf ausdrücklichen Wunsch der Eltern und Vormünder abgemeldet wurden. Dagegen forderte man in Hamburg, daß die Eltern die Anmeldung ihrer Kinder zum Religionsunterricht ausdrücklich beantragten."[395] Erst 1933 wurde diese Auffassung in der Hansestadt revidiert.

In der Praxis ergaben sich immer wieder Schwierigkeiten mit der konkreten Auslegung des Verfassungstextes. Z.B. konnten die Lehrer nicht zur Aufsicht bei Schulgottesdiensten oder zur Erteilung von benötigtem Religionsunterricht gezwungen werden. Aber bei Verweigerung hiervon waren mancherorts die Anstellungschancen gemindert.[396]

Auch hier ist auf föderale Unterschiede hinzuweisen, die sich teilweise bis heute auswirken. Während in den süddeutschen Ländern (Baden, Bayern und Württem-

---

[394] Zitiert nach Stoodt, a.a.O. (Anm. 351) 105.
[395] Helmreich, a.a.O. (Anm. 283) 165f.
[396] S. ebd. 166.

berg) meistens Pfarrer den Religionsunterricht erteilten, lag er in den norddeutschen Ländern weithin in der Hand von Lehrern bzw. Lehrerinnen.[397]

Manchmal war es bei Mischehen und besonders dann, wenn der Ehepartner starb, nach dessen Konfession das Kind bisher erzogen wurde, nicht leicht zu entscheiden, welchen Religionsunterricht das Kind besuchen sollte. Für solche und ähnliche Fragen wurde 1921 das Reichsgesetz über die religiöse Kindererziehung erlassen.[398] Seine Kompliziertheit macht auf die zunehmenden Probleme aufmerksam, die eine stärkere Pluralisierung auf religiösem Gebiet aufwarf, eine Entwicklung, die bis heute zunimmt und vor allem im schulischen Rahmen, der klare Bestimmungen und Funktionalitäten erfordert, zu schwierigen Konflikten führt.

Die *nationalsozialistische Machtübernahme* schien zuerst wenig im hier interessierenden Bereich von Schule zu verändern. Denn die erste Phase der nationalsozialistischen Schulpolitik war vorrangig von innenpolitisch-taktischen Überlegungen bestimmt, und hier schien ein Konflikt mit den Kirchen 1933 nicht opportun.

Im Februar 1933 wurden sogar – unter Bruch der Reichsverfassung – in Preußen und Sachsen die „weltlichen" Schulen aufgelöst und konfessioneller Religionsunterricht eingeführt. Der im Juni erstellte Entwurf eines – dann aber nicht verabschiedeten – „Gesetzes über den christlichen Religionsunterricht" lieferte die Begründung hierfür gleichsam nach: „Aus der Anerkennung des Christentums als einer wesentlichen Kulturgrundlage unseres Volkes ergibt sich zwingend, daß alle jungen Deutschen ... mit den Angelegenheiten der christlichen Religion vertraut gemacht werden. Es kann nicht wie bisher dem freien Belieben der Eltern oder gar der Schüler selbst überlassen werden, ob sie am christlichen Religionsunterricht teilnehmen oder nicht."[399] Es sei nur auf die hier begegnende Problematik eines allein kulturell begründeten Religionsunterrichts hingewiesen.

Noch wichtiger war der Abschluß des Konkordats am 20.7.1933, dessen Artikel 21 bis 25 die katholischen Bekenntnisschulen, die Privatschulen und den Religionsunterricht absicherten.[400] Entsprechend den staatskirchenrechtlichen Usancen in Deutschland bedeutete dies zugleich auch einen gewissen Schutz für die entsprechenden evangelischen Institutionen.

Doch diese Haltung änderte sich schnell.

---

[397] S. Kraft, a.a.O. (Anm. 391) 6.

[398] S. Stoodt, a.a.O. (Anm. 351) 100f.

[399] Zitiert nach Kraft, a.a.O. (Anm. 391) 8.

[400] Die für den Religionsunterricht wichtigsten Bestimmungen sind gut greifbar bei Stoodt, a.a.O. (Anm. 351) 111f. abgedruckt; vgl. zu den Auswirkungen des Konkordats auf das Volksschulwesen Seibert, a.a.O. (Anm. 351) 71-94.

Wohl als erste spürten die kirchlichen Schulen den massiven Zugriff des Staates. Schon 1933 dehnte man z.B. in Preußen die Grundsätze des „Gesetzes zur Wiederherstellung des Berufsbeamtentums" auf die Privatschulen aus.[401]

Insgesamt muß bei der folgenden Skizze der nationalsozialistischen Erschwerung und schließlich Bekämpfung des Religionsunterrichts beachtet werden, daß der nationalsozialistische Staat keine stringente schulpolitische, geschweige denn -pädagogische Position entwickelte. Dies war zum einen in Rivalitäten innerhalb der Partei und dann in Spannungen zwischen Partei und Staat (vor allem den Ministerialbürokratien) begründet. Zum anderen – sachlich gravierender – bestand bei den Nazi-Führern ein unverkennbares Desinteresse an der Schule und den hier gelehrten Inhalten. Erziehungsziel war ja die dienstbereite Gefolgschaft gegenüber dem Führer, also eher eine „Haltung" als bestimmte Kenntnisse.[402]

A. Hitler soll kurz nach der Machtergreifung seine „Pädagogik" folgendermaßen formuliert haben: „Meine Pädagogik ist hart. Das Schwache muß weggehämmert werden. In meinen Ordensburgen wird eine Jugend heranwachsen, vor der sich die Welt erschrecken wird. Eine gewalttätige, herrische, unerschrockene Jugend will ich. Jugend muß das alles sein. Schmerzen muß sie ertragen. Es darf nichts Schwaches und Zärtliches an ihr sein. Das freie, herrliche Raubtier muß erst wieder aus ihren Augen blitzen. Stark und schön will ich meine Jugend. Ich werde sie in allen Leibesübungen ausbilden lassen. Ich will eine athletische Jugend. Das ist das erste und wichtigste. So merze ich die Tausende von Jahren der menschlichen Domestikation aus. So habe ich das reine, edle Material der Natur vor mir. So kann ich das Neue schaffen".[403]

So waren nationalsozialistische Eingriffe in die Schule oft mehr destruierend als konstruktiv.[404]

---

[401] S. zu den weiteren Reglementierungen, die schließlich zur fast völligen Abschaffung kirchlicher Schulen führten, Schreiner, a.a.O. (Anm. 315) 245-254, der allerdings auch auf den geringen Widerstand zumindest auf evangelischer Seite hinweisen muß.

[402] S. Kraft, a.a.O. (Anm. 391) 2.

[403] Zitiert nach Herrlitz, u.a., a.a.O. (Anm. 370) 145 (nach einer Äußerung Rauschnings 1940).

[404] S. H. Scholtz, Erziehung und Unterricht unterm Hakenkreuz, Göttingen 1985, 134. Dies erklärt vielleicht, daß es nur vereinzelt, vor allem in Württemberg, zu Versuchen kam, einen eigenen „Weltanschauungsunterricht" (WAU) zu etablieren (s. J. Thierfelder, Die Auseinandersetzung um Schulform und Religionsunterricht im Dritten Reich zwischen Staat und evangelischer Kirche in Württemberg, in: M. Heinemann, Hg., Erziehung und Schulung im Dritten Reich Teil 1, Stuttgart 1980, 230-250).

1936 leitete die NSDAP eine Kampagne zur Verdrängung der Kirchen aus der Schule ein, in der sie sich unterschiedlicher Mittel bediente: „erstens begann ... (sie) einen systematisch organisierten Kampf gegen die Bekenntnisschule, zweitens nahmen in den Ländern Reichsstatthalter und Schulbehörden durch Richtlinienerlasse ohne Absprache mit landeskirchlichen Behörden direkten Einfluß auf die Lehrpläne für den Religionsunterricht, drittens wirkte Bormann als Leiter der Parteikanzlei in zum Teil ultimativer Form auf Reichserziehungsminister Rust ein, um auf dem Erlaßwege den Einfluß der Kirchen aus der Schule auszuschalten, und viertens übernahm Wächtler, der zum Sachverständigen für alle Schulfragen beim Stellvertreter des Führers ernannt worden war, über die Gliederungen des NSLB (sc. Nationalsozialistischer Lehrerbund, C.G.) die Aufgabe der ›weltanschaulichen Ausrichtung‹ der Lehrerschaft im Sinne der neuen Parteilinie."[405]

Das erste Ziel, die Bekämpfung der Bekenntnisschulen, fiel mit einer alten Forderung der meisten Lehrer und Lehrerinnen zusammen und konnte so ohne Änderung der Weimarer Rechtslage – gleichsam von unten – verfolgt werden.

Schon im Mai 1933 war etwa ein Viertel aller Lehrer in die NSDAP eingetreten. „Wenn man bedenkt, daß die ‚Notverordnungs'-Politik im Zeitraum 1.9.1930 – 31.3.1933 einen durchschnittlichen Einkommensverlust der Volksschullehrer von 30%, in Extremfällen sogar von 43% zur Folge hatte…, so wird schon von diesem einen Datum her verständlich, daß viele von ihnen begannen, ihre soziale Lage mit Hilfe nationalsozialistischer Ideologie zu begreifen und von der neuen ‚Volksordnung' eine grundsätzliche Besserung zu erwarten."[406]

Bei den Richtlinien ging es vor allem um das Alte Testament. Am radikalsten war man hier in Sachsen und Thüringen. Seine Behandlung im schulischen Religionsunterricht wurde in diesen Ländern Ende 1936 gänzlich verboten, anderswo eine radikale Reduzierung alttestamentlicher Stoffe angeordnet – jeweils ohne Rücksprache mit den reichsrechtlich nach wie vor zuständigen Kirchen.[407]

Allerdings hatten an diesem Punkt bereits Religionspädagogen in der Weimarer Republik Vorarbeiten geleistet, die ein leichtes Anknüpfen der Nazis ermöglichten.[408] Schon seit dem Ende des 19. Jahrhunderts erhoben sich immer wieder

---

[405] Kraft, a.a.O. (Anm. 391) 12; vgl. zur bayrischen Situation H. Baier, Die bayerische Landeskirche im Zweiten Weltkrieg, Neustadt/A. 1979, 158-207.
[406] Herrlitz, u.a., a.a.O. (Anm. 370) 151.
[407] S. Kraft, a.a.O. (Anm. 391) 13.
[408] S. z.B. zur Relativierung bzw. Ablehnung des Alten Testaments bei dem „deutschkirchlichen" Religionspädagogen Kurd Niedlich zusammenfassend R. Lachmann, Religionsunterricht in der Weimarer Republik. Zwischen liberaler und deutscher

Stimmen, die im Namen einer „deutschen" religiösen Erziehung gegen die traditionelle kanonische Hochschätzung des Alten Testaments protestierten.

Beim Verfolgen des dritten Ziels bemühte man sich um die Entfernung der Pfarrer aus dem Religionsunterricht. Dies gelang mit einem Erlaß des Reichserziehungsministers Rust vom 1.7.1937, in dem er die Schulbehörden aufforderte, „zur Erteilung des schulplanmäßigen Religionsunterrichts in erster Linie die dazu auf Grund der vorgeschriebenen Prüfungen befähigten und zur Übernahme dieses Unterrichts bereiten Lehrer und Lehrerinnen heranzuziehen"".[409] Allein in Bayern konnte diese Vorschrift (weitgehend) nicht umgesetzt werden.

Sehr schnell wurde deutlich, daß die eben genannten Maßnahmen nur Schritte auf dem Weg zur Abschaffung des Religionsunterrichts waren. Allerdings behinderten sich im weiteren NSLB und der Leiter der Parteikanzlei Martin Bormann durch unterschiedliche Strategien gegenseitig.[410] Vor allem gelang es – anders als bei der Frage der Konfessionsschule – nicht, die Mehrheit der Lehrerschaft zu einer Ablehnung des Religionsunterrichts zu bewegen. Jedoch schwächten kleinere Maßnahmen in ihrer Summe zunehmend den Religionsunterricht, so 1939 seine Verdrängung in Eckstunden, die Nichtbesetzung der religionspädagogischen Dozenturen an den Hochschulen für Lehrerbildung ab demselben Jahr (damit verbunden keine Abnahme von Lehramtsprüfungen in Religion), die Reduktion der Religionsstunden und dann 1940 die Begrenzung des Religionsunterrichts auf die ersten acht Klassen sowie die Herausnahme der Religionsnote aus dem Zeugnis 1941.[411] Schließlich wurde durch das Verbot von Schulgebeten, -andachten und -gottesdiensten ein wichtiger kirchlich-religiöser Beitrag zum Schulleben unterbunden.

Interessant ist hieran – wie aus dem geheimen (!) diesbezüglichen Schreiben Minister Rusts an die Regierungspräsidenten vom 21.4.1941 hervorgeht –, daß zum einen noch Teile der Bevölkerung solchen Maßnahmen ablehnend gegenüberstanden und zum anderen den Nazis sehr genau bewußt war, daß solche Riten nicht ersatzlos gestrichen werden können. Die wichtigsten Passagen des Erlasses lauten: „In den Schulen, namentlich den Volksschulen, besteht zum Teil noch die althergebrachte Sitte, daß vor Beginn und nach Schluß des Unterrichts ein Gebet gesprochen wird.

Religionspädagogik, Würzburg 1996, 102-106. Lachmann, ebd. 56-58, zeigt aber, daß sich auch beim liberalen Religionspädagogen Friedrich Niebergall Passagen zum Alten Testament finden, die zumindest Anknüpfungspunkte für solche völkische Auslegung boten.

[409] Zitiert nach Kraft, a.a.O. (Anm. 391) 15.
[410] S. zum näheren ebd. 16-22.
[411] S. jeweils ebd. 20-23.

Diese Sitte beruht in ihrem geschichtlichen Ursprung auf der engen Verbindung von Schule und Kirche, die heute der Vergangenheit angehört. Die nationalsozialistische Schule wird aus dem Erlebnis der völkischen Schicksalsgemeinschaft neue Formen der inneren Sammlung für die Arbeit der Schule finden. In dem Austausch des Deutschen Grußes und der Besinnung auf ein Führerwort bieten sich Möglichkeiten, die dem heutigen Leben der Schule angemessener sind als das herkömmliche Gebet. Bei dem Übergang von der früher üblichen Sitte zu neuen Formen wird jedoch auf die Einstellung der örtlichen Bevölkerung Rücksicht zu nehmen sein ..."[412]

Die Reaktion der „Kirche" war in der Schulfrage gespalten. Deutlich kommt das im innerkirchlichen Scheitern der Richtlinienarbeit zum Ausdruck. Als am 29.1.1938 das Reicherziehungsministerium ein verbindliches Richtlinienwerk für die einzelnen Schulfächer erließ, fehlten nur Bestimmungen für den Religionsunterricht. Friedhelm Kraft hat eingehend und differenziert die verschiedenen kirchlichen Vorarbeiten hierfür rekonstruiert und gezeigt, daß hier nicht nur die staatliche Seite nicht zustimmte, sondern es auch innerkirchlich zu keinem gemeinsamen Sprechen auf der Ebene der DEK (Deutschen Evangelischen Kirche) kam.[413]

Die Bekennende Kirche meldete sich schon – wie ein neuer Aktenfund ergibt – 1934 von einer Mitarbeit an den konkreten Fragen ab und forderte eine völlige Neubesinnung, die im Grunde eine Rückkehr zur Bekenntnisgemeinde im Raum der Schule bedeutete.[414]

Sehr kritisch heißt es im Papier „Kirche und Schule im nationalsozialistischen Staat. Leitsätze" vom November 1934 z.B. zu den Lehrerinnen und Lehrern: „Die Volksschullehrerschaft, schon früher durch die Schulaufsicht und durch Zurücksetzung ihres Standes in Gegensatz zur Kirche gedrängt und später durch demokratische, liberalistische, marxistische und kommunistische Einflüsse immer weiter von der Kirche und dem Verständnis für ihre Botschaft abgedrängt, enthält für die große Zahl verhältnismäßig geringe Gruppen von Lehrern, die im Gegensatz zur Einstellung der großen Masse ihrer Kollegen sind und Verständnis für die Kirche und ihre Botschaft im Sinne des Bekenntnisses haben." Deshalb wird empfohlen, den Religionsunterricht, wenn hier nicht Besserung geschieht, „in die Hände der ev. Pfarrer und Religionslehrer (zu legen), die sie (sc. die Kirche, C.G.) selbst auf Grund jener Barmer Erklärung ausbildet ..."[415]

---

[412] Zitiert nach Helmreich, a.a.O. (Anm. 283) 214.

[413] S. Kraft, a.a.O. (Anm. 391). 77-117.

[414] Vgl. P.C. Bloth, Praktische Theologie, Stuttgart u.a. 1994, 203: „Als die 4. und letzte Bekenntnissynode der DEK 1936 in Bad Oeynhausen ihren Beschluß zur ‚Schulfrage' faßte, verlor sie ... durch ihr Anspruchsdenken das schulpolitisch Sachgemäße und Mögliche ebenso aus den Augen wie das in dieser Lage religionsdidaktisch Notwendige."

[415] Das ganze Dokument ist bei Kraft, a.a.O. (Anm. 391) 269-275 abgedruckt (und 154-157 interpretiert).

3.2.6. Entwicklungen nach dem II. Weltkrieg

Die schulische Entwicklung nach dem Zusammenbruch des Deutschen Reichs war – neben den ganz wörtlich zu nehmenden Aufbaumaßnahmen (zerstörter Schulen) und den Problemen mit politisch belasteten Lehrern (und Lehrerinnen) – vor allem von dem Bestreben getragen, möglichst schnell wieder zu einem geordneten Unterrichtswesen zu kommen und Lehren aus der Katastrophe zu ziehen. Die Kirchen erschienen dabei weithin als Garant für die so dringend notwendige moralische Neuorientierung. Deshalb sollten sie auch die schulische Erziehung mitprägen. Dafür erschienen Bekenntnisschule und konfessioneller Religionsunterricht geeignet.

K. Adenauer formulierte 1946 in einer Rede die für die Restitution der Konfessionsschulen wichtigsten Gesichtspunkte: „Die Regelung der Volksschulfrage hat in der Vergangenheit zu erbitterten Kämpfen der Parteien geführt, bis es zu einer vorläufigen Verständigung kam, die durch die Zustimmung der sozialdemokratischen Landtagsfraktion zu dem preußischen Konkordat 1929 auch nach außen hin ihren sichtbaren Ausdruck fand. Die sich auf diese Verständigung gründende bekenntnismäßige Schule hat die nationalsozialistische Regierung im Jahre 1939 durch die Einführung der sogenannten deutschen Einheitsschule unter Bruch des Rechts beseitigt. Was soll jetzt werden? Auf allen anderen Gebieten werden die Rechtsbrüche, die die nationalsozialistische Regierung begangen hat, beseitigt. Der frühere Rechtszustand wird wieder hergestellt. Das wollen wir auch für das Volksschulwesen. ... Darum verlangen wir für die preußischen Teile der britischen Zone Wiederherstellung der bekenntnismäßig gegliederten Volksschule als Regelschule entsprechend dem preußischen Gesetz von 1906 und dem preußischen Konkordat von 1929 ..."[416]

So kam es – im Gegensatz zur sowjetischen Besatzungszone, in der das Ziel der „Einheitsschule"[417] keinen kirchlichen Einfluß auf die Schule zu-

---

[416] Zitiert nach Herrlitz, u.a., a.a.O. (Anm. 370) 164f.

[417] S. das „Gesetz zur Demokratisierung der deutschen Schule. Vom Mai und Juni 1946", dessen § 1 Ziel und Aufgaben der Schule für die Sowjetzone folgendermaßen definierte: „Die deutsche demokratische Schule soll die Jugend zu selbständig denkenden und verantwortungsbewußt handelnden Menschen erziehen, die fähig und bereit sind, sich voll in den Dienst der Gemeinschaft des Volkes zu stellen. Als Mittlerin der Kultur hat sie die Aufgabe, die Jugend frei von nazistischen und militaristischen Auffassungen im Geiste des friedlichen und freundschaftlichen Zusammenlebens der Völker und einer echten Demokratie zu wahrer Humanität zu erziehen. Sie wird, ausgehend von den gesellschaftlichen Bedürfnissen, jedem Kind und Jugendlichen ohne Unterschied des Besitzes, des Glaubens oder seiner Abstammung, die seinen Neigungen und Fähigkeiten entsprechende vollwertige Ausbildung geben." (zitiert bei P. Lehtiö, Religionsunterricht ohne Schule. Die Entwicklung der Lage und des Inhaltes der Evangelischen Christenlehre in der DDR von 1945 – 1959, Münster 1983 (finn. 1979) 291 Anm. 42).

ließ – in den westlichen Zonen zum Aufbau eines Schulsystems, das weithin die Strukturen der Weimarer Republik wieder aufnahm, einschließlich der Bekenntnisschulen in zahlreichen Ländern. Während die katholische Kirche auch in der Folgezeit vehement für diese Schulform eintrat – Canon 1374 des Codex Iuris Canonici verbot sogar katholischen Schüler(inne)n, religionslose oder Simultanschulen zu besuchen –[418], betonte die evangelische Kirche zunehmend die Freiheit und Unabhängigkeit der Schule.[419]

Auch jetzt blieben die Veränderungen der konfessionellen Rahmenbedingungen durch die Umsiedlungen nach Kriegsende nicht ohne Folgen. „Die gigantischste Bevölkerungswanderung, die Europa seit dem Ausgang der Antike ... erlebte, löste die konfessionell geschlossenen Regionen Deutschlands auf. Gab es 1939 noch 247 Landkreise, die zu mehr als 90% einer Konfession angehörten, so verminderte sich deren Zahl 1946 auf 82."[420] Damit zerbröckelte die milieubezogene Basis der Konfessionsschulen.

Im Zuge der Schulreform von 1964 (Hamburger Abkommen der Ministerpräsidenten)[421] wurden weithin die Bekenntnis- in Gemeinsschaftsschulen aufgelöst.

„Dieser Vorgang verlief z.T. nicht ohne spektakuläre Auseinandersetzungen, in denen kulturkampfähnl. Töne anklangen. So führte etwa in Bayern ein Volksbegehren zu einer Änderung der Landesverf., die ihrerseits die Kirchen zur Revisionsbereitschaft der kirchenvertragl. Grundlagen des B.systems veranlaßte".[422]

Mittlerweile gibt es nur noch in Nordrhein-Westfalen und Niedersachsen einige Bekenntnisschulen in Form von Antragsschulen, also auf Antrag einer genügenden Zahl von Eltern. Ansonsten hat die in kirchlicher Träger-

---

[418] S. genauer Chr. Link, Art. Bekenntnisschule I, in: Evangelisches Staatslexikon, Stuttgart u.a. ²1975, 159; im Hintergrund der katholischen Position stand die Enzyklika Papst Pius' XI. „Divini illius magistri" (31.12. 1929), die die Forderung einer katholische Schule zur Pflicht der Gläubigen machte (s. hierzu 1. Kap. 3.2.7.).

[419] S. genauer die Fortführung des Art. ebd. 160 durch H. Becker. Vgl. insgesamt zu den Differenzen zwischen katholischer und evangelischer Position im einzelnen Seibert, a.a.O. (Anm. 351) 123-130.

[420] K. Nowak, Geschichte des Christentums in Deutschland. Religion, Politik und Gesellschaft vom Ende der Aufklärung bis zur Mitte des 20. Jahrhunderts, München 1995, 298.

[421] S. die wichtigsten dort getroffenen Bestimmungen zur Vereinheitlichung des Schulwesens dokumentiert in: O. Anweiler, H.-J. Fuchs, M. Dorner, E. Petermann, Hg., Bildungspolitik in Deutschland 1945-1990. Ein historisch-vergleichender Quellenband, Bonn 1992, 141-144.

[422] Link, a.a.O. (Anm. 418) 158; s. zu Bayern näher Seibert, a.a.O. (Anm. 351) 191-319.

schaft befindliche (private) Schule das Erbe der – früher weithin als Regelschule fungierenden – Bekenntnisschule übernommen. Allerdings sind in den meisten Bundesländern die Gemeinsschaftsschulen (zumindest) in ihren Bildungs- und Erziehungszielen christlich geprägt.[423]

So bestimmt etwa Art. 15 der baden-württembergischen Landesverfassung: „Die öffentlichen Volksschulen (Grund- und Hauptschulen) haben die Schulform der christlichen Gemeinschaftsschule". Dies wird dann in Art. 16 näher ausgeführt: „In christlichen Gemeinschaftsschulen werden die Kinder auf der Grundlage christlicher und abendländischer Bildungs- und Kulturwerte erzogen." Oder in Art. 12 Abs. 6 der nordrhein-westfälischen Landesverfassung heißt es: „In Gemeinschaftsschulen werden Kinder auf der Grundlage christlicher Bildungs- und Kulturwerte in Offenheit für die christlichen Bekenntnisse und für andere religiöse und weltanschauliche Überzeugungen gemeinsam unterrichtet und erzogen."

Es wäre aber sicher verfehlt, diese dem Christentum gegenüber sehr freundlichen Verfassungsformulierungen als Zustandsbeschreibungen anzusehen. Hierfür gilt die Einsicht W. Geigers: „Zur staatlichen christlichen Gemeinschaftsschule gehört der christliche Lehrer. Er ist rechtlich ... in keinem Land gefordert. Alles hängt insoweit davon ab, ob und wieviele Lehrer sich als christliche Erzieher verstehen ..."[424]

Anders entwickelte sich die zweite grundlegende Entscheidung hinsichtlich des kirchlichen Einflusses auf die öffentlichen Schulen, nämlich des Religionsunterrichts.

Auch hier ging die sowjetische Besatzungszone einen Sonderweg, der letztlich zu einem völligen Ausschluß des Religionsunterrichts aus der Schule und als kirchliche Antwort zum Aufbau der gemeindeeigenen Christenlehre führte.[425] In der DDR wurde Religionsunterricht am Lernort Gemeinde erteilt und ist deshalb in diesem Zusammenhang (4.2.5.) zu behandeln.

In Berlin(West) bildete sich auf Grund des besonderen Viermächtestatus eine eigene, bis heute bestehende Form des Religionsunterrichts in der Schule heraus, und zwar ein kirchlicher Unterricht, erteilt von kirchlichem (allerdings schon bald weithin vom Staat bezahlten) Personal in den Räumen der Schule. Mittlerweile leidet das einst als Alternative zu einem Religionsunterricht nach Grundgesetz Art. 7,3 propagierte sog. Berliner Modell unter erheblicher Auszehrung, da es nicht hinreichend in den sonstigen Schulalltag integriert ist. Der Religionsunterricht ist hier ein häufig an

---

[423] S. die übersichtliche Zusammenstellung entsprechender Passagen aus den Landesverfassungen und Schulgesetzen bei H.B. Kaufmann, Die Christen und die Schule in staatlicher und in freier Trägerschaft, Neukirchen-Vluyn 1989, 53-56 (die folgenden Zitate entstammen diesem Passus).

[424] W. Geiger, Kirchen und staatliches Schulsystem, in: E. Friesenhahn, U. Scheuner, Hg., Handbuch des Staatskirchenrechts Bd. 2, Berlin 1975, 500.

[425] S. zur genaueren Entwicklung die Monographie von Lehtiö, a.a.O. (Anm. 417); vgl. grundsätzlich zur anderen Schulpolitik und -entwicklung in der DDR Anweiler u.a., a.a.O. (Anm. 421) 11-31.

Eckstunden erteiltes Zusatzangebot, das spätestens in der Oberstufe kaum mehr nachgefragt wird.[426] Offensichtlich ist es auf Dauer nicht möglich, in der Schule ein Unterrichtsfach zu etablieren, das nicht in die allgemeine Stundentafel integriert ist, dessen Leistungsbewertung sich von der anderer Fächer deutlich unterscheidet (eigenes kirchliches „Zeugnis") und dessen Lehrkräfte nicht zum Lehrerkollegium gehören.

Das Grundgesetz von 1949 folgte hier in fast identischem Wortlaut den Bestimmungen der Weimarer Reichsverfassung.

In Artikel 7 heißt es:
„(1) Das gesamte Schulwesen steht unter der Aufsicht des Staates.
(2) Die Erziehungsberechtigten haben das Recht, über die Teilnahme des Kindes am Religionsunterricht zu bestimmen.
(3) Der Religionsunterricht ist in den öffentlichen Schulen mit Ausnahme der bekenntnisfreien Schulen ordentliches Lehrfach. Unbeschadet des staatlichen Aufsichtsrechtes wird der Religionsunterricht in Übereinstimmung mit den Grundsätzen der Religionsgemeinschaften erteilt. Kein Lehrer darf gegen seinen Willen verpflichtet werden, Religionsunterricht zu erteilen."

Zwar wird hier der *Religionsunterricht als „ordentliches Lehrfach"* bezeichnet. Doch zeigt schon die – für ein Unterrichtsfach einmalige – Aufnahme der entsprechenden Bestimmungen in den Grundrechtskatalog am Beginn des Grundgesetzes, daß ein besonderer Klärungs- und Schutzbedarf besteht. Inhaltlich kommt dies im – ebenfalls für ein schulisches Unterrichtsfach einmaligen – Recht der Abmeldung zum Ausdruck. Gottfried Adam/Rainer Lachmann formulieren diesbezüglich den besonderen Charakter dieses Unterrichtsfachs treffend: „Der RU ist zwar sachlich, nicht aber persönlich obligatorisch."[427] Implizit ist mit solch einem Sonderstatus die Gefahr der Abkoppelung vom sonstigen schulischen Unterricht und Schulleben gegeben. Wie im 1. Kapitel (3.2.5.) am Beispiel von Helmuth Kittels „Evangelischer Unterweisung" gezeigt, geriet der Religionsunterricht auch aus theologischen Gründen in eine gefährliche Isolation. Die schon frühzeitig von Pädagogen wie Erich Weniger ausgesprochene Warnung fand kein Gehör. Sehr viel nachhaltiger wirkte dagegen Ende der sechziger Jahre das Aufbegehren vor allem von Schülern (und – sehr viel weniger – Schülerinnen) der gymnasialen Oberstufe. Denn es führte – unter Rückgriff auf das ursprünglich zum Schutz kleiner religiöser Minderheiten konzipierte Recht des Aus-

---

[426] S. genauer zu historischer Genese und religionspädagogischen Problemen Chr. Grethlein, Das ‚Berliner Modell' – eine Rekonstruktion seines Ursprungs in religionspädagogischem Interesse, in: G. Besier, Chr. Gestrich, Hg., 450 Jahre Evangelische Theologie in Berlin, Göttingen 1989, 483-509.

[427] G. Adam, R. Lachmann, Begründung des schulischen Religionsunterrichts, in: dies., Hg., Religionspädagogisches Kompendium, Göttingen ³1990, 72.

tritts – vor allem in Großstädten zu erheblichen Austritten aus dem Religionsunterricht.

Die enge Verbundenheit dieser Austrittsbewegung mit einem allgemeinen politischen und kirchenkritischen Protest geht anschaulich aus folgendem 1968 verteilten Flugblatt der „Projektgruppe Trennung von Schule und Kirche im Sozialistischen Lehrerbund Frankfurt" hervor: „Wurdet ihr je gefragt, ob ihr Christen sein wollt? Nein, denn die Kirchen wissen, daß sie sich nur dann im großen Stil am Leben erhalten können, wenn sie sich – mit der Kindertaufe – bereits an wehrlosen Säuglingen vergreifen ... Der Religionsunterricht macht euch unkritisch. Er nötigt zur Anpassung und soll die in der Taufe erschlichene Christianisierung verfestigen und euch für eine lebenslängliche Mitgliedschaft in Kirche und christlichem Abendland präparieren..."[428]

Als in dieser Zeit die Kultusministerkonferenz die Reform der gymnasialen Oberstufe behandelte, wurde die Frage der Integration des Religionsunterrichts in den geplanten Kursunterricht durchaus kontrovers diskutiert. Erst der Druck des baden-württembergischen Ministerpräsidenten, der sich sonst der Reform (von 1972) verweigert hätte, führte dazu,[429] daß der Religionsunterricht als normales Kursfach – verbunden mit der Möglichkeit zu Leistungskursen, zu schriftlicher und mündlicher Abiturprüfung – etabliert wurde.[430] Neben dem Abflauen der Studenten- und Schülerproteste trug diese Entscheidung nicht unwesentlich zur Stabilisierung des Fachs bei.

Allerdings kam es auf Grund der durch die Grundgesetzformulierungen eröffneten Interpretationsspielräume wiederholt zu gerichtlichen Auseinandersetzungen im Bereich des Religionsunterrichts.[431] Letztendlich mußte dann das Bundesverfassungsgericht klären, durchaus auch im Rückgriff auf die entsprechenden Interpretationen der Kirchen.[432]

Eine gewisse Zusammenfassung der dabei vertretenen Position stellt folgender Auszug aus einem Urteil des Bundesverfassungsgerichts zum besonderen Status des Religionsunterrichts vom 25.2.1987 dar:

---

[428] Zitiert nach W. Sturm, Religionsunterricht – gestern – heute – morgen. Der Erziehungsauftrag der Kirche und der Religionsunterricht an öffentlichen Schulen, Stuttgart 1971, 15.

[429] S. Kaufmann a.a.O. (Anm. 423) 73.

[430] S. die Dokumentation der „Vereinbarung zur Neugestaltung der gymnasialen Oberstufe in der Sekundarstufe II", in: Anweiler u.a., a.a.O. (Anm. 421) 168-171, besonders 170.

[431] S. zum ersten Überblick H. Brauburger, Religionsunterricht in der Rechtssprechung, in: Recht der Jugend und des Bildungswesens 1989, 251-261.

[432] S. hierzu 2. Kap. 4.2.4.

„Die Erklärung des Religionsunterrichts zum ordentlichen Lehrfach in Art. 7 Abs. 3 Satz 1 GG stellt klar, daß seine Erteilung staatliche Aufgabe und Angelegenheit ist; er ist staatlichem Schulrecht und staatlicher Schulaufsicht unterworfen. Seine Einrichtung als Pflichtfach ist für den Schulträger obligatorisch; der Staat muß gewährleisten, daß er ein Unterrichtsfach mit derselben Stellung und Behandlung wie andere ordentliche Lehrfächer ist. Sein Pflichtfachcharakter entfällt nicht dadurch, daß Art. 7 Abs. 2 GG ein Recht zur Abmeldung einräumt. Diese Befreiungsmöglichkeit hebt ihn zwar aus den übrigen Pflichtfächern heraus, macht ihn aber nicht zu einem Wahlfach im Sinne der allgemeinen schulrechtlichen Terminologie.

Seine Sonderstellung gegenüber anderen Fächern gewinnt der Religionsunterricht aus dem Übereinstimmungsgebot des Art. 7 Abs. 3 Satz 2 GG. Dieses ist so zu verstehen, daß er in ›konfessioneller Positivität und Gebundenheit‹ zu erteilen ist. Er ist keine überkonfessionelle vergleichende Betrachtung religiöser Lehren, nicht bloße Morallehre, Sittenunterricht, historisierende und relativierende Religionskunde, Religions- oder Bibelgeschichte. Sein Gegenstand ist vielmehr der Bekenntnisinhalt, nämlich die Glaubenssätze der jeweiligen Religionsgemeinschaft. Diese als bestehende Wahrheiten zu vermitteln ist seine Aufgabe. Dafür, wie dies zu geschehen hat, sind grundsätzlich die Vorstellungen der Kirchen über Inhalt und Ziel der Lehrveranstaltung maßgeblich. Ändert sich deren Verständnis vom Religionsunterricht, muß der religiös neutrale Staat dies hinnehmen. Er ist jedoch nicht verpflichtet, jede denkbare Definition der Religionsgemeinschaften als verbindlich anzuerkennen. Die Grenze ist durch den Verfassungsbegriff ›Religionsunterricht‹ gezogen. Auch wenn dieser Begriff nicht in jeder Hinsicht festgelegt ist, sondern wie der übrige Inhalt der Verfassung ›in die Zeit hinein offen‹ bleiben muß, um die Lösung von zeitbezogenen und damit wandelbaren Problemen zu gewährleisten, verbietet sich eine Veränderung des Fachs in seiner besonderen Prägung, also in seinem verfassungsrechtlich bestimmten Kern. Deshalb wäre eine Gestaltung des Unterrichts als allgemeine Konfessionskunde vom Begriff des Religionsunterrichts nicht mehr gedeckt und fiele daher auch nicht unter die institutionelle Garantie des Art. 7 Abs. 3 Satz 1 GG. Andererseits kann das Verlangen, der Unterricht müsse ein ›dogmatischer‹ sein, zumindest heute nicht mehr so verstanden werden, daß er ausschließlich der Verkündigung und Glaubensunterweisung diene. Er wird vielmehr auch als ein auf Wissensvermittlung gerichtetes, an den höheren Schulen sogar wissenschaftliches Fach angesehen, das in die Lehre eines Bekenntnisses einführt, vergleichenden Hinweisen offenbleibt und zugleich Gelegenheit bietet, mit dem Schüler grundsätzliche Lebensfragen zu erörtern. Seine Ausrichtung an den Glaubenssätzen der jeweiligen Konfession ist der unveränderliche Rahmen, den die Verfassung vorgibt. Innerhalb dieses Rahmens können die Religionsgemeinschaften ihre pädagogischen Vorstellungen über Inhalt und Ziel des Religionsunterrichts entwickeln, denen der Staat auf Grund des Übereinstimmungsgebots des Art. 7 Abs. 3 Satz 2 GG Rechnung tragen muß."[433]

Doch immer wieder tauchen neue Schwierigkeiten und Probleme auf. Dies liegt daran, daß bei Fragen des Religionsunterrichts, aber auch bei sonstigen Fragen religiöser Praxis in der öffentlichen Schule, zwei – gleicher-

---

[433] Zitiert nach Kaufmann, a.a.O. (Anm. 423) 75-77 (BVerfGE 74, 251ff.).

maßen in Art. 4 des Grundgesetzes[434] begründete – Rechtsgüter aufeinander treffen, die sorgfältig gegeneinander abgewogen werden müssen: die *positive und die negative Religionsfreiheit*, d.h. zum einen das Grundrecht auf aktive Religionspraxis und zum anderen die Freiheit von solcher Praxis. Im konkreten Abwägungsfall muß – nach Auffassung des Bundesverfassungsgerichts – die jeweilige Situation berücksichtigt werden.

So formulierte das höchste deutsche Gericht im Dezember 1975 zu diesem Problem: „Das im Bereich des Schulwesens unvermeidliche Spannungsverhältnis zwischen negativer und positiver Religionsfreiheit zu lösen, obliegt dem demokratischen Landesgesetzgeber, der im öffentlichen Willensbildungsprozeß unter Berücksichtigung der verschiedenen Auffassungen einen für alle zumutbaren Kompromiß zu suchen hat. Er kann sich bei seiner Regelung daran orientieren, daß einerseits Art. 7 GG im Bereich des Schulwesens weltanschaulich-religiöse Einflüsse zuläßt, daß andererseits Art. 4 GG gebietet, bei der Entscheidung für eine bestimmte Schulform weltanschaulich-religiöse Zwänge soweit wie irgend möglich auszuschalten. Beide Vorschriften sind zusammen zu sehen und in der Interpretation aufeinander abzustimmen, weil erst die ›Konkordanz‹ der in den beiden Artikeln geschützten Rechtsgüter der Entscheidung des Grundgesetzes gerecht wird."[435]

Großes Aufsehen erregte in diesem Zusammenhang das sog. „Kruzifixurteil" (16.5.1995), in dem es um die Frage ging, ob in einem bayrischen Klassenzimmer ein Kruzifix aufgehängt werden dürfe.[436] Erstmals gewichtete hier das Bundesverfassungsgericht in einem auf Schule bezogenen Urteil die negative Religionsfreiheit höher als die positive. Für den Religionsunterricht ist das Urteil, das ein Abhängen des Kruzifix verlangte, insofern von Bedeutung, als solches Verdrängen von christlichen Symbolen aus dem Schulleben den Religionsunterricht zunehmend vom sonstigen Schulleben isoliert. Auch sonst wirkt sich das spürbar kühler werdenden Klima im Verhältnis zwischen Kirche und Staat in praktischen Fragen des Religionsunterrichts wie der Einrichtung und Besetzung entsprechender Planstellen aus.[437]

---

[434] „(1) Die Freiheit des Glaubens, des Gewissens und die Freiheit des religiösen und weltanschaulichen Bekenntnisses sind unverletzlich.
(2) Die ungestörte Religionsausübung wird gewährleistet."

[435] Zitiert nach Kaufmann, a.a.O. (Anm. 423) 58 (BVerfGE 41, 50f.)

[436] Das Urteil ist zusammen mit der Abweichenden Meinung von drei Richtern dokumentiert in: P. Pappert, Hg., Den Nerv getroffen. Engagierte Stimmen zum Kruzifix-Urteil von Karlsruhe, Aachen 1995, 226-250; vgl. A. v. Campenhausen, Zur Kruzifix-Entscheidung des Bundesverfassungsgerichts, in: ders., Kirchenrecht und Kirchenpolitik, hg. v. Chr. Link, M. Seitz, Göttingen 1996, 324-340.

[437] S. Kaufmann, a.a.O. (Anm. 423) 72-75, mit seinem anschaulichen Bericht zu diesbezüglichen Konflikten in Nordrhein-Westfalen.

Institutionell zeigt sich eine gewisse Rückzugstendenz des Religionsunterrichts in der zunehmenden Etablierung eines parallel angebotenen, weithin „Ersatzfach" genannten Unterrichtsfachs.

Schon vor Entstehung des Grundgesetzes schrieben in den mehrheitlich katholischen Bundesländern Bayern und Rheinland-Pfalz die Landesverfassungen „Unterricht über die allgemein anerkannten Grundsätze der Sittlichkeit" (Bayrische Verfassung Art. 137 Abs. 2) bzw. „Unterricht über die allgemein anerkannten Grundsätze
des natürlichen Sittengesetzes" (Rheinland-pfälzische Verfassung Art. 35) vor.
Schulpraktische Bedeutung bekamen diese in Genese und Intention noch nicht
hinreichend erforschten Regelungen jedoch erst Anfang der siebziger Jahre.[438]

Die „Abmeldungswelle" aus dem Religionsunterricht Anfang der siebziger Jahre sowie die damals aktuelle „Grundwerte"-Diskussion führten in den
meisten Bundesländern zur Einführung eines sog. Ersatzfaches für nicht den
Religionsunterricht besuchende Schülerinnen und Schüler.[439]

Auch in Nordrhein-Westfalen, das bisher nur in der Sekundarstufe II „Philosophie" vorsieht, bemüht man sich seit Jahren um die Einführung des Ethikunterrichts
und bereitet diese mittlerweile vor.

Die Fragen der inhaltlichen Profilierung des Ethikunterrichts sind zunehmend auch Gegenstand der religionspädagogischen Diskussion und
werden in 3.3.3. näher behandelt.

Abschließend ist noch auf eine schulpädagogische Entwicklung der letzten zwei Jahrzehnte hinzuweisen, deren religionspädagogische Bedeutung
weder hinsichtlich kirchlicher Schulen noch des Religionsunterrichts bisher
erfaßt wurde: die *Integration behinderter Schülerinnen und Schüler in Regelklassen.* Die gesetzliche Einführung des Rechts auf integrative Beschulung
zumindest während der Grundschulzeit in Berlin 1996[440] könnte ein Schritt
zu einer tiefgreifenden Veränderung deutscher Schulen sein. Religionspädagogisch von großer Bedeutung ist dies in mehrfacher Hinsicht:
– Die Integration behinderter Kinder in Regelklassen verleiht der im
christlichen Schöpfungsglauben begründeten Gleichheit aller Menschen auch
im schulischen Kontext Ausdruck.
– Didaktisch stellt sie den evangelischen Religionsunterricht vor neue

---

[438] S. H. Schmidt, Didaktik des Ethikunterrichts Bd. 1, Stuttgart u.a. 1983, 15-17.
[439] S. Reents, a.a.O. (Anm. 353) 107; zu den (eventuellen) rechtlichen Problemen
einer solchen Verpflichtung zum Besuch des Ethikunterrichts s. H. de Wall,
Ethikunterricht und ethische Erziehung in der Schule – rechtliche Grundlagen
und Probleme, in: EvErz 47 (1995) 238f.
[440] S. § 10 (Integration von Schülern mit sonderpädagogischem Förderbedarf) des
Schulgesetzes für Berlin (veröffentlicht in: Gesetz- und Verordnungsblatt für
Berlin, 52. Jg., Nr. 20, 20.4.1996).

Anforderungen, die seinem besonderen Inhalt, der Botschaft von der Rechtfertigung abgesehen von der Leistung als einer das ganze Leben durchziehenden Grundperspektive, in hohem Maß entsprechen.

– Schließlich eröffnen die in Integrationsklassen bereits gesammelten pädagogischen Erfahrungen wichtige Erkenntnisse für die gemeindepädagogische Arbeit, die ja in der Regel Kinder und Jugendliche unterschiedlicher Begabungen (und Behinderungen) umfaßt.

3.3. Zur gegenwärtigen Schulsituation

Gerade im Bereich von Schule ist das Nebeneinander von z.T. weitausgreifenden Reformvorschlägen und einem eigenartig stetigen Beharren der Praxis unübersehbar. Dazu spiegelt diese Institution die Ungleichzeitigkeit gesellschaftlicher Entwicklungen in Deutschland wie in einem Brennglas wider, insofern Kinder und Jugendliche zum einen auf Grund der Abhängigkeit von ihren Herkunftsfamilien die Divergenzen der Erwachsenengesellschaft repräsentieren, zum anderen aber sehr feinfühlig neue Entwicklungen erspüren und eigenständig adaptieren. Dies gilt nicht zuletzt für den hier interessierenden religiösen Bereich.

3.3.1. Statistische Befunde

Entsprechend der Pluriformität von Schule und der föderalen Struktur des Schulwesens in der Bundesrepublik kann es im folgenden nur darum gehen, einige grobe Tendenzen zu markieren, die auf jeden Fall eingehendere religionspädagogische Beachtung verdienen, insofern sie die heutige religiöse, christliche und kirchliche Erziehung und Bildung in Schule prägen.

Grundsätzlich ist auf die *Verlängerung der Schulbesuchszeit im Leben der Menschen* hinzuweisen, und zwar in doppelter Weise. Zum einen nehmen – neben der längeren Hauptschulzeit – auf Grund der verstärkten Inanspruchnahme weiterführender Schulen die Jahre zu, in denen Menschen in Deutschland zur Schule gehen.[441] Während z.B. 1960 erst 6,1% eines bundesdeutschen Altersjahrgangs die Hochschulreife erlangten, stieg dieser Anteil im folgenden stetig: 7,5% (1965), 11,3% (1970)[442], 20,2% (1975), 21,7%

---

[441] Die folgenden Zahlen entstammen der Graphik „Abiturienten in der Bundesrepublik Deutschland", die auf der Basis von Angaben des Bundesministeriums für Bildung und Wissenschaft erstellt wurde, in: Anweiler u.a., a.a.O. (Anm. 421) 542.

[442] Diese und die folgenden Angaben enthalten auch die Schulabgänge mit Fachhochschulreife, insofern auch der Besuch der – neugegründeten – Fachhochschulen zu einer in der Regel bis in die Volljährigkeit hineinreichenden Schulbesuchszeit führt.

(1980), 28,5% (1985), 32% (1989). Nach der Wende glichen sich die entsprechenden Zahlen im Beitrittsgebiet dieser Entwicklung binnen kurzem an.[443]

In der DDR fehlte die die bundesrepublikanische Entwicklung prägende gesellschaftliche und bildungspolitische Diskussion[444], die zu einer bewußten Öffnung der weiterführenden Schulen führte. Ursprünglich auf ähnlichem Niveau liegend blieben in diesem Teil Deutschlands die Zahlen der Abiturienten erheblich geringer. 1960 hatten dort 7,6% der Schulabgänger das Abitur erworben, 1965: 13,7%, 1970: 12,5%, 1975: 12,8%, 1980 11,2%, 1985: 12,8%, 1987: 13,5% und 1989 13,6%.[445]

Zum anderen verlängert sich die tägliche Verweildauer in der Schule. Nicht nur im gymnasialen Kurssystem zwingen der Umfang der Stundentafel und die Wahlmöglichkeiten die Schülerinnen und Schüler häufig auch in sog. Halbtagsschulen zu ganztägigem Schulbesuch. In unteren Klassen zumindest der weiterführenden Schulen ist teilweise an einem oder zwei Tagen Nachmittagsunterricht üblich.

Dies betrifft in nicht unerheblichem Maß, vor allem in den neuen Bundesländern, den Religionsunterricht. Denn dieser wird auf Grund seiner konfessionellen Doppelstruktur, des in den meisten Bundesländern angebotenen Alternativfaches und der damit gegebenen Organisationsschwierigkeiten gerne an den Rand des Unterrichtstages geschoben.

Dazu kommen – in manchen Bundesländern und Schulformen zunehmend gefördert – Arbeitsgemeinschaften, Projektgruppen und andere außerunterrichtliche Treffen. Solche Angebote führen nicht selten zu Konflikten mit gemeindepädagogischen Veranstaltungen am Nachmittag, am deutlichsten bei Terminschwierigkeiten mit dem Konfirmandenunterricht greifbar.

So gaben bei einer Befragung unter westfälischen Pfarrerinnen und Pfarrern 70,9% an, der Konfirmandenunterricht werde durch Klassenfahrten „tangiert"; 50,4% nannten in diesem Zusammenhang den Nachmittags-Unterricht, 38,8% Schul-AGs und 29,1% schulische Praktika.[446]

Angesichts der schon zeitlich unbestreitbaren Bedeutung von Schule ist der *Religionsunterricht* in der Schule eine wichtige Kontaktstelle der Kirchen

---

[443] S. zum einzelnen K. Klemm, Bildungsexpansion und kein Ende?, in: W. Helsper, H.-H. Krüger, H. Wenzel, Hg., Schule und Gesellschaft im Umbruch. Bd. 1: Theoretische und internationale Perspektiven, Weinheim 1996, 431.

[444] S. im 1. Kap. 4.1.3.

[445] Die Zahlen entstammen einer bei Anweiler u.a., a.a.O. (Anm. 421) 543, veröffentlichten Graphik, die sich auf im Statistischen Jahrbuch der DDR publizierte Zahlen bezieht.

[446] S. Th. Böhme-Lischewski, H.-M. Lübking, Hg., Engagement und Ratlosigkeit. Konfirmandenunterricht heute, Bielefeld 1995, 274.

zu den Kindern und Jugendlichen. Er ist – abgesehen von Bremen mit dem besonderen Unterricht in Allgemeiner Biblischer Geschichte, von Berlin mit dem allein kirchlichen Unterricht und Brandenburg mit dem Schulversuch LER – an deutschen Schulen ordentliches Unterrichtsfach, jedoch im einzelnen in durchaus unterschiedlicher Prägung, wobei sich ein gewisses Süd-Nordgefälle zeigt. Schon die Stundentafeln divergieren in den einzelnen Ländern erheblich voneinander. Während in Bayern ein Schüler/eine Schülerin in den ersten zehn Schuljahren durchschnittlich 888 Religionsstunden besucht, sind dies in Hessen 772 und in Hamburg nur 394.[447] Regional kann dies auf Grund fehlender Religionslehrkräfte erheblich anders aussehen. Vor allem in den neuen Bundesländern werden in absehbarer Zeit nicht so viele Religionslehrkräfte zur Verfügung stehen, daß flächendeckend Religionsunterricht angeboten werden kann.

In diesem Zusammenhang ist daran zu erinnern, daß die große Mehrzahl der DDR-Lehrerschaft, die auch nach der Wende bis auf weiteres die Lehrerkollegien (oder besser: Lehrerkollektive) prägt, ohne Kirchenzugehörigkeit war und – nicht zuletzt auf Grund der von ihr lange Jahre aktiv vertretenen Atheismus-Propaganda – noch heute innerlich in erheblicher Distanz zum christlichen Glauben und zu religiösen Themen stehen dürfte.

In manchen Gegenden der alten Bundesländer fehlen ebenfalls Lehrkräfte für den Religionsunterricht (bzw. werden Lehrkräfte mit Religions-Facultas schwerpunktmäßig für die Erteilung anderer von ihnen ebenfalls vertretener Fächer eingesetzt). Besonderer Mangel herrscht im Bereich der Berufsschulen.[448] Aktuelle Forderungen nach Verkürzung des Berufsschulunterrichts, immer wieder von Vertretern der Wirtschaft und Handwerkskammern, aber auch Politikern vorgetragen, gefährden grundsätzlich den Platz des Religionsunterrichts an den berufsbildenden Schulen.

Dazu ist bundesweit ein gewisser Rückgang der Teilnahme am Religionsunterricht bei gleichzeitig vergrößertem Zuspruch zum Ersatz- bzw. Alternativfach Ethik o.ä. unübersehbar, wobei auch hier jeweils genauer zwischen einzelnen Schulformen und Gegenden differenziert werden muß.

---

[447] S. Anweiler u.a., a.a.O. (Anm. 421) 535. Dabei ist neben anderem zu beachten, daß auch hinsichtlich der Gesamtstundenzahl, die innerhalb der ersten zehn Schuljahre absolviert werden muß, Bayern mit 11.541 vor Hessen mit 10.924 und Hamburg mit 9.692 liegt (s. ebd.).

[448] Vgl. schon 1986 den mahnenden Beitrag von G. Adam, Der vernachlässigte Religionsunterricht an Berufsschulen, in: ThPr 21 (1986), 317-326. S. jetzt aber Comenius Institut, Gesellschaft für Religionspädagogik, Deutscher Katechetenverein, Hg., Handbuch Religionsunterricht an berufsbildenden Schulen, Gütersloh 1997.

In Niedersachsen z.B. nahmen im Schuljahr 1995/96 noch 63,0% der Schülerinnen und Schüler am evangelischen Religionsunterricht teil, im Jahr davor waren es 63,3%, 1993 63,6%, 1990 65,6%. Ähnlich verläuft die Entwicklung bei den Katholiken. Hier besuchten 1995/96 16,8% den (katholischen) Religionsunterricht, im Jahr davor 17,1%, 1993 17,5% und 1990 18,7%. Demgegenüber stieg die Teilnahme an „Werte und Normen", so die niedersächsische Bezeichnung für den Ersatzunterricht, von 6,4% 1990 über 7,3% 1993, 8,0% 1994 auf 8,5% im Schuljahr 1995/96.[449] Umgekehrt wird aus Bayern 1997 gemeldet, daß seit etwa drei Jahren die Abmeldungen vom Religionsunterricht – entgegen dem früheren Trend – leicht zurückgehen.[450]

In den neuen Bundesländern wird offensichtlich – von der Zahl der Teilnehmenden her gesehen – der Ethikunterricht zum dominierenden Fach. Mit erheblichen regionalen Unterschieden im einzelnen scheint sich dort, wo schon ein alternatives Angebot besteht, etwa ein Fünftel bis Drittel der Schülerschaft (bzw. deren Eltern) für den Religionsunterricht zu entscheiden.[451] Allerdings bedeutet dies nicht, daß hier Religion als Thema aus der Schule ausgespart bleibt. Vielmehr sehen die Lehrpläne des Ethikunterrichts die Behandlung von Religionen bzw. religiösen Auffassungen und Anschauungen vor.

Für die Erteilung von Unterricht und seine Wirkung ist die *Einstellung der Lehrkräfte* zu ihm von erheblicher Bedeutung. Dies gilt für den Religionsunterricht besonders in einer Situation, in der die Bindung an Kirche und christlichen Glauben in der Bevölkerung schwindet.[452] In den achtziger Jahren lag im Bereich der empirischen Religionspädagogik dementsprechend ein Schwerpunkt auf Befragungen von Religionslehrerinnen und -lehrern[453], denen wir eine in manchen Fragen aufschlußreiche Kenntnis bestimmter

---

[449] Die Zahlen sind einer Mitteilung des Loccumer Pelikan 4 (1996) 147 entnommen.

[450] S. Nachrichten der Evangelisch-Lutherischen Kirche in Bayern 52 (1997) 183.

[451] S. für den Freistaat Sachsen R. Degen, Zur kirchlichen Bildungsverantwortung im ostdeutschen Kontext. Beobachtungen – Interpetationen – Konsequenzen, in: ders., G. Doyé, Hg., Bildungsverantwortung der Evangelischen Kirchen in Ostdeutschland, Berlin 1995, 17; vgl. H. Hanisch, D. Pollack, Der Religionsunterricht im Freistaat Sachsen. Eine empirische Untersuchung zur Akzeptanz eines neuen Unterrichtsfachs, in: ZEE 39 (1995) 290-295.

[452] S. R. Köcher, Religionsunterricht – zwei Perspektiven, in: Sekretariat der Deutschen Bischofskonferenz, Hg., Religionsunterricht. Aktuelle Situation und Entwicklungsperspektiven, Bonn 1989, 48.

[453] Einen, soweit ich sehen kann, fast vollständigen Überblick über empirische Untersuchungen zu Religionslehrerinnen und -lehrern gibt H.-G. Ziebertz, Lehrerforschung in der empirischen Religionspädagogik, in: ders., W. Simon,

Probleme und Chancen dieses Unterrichtsfachs verdanken. Insgesamt ergeben die im einzelnen in Methodik, befragter Population und Fragestellung
recht unterschiedlichen Untersuchungen eine beachtliche Berufszufriedenheit
der Religionslehrerinnen und -lehrern, die bei im Grundschulbereich Tätigen besonders ausgeprägt erscheint.[454] Eine sachlich bedeutungsvolle, weil
nicht nur die rechtliche Konstitution des Religionsunterrichts, sondern auch
seine Inhalte betreffende Spannung besteht im Verhältnis der Religionslehrkräfte zur Kirche, und zwar, wenngleich in unterschiedlicher Ausprägung, sowohl bei katholischen als auch evangelischen Befragten.

Eine von A. Feige durchgeführte Befragung unter niedersächsischen evangelischen Religionslehrerinnen und -lehrern aller Schularten[455] ergab z.B. einerseits eine
deutliche Distanz zum (in Niedersachsen allerdings nicht praktizierten) kirchlichen
Vokationsrecht. 57% der Befragten hielten dies für unangemessen.[456] Etwas kirchen-
freundlicher, aber immer noch von Distanz gegenüber kirchlichen Ansprüchen geprägt war das Ergebnis, als die „Inanspruchnahme als Vertreter der Kirche" durch
Schülerinnen bzw. Schüler erfragt wurde. „Rund 30% ... plädieren deutlich dafür,
daß die Schüler zwischen Religionslehrer und Vertreter der Kirche zu unterscheiden
hätten. 39% halten diese Unterscheidung für illusorisch und wollten sich dieser
Ansprache auch nicht entziehen, unabhängig von den Ausführungen, die sie dann in

---

Hg., Bilanz der Religionspädagogik, Düsseldorf 1995, 47-78. Vgl. auch die
beiden diesbezüglichen, in manchen Beurteilungen etwas anders akzentuierenden
Literaturberichte von P. Biehl, Beruf: Religionslehrer, in: JRP 2 (1986) 161-194,
und W. Simon, Der Religionslehrer im Brennpunkt des religionspädagogischen
Interesses, in: Religionspädagogische Beiträge 17 (1986) 64-78.

[454]   S. z.B. Ziebertz, a.a.O. 67f. Vgl. auch den Bericht über eine vornehmlich im
Bistum Essen – mit Vergleichsgruppen in Schleswig-Holstein und Bamberg –
durchgeführte Befragung von Lehrerinnen und Lehrern der katholischen Religion in Grundschulen: „Zur Situation des Religionsunterrichts an Grundschulen
– die Essener Umfrage", in: KatBl 120 (1995) 849f. Allerdings muß auf Grund
des hier vorgelegten Ergebnisses angemerkt werden, daß die allgemeine Berufszufriedenheit der Grundschullehrerinnen und -lehrer noch höher ist als die der
an dieser Schulform Religion Unterrichtenden. S. dagegen z.B. die Verzweiflung
über den Religionsunterricht in der Hauptschule, die aus dem anonym veröffentlichten Bericht eines katholischen Lehrers spricht (abgedruckt in: KatBl 114
(1989) 60-62).

[455]   Zur Methodik dieser Untersuchung s. A. Feige, Christliche Tradition auf der
Schulbank. Über Arbeitsbedingungen und Funktionsvorstellungen evangelischer
Religionslehrer im Kontext ihrer Eingebundenheit in volkskirchliche Strukturen,
in: ders., K.E. Nipkow, Religionslehrer sein heute. Empirische und theoretische
Überlegungen zur Religionslehrerschaft zwischen Kirche und Staat, Münster
1988, 5-17.

[456]   S. ebd. 30.

Bezug auf Kirche zu machen gedächten."[457] Eher unentschieden ist die Haltung gegenüber religiös-kirchlicher Praxis im Zusammenhang mit dem Religionsunterricht. So lehnt etwa ein Viertel einen Schulgottesdienst ab, ebenfalls etwa ein Viertel begrüßt ein solches Angebot ausdrücklich, während über 40% sich hier nicht entscheiden können oder wollen.[458] Besonders positiv bewerten die niedersächsischen Religionslehrkräfte den Deutschen Evangelischen Kirchentag: „77% äußerten großes Interesse an der Teilnahme an einem Kirchentag, davon sind es fast 50%, die auch schon ein- oder mehrmals ... teilgenommen haben."[459]

Befragungen unter katholischen Religionslehrerinnen und -lehrern ergaben eine etwas anders akzentuierte Beziehung zur Kirche. So lag bei einer vom Allensbacher Institut für Demoskopie durchgeführten, viel beachteten und diskutierten [460] repräsentativen Umfrage unter katholischen Religionslehrerinnen und -lehrern der Bundesrepublik[461] der Gottesdienstbesuch der katholischen Lehrerinnen und Lehrer erheblich über dem ihrer evangelischen Kollegen und Kolleginnen – 63% gaben an, jeden Sonntag die Messe zu besuchen, 24% ziemlich regelmäßig sowie ab und zu, 13% selten oder nie;[462] aber hinsichtlich „offizieller Positionen" der Kirche zeigte sich eine erhebliche Reserve.[463] Auch andere Untersuchungen legen den Schluß nahe, daß bei der Mehrzahl katholischer Religionslehrerinnen und -lehrer die „Kirchenbezogenheit ... hoch (ist), wenn es um die direkt erfahrbare parochiale Kirche geht, sie ist weniger hoch, wenn die übergeordneten Ebenen in den Blick kommen".[464]

---

[457] Ebd. 29.
[458] S. ebd. 31.
[459] Ebd. 35.
[460] S. nur das der kritischen Kommentierung dieser Umfrage gewidmete Themenheft 25 (1990) der „Religionspädagogischen Beiträge".
[461] Institut für Demoskopie, Religionsunterricht heute. Eine Befragung von Religionslehrern über Aufgaben und Möglichkeiten, Gestaltung und Resonanz des Religionsunterrichts, Allensbach o.J.; vgl. hierzu den methodisch kritischen und zugleich wichtige Erkenntnisse herausstellenden Beitrag von K. Gabriel, Tradierungsprobleme einer „bestimmten" Religion? Religionssoziologische Anmerkungen zu den Umfragen des Instituts für Demoskopie Allensbach zum Religionsunterricht, in: Religionspädagogische Beiträge 25 (1990) 18-30; aus religionspädagogischer Sicht setzt sich H.A. Zwergel, Die Allensbacher Untersuchungen angesichts religionspädagogischer Theoriebildung und empirischer Forschung. Eine Zwischenbilanz in weiterführender Absicht, in: Religionspädagogische Beiträge 25 (1990) 68-91, mit der Untersuchung gründlich auseinander.
[462] Nach Ziebertz, a.a.O. (Anm. 453) 68.
[463] S. ebd. 69.
[464] Ebd.; sehr ähnlich fällt das diesbezügliche Ergebnis der in Anm. 454 erwähnten, 1995 durchgeführten Befragung Essener, Schleswig-Holsteiner und Bamberger katholischer Religionslehrerinnen und -lehrer aus, s. KatBl 120 (1995) 855f.: „Auch wenn etwa 42% deutliche Mühe haben, sich mit der Kirche zu identifizieren (4,3% können sich nur ‚sehr schwach', 7,9% ‚schwach' und 29,7% ‚eher

Andreas Feige brachte das Verhältnis der (evangelischen) Religionslehre-rinnen und -lehrer auf die griffige Formel der „symbiotischen Distanz".[465] Sie spiegelt zum einen institutionengeschichtlich die mit dem Stichwort „geistliche Schulaufsicht" schlagwortartig angedeutete problematische Be-ziehung zwischen Lehrerinnen und Lehrern und der Kirche in Deutschland wider; zum anderen hängt – nicht zuletzt in der Rollenerwartung von seiten der Schülerinnen und Schüler – ihre konkrete Tätigkeit mit Kirche unbe-zweifelbar zusammen. Dabei stehen die Religionslehrerinnen und -lehrer offensichtlich zunehmend in der Spannung zwischen nachlassender Integra-tionskraft der Kirchen gerade bei jüngeren Menschen und dem kirchlich verantworteten Inhalt „Religion" dieses Unterrichtsfachs. Dem Religionsun-terricht kommt demnach eine Vermittlungsrolle zwischen verschiedenen Partizipationsformen an christlichem Glauben bzw. Religion zu. Daß dies nicht konfliktfrei ist, zeigen immer wiederkehrende grundsätzliche Anfragen „entschieden" christlicher Provenienz an die Sinnhaftigkeit eines solchen Unterrichts.

Neben der Einstellung der Lehrerinnen und Lehrer zum Religionsunter-richt sollte die empirische Aufklärung über dessen Wahrnehmung durch die *Schülerinnen und Schüler* mindestens ebenso große Aufmerksamkeit verdie-nen. Zwar begann mit Untersuchungen hierzu die Wiederaufnahme empi-rischer Forschungsbemühungen in der Religionspädagogik.[466] Doch traten sie bald hinter die eben kurz skizzierten Religionslehrerbefragungen zurück.

Vielleicht liegt dies auch an den eher negativen Ergebnissen der ersten Schüler-befragungen, die – hier durchaus an die früheren Umfragen, etwa von M. Lobsien anschließend – [467] die „Unbeliebtheit" des Religionsunterrichts konstatierten. Zu-

---

schwach' mit der Kirche identifizieren), zeigt doch das große Ausmaß ihrer ehrenamtlichen Mitarbeit in den Kirchengemeinden, daß sie der Kirche stark verbunden sind. Fast 60% der Befragten geben an, sie seien in einer Kirchenge-meinde aktiv. ... Mehr als jede/r Dritte bekennt, die Beziehung zu einer konkre-ten Gemeinde sei für ihn/für sie ,ein wichtiger beruflicher Rückhalt'. Und für 37,3% gehören ,eine Tätigkeit als Religionslehrer/in und kirchliches Engagement ... selbstverständlich zusammen'.".

[465] Feige, a.a.O. (Anm. 455) 33.

[466] Als Pionierarbeit, die auch für die weitere (quantitative) Forschung die Standards setzte, ist die auf den gymnasialen Religionsunterricht beider Konfessionen bezo-gene, vom Münchener Schulpädagogen H. Schiefele als Dissertation betreute Studie von N. Havers, Der Religionsunterricht – Analyse eines unbeliebten Fachs, München 1972, zu nennen (ähnlich in der Anlage und im Niveau: W. Prawdzik, Der Religionsunterricht im Urteil der Hauptschüler, Zürich u.a. 1973).

[467] S. 1. Kap. Anm. 284.

dem wurde deren Stimulus, die gehäuften Austritte aus dem Religionsunterricht, durch Gewöhnung an dieses Phänomen schwächer. Methodisch dürfte die zunehmende Schwierigkeit eine Rolle gespielt haben, religionsdidaktisch konzeptionell interessierende Fragen in einer schüleradäquaten Sprache zu formulieren.

Inzwischen ergaben – bei aller Berücksichtigung der auch hier erheblichen regionalen[468] und lokalen sowie personbedingten Divergenzen – vereinzelte weitere Untersuchungen, daß sich die Einschätzung des Religionsunterrichts in der Schülersicht wohl verbessert hat. Eine 1995 in Österreich durchgeführte Befragung[469] zeigte eine überwiegende Akzeptanz des katholischen Religionsunterrichts.

So gaben 25,9% der Schülerinnen und Schüler an, „sehr gerne" den Religionsunterricht zu besuchen, 44,1% „gerne", 21% „eher nicht" und 9% „gar nicht".[470] Beim Vergleich bezüglich der Beliebtheit belegte der Religionsunterricht unter zehn Fächern – hinter Sport, Kunst und Werken, vor Deutsch, Biologie, Englisch, Geschichte, Mathematik, Musik – den vierten Rang.[471]

Darüber hinaus läßt die Befragung einige Vermutungen zu konzeptionell wichtigen Fragen des Religionsunterrichts zu. So zeigt eine faktorenanalytisch fundierte Auswertung die hohe Bedeutung einer handlungsorientierten Didaktik[472] für die Akzeptanz des Fachs. Interesse verdient auch der – aus einer ökosozialen Perspektive unmittelbar einleuchtende – Schluß, daß der Religionsunterricht offensichtlich eher eine Einflüsse des Elternhauses verstärkende als diese kompensierende Funktion hat.[473] Auch der Einfluß des

---

[468] S. zur Sonderproblematik von am Religionsunterricht teilnehmenden ostdeutschen Schülerinnen und Schülern H. Hanisch, D. Pollack, Religion ein neues Schulfach. Eine empirische Untersuchung zum religiösen Umfeld und zur Akzeptanz des Religionsunterrichts aus der Sicht von Schülerinnen und Schülern in den neuen Bundesländern, Stuttgart u.a. 1997 (vgl. als kurze Zusammenfassung dies., Anthropogene Voraussetzungen der Schülerinnen und Schüler im Religionsunterricht Ostdeutschlands – Ergebnisse einer empirischen Untersuchung, in: EvErz 48 (1996) 389-404).

[469] Zu Anlage und Methodik s. im einzelnen A.A. Bucher, Religionsunterricht: Besser als sein Ruf? Empirische Einblicke in ein umstrittenes Fach, Innsbruck u.a. 1996, 33-38.

[470] S. ebd. 39 (vgl. auch die knappe Zusammenfassung der wichtigsten Ergebnisse der Bucherschen Studie in: A.A. Bucher, Religionsunterricht: empirische Einblicke in ein umstrittenes Fach. Erste Ergebnisse einer österreichweiten SchülerInnenbefragung, in: KatBl 122 (1997) 4-8).

[471] S. ebd. 40.

[472] Zur Operationalisierung dieses Begriffs in der Umfrage s. ebd. 60-62.

[473] S. Bucher, a.a.O. (Anm. 470) 7.

gesamten Schulklimas auf die Akzeptanz des Religionsunterrichts trat in der Untersuchung deutlich hervor.[474]

Anton Bucher selbst faßte die wichtigsten positiven und negativen Faktoren der Beliebtheit des Religionsunterrichts in folgende Begriffe[475] zusammen: Je ausgeprägter – in folgender Reihenfolge – die „Handlungsorientierte Didaktik", „Gutes Schulklima", „Religiöse Sozialisation" und – am schwächsten – „RU als Erholung und Gaudi" sind, desto beliebter ist der Religionsunterricht; umgekehrt je ausgeprägter „Disziplinstörungen" und – erheblich weniger – „RU ernst, straff und kirchlich" ist, desto unbeliebter.

Eine besondere Situation besteht für die Schülerinnen und Schüler in den neuen Bundesländern. Hierzu liegen inzwischen erste Vergleichsuntersuchungen zwischen west- und ostdeutschen Heranwachsenden bezüglich ihrer religiösen Vorstellungen vor. Helmut Hanisch analysierte gezeichnete Gottesbilder ost- und westdeutscher Kinder und Jugendlicher zwischen 7 und 16 Jahren.

Er ließ 1992 in Schulklassen des Kirchenbezirks Heidenheim (Schwäbische Alb), einem weithin als volkskirchlich charakterisierbaren Milieu, und in Leipziger, Dresdener und Zwickauer Unterrichtsgruppen 1471 bzw. 1187 Schülerinnen und Schüler ihre Vorstellung von Gott zeichnen bzw. malen und analysierte die Bilder vor allem hinsichtlich ihres anthropomorphen bzw. symbolischen Gehalts.[476]

Dabei stellt er „einen deutlichen Überhang anthropomorpher Gottesbilder bei den nicht-religiös Erzogenen", also den ostdeutschen Probanden,[477] fest. Umgekehrt zeigt sich ab etwa dem 10. Lebensjahr ein Ansteigen symbolischer Darstellungen bei den religiös erzogenen westdeutschen Kindern.[478] Hanisch interpretiert die im einzelnen eindrucksvoll anhand von vielfältigem Bildmaterial dokumentierten Beobachtungen dahingehend, „daß die Bilder besonders der älteren religiös Erzogenen wesentlich stärker Ausdruck einer gedanklichen Auseinandersetzung mit Gott sind",[479] konkret, „daß der Übergang von anthropomorphen zu nichtanthropomorphen Gottesbildern maßgeblich von der christlichen Erziehung im Elternhaus, der Ge-

---

[474] S. Bucher, a.a.O. (Anm. 469) 64f.

[475] In: Bucher, a.a.O. (Anm 470) 7.

[476] S. im einzelnen zu den methodischen Voraussetzungen und zur Durchführung von Untersuchung und Analyse H. Hanisch, Die zeichnerische Entwicklung des Gottesbildes bei Kindern und Jugendlichen, Stuttgart u.a. 1996, 17-20 bzw. 115-119.

[477] Ebd. 213.

[478] S. ebd. 223.

[479] Ebd. 224.

meinde und der Schule abhängt."[480] Gerade die hier feststellbaren kognitiven Entwicklungen dürften – angesichts zurückgehender Traditionsleitung auch in den alten Bundesländern – zu einem nicht geringen Teil Ergebnis des schulischen Religionsunterrichts sein.

Zu Recht macht Hanisch auf das mit solchen Einsichten verbundene Dilemma für die religiöse Entwicklung von ostdeutschen Kindern und Jugendlichen aufmerksam. Sie begegnen vor allem im Unterricht von Ethiklehrerinnen und -lehrern, die selbst meist keine religiöse Erziehung genossen, im Gegenteil einer antikirchlichen Propaganda ausgeliefert waren und diese großenteils selbst betrieben, religiösen Inhalten: „Der Ausweg ... besteht darin, sich distanziert und oberflächlich bzw. abstrakt, d.h. ohne jedes persönliche Engagement, Wissen über Religionen anzueignen. Dadurch ist jedoch kein Lernen möglich, das sich der Relevanzfrage stellt oder dem jungen Menschen Sinnhorizonte erschließen würde, seine eigene Position zu bedenken oder in Frage zu stellen. Was ein solcher Unterricht erzieherisch leisten kann, bleibt offen."[481]

Noch schwieriger erscheint die Situation, wenn man empirische Befunde zum allgemeinen Schulklima heranzieht. Demnach ist das Lehrerverhalten in ostdeutschen Schulen, vor allem im Bereich der Haupt- und Realschulen, immer noch erheblich mehr disziplinorientiert, also von Kommandoton und Anschreien geprägt, als in westdeutschen.[482] Dies ist für ein grundsätzlich schüler- und gesprächsorientiertes Fach wie den Religionsunterricht eine schwerwiegende Hypothek.

Schließlich ist auf die *Kirchlichen Schulen* hinzuweisen. Zur Zeit bestehen – neben ca. 230 Schulen für Behinderte und 280 berufsbildenden Schulen – etwa 150 allgemeinbildende Schulen in evangelischer Trägerschaft.[483] Entsprechend ihrer unterschiedlichen Entstehungszeit haben diese Schulen auch pädagogisch durchaus unterschiedliche Profile.

K.E. Nipkow faßt systematisierend die bis heute einzelne Evangelische Schulen jeweils prägenden Einflüsse zusammen: „reformatorisch-humanistisches Erbe des 16.

---

[480] Ebd. 228.

[481] Ebd. 210.

[482] S. hierzu genauer die in Sachsen-Anhalt 1993 erhobenen Befunde bei H.-H. Krüger, C. Kötters, Aufwachsen in den neuen Bundesländern – Ergebnisse einer Befragung von 11- bis 16-jährigen, in: M. Löw, D. Meister, U. Sander, Hg., Pädagogik im Umbruch, Opladen 1995, 161-163.

[483] S. Schreiner, a.a.O. (Anm. 315) 13. Andere Autoren (vgl. z.B. die detaillierten Angaben bei K.H. Potthast, G. Gerth, Standortbestimmung evangelischer Schulen, in: H.-Chr. Berg, G. Gerth, K.H. Potthast, Hg., Unterrichtserneuerung mit Wagenschein und Comenius. Versuche Evangelischer Schulen 1985-1989, Münster 1990, 30f., die allerdings den Stand Ende der siebziger Jahre repräsentieren) nennen z.T. andere Zahlen. Dies liegt wohl auch daran, daß im Einzelfall die genaue Zuordnung einer Schule zu den Evangelischen Schulen angesichts der Pluriformität und der Trägervielfalt nicht ganz einfach ist.

Jahrhunderts ..., pietistisches Erbe aus dem 17. und 18. Jahrhundert, diakonisches Erbe unter dem Einfluß Johann Hinrich Wicherns und Wilhelm Löhes, reformpädagogische Impulse aus der Landerziehungsheimbewegung, Arbeitsschulbewegung, Kunsterziehungs- und Jugendbewegung aus dem ersten Drittel dieses Jahrhunderts, Gründungen nach dem letzten Weltkrieg unter dem Eindruck geschichtlicher Herausforderungen und unter den Nachwirkungen der Erfahrungen von Barmen, der Bekennenden Kirche, des Kirchenkampfes und des Verhältnisses zum Judentum."[484] Dazu kommen nach der politischen Wende 1989/90 noch Schulneugründungen in den neuen Bundesländern, die einen Beitrag zur Schulreform auf dem Hintergrund des zusammengebrochenen sozialistischen Schulwesens leisten wollen.[485]

Insgesamt ist bei den allgemeinbildenden Schulen in evangelischer Trägerschaft ein deutliches Übergewicht der Gymnasien unübersehbar.

M. Schreiner interpretiert: „Dies geht unter anderem sowohl auf das schon reformatorische Motiv der Bildung und Förderung künftiger geistlicher und weltlicher Führungskräfte zurück, als auch auf das Bestreben, jeder und jedem zur bestmöglichen Entfaltung seiner Begabungen zu verhelfen."[486]

Doch gibt es auch Grund-, Haupt- und Realschulen bzw. kooperative Gesamtschulen, manche als Internatsschulen oder Ganztagesschulen organisiert. Ebenso vielfältig sind die konkreten Formen der Trägerschaft bzw. Stifterkreise: „Das Spektrum reicht von Einzelpersonen über Eltern-Lehrer-Schulvereine ... bis zu Gründungsimpulsen und Trägerschaften von Kirchengemeinden ..., Kirchenkreisen ..., Landeskirchen ..., kirchlichen Werken ... und privaten Stiftungen".[487]

Schon dies zeigt, daß es offensichtlich keine einheitliche Auffassung von „der" Evangelischen Schule gibt, vielmehr läßt sich vermuten, daß die Freiheit der Gestaltung selbst eines ihrer Grundkonstitutiva ist.[488] Karl Ernst Nipkow weist darüber hinaus auf zwei miteinander eng verbundene Perspektiven hin, die in Evangelischen Schulen zumindest eine besondere

---

[484] K.E. Nipkow, Evangelische Schulen als Beitrag der Kirche zu Erziehung und Unterricht, in: H.-Chr. Berg, G. Gerth, K.H. Potthast, Hg., Unterrichtserneuerung mit Wagenschein und Comenius. Versuche Evangelischer Schulen 1985-1989, Münster 1990, 69.

[485] S. zwei Beispiele hierfür bei Schreiner, a.a.O. (Anm. 315) 342-353.

[486] Ebd. 376.

[487] Ebd.

[488] S. hierzu die Erklärung der Synode der EKD von 1978: Leben und Erziehen – wozu? Am Beispiel evangelischer Schulen und Ausbildungsstätten, in: Kirchenamt der Evangelischen Kirche in Deutschland, Hg., Die Denkschriften der Evangelischen Kirche in Deutschland Bd. 4/1. Bildung und Erziehung, Gütersloh 1987, 207-210.

Entfaltungsmöglichkeit haben: „Im besonderen ist die Einbindung in einen *diakonischen* Gesamtzusammenhang als eine ganz besondere Stärke evangelischer Schulen anzusehen." Gestalt findet dies etwa in Sozialpraktika, die in den meisten Evangelischen Schulen anzutreffen sind. „Unvergleichlich ist aber auch die Möglichkeit, das diakonische und pädagogische Handeln auf den Gottesdienst zu beziehen, Diakonie und *Liturgie* zusammenzusehen und die Feier der Liturgie in Wort und Sakrament als Mitte der Glaubensbildung wie des christlichen Lebens zu erfahren."[489] Dementsprechend kommt dem religiösen Schulleben eine besondere Bedeutung zu.

Ähnliche Akzente, wenn auch in z.T. anderer Ausprägung, sind bei den – insgesamt über tausend – Katholischen Schulen in Deutschland feststellbar.[490] Auch hier begegnet eine große Vielfalt der Träger. Eine Besonderheit gegenüber den Evangelischen Schulen ist die große Zahl von Ordensschulen. Gerade angesichts der in der jüngsten religionspädagogischen Diskussion deutlich hervortretenden Bedeutung von Gemeinschaften bewußt christlich lebender Menschen für religionspädagogisches Handeln ist dies keineswegs nur ein auf bestimmte historische Entwicklungen zurückgehender Tatbestand, sondern zugleich eine große Chance für aktuelle Praxis.

J. Dikow bemerkt hierzu: „Wohl ... sollte man sich dessen bewußt sein, welche geradezu idealen Voraussetzungen für das Schulehalten gegeben sind, wenn das gesamte Kollegium einer Schule oder doch sein prägender Teil in einer Lebensgemeinschaft verbunden sind, die sich nach einem gemeinsamen Ziel ausstrecken und alle vorhandenen Kräfte gemeinsam nutzen."[491]

---

[489] Nipkow, a.a.O. (Anm. 484) 70 (Kursivdruck vom Original übernommen); vgl. ähnlich H.-Chr. Berg, Evangelische Schulen. Konzeptionen – Merkmale – Herausforderungen, in: ders., G. Gerth, K.H. Potthast, Hg., Unterrichtserneuerung mit Wagenschein und Comenius. Versuche Evangelischer Schulen 1985-1989, Münster 1990, 48f., anhand des Profils einer ausgewählten Evangelischen Schule.

[490] S. grundlegend hierfür das sechsbändige im Auftrag des Arbeitskreises katholischer Schulen in freier Trägerschaft in der Bundesrepublik Deutschland von R. Ilgner ab 1992 herausgegebene: Handbuch Katholische Schule, Köln (s. auch Th. Schneider, Freie Schulen in katholischer Trägerschaft. Die modellhafte Stellung Freier Schulen im kirchlichen Erziehungshandeln, untersucht aus bildungs- und kirchenpolitischer Sicht, Diss. Münster 1983). Eine interessante Konkretion ist der in manchem an das Projekt des Comenius-Instituts „Unterrichtserneuerung mit Wagenschein und Comenius" erinnernde, aber primär auf Grund- und Hauptschule zielende „Marchtaler Plan" der Diözese Rottenburg-Stuttgart (ab 1987; s. zu einer ersten Übersicht D. Weber, Der Marchtaler Plan – das Kind in der Mitte, in: G. Rüttinger, Hg., Schulpastoral, München 1992, 112-121).

[491] J. Dikow, Katholische Schulen, in: Arbeitsgemeinschaft Freier Schulen, Hg., Handbuch Freie Schulen. Pädagogische Positionen, Träger, Schulformen und Schulen im Überblick, Reinbek 1993, 67.

Zudem sind die vor allem mit dem Jesuitenorden eng verbundenen Exerzitien, etwa in Form von Klassenfahrten, ein häufig anzutreffendes Charakteristikum katholisch geprägten Schullebens.

Schließlich bemühen sich die Katholischen Schulen um die konkreten Unterrichtsinhalte. Vor allem katholische Beiträge zu einzelnen Themen sollen besonders berücksichtigt werden.

„Deshalb soll in Geschichte, Sozialkunde oder Politik die katholische Soziallehre behandelt werden; in diesen Fächern wie im Religionsunterricht ist in die kirchliche Friedenspolitik einzuführen; in Religionslehre, Deutsch und Sozialkunde soll die Rede davon sein, wie christliche Liebe, Ehe und Familie gelebt werden konnten; auch kann der Kunstunterricht im Studium christlicher Ikonographie, der Musikunterricht im Studium kirchenmusikalischer Werke Beispiele dafür geben, wie Menschen mit allen Sinnen um eine Synthese ihres Lebens und ihres Glaubens bemüht waren."[492]

3.3.2. Veränderungen in Schule

Schule steht seit längerem – im Gefolge der allgemeinen gesellschaftlichen Veränderungen – in *Spannungen*. Auf der einen Seite sind die meisten Schulen in Deutschland – wie im 1. Kapitel (1.3.4.) skizziert – in ihrer heutigen Erscheinungsform wesentlich ein Produkt des 19. Jahrhunderts. Auf der anderen Seite sind sie durch die in ihr tätigen Menschen, die Lehrerinnen und Lehrer sowie die Schülerinnen und Schüler, untrennbar mit den verschiedenen im 2. Kapitel dargestellten Modernisierungsprozessen verknüpft. Pluralismus und Individualisierung, Technisierung, mit den Konzepten Risiko- und Erlebnisgesellschaft wissenssoziologisch beschreibbare neue Konstellationen wirken ebenso wie die in den beiden ersten Abschnitten dieses 3. Kapitels skizzierten Veränderungen in Familie und die Ausbreitung massenmedialer Kommunikation in die Schulen hinein.[493]

H. Schmidt benennt unter Bezug auf Auswertungen empirischer Untersuchungen durch W. Helsper[494] die zunehmenden, den Lernprozeß beeinträchtigenden Probleme: „Zwischen 1953 und 1984 hat sich die Kritik von Schülerinnen und

---

[492] Ebd. 64.

[493] Vgl. zu dieser knappen Aufzählung, die sich am bisherigen Fortgang dieses Buchs orientiert, die ähnliche den pädagogischen Diskussionsverlauf der letzten Jahre aufnehmende ausführlichere Darstellung der Problemkonstellation bei W. Helsper, H.-H. Krüger, H. Wenzel, Schule und Gesellschaft im Umbruch – einleitende Anmerkungen und Fragen, in: dies., Hg., Schule und Gesellschaft im Umbruch. Bd. 1: Theoretische und internationale Perspektiven, Weinheim 1996, 13-18.

[494] S. W. Helsper, Jugend und Schule, in: H.-H. Krüger, Hg., Handbuch der Jugendforschung, Opladen 1988 ([2]1992, 351-382).

Schülern am Leistungsdruck etwa versiebenfacht (6%-41%), am Verhältnis zum Lehrpersonal mehr als vervierfacht: (11%-47%) und am Unterricht ebenfalls vervierfacht: (5%-20%), obwohl sich die Bildungsangebote in derselben Zeit erheblich vermehrt haben und die didaktisch-methodische Qualität des Unterrichts in jeder Hinsicht verbessert wurde. Dieser eklatante Widerspruch zwischen pädagogischen Bemühungen und jugendlicher ‚Bewußtseinsbildung‘ erklärt sich aus einer Diskrepanz zwischen Erwartungen und Erfahrungen. In Interviews machten Schülerinnen und Schüler ihre Erwartungen deutlich. Schule soll in erster Linie ein ‚Jugendtreffpunkt‘ sein, d.h. ‚intensives Erleben im Hier und Jetzt, Autonomie, Vertrauen und Kooperation ermöglichen‘. Im Schulalltag dominieren aber Leistungsdruck und ein langweilig-monotoner Umgang mit lebensfernen Gegenständen oder Altbekanntem, zu dem man sich um der Zensuren willen instrumental-strategisch verhält. Denn der Zugang zur Oberstufe und das Abitur werden von fast allen angestrebt ..."[495]

Th. Ziehe vermutet erhebliche kulturelle Veränderungen als Grund für die eben skizzierten Schwierigkeiten: „Die Kluft zwischen der alltagskulturell vermittelten Mentalität der Kinder und Jugendlichen einerseits und den Bildungsintentionen der Pädagogen andererseits wird immer größer."[496] Vor allem wird die Arbeit der Lehrerinnen und Lehrer dadurch erschwert, daß die meisten Schülerinnen und Schüler der von den Lehrkräften vertretenen Hochkultur keine besondere Präferenz vor ihrer eigenen Alltagskultur einräumen.

Angesichts der damit gegebenen Reibungen und Konflikte verwundert es nicht, daß mit Rückgang der Traditionsleitung sich die Frage von *Schulreformen* zunehmend dringlicher stellt(e).

Folgende Phasen der entsprechenden schulpolitischen Diskussion können in den letzten dreißig Jahren rekonstruiert werden[497], wobei die Parallelität zur im 1. Kapitel (4.2.2.-4.2.5.) skizzierten religionsdidaktischen Diskussion unübersehbar ist:
– Ende der sechziger Jahre konzentrierte sich die Debatte auf strukturelle Reformen. Die Neuordnung der gymnasialen Oberstufe sowie die Einrichtung integrierter Gesamtschulen sind bis heute wirkende Resultate dieser Bemühungen.
– Anschließend wendeten sich in den siebziger Jahren die Schulpolitiker und -pädagogen stärker Fragen der inneren Gestaltung von Schule zu. Hiervon wirkt vor allem die vom Siegeszug der Curriculardidaktik bestimmte Lehrplanreform weiter.

---

[495] H. Schmidt, Ethische Erziehung als fächerübergreifende und fächerverbindende Aufgabe, in: G. Adam, F. Schweitzer, Hg., Ethisch erziehen in der Schule, Göttingen 1996, 318.

[496] Th. Ziehe, Adieu 70er Jahre! Jugendliche und Schule in der zweiten Modernisierung, in: Pädagogik 48 (1996) H. 7-8, 35; vgl. hierzu aus speziell religionsdidaktischer Perspektive den kritischen Aufsatz von J. Brechtken, Ist der schulische Religionsunterricht noch zu retten?, in: KatBl 113 (1988) 776-784.

[497] Ich folge hier der Systematisierung der von der Bildungskommission NRW herausgegebenen Denkschrift „Zukunft der Bildung – Schule der Zukunft", Neuwied u.a. 1995, 14.

– Im nächsten Jahrzehnt setzte sich dieser Arbeits- und Forschungsschwerpunkt weiter fort; umfangreiche Lehrplanrevisionen wurden ins Werk gesetzt. Dazu kamen vermehrt reformpädagogische Impulse, die vor allem im Grundschul- und Sonderschulbereich vielerorts Fuß fassen konnten. Zunehmend begannen aber ökonomische Probleme pädagogische Überlegungen zu überlagern. Fragen der Effizienz im Schulwesen wurden vordringlich. Damit verschob sich die pädagogische Diskussion auf die Analyse und Gestaltung regionaler und örtlicher Zusammenhänge.

1992 berief der Ministerpräsident von Nordrhein-Westfalen die Kommission „Zukunft der Bildung – Schule der Zukunft" ein, um der gesellschaftspolitischen Umbruchsituation entsprechende bildungspolitische Analysen, Leitvorstellungen und Empfehlungen für die Gestaltung von Schule zu erhalten. Der Bericht der Kommission, zu der Vertreter aus Pädagogik, sonstiger Wissenschaft, Politik, Gewerkschaft, Verwaltung, Wirtschaft und Bankenwesen gehörten, konstatierte 1995 – auf dem Hintergrund der genannten Schulreformversuche – zu Recht: „Die Spannung zwischen der Schulpraxis und den traditionellen Ordnungsvorstellungen im Schulwesen wird immer größer."[498]

Die Arbeit dieser Kommission ist aus mehreren Gründen beachtenswert. Sie bezieht sich auf das bevölkerungsreichste Land Deutschlands und kann schon von daher eine gewisse Bedeutung beanspruchen. Durch die direkte Einsetzung vom Ministerpräsidenten und die Zusammensetzung aus unabhängigen Persönlichkeiten verschiedener Lebensbereiche verfügte sie über ein hohes Maß an Freiheit, auch politisch nicht Opportunes zu äußern, und trug zugleich der gesamtgesellschaftlichen, den eigentlichen schulpädagogischen Rahmen übersteigenden Relevanz einer Schulreform Rechnung. Leider arbeitete in dieser Kommission kein Vertreter der Kirchen oder sonstiger Religionsgemeinschaften mit, was sich sachlich in einem weitgehenden Ausklammern der religiösen Frage zeigt.[499]

In dieser Situation stellen sich zunehmend grundsätzliche Fragen, nicht zuletzt auf inhaltlicher Ebene. Was soll in den Schulen überhaupt gelehrt werden?

Didaktisch trieb Wolfgang Klafki die *Frage nach den Bildungsinhalten* durch den Verweis auf die zu lösenden „epochaltypischen Schlüsselprobleme"[500] voran.

---

[498] Ebd. XI.

[499] Lediglich an zwei Stellen (S. 105, 109) wird – allerdings unzureichend – der Religionsunterricht kurz erwähnt (s. hierzu kritisch die von der Evangelischen Kirche im Rheinland, der Evangelischen Kirche von Westfalen und der Lippischen Landeskirche gemeinsam verabschiedete, als Manuskript 1996 erschienene Gemeinsame Stellungnahme zur Denkschrift „Zukunft der Bildung – Schule der Zukunft").

[500] S. zum zeitgeschichtlichen Hintergrund dieses Konzepts im 1. Kapitel 4.1.3.

„Allgemeinbildung bedeutet in dieser Hinsicht, ein geschichtlich vermitteltes Bewußtsein von zentralen Problemen der Gegenwart und – soweit voraussehbar – der Zukunft zu gewinnen, Einsicht in die Mitverantwortlichkeit aller angesichts solcher Probleme und Bereitschaft, an ihrer Bewältigung mitzuwirken. ...
– Als erstes Schlüsselproblem nenne ich die Friedensfrage angesichts der ungeheuren Vernichtungspotentiale der ABC-Waffen ...
– Ein zweites Schlüsselproblem ist die Umweltfrage, d.h., die in globalem Maßstab zu durchdenkende Frage nach Zerstörung oder Erhaltung der natürlichen Grundlagen menschlicher Existenz und damit nach der Verantwortbarkeit und Kontrollierbarkeit der wissenschaftlich-technologischen Entwicklung ...
– Ein drittes, nach wie vor unbewältigtes Zentralproblem stellt die gesellschaftlich produzierte Ungleichheit dar ...
– Ein viertes Schlüsselproblem sind die Gefahren und die Möglichkeiten der neuen technischen Steuerungs-, Informations- und Kommunikationsmedien im Hinblick auf die Weiterentwicklung des Produktionssystems, der Arbeitsteilung oder aber ihrer schrittweisen Zurücknahme, der möglichen Vernichtung von Arbeitsplätzen durch eine ausschließlich ökonomisch-technisch verstandene ‚Rationalisierung‘, der Folgen für veränderte Anforderungen an Basis- und Spezialqualifikationen, für die Veränderung des Freizeitbereichs und der zwischenmenschlichen Kommunikationsbeziehungen. ...
– Schließlich nenne ich ein fünftes Schlüsselproblem, bei dem die Subjektivität des einzelnen und das Phänomen der Ich-Du-Beziehung ins Zentrum der Betrachtung rücken: die Erfahrung der Liebe, der menschlichen Sexualität, des Verhältnisses zwischen den Geschlechtern oder aber gleichgeschlechtlicher Beziehungen – jeweils in der Spannung zwischen individuellem Glücksanspruch, zwischenmenschlicher Verantwortung und der Anerkennung des bzw. der jeweils Anderen."[501]

Zu Recht verabschiedet sich hier Klafki von einer Fortschreibung bisheriger Bildungsinhalte, die auf Grund des schnellen Wissenszuwachses zu einer ständigen Vermehrung des in der Schule zu Lernenden führt und die Diskrepanz von Schule und Alltagswelt der Schülerinnen und Schüler (aber auch der Lehrerinnen und Lehrer) vergrößert. Allerdings ist bei der genaueren Analyse der von Klafki genannten Schlüsselprobleme – neben einer Ethisierung von Fragen der Daseinsorientierung –[502] eine gewisse Beliebigkeit und Problematik im inhaltlichen Bereich unübersehbar.

Die Verfasser der EKD-Denkschrift „Identität und Verständigung: Standort und Perspektiven des Religionsunterrichts in der Pluralität", die als erste EKD-Denkschrift ausschließlich dem schulischen Religionsunterricht gewidmet ist, nehmen Klafkis grundsätzlichen didaktischen Ansatz auf, führen

---

[501] W. Klafki, Grundzüge eines neuen Allgemeinbildungskonzepts. Im Zentrum: Epochaltypische Schlüsselprobleme, in: ders., Neue Studien zur Bildungstheorie und Didaktik, Weinheim ³1993, 56-60.
[502] S. hierzu 2. Kap. 2.1.2.

ihn aber – ebenfalls dem Vorhaben einer Schulreform verpflichtet – materialiter in dreifacher Hinsicht weiter. Sie fragen nach „der ethischen Grundlagenproblematik", die hinter den von Klafki genannten ethischen Problemfeldern liegt: „Das Dilemma hat eine seiner Wurzeln darin, daß die westlichen Freiheitsrechte einerseits unveräußerlich sind, andererseits ruinöse Folgen haben können."[503] Das führt zum Hinweis, daß dem Pluralismusproblem bei Überlegungen zu einer neuen allgemeinen Bildung stärkere Aufmerksamkeit zugewendet werden muß. Am deutlichsten sieht die von Karl Ernst Nipkow geleitete EKD-Kommission diesen Pluralismus im religiösen Bereich ausgebildet. Hier besteht in Klafkis Konzept eine Lücke. Bei der Zusammenstellung von gegenwärtig und zukünftig beschäftigenden Schlüsselproblemen blendet er die Religion aus. Die Präsenz nichtchristlicher Religionen im eigenen Land, aber auch die international beobachtbare Verflechtung von politischen und religiösen Motiven erfordern aber eine eingehende Bearbeitung des Religionsthemas.[504]

Es ist nicht zufällig, daß sowohl bei Klafkis Didaktik als auch in der nordrhein-westfälischen Denkschrift „Zukunft der Bildung – Schule der Zukunft" die religiöse Thematik nicht bzw. nur am Rande erscheint. Dieses Defizit kennzeichnet die gegenwärtige Situation in der deutschen Pädagogik. Vielleicht ist hierfür – analog dem weitgehenden Verlust einer „Allgemeinen" Pädagogik – im Zuge der wissenschaftlichen Spezialisierung die Zuordnung dieses Bereichs zur Religionspädagogik verantwortlich.[505]

---

[503] Im Auftrag des Rates der Evangelischen Kirche in Deutschland herausgegeben vom Kirchenamt der EKD, Identität und Verständigung: Standort und Perspektiven des Religionsunterrichts in der Pluralität, Gütersloh 1994, 32.

[504] S. ebd. 33. Vgl. in diesem Zusammenhang die bei Chr. Scheilke, Religion in der Schule einer pluralen Gesellschaft, in: Recht der Jugend und des Bildungswesens 1996, 348, zitierte Empfehlung der Parlamentarischen Versammlung des Europarates (1993) an das Ministerkomitee:

„die Regierungen der Mitgliedstaaten, die Europäische Gemeinschaft sowie die zuständigen Stellen und Organisationen aufzufordern, im Hinblick auf ... Bildung und Austausch

– sicherzustellen, daß der Unterricht in Religion und Ethik ein Teil des allgemeinen Schulunterrichts ist, und auf eine differenzierte und sorgfältige Darstellung der Religionen ... im Hinblick auf ein besseres und tieferes Verständnis der jeweils anderen Religionen hinzuwirken;

– zu unterstreichen, daß ein Hintergrundwissen über die eigene Religion oder die ethischen Grundsätze eine Voraussetzung für wirkliche Toleranz ist und auch ein Schutz vor Gleichgültigkeit und Vorurteilen sein kann".

[505] So D. Knab, Religion im Blickfeld der Schule, in: JRP 12 (1995), 1996, 58.

F. Schweitzer, ein Schüler Nipkows und dessen Nachfolger in Tübingen, vermutet darüber hinaus – nach einer langen christlich geprägten Tradition in der deutschen Pädagogik – als Grund die Hinwendung der pädagogischen Theoriebildung zur Soziologie.[506] Die Ausklammerung der Religion aus pädagogischen Argumentationen[507] erscheint ihm eine Reaktion auf die (soziologisch konstatierte) Pluralität, weil – im Gegensatz zu früher – jetzt keine Anlehnung an eine religiöse Richtung mehr selbstverständlich möglich ist.

Auf jeden Fall ist heute die explizite Thematisierung religiöser Fragen bei Überlegungen zur zukünftigen Gestaltung von Schule nicht mehr selbstverständlich. Vielmehr ist es eine wichtige Aufgabe der Religionspädagogik, deren Notwendigkeit zu begründen. Hier hilft – angesichts des Ausmaßes des sich anbahnenden bzw. bevorstehenden Umbruchs – kein Rückzug auf das kulturelle Herkommen oder auf verfassungsrechtliche Besitzstände. Allein pädagogische Argumentationen können im schulpädagogischen Diskurs auf Gehör hoffen.

Schweitzer versucht solch einen pädagogischen Ansatz unter Rückgriff auf die Frage, „ob Kinder Religion brauchen".[508] Beim Verfolgen der damit aufgeworfenen anthropologischen Aufgabe – „Solange nicht geklärt ist, wer das Kind ist und wie es zu verstehen sei, kann auch nicht gesagt werden, was es braucht."[509] – arbeitet er vier „vergessene Grundfragen der Pädagogik" heraus, die jeweils unverzichtbar eine religiöse Dimension besitzen:
– „die Frage nach dem Ganzen", genauer die „Frage nach dem Woher und Wohin" und die „Frage nach dem Sinn des Ganzen",
– „die Frage nach der Gerechtigkeit",
– die „Frage nach mir selbst und nach meiner Identität",
– „die Frage nach dem anderen, und zwar dem anderen mit seiner Religion".[510]

---

[506] S. F. Schweitzer, Brauchen Kinder Religion?, in: Comenius Institut Münster in Verbindung mit Evangelische Akademie Bad Boll, Pädagogisch-Theologisches Zentrum der Evangelischen Landeskirche in Württemberg, Hg., Aufwachsen in der Pluralität. Herausforderungen für Kinder, Schule und Erziehung, Münster 1994, 48.

[507] Auf die letzten solchen Versuche von W. Flitner, H. v. Hentig, Th. Wilhelm, J. Derbolav und Th. Ballauff, die aber alle ohne größere Resonanz blieben, weist Knab, a.a.O. (Anm. 505) 64-66, hin – natürlich auch auf K.E. Nipkow (s. z.B. ders., Schule und Religion in der pluralen Gesellschaft. Eine notwendige Dimension einer Theorie der Schule, in: A. Leschinsky, Hg., Die Institutionalisierung von Lehren und Lernen. Beiträge zu einer Theorie der Schule, Weinheim 1996, 71-82).

[508] Schweitzer, a.a.O. (Anm. 506) 49.

[509] Ebd.

[510] S. ebd. 50-52.

Dazu weisen empirische Untersuchungen (zumindest) unter westdeutschen Jugendlichen eindeutig auf deren Umgetriebensein von religiösen Fragen, etwa der Gottesfrage, hin.[511]

Erst auf solch einer pädagogisch fundierten Basis, also nur ergänzend, nicht argumentativ grundlegend, haben die traditionellen Hinweise auf die christliche Prägung unserer Gesellschaft und Kultur sowie die aus der deutschen Geschichte verständlichen besonderen rechtlichen Regelungen des staatlich unterstützten Einflusses der Kirchen auf allgemeine und öffentliche Bildung ihren Sinn.

3.3.3. Schule und Kirche bzw. Religion

Schule und Kirche sind in Deutschland keineswegs mehr – wie über ein Jahrtausend – selbstverständlich miteinander verbunden, auch nicht durch den Religionsunterricht. Der unmittelbar im Zusammenhang mit der Vereinigung Deutschlands ausgebrochene Streit, wie die – in der DDR atheistisch tabuisierten – religiösen Themen an den Schulen des Beitrittsgebiets Gegenstand des Unterrichts werden könnten,[512] zeigte deutlich, wie fragil inzwischen in bestimmten pädagogischen, juristischen und politischen Kreisen die Konstruktion des Religionsunterrichts als eines inhaltlich von der jeweiligen Religionsgemeinschaft verantworteten ordentlichen Unterrichtsfachs ist. Sehr gut ist die Grundsätzlichkeit der Diskussion an dem diesbezüglichen Modellversuch des Landes Brandenburg *LER* und der Diskussion hierüber zu studieren, wobei im folgenden den dadurch aufgeworfenen religionspädagogischen Herausforderungen für die Begründung und Gestaltung des Religionsunterrichts nachgegangen werden soll.

Juristisch ist ein erbitterter Streit um den § 141 des vom Brandenburger Landtag am 28.3.1996 mit den Stimmen der SPD- und PDS-Fraktionen gegen die der CDU-Fraktion verabschiedeten Schulgesetzes ausgebrochen, der das Fach „Lebensgestaltung – Ethik – Religionskunde" (LER) ab dem Schuljahr 1996/97 als ordentliches Lehrfach „entsprechend den personellen, sachlichen und schulorganisatorischen Möglichkeiten schrittweise und nach erfolgreicher Erprobung" einführt. Hier geht es vor allem darum, ob die sog. Bremer Klausel auf Brandenburg zutrifft, also die

---

[511] S. K.E. Nipkow, Erwachsenwerden ohne Gott? Gotteserfahrung im Lebenslauf, München [4]1992 (1987); W. Sziegaud-Roos, Religiöse Vorstellungen von Jugendlichen, in: Jugendwerk der Deutschen Shell, Hg., Jugendliche und Erwachsene '85. Generationen im Vergleich Bd. 4, Opladen 1985, 334-386.

[512] Genau rekonstruiert M. Domsgen, Die Einführung des evangelischen Religionsunterrichts in Sachsen-Anhalt als religionspädagogisches Problem, Diss. theol. Halle 1997, die Diskussion um die Einführung des Religionsunterrichts in Sachsen-Anhalt.

Bestimmung von Art. 141 des Grundgesetzes, nach der Art. 7,3 des Grundgesetzes in dem Land keine Anwendung findet, in dem am 1.1.1949 eine andere landesrechtliche Regelung bestand. Strittig sind die Fragen der Rechtsidentität der seinerzeitigen Provinz Mark Brandenburg und des heutigen Landes Brandenburg und die der Auslegungsweite von Art. 141 des Grundgesetzes.[513] Das u.a. sowohl von der Landtagsfraktion der CDU als auch von den beiden großen Kirchen angerufene Bundesverfassungsgericht muß hierüber entscheiden.

Schon die Tatsache, daß am 15. März 1996 der Deutsche Bundestag über den Brandenburger Gesetzentwurf diskutierte und – nach längerer Debatte und namentlicher Abstimmung – den Landtag von Brandenburg aufforderte, diesen nicht zu verabschieden, sondern für die Sicherstellung des Religionsunterrichts als eines ordentlichen Lehrfachs zu sorgen, zeigt die nationale Bedeutung des Modellversuchs.

Die konkrete Diskussion[514] wurde immer wieder durch praktische Probleme und Mißgeschicke überlagert.

Vor allem der Konflikt zwischen dem Brandenburger Bildungsministerium und den Kirchen belastet(e) das Modell erheblich.[515] Zog sich die Katholische Kirche schon bald zurück und beteiligte sich nicht an der konstruktiv-kritischen Diskussion, so versuchte die Evangelische Kirche bis 1996, sich sowohl mit eigenen Lehrkräften zu beteiligen als auch Vorschläge zur konzeptionellen Gestaltung einzubringen. Ein Vermittlungsversuch war hier, LER in eine Integrationsphase, an der alle Schülerinnen und Schüler teilnehmen, und eine Differenzierungsphase, in der für Interessenten auch konfessionell geprägter Religionsunterricht angeboten wird, aufzuteilen. Allerdings war dies ein politisch bestimmter, didaktisch nicht durchdachter Kompromiß. Wie sollten diese Differenzierungsgruppen, die ja innerhalb des Gesamtunterrichts dasselbe Ziel verfolgen mußten, in ihrer inhaltlichen Besonderheit bestimmt werden? Durfte in der Religionsgruppe nur „Religion" im engen Sinn – etwa

---

[513] S. hierzu sehr knapp und instruktiv A. Uhle, Ersatz für den Religionsunterricht? Zum Lehrfach „Lebensgestaltung – Ethik – Religionskunde", in: Die Neue Ordnung 50 (1996) 247-251.

[514] S. zu einer ersten Information K.E. Nipkow, Die Herausforderung aus Brandenburg. „Lebensgestaltung – Ethik – Religionskunde" als staatliches Pflichtfach, in: ZThK 93 (1996) 124-148; aus katholischer Sicht s. W. Simon, „Lebensgestaltung – Ethik – Religion". Ein Modellversuch und einige offene Fragen, in: KatBl 129 (1995) 29-40.

[515] Vgl. hierzu und zum folgenden die Zusammenstellung der in der Praxis des Modellversuchs aufgetretenen Probleme im „Wissenschaftlichen Gutachten", das unter der Leitung des Pädagogen A. Leschinsky erstellt wurde: A. Leschinsky, Vorleben oder Nachdenken? Bericht der wissenschaftlichen Begleitung über den Modellversuch zum Lernbereich „Lebensgestaltung – Ethik – Religion", Frankfurt 1996, 189-191.

ohne „Ethik"? – unterrichtet werden, in der anderen Gruppe dagegen nur „Ethik" und „Lebensgestaltung" ohne „Religion"? Auf Grund dieser konzeptionellen Unklarheiten verwundert es nicht, daß es zwischen einzelnen Lehrkräften nicht selten zu Unstimmigkeiten kam – inwieweit war die Integrationslehrkraft der kirchlichen Lehrkraft übergeordnet? – und dieser Versuch einer Binnendifferenzierung von LER schließlich aufgegeben wurde.

Erhebliche Schwierigkeiten machte in der Erprobungsphase auch die weite Ausdehnung des Modellversuchs über acht Regionen mit 44 Schulen bei gleichzeitig äußerst sparsamer Ausstattung der Planungs- und Entwicklungsgruppe (mit drei Personen). Dazu kam das Fehlen von Lehrplänen, Unterrichtsmaterialien und einer geordneten Lehrerausbildung, das zu Überforderungen und Konfusionen führte.

Schließlich belastete der konkrete Entstehungszusammenhang des Versuchs in der Wende das Vorhaben.[516] Denn ursprünglich ging LER im Zusammenhang mit dem Zusammenbruch der DDR aus einem die ganze Schule umfassenden Reformvorhaben verschiedener bürgerbewegter und kirchlicher Kreise hervor, das das Modell mit dem dahinterstehenden Krisenszenario einer entwurzelten Jugend, der aufgeholfen werden sollte, überfrachtete. Letztlich blieb nur ein zweistündiges Unterrichtsfach übrig, ohne daß die Ansprüche hieran wesentlich ermäßigt worden wären.

Doch traten abgesehen von solchen bei etwas moderaterem politischen Verhalten und in nicht so bewegten Umbruchszeiten vermeidbaren Ungeschicklichkeiten auch die grundlegenden Probleme des Versuchs zutage, den traditionellen Religionsunterricht durch ein für alle Schülerinnen und Schüler verpflichtendes Fach ohne kirchliche Hilfe zu ersetzen.

Die Tatsache, daß im schließlich verabschiedeten Gesetz eine – allerdings auf fünf Jahre der Erprobung begrenzte – Möglichkeit zur Abmeldung eingeräumt wird, widerspricht der Grundintention von LER, „Gemeinsam leben (zu) lernen"[517], und dürfte wohl nur als eine Vorsichtsmaßnahme für den anstehenden Verfassungsstreit zu verstehen sein.[518]

Schon der Bedeutungwechsel der Abkürzung „LER" macht auf eine Schwierigkeit von erheblicher didaktischer Relevanz aufmerksam.[519] Stand „R" in der ersten diesbezüglichen Veröffentlichung noch für „Religion", so

---

[516] S. D. Reiher, „Religion in der Schule". Entwicklungen – Auseinandersetzungen – Regelungen in den ostdeutschen Ländern von 1989 bis 1991, epd Dokumentation 6/92.

[517] So der Titel des ersten „Grundsatzpapier(s) für die öffentliche Diskussion", herausgegeben vom Ministerium für Bildung, Jugend und Sport des Landes Brandenburg am 15. Oktober 1991.

[518] S. genauer Uhle, a.a.O. (Anm. 513) 246.

[519] Vgl. zum folgenden auch die exklusiv pädagogisch argumentierende Kritik an LER bei D. Benner, H.-E. Tenorth, Bildung zwischen Staat und Gesellschaft, in: Zeitschrift für Pädagogik 42 (1996) 3-7.

wurde es später zur Abkürzung von „Religionen"[520] und schließlich im endgültigen Gesetz von „Religionskunde". Dahinter verbergen sich inhaltliche Unklarheiten und das ungelöste Problem der Bezugswissenschaften des Unterrichtsfachs. Systematisch zugespitzt: Wieweit kann und darf der Staat „Religion" in eigener Verantwortung unterrichten? Ist die Bezugswissenschaft hier die Religionswissenschaft oder – auch? – die Theologie?[521] Verletzt der Staat dabei seine verfassungsmäßig vorgeschriebene Neutralität?

In Brandenburg wurde dieses Problem in der Praxis weithin so „gelöst", daß religiöse Themen aus dem Unterricht fast vollständig verschwinden.[522] Ist dies nur die Folge der besonderen in der DDR aufgewachsenen und ausgebildeten Lehrerschaft, die selbst mehrheitlich dem Phänomen Religion ratlos bis ablehnend gegenüber steht?

Ähnlich brisant stellt sich die Frage nach der inhaltlichen Füllung von „Lebensgestaltung". Inwieweit wird hier die Spannung zwischen dem Wunsch nach Hilfe für die Jugendlichen[523] und dem verfassungsrechtlich immer wieder betonten Schutz der Privatsphäre der Schülerinnen und Schüler gewahrt? Schulpädagogisch steht dahinter die Frage nach der Schulförmigkeit eines Fachs wie LER.[524] Überschreitet hier nicht Schule ihre Möglichkeiten bzw. zumindest die Möglichkeiten eines zweistündigen Faches, wenn sie „Lebensgestaltung" unterrichten will?

Auf der anderen Seite erscheint die „Ethik" im Sinne einer Befähigung zur kritischen Urteilsfähigkeit bei LER merkwürdig unterbestimmt. Achim Leschinsky resümiert kritisch: „Die Ablehnung eines sittlichen Relativismus leistet dem Ziel einer Wertbindung der einzelnen Schülerinnen und Schüler recht ungehindert Vorschub. Es herrscht zumindest unterschwellig die Vor-

---

[520] In den am 23.1.1995 von Ministerin A. Peter vorgestellten Leitlinien zum Schulgesetz wird „R" mit „Religionen" wiedergegeben.

[521] Bei der Anhörung zum Gesetzesvorhaben im Brandenburger Landtag vertraten Lange als für die Projektgruppe LER zuständiges Mitglied des Pädagogischen Landesinstituts Brandenburg und Otto als Vorsitzender des gesellschaftlichen Beirates für den Modellversuch unterschiedliche Positionen. Lange nennt neben anderen „Religionswissenschaft", Otto „Religionswissenschaften/Theologie" (s. Protokoll der 17. Sitzung öffentliche Anhörung am 21. September 1995 im Landtag Brandenburg, 8 bzw. 25).

[522] S. zum inhaltlichen Profil von LER aus Sicht der Lehrerinnen und Lehrer die empirischen Daten bei Leschinsky, a.a.O. (Anm. 515) 90-98.

[523] Nur wenig wurde in der bisherigen Diskussion beachtet, daß LER zunächst nur als Schulversuch für die 7. bis 10. Klasse durchgeführt wird. Der Bereich der Grund- und Sonderschulen ist (noch?) ausgeblendet.

[524] Vgl. Leschinsky, a.a.O. (Anm. 515) 194.

stellung vor, man könne und müsse letztlich immer doch vermitteln, was ‚richtig‘ ist, und dafür sorgen, daß sich entsprechende Orientierungen bei den Kindern und Jugendlichen auch praktisch durchsetzen. Streng genommen handelt es sich bei einer solchen Tugendlehre um indoktrinierende Momente ...“[525]

Angesichts der problematischen Geschichte eines allgemeinen Ethikunterrichts in Deutschland, der „aufklärerische, proletarisch-sozialistische, liberale deutsch-nationale und nationalsozialistische, deutschgläubige Varianten“[526] umfaßt, ist hier besondere Vorsicht geboten.

Die 1994 veröffentlichte EKD-Denkschrift „Identität und Verständigung“ zum Religionsunterricht nimmt die eben genannten Probleme auf dem Hintergrund der Diskussion um LER auf. Sie sieht sich in Kontinuität zur EKD-Erklärung von 1971[527] und markiert ein einerseits offenes, aber andererseits deutlich profiliertes Verständnis von „Religion“ als Unterrichtsgegenstand: „Religion bewahrt und beantwortet die Frage nach Gott. Wie in keinem Fach sonst erhalten die Schüler und Schülerinnen im Religionsunterricht die Gelegenheit, über Gott nachzudenken und zu reden.“[528] Didaktisch wird dies durch die Empfehlung eines „Kerncurriculum“ umgesetzt, das Konzentration und Weite gewährleisten soll. Dieses Kerncurriculum korreliert Fragen der Schülerinnen und Schüler mit zentralen Bereichen christlichen Glaubens.

Konkret werden in der Denkschrift folgende Fragen als in der Gottesfrage begründet genannt:
„– Was ist das Geheimnis des Anfangs von allem Sein?
– Was kommt nach dem Ende: Gibt es ein Weiterleben nach dem Tode?
– Warum ist das Leben zwischen Anfang und Ende voller Leiden?
– Was bedeutet dabei der Glaube an Gott? Existiert Gott, oder ist er nur eine Fiktion?
– Wie hilft hier die Kirche, die sich mit ihrer Theologie als gottkundig ausgibt?
– Wie steht es mit der Gerechtigkeit als ethischem Grundproblem?“[529]
Diesen Fragen werden Schöpfungsglaube, Glaube an die Auferstehung, Kreuzestheologie, biblische Geschichten von Jesus von Nazareth, die Lehre von der Kirche und christliche Ethik zugeordnet.[530]

---

[525] Ebd. 192.
[526] Reents, a.a.O. (Anm. 353) 112.
[527] S. 1. Kap. 4.2.4.
[528] Kirchenamt der EKD, a.a.O. (Anm. 503) 30.
[529] Ebd. 18.
[530] S. ebd. 18f.

Dabei tritt auch die Frage der *Konfessionalität des Religionsunterrichts* in den Blick.[531] Hier versucht die Denkschrift – entsprechend ihrem Titel „Identität und Verständigung" – einen Vorstoß zu einer „konfessionellen Kooperation"[532], die von den getrennten Formen jeweils konfessionell bestimmten Religionsunterrichts ausgeht, diesen aber auf Ökumene hin öffnen will.

Konkret wird empfohlen:

„Möglichkeiten zu konfessioneller Kooperation ergeben sich zunächst im Vorfeld des Unterrichts oder in seinem Umfeld. Die Zusammenarbeit kann sich in der Bildung einer gemeinsamen Fachkonferenz aller Religionslehrer und -lehrerinnen an der Schule ausdrücken, in der gemeinsamen Bemühung um Elternarbeit und in der gemeinsamen Vorbereitung und Gestaltung von ökumenischen Schulgottesdiensten oder Andachten.

Konfessionelle Zusammenarbeit im Unterricht selbst bietet sich erstens bei fächerübergreifenden Unterrichtseinheiten an, zu deren Bearbeitung neben anderen Unterrichtsfächern auch der evangelische und der katholische Religionsunterricht beitragen sollen. Zweitens legen es zwischenkirchlich umstrittene Themen nahe, gemeinsame Unterrichtsphasen vorzusehen. ... Drittens wäre es für das ökumenische Lernen ein besonderer Gewinn, wenn zentrale Lehren, die früher die markantesten Abgrenzungen provozierten, im Lichte der inzwischen erreichten theologischen Verständigung behandelt werden würden (z.B. die Rechtfertigungslehre). ... Von den modernen Unterrichtsmethoden lädt besonders die Projektmethode zur Zusammenarbeit ein."[533]

---

[531] S. hierzu aus schulpraktischer, ökumenebezogener und religionsdidaktischer Sicht die Beiträge von evangelischen und katholischen Verfassern in: K. Goßmann, J. Schneider, Hg., Das Gemeinsame stärken, das Differente klären. Ökumenisches Lernen zwischen den Konfessionen, Münster 1995; vgl. zur Situation in anderen europäischen Ländern U. Hemel, Toleranz und religiöse Kompetenz. Religionsunterricht in europäischen Ländern, in: KatBl 116 (1991) 159-168, der einige interessante Trends feststellt: die Abkehr vom Konzept einer „Schulkatechese" hin zu einem „speziellen Dienst (sc. der Kirche, C.G.) am jungen Menschen unter den Bedingungen der öffentlichen Schule" (159) und die konfessionelle Verantwortung des Religionsunterrichts – anders vor allem in Großbritannien und Schweden (160); vgl. hierzu auch H. Schultze, Interdenominational Cooperation for and in the field of RE, in: Panorama 8/1 (1996) 24-38.
Vgl. grundsätzlich zur gegenwärtigen ökumenischen Herausforderung U. Kühn, Die ökumenische Herausforderung der lutherischen Theologie, in: ThLZ 122 (1997) 521-534, der überzeugend jüngste Versuche einer deutschen protestantischen „Provinzialisierung" (532) zurückweist.

[532] S. Kirchenamt der EKD, a.a.O. (Anm. 503) 66; vgl. in diesem Zusammenhang das breit schulpädagogisch ansetzende und argumentierende „Plädoyer für den Religionsunterricht in der Schule", herausgegeben vom Vorstand des (katholischen) Deutschen-Katecheten-Vereins, abgedruckt in: KatBl 117 (1992) 619f.

[533] A.a.O. (Anm. 503) 69.

Die etwa zwei Jahre später von den katholischen Bischöfen verabschiedete Erklärung „Die bildende Kraft des Religionsunterrichts" nimmt hierauf Bezug, beteuert die Übereinstimmung „in diesen grundlegenden Aussagen" und schränkt zugleich ein: „Die Bischöfe möchten freilich bei aller Bereitschaft zur Kooperation und zur Modifikation des Konfessionalitätsprinzips in einzelnen Situationen stärker an derselben Konfessionalität der Kinder und Jugendlichen festhalten, ohne daß der Religionsunterricht dadurch gehindert wäre, sich auf die Ökumene hin zu öffnen und auch konfessionell nicht oder noch nicht gebundene Schülerinnen und Schüler aufzunehmen."[534] Dahinter steht – im Gegensatz zur Evangelischen Kirche – das Festhalten an der konfessionellen Trias Lehrer, Schüler, Stoff als unerläßlichen Konstitutiva für einen katholischen Religionsunterricht.[535]

Doch genügt es nicht mehr – die Diskussion um LER zeigt dies deutlich –, nur über eine ökumenische Kooperation nachzudenken. Vielmehr gilt es auch, das Verhältnis von Religions- und Ethikunterricht genauer zu bestimmen. Hierfür schlägt die Denkschrift – in Entsprechung zur rechtlichen Regelung in Sachsen-Anhalt[536] – die Einrichtung einer eigenständigen „Fächergruppe" vor. Damit werden – in ausdrücklichem Gegensatz zu LER – voneinander unabhängige Fächer, eben die jeweils konfessionell bestimmten Religionsunterrichte und der Ethikunterricht, bezeichnet, die jedoch durch gemeinsame „Bildungsaufgaben" zusammengeschlossen sind.[537]

Bei näherem Hinsehen stößt man in der Denkschrift auf noch weiter zu klärende Fragen bezüglich des *Ethikunterrichts*. Die Differenz zwischen evangelischem Religions- und Ethikunterricht wird dadurch markiert, daß „sich der Ethikunterricht an den Möglichkeiten und Grenzen der philosophischen

---

[534] S. Sekretariat der Deutschen Bischofskonferenz, a.a.O. (Anm. 198) 50; leider ist an diesem Punkt die „Kundgebung der 9. Synode der Evangelischen Kirche in Deutschland auf ihrer 1. Tagung zum Religionsunterricht" vom Mai 1997 in ihrem 7. Abschnitt zurückhaltender als die EKD-Denkschrift von 1994 – wohl nicht zuletzt unter dem Eindruck dieses Wortes der römisch-katholischen Bischöfe.
Vgl. zur religionspädagogischen Grundlage der bischöflichen Erklärung den an ihrer Abfassung maßgeblich beteiligten H.P. Siller, Argumente. Zum Streit über die Konfessionalität des Religionsunterrichts, in: KatBl 122 (1997) 25-30; als Gegenposition s. E. Feifel, Zukunftsweisendes Weggeleit? Kritische Würdigung der Erklärung „Die bildende Kraft des Religionsunterrichts", in: KatBl 122 (1997) 31-37.

[535] S. die Erklärung der Bischöfe, a.a.O. 78: „Für die Identität des katholischen Religionsunterrichts sind und bleiben die Bezugsgrößen Lehrer, Schüler und Lehrinhalt konstitutiv."

[536] Auch in Hamburg sind seit 1970 Ethik- und Religionsunterricht rechtlich gleichrangige Wahlpflichtfächer (s. Reents, a.a.O. (Anm. 353) 113 Anm. 4).

[537] S. EKD-Denkschrift, a.a.O. (Anm. 503) 80.

Vernunft (sc. orientiert, C.G.), während der Religionsunterricht seine un-
veräußerlichen Grundlagen in den geschichtlichen Überlieferungen und
gegenwärtigen Ausdrucksformen des christlichen Glaubens hat."[538] Für den
Religionsunterricht bedeutet diese Bestimmung eine – mancherorts wohl
notwendige – Erinnerung an sein besonderes Profil.[539] Beim Ethikunterricht
bleiben jedoch noch offene Fragen.

Es stellt sich – für manche Formen der Sonderschule, aber auch für die
Primarstufe verschärft – die Frage, wie im Ethikunterricht Religion(en) das
Thema sein können, ohne daß ein relativierender Agnostizismus oder eine
unangemessene Überzeugung der Lehrkraft, sei es in atheistischer oder
religiöser Hinsicht, die Überhand gewinnen. Die Debatte um „Religious
Education" in England hat diese Probleme deutlich herausgearbeitet[540] und
könnte für die deutsche Diskussion zumindest einen wichtigen Vorlauf
darstellen. Dabei erscheint – auf dem Hintergrund der aktuellen schulpädagogischen Diskussion in Deutschland mit ihrer Konzentration auf
Einzelschulen – die dortige Regionalisierung der curricularen Arbeit im
Bereich „Religious Education" interessant.[541] Denn sie erlaubt – neben der
Möglichkeit, die jeweilige besondere Situation vor Ort adäquat zu berücksichtigen – eine Beteiligung von religiösen Gemeinschaften an der
Konzipierung des Unterrichts, ohne daß der Verdacht der Indoktrination
aufkommen muß. Das von der EKD-Denkschrift vertretene Konzept der
Fächergruppe könnte hier jeweils vor Ort konkretisiert werden.

---

[538] Ebd. 79.

[539] Nicht zuletzt die Tatsache, daß die konzeptionelle Debatte des Ethikunterrichts
(s. die überblicksmäßige knappe Darstellung bei A.K. Treml, Ethik als Unterrichtsfach in den neuen Bundesländern. Eine Zwischenbilanz, in: ders., Ethik
macht Schule! Moralische Kommunikation in Schule und Unterricht, Frankfurt
o.J. (1994) 21-28 bzw. H. Schmidt, Didaktik des Ethikunterrichts Bd. 1, Stuttgart u.a. 1983, 15-19) gleichsam im Zeitraffer die religionsdidaktische Konzeptionsdebatte strukturell nachholt (s. Chr. Grethlein, Ist der schulische Religionsunterricht ersetzbar? Vorwiegend pädagogische Überlegungen zu einer
aktuellen Diskussion, in: Zeitwende 67 (1996) 159-162), macht sorgfältige Bestimmung der jeweiligen Identität notwendig; s. hierzu näher H. Schmidt, Religionsunterricht und Ethikunterricht: nebeneinander – gegeneinander – miteinander, in: EvErz 47 (1995) 240-252, vor allem 248-252.

[540] S. 1. Kap. 4.2.6.

[541] Vielleicht könnten auch Hinweise bei der in Anm. 198 zitierten Erklärung der
deutschen Bischöfe, in denen in einzelnen Situationen eine gewisse Bereitschaft
zur Kooperation und zur Modifizierung des – grundsätzlich festgehaltenen –
Konfessionalitätsprinzips signalisiert wird, als eine Chance in dieser Richtung
interpretiert werden.

In Gegenden, in denen das Leben der Kinder und Jugendlichen stärker durch die jeweilige Konfession bestimmt ist, wäre dann wahrscheinlich die Abgrenzung der Fächer deutlicher als in Gegenden, in denen religionspädagogisch eher das grundsätzliche Problem einer Hinführung an religiöse Fragen besteht. Auch je nach Schulform wären – wie z.B. schon enge Kooperationen in Berufsschulen zeigen – unterschiedlich Lösungen zu erarbeiten.

Vor allem in den städtischen Bereichen der neuen Bundesländer ist ein starres Festhalten am Konfessionalitätsprinzip nicht nur aus politischen, sondern auch aus pädagogischen Gründen dysfunktional, insofern sich hier zum einen während der Jahre der Unterdrückung ein gemeinsames christliches Bewußtsein entwickelt hat und zum anderen der Verdacht einer unstatthaften kirchlichen Einflußnahme und Indoktrination nur durch entschiedene Ausrichtung auf das gemeinsam Christliche zerstreut werden kann.

Wissenschaftstheoretisch – und praktisch relevant bei der Gestaltung von Ausbildungsgängen für Ethiklehrerinnen und -lehrer – müßte stärker die Frage der grundlegenden Bezugswissenschaft bedacht werden. Sie ist innerhalb der Ethikdidaktik zwar weithin dahingehend entschieden, daß die Praktische Philosophie federführend ist, allerdings gibt es auch Stimmen, die die Religionswissenschaft in dieser Funktion sehen möchten.[542] Hier gilt es noch einmal sorgfältig zu bedenken, inwieweit Religion als eigener und erst sekundär ethisch wirksamer Lebensbereich im Sinne der Lösung epochaltypischer Schlüsselprobleme auf jeden Fall Thema schulischen Unterrichts sein muß. Angesichts der erheblichen Überschneidungen und der langen gemeinsamen Geschichte von Religionswissenschaft und Theologie[543] steht dann auch die Frage an, welche Bedeutung die (in Deutschland ja konfessionell verfaßte) Theologie bzw. die Kirche für das Schulfach Ethik und die dort mit Religion befaßten Themenbereiche haben kann und soll.

Umgekehrt ist ebenfalls ein neues Nachdenken über die Bezugswissenschaften eines Religionsunterrichts erforderlich, der mittlerweile selbstverständlich[544] ausführlich nichtchristliche Religionen zum Thema macht. Müßten Religionslehrerinnen und -lehrer nicht neben theologischer und

---

[542] S. z.B. P. Antes, Ethiklehrerausbildung ohne Religionswissenschaft?, in: EU 6 (1995) 43f., und die Replik von H.-A. Veraart, Wie philosophisch darf die Ethik sein. Eine selbstverständliche Antwort auf eine erstaunliche Frage, in: EU 7 (1996) 41-43.

[543] S. hierzu die umfassende Studie des norwegischen Religionsgeschichtlers S. Hjelde, Die Religionswissenschaft und das Christentum. Eine historische Untersuchung über das Verhältnis von Religionswissenschaft und Theologie, Leiden 1994.

[544] S. z.B. die im 1. Kap. 4.2.4. kurz besprochene Stellungnahme der EKD „Zu verfassungsrechtlichen Fragen des Religionsunterrichtes" von 1971.

pädagogischer auch eine (umfassendere) religionswissenschaftliche Ausbildung erhalten? Was bedeutet dies für den Zusammenhang des Religionsunterrichts mit der (jeweiligen) Kirche in inhaltlicher und konzeptioneller Hinsicht? [545]

Offensichtlich steht bei zurückgehender Akzeptanz der Kirche auch deren Bedeutung für den Religionsunterricht auf dem Spiel. Der vorschnelle Versuch, ein eigenes nur staatlich verantwortetes Fach an die Stelle des bisherigen Religionsunterrichts zu setzen, wirft jedoch – abgesehen von praktischen Problemen, wie sie bei der Einführung von LER zu studieren sind – erhebliche verfassungsrechtliche, schultheoretische und didaktische Probleme auf. Ein Blick ins Ausland, z.B. nach England, zeigt,[546] welche – in Deutschland so nicht vorhandenen – geschichtlichen Voraussetzungen für einen „allgemeinen" Religionsunterricht erforderlich sind und daß auch mit einem solchen Fach sich die vielfältigen Probleme eines angemessenen Umgangs in der Schule mit Religion(en) angesichts des Pluralismus nicht einfach erledigen. Wenn sich die beiden großen Kirchen in Deutschland auf einen – regional unterschiedlich organisierten – gemeinsam verantworteten Religionsunterricht einigen könnten, wäre für die pädagogische Diskussion manches gewonnen: Schulpraktisch könnte die Zerteilung von Klassengemeinschaften im Religionsunterricht vielerorts vermieden werden, schultheoretisch fiele der Verdacht weg, der Religionsunterricht diene binnenkirchlichen Interessen. Der Weg zu einer bildungstheoretisch-hermeneutischen Begründung dieses Fachs durch Bezug auf das Christentum wäre offen.

Stringent stellt die Pädagogin U. Frost solch ein Argumentationsmuster vor: „Christlicher Glaube spielt eine wesentliche Rolle in der Tradition unserer Gesellschaft. Entscheidende Grundwerte dieser Gesellschaft sind von ihm her (mit)konstituiert und daher nur von ihm aus ganz zu verstehen. Besonders aber das religiöse Leben und Denken in dieser Gesellschaft ist vom Christentum weitgehend bestimmt. So bildet das Christentum einen gewichtigen Traditionshorizont, der unser sozial- und individualethisches und unser religiöses Denken bedingt. Aus diesem Grund kann Erziehung als kritische Traditionsvermittlung zum Zwecke der Lebenshilfe nicht auf die Erschließung dieser Tradition verzichten. Erst in der Auseinandersetzung mit ihr kann der Heranwachsende ganz in die geschichtliche und aktuelle Wirklichkeit unserer Gesellschaft und ihrer Ausformung der religiösen Dimension

---

[545] J.J. Degenhardt, Entwicklungsperspektiven des Religionsunterrichts für die 90er Jahre, in: KatBl 114 (1989) 537, weist aus kirchlicher Perspektive auf die „Brückenfunktion (sc. des Religionsunterrichts, C.G.) zur jungen Generation und zur Welt der Schule" hin und nennt diesen Unterricht einen wichtigen „Lernort für die Kirche selbst".

[546] S. 1. Kap. 2.3.5., 3.2.8., 4.2.6.

eindringen ... Die hermeneutische Legitimation christlicher Erziehung muß angesichts dieser (sc. pluralistischen, C.G.) Situation einmünden in einen dialogischen bzw. dialektischen Begründungszusammenhang, dem es darum geht, unterschiedliche Traditionen einander fruchtbar begegnen zu lassen. In einer christlichen Erziehung in der pluralistischen Gesellschaft sollten sich die unterschiedlichen Ausformungen von Religiosität auf ihrer anthropologischen Basis mit dem christlichen Glauben begegnen."[547]

Ebenso wäre der Beitrag des Religionsunterrichts für die Bearbeitung der epochaltypischen Schlüsselprobleme durch einen solchen Rekurs auf das allgemein Christliche leichter begründbar. Theologisch könnte von einem solchen – sich immer noch im Rahmen der grundgesetzlichen Bestimmungen bewegenden[548] – Religionsunterricht ein heilsamer ökumenischer Schub ausgehen, ein Anfang zur Überwindung des Skandals der (westlichen) Kirchentrennung.

3.4. Religionspädagogische Modelle für Schule

Schule beansprucht auf der einen Seite immer mehr Lebenszeit der Kinder und Jugendlichen, auf der anderen Seite wird ihre Lebensferne beklagt.

Religionspädagogik ist von dieser Spannung in mehrfacher Hinsicht unmittelbar betroffen. Schon auf der organisatorischen Ebene führt die Ausdehnung von Schule zu Berührungen mit der Kirchengemeinde, die oft als Konkurrenzsituation empfunden werden. Gemeindliche Angebote, etwa der Konfirmandenunterricht oder Kinder- und Jugendstunden, müssen nicht nur aus terminlichen Gründen das Schülersein der Kinder und Jugendlichen berücksichtigen.[549] Weiterhin ist – trotz aller einschränkender Hinweise im vorhergehenden – schulischer Religionsunterricht ein wichtiger religionspädagogischer Reflexionsgegenstand. Hier findet für die große Mehrzahl der deutschen Kinder und Jugendlichen die zeitlich ausgedehnteste Begegnung

[547] U. Frost, Christliche Erziehung in der weltanschaulich pluralen Gesellschaft, in: M. Böscher, F. Grell, W. Harth-Peter, Hg., Christliche Pädagogik – kontrovers, Würzburg 1992, 80f.

[548] S. B. Pieroth, Aktuelle verfassungsrechtliche Fragen zum Religionsunterricht, in: EvErz 45 (1993) 196-211.

[549] S. zu den dahinter stehenden Veränderungen den sehr anschaulichen Vergleich von zwei (fiktiven) Schülerbiographien von 1717 bzw. 1989 bei M. Schwieger, „Brückenschläge". Praxisempfehlungen und grundsätzliche Überlegungen zum Verhältnis von Gemeinde und Schule, in: RPI Loccum, Hg., Gemeinde und Schule – Lassen sich Gemeinsamkeiten entdecken?, Loccum 1989, 34-36.

mit religiösen Themen und speziell christlicher Religion statt. Angesichts des Ausfalls explizit religiöser Sozialisation in vielen Familien und der „Verdunstung" erkennbarer christlicher Praxis aus dem Alltag betrifft den Religionsunterricht das grundsätzliche schulische Problem der Distanz zum sonstigen Leben der Schülerinnen und Schüler in verschärfter Weise. Schließlich ist Evangelische Kirche durch die in ihrer Trägerschaft stehenden Schulen unmittelbar in die Schulreformdiskussion eingebunden. Ja, die Existenz solcher Schulen kann letztlich religionspädagogisch nur dadurch gerechtfertigt werden, daß hier modellhaft Beiträge zur Schulentwicklung erarbeitet werden.

Im folgenden sollen zwei Modelle vorgestellt werden, in denen religionspädagogische Überlegungen wichtige Impulse für schulischen Unterricht geben. Im ersten liegt der Schwerpunkt auf der Überschreitung der engen unterrichtlichen Struktur von Schule durch Kooperation mit christlicher Gemeinde, beim zweiten bei der – exemplarisch an Evangelischen Schulen erprobten – Überwindung der Isolation des Religionsunterrichts (bzw. des jeweiligen Fachunterrichts) gegenüber anderen Schulfächern. Beide Modelle sind – wie auch die Vorschläge zu den anderen Lernorten – Beispiele für Innovationen, die das religionspädagogische Grundproblem des zunehmenden Zurücktretens christlicher Daseins- und Wertorientierung, nicht zuletzt der Kenntnisse hiervon, konstruktiv bearbeiten. Dies wird jeweils kurz an konkreten Projekten illustriert. Während die Beispiele zur „Nachbarschaft von Schule und Gemeinde" an konkrete Verhältnisse vor Ort gebunden sind und eher als heuristische Hilfe für eigene Entdeckungsprozesse dienen können, nimmt der Vorschlag aus dem Bereich Evangelischer Schulen konkrete Unterrichtsinhalte auf, die auch in anderen Schulen begegnen, und eignet sich durchaus zur Übernahme (mit gewissen Modikationen bezüglich der jeweiligen Schulsituation).

3.4.1. Nachbarschaft von Schule und Gemeinde

Ursprünglich wurde im Comenius-Institut „Nachbarschaft von Schule und Gemeinde" als konzeptioneller Begriff entworfen, um Aktivitäten von Schulen und/bzw. Kirchengemeinden zu sammeln und religionspädagogisch zu reflektieren, die den jeweils eigenen Sozialraum auf die andere Institution hin überschreiten.[550]

---

[550] S. als Überblick zur Entwicklung des Konzeptes Chr. Grethlein, Nachbarschaft von Schule und Gemeinde – bisher erreichter Stand und Erfordernisse für die Zukunft, in: RPI Loccum, Hg., Gemeinde und Schule – Modelle gelungener Nachbarschaft, Loccum 1991, 6-16, etwas anders akzentuierend R. Mokrosch,

Eine Projektgruppe des Comenius-Instituts unter Leitung von H.B. Kaufmann begründete die Verwendung des Nachbarschaftsbegriffs für religionspädagogische Überlegungen folgendermaßen:

„Nachbarn leben – entsprechend dem ursprünglichen Wortsinn (‚nahe‘ und ‚bauer‘; der Nachbar als der, der in der Nähe gebaut hat) – nahe beieinander. Daraus ergeben sich mannigfaltige, gegenseitige Berührungspunkte. In früheren Zeiten ohne staatliche bzw. allgemein gesellschaftliche Absicherungen wie Sozialhilfe, Versicherungen u.ä. war Nachbarschaft wesentlich eine institutionalisierte und damit auch streng reglementierte Form gegenseitiger Hilfsbereitschaft. Über die Kontaktpflege hinaus stand man sich – nach genau einzuhaltenden und vom Sozialverband kontrollierten Regeln – z.B. beim Haus- und Wegebau, bei besonderen Belastungen etwa durch anfallende Feste und bei Unglücksfällen bei. ... Die Trennung von Wohn- und Arbeitswelt und die gesellschaftliche bzw. staatliche Organisation von Hilfeleistungen lockerten aber die gegenseitige, nachbarschaftliche Verpflichtung. Nachbarschaft wurde vor allem in größeren Städten zu einer frei eingegangenen Sozialbeziehung, die unterhalb der Freundschaftsebene liegt. Sie gründet sich auf ‚Wahlakte‘. Nachbarn muß man suchen und finden. Doch auch bei dieser modernen Wahl-Nachbarschaft, in der grundsätzlich jeder der Nachbarn allein existieren kann, ist neben allgemeiner Kontaktpflege gegenseitige Hilfeleistung wichtig.

Wenn wir ... versuchen, das Verhältnis Schule und Gemeinde im Bild der Nachbarschaft zu erfassen, so findet sich auch in der Geschichte des Verhältnisses beider Institutionen eine ähnliche Entwicklung von einer strikt reglementierten und kontrollierten Beziehung (bis etwa 1918) zu einer möglichen Wahl-Nachbarschaft. ... Beide Institutionen wollen (auf ihre Weise) erziehen und dadurch die Heranwachsenden zu einem sinnvollen Leben befähigen; es besteht also eine Nachbarschaft in der Bemühung um Erziehung."[551]

Allgemeinpädagogisch berühren sich viele der unter diesem Stichwort gesammelten und initiierten Projekte mit dem *Konzept des „Praktischen Lernens"*.

Hier „wird Lernen als eine aktiv-produktive und selbstbestimmte Leistung des Lernenden aufgefaßt, die bewußt auf die biographische Rückbindung Wert legt. Tätigsein wird als wesentliches Moment auch für intellektuelles Lernen verstanden."[552]

Die Vermittlung schulischen Lernens mit gemeindlicher bzw. christlicher Praxis ermöglicht den Schülerinnen und Schülern sonst verschlossene

---

Jugendliche zwischen Gemeinde und Religionsunterricht – Welche Nachbarschaft zwischen Schule und Gemeinde suchen und brauchen Jugendliche, in: a.a.O. 17-34.

[551] H.B. Kaufmann, Nachbarschaft von Schule und Gemeinde, Gütersloh 1990, 26f.

[552] P. Fauser, A. Flitner, F.-M. Konrad, E. Liebau, F. Schweitzer, Praktisches Lernen und Schulreform. Eine Projektbeschreibung, in: Zeitschrift für Pädagogik 34 (1988) 731f.

Erfahrungen und Aktivitäten. Dabei soll die Rückbindung an Schule verhindern, daß es nur zu unreflektierten Anpassungsprozessen kommt.[553]

Theologisch steht hinter dem Konzept „Nachbarschaft von Schule und Gemeinde" die Einsicht, daß Gemeinde nicht selbstgenügsam sein darf, sondern den Auftrag hat, möglichst vielen Menschen das Evangelium als eine lebensfördernde Botschaft zu erschließen und damit der gesamten Gesellschaft zu dienen.

Als erstes Beispiel möchte ich kurz von der Annäherung zwischen einer Grundschulklasse und einer Kirchengemeinde berichten,[554] die ihren Anfang beim Einschulungsgottesdienst nahm. Das dabei angebahnte gute Verhältnis zwischen Lehrerin und Pfarrer ermutigte die Lehrerin zur Anfrage, ob ihre Vorschulklasse an einem Taufgottesdienst teilnehmen könne. Der Pfarrer lud – nach Einverständnis der Taufeltern – die Kinder ein, bei der Gestaltung dieses Gottesdienstes mitzuwirken. Auf Grund des von allen als gelungen empfundenen Verlaufs wurde hieraus – jeweils an einem Freitag in der Nähe des Reformationstages – ein jährlich wiederkehrender Taufgottesdienst.

Eindrücklich schildert die Lehrerin an einem Beispiel die besonderen Lernchancen solcher Kooperation: „Als wir unseren ersten Gang zur Kirche machten, um überhaupt den Raum Kirche kennenzulernen, bewunderten die Kinder die Taufschale. Ein Kind war besonders fasziniert von der Vergoldung der Schale, die durch das Wasser hindurchschimmerte. Da fuhr einem Kind die Bemerkung heraus: ‚Das Baby bekommt wohl von dem Gold etwas ab.' ... Da fragten die Fünfjährigen zurück, wie das denn mit ihnen sei, dann hätten sie ja auch Glanz abgekriegt. Dem konnte ich nur zustimmen. Wir verabredeten deshalb, daß wir uns für die folgende Tauffeier schmücken wollten als kleine Taufgemeinde von Christen für diesen Täufling. Alle Kinder bastelten sich aus Goldpapier einen Reifen mit Goldsternen, um so kundzutun, daß auch sie Kinder seien, die schon vom christlichen Glanz erhalten hatten und die sich bemühen wollten, diesen Glanz weiter in die Welt zu tragen."[555]

Interessant – und durchaus typisch für andere Projekte der Nachbarschaft von Schule und Gemeinde – ist an diesem Beispiel u.a. folgendes:
– Grundlage für das gemeinsame Handeln im Interesse der Förderung von Schülerinnen und Schülern ist der positive persönliche Kontakt zwischen Lehrerin und Pfarrer.

---

[553] Vgl. hierzu ebd. 738 die Warnung vor einer undifferenzierten Rede von „Alltag", insofern nicht zuletzt die ökonomische Orientierung vieler Alltagsvollzüge erzieherisch eher schädlich ist. Auch in einer Kirchengemeinde läßt sich mitunter Manches beobachten, das die Entwicklung von Kindern und Jugendlichen behindern könnte.

[554] S. den Bericht von G. Strufe „Mit Kindern eine Brücke zur Gemeinde bauen" in: Kaufmann, a.a.O. (Anm. 551) 123-130.

[555] Ebd. 125f.

– Auf dieser Basis entwickelt sich nach einer ersten punktuellen (aber durch den Unterrichtsgang in die Kirche gut vorbereiteten) Begegnung zwischen Schulklasse und Gemeinde eine gewisse Eigendynamik.

– Wesentlich ist die Aktivität der Schülerinnen und Schüler, die durch ihre Äußerungen den Lernprozeß konstruktiv vorantreiben. Ihre Beiträge müssen allerdings von einer sensiblen Lehrerin aufgenommen und gestaltet werden.

– Die Anknüpfung bei einem liturgischen Vollzug erscheint besonders im Grundschulbereich günstig.

Während dieses Beispiel aus dem Milieu einer dörflichen Grundschule stammt, führt das nächste zu einem Berliner Gymnasium.[556] Direkt in Nachbarschaft der Schule lag ein – durch Maschendrahtzaun vom Schulgelände getrenntes – Asylbewerberheim. Als im Religionsunterricht der 8. und 9. Klasse das Zusammenleben mit Ausländern Thema war, wurde auch die Frage diskutiert, warum Menschen ihre Heimat verlassen und Asyl begehren. In diesem Zusammenhang schlugen Schüler vor, direkt mit den benachbarten Asylbewerberinnen und -bewerbern zu sprechen. Nach Abstimmung mit der Heimleitung kam es zu einer die Jugendlichen tief bewegenden Begegnung.

„Schockiert waren sie über die Lebenssituation im Heim und über das, was die Menschen in ihrer Heimat erlebt und erlitten hatten. So zeigte eine Frau aus dem Iran den Schülern ihre Narben am Kopf. Sie waren durch Reißzwecken verursacht, mit denen ihr ein Schleier von religiösen Fanatikern an der Stirn befestigt worden war. ... Beeindruckt waren die Schüler von der Hoffnung und den positiven Erwartungen der Flüchtlinge an das deutsche Gastland."[557]

Dieses erste Treffen führte zu einer vom Religionslehrer geleiteten Arbeitsgemeinschaft, die verschiedene Aktionen wie Sammlungen für Spielsachen, Information der Öffentlichkeit über die Lebenssituation der Menschen im Heim u.ä. initiierte. Sie suchte auch Kontakt zu den umliegenden Kirchengemeinden. Leider konnte sich keine Gemeinde dazu verstehen, der schulischen Arbeitsgemeinschaft etwa durch Zurverfügungstellen von Räumen o.ä zu helfen. So vermittelte das Projekt am Beispiel des Einsatzes für die Asylbewerberinnen und -bewerber zwar einen guten Eindruck christli-

---

[556] S. den Bericht von W.W. Steinert „Asylbewerber als Nachbarn – Was geht das die Schule an?", in: Kaufmann, a.a.O. (Anm. 551) 97-105 (s. auch W.W. Steinert, Asylbewerber unter uns – Religionsunterricht, der sich einer aktuellen Herausforderung stellt, in: RPI Loccum, Hg., Gemeinde und Schule – Modelle gelungener Nachbarschaft, Loccum 1991, 67-75).

[557] Ebd. 98.

cher Praxis angesichts sozialer Notlagen, ein Kontakt zu einer christlichen
Gemeinde mit ihrem sonstigen Leben kam aber nicht zustande.

Neben der bereits im ersten Beispiel beobachteten Bedeutung der Eigen-
aktivität von Schülerinnen und Schülern fällt hier folgendes, auch für andere
Projekte Typisches auf:

– Themen des Religionsunterrichts können Schülerinnen und Schüler
dazu bringen, über den Unterricht hinausreichende Fragen zu stellen, und
so zu außerunterrichtlichen Begegnungen mit christlicher Praxis motivieren.

– Für Schülerinnen und Schüler höherer Klassen bieten ethische Problemfelder vor Ort interessante Anreize für eigene Aktivitäten und Erprobungen.

– Die Kooperation von Kirchengemeinden mit Schule erfordert bei
Gemeinden die Überwindung des durch die nach wie vor bestehende
Parochialstruktur gegebenen Horizonts. Leider muß festgestellt werden, daß
die Verweigerung der Kirchengemeinden in Berlin kein Einzelfall ist.

3.4.2. Fächerübergreifender Unterricht in Evangelischen Schulen

Karl Ernst Nipkow leitete 1985 mit grundlegenden Überlegungen zur Aufgabe Evangelischer Schulen eine neue programmatische Bestimmung deren
didaktischen Grundansatzes ein, die im Projekt des Evangelischen Schulbundes „Unterrichtserneuerung mit Wagenschein und Comenius"[558] eine
konkrete weiterwirkende Konsequenz fand. Er schrieb: „Das eigene Profil
evangelischer Schulen ist bisher besonders im außerunterrichtlichen Umfeld
angestrebt worden, in der Schulgemeinschaft von Eltern, Lehrern und Schülern, im Schulleben und in besonderen, meist diakonisch orientierten Projekten. Diese Prägung von den Rändern her ist wichtig. Für die Zukunft
sollte jedoch noch mehr der normale Unterricht selbst, der den größten
Raum des Schulalltags einnimmt, mit neuer Aufmerksamkeit durchgestaltet
werden. In der täglichen Unterrichtspraxis sollte die genaue und vollständige
Wahrnehmung der Wirklichkeit eine der Hauptaufgaben werden mit einer
daraus folgenden Nachdenklichkeit in der Beurteilung von Denkwegen und
Handlungsperspektiven, die sich Zeit für Besinnung und Vertiefung
nimmt."[559] Als neuen Ansatz für eine Profilierung der Evangelischen Schulen schlägt Nipkow die „Unterrichtserneuerung im Zeichen des Erbes von

---

[558] S. einführend H.-Chr. Berg, Projektbericht „Unterrichtserneuerung..." 1985 –
1989, in: ders., G. Gerth, K.H. Potthast, Hg., Unterrichtserneuerung mit Wagenschein und Comenius. Versuche Evangelischer Schulen 1985 – 1989, Münster
1990, 145-156.

[559] K.E. Nipkow, Evangelisches Erziehungsverständnis und evangelische Schulen, in:
Korrespondenzblatt Evangelischer Schulen und Heime 26 (1985) 38.

J. A. Comenius" vor.[560] Entgegen einer nur zu schnellem Vergessen und Lernüberdruß führenden Überfülle an Stoffen empfiehlt Comenius, stets drei Fragen im Unterricht zu verfolgen: „Was ist? (quod oder quid?), durch was ist es? (per quid?), und wozu ist es gedacht, bestimmt, soll es gebraucht werden? (ad quid adhibendum?)."[561] Ein so strukturierter Unterricht führt weg von einem distanzierten, analytisch zerlegenden Umgang mit den Dingen und hin zu einer ganzheitlichen Wahrnehmung. Dazu fügt sich gut die *Didaktik Martin Wagenscheins* mit ihrem genetischen Ansatz, also der didaktisch leitenden Frage nach dem Gewordensein des jeweiligen im Unterricht behandelten Phänomens.

> „Das genetische Lehren richtet sich erst zweitrangig auf konventionelle Leistung – die ist erfreuliches Nebenereignis –, sondern vorrangig auf produktive Findigkeit, auf kritisches Vermögen und auf die Einwurzelung in die volle Wirklichkeit der Welt. Aus dieser Grundrichtung erfließen neun praktische Regeln: Erstaunliches zuerst; Naturphänomene vor Laborphänomenen; qualitativ vor quantitativ; Phänomene vor Theorie und Modell; Entdeckung vor Erfindung; Hände vor Werkzeugen; Fachsprache inmitten Muttersprache; langsame Schüler vor schnellen; Mädchen vor Jungen."[562]

Grundlegend für das Verständnis von Dingen und Prozessen ist demnach die Kenntnis von deren Entstehung und Bestimmung. Dies erfordert Zeit und Aufmerksamkeit.

Nipkow weist in diesem Zusammenhang auf die Gegenüberstellung zweier Unterrichtsstile beim katholischen Religionspädagogen Günter Stachel hin.

Auf der einen Seite ein „meditativ-gesammeltes" Unterrichten, das u.a. mit folgenden Begriffen charakterisiert wird:

„ – Einheit des Themas

Im Unterricht vorkommende Fakten, Dinge und Personen werden ernst bedacht.

– Worte des Lehrers und der Schüler kommen langsam.

– Es redet nur einer auf einmal.

– Sparsamer, überlegter Wortgebrauch.

– Sorgfältiges Aufeinander-Hören der Interaktionspartner; behutsames Eingehen aufeinander.

---

[560] Ebd.; vgl. zu Comenius die Ausführungen in 3.2.2. und die dort genannte Literatur.

[561] Ebd. 39f.

[562] H.-Chr. Berg, Art. Genetische Methoden, in: Enzyklopädie Erziehungswissenschaft Bd. 4, Stuttgart 1985, 532.

– Inhaltliche Auffälligkeit: Interesse am Gehalt, an den Motiven. Lehrer und Schüler identifizieren sich mit Personen, Geschehnissen, Worten des Textes; sie nehmen auf, sie sind betroffen, sie werten (affektive Lernvorgänge!).“

Auf der anderen Seite ein „ausgegossen oberflächliches" Unterrichten:
„ – Viele divergierende Themen
Die Dinge werden leichtgenommen.
– Es wird schnell, teilweise unüberlegt geredet.
– Es wird durcheinander geredet.
– Redundanz, viel ‚Text‘.
– Rasches Reagieren, oberflächliche Mißverständnisse, flinkes Beheben von Mißverständnissen.
– Das Interesse haftet am Äußeren; ...; es findet keine Identifikation statt; das affektive Geschehen wird weder aufgenommen noch angenommen; an die Stelle des Betroffenseins, des Stellungnehmens treten rasche, oberflächliche Vermutungen.“[563]

Im folgenden soll dieser Ansatz kurz an einem Beispiel aus dem Mathematikunterricht verdeutlicht werden. Hier wird immer wieder von „Unendlichkeit" gesprochen, ohne daß es im herkömmlichen Fachunterricht zu einer tiefergehenden Klärung dieses Begriffs und seiner Implikationen kommt. Ziel des Unterrichtsentwurfs für eine 11. Klasse[564] ist es, „die Schüler den Begriff der Unendlichkeit in Ruhe entdecken und, wenn möglich, erfahren zu lassen."[565] Dazu beschäftigt sich – dem genetischen Prinzip der Wagenscheinschen Didaktik folgend – die Klasse eingangs mit der Betrachtung geometrischer Grenzwertprobleme bei den Griechen. In einem zweiten Schritt lernen die Schülerinnen und Schüler den Begriff des Grenzwerts kennen, auch hier von der antiken Betrachtungsweise bis zum modernen Grenzwertbegriff. Im Mittelpunkt des dritten Abschnitts steht die Tangentensteigung. Das von Leibniz gefundene Verfahren der Differentialquotienten wird erarbeitet.

---

[563] Zitiert bei K.E. Nipkow, Evangelische Schulen als Beitrag der Kirche zu Erziehung und Unterricht, in: H.-Chr. Berg, G. Gerth, K.H. Potthast, Hg., Unterrichtserneuerung mit Wagenschein und Comenius. Versuche Evangelischer Schulen 1985-1989, Münster 1990, 77f.

[564] Der Unterrichtsentwurf findet sich bei W. Raith, E.-M. Sedlmeyer, Der Begriff Unendlichkeit im Mathematikunterricht. Eine genetische Einführung in die Infinitesimalrechnung anhand der Kegelschnitte, in: J. Bohne, Hg., Die religiöse Dimension wahrnehmen. Unterrichtsbeispiele und Reflexionen aus der Projektarbeit des Evangelischen Schulbundes in Bayern, Münster 1992, 101-113 (vgl. hierzu in demselben Band W.H. Ritter, „Unendlichkeit" im Religions- und Mathematikunterricht. Eine exemplarische Möglichkeit und Gelegenheit zu fächerübergreifender schulischer Kooperation?, 163-174).

[565] Raith, Sedlmeyer, a.a.O. 101.

Schließlich wird der Blick darauf gelenkt, daß die gelernten mathematischen Gesetz-mäßigkeiten sich etwa in konkaven oder konvexen Spiegeln sowie in den Bahnen der Himmelskörper wiederfinden.

Bei einem solchen Unterricht kommt schnell die Diskussion auf grund-legende Fragen des Verständnisses von Unendlichkeit, die den Mathematik-unterricht im engeren Sinn übersteigen und eine gute Verbindung zum Religionsunterricht eröffnen. Dabei kann die Unterschiedlichkeit der mit „Unendlichkeit" verbundenen Sprachspiele herausgearbeitet und das jewei-lige besondere Profil von Mathematik und Religion bestimmt werden. Aber die Klasse wird auch auf Gemeinsamkeiten stoßen, z.B.: „Sowohl der mathe-matische als auch der theologische Begriff von Unendlichkeit bzw. Ewigkeit teilen die Eigenart, daß sie die ‚Sache', die sie aussagen wollen, nicht ‚voll-ends' in den Griff bekommen und quasi abschließend-definitiv darstellen, sie vielmehr grundständig nur (an-)näherungsweise bezeichnen können. Im Falle beider Wissenschaften und Unterrichtsfächer haben ‚Unendlichkeit' bzw. ‚Ewigkeit' Wert und Funktion eines ‚Grenzwertes' bzw. Grenzwert-oder Verweisungs-Zeichens, damit aber (in ihrer Struktur) einen entschie-den symbolischen Charakter, womit sie den Bereich des exakt und ab-bildhaft Aussagbaren transzendieren. ... Wissenschaftstheoretisch gesehen ist mathematische Rede von Unendlichkeit genauso ‚hypothetischen' Charak-ters wie religiös-theologische von Ewigkeit. Beide beruhen auf einer ‚glau-benden Annahme' im Sinne einer petitio principii, ohne welche keine Wissenschaft funktioniert noch Wirklichkeitserkenntnisse möglich sind."[566] Solch eine Mathematik- und Religionsunterricht umgreifende Beschäfti-gung mit dem Begriff der Unendlichkeit bietet die Chance, zum einen den Religionsunterricht aus einer Sonderstellung anderen („harten") Fächern gegenüber herauszuführen und zum anderen auf die keineswegs selbstver-ständlichen Voraussetzungen auch eines scheinbar so objektiven Fachs wie Mathematik aufmerksam zu machen.[567]

4. Gemeinde

4.1. Zur näheren Bestimmung von „Gemeinde"

Ähnlich wie bei Schule birgt auch hier die scheinbare Selbstverständlichkeit des Begriffs die Gefahr einer Engführung. Die umgangssprachlich übliche

---

[566] Ritter, a.a.O. (Anm. 564) 171f.
[567] Vgl. auch die Unterrichtsmodelle in: H.-H. Haar, K.H. Potthast, Hg., In Zusam-menhängen lernen. Fächerübergreifender Unterricht in den Klassen 5 und 6. Beispiele aus evangelischen Schulen, Münster 1992.

Gleichsetzung von „Gemeinde" mit parochialer Kirchengemeinde und dann häufig mit den Menschen, die sich im Sonntagvormittagsgottesdienst oder sonstigen Veranstaltungen häufig treffen und unmittelbar sozial verbunden sind, ist sowohl aus theologischen als auch pädagogischen Gründen bedenklich und muß in religionspädagogischem Zusammenhang korrigiert werden.

Schon im Neuen Testament tritt der theologisch unverzichtbare Bedeutungsumfang von „Gemeinde" bzw. „Kirche" (griechisch: ekklesia) hervor. *Ekklesia kann die einzelne Hausgemeinde*[568], *die Gemeinde am Ort*, etwa Korinth oder Ephesus, *und die ganze Kirche der Ökumene als Einheit bezeichnen.*[569] Kirche ist in den einzelnen Gemeinden konkret. Die demgegenüber umgangssprachliche Verengung des deutschen „Gemeinde" kann begriffsgeschichtlich erklärt werden.

Knapp skizziert dies Chr. Möller: „Das Wort ‚Gemeinde', das vom Adjektiv ‚gemein' abgeleitet ist, gehört mit dem griechischen Wort koinonia (Gemeinschaft; Gemeinschaftsbesitz) und dem lateinischen Wort communio (conmoenia: das durch gemeinsame Mauern gesicherte Gebiet) zu dem gleichen indogermanischen Sprachstamm ... Es hat in der deutschen Sprache eine vielfältige Bedeutung, die vom Gemeindegrund, Gemeindegebiet, Gemeinderecht bis zur Gemeinschaft und den Gemeindegliedern u.a. reicht. Die Bedeutung von Gemeindegrund steht uns heute am fernsten, ist ‚dem ursprung des ganzen wortes ‚gemeinde' aber am nächsten, wenn sie ihn nicht selber darstellt' (Grimm ...). ‚Die Gemeine' konnte ebenso der Gemeindeplatz heißen, auf dem sich das Gemeindeleben abspielte und ‚gemeine gehalten' wurde. Der Begriff ‚Gemeinde' übertrug sich dann auch auf die Menschen, die Anteil am Gemeindegrund haben und dadurch zur Gemeinschaft werden, ‚wie die gemeine denn anfangs auch gemeinschaft hieß, einerseits des gemeinsam angebauten grundes oder gebietes, andererseits des eben daran geknüpften gemeinsamen lebens, während wir jetzt dabei zu rasch an die gemeindeglieder im einzelnen denken' (Grimm ...). Die Worte ‚Gemeinde' ebenso wie ‚Gemeinschaft' hatten also ursprünglich einen sachlichen Sinn und meinten ‚eine soziale Einheit auf einem bestimmten Boden, also eine eigentliche Lokalgruppe' ... Die Einengung von ‚Gemeinde' und vor allem ‚Gemeinschaft' auf einen rein personalen Sinn vollzog sich vor allem im 19. Jh. ..."[570]

Entgegen der Hierarchisierung des Kirchenverständnisses in der mittelalterlichen Kirche versuchten die Reformatoren, die besondere Bedeutung der Gemeinde vor Ort wieder deutlicher hervorzuheben, ohne den ökumenischen Gesamtzusammenhang aus dem Blick zu verlieren. Philipp

---

[568] S. zum knappen Überblick immer noch P. Stuhlmacher, Der Brief an Philemon, Zürich u.a. 1975, 70-75.

[569] S. K.L. Schmidt, Art. kaleo u.a., in: ThWNT Bd. 3, Stuttgart 1938, 505-509.

[570] Chr. Möller, Art. Gemeinde I, in: TRE 12 (1984) 316f. (entgegen dem Original ist „koinonia" in Umschrift wiedergegeben).

Melanchthon gelang es dabei – in heutiger Terminologie –, ein zugleich empirisch-phänomenologisch und theologisch-soteriologisch bestimmtes Gemeindeverständnis im für reformatorische Kirchen grundlegenden Augsburger Bekenntnis zu verankern.

„Item docent, quod una sancta ecclesia perpetuo mansura sit. Est autem ecclesia congregatio sanctorum, in qua evangelium pure docetur et recte administrantur sacramenta." bzw. in der deutschen Übersetzung: „Es wird auch gelehrt, daß alle Zeit musse ein heilige christliche Kirche sein und bleiben, welche ist die Versammlung aller Glaubigen, bei welchen das Evangelium rein gepredigt und die heiligen Sakrament lauts des Evangelii gereicht werden."[571]

De facto kam es – in mannigfaltigen Spielarten – zu einer Aufwertung der „Gemeinden" vor Ort in den evangelischen Kirchen. Zwar ordnete auch das Tridentinum aus pastoralen Gründen („pro tutiori animarum salute") die Untergliederung der Diözesen in Parochien an,[572] doch weist schon der seltene Gebrauch des Begriffs „Gemeinde" in der katholischen Pastoral bis zum II. Vaticanum auf deren untergeordnete Stellung hin.

Typisch ist hierfür, daß z.B. das „Lexikon für Theologie und Kirche" noch 1960 beim Stichwort „Gemeinde" nur auf „Kirche" verwies.

Allerdings änderte sich dies durch die Betonung der konstitutiven Bedeutung der Ortsgemeinden für die Kirche in den Verlautbarungen des II. Vaticanum,[573] wobei die Diözese die entscheidende Organisationseinheit blieb.

In den evangelischen Kirchen Deutschlands erwies sich beim Ringen mit dem totalitären Nazi-Regime das Fehlen eines Hinweises auf die Bedeutung der Gestaltung von Gemeinde bzw. Kirche im Augsburger Bekenntnis als problematisch. Deshalb schärfte die Barmer Theologische Erklärung auf dem Hintergrund des Ringens der Bekennenden Kirche mit dem nationalsozialistischen Staat, der das zentralistische Führerprinzip auch für die Kirchen durchsetzen wollte, dieses Kirchenverständnis durch den Hinweis auf die fundamentale Bedeutung der Organisation von Gemeinde.

Unter Bezug auf Eph. 4,15f. erklärte die Barmer Synode 1934:
„Die christliche Gemeinde ist die Gemeinde von Brüdern, in der Jesus Christus in Wort und Sakrament durch den Heiligen Geist als der Herr gegenwärtig handelt. Sie hat mit ihrem Glauben wie mit ihrem Gehorsam, mit ihrer Botschaft wie mit

---

[571] Aus Art. 7 der Confessio Augustana (BSLK 61).
[572] S. Möller, a.a.O. (Anm. 570) 320.
[573] S. ebd. 326; praktisch-theologisch grundlegend arbeitete vor allem F. Klostermann, Prinzip Gemeinde, Wien 1965, und: ders., Gemeinde. Kirche der Zukunft 2 Bde., Berlin 1974, diese ekklesiologische Position aus.

ihrer Ordnung mitten in der Welt der Sünde als die Kirche der begnadigten Sünder zu bezeugen, daß sie allein sein Eigentum ist, allein von seinem Trost und von seiner Weisung in Erwartung seiner Erscheinung lebt und leben möchte.

Wir verwerfen die falsche Lehre, als dürfe die Kirche die Gestalt ihrer Botschaft und ihrer Ordnung ihrem Belieben oder dem Wechsel der jeweils herrschenden und politischen Überzeugungen überlassen."[574]

Auch hier ist deutlich, daß die konkrete Parochie vor Ort nur eine Form von Gemeinde im theologischen Verständnis ist.

Dem entsprechen verschiedene, dieses Jahrhundert kirchlich prägende Bemühungen um strukturelle Veränderung kirchlicher Arbeit und vor allem Ansätze der Ökumenischen Bewegung, die mit wichtigen pädagogischen Anstrengungen in konzeptioneller und praktischer Hinsicht verbunden sind. Die Ökumenische Bewegung gab wiederholt der religionspädagogischen Arbeit wichtige Impulse[575], die Einrichtung von Sonderpfarrämtern u.ä. – auf Grund der Einsicht in die zunehmende Differenz zwischen der Lebenswelt der Menschen und der parochialen Struktur[576] – verstärkte kirchengemeindeübergreifende Perspektiven und Aktivitäten auch auf pädagogischem Gebiet.

Entsprechend der biblisch grundgelegten und der zunehmend organisatorisch wieder eingeholten Weite des Ekklesia-Verständnisses bei gleichzeitiger Bedeutung parochialer Strukturen in Deutschland oszilliert im folgenden der Sprachgebrauch zwischen „Gemeinde" und „Kirche", ohne daß eine genaue Abgrenzung möglich ist. Vielmehr schließe ich mich der offenen Begriffsbestimmung Christian Möllers an: „Im Begriff ‚Kirche' kommt die rechtliche, institutionelle, geschichtliche und räumliche Gestalt ... der christlichen Gemeinde zur Sprache; im Begriff ‚Gemeinde' kommt die personale, als Versammlung und Gemeinschaft im Evangelium sich ereignende, lokal begrenzte Gestalt von ‚Kirche' zur Sprache."[577] Wegen der großen Bedeu-

---

[574] Artikel III der Barmer Theologische Erklärung, zusammen mit dem diese Aussage interpretierenden Votum des Theologischen Ausschusses der Evangelischen Kirche der Union abgedruckt in: A. Burgsmüller, Hg., Kirche als „Gemeinde von Brüdern" (Barmen III) Bd. 2, Gütersloh 1981, 130.

[575] S. z.B. die Bedeutung der 5. Vollversammlung des Ökumenischen Rates der Kirchen in Nairobi (1975) für das die deutsche Religionspädagogik der letzten zwanzig Jahre prägende Konzept K.E. Nipkows (s. ders., Grundfragen der Religionspädagogik Bd. 1, Gütersloh 1975 u.ö., 17f.).

[576] S. z.B. R. Degen, Gemeindeerneuerung als gemeindepädagogische Aufgabe. Entwicklungen in den evangelischen Kirchen Ostdeutschlands, Münster u.a. 1992, 17-32.

[577] Möller, a.a.O. (Anm. 570) 317.

tung des pädagogischen Bezugs, also der unmittelbaren Interaktion zwischen den im pädagogischen Feld Beteiligten, dominiert im folgenden die Rede von „Gemeinde", ohne die im Begriff „Kirche" implizierten institutionellen und rechtlichen Gegebenheiten geringschätzen zu wollen.

Schließlich ist noch auf zwei Probleme der folgenden Ausführungen hinzuweisen:

Am Lernort Gemeinde bestimmen erhebliche konfessionelle Differenzen die religionspädagogische Praxis in Deutschland. Besonders die für die Volksfrömmigkeit wichtigen Riten der Erstkommunion und Firmung bzw. der Konfirmation lassen sich zwar auf gemeinsame historische Wurzeln zurückverfolgen, sind aber vor allem in der pädagogischen Vorbereitung deutlich unterschieden. Im folgenden Abschnitt konzentriere ich mich aus Platzgründen auf die evangelische Praxis.[578]

Systematisch ist noch auf das bei der Reflexion des Lernorts Gemeinde hervortretende Problem der Abgrenzung von Religionspädagogik zu anderen praktisch-theologischen Disziplinen hinzuweisen. Die besondere Chance von Gemeinde besteht ja – religionspädagogisch gesehen – darin, daß sich hier christliches Leben in Gottesdienst, Diakonie und Seelsorge vollzieht, ohne daß dies pädagogisch intendiert ist. Deshalb sind die meisten im folgenden behandelten Handlungsfelder originär Gegenstand von Liturgik, Poimenik, Diakonik oder Kybernetik, zugleich aber von großer religionspädagogischer Bedeutung.

4.2. Zur geschichtlichen Entwicklung pädagogischen Engagements in der Gemeinde

Eine problemorientierte Skizze der geschichtlichen Entwicklung der Bildungs- und Erziehungsbemühungen muß beim Lernort Gemeinde bis in die Antike zurückgreifen. Zwar finden sich im Neuen Testament nur am Rande Spuren einer Reflexion pädagogischer Fragen bzw. Zeugnisse einer bewußten Erziehungs- und Bildungspraxis.[579] Offensichtlich kam man auf Grund einer überzeugenden Predigt o.ä. zur Gemeinde (s. Act 8,35f.). Aber die

---

[578] S. grundlegend für den katholischen Erstkommunions- und Firmunterricht G. Biemer, Katechetik der Sakramente, Freiburg 1983, 72-109, 110-154; W. Nastainczyk, Katechese: Grundfragen und Grundformen, Paderborn u.a. 1983, 115-126 bzw. 127-140.

[579] S. zu den ganz anderen Themen neutestamentlicher Anthropologie U. Schnelle, Neutestamentliche Anthropologie. Jesus – Paulus – Johannes, Neukirchen-Vluyn 1991; vgl. ausführlich P. Müller, In der Mitte der Gemeinde. Kinder im Neuen Testament, Neukirchen-Vluyn 1992.

Tatsache, daß zum christlichen Glauben unstrittig ein gewisses ethisches und geschichtliches Wissen gehört, stellte die Gemeinden nach dem Zurücktreten der unmittelbaren Parusieerwartung vor die Bildungsaufgabe. Besonders interessant ist, daß in der Antike bestimmte Formen gemeindlicher Erziehung und Bildung entstanden, die heute – mit Nachlassen der Selbstverständlichkeit des Christseins und -werdens – in Deutschland zunehmend Beachtung finden. Deshalb muß hier eingesetzt werden.

Im Verfolgen der weiteren Entwicklung gemeindlicher Erziehungs- und Bildungsbemühungen begegnet ein interessanter Zusammenhang mit gesamtgesellschaftlichen Entwicklungen:

– Die Konfessionalisierung Deutschlands und die zunehmende Individualisierung erforderten eine Institution, in der den einzelnen die entsprechenden Lehren ihrer Konfession vermittelt werden, den Konfirmandenunterricht (bzw. Firmunterricht);

– die zunehmende altersmäßige Differenzierung, unübersehbar durch Allgemeinwerden des Schulbesuchs und Zusammenschluß junger Menschen in Vereinen, verlangte – neben sozialen Notständen – nach besonderen Formen der Kinder- und Jugendarbeit;

– schließlich ließ die beschleunigte Veränderung der Lebensumstände das Erwachsenenalter als pädagogische Herausforderung entdecken.

Diese Entwicklungen prägen bis heute gemeindepädagogisches Engagement; sie werden entsprechend ihrer unterschiedlichen Entstehungszeit und -zusammenhänge im folgenden nacheinander dargestellt.

4.2.1. Taufkatechumenat der Alten Kirche

Grundsätzlich gilt für die Alte Kirche: Die Gemeinde „kennt keine gezielten Maßnahmen zur Kindererziehung und -unterweisung. ... Die Gemeinde erwartet, daß sie (sc. die Kinder, C.G.) von den Eltern christlich erzogen werden. Anleitungen sind anscheinend unnötig, jedenfalls nicht erhalten."[580] Offensichtlich vertraute man in einer Gesellschaft, in der Christsein die Ausnahme bildete, eher auf die Kraft der – modern formuliert – familiären Sozialisation[581] als auf eigene unterrichtliche Veranstaltungen.

Im Vorgriff sei auf die interessante Ähnlichkeit dieses historischen Befunds zur Entwicklung in der neuesten Religionspädagogik hingewiesen, wie sie etwa in den Lehrbüchern von N. Mette oder G.R. Schmidt vorliegt. Diese gehen in der Situationsanalyse davon aus, daß Christsein in der heutigen Gesellschaft nicht mehr selbst-

---

[580] Paul, a.a.O. (Anm. 277) 37.

[581] Zu speziellen erzieherischen Empfehlungen für die Familie s. die Schrift des Johannes Chrysostomus „Über Hoffart und Kindererziehung" (vorgestellt und kommentiert ebd. 63-68).

verständlich ist, und betonen vor diesem Hintergrund die Bedeutung nicht pädagogisch intendierter, aber sozialisatorisch wirksamer Formen christlicher Existenz.

Wichtig war gewiß die Teilnahme der Kinder am Gottesdienst zusam-
men mit ihren Familien. Ab dem 4. Jahrhundert gibt es Nachrichten über
Kinder-Lektoren, die im Gottesdienst die Schriftlesungen vortrugen und
Psalmen u.ä. sangen.[582] Hier stand wohl die antike Auffassung von der
Unschuld der Kinder im Hintergrund.

Die pädagogischen Bemühungen der Gemeinde in der Alten Kirche
konzentrierten sich auf *Erwachsene*. Neben den für die geistige Durchdringung des christlichen Glaubens wichtigen, aber wohl nur wenige Menschen
unmittelbar erreichenden christlich philosophischen Lehrern[583] ist das
Taufkatechumenat die wichtigste pädagogisch intendierte Institution der
frühen Kirche. Ja, der *Bezug auf die Taufe* ist insgesamt der sich (teilweise)
bis heute durchhaltende Grundton der erzieherischen Bemühungen von
Gemeinden, wenn man Konfirmation bzw. Firmung als Bestandteile des
Initiationssakraments versteht.

Historisch ist auf Grund der Quellenlage nicht genau auszumachen, ab wann das
Taufkatechumenat als ausgebildete Institution bestand. „Vieles muß man aus Andeu-
tungen erschließen; klare und direkte Aussagen zur Sache sind zumal bis um das Jahr
200 eher selten. ... Weil ‚Predigt‘ und ‚Katechese‘ (und ‚Theologie‘!) in dieser Zeit
begrifflich schwer zu trennen sind, neigt man oft dazu, jedes einigermaßen ‚pastoral‘
erscheinende Zeugnis als ‚katechetisch‘ zu betrachten.“[584] Erst ab Beginn des 3.
Jahrhunderts tauchen in Afrika, Rom, Alexandrien und Syrien-Palästina mehr oder
weniger genaue Nachrichten über ein institutionalisiertes Katechumenat auf.[585]

Dies schließt in der Alten Kirche die weiter bestehende Attraktivität des
christlichen Glaubens durch vorbildliches Leben von Christen ein, so „daß
das Mitleben als Einleben in die Glaubenspraxis entscheidend ist und
bleibt“.[586] Dem entspricht bei den uns überkommenen Nachrichten vom
Katechumenat die herausragende Bedeutung der ethischen Unterweisung.[587]

---

[582] S. M.-R. Bottermann, Die Beteiligung des Kindes an der Liturgie von den
Anfängen der Kirche bis heute, Frankfurt u.a. 1982, 42-47.

[583] S. U. Neymeyer, Die christlichen Lehrer im zweiten Jahrhundert. Ihre Lehrtätig-
keit, ihr Selbstverständnis und ihre Geschichte, Leiden u.a. 1989, der allerdings
die Beziehungen dieser Lehrer zu den Gemeinden eher harmonisiert als die wohl
vorhandenen Spannungen offenlegt.

[584] Paul, a.a.O. (Anm. 277) 38, vgl. ebd. 38-45.

[585] S. zu den einzelnen Überlieferungen ebd. 45-57.

[586] Ebd. 41.

[587] S. ebd. 48.

So war es die Hauptaufgabe der „sponsores" (Paten), für die sittliche Qualität der Taufbewerberinnen bzw. -bewerber zu bürgen.

Am ausführlichsten berichtete Anfang des 3. Jahrhunderts *Hippolyt* in seiner Traditio apostolica von einem institutionalisierten (bzw. einem von ihm so gewünschten) Katechumenat.[588] Es dauerte – in der Regel – drei Jahre und folgte schon bei der Aufnahme strengen ethischen Kriterien bezüglich des Berufs. Angehörige bestimmter Berufsgruppen, die ethisch bedenklich erschienen, mußten sich zwischen Aufgabe des Berufs oder Eintritt ins Katechumenat entscheiden.[589] Begleitet wurde das Katechumenat selbstverständlich durch den Besuch der sonntäglichen Gemeindezusammenkünfte (unter Ausschluß vom nur den Getauften zugänglichen eucharistischen Teil). Unmittelbar vor der Taufe betraten die Taufbewerber und -bewerberinnen dann einen liturgisch dicht gestalteten Raum, der voll – modern gesprochen – ganzheitlicher Lernprozesse war.

So durften sich die Taufbewerberinnen und -bewerber in den letzten Tagen nicht mehr waschen, mußten fasten und die Nacht vor der Taufe durchwachen. Ritualtheoretisch wurden also für Leben grundlegende soziale und biologische Aktivitäten suspendiert; die Taufe als Reinigungsakt verbunden mit dem eucharistischen Mahl war erlebbar als Beginn eines neuen Lebens.

Solch einer Prozedur konnten sich nur Erwachsene unterziehen, obwohl schon Hippolyt die Taufe von Kindern als selbstverständlich voraussetzte.[590] Diese wurden in Gemeinschaft mit ihren Eltern gesehen, die auch für sie die Tauffragen beantworteten.

Nach der vollzogenen Taufe erhielten die Getauften in den sog. Mystagogien eine dogmatische Unterweisung, vor allem bezüglich der Sakramen-

---

[588] S. hierzu die sehr interessante semiotische Analyse des hippolytschen Taufrituals bei R. Roosen, Taufe lebendig. Taufsymbolik neu verstehen, Hannover 1990, 9-54; vgl. auch die Übersicht über die historischen Erkenntnisse zum Katechumenat bei G. Kretschmar, Die Geschichte des Taufgottesdienstes in der Alten Kirche, in: Leiturgia Bd. 5, 1970, 63-86.

[589] S. knapp Paul, a.a.O. (Anm. 277) 49. Lehrer z.B., die ja auf Grund des Kanons der antiken Paideia mit ihren Zöglingen heidnische Schriftsteller lasen, wurden nur zugelassen, wenn sie keine andere Berufsmöglichkeit hatten. Die hier zum Ausdruck kommende ethische Radikalität war wohl auch der Grund für die im 4. Jahrhundert weit verbreitete Sitte des Taufaufschubs. Erst durch die Taufe kurz vor dem Tod konnte bei wachsender Zahl von Taufbewerberinnen und -bewerbern die ethische Reinheit der Kirche bewahrt werden (s. Kretschmar, a.a.O. 147).

[590] Erst ab dem 5. Jahrhundert dominierten – mit z.T. erheblichen regionalen Unterschieden – die Kindertaufen.

te, aber auch etwa durch die Auslegung des ebenfalls der Arkandisziplin unterliegenden Vaterunsers.[591] Offensichtlich befähigte erst die in der Taufe geschenkte Gabe des Heiligen Geistes die Menschen dazu, sich den christlichen Glaubenseinsichten verstehend zu nähern.[592]

Interessant an diesem ersten uns greifbaren Unternehmen gemeindlicher Bildung, dem hier am Beispiel Hippolyts skizzierten Taufkatechumenat, ist die *Betonung des Ethischen im Unterricht vor der Taufe*, das *Ineinander von Unterricht und Liturgie* sowie die *große Hochschätzung der der Taufe innewohnenden*, den Menschen völlig verwandelnden und überhaupt erst für die christlichen Glaubenslehren aufschließenden *Kraft*.

Für die weitere Entwicklung wurde die im Lauf von Jahrhunderten sich vollziehende Ausdifferenzierung des Initiationssakraments wichtig. Zuerst spalteten sich im Westen[593] die die Geistverleihung symbolisierenden Akte der Handauflegung und Salbung, die spätere Firmung, ab.

Dabei überlagerten sich verschiedene Einflüsse.[594] Zum einen deuteten Theologen wie Cyprian (gest. 258) die Wirkungen von Wasserhandlung und Salbung zunehmend unterschiedlich. Der Wasserritus galt als Ausdruck der Sündenvergebung, die Salbung als Geistbegabung. Zum anderen wurde ab dem 4. Jahrhundert auf Grund der Größe der Bischofssprengel den Presbytern das Recht zur Taufe zugestanden; die Bischöfe behielten sich aber die Salbung mit dem Kreuzzeichen vor.[595]

Erst viel später, am Anfang des 12. Jahrhunderts, erörterte Hugo von St. Viktor (gest. 1141) das Verhältnis von Taufe und Firmung grundsätzlich und ordnete

---

[591] S. Paul, a.a.O. (Anm. 277) 83.

[592] Dogmatisch hat C.H. Ratschow, Die eine christliche Taufe, Gütersloh ³1983, 221-233, unter dem Begriff „Missionstaufe" das hier leitende Taufverständnis klar herausgearbeitet.

[593] Die Ostkirche behält bis zum heutigen Tage die Einheit des Initiationsritus bei, der u.a. Wasserhandlung, Salbung(en) und Handauflegung umfaßt (s. genauer B. Kleinheyer, Sakramentliche Feiern I. Die Feiern der Eingliederung in die Kirche. Gottesdienst der Kirche. Handbuch der Liturgiewissenschaft Bd. 7,1, Regensburg 1989, 77-95).

[594] S. immer noch W. Maurer, Geschichte der Firmung und Konfirmation bis zum Ausgang der lutherischen Orthodoxie, in: K. Frör, Hg., Confirmatio, München 1959, 10.

[595] S. ebd. 11. Vorbereitet war dies durch den sog. Ketzertaufstreit, der unbeabsichtigt eine Höherschätzung der (mit der Salbung verbundenen) Handauflegung gegenüber dem Wasserritus förderte, indem zwar die Taufe von Ketzern anerkannt wurde, aber die von Ketzern Getauften mit einer – wie der Bischof von Rom Stephan formulierte – „Handauflegung zur Buße" in die rechtgläubige Gemeinde aufgenommen wurden, was schnell als nachträgliche Verleihung des Heiligen Geistes gedeutet wurde (s. L. Vischer, Die Geschichte der Konfirmation, Zollikon 1958, 28f.).

entsprechend der Überlegenheit des Spenders die Firmung der Taufe über.[596] Thomas von Aquin (gest. 1274) schließlich deutete die Taufe als Vermittlung des geistlichen Lebens in einfachster, keimhafter Form, wogegen die Gabe des Geistes in der Firmung das „bene et perfecte vivere" (gut und vollkommen leben) erlaube.[597] Durch die pädagogisch sehr geschickte, da allgemein bekannte Vollzüge aus dem Alltag aufnehmende Interpretation als Stärkung zum Glaubenskampf erhielt die Firmung große Popularität.[598] Die Erklärung des Konzils von Florenz (1439) über die sieben Sakramente nannte sie als zweites Sakrament und brachte die lehramtliche Entwicklung zu einem Abschluß.[599]

Um die Wende vom 12. zum 13. Jahrhundert ging man dann im Westen vielerorts davon ab, den Täuflingen, also in der Regel Säuglingen, in der Taufe die Kommunion zu spenden.[600] Es gliederte sich die Feier der Erstkommunion als eigenständiger Ritus aus, der später ebenfalls katechetisch bedeutungsvoll wurde (und bis heute ist).[601]

4.2.2. Gemeindliche Bildung im Mittelalter

Das Aufkommen der Kindertaufen – bei gleichzeitigem Rückgang der Taufen Erwachsener – führte zum Wegfall der einzigen pädagogischen Institution der Alten Kirche, des Taufkatechumenats. Wie in 3.2. gezeigt, nahmen sich im Mittelalter zuerst die Klöster und dann die neu gegründeten kirchlichen Schulen der Erziehung von Kindern an. Sie erreichten jedoch nur einen kleinen Teil der Heranwachsenden und für die Erwachsenen fehlte eine Nachfolgeinstitution des Taufkatechumenats.

Der einzige Ort, an dem die meisten mittelalterlichen Menschen der Glaubenslehre begegneten, war die *Beichte*. Die Beichtspiegel waren stark

---

[596] S. Maurer, a.a.O. (Anm. 594) 14.

[597] S. ebd. 16.

[598] S. ebd.

[599] S. H. Denzinger, Hg., Enchiridion Symbolorum, Freiburg u.a. [34]1967, 334 (Nr. 1317).

[600] S. genauer zu der theologisch und historisch komplizierten Entwicklung Kleinheyer, a.a.O. (Anm. 593) 238-245.

[601] Ein bis heute in der römisch-katholischen Sakramentenpastoral ungelöstes Problem ist die in der Praxis auf Grund des früheren Kommunions- und höheren Firmalters eingebürgerte Reihenfolge der Initiationssakramente Taufe – Erstkommunion – Firmung, die sachlich innerhalb der römisch-katholischen Sakramentsdogmatik nicht sinnvoll ist (s. H.B. Meyer, Eucharistie. Gottesdienst der Kirche. Handbuch der Liturgiewissenschaft Bd. 4, Regensburg 1989, 565). Auf evangelischer Seite stellt sich das Problem der Zulassung zum Abendmahl, die lange Zeit mit der Konfirmation verbunden war, aber aus theologischen und pädagogischen Gründen vielerorts aufgegeben wird.

ethisch geprägt und auf die Besonderheiten des jeweils Standes zugeschnitten.

Das Dekret „Omnis utriusque sexus" des 4. Laterankonzils (1215) bestimmte die Pflicht zur jährlichen Beichte in der Osterzeit.[602]

Ab dem 13. Jahrhundert scheint der Dekalog zunehmend das Fundament bzw. einen wesentlichen Teil dieser indirekten Form der Unterweisung gebildet zu haben.[603] Zwar kamen vielerorts noch zahlreiche liturgische Vollzüge, angefangen von der Messe über Prozessionen und Benediktionen bis zu religiösen Spielen, hinzu, bei denen die Menschen etwas Näheres über den christlichen Glauben erfahren konnten. Doch geschah dies eher zufällig und wenig geordnet.

Die Einsicht in die pädagogische Bedeutung der Beichte im Mittelalter läßt erst die Wucht des Angriffs Luthers gegen die Praxis des Ablaßhandels verstehen. Luther griff hiermit nicht nur eine bestimmte religiöse Praxis, sondern das Fundament des auf alle Menschen (mit Ausnahme der Juden) bezogenen mittelalterlichen Bildungswesens an.

4.2.3. Reformatorischer Neuansatz

Inhaltlich wandte sich Martin Luther entschieden gegen den einseitigen „Buß-Leistungsglauben"[604], der eine Konsequenz der auf das Bußsakrament und konkret die Beichte reduzierten gemeindlichen Erziehung war. Demgegenüber wollte er den Menschen die Botschaft von der Rechtfertigung allein durch Christus nahebringen. Auf Grund der damit gegebenen *Unmittelbarkeit jedes einzelnen Menschen zu Gott* stellte sich die Bildungsfrage in verschärfter Weise. Zwar sah hier Luther primär die Eltern in der Pflicht,[605] doch war er realistisch genug, um deren Versagen bzw. Unfähigkeit zu sehen.

Wie in 3.2.2. ausgeführt, resultierte aus dem theologischen Grundansatz und der pessimistischen Einschätzung der elterlichen Erziehung ein umfangreiches Bildungsprogramm, das seinen Niederschlag wesentlich in der Gründung von Schulen fand. Zwar waren diese Schulen meist mit Gemeinden verbunden, z.B. personal über den Küster als Lehrer und den Pfarrer als Aufseher, doch war eine „Verschulung" der gemeindlichen Erziehungs- und Bildungsbemühungen unübersehbar.[606]

---

[602] S. Paul, a.a.O. (Anm. 277) 240.

[603] S. ebd. 197.

[604] Ebd. 316.

[605] S. K. Petzold, Die Grundlagen der Erziehungslehre im Spätmittelalter und bei Luther, Heidelberg 1969, 69-84.

[606] S. z.B. für den Kleinen Katechismus Fraas, a.a.O. (Anm. 29) 67-73.

Daneben sollte die Predigt, die jetzt in den Mittelpunkt des Gottesdienstes gerückt war, die Gemeinde belehren. Wirkungsgeschichtlich vielleicht noch bedeutsamer waren die zahlreichen *Lieder*, in denen die Reformatoren[607] und ihre Mitstreiter die evangelische Botschaft zum Klingen brachten. Sie wurden nicht nur in den Gottesdiensten, sondern auch im Alltag gesungen.

Schließlich ist noch auf die *Konfirmation* hinzuweisen, die ihre Anfänge gerade hinsichtlich ihrer katechetischen Seite in der Reformationszeit hat,[608] ohne daß sich damals bereits eine allgemeine Konfirmationssitte herausgebildet hätte.

L. Vischer konstatiert zu Recht: „Die Reformatoren (sc. Luther, Calvin, Zwingli, C.G.) kennen keine Konfirmationshandlung im heutigen Sinn. Sie haben den Katechismusunterricht mit sich wiederholenden Examina eingeführt."[609]

Zwar hatte sich Luther mit großer Schärfe von der Firmung („Affenspiel", „ein rechter Lügentand")[610] abgegrenzt. Theologisch war dies in seiner – berechtigten – Sorge begründet, dieser Ritus könne das Gewicht der Taufe schmälern. Doch umgekehrt führte ihn sein Bemühen um einen rechten Sakramentenempfang zur Akzeptanz einer Firmfeier, wenn klar sei, „das man wisse, das got nicht davon gesagt hatt".[611] Sowohl die Forderung nach ausreichenden Kenntnissen, um zum Abendmahl zugelassen zu werden,[612] als auch die aus der Taufe abgeleitete Verpflichtung zur Lehre[613] standen an der Wiege dieses Ritus in der Reformationszeit, der allerdings – später wesentlich gefördert durch den Pietismus – noch mindestens zweihundert Jahre zu seiner allgemeinen Durchsetzung in evangelischen Gemeinden brauchte.

---

[607] Vgl. G. Hahn, Evangelium als literarische Anweisung. Zu Luthers Stellung in der Geschichte des deutschen kirchlichen Liedes, München 1981.

[608] S. historisch grundlegend B. Hareide, Die Konfirmation in der Reformationszeit. Eine Untersuchung der lutherischen Konfirmation in Deutschland 1520-1585, Göttingen 1971 (norw. 1966).

[609] Vischer, a.a.O. (Anm. 595) 63. Allerdings ist für Luther hinzuzufügen, daß er durch seine Unterschrift unter die Brandenburger Kirchenordnung (1540) und die Reformatio Wittenbergensis (1545), die beide eine Konfirmationsordnung enthielten, zeigte, daß er nicht grundsätzlich gegen eine Konfirmation war.

[610] WA 10II,282,15ff. (aus „Sermon von dem ehelichen Leben").

[611] WA 10II,282,15.

[612] S. Hareide, a.a.O. (Anm. 608) 87-108.

[613] S. ebd. 86.

Schon in der Gründonnerstagspredigt 1523 hatte Luther angekündigt, „daß er vom nächsten Jahre ab nur ein evangelisches Abendmahl mit einem vorangegangenen Abendmahlsverhör halten wird".[614] Ende 1525 forderte der Wittenberger Reformator in seiner Schrift „Formula missae et communionis" ein jährliches Glaubensverhör der ganzen Gemeinde. Dies wurde aus Praktikabilitätsgründen auf „semel in tota vita" (einmal im ganzen Leben)[615] ermäßigt und war so gleichsam der Anfang der bis in die Gegenwart hineinreichenden Konfirmandenprüfung.

Wirkungsgeschichtlich am bedeutendsten war die in den hessischen Kirchenordnungen (Ziegenhainer Zuchtordnung 1538; Kasseler Kirchenordnung 1539) greifbare Konfirmationsauffassung Martin Bucers (1491-1551).

W. Maurer systematisiert Bucers Auffassung in folgenden Elementen der Konfirmation:[616]
– Wiederholung des Taufbekenntnisses,
– fürbittende Segenshandlung (durch Gebet der Gemeinde),
– Handauflegung als Ausdruck der die Taufgnade versichernden Segenshandlung,
– Zulassung zum Abendmahl,
– Unterwerfung unter die Zucht[617] der Abendmahlsgemeinde.

Die sich hier stellende Schwierigkeit, die Konfirmation zwischen liturgischem Vollzug und pädagogischer Abzweckung historisch angemessen zu begreifen,[618] spiegelt – wie bereits beim Taufkatechumenat in der Alten Kirche gezeigt – offensichtlich eine Besonderheit pädagogischen Handelns in der Gemeinde wider, nämlich seinen liturgischen Bezug.

4.2.4. Konfirmationsunterricht – pietistisch und aufklärerisch geprägt

Zwar waren alle – die weitere Entwicklung bestimmenden – Elemente der Konfirmation bis Ende des 16. Jahrhunderts ausgebildet.[619] Doch setzte sich die Konfirmation in den deutschen evangelischen Kirchen allgemein erst mit Unterstützung des *Pietismus* durch.[620] Bis dahin war in vielen Gemeinden

---

[614] Maurer, a.a.O. (Anm. 594) 25.

[615] WA 12,215,18ff.

[616] S. Maurer, a.a.O. (Anm. 594) 29f.

[617] Für die spätere Entwicklung ist diese seit Bucer bestehende Verbindung von Konfirmation und Kirchenzucht von großer Bedeutung. Denn sie spielte in der Auseinandersetzung der DDR-Kirchen mit der „Jugendweihe" eine „verhängnisvolle Rolle" (B. Hallberg, Die Jugendweihe. Zur deutschen Jugendweihetradition, Göttingen 1978 (schwed. 1977) 51).

[618] S. zur Forschungsgeschichte knapp Hareide, a.a.O. (Anm. 608) 11-14.

[619] S. z.B. als knappen Überblick ebd. 58-82.

[620] S. z.B. K. Hauschildt, Zur Geschichte und Diskussion der Konfirmationsfrage vom Pietismus bis zum 20. Jahrhundert, in: K. Frör, Hg., Confirmatio, München 1959, 44.

ein – nur teilweise mit einem eigenen Ritus verbundener – Katechismusunterricht üblich, an dem Junge und Alte teilnahmen, und der vor allem
dem Memorieren des Katechismus diente.

Das bereits in den pietistischen Anstößen zur Schulreform deutliche
Interesse an einer umfassenden Erziehung der Jugend wirkte sich auch hier
aus. Gegenüber dem traditionellen Auswendiglernen wollten die Pietisten –
wie Philipp Jacob Speners (1635-1705) bekannte Formel lautete – „den
Kopf ins Herz bringen".[621] Ihr Ziel war die persönliche Bekehrung des
einzelnen. Dem hatte auch die Katechisation zu dienen. Konkret fanden
dadurch die Akte in der Konfirmation Betonung, in denen die persönliche
Überzeugung der jungen Menschen am deutlichsten hervortrat, also erster
Gang zum Abendmahl, Glaubensbekenntnis und Konfirmationsgelübde.

Theologisch ergaben sich hier Probleme bei der Bestimmung des Verhältnisses
von Konfirmation und Taufe. Während z.B. Spener in Luthers Nachfolge daran
festhielt, daß die Taufe „das kräfftigste Mittel der Wiedergeburt seye" und „in der
Taufe alle wiedergebohren werden"[622], war für Th. Großgebauer (1627-1661) die
persönliche Bekehrung das entscheidende: „Die Wiedergeburt ist durch die Predigt
des Wortes Gottes im Glauben geschehen, ohne die Taufe. Die Taufe aber haben die
Gläubigen angenommen zum Siegel der zugerechneten Gerechtigkeit."[623]

Dieser theologischen Akzentuierung des Konfirmationsgottesdienstes
entsprach pädagogisch: Der „Konfirmand selbst (wird) das eigentliche Subjekt des Aktes".[624] Institutionell bedeutsam war die Einbettung von Konfirmandenunterricht und Konfirmation in die Jugendunterweisung. Probleme
ergaben sich auf Grund der hohen Anforderungen an das persönliche
Glaubensleben und die Entscheidung der Konfirmanden, die mit der „volkskirchlichen" Struktur der Kirche in Widerspruch standen. Deshalb hielt sich
die pietistische Konfirmationsauffassung auf Dauer nicht.[625]

Strukturell konnten die Aufklärungstheologen an dieses Konfirmations-
verständnis und die auch die Gefühle berücksichtigende Praxis unmittelbar

---

[621] S. E. Kansanaho, Konfirmation im Pietismus und in der neueren Zeit, in: K.
Frör, Hg., Zur Geschichte und Ordnung der Konfirmation in den lutherischen
Kirchen, München 1962, 84.

[622] So die Formulierungen Speners in: Theologische Bedencken Bd. 3, Halle ³1715,
554 gegen Großgebauer, dem er hier – bei sonstigem Wohlwollen – das
Verfangensein in „hypotheses Calvinianae" vorwarf.

[623] Zitiert aus „Wächterstimme aus dem verwüsteten Zion" (1661), abgedruckt in:
Kansanaho, a.a.O. (Anm. 621) 88 Anm. 13.

[624] Kansanaho, a.a.O. 89.

[625] S. ebd. 92.

anknüpfen.[626] An die Stelle der Bekehrung trat zunehmend das Anliegen vernünftiger *Aufklärung* und das Bestreben, die jungen Menschen für das künftige Leben angemessen zuzurüsten. Diese neue, der allgemeinen Modernisierung der Lebensumstände entsprechende Ausrichtung schlug sich vor allem in Veränderungen der Inhalte des Konfirmandenunterrichts nieder: „Bis jetzt hatten in der Regel ... die Hauptstücke des christlichen Glaubens ... den Stoff der Unterweisung gebildet. Jetzt sucht man aber den Inhalt der christlichen Lehre als zusammenhängendes System darzustellen. ... Zugleich tritt neben die Glaubenslehre in vermehrtem Maß die Lebenskunde. Der Schüler soll angeleitet werden, in allen Lebenslagen den ethisch richtigen Entscheid zu fällen."[627] Die Konfirmation selbst wird zu einem „Mündigkeitsritus" uminterpretiert, dabei verliert die Taufe – bei Spener noch im Begriff des „Taufbunds" zentraler Bezugspunkt – an Bedeutung.

Sehr anschaulich kommt diese bürgerlich-ethische Konfirmationsauffassung in nachfolgendem Konfirmationslied zum Ausdruck:

„O feyerliche Andachtsstunde! O Tag des Segens für die Ewigkeit! Du nimst uns auf zu edlem Bunde der Tugendfreunde in der Christenheit. Sieh, Vater, wie von Dankbarkeit belebt, jetzt unser Herz vor stiller Freude bebt – Du wirst auch in den künftgen Jahren, Gott, durch Vernunft und durch Religion uns Muth verleihen bei den Gefahren, die unserer Unschuld, unserer Tugend drohn. Wir wollen ewig uns der Tugend weihn; o, Vater, dieser Tag soll Zeuge sein!"[628]

Deutlich tritt die theologische Problematik, nämlich die – von Luther an der römischen Firmung schärfstens kritisierte – Marginalisierung der Taufe gegenüber der Konfirmation bei F. Schleiermacher hervor. Er bezeichnete die Kindertaufe als dringend ergänzungsbedürftig. „Die Kindertaufe ist nur eine vollkommene Taufe, wenn man das nach erfolgtem Unterricht hinzukommende Glaubensbekenntniß als den letzten dazu gehörigen Akt ansieht."[629]

Im Laufe der Zeit entleerte sich die inhaltliche Bedeutung der Taufe zunehmend. So konnte ein Theologe, Johann Ferdinand Schlez, 1796 ausrufen: „der heutige Tag (sc. der Konfirmationstag, C.G.) ist erst euer wahrer Tauftag".[630] Verbunden mit weiteren Faktoren wie dem Charakter der

---

[626] Vgl. die übersichtliche Darstellung bei W. Caspari, Die evangelische Konfirmation, vornähmlich in der lutherischen Kirche, Erlangen u.a. 1890, 99-114.

[627] Vischer, a.a.O. (Anm. 595) 82.

[628] Zitiert nach M. Meyer-Blanck, Wort und Antwort. Geschichte und Gestaltung der Konfirmation am Beispiel der Ev.-luth. Landeskirche Hannovers, Berlin u.a. 1992, 49.

[629] F. Schleiermacher, Der christliche Glaube (1821/22), KGA 7,2, hg. v. H.-J. Birkner u.a., Berlin u.a. 1980, 260 (§ 155b).

[630] Zitiert nach Hallberg, a.a.O. (Anm. 617) 55.

Konfirmation als Mündigkeitsfeier und dem in dieser Zeit aufkommenden Weihegedanken[631], den – aus seiner traditionellen katholisch-sakramentalen Bindung gelöst – Männer wie Herder oder Goethe erweiterten und umformten, wurde hier für die Jugendweihe der Boden bereitet.

Historisch kann der Beginn der deutschen Jugendweihetradition unterschiedlich datiert werden. Während Hallberg den – am Evangelischen Oberkonsistorium gescheiterten – Vorschlag des westfälischen Theologen G. Chr. Gieseler von 1787, eine „Bürgerliche Konfirmation" zu etablieren, die vor allem die Liebe zum Königshaus steigern sollte, als „das erste nicht-kirchliche Jugendweiheformular auf deutschem Gebiet" bezeichnet,[632] beruft sich Bloth auf die erste Erwähnung des Begriffs „Jugendweihe" 1852 als Bezeichnung für eine Feier an Stelle der Konfirmation durch den Prediger der Freien Protestantischen Gemeinde in Nordhausen, E. Baltzer.[633] Auf jeden Fall läßt sich deutlich zeigen, „dass diese Geschichte (sc. der Jugendweihe, C.G.) in der Kirche begonnen hat und dass die späteren ausserkirchlichen Erscheinungen ihre kirchlichen Vorbilder gehabt haben."[634]

In der Mitte des 19. Jahrhunderts beschäftigten sich Theologen vor allem im Zusammenhang der dringend anstehenden Kirchenreform mit dem Konfirmandenunterricht und der Konfirmation.[635] Dabei standen rechtliche Fragen, etwa die der Zulassung zum Abendmahl, im Vordergrund. Religionspädagogisch hieran interessant ist, daß oft auch die Frage des günstigsten Konfirmandenalters diskutiert wurde.

Wiederholt begegnet die Forderung, die Konfirmation auf einen späteren Zeitpunkt zu verlegen bzw./und die Konfirmation in zwei zeitlich getrennte Akte mit unterschiedlichen Zielen zu zerlegen.[636]

Dementsprechend wurden auch Vorschläge für die Verteilung von Stoffen im Konfirmandenunterricht gemacht. Allerdings bewahrten die Gemeinden die unter pietistischem und aufklärerischem Einfluß herausgebilde-

---

[631] S. ebd. 26f., 29-41.

[632] Ebd. 61.

[633] P.C. Bloth, Art. Jugendweihe, in: TRE 17 (1988) 428f.

[634] Hallberg, a.a.O. (Anm. 617) 62.

[635] S. hierzu im einzelnen die Zusammenstellung der wichtigsten diesbezüglichen Literatur bei Hauschildt, a.a.O (Anm. 620) 47-50, und die Skizze der wichtigsten Reformvorschläge ebd. 51-54.

[636] S. hierzu vor allem die unterschiedlichen Vorschläge der Erlanger Theologen v. Hofmann, Höfling, v. Zezschwitz und Harnack (knapp vorgestellt ebd. 54-56). Während diese Vorschläge primär ekklesiologisch argumentierten, kam J.H. Wichern auf Grund der Notlagen in den Gemeinden zu ganz ähnlichen Forderungen (s. hierzu knapp, aber das Wesentliche erfassend Meyer-Blanck, a.a.O. (Anm. 628) 56).

ten Unterrichtsformen und -inhalte,[637] die Reformvorschläge konnten sich nicht durchsetzen. Pädagogisch gesehen blieb die nicht geklärte Beziehung des Konfirmanden- zum schulischen Religionsunterricht ein fortwährendes Problem. Zudem hatte die enge Verkoppelung der Konfirmation mit dem Ende der Schulzeit die Nebenwirkung, daß in der Bevölkerung der Eindruck entstand, mit der Konfirmation sei die kirchliche Erziehung und Bildung beendet. Hier versuchte man durch die Installierung eines Kinder- und Jugendkatechumenats Abhilfe zu schaffen[638] – insgesamt ohne Erfolg.[639]

Mit dem Nachlassen der Traditionsleitung und der zunehmend kritischeren Einstellung Jugendlicher gegenüber Tradiertem wurde der primär an Bekenntnis und Bibel orientierte Konfirmandenunterricht Ende der sechziger Jahre des 20. Jahrhunderts für viele Pfarrer „zum schwierigsten und aufreibendsten Teil ihres Dienstes".[640]

Ein Neuansatz erfolgte – jenseits theologischer Klärungen des Konfirmationsverständnisses und parallel zur Entwicklung des problemorientierten Religionsunterrichtes – Ende der sechziger Jahre durch das Bemühen um eine jugendgemäße Gestaltung des Konfirmandenunterrichts.[641]

H.B. Kaufmann faßte die von empirischen Einsichten getragenen, didaktischen Grundüberlegungen zur Reform des Konfirmandenunterrichts 1969 zusammen: „Nach den Analysen von Neidhart kann kein Zweifel darüber bestehen, daß der hohe Prozentsatz an Konfirmanden in den mitteleuropäischen Kirchen in zwei nichttheologischen Faktoren begründet ist: einmal darin, daß die Konfirmation als Sitte und als Symbol des mündig gewordenen jungen Menschen gesellschaftlich sanktioniert und gestützt ist; zum anderen aber darin, daß der Konfirmationstermin zu einem Zeitpunkt liegt, wo der junge Mensch noch nicht selbständig genug ist, um

---

[637] Vgl. z.B. E.Chr. Achelis: „Die Anhänglichkeit an die Konfirmation und die Macht der Sitte ist so gross, daß in dem ersten Jahrzehnt nach Einführung des Zivilstandsgesetzes, als in Berlin, Königsberg, Stettin, Magdeburg vier Fünftel der Ehen nicht eingesegnet, zwei Fünftel der Kinder nicht getauft wurden, fast ausnahmslos jedes 14-jährige Kind konfirmiert wurde." (ThR 4 (1901) 353f.).

[638] S. z.B. M. Doerne, Neubau der Konfirmation. Grundzüge einer Erneuerung kirchlichen Jugendkatechumenats, Gütersloh 1936.

[639] Ebensowenig führte der im Rahmen der Dialektischen Theologie vorgetragene Versuch weiter, den Konfirmandenunterricht als „Spezialfall der Predigtaufgabe" zu begreifen (so z.B. 1925 E. Thurneyen, Konfirmandenunterricht, in: ders., Das Wort Gottes und die Kirche, hg. v. E. Wolf, München 1971, 130).

[640] K. Goßmann, H.B. Kaufmann, F. Schmitthenner, H. Siegel, Zum Diskussionsstand des Konfirmandenunterrichts in der EKD – Eine Einführung in das Handbuch für die Konfirmandenarbeit, in: Comenius-Institut, Hg., Handbuch für die Konfirmandenarbeit, Gütersloh ²1985, 12.

[641] S. zur Konfirmandenunterrichtsdebatte zwischen 1965 und 1975 J. Schildmann, B. Wolf, Konfirmandenarbeit, Stuttgart 1979.

seine Unsicherheit und Kritik in einem eigenen (ablehnenden) Urteil vertreten und durchhalten zu können.

Das heißt aber, daß eine ausschließlich theologische Interpretation der Konfirmationshandlung unzutreffend, ja unwahrhaftig ist.

Die Differenz der volkskirchlichen Zugehörigkeit zur Kirche und der tatsächlichen geistigen Entfremdung eines hohen Prozentsatzes der Familien, in denen die getauften Kinder aufwachsen, darf also nicht theologisch verdeckt, sondern muß um der Wahrhaftigkeit und um des Glaubens willen bedacht werden.

Aus allem folgt, daß weder das Ziel noch die Inhalte, noch die Gestalt des Konfirmandenunterrichts einfach traditionsgeschichtlich festgelegt oder theologisch vorentschieden sein können. Was angeboten und vermittelt werden soll, in welcher Form und in welcher Absicht, das ist spätestens dann neu zu entscheiden, wenn sich die sozialkulturellen und kirchensoziologischen Voraussetzungen, die mitwirkenden Motive und Faktoren, das Selbstverständnis der Menschen in einer geschichtlichen Situation oder auch die Ziele gewandelt haben."[642]

Gut abzulesen ist dieser Impetus in seinen konkreten Auswirkungen an der seit 1973 (bis heute) erscheinenden Reihe KU-Praxis, die in der Praxis erprobte Modelle des Konfirmandenunterrichts vorstellt, aber auch praxisorientierte Theoriebeiträge enthält. Träger der Reihe und ihrer Reformvorschläge sind – zusammen mit dem Comenius-Institut Münster – die Referenten für Konfirmandenunterricht in den (unterschiedlich bezeichneten) religionspädagogischen Instituten der einzelnen Landeskirchen. Begrifflich fand diese an den Gestaltungsformen der Jugendarbeit orientierte Reform des Konfirmandenunterrichts ihren Niederschlag im Begriff der *„Konfirmandenarbeit"*.

„Mit dem Wort Konfirmandenarbeit ... soll die Einsicht festgehalten werden, daß es sich in dem Angebot an junge Menschen im Alter von 12-15 Jahren nicht mehr nur um einen Unterricht handelt, der sich an das schulische Schema anlehnt. Vielmehr erfordern es Aufgabenstellung, Inhalte und Lernprozesse der Konfirmandenarbeit, daß unterschiedliche Lernorte, Arbeitsformen, Medien und Beteiligungsmöglichkeiten einbezogen werden. Sollen junge Menschen erfahren und erkennen lernen, was es heißt, als Christ in unserer Zeit zu leben ..., dann lassen sich diese Ziele nicht nur in der Form des Unterrichts und durch kontrollierte Gottesdienstbesuche erreichen."[643]

---

[642] H.B. Kaufmann, Didaktische Überlegungen zur Theorie des Konfirmandenunterrichts, in: K. Wegenast, Hg., Theologie und Unterricht, FS H. Stock, Gütersloh 1969, 236. Didaktisch fand die aus dieser Analyse folgende Notwendigkeit zur Differenzierung des Konfirmandenunterrichts in der Unterscheidung von Mindest- und Maximalzielen bei K. Meyer zu Uptrup, Konfirmandenunterricht – aber wie? Grundriß einer Methodik mit praktischen Beispielen, Gütersloh 1978, 21f. einen interessanten Ausdruck.

[643] H.B. Kaufmann, Konfirmandenarbeit in gemeindepädagogischer Verantwortung, in: Comenius-Institut, Hg., Handbuch für die Konfirmandenarbeit, Gütersloh ²1985, 407.

Didaktisch weiterführend war noch die Erkenntnis der großen Bedeutung der Herkunftsfamilie, vor allem der Eltern, für die Konfirmandenarbeit, die bis heute gültige Anregungen zur Konfirmandenelternarbeit erbrachte.[644]

In der *DDR* wurde die Entwicklung des Konfirmandenunterrichts wesentlich durch die Auseinandersetzung mit der *Jugendweihe* geprägt.

1954 griff die SED, nachdem sie noch 1950 beschlossen hatte, keine Jugendweihen einzuführen[645], die Jugendweihe-Tradition der Arbeiterbewegung wieder auf und propagierte sie mit großer Entschiedenheit.

Der Aufruf des Zentralen Ausschusses für Jugendweihe der DDR lautete: „In jedem Jahr beginnen viele junge Menschen nach dem Verlassen der Schule einen neuen Lebensabschnitt. Ihr Wunsch und der Wunsch der Eltern ist es, diesen bedeutungsvollen und schönen Schritt im Leben festlich zu begehen. Diesen Wünschen entsprechend sollen alljährlich in der Deutschen Demokratischen Republik Jugendweihen, wie sie in ganz Deutschland stattfinden, durchgeführt werden. An ihnen sollen junge Menschen, ungeachtet ihrer Weltanschauung, teilnehmen können. Die Jugendweihe wird den jungen Menschen zu einem Erlebnis werden, das ihnen Kraft und Selbstbewußtsein für den weiteren Lebensweg gibt. Die Eltern blicken auf die Jahre des Heranwachsens und der Erziehung ihrer Kinder zurück, und gemeinsam mit ihnen blicken sie in die Zukunft, die in unserer Deutschen Demokratischen Republik Jahre friedlichen Arbeitens und neuen Lernens verheißt. So wird die Jugendweihe in jeder Familie zu einem besonderen Festtag. Die Bedeutung dieses Tages reicht weit über den Kreis der Familie hinaus. Das Bewußtsein der Jugendlichen wächst. Sie wirken am Aufbau ihres Lebens, der Gesellschaft und des Staates mit. Gemeinsam mit ihren Altersgenossen und mit ihrer Jugendorganisation stehen sie für die Interessen ihres Volkes ein. Die Jugendweihe soll ein Kraftquell für die weitere Entwicklung der jungen Menschen sein. Sie soll sie anspornen, alle ihre Fähigkeiten zum Wohle ihres Vaterlandes zu entfalten. Durch Zusammenkünfte, in denen über Fragen des Lebens, der Natur und Gesellschaft gesprochen wird, soll die Jugendweihe vorbereitet werden. Jeder Jugendliche hat damit Gelegenheit, sich auf den Tag vorzubereiten, da er in das Leben der Erwachsenen tritt.

Eltern! Laßt eure Kinder an der Jugendweihe teilnehmen! Meldet sie bei den örtlichen Ausschüssen der Städte und Gemeinden an! Kulturschaffende, Lehrer und Erzieher! Tragt durch eure Mitarbeit dazu bei, die Jugendweihe zu einem unvergeßlichen Erlebnis zu gestalten."[646]

---

[644] S. P. Hennig, Konfirmandenelternarbeit, Stuttgart u.a. 1982.

[645] S. im einzelnen Hallberg, a.a.O. (Anm. 617) 139; s. auch H. Wentker, Die Einführung der Jugendweihe in der DDR: Hintergründe, Motive und Probleme, in: H. Mehringer, Hg., Von der SBZ zur DDR. Studien zum Herrschaftssystem der Sowjetischen Besatzungszone und in der Deutschen Demokratischen Republik, München 1995, 139-165.

[646] Zitiert nach U. Jeremias, Die Jugendweihe in der Sowjetzone, Bonn 1956, 32f.

Sofort protestierten die Kirchen gegen den neuen (alten) Ritus und drohten denen, die sich der Jugendweihe unterzogen, den Ausschluß von der Konfirmation an:

So verlautbarte z.b. die Kirchenleitung der Evangelischen Kirche in Berlin-Brandenburg:

„Die Jugendweihe ist von jeher eine Angelegenheit derjenigen Menschen gewesen, die die Kirche und ihre Botschaft ablehnen. Es kann kein Zweifel sein, daß auch die für 1955 neugeplanten Jugendweihen an diese alte Tradition der Jugendweihen anknüpfen. Wir sind uns mit den überzeugten Anhängern des Marxismus-Leninismus darin einig, daß christlicher Glaube und marxistische Weltanschauung in einem unüberbrückbaren inneren Gegensatz stehen. Daher dringen wir auf eine klare Unterscheidung zwischen der kirchlichen Konfirmation und der weltlichen Jugendweihe. Eltern und Kinder müssen wissen, daß sich das Bekenntnis zum evangelischen Glauben nicht mit der Teilnahme an einer Jugendweihe in Einklang bringen läßt. Daher bestimmt die Ordnung des kirchlichen Lebens der Evangelischen Kirche in Berlin-Brandenburg von 1954 folgendes: ‚Kinder, die sich einer Handlung unterziehen, die im Gegensatz zur Konfirmation steht (Jugendweihe oder dgl.), können nicht konfirmiert werden.‘ So stand es auch bereits in der alten Ordnung des kirchlichen Lebens. Aus seelsorgerlicher Verantwortung für unsere Konfirmanden und ihre Eltern bringen wir diese klare Bestimmung rechtzeitig vor der Konfirmation in Erinnerung. Der Herr Jesus Christus hat gesagt: ‚Wer nicht mit mir ist, der ist wider mich‘."[647]

Auf die Dauer hielten die evangelischen Kirchen – im Gegensatz zur konsequenteren Ablehnung der römisch-katholischen Kirche – diese Entgegensetzung nicht durch. Bald gingen fast alle Jugendlichen (ca. 97%) eines Jahrgangs zur Jugendweihe. Die, die diesen „freiwilligen" Schritt verweigerten, wurden häufig in ihrer Ausbildung massiv behindert, z.B. nicht zum Abitur oder zum Studium zugelassen.

Typisch ist folgende, 1968 ergangene Begründung, mit der ein Kreisschulrat die Aufnahme eines Jungen in die Vorbereitungsklasse der zum Abitur führenden EOS gegenüber dessen Vater ablehnte: „In der EOS werden Schüler auf das Hochschulstudium vorbereitet. Diese Schüler werden später zu den Führungskräften der entwickelten sozialistischen Gesellschaft gehören. Darum erfolgt die Aufnahme nach dem Auswahlprinzip. Berücksichtigt werden Schüler, die eine enge Verbundenheit zu unserem sozialistischen Staat zeigen, sich mit ihrer ganzen Persönlichkeit für unsere sozialistische Gesellschaft einsetzen und gute schulische Leistungen erreichen. Ihr Sohn ... wurde für den Besuch abgelehnt, weil bei ihm neben seinen guten schulischen Leistungen die parteiliche Stellungnahme zu unserem Staat vermißt wurde."[648]

---

[647] Zitiert ebd. 37f.

[648] Zitiert bei J. Ohlemacher, Repression gegen die christliche Jugend im Bildungs- und Freizeitbereich, in: Landtag Mecklenburg-Vorpommern, Hg., Leben in der DDR, Leben nach 1989 – Aufarbeitung und Versöhnung Bd. 3, Schwerin 1996, 69.

Als Kompromiß sahen die meisten ostdeutschen Kirchen für die Jugendlichen, die an der Jugendweihe teilgenommen hatten, eine Verlängerung des Konfirmandenunterrichts auf insgesamt drei Jahre vor. Doch auch dies konnte den drastischen Rückgang der Konfirmandenzahlen nicht stoppen. „1986 erhielten 219.127 Schüler die Jugendweihe, 27.000 wurden konfirmiert und ca. 6.000 gefirmt."[649]

Konzeptionell bemühten sich die evangelischen Kirchen in der DDR – ähnlich wie in der Bundesrepublik – um eine jugendgemäße Form der Konfirmandenarbeit, zugleich aber um dessen deutliche Integration in die sonstige kirchliche Erziehungsarbeit. Der hierzu entwickelte Begriff des *„konfirmierenden Handeln"*[650] war ursprünglich ein „Synonym zum Gesamtkatechumenat"[651], wurde aber zunehmend in seiner Bedeutung wieder auf die Konfirmandenarbeit im engeren Sinn eingeschränkt. Allerdings blieb der enge Bezug des Unterrichts zur Jungen Gemeinde weithin erhalten.[652]

4.2.5. Verkirchlichung christlicher Bildungsangebote für Kinder und Jugendliche

Neben dem eben dargestellten kirchlich institutionalisierten Bemühen um junge Menschen in Form des Konfirmandenunterrichts entstanden ab dem Ende des 18., deutlicher ausgeprägt ab der Mitte des 19. Jahrhunderts Initiativen von Christen, die die Erziehung und Bildung der Kinder und Jugendlichen verbessern wollten. Sie wurden aber – aus unterschiedlichen Gründen – im Laufe der Zeit verkirchlicht.[653]

---

[649] I. Schneider, Säkularisierung und Rolle der Kirchen in der DDR – Biographien von Kindern aus christlichen Familien, in: Jugendwerk der Deutschen Shell, Hg., Jugend '92 Bd. 3, Opladen 1992, 140. Vgl. zur in der Wirkung sehr problematischen Aufteilung der Konfirmation in eine Abschlußfeier des Katechumenats nach dem 8. und dem ersten Abendmahlsgang nach dem 9. Schuljahr kritisch E. Winkler, Tore zum Leben, Neukirchen-Vluyn 1995, 15.

[650] Nach E. Schwerin, Konfirmierendes Handeln in den evangelischen Kirchen der DDR, in: Die Christenlehre 39 (1986) 315, hat dieser Begriff seine Wurzel vermutlich im „Konfirmationshandeln", wie es H. Bernau, Überlegungen zur Konfirmation, ihrem Wesen und ihrer Gestaltung, entfaltete. Vgl. R. Hoenen, Das konfirmierende Handeln der Gemeinde, in: E. Schwerin, Hg., Gemeindepädagogik. Lernwege der Kirche in einer sozialistischen Gesellschaft, Münster 1991, 91-118, der – wie Schwerin – kritisch auf die geringe Realisierung dieses Konzepts in der Gemeindepraxis hinweist.

[651] Schwerin, a.a.O. 316.

[652] S. E. Schuppan, Um die Konfirmation, in: Die Christenlehre 39 (1986) 312.

[653] Vgl. zur anderen Entwicklung in den USA den knappen Überblick bei D.E. Pugh, M.S. Sholund, A Historical Survey of Youth Work, in: R.B. Zuck, W.S. Benson, Hg., Youth Education in the Church, Chicago 1978, 58-68.

Wie bereits angedeutet ist die Beteiligung von Kindern am Gottesdienst seit den Anfängen des Christentums ein wichtiger Bestandteil kirchlicher Sozialisation. Auch bei den mittelalterlichen Schulen gingen oft Schul- und Gottesdienstbesuch nahtlos ineinander über. Erst die Ausbreitung des allgemeinen Bildungswesens und dessen zunehmende Zuordnung zum Staat ließ diese Form liturgischen Lernens – in einem jahrhundertelangen Prozeß – zurückgehen. „In den Vordergrund trat besonders für Kinder aus einfachen Familien die Kinderlehre."[654] Zwar fand sie ebenfalls meist in Kirchen statt, doch spielten dabei liturgische Elemente – gegenüber katechetischer Belehrung etwa in Form von Katechismuspredigten – zunehmend eine nachgeordnete Rolle.

Das *Ineinander von katechetischen Zielen und liturgischem Vollzug* prägte – mit wechselnden Akzentverschiebungen – den im 19. Jahrhundert aufkommenden *Kindergottesdienst.*

Zwar gab es schon früher – neben Schulen und Konfirmandenunterricht – speziell an Kinder adressierte Veranstaltungen der Gemeinden, z.B. die Kinderstunden der Herrnhuter, vor allem im südwestdeutschen Raum die vom Steintaler Pfarrer F. Oberlin (1740-1826) initiierten Christlichen Kleinkinderschulen und die sog. Sonntagsschulen Württembergs, die verpflichtende Ergänzungen zum schulischen Unterricht waren.[655] Doch mündeten diese gemeindlichen Angebote – historisch gesehen – nicht in den Kindergottesdienst.

Indirekt geht der deutsche Kindergottesdienst auf die englische Sonntagsschule zurück, die freilich auf Grund der anderen sozialen Lage, vor allem der erheblich stärkeren Verelendung weiter Kreise der Bevölkerung (darunter auch vieler Kinder) in England, nicht unmittelbar nach Deutschland Eingang fand.

In England hatte der Druckereibesitzer R. Raikes (1736-1811) – angerührt durch die mit der Industrialisierung verbundene Not und Verwahrlosung der Kinder[656] – ab 1780 begonnen, sonntags Kinder zu sammeln. Nach einem gemeinsamen Besuch des Gemeindegottesdienstes übten anschließend von Raikes hierfür gewonnene Frauen mit den Kindern Lesen, vor allem anhand von Bibel- und Katechismustexten. Schnell dehnte sich diese elementarpädagogisch-diakonisch ausgerichtete, von Männern wie J. Wesley empfohlene und geförderte, Arbeit aus, wobei Raikes in seiner Druckerei die benötigten Unterrichtsmaterialien herstellte. 1789 besuchten im Königreich Großbritannien bereits etwa 300.000 Kinder regelmäßig eine Sonntagsschu-

---

[654] Bottermann, a.a.O. (Anm. 582) 115.

[655] S. genauer C. Berg, Gottesdienst mit Kindern. Von der Sonntagsschule zum Kindergottesdienst, Gütersloh 1987, 17-20.

[656] Vgl. die Anekdote, die angeblich zum Entschluß Raikes' führte, eine Sonntagsschule zu gründen, ebd. 23f.

le.[657] In Deutschland öffnete 1790 die erste deutsche Sonntagsschule nach englischem Vorbild in Hamburg, doch wurde sie 1811 wieder geschlossen.[658] Einen Aufschwung nahm in England dagegen die Bewegung, als ab 1800 an die Stelle der bezahlten Sonntagsschullehrerinnen und -lehrer ehrenamtlich Tätige traten.[659]

Wirkungsgeschichtlich beeinflußte die englische Sonntagsschule nur indirekt, vermittelt über die *US-amerikanische Sonntagsschule* Deutschland. Der Bischof der Methodist Episcopal Church aus Philadelphia, Francis Asbury (geb. 1745), entdeckte 1786 bei einer Englandreise die dortige Sonntagsschule und modifizierte sie – was auch für die Übertragung auf Deutschland wichtig wurde – für die anderen Gegebenheiten in den USA. Auf Grund des fehlenden Religionsunterrichts in der Neuen Welt veränderte er den elementarpädagogisch-diakonischen Ansatz hin zu einem gemeindemissionarischen[660], in dessen Mitte die biblisch orientierte Unterweisung der Kinder stand.

Sehr anschaulich schildert M. Twain in seinem Buch „Tom Sawyer und Huckleberry Finn" diese Institution aus der Perspektive armer Kinder.[661]

Diesen neuen Sonntagsschultyp brachte 1863 der US-amerikanische Sonntagsschullehrer Albert Woodruff (geb. 1807) nach Deutschland, wo er mit dem Bremer Kaufmann W. Bröckelmann als Dolmetscher eine intensive Zusammenarbeit einging. Durch Vermittlung von interessierten Pfarrern, vor allem des Vorstehers der Goßner Mission, J.D. Prochnow, breiteten sich die Sonntagsschulen schnell aus.

Religionspädagogisch ist zweierlei an der neu gegründeten Sonntagsschule bemerkenswert: Zum einen trugen *Laien* die Arbeit. Daran wird deutlich, daß es Woodruff und Bröckelmann „nicht um ein neues kirchliches oder gar landeskirchliches Arbeitsfeld ging".[662] Vielmehr begann sich hier ein missionarisch-pädagogisches Vorhaben ohne direkte institutionelle Verknüp-

---

[657] S. ebd. 26.

[658] 1825 entstand in der Hamburger Vorstadtgemeinde St. Georg eine neue Sonntagsschule, die vor allem auf Grund der hier Lehrenden Beachtung verdient. Ihr Leiter war J.G. Oncken, der dann zum Baptismus übertrat und wohl der bekannteste Vertreter des Kontinentalbaptismus wurde; sein Nachfolger war J.H. Wichern, dessen spätere Tätigkeit als Gründer des Rauhen Hauses und der Inneren Mission ohne die – bedrückenden sozialen – Erfahrungen während seiner Tätigkeit als Sonntagsschullehrer nicht zu verstehen ist.

[659] S. Berg, a.a.O. (Anm. 655) 27.

[660] S. näher zu diesem Begriff ebd. 46.

[661] S. zum konzeptionellen Hintergrund die von M. Kwiran, Religionsunterricht in USA, Frankfurt u.a. 1987, 107 zusammengetragene Literatur.

[662] Berg, a.a.O. (Anm. 655) 51.

fung mit der verfaßten Kirche auszubreiten. Zum zweiten gehörte von Anfang an zum Sonntagsschulkonzept die *Gruppenbildung*, also eine pädagogisch sinnvolle Sozialform, die sich deutlich von den Erwachsenengottesdiensten unterschied.

Während sich die Methode der Gruppenarbeit durchhielt, wurde das Laienelement zwischen 1874 und 1920 zunehmend zurückgedrängt. Das Amt des Vorstehers im – so der neue Name – Kindergottesdienst fiel jetzt dem Pfarrer zu, aus den Sonntagsschullehrerinnen und -lehrern wurden die Kindergottesdiensthelferinnen und -helfer.

Interessant ist, wie sich diese Veränderung auch in der praktisch-theologischen Theoriebildung widerspiegelte: „Während Achelis im zweiten, zuerst 1891 erschienen Band seines ‚Lehrbuch der Praktischen Theologie‘ den Kindergottesdienst als zweite Katechumenatsstufe zwischen der häuslichen Erziehung und dem Konfirmandenunterricht im Bereich Katechetik behandelte, erfaßte 1919 Niebergall den Kindergottesdienst im zweiten Band seiner ‚Praktischen Theologie‘ im Zusammenhang der Liturgik, genauer in § 61, der den Predigtgottesdienst thematisiert.“[663]

Die dadurch zunehmende liturgische Prägung des Kindergottesdienstes, verbunden mit einem Zurücktreten katechetischer bzw. (religions)pädagogischer Überlegungen, wurde erst wieder während des Dritten Reichs korrigiert. Jetzt wollte man die – in 3.2.5. kurz genannten – Einschränkungen und Zerstörungen des schulischen Religionsunterrichts u.a. durch eine katechetische Ausrichtung des Kindergottesdienstes kompensieren – allerdings verbunden mit einer kritischen Abgrenzung gegenüber der Pädagogik. Wie wenig diese Entwicklung konzeptionell durchreflektiert war, zeigt die Rückkehr zu einem einseitig auf die Orientierung am agendarischen Erwachsenengottesdienst ausgerichteten Kindergottesdienst nach dem Ende des II. Weltkriegs.[664]

Während also der Kindergottesdienst eine aus den USA (bzw. indirekt aus England) übernommene Form der Gemeindearbeit war, entstand die ebenfalls bis heute existierende Institution des *Kindergartens* in Deutschland, eine Schöpfung des Pfarrersohns Friedrich Fröbel (1782-1852), allerdings mit diversen Vorläufern.

„Die Anfänge der institutionellen Kleinkinderziehung gehen auf die ‚Kinderhäuser‘ und ‚Kleinen Schulen‘ der Böhmischen Brüdergemeinschaft des 16. und 17. Jahrhunderts zurück. J.A. Comenius (1592-1670) hat dafür mit seinem ‚Informatorium der Mutterschul‘ die theoretische Grundlage geschaffen. An sein pansophisches Welt- und biblisch begründetes Erziehungsverständnis knüpft um die

---

[663] Grethlein, a.a.O. (Anm. 268) 116.

[664] S. Berg, a.a.O. (Anm. 655) 110f.

Wende zum 19. Jahrhundert Pastor Oberlin (1770-1826) mit seinen Strickschulen im Elsaß an. Dessen Gedankengut greift der englische Industrielle R. Owen (1771-1858) auf, und S. Wilderspin (1792-1866), ein Schulmann in London, konkretisiert dessen Vorstellungen in der ‚Infant-School'. Vom englischen Vorbild beeinflußt gründet der evangelische Pfarrer Th. Fliedner (1800-1864) mit unermüdlichem Einsatz die ersten ‚Kleinkinderschulen' und eine Diakonissenanstalt für die Ausbildung von Kleinkinder-Lehrerinnen in Kaiserswerth. Pauline von Lippe-Detmold (1769-1829) ruft zur gleichen Zeit, angeregt durch französische Vorbilder, die erste ‚Kinderbewahrungsanstalt' ins Leben, um Kinder von ganztägig in der Landwirtschaft tätigen Müttern zu pflegen und zu versorgen."[665]

Fröbel hatte 1826 in seinem Hauptwerk „Die Menschenerziehung, die Erziehungs-, Unterrichts- und Lehrkunst, angestrebt in der allgemeinen deutschen Erziehungsanstalt zu Keilhau" die Erziehungsprinzipien dargelegt, die grundlegend für seine Betonung der pädagogischen Bedeutung des Spielens und damit für die Gestaltung von Kindergärten waren.

„Spiel und Sprechen ist das Element, in welchem das Kind jetzt lebt, darum teilt auch das Kind auf dieser Stufe der Menschenentwicklung jedem Dinge Lebens-, Empfindungs-, Sprachfähigkeit mit, und von jedem Dinge glaubt das Kind, daß es höre; eben weil das Kind beginnt, sein Interesse äußerlich darzustellen, so setzt es gleiche Tätigkeit auch in alles Übrige es Umgebende."[666]

1848 konnte Fröbel auf einer von ihm einberufenen Lehrerversammlung in Rudolstadt sein an der Familie orientiertes Kindergarten-Konzept vorstellen und durch eine dort verabschiedete Petition an die deutschen Regierungen und den Frankfurter Reichstag öffentliche Aufmerksamkeit erregen. Der Kindergarten als überkonfessionelle, gleichwohl christliche Institution,[667] wurde zur staatlichen Aufgabe. Im selben Jahr nahm auch Wichern inner-

---

[665] J. Hofmeier, Religiöse Erziehung im Elementarbereich, in: H.-G. Ziebertz, W. Simon, Hg., Bilanz der Religionspädagogik, Düsseldorf 1995, 383.

[666] Zitiert nach W. Raith, Erziehung – Anspruch – Wirklichkeit Bd. 5, Starnberg 1971, 71; vgl. zu Fröbels Werk und seiner eng damit verbundenen Biographie K. Giel, Friedrich Fröbel (1782-1852), in: H. Scheuerl, Hg., Klassiker der Pädagogik Bd. 1, München ²1991, 249-269.

[667] In diesem Sinne formulierte Freiherr A. von Bissing-Beerberg als Stifter einer Kleinkindschule auf seinem schlesischen Gut: „Die christliche Kleinkinderschule ist aber nicht nur eine Pflanzstätte des Glaubens, sondern auch der echten Duldung und der Versöhnung; denn sie nimmt die Kinder aller Konfessionen auf und prägt ihnen die Grundwahrheiten des Christentums ohne jegliche konfessionelle Färbung ein, indem sie nur das lehrt, was die Menschen einigt und nicht das, was sie trennt; sie nimmt selbst Nichtchristen auf und pflegt alle ihre Kinder mit gleicher Liebe, erzieht sie aber auch nach gleichem Prinzip." (zitiert nach J. Hofmeier, Religiöse Erziehung im Elementarbereich, München 1987, 31).

halb seines diakonischen Ansatzes das Anliegen des Kindergartens auf und begründete dessen Verankerung in der Inneren Mission. Dabei überlagerte – ähnlich wie in den folgenden katholischen „Kinderfürsorgen"[668] – der karitative Betreuungsaspekt die Bildungsintention.[669]
Hier berührt die Religionspädagogik die Grenze zur Diakonik.[670]

Insgesamt wurde das Ineinander von allgemeiner und religiöser Erziehung zu einem Kennzeichen religionspädagogischer Bemühungen auf dem Gebiet der Elementarpädagogik. Auf Grund der gesetzlichen Regelungen in der Weimarer Republik, die auch für die Kindergärten das Subsidiaritätsprinzip vorsahen, sind seitdem die meisten Kindergärten in kirchlicher Trägerschaft. Allerdings erfolgte eine explizit religionspädagogische Reflexion ihrer Praxis erst ab den siebziger Jahren.[671]

Anders verlief die Entwicklung in der DDR. Die nicht zuletzt aus ökonomischen Gründen angestrebte hohe Partizipation von Frauen an der Erwerbstätigkeit, aber auch das Bemühen um ideologische Gleichschaltung führten zu einem breiten Ausbau der Krippen, Horte und Kindergärten, deren Ziel aber nicht die Förderung der Einzelpersönlichkeit, sondern der Anpassungsfähigkeit war.[672]

Die nationalsozialistische Herrschaft bildete – ähnlich wie für die Schulen – einen tiefen Einschnitt für die Bemühungen im Bereich christlicher Bildung und Erziehung, die sich ohne direkten kirchlichen Auftrag entwickelt hatten. Denn sie erzwang indirekt durch die Gleichschaltungspolitik eine *Verkirchlichung der Jugendarbeit*, die sich außerhalb der kirchlichen Institution ausgebildet hatte, aber nicht nationalsozialistisch vereinnahmen lassen wollte.

---

[668] Hofmeier, a.a.O. 33; s. umfassender L. Hermanutz, Vorschulische Erziehung in katholischer Trägerschaft. Studie über die Entstehung und Entwicklung des katholischen Kindergartens in Deutschland, Bamberg 1977.

[669] S. K. Wegenast, G. Lämmermann, Gemeindepädagogik. Kirchliche Bildungsarbeit als Herausforderung, Stuttgart u.a. 1994, 60.

[670] S. Grethlein, a.a.O. (Anm. 268) 72.

[671] S. Comenius-Institut, Hg., Bildungsplanung und Erziehungsauftrag im Elementarbereich. Der Beitrag der evangelischen Kirche, Münster 1974; hierauf basiert das 10 Hefte umfassende Förderprogramm für den Kindergarten des Comenius-Instituts (1975-1980).

[672] Bezeichnend sind hier die drei Zielbereiche des für alle staatlichen Kindergärten verbindlichen „Programm(s) für die Bildungs- und Erziehungsarbeit im Kindergarten" (Berlin 1985): „die Einführung in die sozialistische Gesellschaft, die vormilitärische Erziehung und die Vorbereitung auf schulisches Verhalten und Lernen" (nach J. Henkys, Gemeindepädagogik in der DDR, in: G. Adam, R. Lachmann, Hg., Gemeindepädagogisches Kompendium, Göttingen 1987, 69 Anm. 39).

Parallel zu den im vorhergehenden skizzierten Entwicklungen des Konfirmandenunterrichts, der Sonntagsschule bzw. des Kindergottesdienstes und des Kindergartens hatte sich im Rahmen der allgemeinen Jugendbewegung[673] ab Ende des 18. Jahrhunderts eine christliche Form des Zusammenseins junger Menschen entwickelt, die in Jünglingsvereinen u.ä. ihren organisatorischen Niederschlag fand, ohne direkt in die kirchliche Institution integriert zu sein.[674] Erwecklich-missionarische und sozial-diakonische Motive flossen hier ineinander. Erst 1863 wurde in Stuttgart der erste Jugendpfarrer bestellt. Ein wichtiger, bis heute wirkender Schritt war 1883 die Gründung deutscher Gruppen des Christlichen Vereins Junger Männer (CVJM).[675]

Anfang des 20. Jahrhunderts erfuhr die Jugendarbeit einen kräftigen Aufschwung,[676] der sich nach der Katastrophe des I. Weltkriegs und der damit gegebenen geistigen Not vieler junger Menschen noch verstärkte.

Durch Impulse, die von der Gründung des „Wandervogel-Ausschuß für Schülerfahrten" am 4.11.1901 ausgingen, bildeten sich neben den bis dahin dominierenden konfessionell gebundenen Jünglingsvereinen neue Zusammenschlüsse, die gewöhnlich unter dem Begriff „Jugendbewegung" (im engeren Sinne) zusammengefaßt werden.

„Im Frühjahr 1927 gehörten 3,6 Millionen Jugendliche zwischen 14 und 21 Jahren (= 40%) den Gruppen an, die im Reichsausschuß der Deutschen Jugendverbände ... zusammengeschlossen waren. Von den 4,6 Millionen männlichen Jugendlichen dieser Alterskohorten waren 54%, von den 4,5 Millionen weiblichen Jugendlichen 26% in Jugendverbänden organisiert. Zahlenmäßig am bedeutendsten waren mit über 1,5 Millionen Mitgliedern die Sportverbände, gefolgt von den katholischen (881.121), den evangelischen Gruppen (595.772) und den berufsständischen Ver-

[673] S. zur Entwicklung des Konzepts „Jugend" in der Moderne den kurzen, wichtige Forschungsarbeiten referierenden Überblick bei U. Schwab, Evangelische Jugendarbeit in Bayern 1800-1933, München 1992, 31-66.
[674] S. grundsätzlich zur Geschichte der Jugendarbeit den materialreichen, bis ins Mittelalter zurückreichenden Überblick bei W. Jentsch, Handbuch der Jugendseelsorge Bd. 1, Gütersloh 1965, 117-520; vgl. zur hinter dem Aufkommen der Jünglingsvereine stehenden allgemeinen Blüte des Vereinswesens, das an die Stelle der ständischen Korporationen trat, H.-U. Wehler, Deutsche Gesellschaftsgeschichte Bd. 1, München ³1996, 317-325.
[675] Bereits 1844 hatte G. Williams (1821-1905) den YMCA auf englischem Boden gegründet.
[676] S. genauer J. Jürgensen, Vom Jünglingsverein zur Aktionsgruppe, Gütersloh 1980, 39-52.

bänden (401.897). Dagegen kamen die bündischen Gruppen etwa auf 30.000 und die Jugendverbände der Parteien auf 44.300 Mitglieder".[677]

Am Ende der Weimarer Republik bestanden drei große evangelische Jugendverbände: der „Reichsverband der Evangelischen Jungmännerbünde", der „Reichsverband der Evangelischen Weiblichen Jugend" und der „Bund Deutscher Bibelkreise".

Sie wurden Ende Juli 1933, also kurz nachdem im April Baldur von Schirach den Vorsitz im „Reichsausschuß der Deutschen Jugendverbände" gewaltsam übernommen hatte, zum „Evangelischen Jugendwerk Deutschlands" zusammengeschlossen und durch einen am 19. Dezember 1933 zwischen dem Reichsbischof Ludwig Müller und dem „Reichsjugendführer" v. Schirach abgeschlossenen Vertrag in die Hitler-Jugend eingegliedert. Etwa 30% der Gruppen und Mitglieder entzogen sich dem jedoch und wurden in den Kirchengemeinden zur Gemeindejugend.[678]

In der katholischen Jugendarbeit, die aus vielen Verbänden wie den marianischen Kongregationen für die Mädchen und Zusammenschlüssen wie Quickborn, Jungborn, Kreuzbund, Heliard und Neudeutschland für die Jungen bestand, hatte schon 1928 die katholische Aktion eine Integration in das Pfarrprinzip begonnen.[679]

Allerdings nahmen HJ und BDM schnell zu. So trugen 1939 schon über 90% der 10- bis 18-jährigen die Uniformen der Staatsjugendbewegung.[680] Aber auch die gemeindliche Kinder- und Jugendarbeit blieb nicht von politischen Übergriffen verschont. Denn das Regime zwang die Kirchengemeinden, Jugendarbeit „beschränkt auf Verkündigung und Gottesdienst zu organisieren".[681]

Das führte in den römisch-katholischen Gemeinden zur Verstärkung der Ministrantenarbeit, die über die im engeren Sinne liturgische Zurüstung zur Jugendarbeit ausgebaut wurde.

---

[677] P. Dudeck, Geschichte der Jugend, in: H.-H. Krüger, Hg., Handbuch der Jugendforschung, Opladen ²1993, 317.

[678] S. W. Deresch, Kirchliche Jugendarbeit. Wege zur personalen, sozialen und religiösen Identität, München 1984, 22; vgl. näher zur Entwicklung der Evangelischen Jugend im Dritten Reich H. Riedel, Kampf um die Jugend. Evangelische Jugendarbeit 1933-1945, München 1976 und Baier, a.a.O. (Anm. 405) 132-158.

[679] S. R. Bendel, Die Alltagsseelsorge der katholischen Kirche im Dritten Reich, in: WzM 49 (1997) 151-155; vgl. näher zur Entwicklung der Katholischen Jugend Chr. Beilmann, Eine katholische Jugend in Gottes und dem Dritten Reich, Wuppertal 1989.

[680] S. Dudek, a.a.O. (Anm. 677) 318.

[681] M. Affolderbach, Kirchliche Jugendarbeit, in: G. Adam, R. Lachmann, Hg., Gemeindepädagogisches Kompendium, Göttingen 1987, 364.

Diese Reglementierung war deshalb mißlich, weil die aus der Jugendbewegung stammenden Formen der Fahrt oder des gemeinsamen Spiels somit eigentlich nicht mehr erlaubt waren. Jugendarbeit mutierte – tendenziell – zu kirchlichem Unterricht. Allerding kam solche politisch erzwungene Entwicklung inhaltlich der theologischen Neubesinnung der dialektischen Theologen mit ihrer Konzentration auf Kirche sowie Bibel und Bekenntnis durchaus entgegen.

Eindrücklich geht diese Entwicklung aus einem Protokoll O. Hammelsbecks über eine Rüste hervor:

„Der Rüsttag beginnt eineinhalb Stunden vor Beginn des Gemeindegottesdienstes mit Choralsingen und einer Stunde Bibelkreisarbeit im Rundgespräch unter Führung eines jungen Theologen. Im Gottesdienst kann sich der Jugendkreis durch die Darbietung eines geistlichen Kanons vor der Gesamtgemeinde zeigen; die Predigt wird von dem Leiter des Rüsttages für die ganze Gemeinde, aber unter Beziehung auf den Tag, gehalten und während eines der Lieder ein Sonderopfer der Gemeinde für ihre Jugendarbeit erbeten.

Nach dem Kirchgang übt sich die Junge Gemeinde im Singen, einstimmig und mehrstimmig, meist der geistlichen Lieder nach dem ‚Hellen Ton‘ (‚Das neue Lied‘); auch gemeinsame Spiele finden vor dem Mittagessen ihre Zeit. Nach dem Essen kommt nach einer kurzen Pause, die der Helferbesprechung im kleinen Kreis vorbehalten ist, ein systematischer Vortrag, etwa über ‚Das Ärgernis der Christusbotschaft‘ oder dergl., sodann eine Katechismusstunde in katechetischer Form zur Auffrischung und Vertiefung der Lehrstücke, etwa eins der Gebote oder eine Vaterunser-Bitte oder ein Zentralstück aus einem Glaubensartikel. Nach dem Kaffeetrinken wiederum Spielen und Volkslieder-Singen, von 5 Uhr ab über zwei bis zweieinhalb Stunden hin ein ‚Rundgespräch‘ über ein dogmatisches Thema, etwa ‚Die letzten Dinge‘, ‚Die Sünde‘, ‚Die Taufe‘, ‚Rechtschaffene Früchte der Buße‘, ‚Die Freiheit eines Christenmenschen‘ oder dergl. Nach dem Abendessen und einer kurzen Pause der Sammlung gemeinsame Feier des Abendmahles.“[682]

Religionspädagogisch problematisch war die Verkirchlichung, weil sie im Zusammenhang mit der allgemeinen gesellschaftlichen Differenzierung in der Moderne der zunehmenden Isolation kirchlicher Erziehung und Bildung Vorschub leistete. Die – durch die Nazis erzwungene – Verkirchlichung verbandlicher christlicher Jugendarbeit blieb nach dem Ende der Nazi-Herrschaft bestimmend.

Erst die sog. Studentenbewegung Ende der sechziger Jahre erzwang unter der Zielbestimmung „Emanzipation“ eine grundlegende Neubesinnung.

Typisch für diese Zeit ist die folgende Aufgabenbestimmung Evangelischer Jugend: „Evangelische Jugendarbeit sucht die Konfrontation und Auseinandersetzung mit den Problemen unserer Gesellschaft und ihrer Randgruppen. Sie versucht deutlich zu sagen, daß die Nachfolge Jesu nicht im luftleeren Raum passieren kann,

---

[682] Zitiert nach Deresch, a.a.O. (Anm. 678) 272 Anm. 80.

sondern auch kritische und eindeutige Stellungnahmen zu politischen Ereignissen
verlangt.
Sie sind:
– zur Hoffnung anstiften
– für die Unterprivilegierten Partei ergreifen
– den Zusammenhang zwischen Freiheit und Liebe erfahrbar machen
– zur Herstellung besserer Bedingungen für soziale Gerechtigkeit im Prozeß der
Großstadt beitragen."[683]

Gegen die hiermit verbundene einseitige politische Orientierung protestierten andere Gruppierungen christlicher Jugendarbeit wie z.B. der CVJM.
Dies führte zu der insgesamt für die Konzeptionsentwicklung und die praktische Arbeit unfruchtbaren „Polarisierungsdebatte", die um die Frage kreiste,
„ob evangelische Jugendarbeit die persönliche Bekehrung des Jugendlichen
zu Christus oder seine aus den Perspektiven des Reiches Gottes orientierte
Emanzipation zum Ziel haben sollte."[684] Historisch gesehen trafen hier die
beiden Wurzeln der evangelischen Jugendarbeit, die erwecklich-pietistische
und die sozial-diakonische, aufeinander. Doch leider trat weithin auf beiden
Seiten der Bezug auf die konkreten Jugendlichen und deren Fragen, die
jenseits von Bekehrung und Kapitalismuskritik lagen, zurück. Interessanterweise gingen in der Folgezeit – neben nicht-christlich religiösen Strömungen
etwa neohinduistischer Provenienz – wichtige, für Jugendliche attraktive
Impulse zur christlichen Lebensführung von außerhalb der großen Kirchen
bestehenden Zusammenschlüssen wie der Bruderschaft in Taizé aus.

Eine Verstärkung – wieder politisch erzwungen, aber durchaus von leitenden, meist in der Tradition der Bekennenden Kirche stehenden Kirchen-
männern theologisch begrüßt – der Verkirchlichungstendenzen von Kinder-
und Jugendarbeit bestimmte die Jugendarbeit in den vierzig Jahren der
DDR. Nach einer kurzen gemeinsamen Aufbauphase im Anschluß an den
Zusammenbruch 1945[685] standen Kirchliche Jugend und auf Zentralisie-
rung zielende FDJ feindlich gegeneinander.

---

[683] Ebd. 28; vgl. zur katholischen Seite R. Bleistein, Die Entwicklung kirchlicher
Jugendarbeit seit dem Zweiten Weltkrieg bis heute, in: G. Biemer, W.
Tzscheetzsch, Hg. Handbuch kirchlicher Jugendarbeit Bd. 4, Freiburg u.a. 1988,
13-17.

[684] Beobachtungen und Anregungen zu Situation, Grundlagen und Perspektiven
evangelischer Jugendarbeit im westlichen Teil Deutschlands. Ein Arbeitspapier
der Jugendkammer der EKD, EKD Texte 43, Hannover 1992, 8; vgl. die diesbezüglichen Dokumente bei M. Affolderbach, Hg., Grundsatztexte zur evangelischen Jugendarbeit, Stuttgart u.a. ²1981, 121-178.

[685] So gehörten Domvikar Robert Lange als Vertreter der römisch-katholischen und
Pfarrer Oswald Hanisch als Vertreter der evangelischen Kirche zu den Erstunter-

Von Anfang an unterschied die im April 1946 aus KPD und SPD zusammenge-schlossene SED zwischen der – als Machtmittel der herrschenden Klasse abgestem-pelten – Kirche und dem – als Privatsache betrachteten – christlichen Glauben des einzelnen. Unüberhörbar wurde der neue, der kirchlichen Jugendarbeit feindliche Kurs der SED in der 1952 erstmals vorgetragenen Kritik am Tragen des sog. Kugel-kreuzes. Dieses Abzeichen der Zugehörigkeit zur „Jungen Gemeinde", das ab 1946 an Jugendliche (nach der Konfirmation) verliehen wurde, war zugleich Ausdruck der Zusammengehörigkeit aller Gruppen evangelischer Jugend.[686]

Die – im Zusammenhang mit dem damaligen Stalin-Kult zu verstehen-de – Diffamierung der Evangelischen Jugendarbeit als „Brückenkopf des west-lichen Imperialismus"[687] und zunehmende Unterdrückung hier zusammen-geschlossener Jugendlicher durch Behinderungen im Ausbildungsgang,[688] aber auch ihrer Angehörigen durch Androhung der Entlassung aus dem Arbeitsverhältnis o.ä.[689] verkleinerten die Jugendgruppen beträchtlich. Dazu trieb sie die Jugendarbeit – wie schon im Nazi-Regime – zu einer engen Anbindung an die jeweiligen Kirchengemeinden. Der bis heute in Ost-deutschland übliche Name „Junge Gemeinde" benennt diese Tendenz deut-lich.

„In dieser Bezeichnung ... wird das Erbe aus der Kirchenkampfzeit aufgenom-men, in der sich Jugendarbeit nicht mehr in Form von Verbänden und Vereinen durchführen ließ. Notgedrungen, aber auch mehr und mehr überzeugt von der Angemessenheit des Namens wie des Anspruchs, hat sich Junge Gemeinde als die Form ev. Jugendarbeit herauskristallisiert. Selbst die Schülerarbeit, das Jungmänner-werk und das Burckhardthaus konnten nicht als Verbände bzw. Vereine an ihre Tradition vor der Nazizeit anknüpfen, sondern wurden eingebunden in die kirchlich-gemeindliche Struktur der Jugendarbeit ... Dies war einerseits die bewußte Weiter-führung der Erfahrungen und Erkenntnisse aus der Zeit der Bekennenden Kirche (=BK), andererseits die einzige Möglichkeit für die Kirche in der DDR, mit Jugend-lichen zu arbeiten."[690]

zeichnern des FDJ-Gründungsprotokolls (s. H. Gotschlich, Auf dem Weg zur „Einheitsjugend" – Die Anfänge der ‚Freien Deutschen Jugend' in der SBZ, in: D. Vorsteher, Hg., Parteiauftrag: Ein neues Deutschland. Bilder, Rituale und Symbole der früheren DDR, Berlin 1996, 266 Anm. 29).

[686] S. J. Becker, S. Lange, Anfänge der Jugendarbeit der Evangelischen Kirche in der DDR nach 1945, in: Die Christenlehre 37 (1984) 262f.

[687] S. K. Schmucker, Hg., Jungsein zwischen den Angeboten – Glauben wählen in unübersichtlicher Zeit. Bericht über die Lage der jungen Generation und die evangelische Jugendarbeit, Hannover o.J. 34.

[688] S. die knappe Zusammenstellung der unterschiedlichen Maßnahmen bei H. Kremser, Der Rechtsstatus der evangelischen Kirche in der DDR und die neue Einheit der EKD, Tübingen 1993, 159-162.

[689] S. z.B. das eindrückliche Beispiel bei Ohlemacher, a.a.O. (Anm. 648) 71.

[690] Schmucker, a.a.O. (Anm. 687) 28.

Allgemein übliche Organisationsform dieser „Junge-Gemeinde"-Arbeit war das wöchentliche Treffen. Dazu erfreuten sich sog. Rüstzeiten wachsender Beliebtheit. Allerdings verlangte der SED-Staat seit der sog. „Veranstaltungsverordnung" (vom 14.5.1958) den Nachweis, daß es hier um religiöse Themen und Gestaltungsformen im engeren Sinne ging. Nur dann waren solche Veranstaltungen von der allgemeinen Anmeldungs- und Genehmigungspflicht ausgenommen.[691] Erst in den siebziger Jahren entspannte sich das Verhältnis zwischen FDJ und Evangelischer Jugend langsam. Die stärkere Ausrichtung auf die Kirchengemeinden blieb jedoch – auch bei den neuen friedens- und umweltpolitisch engagierten Gruppen – weithin erhalten.

Auf dem Gebiet der DDR vollzog sich noch die weitere *Verkirchlichung* eines seit längerem nicht (mehr) von der Kirche exklusiv getragenen Bildungsangebots, nämlich *des schulischen Religionsunterrichts*. Zwar versuchten auch in der sowjetisch besetzten Zone die Kirchen an die Tradition der Verbindung von Kirche und Schule, wie sie vor 1933 in Deutschland üblich war, anzuknüpfen. Doch achteten die dortigen Machthaber auf eine strikte Trennung der Kirche vom staatlichen Bereich.

Die 1. DDR-Verfassung von 1949 sah noch Religionsunterricht vor, aber nur in – gegenüber der bundesrepublikanischen Regelung – stark eingeschränkter Weise. Art. 40 bestimmte: „Der Religionsunterricht ist Angelegenheit der Religionsgemeinschaften. Die Ausübung des Rechtes wird gewährleistet." Und Art. 44: „Das Recht der Kirche auf Erteilung von Religionsunterricht in den Räumen der Schule ist gewährleistet. Der Religionsunterricht wird von den durch die Kirche ausgewählten Kräften erteilt. Niemand darf gezwungen oder gehindert werden, Religionsunterricht zu erteilen. Über die Teilnahme am Religionsunterricht bestimmen die Erziehungsberechtigten."[692] In der 2. DDR-Verfassung von 1968 waren diese Artikel gestrichen.

Gegen den offensichtlichen Willen der Mehrheit der Eltern,[693] die ihre Kinder in die sog. *Christenlehre* schickten, versuchten die SED-Herrscher, diesen rein kirchlich verantworteten und finanzierten Unterricht aus den Schulräumen zu verdrängen.

Ähnlich wie „Junge Gemeinde" enthält die Bezeichnung „Christenlehre" ein katechetisches Programm. Sie hebt die Inhaltsfrage als grundlegend hervor.[694]

---

[691] S. ebd. 31.
[692] Zitiert nach Lehtiö, a.a.O. (Anm. 417) 274f.
[693] S. ebd. 42-45.
[694] S. das Geleitwort im 1. Heft der für die DDR-Katechetik entscheidenden Zeitschrift „Die Christenlehre", in dem H. Hafa ausführt: „Christenlehre ist Unterweisung der jungen getauften Glieder der Kirche in dem, was den Inhalt der

So gestattete 1956 der sog. Fechner-Erlaß – angeblich um eine Überlastung der Schülerinnen und Schüler zu verhindern – erst zwei Stunden nach Schulschluß den Beginn der Christenlehre. Zwar wurde dies auf Grund von Kirchenprotest etwas gemildert – die Christenlehre durfte jetzt zwei Stunden nach Unterrichtsschluß stattfinden –, doch wurden Schikanen gegen die Katechetinnen und Katecheten verstärkt. Hier war der sog. Lange-Erlaß von 1958 – ein eindeutiger Verfassungsbruch – der Höhepunkt. Er befahl den Schulleitungen, dafür zu sorgen, daß das Lehrpersonal „positiv zum Staat der Arbeiter und Bauern" stehe.

Konkret mußten sich die Katechetinnen und Katecheten alle drei Monate ihre Lehrerlaubnis vom Schulleiter bestätigen lassen, die dieser jederzeit widerrufen konnte. Dazu wurde der Religionsunterricht auf die unteren Klassen beschränkt; Werbung für ihn wurde untersagt.[695]

Die Christenlehre wanderte auf Grund dieses Drucks – in regional unterschiedlicher Zeit – in die Räume der Gemeinde aus. Eingang in die Schule erhielten nur Maßnahmen, die die Erziehung zur „sozialistischen Persönlichkeit" unterstützten. Christliche Schülerinnen und Schüler wurden benachteiligt.

Etwa gleichzeitig, zu Beginn des Schuljahres 1957/58, trat im Fächerkanon der Schulen an Stelle des Fachs „Gegenwartskunde" die „Staatsbürgerkunde".

Diesem Prozeß entsprachen auf Seiten der Kirche Versuche, die Christenlehre konzeptionell neu zu bestimmen. Die 1959 erschienenen „Arbeitshilfen für die Christenlehre"[696] beabsichtigten, von der exklusiv unterrichtlichen Form wegzukommen und den Bezug zur Gemeinde zu stärken.

Weitere Entwicklungen des Lehrplans setzten diese Bemühung fort. Christenlehre wurde gemeindebezogen bestimmt. So überschritt das 1969 publizierte „Modell eines katechetischen Perikopen- und Themenplanes"[697] schon altersmäßig den schulischen Rahmen, indem es Vorschulalter und junges Erwachsenenalter einbezog.

Botschaft ausmacht, die der Kirche und nur ihr anvertraut ist, über den hinaus sie auch nichts, rein gar nichts als Aufgabe ihrer Verkündigung und ihres bezeugenden Handelns hat". (Die Christenlehre 1(1948) 3); vgl. auch die programmatischen Äußerungen von W. Zimmermann und W. Baltin, dokumentiert in: D. Reiher, Hg., Kirchlicher Unterricht in der DDR 1949-1990, Göttingen 1992, 18-22 bzw. 22-26.

[695] S. Kremser, a.a.O. (Anm. 688) 34.
[696] S. hierzu Lehtiö, a.a.O. (Anm. 417) 206-216.
[697] S. hierzu die knappe Darstellung bei H. Aldebert, Christenlehre in der DDR. Evangelische Arbeit mit Kindern in einer säkularen Gesellschaft, Hamburg 1990, 134-136; die Vorbemerkung zu diesem Lehrplan ist dokumentiert bei D. Reiher, Hg., Kirchlicher Unterricht in der DDR 1949-1990, Göttingen 1992, 107-112.

Spätere Lehrpläne versuchten, die Kinder und Jugendlichen im Zusammenhang mit der Gemeinde stärker zu berücksichtigen. Der sog. „Rahmenplan" von 1977, der bis über die Wende hinaus Gültigkeit hatte, ließ viel Freiraum für die konkrete Unterrichtsgestaltung. Allerdings wurde dieser Plan von Praktikern z.t. vehement kritisiert und nur in der Greifswalder Kirche verbindlich eingeführt.[698]

Diese letztlich vom totalitären Staat der Kirche aufgezwungene gemeinde-pädagogische Ausrichtung des Religionsunterrichts war – wie der z.t. erhebliche Widerstand von DDR-Katechetikern nach der Wende gegen die Ein-führung des schulischen Religionsunterrichts zeigte[699] – von nicht wenigen so sehr verinnerlicht, daß sie ihnen als genuin theologisch begründet er-schien. Darüber gerieten teilweise die damit zusammenhängenden erhebli-chen Probleme und Schwierigkeiten der Christenlehre schon lange vor der Wende in Vergessenheit.

Hier ist vor allem der Rückgang der die Christenlehre besuchenden Kinder zu nennen,[700] der dazu führte, daß in nicht wenigen Gemeinden keine eigenen Gruppen mehr gebildet wurden,[701] und sich nur noch wenige Katechetinnen und Katecheten ausschließlich dem Erteilen von Christenlehre widmen konnten.[702]

Dazu ergab eine 1983/84 durchgeführte Befragung von Katechetinnen und Ka-techeten erhebliche Schwierigkeiten hinsichtlich der – bei der Christenlehre ja vom Anspruch her konstitutiven – Integration der Kinderarbeit in die Gemeinden. „Be-sonders hervorgehoben wird (sc. von den befragten Katechetinnen und Katecheten, C.G.): Kinder werden als Nachwuchs betrachtet; sie sollen zu mündigen Christen werden; die Gottesdienste berücksichtigen nicht die Teilnahme von Kindern; Kinder kommen meist nur dann in den Blick, wenn Mitarbeiter mit ihnen etwas besonderes

---

[698] S. im einzelnen E. Schwerin, Evangelische Kinder- und Konfirmandenarbeit. Eine problemgeschichtliche Untersuchung der Entwicklungen auf der Ebene des Bundes der Evangelischen Kirchen in der DDR von 1970-1980, Würzburg 1989, 51-66.

[699] S. z.B. E. Schwerin, Zur Verhältnisbestimmung von Christenlehre und Religi-onsunterricht, von Gemeindepädagogik und Religionspädagogik, in: EvErz 44 (1992) 466-478.

[700] S. z.B. die Angaben zur Reduktion der Christenlehreteilnehmer in der Kirchen-provinz Sachsen zwischen 1964 und 1986 um etwa 75% in: Planungsgruppe der provinzsächsischen Kirche, Bericht an die Kirchenleitung der Evangelischen Kir-che der Kirchenprovinz Sachsen, Magdeburg 1989, epd-Dokumentation 34/91, 13. Vgl. hierzu – in anderen politischen Konstellationen – die ähnliche Tendenz in Frankreich, wo ebenfalls – abgesehen von Elsaß-Lothringen – kein Religions-unterricht in der Schule stattfindet und die Gemeindekatechese nur eine kleine Minderheit der Kinder, und hier vor allem die 8-12jährigen, erreicht (s. Hemel, a.a.O. (Anm. 531) 163).

[701] S. Aldebert, a.a.O. (Anm. 697) 186.

[702] S. Henkys, a.a.O. (Anm. 672) 71.

veranstalten."[703] Auch selbst fühlten sich die Katechetinnen und Katecheten in vielen
Gemeinden mit ihrer Arbeit nicht hinreichend beachtet und klagten über mangelnde
bzw. schlechte Kooperation mit Pfarrern.[704]

4.2.6. Christliche Beiträge zur Erwachsenenbildung

Faßt man den Begriff „Erwachsenenbildung" weit, so kann man – mit Klaus
Wegenast – konstatieren: „Christliche Erwachsenenbildung (= EB) ist so alt
wie die Kirche selbst."[705] Sie reicht vom Taufkatechumenat der Alten Kirche
über die Beichterziehung des Mittelalters, den mystischen Begriff der Bildung[706], die reformatorischen Predigten und pietistischen Collegia Pietatis
bis zu heutigen Seminaren und Kursen. Im Grunde haben alle bisher in
diesem Kapitel genannten Angebote und Institutionen, die sich der Erziehung und Bildung von Kindern und Jugendlichen zuwenden, zugleich im
weiten Sinn erwachsenenbildnerische Implikationen.

In den kurz skizzierten Beispielen der Projekte „Einladung zur Taufe – Einladung
zum Leben" (1.4.1.) und „Hoyaer Modell" (1.4.2.) ist dies konzeptionell aufgenommen.

Doch Wegenast schränkt – aus Gründen der begrifflichen Schärfe zu
Recht – sofort ein: „Das jedoch, was wir uns heute als EB zu benennen
angewöhnt haben, ist kein ‚Kind' der Kirche, sondern wurzelt in den eher
kirchenkritischen Umwälzungen der westlichen Gesellschaften des 19. Jahrhunderts, näherhin in der Industrialisierung und der mit ihr einhergehenden
technischen Revolution, in dem wachsenden Bedürfnis von Wirtschaft und
Gesellschaft nach gut ausgebildeten Arbeitskräften, in der ‚Aufklärung' des
Volkes im Gegenüber zur christlichen Tradition und endlich im Nachhol-
bedarf an Bildung und Ausbildung in Kreisen der Unterschicht."[707]

In der Tat finden sich – nach dem altkirchlichen Taufkatechumenat und
abgesehen von der gottesdienstlichen Predigt – Ansätze zu „christlich motivierten"[708] erwachsenenbildnerischen Institutionen erst im 19. Jahrhundert,

---

[703] G. Doyé, Gespräche zur Gesamtsituation der Arbeit mit Kindern im Bereich des
Bundes der Evangelischen Kirchen, in: Die Christenlehre 39 (1986) 18.

[704] S. ebd. 18f.

[705] K. Wegenast, Evangelische Erwachsenenbildung, in: G. Adam, R. Lachmann,
Hg., Gemeindepädagogisches Kompendium, Göttingen 1987, 379.

[706] S. Grethlein, a.a.O. (Anm. 268) 267f.

[707] Wegenast, a.a.O. (Anm. 705) 379.

[708] S. zu diesem Begriff Chr. Meier, Zur Geschichte der christlich motivierten
Erwachsenenbildung. Informationspapier der Zentralen Arbeits- und Studien-

und zwar bei den – bereits im Zusammenhang der Entstehung von Jugendarbeit genannten – Vereinen. In der um 1800 wohl verbreitetsten Vereins-
form, den sog. Lesegesellschaften[709], freien Zusammenschlüssen von bil-
dungsinteressierten Bürgern, wurden auch religiöse Themen besprochen.
Deutlicher trat die christliche Motivation in Vereinen zur sittlichen Erhebung u.ä. hervor, die wesentlich der Erhaltung der bisherigen Lebensordnung
dienen wollten.[710] Vor allem katholische Initiativen wie der „Borro-
mäusverein" oder der „Katholische Verein Deutschlands", 1844 bzw. 1848
gegründet, sind hier zu nennen.

Zu Recht konstatiert R. Englert: „Zunächst einmal gilt, daß die evangelischen
Bestrebungen bis in die 70er Jahre (sc. des 20. Jahrhunderts, C.G.) hinein aus
mancherlei Gründen hinter den katholischen an Breite, organisatorischer Kraft und
politischem Gestaltungswillen deutlich zurückblieben. Dies gilt sowohl für die unterschiedliche Bedeutung der nach 1848 von den beiden Konfessionen geleisteten
vereinsgebundenen Volksbildung als auch für die Epoche der extensiven Volks-
bildungsarbeit nach 1871, in der es im deutschen Protestantismus keine mit dem
‚Volksverein für das katholische Deutschland' vergleichbare Massenorganisation gab
(noch in der Weimarer Republik war Erwachsenenbildung im evangelischen Raum
weitgehend eine Angelegenheit sehr disparater und unverbunden nebeneinander
arbeitender Bewegungen); dies gilt schließlich auch für die Reorganisation der konfessionellen Erwachsenenbildung nach dem Zweiten Weltkrieg, die auf katholischer
Seite deutlich zügiger voranschritt als auf evangelischer (so kam es im evangelischen
Bereich erst 1961 zu einem organisatorischen Zusammenschluß der verschiedenen
erwachsenenbildnerischen Kräfte und Einrichtungen). Diese auffällige Reserve gegenüber einer Organisation der evangelischen Erwachsenenbildung war ohne Zweifel
ganz maßgeblich theologisch begründet: Zum einen durch die sich auf Luthers Zwei-
Reiche-Lehre berufende Sorge, ein ‚weltlich Ding' wie Bildung könnte dadurch in
unangemessener Weise konfessionalisiert werden; zum anderen durch die gerade im
Umfeld der Dialektischen Theologie gedeihenden, z.T. sehr pauschalen Verdächti-
gungen des Bildungsbegriffs als einer Selbsterlösungsformel."[711]

Im 19. Jahrhundert waren solche moralischen Absichten oft mit diakonischen bzw. karitativen eng verknüpft, wie die Bemühungen von Johann
Wichern bzw. Adolf Kolping zeigen.

---

stelle der DEAE Nr. 42/1982, 7f., der zugleich auf den engen Zusammenhang
solcher christlich motivierten Impulse mit der sonstigen Entwicklung der Erwachsenenbildung hinweist. S. auch die Zusammenstellung von Literatur zu den
Anfängen Katholischer Erwachsenenbildung bei R. Englert, Religiöse Erwachsenenbildung. Situation – Probleme – Handlungsorientierung, Stuttgart u.a. 1992,
28 Anm. 3.
[709] S. Wehler, a.a.O. (Anm. 674) 320-322.
[710] S. Meier, a.a.O. (Anm. 708) 20f.
[711] Englert, a.a.O. (Anm. 708) 40f.

Der damit verbundene, durchaus selbstbewußte Anspruch geht z.B. aus folgendem Diktum des ehemaligen Schustergesellen und späteren Priesters A. Kolping hervor: „so ist die wahre Bildung durchaus und notwendig eine christliche, so wird sie durchaus und notwendig nur auf religiösem Wege erworben, so gibt es nur eine wahre Bildung, die im Himmel ihre Vollendung erhält und – jetzt paß auf, lieber Leser – jede andere Bildung, die nicht von diesem Grunde ausgeht, nach diesem Urbild sich richtet und dieses Ziel im Auge behält, ist eine falsche Bildung, geht auf verderblichen Irrwegen und richtet notwendig nur Unheil an."[712]

Sie waren zugleich deutlich gegen die sozialistische Arbeiterbildung ausgerichtet, die revolutionäre Züge trug.

So schrieb 1872 W. Liebknecht: „Volksbildung, wenn das Wort nicht ein leerer Schall, eine Lüge sein soll, bedeutet und bedingt eine Umgestaltung von Grund aus der heutigen Staats- und Gesellschaftszustände; und wem es ernst ist um die Volksbildung, der hat die moralische Verpflichtung, mit uns auf diese Umgestaltung hinzuarbeiten."[713]

Daneben grenzten sich liberale Initiativen, wie sie in der 1871 gegründeten „Gesellschaft für Verbreitung von Volksbildung" ihren wirkungsvollsten Ausdruck fanden, sowohl gegen die sozialistischen als auch gegen die christlichen, vor allem die katholischen Zusammenschlüsse ab. Christoph Meier macht darauf aufmerksam: „Die Gegnerschaft, insbesondere zwischen katholisch motivierter und allgemeiner Erwachsenenbildung, war damit vorprogrammiert."[714]

Wie in vielen anderen Bereichen führte der tiefe Umbruch im Umfeld des I. Weltkriegs auch in der Erwachsenenbildung zu einem grundlegenden Neuansatz. Der bisher ihre verschiedenen Formen prägende Fortschrittsoptimismus war zerstört. „Nicht mehr auf den äußeren Fortschritt von Wissenschaft, Kultur und Zivilisation richteten sich die Zukunftserwartungen, sondern auf eine innere Erneuerung des Menschen, aus der ein neues Gemeinschaftsgefühl und am Ende eine befriedete Volksgemeinschaft erwachsen sollte."[715] Im jetzt neuen Konzept der „gestaltenden Volksbildung" standen nicht mehr Staat, Kultur oder Klasse, sondern der einzelne Mensch im Vordergrund. Er sollte in seiner „inneren seelischen und geistigen Disposition"[716] Förderung finden. Dazu schwebte – zumindest – latent ein antizivilisatorischer und antirationalistischer Zug über vielen Bemühun-

---

[712] Zitiert bei Meier, a.a.O. (Anm. 708) 24.

[713] Zitiert nach H. Feidel-Mertz, Hg., Zur Geschichte der Arbeiterbildung, Bad Heilbrunn 1968, 69.

[714] Meier, a.a.O. (Anm. 708) 27.

[715] Ebd. 33.

[716] So v. Erdberg, zitiert nach ebd. 32.

gen. Der naheliegende Rekurs auf die Betonung der Volksgemeinschaft bei dem großen dänischen Pädagogen und Vater der dänischen Heimvolks-hochschulbewegung Nikolaj Frederik Severin Grundtvig (1783-1872)[717] unterstützte diese Tendenz – für manche in gefährlicher Nähe zum späteren nationalsozialistischen Absturz.

Von Grundtvig her kamen wesentliche Anregungen zur Gründung von *Volkshochschulen*, die in Deutschland meist Abendvolkshochschulen, weniger Heimvolkshochschulen waren.

Bei letzteren dominierten die Einrichtungen in evangelischer Trägerschaft. 1927 waren 32 von 52 Heimvolkshochschulen evangelisch.[718] Allerdings waren sie häufig eher rückwärtsgewandt und wenig offen für die Auseinandersetzung mit modernen Strömungen.[719]

Sowohl organisatorisch als auch inhaltlich sind die Volkshochschulen ein entscheidender Anfang für die weitere Entwicklung der Erwachsenenbildung im engeren Sinn, denn: „Erstmalig war die Bildungsarbeit (sc. für Erwachsene, C.G.) nicht nur Nebenprodukt einer anderen Aufgabenstellung, sondern aus sich selbst begründet."[720] Folgende Einsichten, die bis heute Bedeutung haben, wurden dabei für erwachsenbildnerische Angebote gewonnen:

„1. Abkehr von bloßer Wissensanhäufung und Berücksichtigung der Ganzheitlichkeit des Menschen

2. Gruppenarbeit statt Massenveranstaltungen

---

[717] S. hierzu Chr. Thodberg, Art. Grundtvig, in: TRE 14 (1985) 284-289, der sehr gut die theologische Entwicklung Grundtvigs herausarbeitet; s. genauer zu Grundtvigs pädagogischem Ansatz und seiner Bedeutung für die Erwachsenenbildung in der Weimarer Republik H.P. Veraguth, Erwachsenenbildung zwischen Religion und Politik. Die protestantische Erwachsenenbildungsarbeit in und außerhalb der freien Volksbildung in Deutschland von 1919-1948, Stuttgart 1976, 50- 63.

[718] S. Meier, a.a.O. (Anm. 708) 40.

[719] Typisch hierfür ist z.B. folgende bei Meier, a.a.O. 41, zitierte Passage aus einer Rede des Missionsdirektors G. Haccius anläßlich der Beratungen, die der Gründung der „niedersächsischen lutherischen Volkshochschule" in Hermannsburg vorhergingen: „Wenn wir nun fragen, wo wir solche Schulen haben möchten, so wünschen wir, daß sie sich wie eine güldene Kette durch unser Vaterland hindurchziehen, besonders aber dort, wo wir noch gesunde ländliche Verhältnisse und einen unberührten Bauernstand haben ... einen verhältnismäßig einfachen und schlichten, kräftigen und tüchtigen, frommen und treuen Bauernstand, der seine Heimat und seine Heide, sein Vaterland und seine Kirche liebhat, der wurzelecht konservativ und staatserhaltend gerichtet ist, der die gute Sitte und Zucht noch treu bewahrt, der christlich und kirchlich gesinnt ist..."

[720] Ebd. 37.

3. Betonung der Gemeinschaftsinteressen im Gegensatz zur Beschränkung auf den einzelnen

4. Partnerschaftsverhältnis zwischen Teilnehmer und ‚Lehrer‘

5. Kooperative Zusammenarbeit verschiedener weltanschaulicher Richtungen

6. Einsicht in die Notwendigkeit gründlicher Theoriereflexion

7. Problematik von ‚Neutralität‘ einerseits und nicht mehr gesprächsfähiger Ideologie andererseits."[721]

Besonders der letzte Punkt war für die christlich motivierte Arbeit in der Erwachsenenbildung von Gewicht. Man hatte erkannt, daß nicht das Verbergen der eigenen Einstellung eines Dozenten zu Fragen der Daseins- und Wertorientierung pädagogisch fruchtbar war, sondern deren offenes, auf Dialog hin angelegtes Einbringen. Die „neue Richtung" der *relativen Neutralität"* forderte konzeptionell ein deutliches persönliches Engagement des Dozenten, eben auch das eines christlichen Dozenten.

Vor allem Protestanten engagierten sich in den Volkshochschulen,[722] wobei das Ziel jetzt nicht mehr eine Verkirchlichung der Massen war, sondern umgekehrt die *Öffnung der Kirchen auf die Gesellschaft hin.* Dieses Anliegen blieb evangelischer Erwachsenenbildung – abgesehen von der Unterbrechung in den Diktaturen der Nazis und SED-Herrscher, die jeweils zur Verkirchlichung führten – bis heute erhalten und markiert ihre Position gleichsam am Rand oder als Vorhut von Kirche im Vergleich zu anderen, kirchlich deutlicher bestimmten Bildungsangeboten.

Christoph Scheilke wies für die Zeit nach dem II. Weltkrieg die enge Verbindung Evangelischer Erwachsenenbildung mit der allgemeinen Entwicklung in der Erwachsenenbildung nach, wobei mit Ausnahme der *Evangelischen Akademien* die kirchlich verantworteten Institutionen der übrigen Entwicklung meist zeitverzögert folgten.[723] Mit den Evangelischen Akademien gelang dagegen die Etablierung eines Forums für öffentliche Diskurse, von dem bisher z.T. erhebliche Impulse für die gesellschaftliche Entwicklung ausgingen.[724]

---

[721] Ebd. 38.

[722] S. Englert, a.a.O. (Anm. 708) 41 Anm. 65, der zu Recht darauf hinweist, daß es sich hier „um einen Fall christlicher Erwachsenenbildung in nichtkirchlicher Trägerschaft" handelt.

[723] S. die übersichtliche Tabelle bei Chr. Scheilke, Evangelische Erwachsenenbildung, in: JRP 12 (1995), 1996, 183f.

[724] S. grundsätzlich F.E. Anhelm, Diskursives und konziliares Lernen. Politische Grenzerfahrungen, Volkskirche und Evangelische Akademien, Frankfurt 1988. Die römisch-katholische Kirche gründete erst in den fünfziger Jahren eigene Katholische Akademien.

Historisch haben die Akademien ihre Wurzeln in den 1935 begonnenen,
1937 verbotenen „Evangelischen Wochen", in denen versucht wurde, „aktive Christen im Bekenntnis zusammenzuführen und zu festigen und von
dieser Basis aus das Gespräch mit der ‚Welt' zu führen".[725] Führend waren
hier Männer wie E. Müller und R. v. Thadden-Trieglaff, die nach dem II.
Weltkrieg die Evangelischen Akademien und den Deutschen Evangelischen
Kirchentag entscheidend prägten.

4.3. Zur gegenwärtigen Gemeindesituation

Schon im 2. Kapitel 3. finden sich Hinweise auf die Situation von Kirche,
insofern sie grundlegend für heutiges religiöses und christliches Lernen ist.
Vor allem die zurückgehende Selbstverständlichkeit der Kirchenmitgliedschaft in Verbindung mit der Zunahme unterschiedlichster religiöser Einflüsse stellt religionspädagogisch vor neue Aufgaben, die nicht zuletzt für
den Lernort Gemeinde von großer Bedeutung sind. Vieles, was noch vor
dreißig Jahren bei den meisten dauerhaft in Deutschland lebenden Menschen selbstverständlich vorausgesetzt werden konnte, ist mittlerweile zumindest begründungs- und erklärungsbedürftig und muß in einem pädagogisch reflektierten und gestalteten Lernprozeß nahe gebracht werden.

Am extremsten tritt dies in den neuen Bundesländern hervor. Nicht nur
in Grundschulklassen fällt hier z.B. manchen Kindern bei Besuchen von
Kirchen die Identifizierung des Crucifixus mit Jesus von Nazaret schwer
(z.T. wird der Gekreuzigte eher als Spartacus gedeutet).

Besondere Aufmerksamkeit kommt dabei der Erziehung und Bildung
jüngerer Menschen zu. Bei ihnen ist – wie empirische Befunde zeigen – die
Bindung an Kirche durchschnittlich erheblich geringer als bei Älteren, zugleich sind (zumindest in den alten Bundesländern) sie für neue Formen der
Daseins- und Wertorientierung besonders offen.

Angebote der Gemeinde sind sorgfältig daraufhin zu prüfen, inwiefern
sie den durch diese Veränderungen gegebenen neuen Rahmenbedingungen
entsprechen.

Bei den folgenden Überlegungen werden Religionsunterricht und Schule
nicht eigens thematisiert. Sachlich könnten sie ebenfalls im Abschnitt „Gemeinde" behandelt werden, insofern hier christliche Gemeinde Verantwortung (mit)trägt.[726] Vielmehr setze ich als Hintergrund das im vorhergehenden Abschnitt Ausgeführte voraus.

---

[725] Meier, a.a.O. (Anm. 708) 42.
[726] Vgl. Grethlein, a.a.O. (Anm. 268) 137-180, wo sich im Rahmen einer Gemeindepädagogik das Kapitel „Gemeindliche Bildung im Umfeld der Schule" findet.

4.3.1. Statistische Befunde

Auch hier gilt, daß die folgenden Angaben nur allgemeine Trends wiedergeben. Angesichts der durch Traditionen und aktuell unterschiedliche Entwicklungen gegebenen Pluriformität von Gemeindearbeit bedürfen sie gewiß vielerorts der Modifizierung bzw. Ergänzung. Der Rückgang der Familien, in denen mehrere Geschwisterkinder aufwachsen, sowie die durch Straßenverkehr u.ä. reduzierten Möglichkeiten für viele Kinder, ihre Umgebung zu entdecken,[727] verschaffen dem *Kindergarten* zunehmende pädagogische Bedeutung. Zahlenmäßig ist hier der Einsatz[728] der Kirchen – im Vergleich zu anderen Trägern – am größten. In der Bundesrepublik[729] waren Ende der achtziger Jahre über 70% dieser Einrichtungen in kirchlicher Trägerschaft, wobei die katholische Kirche sich noch stärker engagierte (47%) als die evangelische (25%).[730] Besonders in den fünfziger und siebziger Jahren kam es zu einem erheblichen Ausbau der kirchlichen Kindergärten in der Bundesrepublik.

Hier die Daten für die in evangelischer Trägerschaft befindlichen Einrichtungen:

	Zahl der Einrichtungen	Zahl der Plätze	Zahl der Mitarbeiter
1945	1.200	nicht erfaßt	nicht erfaßt
1958	4.398	268.984	ca. 10.000
1970	4.576	178.200	16.550
1976	7.048	444.151	27.950
1981	7.049	404.500	34.400
1986	7.214	365.585	45.000
1991	7.867	439.067	ca. 43.000[731]

---

[727] S. Wegenast, Lämmermann, a.a.O. (Anm. 669) 66.

[728] Zur Frage, ob Kindergärten eher dem Bildungs- oder dem Wohlfahrtssektor zuzuordnen sind und den daraus resultierenden politischen und organisatorischen Konsequenzen s. ebd. 57f.

[729] In der DDR war demgegenüber das Kindergartenwesen flächendeckend in Verbindung mit Produktionsstätten ausgebaut, wozu noch Kinderkrippen und -horte kamen. Es diente primär – im Gegensatz zum familienergänzenden Charakter der bundesrepublikanischen Kindergärten – der Schulvorbereitung (s. Wegenast, Lämmermann, a.a.O. (Anm. 669) 57). S. zur Problematik nach der Wende die Sammlung von Materialien und Berichten durch G. Doyé, Hg., Evangelische Kindertagesstätten in Ostdeutschland. Kontinuität – Neuanfang – Übernahme – Trägerwechsel – eigenes Profil, Münster u.a. 1994.

[730] S. zu genaueren Zahlen J. Hofmeier, Der Kindergarten in der Pfarrgemeinde. Ein pädagogisches und pastorales Handlungsfeld, Würzburg 1992, 14.

[731] Die Zahlen bis 1981 entstammen E. Haug-Zapp, Kindergärten, in: M. Schick, H. Seibert, Y. Spiegel, Hg., Diakonie und Sozialstaat, Gütersloh 1986, 310; die Zahlen von 1986 der Statistischen Beilage zum Amtsblatt der EKD 1988, 54; die

Nicht ganz so stark ausgeprägt ist nach Umfragen die positive Einstellung der Evangelischen zu kirchlichen Kindergärten. 23% bezeichneten 1982 nur bzw. vor allem den Staat, 21% nur bzw. vor allem die Kirche und 55% beide gleichermaßen als zuständig für die Kindergartenerziehung.[732] 54% der evangelischen Kirchenmitglieder (über 14 Jahren) würden sich für einen evangelischen, 44% für einen staatlichen Kindergarten entscheiden, wobei die positive Einstellung zum kirchlichen Kindergarten im Vergleich zu 1972 etwas anstieg.[733] Als wichtigste Gründe gaben die, die einen evangelischen Kindergarten für ihr Kind bevorzugen, an: „Das Kind wird dort an die Kirche herangeführt" (57%), „Das gehört zur christlichen Erziehung dazu" (52%), „Das Kind lernt dort biblische Geschichten, Lieder und Gebete" (50%), „Dort wird Wert auf anständiges Betragen gelegt" (31%) und „Dort ist das Kind besser aufgehoben" (31%).[734]

Diese Äußerungen implizieren die Erwartung einer besonderen religionspädagogischen Qualifikation der in einem evangelischen Kindergarten tätigen Erzieherinnen. Demgegenüber lassen der geringe Raum, den der religiöse bzw. religionspädagogische Bereich in der Erzieherinnenausbildung auch evangelischer Fachschulen[735] innehat, und die Ergebnisse früherer Umfragen hier ein Defizit vermuten.[736] Insofern dürfte ein direkter Rückschluß von der hohen Zahl kirchlicher Kindergärten auf eine intensive christliche Erziehung in den Kindergärten vorschnell sein. Dafür wäre eine Verbesserung der Erzieherinnenausbildung in religionspädagogischer Hinsicht erforderlich.

Zahlen von 1991 entstammen W. Schmitt, Die Statistik des Diakonischen Werks der EKD Stand: 31.12.1991, in: K.H. Neukamm, Hg., Diakonie-Jahrbuch '93, Diakonisches Werk der EKD, 1994, 272, 288.

[732] S. Hanselmann, Hild, Lohse, a.a.O. (Anm. 105) 134.

[733] S. ebd. 190.

[734] S. ebd. 191.

[735] Nach R. Möller, Für religiöse Elementarerziehung qualifizieren. Zur religionspädagogischen Ausbildung von Erzieherinnen, in: EvErz 48 (1996) 267 Anm. 1, haben etwa 13% der Ausbildungsstätten für Erzieherinnen in Deutschland zur Zeit einen evangelischen, 22% einen katholischen und 3,5% einen sonstigen freien Träger; der Rest befindet sich in öffentlicher Trägerschaft.

[736] S. den Bericht über eine 1972 unter Leiterinnen bayrischer (!) evangelischer Kindergärten durchgeführte Befragung bei D. Stoller, Anspruch und Wirklichkeit kirchlicher Erziehung. Analyse und Folgerungen für die Kindergartenarbeit, München u.a. 1980, der erhebliche Unsicherheit in Fragen des Glaubenswissens bei vielen Erzieherinnen und eine große Distanz zwischen eigener Lebensführung und im Kindergarten prakizierten Frömmigkeitsformen ergab; vgl. neuerdings B. Dippelhofer-Stiem, I. Kahle, Die Erzieherin im evangelischen Kindergarten, Bielefeld 1995.

Erhebliche Bedeutung für die spätere Einstellung der Menschen zur Kirche hat dagegen der *Kindergottesdienst*. Die 2. EKD-Mitgliedschaftsumfrage ergab eine klare positive Korrelation zwischen Tatsache und Intensität des Kindergottesdienstbesuchs und späterer Kirchenbindung.

„Jeder Zweite, der angibt, als Kind regelmäßig den Kindergottesdienst besucht zu haben, betrachtet sich als mit der Kirche ‚sehr‘ oder ‚ziemlich‘ verbunden (53%). 17% in dieser Gruppe geben an, fast jeden Sonntag zur Kirche zu gehen. Wer selten die Kinderkirche besucht hat, bekundet seine Nähe zur Kirche nur in Ausnahmefällen (11%) und geht ganz selten (2%) fast jeden Sonntag zum Gottesdienst."[737]

Offensichtlich kommt dem Kindergottesdienst großes Gewicht innerhalb der kirchlichen Sozialisation zu, wobei noch der Zusammenhang zwischen Besuch des Kindergottesdienstes und kirchlicher Einstellung der Eltern zu berücksichtigen ist.

Ein Vergleich der absoluten Zahlen für die letzten zwanzig Jahre zeigt beim Besuch des Kindergottesdienstes eine (fast) stete Abnahme. Besuchten 1975 noch durchschnittlich[738] knapp 350.000 Kinder wöchentlich den Kindergottesdienst (der westdeutschen Gliedkirchen)[739], waren dies 1994 nur 183.287.

1980 betrug die Besucherzahl noch 263.358, 1985 225.212, 1990 194.764.[740]

Bei der Interpretation dieser Zahlen muß die allgemeine demographische Entwicklung beachtet werden, genauer der Rückgang der Geburten und Kinderzahl. Demnach hängen die reduzierten Besucherzahlen des Kindergottesdienstes unmittelbar mit dem Rückgang der Zahl von Kindern (mit deutschen Eltern) zusammen. Verglichen mit dem Erwachsenengottesdienst ist der Gottesdienstbesuch der Kinder etwa doppelt so hoch.[741]

Es darf allerdings nicht übersehen werden, daß seit Anfang der sechziger Jahre – 1963 besuchten 780.000 Kinder durchschnittlich sonntags den

---

[737] Hanselmann, Hild, Lohse, a.a.O. (Anm. 105) 175.

[738] Der Vergleich der Durchschnittszahlen hat insofern eine gewisse Unschärfe, als ab 1983 – gegenüber früher vier Zählsonntagen (Invokavit, Kantate, 14. Sonntag nach Trinitatis und 1. Advent) – nur noch drei herangezogen werden (Invokavit, 2. Sonntag vor dem Erntedankfest und 1. Advent) (s. Statistische Beilage zum Amtsblatt der EKD H. 2 vom 15.2.1985, 16).

[739] Für das Gebiet des Kirchenbundes in der DDR liegen keine verläßlichen Statistiken vor.

[740] Die Zahlen entstammen der Statistischen Beilage Nr. 91 zum Amtsblatt der EKD H. 2 vom 15.2.1997, 17.

[741] S. Chr. Grethlein, Kindergottesdienst heute. Praktisch-theologische Überlegungen zu seiner Konzeption, in: PTh 77 (1988) 347.

Kindergottesdienst – auch der Prozentsatz der am Kindergottesdienst teilnehmenden Kinder erheblich abnahm, bei den Fünf- bis Zehnjährigen von
32% auf 18%.

„Folgende Faktoren, ohne daß deren jeweiliges genaues Gewicht bestimmt werden kann, dürften hierzu beitragen:
– Wochenendmobilität der Familien in der modernen Freizeitgesellschaft;
– Alternativen in Medien, Vereinen u.ä.;
– wachsende Distanz zur Kirche in der Altersstufe junger Eltern, die sich z.T. in
Kirchenaustritt und/bzw. Nichttaufe ihrer Kinder ausdrückt;
– liberalerer Erziehungsstil in Familien, der einem Zum-Kindergottesdienst-
Schicken entgegensteht;
– mancherorts größere Distanz zu religiösen Inhalten bei den Erzieherinnen im
Kindergarten;
– abnehmende Attraktivität der Kindergottesdienste auf Grund der geringeren
Zahlen bei gleichzeitiger Zunahme von Familiengottesdiensten, die statistisch nicht
als Kindergottesdienste gerechnet werden."[742]

Abgesehen davon wirft der Rückgang der Besucherzahlen in absoluter
Höhe teilweise erhebliche Probleme auf. Die traditionell zum Kindergottesdienst gehörende Gruppenarbeit setzt eine gewisse Mindestzahl von Kindern
in den verschiedenen Altersstufen voraus. Dazu scheint das Alter der den
Kindergottesdienst besuchenden Kinder abzunehmen,[743] was neue pädagogische (und liturgische) Herausforderungen mit sich bringt.

Gemeindepädagogisch von oft unterschätzter Bedeutung ist im Zusammenhang mit dem Kindergottesdienst der diesen weithin tragende ehrenamtliche Mitarbeiterinnen- und Mitarbeiterkreis. Im Gegensatz zu den rück-
läufigen Kinderzahlen scheint die Zahl der Mitarbeiterinnen und Mitarbeiter
– zumindest mancherorts – zuzunehmen.[744] Vor allem Jugendliche engagie-
ren sich hier in vielen Gemeinden gerne, wodurch z.T. der Übergang zwischen Kindergottesdienstarbeit und Jugendkreis fließend wird.

W. Wiese konstatiert in einem Resümee der bisherigen Kindergottesdienstarbeit:
„Der Helferkreis entwickelte sich oft aus einer Arbeitsgemeinschaft in eine Erlebnis-
gemeinschaft fort; es gab eine Fülle von gemeinsamen Unternehmungen, teils auf den
Kindergottesdienst bezogen, teils aber auch einfach zur Pflege der eigenen Gemein-

---

[742] Grethlein, a.a.O. (Anm. 268) 118 (ebd. in Anmerkungen genauere Belege hierfür).
[743] S. z.B. die Hinweise von P.M. Clotz, Zur Theorie und Praxis des Kindergottesdienstes, in: ThPr 21 (1986) 296.
[744] Clotz, a.a.O. 297 spricht von 45.000, G. Adam, Kindergottesdienst, in: ders., R.
Lachmann, Hg., Gemeindepädagogisches Kompendium, Göttingen 1987, 295
sogar von 60.000 Ehrenamtlichen.

schaft. Man sprach gern von den Kindergottesdienst-Helferkreisen als der stärksten Jugendarbeit der Kirche."[745]

Dazu kommen in den letzten Jahren vermehrt junge Mütter.[746]

Schließlich entwickelten sich – regional allerdings recht unterschiedlich ausgeprägt – verschiedene Formen der Kinderarbeit, etwa Kinderbibelwochen, die neben die traditionellen Angebote von Kindergruppen, Jungschargruppen u.ä. treten. Es widerspräche der Intention vieler dieser Gruppen, wenn ihnen primär pädagogische Absichten unterstellt würden. Vielmehr stehen ungezwungenes Spiel, gemeinsames Singen und Basteln u.ä. im Mittelpunkt vieler Zusammenkünfte, ohne daß dies eingehend pädagogisch reflektiert würde.

Auf dem Gebiet der DDR entstand dagegen – wie gezeigt – auf Grund der Vertreibung des Religionsunterrichts aus den Schulen eine eigene Unterrichtsform, die genuin pädagogisch bzw. katechetisch ausgerichtet war, die *Christenlehre*. Auch mehrere Jahre nach der Wende kann die Zukunft dieser die Schülerinnen und Schüler der ersten sechs Klassen umfassenden Institution nicht eindeutig prognostiziert werden. Grundsätzliche Fragen sind ungeklärt, so z.B. „ob sich die gemeindlichen Kindergruppen mit den schulischen Religionsunterrichtsgruppen decken (oder – wie oft – eher das Gegenteil zutrifft), wie sich die Lernorte Schule und Gemeinde wechselseitig profilieren" u.ä.[747] Die regionalen Differenzen sind offensichtlich erheblich, sowohl was die Teilnahme betrifft[748] als auch die konkrete Gestaltung. Konzeptionell legt sich – durchaus in Aufnahme von bereits zu DDR-Zeiten erhobenen Forderungen[749] – in Gegenden, in denen Religions- und Ethikunterricht zunehmend umfassender erteilt werden, ein Übergang zur freien Kinderarbeit nahe; dagegen dürfte die Christenlehre in Regionen, in denen die Schulen noch keine Möglichkeit zu religiösem Lernen eröffnen, ihren Charakter als Unterricht, eben als Religionsunterrichtsersatz, behalten.

---

[745] W. Wiese, Zwischen Gottesdienst für Kinder und Gottesdienst der Kinder: Kindergottesdienst, in: Der Kindergottesdienst 100 (1990) H. 1,13; vgl. H.-J. Jantzen, Jugendliche Mitarbeiter im Kindergottesdienst – Herausforderung und Chance, in: Werkstatt Gemeinde 2 (1984) Nr. 8, 265-275.

[746] S. Clotz, a.a.O. (Anm. 743) 297.

[747] Degen, a.a.O. (Anm. 451) 18.

[748] Erst für 1997 sollen die ersten statistischen Daten für die Teilnahme an der Christenlehre im Zuge der EDK-Statistik erhoben werden.

[749] S. z.B. für die Kirchenprovinz Sachsen Chr. Hartmann, M. Hahn, Erfahrungen mit der Wahrnehmung kirchlicher Bildungsverantwortung in Ostdeutschland, in: R. Degen, G. Doyé, Hg., Bildungsverantwortung der Evangelischen Kirchen in Ostdeutschland, Berlin 1995, 214.

Dazu kommt die Notwendigkeit der Personalreduktion in vielen Kirchenkreisen, die auch gemeindepädagogische Mitarbeiterinnen und Mitarbeiter
nicht verschont. Insgesamt besteht noch keine Klarheit über die weiteren
finanziellen Möglichkeiten der östlichen Kirchen. Mancherorts beginnt ein
problematischer Verteilungskampf zwischen den verschiedenen hauptamtli-
chen Mitarbeitergruppen.

Auch bei den Befunden zur *Konfirmandenarbeit* ist die demographische
Entwicklung zu berücksichtigen. Während 1979 in der Bundesrepublik
noch ca. 457.000 Jugendliche konfirmiert wurden, waren dies 1994 in den
alten Bundesländern etwa 224.000.[750]

In Ostdeutschland wurden 1994 32.000 Jugendliche konfirmiert,[751] etwa 14%
des betreffenden Jahrgangs.[752]

Doch: „Ein Vergleich der Konfirmiertenzahlen mit den vor 14 Jahren
getauften Kindern macht auch für die Berichtsjahre 1993 und 1994 wieder
deutlich, daß die Konfirmation in den westlichen Gliedkirchen nach wie vor
einen hohen Stellenwert hat: Auf 100 Kindertaufen aus dem Jahr 1979
kommen 102 Konfirmierte im Jahr 1993 und auf 100 Kindertaufen aus dem

---

[750] S. die anschauliche Graphik mit Erläuterung in der Statistischen Beilage Nr. 91
zum Amtsblatt der EKD H. 2 vom 25.2.1997, 9; zur der Konfirmandenarbeit der
Landeskirchen vergleichbaren Praxis in Freikirchen s. die kurzen Berichte der
Freien evangelischen Gemeinden, Methodisten und Baptisten- und Brüder-
gemeinden in: Idea Spektrum 1997/15, 22, wobei diese Denominationen meist
einen zweijährigen Unterricht für Jugendliche im Konfirmandenalter kennen, der
zu einer Segensfeier (allerdings ohne Gelübde) führt.

[751] Da zur ostdeutschen Situation keine in der Qualität mit den empirischen Befunden zu den westdeutschen Kirchen vergleichbaren Erkenntnisse vorliegen, sei für
das folgende auf die gewisse Tendenzen benennenden Ergebnisse im Rahmen der
3. EKD-Mitgliedschaftsumfrage hingewiesen (Studien- und Planungsgruppe,
a.a.O. (Anm. 103) 48). Deutliche (qualitative Trends betreffende) Abweichungen von den in Westdeutschland gewonnenen Ergebnissen sind hier nicht zu
erkennen.
Das Sonderproblem der Jugendweihe ist zur Zeit statistisch noch nicht genau
erfaßbar, weil die entsprechenden Angaben der Jugendweihe- bzw. Jugendfeier-
veranstalter unpräzise (und eher der Werbung als empirischer Klarheit dienend)
erscheinen (s. die Zusammenstellung entsprechender Angaben in R. Degen, V.
Elsenbast, Konfirmieren – Aspekte und Perspektiven in Ostdeutschland, Münster 1996, 137).

[752] S. die Graphik zum Vergleich mit der – auf Grund der Angaben der Veranstalter
von Jugendweihen u.ä. angenommenen – Teilnahme an der Jugendweihe in: Idea
Spektrum 1997/13, 13.

Jahr 1980 101 Konfirmierte im Jahr 1994".[753] In einzelnen Regionen, besonders norddeutschen Großstädten, scheint sich aber auch bei der Konfirmandenarbeit ein Rückgang der bisherigen Selbstverständlichkeit für Kinder evangelischer Eltern abzuzeichnen.[754] Dazu kommt, daß die Zahl derjenigen Kinder und Jugendlichen, deren Eltern selbst getauft und konfirmiert wurden, dann aber aus der Kirche austraten, zunimmt.[755]

Mittlerweile liegen mehrere empirische Untersuchungen zur Konfirmandenarbeit sowohl hinsichtlich der Konfirmierten als auch der Konfirmatoren vor:

Zur Einstellung der Konfirmierten bieten die EKD-Mitgliedschaftsumfragen interessantes Material. Demnach tragen offensichtlich die erheblichen Anstrengungen für eine Verbesserung der Konfirmandenarbeit, konkret eine jugendgemäßere Gestaltung, Früchte.[756] Ein Vergleich von Daten der 1. EKD-Mitgliedschaftsumfrage (1972) mit denen der 2. und 3. Umfrage (1982 bzw. 1992) ergibt eine deutlich positivere Einschätzung durch die Befragten.[757]

Während 1972 immerhin 26% der Protestanten den Konfirmandenunterricht für „vertane Zeit" hielten, waren es 1982 und 1992 nur noch 19%.[758] Umgekehrt stimmten 1972 erst 38% dem Item zu: „Im KU habe ich manches gelernt, was heute noch wichtig für mich ist", 1982 bereits 46% und 1992 61%.

---

[753] Statistische Beilage Nr. 91, a.a.O. (Anm. 740) 9.

[754] S. E. Langbein, Konfirmandenarbeit in der Nordelbischen Kirche, in: Lernort Gemeinde 1994 H. 2, 41-45; J. Bode, Anmerkung zur Entwicklung der Konfirmandenzahlen in Hamburg, in: Lernort Gemeinde 1992 H. 1, 57-59.

[755] S. A. Feige, Kirchenmitgliedschaft in der Bundesrepublik Deutschland. Zentrale Perspektiven empirischer Forschungsarbeiten im problemgeschichtlichen Kontext der deutschen Religions- und Kirchensoziologie nach 1945, Gütersloh 1990, 264 Anm. 23.

[756] Vgl. z.B. den Befund bei G. Traupe, Beteiligungserfahrungen und Beteiligungsmotivation am Konfirmandenunterricht – Ergebnisse einer empirischen Untersuchung, in: G. Fähndrich, G. Traupe, Bedingungen des Lernens im Konfirmandenunterricht, Hannover 1985, 60, wonach vor allem Rollenspiele bei den Jugendlichen gut ankommen.

[757] Vgl. auch die dieselbe Tendenz ergebenden Ergebnisse der 1980 durchgeführten Umfrage unter jungen Nord- und Westdeutschen bei A. Feige, Erfahrungen mit Kirche. Daten und Analysen einer empirischen Untersuchung über Beziehungen und Einstellungen Junger Erwachsener zur Kirche, Hannover ²1982, vor allem 13-15.

[758] Studien- und Planungsgruppe der EKD, a.a.O. (Anm. 103) 44; hierbei beziehen sich auch die Zahlen für 1992 nur auf die Mitglieder der westdeutschen Gliedkirchen der EKD. Die folgenden Zahlenangaben entstammen derselben Übersichtstabelle.

Besonders positiv werden die Konfirmatoren beurteilt. Schon 1972 pflichteten 68% dem Satz zu: „Den Pfarrer (Pastor) bzw. die Pfarrerin (Pastorin), der bzw. die den KU hielt, habe ich in positiver Erinnerung", 1982 waren es 72% und 1992 gar 77%. Angesichts der Tatsache, daß die Jugendlichen sich während ihrer Konfirmandenzeit in einer autoritäts-kritischen Phase befinden, sind diese Befunde bemerkenswert. Fast ebenso günstig bewerten die Evangelischen im Rückblick ihre Konfirmandengruppe.

1972 bejahten 55%, 1982 53% und 1992 67%: „Im KU haben wir manches in der Gruppe unternommen, an das ich mich gerne erinnere".

Offensichtlich ist es weithin den (westdeutschen) Pfarrern und Pfarrerinnen in den letzten zwanzig Jahren gelungen, die Konfirmandenarbeit hinsichtlich der Beziehungsebene deutlich zu verbessern. Darüber hinaus gelingt es bei einer beachtlichen Zahl der Jugendlichen, christlichen Glauben attraktiv zu machen. 57% der (westdeutschen) Protestanten stimmten 1992 dem Item zu: „Der KU hat mich dem christlichen Glauben näherge-bracht".[759]

Doch scheint es sich hier vornehmlich um einen allgemeinen christlichen, nicht um einen an die Kirche gebundenen Glauben zu handeln. Denn das positive Erleben der Konfirmandenarbeit hat keine erkennbare Rückwirkung auf die Kirchenbindung.

Die eben skizzierten Befunde werden durch die Sicht der Pfarrerinnen und Pfarrer, die die Konfirmandenarbeit gestalten, weithin bestätigt und durch einige den konkreten Unterricht betreffende Erkenntnisse ergänzt. Im folgenden beziehe ich mich dabei auf eine breit angelegte Umfrage unter westfälischen Pfarrerinnen und Pfarrern, die 1992/93 durchgeführt wurde.[760]

Deutlich tritt das große Interesse der meisten Pfarrerinnen und Pfarrer an der Konfirmandenarbeit hervor. „Fast die Hälfte, nämlich 48% der Befragten gaben an, daß sie gern oder sehr gern Konfirmandenunterricht erteilen. Nur 11% äußerten demgegenüber, daß sie nicht oder gar nicht gern unterrichten."[761] Allgemein schätzen sie die Konfirmandenarbeit als wichtig ein.

[759] Ebd.

[760] S. zu Intention und Durchführung die knappen Ausführungen von H.-M. Lübking, Der Konfirmandenunterricht in einer Umbruchsituation. Ergebnisse einer Befragung von Pfarrerinnen und Pfarrern in Westfalen, in: Th. Böhme-Lischewski, H.-M. Lübking, Hg., Engagement und Ratlosigkeit. Konfirmandenunterricht heute, Bielefeld 1995, 11-15.

[761] Ebd. 18.

Allerdings ist ein gewisser Bruch zwischen Anspruch und Realität unübersehbar. „72% der Befragten meinen, der Konfirmandenunterricht müsse im Blick auf die ‚Zukunft der Kirche und des Christentums' einen wichtigen bis ganz wichtigen Stellenwert haben, aber nur für 24% hat der Konfirmandenunterricht ‚faktisch und vom persönlichen Zeitaufwand her' einen so hohen Stellenwert."[762] Verbirgt sich hier ein Grund für die genannte geringe Ausstrahlung der Zufriedenheit mit dem Konfirmandenunterricht auf die Kirchenbindung?

Es ist auch das Bemühen um eine den Interessen der Jugendlichen entgegenkommende Gestaltung des Unterrichts zu erkennen. Vor allem Freizeiten gehören – zumindest in Westfalen – mittlerweile selbstverständlich zur Konfirmandenarbeit,[763] die ansonsten weithin aus in wöchentlichem Turnus erteilten Unterrichtsstunden besteht.[764] Inhaltlich ist eine Konzentration auf die traditionellen Stoffe des Konfirmandenunterrichts festzustellen, mit einem deutlichen biblischen Akzent.[765]

„Unter den 12 am häufigsten genannten Themen, die als konstitutiv angesehen werden, sind 9 klassische Katechismusthemen:
1) jeweils: Kirche und Jesus Christus (93,1%)
2) Abendmahl (91,6%)
3) Bibel (90,1%)
4) Gottesdienst (86,9%)
5) Taufe (86,4%)
6) Gott (81,2%)
7) Zehn Gebote (79,3%)
8) Gebet (76%)
9) Konfirmation (73,7%)
Erst an 10. und 11. Stelle rangieren die Themen ‚Bewahrung der Schöpfung' und ‚Probleme Jugendlicher'."[766]

Klar treten zwei besondere didaktische Herausforderungen zutage, die bisher in der konzeptionellen Arbeit noch nicht die ihnen zustehende Aufmerksamkeit erhalten. Zum einen besuchen in der Mehrzahl der Gruppen

---

[762] Ebd. 20f.

[763] S. ebd. 31; s. genauer Th. Böhme-Lischewski, Konfirmandenunterricht zwischen Motivation und Ernüchterung. Ergebnisse aus der Befragung von westfälischen Pfarrerinnen und Pfarrern, in: ders., H.-M. Lübking, Hg., Engagement und Ratlosigkeit. Konfirmandenunterricht heute, Bielefeld 1995, 70-73.

[764] S. zur unterschiedlichen Dauer des wöchentlichen Unterrichts, die sich zwischen 45 Minuten (7%), 60 Minuten (55%), 75 Minuten (19%) und 90 Minuten (18%) bewegt, Lübking, a.a.O. 15.

[765] S. Böhme-Lischewski, a.a.O. (Anm. 763) 85.

[766] Lübking, a.a.O. (Anm. 760) 23.

auch *Nichtgetaufte* den Konfirmandenunterricht.[767] Damit stellt sich die Frage nach einem angemessenen Tauftermin und auch nach einer möglichen Einbeziehung der Taufen von Konfirmanden in die gesamte Konfirmandenarbeit. Zum andern finden sich in einer beachtlichen Anzahl der Konfirmandengruppen (33%) *behinderte Jugendliche*. Hier ist hervorzuheben, daß eine „große Mehrheit der befragten Pfarrerinnen und Pfarrer ... einen integrierten Unterricht" befürwortet,[768] zugleich aber das Fehlen von entsprechenden Unterrichtshilfen bemängelt.[769]

Religionspädagogisch von besonderem Interesse ist der Bereich, in dem die meisten der Befragten Schwierigkeiten für ihre Konfirmandenarbeit orten. „Ein regelrechter Frust auf die Eltern zieht sich durch die Fragebögen: ‚Interesselosigkeit der Eltern' wird als die derzeit größte Schwierigkeit des Konfirmandenunterrichts angesehen, der Gottesdienstbesuch der Konfirmandeneltern als katastrophal bewertet, eine sehr geringe Resonanz bei Elternabenden beklagt".[770] Die *Eltern* scheinen weithin nur an formalen Dingen, wie Informationen über den Ablauf der Konfirmation, interessiert. Auf dem Hintergrund der ökologischen Sozialisationstheorie[771] enthält dieser Befund hohe Brisanz. Denn die Konfirmandenarbeit ist dringend auf Verbindungen zur sozialisatorisch ungleich bedeutenderen Familie angewiesen.

Auch sonst hat die Konfirmandenarbeit offensichtlich Probleme mit der Verbindung zu anderen Lernorten. Den Klagen der Pfarrer und Pfarrerinnen über das geringe Vorwissen ihrer Konfirmandinnen und Konfirmanden kann ein unzureichender Kontakt zum Religionsunterricht entnommen werden. Michael Meyer-Blanck vermutet, „daß es weniger an Kenntnissen der Konfirmandinnen und Konfirmanden mangelt, sondern an der Fähigkeit der Unterrichtenden, Einsichten in einem neuen Kontext zu reaktivieren und für die Gemeindesituation fruchtbar zu machen."[772]

---

[767] S. die allerdings stark auf die konkreten westfälischen Verhältnisse bezogenen Ausführungen von Böhme-Lischewski, a.a.O. (Anm. 763) 106-112.

[768] Lübking, a.a.O. (Anm. 760) 17.

[769] Böhme-Lischewski, a.a.O. (Anm. 763) 122: „Weniger als 10% der Befragten, die Erfahrungen mit Gruppen von behinderten und nichtbehinderten Konfirmandinnen und Konfirmanden haben, haben geeignete Unterrichtsmaterialien zur Verfügung."

[770] Lübking, a.a.O. (Anm. 760) 27.

[771] S. 2. Kap. 1.4.

[772] M. Meyer-Blanck, Eigene Fragen contra Tradition? Aneignung contra Vermittlung? Die Ziele und Inhalte der Konfirmandenarbeit im Gespräch mit den

Hierfür spricht, daß ein Drittel der Befragten nach eigenen Angaben nicht weiß, was ihre Konfirmanden und Konfirmandinnen im Religionsunterricht behandeln.[773] Die Problematik dieses Befundes wird durch das Ergebnis einer zwar nicht repräsentativen, aber doch wohl zutreffend Tendenzen erfassenden Umfrage unter Konfirmandinnen und Konfirmanden der Hannoverschen Landeskirche (1977/78) deutlich, die auf die Korrelation zwischen der Beteiligungsmotivation am Religionsunterricht und der Einschätzung des im Konfirmandenunterricht Gelernten hinweist.[774]

Schließlich scheint vielerorts der Zusammenhang von Konfirmandenarbeit und Gemeindegottesdienst gestört. Andreas Feige nennt – auf dem Hintergrund von Interviews mit Jugendlichen – den Gottesdienst den Ort, „an dem eine Sprachlosigkeit entsteht, die langfristig in die Desinteressiertheit der Mehrheit der (Volks-)Kirche oder minderheitlich in eine Aggressivität führt".[775] Nach Einschätzung der westfälischen Pfarrerinnen und Pfarrer ist hier die Situation aber nicht hoffnungslos. Die Hälfte von ihnen sieht in der stärkeren Mitgestaltung der Gottesdienste durch Jugendliche eine gute Möglichkeit, deren Interesse zu steigern.[776]

Dies bestätigt die Konfirmandenumfrage G. Traupes, nach der sogar die Mehrheit der Jugendlichen jugendgemäß gestaltete Gottesdienst der völligen Freigabe des Gottesdienstbesuchs in der Konfirmandenzeit vorzieht.[777]

Ähnlich wie bei den vorhergehenden Arbeitsfeldern führte auch bei der *Jugendarbeit* die allgemeine demographische Entwicklung zu einer erheblichen zahlenmäßigen Abnahme. Während z.B. die Evangelische Jugend als nach der Sportjugend größte Jugendorganisation[778] 1960 etwa 1.400.000 Miglieder hatte, sank dieser Bestand bis 1991 auf ca. 950.000.[779] Davon ist ein großer Teil in den Kirchengemeinden angesiedelt.

Ergebnissen und der Auswertung der Studie, in: Th. Böhme-Lischewski, H.-M. Lübking, Hg., Engagement und Ratlosigkeit. Konfirmandenunterricht heute, Bielefeld 1995, 179.

[773] S. ebd. 178.

[774] S. Traupe, a.a.O. (Anm. 756) 55.

[775] Feige, a.a.O. (Anm. 757) 107; vgl. recht anschaulich H. Siegel, Gottesdienst und Konfirmanden, in: Comenius-Institut, Hg., Handbuch für die Konfirmandenarbeit, Gütersloh ²1985, 143-148.

[776] S. Böhme-Lischewski, a.a.O. (Anm. 763) 105.

[777] S. Traupe, a.a.O. (Anm. 756) 60f.

[778] S. die Zusammenstellung der in der Arbeitsgemeinschaft der Evangelischen Jugend in der Bundesrepublik Deutschland e.V. zusammengeschlossenen Verbände, Vereine u.ä. in: Schmucker, a.a.O. (Anm. 687) 221-224.

[779] S. ebd. 40.

Für 1994 weist die EKD-Statistik in den westdeutschen Kirchengemeinden 36.901 Kreise mit 429.042 Teilnehmerinnen und Teilnehmern aus,[780] für die ostdeutschen Kirchengemeinden (ohne Kirchenprovinz Sachsen) 16.504 Kreise mit 134.088 Teilnehmerinnen und Teilnehmern,[781] wobei hierbei die Christenlehregruppen mitgezählt wurden.

Im Bund der Deutschen Katholischen Jugend (BDKJ) waren 1986 etwa 450.000 Jugendliche, in 17 katholischen Jugendverbänden organisiert, zusammengeschlossen.[782]

Damit sind die Kinder- und Jugendkreise die häufigste Gesellungsform in den evangelischen Kirchengemeinden. Die Jugendkreise schließen meist unmittelbar an die Konfirmandengruppen an, wobei – mit erheblichen regionalen Unterschieden – etwa 20% der Konfirmierten hieran noch eine Zeitlang, freilich in unterschiedlicher Intensität, partizipieren.[783] Allerdings ist daraus angesichts der Pluriformität der Jugendarbeit wenig über die inhaltliche Bedeutung zu erschließen. Denn hierzu gehören Treffs der sog. offenen Jugendarbeit genauso wie jugendliche Bibel- oder Gebetskreise.

Insgesamt nimmt die Bedeutung klar strukturierter und kirchlich eingebundener Jugendgruppen, die sich wöchentlich treffen, ab. „Außerhalb der Jugendarbeits-Strukturen bilden sich Netzwerke mit stärker basisdemokratischem Selbstverständnis, die aktuelle gesellschaftliche Herausforderungen aufgreifen und wiederum zum Teil mit Jugendverbänden zusammenarbeiten, teils sich als bewußte Alternative verstehen."[784] Dazu betreten verstärkt kommerzielle Anbieter den Jugendmarkt, etwa – als Konkurrenz zu kirchlichen Frei- und Rüstzeiten oder Wochenendseminaren – mit Jugendtouristik. Weiter bedeuten die Bemühungen mancher Schulen um eine reichere Ausgestaltung des Schullebens eine weitere Alternative zum Angebot kirchlicher oder christlicher Jugendgruppen. Erschwerend kam in dieser Situation hinzu, daß der Zusammenschluß der ost- und westdeutschen Jugendarbeit bis in die Mitte der neunziger Jahre zumindest auf der Leitungsebene wichtige Kräfte band.[785]

---

[780] S. Statistische Beilage Nr. 91 zum Amtsblatt der EKD H. 2 vom 15.2.1997, 60.

[781] S. ebd. 62.

[782] S. E. Schröder, Der BDKJ – ein Dachverband katholischer Jugendverbände, in: G. Biemer, W. Tzscheetzsch, Hg., Handbuch kirchlicher Jugendarbeit Bd. 4, Freiburg u.a. 1988, 30.

[783] So M. Affolderbach, Art. Jugend, in: TRE 17 (1988) 416; diese Zahl bestätigt die westfälische Umfrage zur Konfirmationspraxis (s. Böhme-Lischewski, a.a.O. (Anm. 763) 130).

[784] Affolderbach, a.a.O. 421.

[785] S. Schmucker, a.a.O. (Anm. 687) 46-48.

Schließlich ergeben verschiedene Umfragen die zunehmende Distanz vieler junger Menschen zur Kirche, aber auch zu christlichen Glaubensinhalten.[786] Wie bereits erwähnt, bedeutet dies aber keinesfalls, daß sich Jugendliche religiösen Fragen nicht (mehr) stellen. Vielmehr scheinen die bestehenden Angebote der Jugendarbeit nur für wenige hierbei hilfreich zu sein. Auch hier treten also Kirche und die religiöse Praxis bzw. Fragen der Menschen auseinander.

Wie weit offensichtlich die Distanz von Gemeinde zur Lebenswelt der Jugendlichen ist, ergab exemplarisch die Auswertung von Äußerungen Jugendlicher: „Beim Lesen der Briefe (sc. deren Auswertung das Material der empirischen Studie war, C.G.) gewinnt man den Eindruck, daß die Jugendlichen relativ wenig Unterstützung von außen bei ihrer Auseinandersetzung mit der Religion bekommen. Daß sie unter anderem mit wenigen Menschen in einem Gespräch über ihren Glauben stehen, läßt sich daraus schließen, daß sie im Zusammenhang mit ihren religiösen Fragen kaum andere Personen oder Gruppen erwähnen. In ihren religiösen Vorstellungen sind die Jugendlichen eigentlich darauf angewiesen, daß sie an bestehende Traditionen anknüpfen können und daran entlang ihren eigenen Weg gehen können."[787]

Als letztes großes gemeindepädagogisches Arbeitsgebiet ist die *Erwachsenenbildung* zu nennen, worunter allgemeinpädagogisch „die organisierte, zielgerichtete Fortsetzung des Lernprozesses neben oder nach einer Berufstätigkeit" verstanden wird.[788] Vor allem die Erwachsenenbildung in evangelischer Trägerschaft zeichnet sich durch große Vielfalt aus. Ihre konkreten Träger sind „in verschiedene(n) Initiativen, Verbände(n) und Werke(n), die oftmals auch noch in unterschiedliche kirchliche Verantwortungsstrukturen eingebunden sind",[789] zersplittert, so daß eine auch nur einigermaßen exakte Beschreibung des gegenwärtigen Zustands unmöglich ist. Folgende wichtige

---

[786] S. H. Luther, Jugend und Religion. Auswertung neuer Untersuchungen, in: EvErz 41 (1989) 32–40; die Kirchenferne und großenteils Religionsferne der ostdeutschen Jugendlichen ist noch sehr viel stärker ausgepägt (s. J. Zinnecker, A. Fischer, Ist die Verweltlichung von Jugend im Sozialismus gelungen?, in: Jugendwerk der Deutschen Shell, Hg., Jugend '92 Bd. 1, Opladen 1992, 237–243).

[787] Sziegaud-Roos, a.a.O. (Anm. 511) 386.

[788] So die Definition von H. Siebert, Erwachsenenbildung in der Bundesrepublik Deutschland – Alte Bundesländer und Neue Bundesländer, in: R. Tippelt, Hg., Handbuch Erwachsenenbildung/Weiterbildung, Opladen 1994, 52; vgl. zu den sich aus den modernen Differenzierungsprozessen ergebenden Problemen einer Definition von Erwachsenenbildung Grethlein, a.a.O. (Anm. 268) 277f.

[789] Scheilke, a.a.O. (Anm. 723) 187.

Institutionen evangelischer Erwachsenenbildung seien genannt, um einen gewissen Eindruck von den verschiedenen Profilen und Anliegen zu vermitteln:[790]

– Evangelische Akademien. Lange Zeit galten sie als die eigentlichen Träger der evangelischen Erwachsenenbildung. Dabei entwickelten die einzelnen Akademien unterschiedliche Profile. Insgesamt richten sie sich an ein formal hochgebildetes Publikum und wollen ein Forum zur Diskussion gesellschaftlich relevanter Fragen sein.

– Heimvolkshochschulen. Sie „wenden sich in der Regel an Menschen, die sich für bestimmte berufliche Aufgaben in Kirche und Gesellschaft die erforderlichen Kenntnisse und Fähigkeiten erwerben wollen oder die ihre Schul- und Berufsausbildung erweitern bzw. ergänzen möchten ... Das Christliche in den Heimvolkshochschulen ist dabei nicht unbedingt der Inhalt der Angebote, sondern eher das Leben im Internat, die Gestaltung der Freizeit, der angebotene Gottesdienst am Abend, die Gesprächs-, Aktions- und Mitarbeiterimpulse im Verlauf der halbjährigen, oder auch kürzeren oder längeren Kurse. Weiterbildungsangebote gibt es in Heimvolkshochschulen auch für kirchliche Mitarbeiter in den Gemeinden oder in bestimmten Werken."[791]

– Familienbildungsstätten. Ein Schwerpunkt bei diesen – 1990 bestanden 327 Familienbildungsstätten in evangelischer oder katholischer Trägerschaft – Einrichtungen liegt auf Kursen zu psychologischen, sozialen und pädagogischen Themen, die oftmals konkret bei der Bewältigung des Alltags helfen sollen. Daneben werden auch praktisch-handwerkliche, pflegerische, hauswirtschaftliche und hygienische Kenntnisse vermittelt.[792] Konfessionelle oder auch nur religiöse Prägungen sind dabei in der Regel nicht erkennbar. Die meisten der Teilnehmer an den hier angebotenen Kursen sind Frauen.

– Erwachsenenbildungswerke. In den letzten zwanzig Jahren wurden viele Erwachsenenbildungswerke auf Kirchenkreis- bzw. Dekanatseben gegründet. Dies hängt damit zusammen, daß die seit 1975 die Erwachsenenbildung regelnden Gesetze als wesentliche Voraussetzung für die finanzielle Förderung von Maßnahmen die institutionelle Selbständigkeit des jeweiligen Trägers in der Erwachsenenbildung haben. Die Veranstaltungspalette

---

[790] Vgl. zum folgenden Grethlein, a.a.O. (Anm. 268) 280-283.

[791] Wegenast, a.a.O. (Anm. 705) 400.

[792] S. K. Schaefer, Familien-Bildungsstätten in Zahlen, in: DEAE Nachrichtendienst 1/92, 37.

dieser Bildungswerke ist unüberschaubar breit und vielfältig und wird von unterschiedlichen Menschen besucht.[793]

Daneben ist die traditionelle für evangelische Christen typische Form der Mitarbeit an den öffentlichen Volkshochschulen zurückgegangen. Auch christliche Themen werden hier zunehmend weniger berücksichtigt.[794]

– Sonstige Vereinigungen. Regional sehr unterschiedlich finden sich Industrie- und Sozialämter, Handwerksvereine o.ä., die – oft in engem Kontakt mit den Gewerkschaften – Bildungsangebote vorwiegend zu Fragen der Arbeitswelt und sozialen Gerechtigkeit anbieten.

Neben diesen bei der Beschäftigung mit Erwachsenenbildung in evangelischer bzw. kirchlicher Trägerschaft meist genannten Institutionen wird häufig die zumindest von der Teilnehmerzahl bedeutendste vergessen: die *Militärseelsorge*.[795] An dem von ihr veranstalteten „Lebenskundlichen Unterricht" nehmen fast alle Soldaten der Bundeswehr teil.

Ursprünglich sollten die Einheitsführer den Lebenskundlichen Unterricht erteilen. Doch fühlten sie sich überfordert. Deshalb bat der Staat die Kirchen darum, daß die Militärpfarrer diese Aufgabe übernehmen. Rechtlich basiert dieser Unterricht auf der sog. Zentralen Dienstvorschrift 66/2, Militärseelsorge, des Bundesministers für Verteidigung vom 28.8.1956: „Er (sc. der lebenskundliche Unterricht, C.G.) behandelt sittliche Fragen, die für die Lebensführung des Menschen, seine Beziehung zur Umwelt und für die Ordnung des Zusammenlebens in jeder Gemeinschaft wesentlich sind ... In besonderer Weise soll der lebenskundliche Unterricht dem einzelnen Soldaten die Verantwortung für seine Lebensführung klarmachen, ihn die Notwendigkeit von Selbstzucht und Maß erkennen lehren und sein Pflichtbewußtsein stärken. Er soll dem einzelnen die Quellen zeigen, die dem Leben Sinn geben, und zu Ordnungen hinführen, durch die die Gemeinschaft lebenswert und damit verteidigenswert wird."

Dieser getrennt nach militärischem Rang für Mannschaft, Unteroffiziere und Offiziere meist zwei Stunden pro Monat erteilte Unterricht behandelt Themen wie Glück, Leid, Schuld, Angst, Tod, Resignation, Aggression, Autorität, Wehrdienst(verweigerung), Ehe, Familie, Frieden u.ä. Eine religionspädagogische Besonderheit ist, daß dieser Unterricht meist im

---

[793] Vgl. zu den Gottesvorstellungen der Teilnehmerinnen und Teilnehmer von Kursen evangelischer Erwachsenenbildung in Bayern die empirische Vorstudie von M. Rothgangel, Was Erwachsene glauben, Würzburg 1996.

[794] S. G. Iber, (Örtliche) Volkshochschularbeit, in: P.C. Bloth u.a., Hg., Handbuch der Praktischen Theologie Bd. 3, Gütersloh 1983, 418f.

[795] J. Fowler macht – wie im 2. Kap. 1.3. gezeigt – auf die entwicklungspsychologische Bedeutung der Militärzeit für die Männer aufmerksam, in der es häufig zu einem Bruch bzw. Übergang bei den „stages of faith" kommt.

Wechsel von katholischen und evangelischen Militärpfarrern, also ökumenisch erteilt wird. Die Teilnahme an ihm ist freiwillig, alternativ dazu ist normaler Dienst zu leisten.

Aus der Erwachsenenbildung beginnt sich eine neue Form der Bildungsarbeit herauszubilden, die Erwachsene als Adressaten hat, jedoch zunehmend besondere Berücksichtigung findet, die *Senioren- bzw. Altenbildung*. Wesentlich für diese Entwicklung sind tiefgreifende demographische Veränderungen, deren Konsequenzen für das alltägliche Leben, aber auch für die pädagogische und religionspädagogische Arbeit erst langsam bewußt werden. Der Anteil der Alten an der Gesamtbevölkerung nimmt seit einigen Jahren ständig zu, wobei mit erheblichen weiteren Steigerungen zu rechnen ist.

Vermutlich „wird sich der Anteil der sechzig- und mehr-jährigen an der Gesamtbevölkerung von derzeit etwa 21% auf über 37% im Jahre 2030 erhöhen, während gleichzeitig der Anteil der Kinder und Jugendlichen unter 20 Jahren von 23,5% auf 15-16% sinken wird. Gleichzeitig wird der Anteil der 20 bis 60-jährigen an der Bevölkerung von seinem derzeit extrem hohen Stand von 58% bis auf ca. 47% zurückgehen."[796]

Besonders dramatisch verläuft das stetige Ansteigen der durchschnittlichen Lebenserwartung. Während sie in Mitteleuropa zwischen 1600 und 1880 – mit einigen regionalen und zeitlichen Schwankungen – bei 25 bis 40 Jahren lag, stieg sie in der folgenden Zeit sehr schnell an und verdoppelte sich etwa.[797] Inzwischen beträgt sie – 1994 – 79,3 Jahre für Frauen und 72,8 Jahre für Männer.[798]

Dadurch entsteht – bei etwa gleichbleibendem Ausscheiden aus dem Erwerbsleben Anfang bis Mitte des siebten Lebensjahrzehnts, z.T. bereits erheblich früher – eine neue, bei vielen Menschen zwanzig und mehr Jahre umfassende Lebensphase, für die zunehmend Bildungsangebote gemacht und in Anspruch genommen werden. Dementsprechend beginnen manche Kirchengemeinden die eigene Seniorenarbeit pädagogisch zu reflektieren,[799] ohne daß sich dies schon allgemein durchgesetzt hätte.

---

[796] Kaufmann, a.a.O. (Anm. 39) 78f.; s. die Alterspyramide in: Bundesministerium, a.a.O. (Anm. 16) 63.

[797] S. die übersichtliche Tabelle bei J. Ehmer, Sozialgeschichte des Alters, Frankfurt 1990, 202f.

[798] S. Statistisches Bundesamt, Hg., Statistisches Jahrbuch 1996 für die Bundesrepublik Deutschland, Stuttgart 1996, 77; vgl. auch 1.2.4.

[799] S. grundlegend M. Blasberg-Kuhnke, Gerontologie und Praktische Theologie. Studien zu einer Neuorientierung der Altenpastoral, Düsseldorf 1985; vgl. auch K. Dirschauer, Altenstudie. Standortbestimmung der Kirche, Bremen 1987; vgl.

Die Alten- und Seniorenkreise der Gemeinden dürften wohl nur zum geringeren Teil pädagogisch intendiert und reflektiert sein.[800] Statistisch ist interessant, daß die Gruppen seit einiger Zeit stetig schrumpfen: 1975 nahmen in den westdeutschen Kirchen durchschnittlich je Zusammenkunft 278.746 Menschen an 7.292 Altenkreisen teil, 1979 364.956 an 9.364 Kreisen, 1982 391.921 an 10.282 Kreisen, 1989 371.679 an 11.917 Kreisen, 1994 343.329 an 12.631 Kreisen (in Ostdeutschland in diesem Jahr 38.397 an 2.451 Kreisen).[801]

Angesichts der steigenden Zahl von alten Menschen läßt der Rückgang der Besucherzahl von Alten- und Seniorenkreisen in den letzten Jahren vermuten, daß sich Angebot der Gemeinde und Bedürfnis der Alten auseinanderentwickeln. Offensichtlich genügt den oft noch leistungsfähigen Senioren ein vornehmlich auf Betreuung gerichtetes Programm nicht mehr.

Insgesamt herrscht bei pädagogischen Angeboten für Alte – wie in der sonstigen Erwachsenenbildung und weithin in der Jugendarbeit – eine ökumenische Grundausrichtung vor. Konfessionsspezifische Angebote dürften deutlich in der Minderzahl sein.

4.3.2. Veränderungen in Gemeinde

Die auffälligste und wohl auch tiefgreifendste Veränderung bezüglich Gemeinde dürfte der *Rückgang der Selbstverständlichkeit von Kirchenmitgliedschaft* (bzw. in den meisten Gegenden Ostdeutschlands der Wegfall dieser Selbstverständlichkeit) sein. Wie im 1. Kap. 1.2. gezeigt, wird hier – z.B. im in den evangelischen Kirchen etwa gleichbleibend hohen und in den katholischen Diözesen deutlich ansteigenden Niveau von Kirchenaustritten in den letzten dreißig bzw. zwanzig Jahren – gegenwärtig ein Prozeß offenkundig, dessen Wurzeln bereits Jahrhunderte zurückreichen. Im 2. Kap. 2. wurden – unter Rückgriff auf soziologische Theoriebildungen – wichtige gesellschaftliche Veränderungen benannt, die im Hintergrund dieser Entwicklung stehen und allgemein mit dem (auch die sog. Postmoderne, besser: reflexive Moderne umfassenden) Begriff der „Moderne" erfaßt werden.

---

zu den besonderen aus dem Alterungsprozeß sich ergebenden Notwendigkeiten für die pädagogische Gestaltung von altenbezogenen Veranstaltungen Grethlein, a.a.O. (Anm. 268) 306-311, mit einer knappen Zusammenstellung der wichtigsten diesbezüglichen gerontologischen Erkenntnisse.

[800] S. Dirschauer, a.a.O. (Anm. 799) 11, der bei seiner inhaltlichen Auswertung konkreter Gemeindeveranstaltungen für Alte zum Ergebnis kommt: „Der Betreuungs- und der Versorgungs-Charakter herrschen vor, eine Selbstbeteiligung der Teilnehmer ist nicht ausgeprägt."

[801] Die Daten entstammen den jeweiligen Statistischen Beilagen zum Amtsblatt der EKD.

Die bereits in der Reformationszeit ansetzenden Bemühungen in der Gemeinde um die Erziehung von Kindern, institutionell greifbar in der Einrichtung von – inhaltlich eindeutig kirchlich bzw. christlich bestimmten – Schulen und später des Konfirmandenunterrichts, können als Versuche verstanden werden, auf die wesentlich durch die religiösen Auseinandersetzungen (mit)initiierten prämodernen bzw. modernen Bedingungen zunehmender Wahl – und dies ist die Kehrseite der zurückgehenden Selbstverständlichkeit – zu reagieren. Schon bald waren und sind bis zum heutigen Tage schulischer Religionsunterricht und Konfirmandenunterricht die beiden Einrichtungen, die für die meisten Evangelischen der Hauptkontaktpunkt zur Kirche im Laufe ihres Lebens sind.

Bei den Katholiken war dies auf Grund der bis in die siebziger Jahre reichenden hohen Teilnahme an der sonntäglichen Meßfeier anders. Allerdings führt der seit 1968 auch hier erfolgte erhebliche Einbruch ebenfalls dazu, daß Religions-, Kommunion- und Firmunterricht für die meisten jüngeren deutschen Katholiken die intensivsten Begegnungen mit ihrer Kirche darstellen.[802]

Spätestens seit dem letzten Jahrhundert ziehen die Erwachsenen die pädagogische Aufmerksamkeit auf sich, was schließlich zur katholischen bzw. evangelischen Erwachsenenbildung führte.

R. Englert konstatiert in diesem Zusammenhang für die Gegenwart: „In einer durch Aufklärung und Säkularisierung geprägten Gesellschaft, in der sich ‚bekennende' Christen deutlicher als jemals zuvor seit den Tagen der frühen Kirche als Minderheit und ihre Überzeugungen und Handlungsweisen als begründungsbedürftig

---

[802] S. aus römisch-katholischer Sicht entsprechende empirische Befunde zusammenfassend F.-P. Tebartz-van Elst, Der Erwachsenenkatechumenat in den Vereinigten Staaten von Amerika. Eine Anregung für die Sakramentenpastoral in Deutschland, Altenberge 1993,16 Anm. 3: „Statistisch wird das Phänomen schwindender Glaubenspartizipation in Deutschland mit jenem Einbruch in eine stabile, in den Nachkriegsjahren noch steigende Glaubenspraxis greifbar, wie es für die Jahre 1967/68 deutlich zu beobachten ist. Diese Entwicklung setzt sich massiv bis 1973 fort und führt in diesem abgesteckten Zeitraum zu einem Verlust an sonntäglichen Gottesdienstbesuchern bei den Katholiken um mehr als ein Drittel: von 48% im Jahr 1968 auf 35% im Jahr 1973. Dieser Trend setzt sich seitdem altersspezifisch unterschiedlich, aber kontinuierlich fort, wenn auch ohne vergleichbare abrupte Einbrüche. Läßt sich auch für die erste Hälfte der achziger Jahre eine scheinbare Konsolidierung der Gottesdienstbesucher bei den Katholiken um 20% feststellen, verläuft diese aber generationsbezogen unproportional und läßt Religiösität in der BRD zunehmend als Alterskultur erscheinen... Dieser Trend setzt sich in den neunziger Jahren fort, was schon augenscheinlich dadurch belegt wird, daß etwa 50% der regelmäßigen Gottesdienstbesucher 65 Jahre und älter sind.“

erleben, läßt sich der Glaube gar nicht mehr anders aufrichtig vollziehen als in einer durch Bildungsimpulse immer wieder vorangetriebenen Auseinandersetzung."[803]

Entsprechend dem seit Ende der sechziger Jahre des 20. Jahrhunderts zu beobachtenden Schub des Traditionsrückgangs bzw. -abbruchs forcieren die Gemeinden ihre pädagogischen Bemühungen, was sich im Bereich evangelischer Religionspädagogik bzw. Katechetik Anfang der siebziger Jahre in der programmatischen Forderung von „Gemeindepädagogik" formulierte.[804]

In der römisch-katholischen Kirche führte der – eng mit dem Problem der Moderne verbundene – Neuansatz des II. Vaticanum zur (Neu-)Konzeption von „Gemeindekatechese",[805] die sich allerdings z.T. nicht aus der Konzentration auf die traditionelle Sakramentenkatechese lösen konnte.[806]

Sehr schnell erfolgte – auf dem Hintergrund allgemeiner ökonomischer Prosperität, an der die Kirchen in der Bundesrepublik durch die Kirchensteuern teilhatten – ein deutlicher Ausbau der Stellen für pädagogische Mitarbeiterinnen und Mitarbeiter in den Gemeinden.[807]

In den evangelischen Kirchen kam es sogar zum neuen Berufsbild „Gemeindepädagoge", wofür eigene Fachhochschulstudiengänge eingerichtet wurden.[808]

---

[803] Englert, a.a.O. (Anm. 708) 76f.

[804] S. zu den Hintergründen für die rasche Rezeption von „Gemeindepädagogik" K. Foitzik, Gemeindepädagogik. Problemgeschichte eines umstrittenen Begriffs, Gütersloh 1992, 21-37.

[805] S. grundlegend A. Exeler, Wesen und Aufgabe der Katechese. Eine pastoralgeschichtliche Untersuchung, Freiburg 1966; D. Emeis, K.H. Schmitt, Handbuch der Gemeindekatechese, Freiburg u.a. 1986; vgl. zur Konvergenz von „Gemeindepädagogik" und „Gemeindekatechese" K. Foitzik, Gemeindepädagogik/Gemeindekatechese, in: Chr. Bäumler, N. Mette, Hg., Gemeindepraxis in Grundbegriffen. Ökumenische Orientierungen und Perspektiven, München u.a. 1987, 186-195.

[806] S. kritisch den Überblick bei N. Mette, Religionspädagogik, Düsseldorf 1994, 220-223.

[807] S. grundlegend die Beiträge in: D. Aschenbrenner, K. Foitzik, Hg., Plädoyer für theologisch-pädagogische Mitarbeiter in der Kirche. Ausbildung und Praxis in den Kirchen der Bundesrepublik und der DDR, München 1981.

[808] S. genauer Foitzik, a.a.O. (Anm. 804) 45-61; zur etwa parallelen Entwicklung in Ostdeutschland s. ebd. 245-276; zur daraus folgenden Praxis s. z.B. die Berichte von Absolventen dieser Ausbildung über ihre Tätigkeiten in: F. Barth, G. Buttler, E. Deul, M. Gocht, K.W. Krumm, I. Molter, I. Schmidt-Viertel im Auftrag der Evangelischen Hochschulgesellschaft e.V., Hg., Gemeindepädagogische Profile, Darmstadt u.a. 1995, 3-165.

Diese Entwicklung brachte unvorhergesehene Probleme mit sich. Es kam zu Spannungen innerhalb der Mitarbeiterschaft, vor allem auch zwischen theologisch und pädagogisch Ausgebildeten.

In den von der Kammer der EKD für Bildung und Erziehung 1982 vorgelegten „Empfehlungen zur Gemeindepädagogik" heißt es u.a.: „In den sechziger und siebziger Jahren ... entstanden zum Teil neue Mitarbeitergruppen. Arbeitsfelder und Institutionen wurden ausgebaut, die sich dann zu überregionalen Fachbereichen und Verbänden zusammenschlossen. Ihnen fühlen sich viele Mitarbeiter weit stärker verbunden als der örtlichen Gemeinde und ihrer Arbeit."[809]

Wie Karl Foitzik und Elsbe Goßmann vor allem am Beispiel des Verhältnisses von Erzieherinnen im Kindergarten und Gemeindepfarrern anschaulich zeigten, spielen bei vielen Konflikten – abgesehen von eventuellen persönlichen Animositäten – die Hierarchie, besonders die Dienstaufsicht des Theologen (über pädagogische Tätigkeiten) sowie der unterschiedliche ökonomische, berufliche und soziale Status eine wichtige Rolle.[810] Hier müssen der Gleichwertigkeit von pädagogischer und theologischer Arbeit entsprechende dienstrechtliche Regelungen gefunden werden, die eine fruchtbare Kooperation ermöglichen.

Sachlich steht hinter Mitarbeiterkonflikten, aber auch Auseinandersetzungen mit anderen Gemeindegliedern oft die grundlegende *Frage nach dem Verständnis von Gemeinde und* – damit verbunden – *nach dem Ziel der gemeindepädagogischen Arbeit.* Rudolf Englert formuliert anhand der Diskussion in der Erwachsenenbildung,[811] einem Handlungsfeld, das sich auf Grund seiner geringen Traditionsbestimmtheit besonders zur Herausarbeitung grundsätzlicher, sich aus der gegenwärtigen gesellschaftlichen Situation ergebender gemeindepädagogischer Probleme eignet, drei Grundtypen von Kirchenauffassung, und zwar zugespitzt auf die *Bestimmung des Verhältnisses von Kirche zur Moderne:*

„– Das antimodernistische Deutungsmuster spricht mit Vorliebe vom Gegenüber von Kirche und Welt und geht dabei von der Dualität zweier Machtbereiche aus ... Aus dieser Sicht kommt die gesellschaftliche Umwelt für den Christen einerseits als Ort der Anfechtung und Bewährung, ande-

[809] Kirchenkanzlei der Evangelischen Kirche in Deutschland, Hg., Zusammenhang von Leben, Glauben und Lernen. Empfehlungen zur Gemeindepädagogik, Gütersloh 1982, 17.

[810] S. die Fallbeispiele bei K. Foitzik, E. Goßmann, Gemeinde leben. Zusammenarbeit pädagogischer und theologischer Mitarbeiter, Gütersloh 1986, 19-48.

[811] Vgl. auch die (kommentierte) Zusammenstellung der neueren Monographien zur Erwachsenenbildung bei Grethlein, a.a.O. (Anm. 268) 292f. Anm. 62.

rerseits als für Christus zu gewinnender, zu ‚evangelisierender' Herrschaftsbereich in den Blick.

– Das moderne Deutungsmuster dagegen thematisiert dieses Verhältnis vorzugsweise als das Zueinander von Religion und Gesellschaft und knüpft damit an die vor allem von der Soziologie vermittelte Außenansicht des Christentums an, die dieses ... auf einer Ebene mit einer Vielzahl anderer religiöser oder quasi-religiöser Sinnsysteme sieht. ...

– Das transmoderne Deutungsmuster schließlich stellt Christentum und bürgerliche Gesellschaft einander gegenüber und hebt dabei auf die Problematik der die ursprünglichen Intentionen des Christentums verdunkelnden Durchmischung beider Größen ab: die Verbürgerlichung des Christentums."[812]

Diese grundlegenden ekklesiologischen Optionen stehen im Hintergrund vieler konzeptioneller und auch praktischer Auseinandersetzungen um gemeindepädagogisches Handeln in der Gegenwart, wobei je nach Praxisfeld im einzelnen unterschiedliche Akzentuierungen und Modifizierungen herrschen.[813]

Für den Bereich des Kindergartens systematisierte R. Lachmann vier Konzepte:[814]
– das „Antikonzept", wonach „die Kindergartenarbeit im Grunde keine legitime, keine ‚genuin kirchliche Aufgabe' (sei) und deshalb ‚langfristig anderen Trägern übergeben werden'" müsse. Diese Auffassung bezeichnet Lachmann als „resignativ" und von der Sorge um eine klare Ausrichtung am „Proprium" bestimmt. So kann sie als Ausdruck der „antimodernistischen" Haltung gedeutet werden. Es könnte aber auch eine Ablehnung der Kindergartenarbeit im Sinne des „transmodernen" Deutungsmusters erfolgen, wenn z.B. die gesetzlichen Bestimmungen für die Kindergartenarbeit als zu „bürgerlich", ja vielleicht die Institution des Kindergartens selbst als repressiv verstanden werden.
– das „missionarisch-gemeindliche Konzept", das Kindergartenarbeit rein binnenkirchlich beschreibt und primär als Ort der Einübung in gemeindliches Leben versteht. Hier leitet deutlich die „antimodernistische" Haltung, jetzt in konstruktiver Weise.
– das „(exemplarisch-) diakonische Konzept", das „sich vor allem derer an(nimmt), die ob ihrer Herkunft und persönlichen Situation besonders dringlich auf Hilfe, Unterstützung und Förderung angewiesen sind". Hier bestimmt die „transmoderne" Deutung, jetzt in konstruktiver Art, die elementarpädagogische Arbeit.

---

[812] Englert, a.a. O. (Anm. 708) 184.

[813] Eine Anwendung auf die gemeindepädagogische Situation in der DDR ist jedoch problematisch, da sich die Konzeption Englerts auf eine pluralistische Gesellschaft bezieht.

[814] Die folgenden Zitate entstammen R. Lachmann, Evangelische Erziehung im Kindergarten, in: G. Adam, R. Lachmann, Hg., Gemeindepädagogisches Kompendium, Göttingen 1987, 245-247.

– das „gesellschaftspolitisch-religionspädagogische Konzept", das „bedürfnis- und erfahrungsorientiert" einen spezifischen Beitrag innerhalb des pluralistischen Bildungswesens leistet und sich der „modernen" Deutung verdankt.

Bei der Diskussion um den Kindergottesdienst können drei Konzeptionen rekonstruiert werden,[815] bei denen es jeweils um eine besondere Verhältnisbestimmung zwischen Kinder- und Erwachsenengottesdienst geht:

– Hinführung zur Teilnahme am Erwachsenengottesdienst. Hier geht es in „antimodernistischer" Weise darum, die Kinder möglichst zur späteren Teilnahme am Erwachsenengottesdienst zu befähigen. Der Ablauf des Kindergottesdienstes orientiert sich wesentlich an der Agende des Erwachsenengottesdienstes und setzt sich von den besonderen Bedürfnissen der Kinder ab.

– „Sozialpädagogisches bzw. sozialpsychologisches Konzept". Es zerbricht bewußt den Zusammenhang des Kindergottesdienstes mit dem Erwachsenengottesdienst. Die Gestaltung des Kindergottesdienstes wird „radikal kritisch-theoretisch" an den Kindern ausgerichtet. Leitend ist hier eine Spielart des „transmodernen Deutungsmusters".

– „Kommunikationsgeschehen zwischen Gott und den Getauften im Medium biblischer und kirchlicher Überlieferung". Dieses Konzept versucht – in moderner Perspektive –, erfahrungswissenschaftliche und traditionell-theologische Gesichtspunkte im Kindergottesdienst zu verbinden. Er wird dadurch ebenso für den Erwachsenengottesdienst geöffnet wie umgekehrt jener für diesen.

Für die Konfirmandenarbeit erstellte W. Flemmig – orientiert an der vorfindlichen Praxis – eine Typologie, die den Bezug auf ein bestimmtes Gemeindeverständnis bereits mitenthält.[816]

– Dabei skizziert er das Gemeindebild der „antimodernistischen" Konzeption mit „Die Gemeinde ist ‚eine feste Burg...‘". Das Ziel des Konfirmandenunterrichts ist hier „das Einleben, die Eingewöhnung in die Gemeinde". In einer Variation spiegelt sich diese Konzeption auch in Flemmigs viertem Typ, bei dem der Unterricht darauf zielt, „die Konfirmanden für Jesus Christus zu gewinnen". Das dahinterstehende Gemeindebild ist aus „missionarischen" Gründen volkskirchenkritisch.

– „Modern" ist dagegen das Ziel, „den Pubertierenden zu helfen und sie für das Leben zu rüsten". Ekklesiologisch leitend ist die Auffassung: „Eine Gemeinde muß Kirche für andere sein, eine Dienstgemeinschaft, ohne Eigeninteresse."

– Eher in „transmoderne" Richtung geht das Ziel, „mit den Konfirmanden und durch die Konfirmandenarbeit ... die Gemeinde (zu) verändern und auf(zu)bauen". Zur Veranschaulichung des dahinter stehenden Kirchenbildes dient das Lied „Ein Schiff, das sich Gemeinde nennt...", wobei – im Bild gesprochen – das Schiff „überholungsreif" ist.

---

[815] Die folgende Skizze folgt Grethlein, a.a.O. (Anm. 741) 350-357.

[816] Die folgenden Zitate entstammen W. Flemmig, Zur Aufgabe des Konfirmandenunterrichts – Ziele und Inhalte, in: Comenius-Institut, Hg., Handbuch für die Konfirmandenarbeit, Gütersloh ²1985, 274-277.

In der Jugendarbeit begegnen folgende konzeptionelle Differenzen:[817]
- „erwecklich-missionarische Jugendarbeit". Hier steht – „antimodernistisch" –
das Anliegen der klaren biblisch orientierten Verkündigung im Mittelpunkt; die
Situation der Jugendlichen wird nur strategisch aufgenommen. Die Gewinnung für
die Gruppe der Entschiedenen ist das Ziel der Arbeit.
- „sozial-diakonischer Ansatz". „Modern" werden hier den Jugendlichen verschiedenste Angebote gemacht, wobei der damit ermöglichte Differenzierungsprozeß
zu für die einzelnen sehr befriedigenden Erfahrungen führen kann. Die Gemeinde
selbst ist dabei nicht im Blick.
- „gruppendynamischer (emanzipatorischer) Ansatz". Der Prozeß der Befreiung
selbst ist das Ziel einer solchen „transmodernen" Jugendarbeit, die ohne erkennbare
gemeindliche Eigeninteressen betrieben wird.

Es ist das Verdienst Englerts, zum einen durch diese – wie eben gezeigt
– auf den verschiedenen Handlungsfeldern verifizierbare Rückführung der
konzeptionellen Differenzen auf die jeweilige Verhältnisbestimmung zwischen Kirche und Moderne ein weiter in der Gemeindepädagogik, aber auch
in der Systematischen Theologie zu bedenkendes Schlüsselthema herausgearbeitet zu haben, das auch in Streitfällen eine deutlichere Ortung des
Konfliktes ermöglicht. Zum anderen plädiert er dafür, die jeweiligen Perspektiven nicht – wie sonst üblich – gegeneinander auszuspielen, sondern
den sich hier widerspiegelnden Pluralismus als Reichtum zu begreifen und
fruchtbar zu verarbeiten.[818] Ja, Englert zeigt: „Die beharrliche Entfaltung
der einer bestimmten Perspektivik zugrundliegenden religiösen Grundintention nötigt schließlich zur Transzendierung dieser Perspektivik und
führt also von selbst an die Schwelle dessen, was perspektivenverschränkende
Bildung im Sinne hat."[819]

Positiv hebt er beim „antimodernistischen" Deutungsmuster hervor, daß hier die
„Communio-Struktur des Glaubens" Gestalt gewinnt.[820] Damit ist allerdings die
„Gefahr der Verschlossenheit" verbunden.[821] Positiv tritt demgegenüber im „modernen" Deutungsmuster die „Erkenntnis der Subjekthaftigkeit des Glaubens" hervor,
also die Freiheit des Glaubens.[822] Die Gefahr dabei ist – umgekehrt wie bei der
„antimodernen" Perspektive – die Ausblendung der sozialen und damit ekklesialen
Dimension. Schließlich gestaltet das „transmoderne" Deutungsmuster positiv die
„Praxisrelevanz des Glaubens". Dies kann jedoch – ohne die Ergänzung durch die
anderen Perspektiven – schnell zur „Gesetzlichkeit" werden.[823]

---

[817] Die folgenden Zitate entstammen Grethlein, a.a.O. (Anm. 268) 250f.

[818] S. Englert, a.a.O. (Anm. 708) 195.

[819] Ebd. 230.

[820] Ebd. 254.

[821] Ebd. 255.

[822] S. ebd. 256.

[823] S. ebd. 259.

Bei der *Frage nach der Einheit* in der Pluralität solcher religiöser Bildung zieht sich Englert auf das „Postulat der ‚transzendierenden Offenheit'" zurück.[824] Dies erscheint für die Erwachsenenbildung durchaus sinnvoll, wenn die jeweiligen Glaubensstile und Bewußtseinsformen im Bildungsprozeß selbst zum Thema werden und damit einen deutlich profilierten christlichen Inhalt beisteuern.[825] Auf anderen gemeindepädagogischen Handlungsfeldern, vornehmlich bei der Kinderarbeit, wird dies so nicht möglich sein.

Hier hilft die neuere gemeindepädagogische Diskussion[826] weiter. Günter Ruddat schlug das *„Gemeindefest"* als solchen Konzentrationspunkt für konzeptionelle Überlegungen und Praxis vor.[827]

Entdeckungszusammenhang war die Beobachtung, daß drei wichtige praxisorientierte Bücher zur Gemeindepädagogik[828] auf dem äußeren Titel jeweils das Bild eines Gemeindefestes tragen.

Im einzelnen zeigt Ruddat, wie hier verschiedene zentrale Dimensionen gemeindepädagogischen Lernverständnisses zum Tragen kommen und von dort aus auf andere Handlungsfelder ausstrahlen können:[829]

– *„Liturgisches Lernen"*. Bei der konkreten Festpraxis der Leverkusener Gemeinde, auf die sich Ruddat bezieht, sind wesentlich der Mitarbeiterkreis des Kindergottesdienstes und die „Gottesdienst-Werkstatt" an der Themen-

---

[824] S. ebd. 229.

[825] S. ebd. 141.

[826] Eine gewisse Zäsur stellt das Jahr 1987 dar, in dem mit G. Adam, R. Lachmann, Hg., Gemeindepädagogisches Kompendium, Göttingen, Chr. Bäumler, N. Mette, Hg., Gemeindepraxis in Grundbegriffen, München u.a., und E. Goßmann, H.B. Kaufmann, Hg., Forum Gemeindepädagogik. Eine Zwischenbilanz, Münster, drei Bücher erschienen, die die bis dahin geschehene Diskussion in materialer und konzeptioneller Weise bündelten.

[827] S. G. Ruddat, Inventur der Gemeindepädagogik. Oder: Gemeindefest als gemeindepädagogisches Paradigma, in: EvErz 44 (1992) 451-462; vgl. die – auf Grund des hierbei leitenden weiten Gottesdienstverständnisses – strukturell ähnlichen Überlegungen bei Grethlein, a.a.O. (Anm. 268) 326-337, zum „Gottesdienst als Zentrum der Gemeinde".

[828] Kirchenkanzlei, a.a.O. (Anm. 809), Foitzik, Goßmann, a.a.O. (Anm. 810) und Goßmann, Kaufmann, a.a.O. (Anm. 826).

[829] S. zum folgenden Ruddat, a.a.O. (Anm. 827) 460-462; vgl. dazu die systematisch hergeleiteten sechs Kriterien zur Beurteilung gemeindepädagogischen Handelns bei Grethlein, a.a.O. (Anm. 268) 38-42: „Subjektität des einzelnen im Lernprozeß", „Sozialraum Gemeinde mit seinen besonderen Möglichkeiten", „Bedeutung von Taufe und Abendmahl", „Örtliche, regionale und ökumenische Dimension von Gemeinde", „Verhältnis der Mitarbeiter/Mitarbeiterinnen untereinander", „Finanzielle Grenzen".

findung und Vorbereitung beteiligt. Konzeptionell ist das Gemeindefest durch Ansätze einer „integrierten Festpraxis", wozu auch „Erfahrungen mit dem Weg-Charakter eines Gottesdienstes oder einzelner Amtshandlungen" gehören, und eines in Heilandsruf und Missionsbefehl gegründeten „Gottesdienstes für alle" fundiert.[830]

– „*Generationenübergreifendes Lernen*".[831] An der Vorbereitung und Durchführung beteiligen sich Menschen aus unterschiedlichen Gemeindegruppen u.ä. Besondere Beachtung verdient dabei die ausdrückliche Nennung behinderter Menschen bei der Gestaltung liturgischer Elemente.

– „*Diakonisches Lernen*".[832] Durchaus konfliktbeladen, aber sachlich unverzichtbar ist die Weitung des Festes auf sonst üblicherweise ausgegrenzte Menschen, etwa Alkoholkranke, Nichtseßhafte oder Asylbewerberinnen und -bewerber.

– „*Ökumenisches Lernen*".[833] Hier wird der konziliare Prozeß für Gerechtigkeit, Frieden und Bewahrung der Schöpfung aufgenommen und hinsichtlich einer ökologisch verantwortbaren Gestaltung des Festes, des interkonfessionellen und -religiösen Dialogs konkret gestaltet, wobei die Partnerschaft mit einer Gemeinde aus Übersee den außereuropäischen Horizont eröffnet.

– „*Kommunikatives, dialogisches Lernen*". Konkret werden in das Gemeindefest auch – im Sinne der „Nachbarschaft von Schule und Gemeinde"[834]- die angrenzenden Schulen mit einbezogen.

– „*Ökonomisches Lernen*". Schließlich erfordert ein solches großes Fest auch eine finanzielle Basis, für die ein eigens gegründeter Förderverein sorgt.

Eine solche gemeindepädagogisch reflektierte Praxis von Gemeindefesten macht wie in einem Brennspiegel die in den eben genannten besonderen Lernformen gegebenen gemeindepädagogischen Innovationen für die Religionspädagogik offenkundig.

---

[830] S. Ruddat, a.a.O. 456; vgl. auch die auf Grund der beigegebenen Check-Liste unmittelbar praktizierbare Anregung in: F. Baltruweit, G. Ruddat, Gemeinde gestaltet Gottesdienst. Arbeitsbuch zur Erneuerten Agende, Gütersloh 1994, 218f., das Gemeindefest in der Struktur eines agendarischen Gottesdienstes zu feiern.

[831] Vgl. grundlegend hierzu die Beiträge in: M. Affolderbach, H.-U. Kirchhoff, Hg., Miteinander leben lernen. Zum Gespräch der Generationen in der christlichen Gemeinde, Gütersloh 1985.

[832] Vgl. konzeptionell M. Ruhfus, Diakonie-Lernen in der Gemeinde. Grundzüge einer diakonischen Gemeindepädagogik, Rothenburg 1991.

[833] Vgl. den Überblick zur gesamten Diskussion bei M. Bröking-Bortfeldt, Mündig Ökumene lernen. Ökumenisches Lernen als religionspädagogisches Paradigma, Oldenburg 1994.

[834] S. hierzu näher 3.4.1.

In der DDR war die Präsentation der Gemeinde in der Öffentlichkeit nicht in dem Maß möglich, wie dies das Konzept vom Gemeindefest als gemeindepädagogischem Kristallisationspunkt bei Ruddat voraussetzt. Abgesehen hiervon folgten aber die sehr beliebten Rüstzeiten einem vergleichbaren gemeindepädagogischen Lernverständnis.

Konzeptionell besonders hervorzuheben ist bei Ruddats Anregungen der enge *Zusammenhang zwischen Gemeindepädagogik und Diakonie.*[835] Religionspädagogisch kommt hierbei die bereits wiederholt betonte Bedeutung von nicht pädagogisch intendierten Lebensvollzügen für christliches Lernen zum Tragen.

Eine theologische Präzision dieses Konzepts ist noch durch eine am besten mit der Terminierung des Gemeindefestes auf Ostern gegebene Verbindung mit der Taufe möglich.[836] Die Taufe als das für die Biographie des einzelnen grundlegende Datum seines Bezugs zu Gott bietet sich als Anlaß für ein Gemeindefest an, in dem es schließlich auch – wie letztlich bei jedem Fest – um Grund und Sinn unseres Lebens geht. Die inhaltliche Vielfalt der Taufe kann gute Anregungen für das jeweilige Thema des Gemeindefestes geben.

Schließlich deutet sich – entsprechend dem Rückgang der Selbstverständlichkeit von Kirchenmitgliedschaft – ein neues Interesse am Katechumenat der Alten Kirche an, also einer Zeit ebenfalls ohne Selbstverständlichkeit der Kirchenmitgliedschaft. Besonders in der römisch-katholischen Theologie versucht man – vor allem durch systematische Überlegungen Karl Rahners angestoßen –,[837] ein Katechumenat zu entwickeln, also eine religionspädagogisch reflektierte Institution zur Einführung Erwachsener in die Gemeinde. Balthasar Fischer[838] wies in diesem Zusammenhang auf erfolgreiche Bemühungen römisch-katholischer Gemeinden in den USA hin; Franz-Peter Tebartz-van Elst[839] untersuchte diese Erprobungen hinsichtlich ihrer Übertragbarkeit auf deutsche Gemeinden. Konkret erhielten diese weithin nur auf der konzeptionellen Ebene vorgetragenen Verstöße durch die politische Wende und die nicht unerhebliche Zahl von Aussied-

---

[835] S. H. Schröer, Gemeindepädagogik wohin? Bilanz einer realen Utopie, in: JRP 12 (1995), 1996, 167.

[836] S. zum konzeptionellen Hintergrund das in 1.4.1. kurz skizzierte Modell „Einladung zur Taufe – Einladung zum Leben"; vgl. auch Schröer, a.a.O. 168.

[837] S. z.B. K. Rahner, Strukturwandel der Kirche als Chance und Aufgabe, Freiburg u.a. 1989.

[838] S. B. Fischer, Das Amerikanische Beispiel. Die Rezeption des Ritus der Erwachsenen-Initiation von 1972 in den Vereinigten Staaten, in: LJ 37/2 (1987) 67-74.

[839] F.-P. Tebartz-van Elst, a.a.O. (Anm. 802).

lern aus Rußland zunehmende praktische Brisanz. Religionspädagogisch verdient dabei besonders der Zusammenhang mit liturgischen Formen Beachtung.

„Gemäß dem liturgischen Axiom ‚lex orandi – lex credendi‘ gilt fundamental: ‚was wir feiern, zeigt, was wir glauben‘. Eine katechetische Glaubensweitergabe, die aber nicht nur eine kognitive Glaubensidentität ausprägen will, hat diesen Grundsatz darüber hinaus mystagogisch zu modifizieren. Demnach hat sich Gemeindekatechese zukünftig immer auch in der Liturgiekatechese zu verdichten. ...“[840]

4.3.3. Gemeinde und Kirche bzw. Religion

Auf den ersten Blick mag die Überschrift dieses Unterabschnitts erstaunlich erscheinen. Bei genauerem Hinsehen, z.T. unter Rekurs auf bereits bei der Behandlung der anderen Lernorte Vorgestelltes wird aber hier durchaus ein wichtiges Thema angesprochen, das der gemeindepädagogischen Bearbeitung bedarf.

Zuerst fällt in vielen Kirchengemeinden die weitgehende Selbstgenügsamkeit auf, die nicht nur im Widerspruch zur – in 4.1. kurz skizzierten – biblischen Bedeutung von „ekklesia“ steht, sondern auch für Jugendliche sowie viele Erwachsene im Alter der Erwerbstätigkeit wenig attraktiv ist. Spätestens die Konfirmandinnen und Konfirmanden sind durch andere Lebensräume geprägt als den von der parochialen Struktur umschriebenen.

Zumindest für Großstadtbewohner gilt: „Raum wird ... primär nicht mehr als geographischer Raum erfahren, sondern abstrakter und fahriger als Erfahrungs-, Aktions-, Identifikations-, Kommunikations- und Sozialisationsraum von Menschen in ihrer jeweiligen Zeit und an dem weitgehend von ihnen subjektiv ausgewählten Ort.“[841]

Hier ist an die im wörtlichen Sinne *ökumenische*, also die den bewohnten Erdkreis umspannende *Dimension von „Kirche“* zu erinnern, die nicht nur aus theologisch-ekklesiologischen, sondern auch aus pädagogischen Gründen einen erfahrbaren Niederschlag in einer Kirchengemeinde haben sollte. Zunehmend ist der Erfahrungsraum auch schon von Kindern durch Begegnungen mit Menschen anderer Länder und Kulturen geprägt. Dafür müssen

---

[840] F.-P. Tebartz-van Elst, Gemeindliche Katechese, in: H.-G. Ziebertz, W. Simon, Hg., Bilanz der Religionspädagogik, Düsseldorf 1995, 486; s. auch die vom Deutschen Katechetenverein e.V., München, herausgegebene Arbeitshilfe: Aussiedler fragen nach der Taufe. Erfahrungsberichte – Katechesen – Liturgische Feiern, München 1985.

[841] V. Drehsen, Die Gemeinde der Gemeindepädagogik, in: R. Degen, W.-E. Failing, K. Foitzik, Hg., Mitten in der Lebenswelt. Lehrstücke und Lernprozesse zur zweiten Phase der Gemeindepädagogik, Münster 1992, 114f.

sie vorbereitet werden und Räume erhalten, um entsprechende Erfahrungen auszutauschen und zu bedenken. Es wäre fatal, wenn der Eindruck entstünde, das Christentum sei eine deutsche oder mitteleuropäische Religion. Die Begegnung mit Christen aus anderen Bereichen der Erde ist der beste Weg, um eine solche Fehleinschätzung zu verhindern. Dazu eröffnen solche Kontakte die Möglichkeit, Begrenzungen eigener religiöser Auffassungen und Praxis zu erkennen und Anregungen für neue Versuche christlichen Lebens zu erhalten.

Bei der Behandlung der drei vorhergehenden Lernorte begegneten wiederholt religiöse Phänomene, die nur noch in lockerem Bezug zur Gemeinde oder zum Christentum stehen. Die Familien interpretieren – wie in 1.3.3. skizziert – christliche Feiertage wie Weihnachten ebenso wie das Sakrament der Taufe so um, daß sie ihnen bei der Bewältigung des Alltags helfen. Beim Fernsehen übernehmen manche Sendungen – wie in 2.3.3. gezeigt – unmittelbar bisher in der Kirche Praktiziertes, in den Schulen ist – nach 3.3.3. – zumindest mancherorts die Entstehung einer „Schulreligion" zu beobachten. Gemeindepädagogisch verdienen solche Phänomene und Prozesse in doppelter Weise Aufmerksamkeit. Zum einen schlägt sich in ihnen eine theologisch und pädagogisch problematische Konzentration gemeindlichen Lebens und Arbeitens auf einen Binnenraum nieder, zu dem offensichtlich immer weniger Menschen Zugang haben. Hier gilt es, Gemeinde zu öffnen, wobei dafür bereits für jeden Lernort exemplarische handlungsorientierende Hinweise gegeben wurden. Zum anderen stehen die sich neu bildenden Religionsformen in der Gefahr, daß ursprünglich im Christentum gegründete Impulse zur Befreiung der Menschen, sogar über den Tod hinaus, neutralisiert und zu Anpassungszwecken funktionalisiert werden. Spätestens hier stößt Gemeindepädagogik auf die Notwendigkeit genauer biblisch-theologischer Reflexion der Gegenwart und zugleich politischer Aktivität.

An die Parallelität zum Kampf der biblischen Propheten gegen falsche Götter und die gleichzeitige Kritik an politischen Mißständen sei hier nur erinnert.

4.4. Religionspädagogische Modelle für Gemeinde

Schon die meisten handlungsorientierenden Vorschläge zu den anderen bisher behandelten Lernorten implizieren eine Verbindung zur Gemeinde als dem Ort, an dem christlicher Glaube ausdrücklich wird. Im folgenden soll umgekehrt der Versuch gemacht werden, anhand von zwei gemeindepädagogischen Handlungsformen mögliche Verbindungen von Gemeinde aus zu Schule bzw. zu Familie (und Nachbarschaft) aufzuzeigen. Dabei tritt das Besondere von Gemeinde hervor, das diesen Lernort auch für Schule und Familie und jedenfalls teilweise für die Medien attraktiv macht bzw.

attraktiv machen könnte: das *Vorhandensein christlicher Lebensvollzüge, die ohne direkte pädagogische Abzweckung aus sich heraus pädagogische Relevanz haben.* Religionspädagogisch kommt dem in einer Zeit, in der christlicher Glaube und/bzw. kirchliche Praxis und alltägliche Lebensvollzüge für viele Menschen in keinem Zusammenhang stehen, konstitutive Bedeutung für Lernprozesse zu, die christlichen Glauben und nicht bloß kulturgeschichtlich interessante Relikte einer früheren Religion zum Gegenstand haben.

Das erste Modell soll auf in den letzten Jahren zunehmend unternommene Versuche aufmerksam machen, die steingewordene Form christlicher Gemeinde, nämlich die Kirchengebäude, pädagogisch zu erschließen. Dieser – wissenschaftstheoretisch in nahem Zusammenhang mit der Museumspädagogik[842] stehende – Ansatz gewinnt besondere Relevanz in den neuen Bundesländern. Denn hier, also in den am weitesten entkirchlichten Gebieten Deutschlands, stehen die meisten historisch wertvollen Kirchengebäude dieses Landes. Dort, wo also auf Grund der kirchen- und kulturzerstörenden SED-Bildungspolitik die religionspädagogischen Defizite am größten sind, finden sich die meisten Gebäude, die zu Lernprozessen einladen – eine wohl noch nicht überall hinreichend gemeindepädagogisch entdeckte Chance. Exemplarisch spitze ich die Möglichkeiten einer „Kirchenpädagogik"[843] auf die Lernmöglichkeiten für Schülerinnen und Schüler zu. Neuere Vorschläge zur Schulreform, wie die Öffnung dieser Institution auf Außerschulisches hin, sind geradezu Einladungen an die Gemeindepädagogik zur Kooperation. Andere mögliche Akzente könnten auf einer Verbindung zwischen Kirchenpädagogik und Erwachsenenbildung bzw. Touristik liegen.

Das zweite Modell führt in den zentralen sozialen Raum christlicher Gemeinde, den Gottesdienst. Allerdings wird hier Gottesdienst nicht in der umgangssprachlich gebräuchlichen, aber theologisch und pädagogisch problematischen Verengung auf die kultische Veranstaltung am Sonntagmorgen verstanden, sondern als das vielfältige Ausdrucksformen und die Sinne umfassende Kommunikationsgeschehen zwischen Menschen und Gott im Medium des Evangeliums.[844] Konkret möchte ich auf die großen Möglich-

---

[842] S. zu einer ersten Orientierung K. Weschenfelder, W. Zacharias, Handbuch Museumspädagogik. Orientierungen und Methoden für die Praxis, Düsseldorf ³1992.

[843] S. hierzu einleitend und bisherige Versuche anschaulich systematisierend R. Degen, Kirchenräume als Gedächtnis der Christenheit, in: JRP 13 (1996), 1997.

[844] S. die ausführlichere und liturgisch genauere Begriffsbestimmung von Gottesdienst in: Chr. Grethlein, Abriß der Liturgik, Gütersloh ²1991, 47: „das grundsätzlich für alle Menschen in gleicher Weise offene, kritisch und konstruktiv auf alle Lebensbereiche bezogene, alle Sinne und verschiedenste Ausdrucksformen umfassende, ritualisierte Kommunikationsgeschehen zwischen mehreren, gemein-

keiten von Gemeinderüstzeiten, -freizeiten u.ä. und deren liturgische Gestaltungsformen hinweisen, die zum einen für den Bezug zwischen Gemeinde und Familien und/bzw. Nachbarschaften und zum anderen für die Identitätsbildung christlicher Gemeinde von kaum überschätzbarem Wert sein können.

4.4.1. Kirchenpädagogik

Kirchen gelten schon seit langem – oft zum Schrecken gelangweilter Kinder und Jugendlicher – als kulturell bedeutsame Stätten, die zu besuchen sind. Für bedeutendere Kirchen gibt es Führungen, die kunsthistorisch die Besucherinnen und Besuchern belehren, und zwar meist in Form eines Vortrags, in dem immer wieder die unzureichende Kürze der Besichtigungszeit bedauert wird. Nicht zuletzt die zunehmende Unkenntnis vieler Menschen, aber auch die museumspädagogischen Innovationen rüttel(te)n mancherorts Kirchengemeinden auf, die oft eher als langweilig empfundene rein kunsthistorisch orientierte Führungspraxis zu überdenken und ihre Kirchen als „Gedächtnis der Christenheit" zu begreifen. Dabei tritt – entsprechend der Besonderheit jedes Kirchengebäudes – zugleich die Tatsache hervor, daß Gemeinde immer in einem unmittelbaren Austausch mit ihrer unmittelbaren Umgebung steht und so eine abstrakte Rede von „der" Kirche zumindest einseitig und problematisch ist. Didaktisch hat sich die genetische Methode Martin Wagenscheins bewährt.[845]

Erprobungen zeigen, daß Kinder und Jugendliche, wenn ihnen die Möglichkeit zur Entdeckung einer Kirche mit allen Sinnen gegeben wird, durchaus deren Gestalt unmittelbar und spannend erfahren können. Oft – und gerade für Kinder, die noch nie oder nur wenige Male einen Kirchenraum betraten – beeindrucken schon Größe und allgemeine Atmosphäre. Zu einem tieferen Verständnis führen Impulse, die auf einzelne Besonderheiten hinweisen und Möglichkeiten zum eigenständigen „Begehen"[846] eröffnen.

---

schaftlich verbundenen Menschen und dem Vater Jesu Christi im Medium biblischer Überlieferung, wozu wesentlich als Voraussetzung die Taufe und als wichtiger (im Einzelfall wohl nicht notwendiger) Bestandteil das Herrenmahl gehören."

[845] S. z.B. mit expliziten Bezügen auf Wagenschein W. Dörfler, Das Gotteshaus – ein Haus Gottes? Gedanken über Unterricht mit der Nürnberger Lorenzkirche an einer evangelischen Schule, in: J. Bohne u.a., Hg., Die religiöse Dimension wahrnehmen. Unterrichtsbeispiele und Reflexionen aus der Projektarbeit des Evangelischen Schulbundes in Bayern, Münster 1992, 91-100.

[846] Vgl. Chr. Bizer, Begehung als eine religionspädagogische Kategorie für den schulischen Religionsunterricht, in: ders., Kirchgänge im Unterricht und anderswo. Zur Gestaltwerdung von Religion, Göttingen 1995, 167-184.

So berichtet eine Lehrerin von einer Kirchenbesichtigung einer 1. Religionsklasse: „Ich lenke die Blicke der Kinder auf den Fußboden. Wir sehen geschwungene weiße Linien im schwarzen Boden. Ich bitte die Kinder, sich einzeln, hintereinander, auf die Linien zu verteilen. Sie stehen in zwei Reihen parallel. Nun sollen sie dem Verlauf der Linie, auf der sie stehen, folgen. Durch Kopfnicken gebe ich das Zeichen loszugehen und bestimme so den Abstand.

Zunächst gehen sie los, geben sich ohne vorbereitende Hinweise in den geschwungenen Verlauf der Linien, einige breiten im Verlauf ihres Weges die Arme aus, werden schneller, werden wieder langsamer, als die Linienführung enger wird und treffen sich am Altarkreuz, hinter dem Altar, wo die Linien zusammenkommen.

Die Kinder äußern sich: das sei wie auf einer Welle gewesen, ein Gefühl wie schweben, von einer Welle getragen werden, so, als fließe hier ein Wasser. ‚Ich habe gesehen, daß ihr unterwegs zu laufen begonnen habt, zum Schluß seit ihr aber wieder langsamer geworden.‘ Sie bestätigen mir, das ‚Wasser‘ sei ja auch nur noch ein kleiner Bach gewesen, an der Quelle sei es immer nur ganz wenig und fließe auch nicht schneller.

Ich verweise auf das Kreuz, von dem das Wasser ausgeht; das Kreuz also als Quelle zum Leben. Wir sind zur Quelle gekommen."[847]

Kinder und Jugendliche können durch die eingehende, alle Sinne einschließende Beschäftigung mit einem Kirchenraum zu einer durch die Erfahrungen früherer Generationen und des christlichen Glaubens vertieften Auseinandersetzung mit sie unmittelbar tangierenden Fragen und Problemen befähigt werden.[848]

Exemplarisch geht dies aus folgendem Bericht hervor: „Bei der Begrüßung am Meißner Domportal wird ihnen (sc. etwa 15 Kindern unterschiedlichen Alters, C.G.) vorgeschlagen, angesichts der Fülle des hierfür Möglichen sich auf einen Gegenstand zu beschränken und es diesmal mit dem Lesepult zu versuchen. Sie lassen sich darauf ein und werden ermutigt, jenes Lesepult genau anzusehen, herum zu gehen, sich hinzuhocken und das Eichenholz zu betasten. Über das Greifen wachsen das Begreifen und schließlich die Begriffe. Sofort finden die Maskenköpfe und Pferdehufe das Interesse der Kinder. Auf ihre Frage ‚Was ist das/warum ist das hier?‘ erhalten sie die Antwort, daß dies niemand genau wisse, da der Holzschnitzer vor 800 Jahren darüber keinen Bericht hinterlassen hätte. Man müsse deshalb solche Fragen wie ein Rätsel selbst zu lösen versuchen. Jetzt wurde überlegt, ob diese Masken die einstigen Domhandwerker darstellen sollen, oder ob dies ‚die Mächtigen und Ausbeuter von damals‘ seien, die der Schnitzer verspotten wolle. Durch die Pferdehufe veranlaßt,

[847] D. Perschmann, Kirche von ihrem Grund her erleben. Ein Versuch mit einem 1. Schuljahr, in: ru Zeitschrift für die Praxis des Religionsunterrichts 24 (1994) 68.
[848] Vgl. auch die grundsätzlich praktisch-theologischen Überlegungen von W. Gräb, Neuer Raum für Gottesdienste – Raum für neue Gottesdienste? Die zeitgenössische Konsum- und Erlebniskultur als Herausforderung an die Ästhetik gottesdienstlicher Räume, in: P. Stolt, W. Grünberg, U. Suhr, Hg., Kulte, Kulturen, Gottesdienste. Öffentliche Inszenierung des Lebens. FS P. Cornehl, Göttingen 1996, 172-184.

meinte einer: ‚Die waren damals noch dumm und glaubten an den Teufel.‘ Eine, die zuvor offenbar die Wasserspeier am Außenbau wahrgenommen hatte, äußerte sich heftig zu den vielen Teufeln und wollte die Gruppe zu ihrer Entdeckung führen. Aber wieso Teufel und an der Kirche – und ‚gibt es die überhaupt?‘ ‚Die sehen hier aber gequält aus, und sie müssen was tragen.‘ Jetzt erst wurde der Zusammenhang der Masken zum Lesepult mit der Bibel wahrgenommen, Märchen und Erlebnisse brachten die Kinder ein bei der Frage, ob es ‚sowas wie Teufel tatsächlich gibt‘. ‚Dann sind Kirchen wohl gegen die Teufel gebaut worden?‘ ‚Die sind hier im Holz wie eingesperrt, und wir können sie sehen, angreifen und über sie lachen.‘ ‚Vieles, was schlimm ist, kann man nicht darstellen, da macht man dann eben so einen Teufel; das ist wie ein Zeichen.‘ Gegenwart kommt ins Gespräch. Schließlich werden große Papierblätter, Farben und Pinsel verteilt und alle malen Teufeleien, die sie für wichtig halten. Im weiten Raum um das Lesepult entsteht eine Malwerkstatt. Endlich werden die Bilder an Rücklehnen von Stühlen rund um das Pult befestigt. Rundgänge erfolgen, manche äußern sich zu dem, was sie sehen oder selbst gemalt haben: Verhungernde in Afrika, Raketen und Panzer, Einsame, Kranke und Verängstigte, Rotkäppchen mit dem gefährlichen Wolf – und die romanischen Holzfratzen immer mittendrin."[849]

Solche Erfahrungen der „Kirchenpädagogik" können christliche Gemeinden selbst bereichern, die dadurch auf von ihnen bisher übersehene Impulse ihrer Kirchengebäude aufmerksam gemacht werden. Besonders erfreulich und weiterführend wäre es, wenn durch die Beschäftigung mit mittelalterlichen Kirchen deren ursprünglich öffentliche Bedeutung als Versammlungsort auch der politischen Gemeinschaft in Erinnerung gerufen werden könnte. Die Aktualität dieses Erbes zeigen die Friedensgebete im Umfeld der politischen Wende 1989/90.[850]

4.4.2. Rüstzeiten

Nicht nur in theologischer, sondern auch in pädagogischer und wissenssoziologischer Sicht ist die geringe Attraktivität des Gottesdienstes für die Mehrzahl der Evangelischen ein gewichtiges Problem, insofern hier die Identität christlicher Existenz in rituell gestalteter Form gemeinschaftlich zum Ausdruck kommt und so gleichsam mnemotechnisch das christliche „Wissen"[851] aufbewahrt, weitergegeben und transformiert wird.[852] In den

[849] Degen, a.a.O. (Anm. 843), zitiert nach Manuskript.
[850] S. ebd.
[851] Vgl. zum hier leitenden Wissensverständnis P.L. Berger, Th. Luckmann, Die gesellschaftliche Konstruktion der Wirklichkeit, Frankfurt 1980 u.ö. (am. 1966) 1-3.
[852] S. ebd. 75; vgl. M. Douglas, Ritual, Tabu und Körpersymbolik. Sozialanthropologische Studien in Industriegesellschaft und Stammeskultur, Frankfurt 1986 u.ö. (engl. 1970, ²1973) vor allem 99-123.

unmittelbar von Ab- und Zusammenbruch bedrohten DDR-Kirchenge-
meinden, in denen sich die Identitätsfrage verschärft stellte, traten die
großen gemeindepädagogischen Möglichkeiten von Gottesdienst im Zusammenhang mit Rüstzeiten besonders deutlich hervor.

R. Hoenen berichtet aus einer in der Nähe von Naumburg gelegenen Dorfgemeinde: „Nach mehreren Kinderrüsten hatten die Kinder schon begeistert ...
erzählt, so daß die Einladung zur ersten Gemeinderüste 1988 auf fruchtbaren Boden
fiel ... Bei dieser Rüste sollte es um Entscheidungen für die Gestaltung des Abendmahles gehen ... Gemeinsames Leben unter einem Dach, die Mahlzeiten und Spazier-
gänge, Spielen und Singen, Beten und Reden führten zu Entdeckungen bisher
unbekannter Fähigkeiten und Talente. ... Die biblische Überlieferung vom Abendmahl wurde von den Erwachsenen besprochen, Kinder gestalteten sie in Bildern und
Szenen. Die gemeinsame Abendmahlsfeier im großen Kreis des Tagungsraumes
bildete den Höhepunkt und Abschluß."[853]

Hoenen analysiert den Prozeß einer solchen Rüstzeit unter gemeindepädagogischen Kriterien:

„(1) Augenfällig ist der *integrative und kommunikative Aspekt* gemeindepädagogischen Handelns: Auf solch einer Rüste lernen die Kleinen von den
Großen und umgekehrt – ohne eine Lehrautorität ... Die Stimme der Kinder
wird ... beachtet...

(2) Die Rüste bietet die Möglichkeit, an verändertem Ort mit neuen
Gelegenheiten zu lernen. ... Der *Ortswechsel* hat damit eine innovatorische
Kraft. Die Gemeinde lernt, sich einerseits als Parochialgemeinde neu zu
verstehen, zugleich aber auch als Teil der umfassenderen Kirche Jesu Christi. ...

(3) Der *Gottesdienst* ist ... eine zentrale Kommunikationsform der Gemeinde, aber nicht die einzige ... Die Rüstzeit bietet viele Begegnungsmöglichkeiten des Sprechens und Handelns. Doch der Gottesdienst erweist
sich wiederum als fähig, verschiedene Kommunikationsformen in sich aufzunehmen, den agendarischen Rahmen zu erweitern und eine integrative
Kraft zu entwickeln ...

(4) ... Für eine Gemeinderüstzeit und eine lebendige Gemeindearbeit ist
... eine Ein-Personen-Konzeption nicht mehr möglich, wenn sich dieser eine
nicht restlos überfordern möchte. So gibt es jetzt ... weitere Gemeindeglieder, die verantwortlich und eigenständig Aufgaben übernehmen ...

(5) Das Praxisbeispiel der Gemeinderüstzeit entwickelt *kirchen- und
theologiekritisches Potential.* Die Gemeinde macht sich auf den Weg, das

---

[853] R. Hoenen, Rüstzeit einer Dorfgemeinde in der DDR, in: R. Degen, W.-E.
Failing, K. Foitzik, Hg., Mitten in der Lebenswelt. Lehrstücke und Lernprozesse
zur zweiten Phase der Gemeindepädagogik, Münster 1992, 60f.

Abendmahl mit Kindern zu feiern – im Gegensatz zur bisherigen Tradition."[854]

In Gemeinden mit mehreren haupt- und ehrenamtlichen Mitarbeiterinnen und Mitarbeitern bietet eine solche Rüstzeit die Chance, bestehende „Versäulungen" zwischen den einzelnen Arbeitsbereichen aufzubrechen und in der konkreten Beschäftigung mit einem gemeinderelevanten Thema vielleicht neue Gemeinsamkeiten zu entdecken. Dabei kann auch die Kommunikation mit nicht in besonderen Funktionen tätigen Gemeindegliedern fruchtbar sein, insofern diese gegenüber den „Professionals" eine Außensicht repräsentieren.

---

[854] Ebd. 62-65 (Kursivdruck entstammt dem Original).

Register

Personenregister

(erstellt von Bernd Schröder)

Dieses Register umfaßt geschichtliche Personen, Autoren und Herausgeber. Eigennamen, die im Titel eines Buches oder Aufsatzes vorkommen, sind – sofern sie nicht auch im Text aufgegriffen werden – in der Regel nicht eigens aufgeführt.
Adelstitel bleiben dem Familiennamen vorangestellt, doch erfolgt die alphabetische Einordnung nach dem Familiennamen (von Harnack unter H). Umlaute werden wie zwei aufeinanderfolgende Vokale eingeordnet (also ä wie ae).

Zimmerli, W.Ch. 260
Zimmermann, A. 263
Zimmermann, D. 345
Zimmermann, W. 500
Zink, D. 255
Zinnecker, J. 520

Zuck, R.B. 488
Zulehner, P.M. 272.289.295f.302f.
Zweig, A. 360
Zwergel, H.A. 154.437
Zwingli, H. 479
Zymek, B. 1

Sachregister

CHRISTIAN GRETHLEIN
Gemeindepädagogik
1994. 20,5 x 13,5 cm. VII, 367 Seiten.
Broschiert. DM 54,–/öS 394,–/sFr 49,–/approx. US$ 34.00
• ISBN 3-11-013766-6
(de Gruyter Studienbuch)

Eingangs wird Gemeindepädagogik in der Spannung von Theologie (Gemeinde-
begriff) und Pädagogik (Bildungsbegriff) systematisch entfaltet. Den Hauptteil
bildet ein jeweils historisch, empirisch, kritisch und handlungsorientierend aus-
gerichteter Durchgang durch die wichtigsten gemeindepädagogischen Handlungsfelder. Abschließend werden der Gottesdienst als Zentrum der Gemeindepädagogik aufgewiesen und das Problem der Kooperation zwischen den verschiedenen Mitarbeitergruppen bedacht.

Der Autor ist Ordinarius für Praktische Theologie (mit Schwerpunkt Religionspädagogik) an der Evang.-Theol. Fakultät in Münster.

REINER PREUL
Kirchentheorie
Wesen, Gestalt und Funktionen der Evangelischen Kirche
1997. 20,5 x 13,5 cm. XI, 422 Seiten.
Gebunden. DM 78,–/öS 569,–/sFr 71,–/approx. US$ 49.00
• ISBN 3-11-015495-1
◆Brosch. DM 48,–/öS 350,–/sFr 45,–/approx. US$ 30.00
• ISBN 3-11-015496-X
(de Gruyter Studienbuch)

Kirchentheorie versteht sich als Erneuerung der Kybernetik. Auf der Grundlage
der Theologie Luthers und reformatorischer Lehrentscheidungen entwickelt sie
eine Theorie der Kirche als Institution in der modernen Gesellschaft und erörtert
ihre Funktionen in der Lebensgeschichte des heutigen Menschen, in Kultur und
Politik. Namens- und Sachregister.

Der Autor ist Ordinarius für Praktische Theologie an der Universität Kiel.

Preisänderungen vorbehalten

WALTER DE GRUYTER GMBH & CO
Genthiner Straße 13 · D–10785 Berlin
Tel. +49 (0)30 2 60 05–0
Fax +49 (0)30 2 60 05–251
Internet: www.deGruyter.de

W
DE
G

de Gruyter
Berlin · New York

KLAUS WINKLER
Seelsorge

1997. 20,5 x 13,5 cm. XIII, 561 Seiten.
Gebunden. DM 118,–/öS 861,–/sFr 105,–/approx. US$ 74.00
• ISBN 3-11-015161-8
♦Brosch. DM 68,–/öS 496,–/sFr 62,–/approx. US$ 43.00
• ISBN 3-11-013185-4
(de Gruyter Lehrbuch)

Lehrbuch und Kompendium für Studenten, Pfarrer, Religionslehrer, Berater.

Die Seelsorge in Theorie und Praxis wird in ihrer Geschichte bis hin zur gegen-
wärtigen Lage in ihren typischen Konzeptionen dargestellt, Der Umgang mit
Lebenskonflikten in der Seelsorge wird ebenso behandelt wie die verschiedenen
Handlungsfelder.

Der Autor war Ordinarius für Praktische Theologie an der Kirchlichen Hochschule Bethel. Er ist Honorarprofessor (im Fach Psychologie) an der Universität
Hannover.

HANS MARTIN MÜLLER
Homiletik

1996. 20,5 x 13,5 cm. XVII, 442 Seiten.
Gebunden. DM 88,–/öS 642,–/sFr 80,–/approx. US$ 55.00
• ISBN 3-11-013186-2
♦Brosch. DM 58,–/öS 423,–/sFr 53,–/approx. US$ 36.00
• ISBN 3-11-015074-3
(de Gruyter Lehrbuch)

Evangelische Predigtlehre für Studenten und Vikare sowie für die Pfarrerfortbil-
dung.

Die Lehre von der Predigt wird aus der Sicht der evangelischen Theologie nach
ihren historischen Voraussetzungen, ihrem systematischen Zusammenhang und
ihren praktischen Konsequenzen dargestellt.

Der Autor war bis 1994 Ordinarius für Praktische Theologie an der Evangelisch-
Theologischen Fakultät der Universität Tübingen.

Preisänderungen vorbehalten

WALTER DE GRUYTER GMBH & CO
Genthiner Straße 13 · D–10785 Berlin
Tel. +49 (0)30 2 60 05–0
Fax +49 (0)30 2 60 05–251
Internet: www.deGruyter.de

W
DE
G

de Gruyter
Berlin · New York